Irving Stone

DER GRIECHISCHE SCHATZ

Das Leben von
Sophia und Heinrich Schliemann

Droemer Knaur

Vorderer Vorsatz:
Das Schatzhaus nahe beim Löwentor

Hinterer Vorsatz:
Ichnographie der Königsgräber innerhalb der kreisförmigen Agora

Beide Holzschnitte aus dem Band »Mykenae« von Dr. Heinrich Schliemann, erschienen bei F. A. Brockhaus in Leipzig 1878

Übersetzung von Ulla H. de Herrera

1. bis 50. Tausend

Die Originalausgabe »The Greek Treasure«
erschien bei Doubleday & Co., Inc., New York

Umschlaggestaltung Atelier Blaumeiser
Satz IBV Lichtsatz KG, Berlin
Druck und Bindung May & Co, Darmstadt
Printed in Germany · 21076
ISBN 3-426-08858-4

Für Jean Stone
meinen eigenen griechischen Schatz

Die Zeit verändert viel, Verborg'nes bringt sie
Ans Licht und birgt, was sichtbar war, im Dunkel.

Sophokles, *Aias*

INHALT

VORWORT

Ich danke Herrn Dr. Francis R. Walton, Direktor der Gennadius Library, American School of Classical Studies in Athen, und seinen Assistenten aufrichtig für ihre große Freundlichkeit und Hilfe bei meiner Arbeit in ihrem Heinrich-Schliemann-Archiv und für die Erlaubnis, Abschnitte aus den Dokumenten zu benutzen und aufzuführen, für die sie das Urheberrecht haben.

Ich hatte das Glück, in Athen zu sein, als die Gennadius Library vom letzten der Schliemann-Enkel einen großen Koffer mit den persönlichen und vertraulichen Briefen zwischen Heinrich und Sophia Schliemann und der Familie Engastromenos erwarb, die nicht zum Hauptteil des literarischen Nachlasses, der sich bereits im Besitz der Gennadius Library befand, gehörten. Diese Briefe vermitteln ein vollständiges und wahrhaftiges Bild der Beziehung zwischen Heinrich und Sophia, vom Tag ihrer Begegnung bis zu seinem Tod, einundzwanzig Jahre später. Niemand außer den Angehörigen hatte je diese Briefe gesehen, nicht einmal Ernst Meyer, der in Zusammenarbeit mit den Nachkommen 1953 und 1958 zwei Bände Schliemannbriefe herausgegeben hat.

Erstes Buch

»WIR MÜSSEN GLAUBEN!«

1.

Sie half den anderen Mädchen des Dorfes, die Ikone des heiligen Meletios für den kommenden Feiertag zu schmücken, und befestigte gerade eine Girlande aus Margeriten, Astern und *skyllakia* an einer der Wände des Schreins in der Mitte der kleinen Kirche, da kam ihre jüngere Schwester Marigo atemlos hereingestürzt und rief:
»Sophia! Der Amerikaner ist angekommen. Dein Freier, Herr Schliemann!«
Die schlanken Arme noch in der Luft, murmelte sie überrascht:
»Schon? Er sollte doch erst am Sonnabend kommen.«
»Mag sein, aber er sitzt in voller Lebensgröße in unserem Garten und trinkt Zitronenlimonade. Onkel Vimpos hat ihn hierhergebracht. Mutter läßt dir sagen, du sollst dich beeilen.«
»Ich komme gleich. Sag Mutter, daß ich mich erst noch waschen und umziehen muß.«
Marigo verschwand eilig durch die Doppeltür, die bereits mit Myrten und Aronstab geschmückt war. Sophia legte die Blumen nieder und blieb einen Augenblick nachdenklich auf den neuen handgewebten kleinen Teppichen mit den herrlichen bunten geometrischen Mustern stehen, die die Mädchen von zu Hause mitgebracht hatten, um für den Feiertag die gebrauchten und armseligeren der Kirche gegen sie auszutauschen. Die anderen Mädchen hatten ebenfalls zu arbeiten aufgehört und sahen Sophia mit unverhohlener Neugier an. Bis vor einem Jahr waren sie ihre Sommergefährtinnen gewesen, diejenigen, mit denen sie verkehrte, wenn ihre Familie nach Kolonos, dem kühlen, von Bäumen beschatteten Vorort von Athen zog, wo die Engastromenos' ein Ferienhaus besaßen. Aber das war, ehe ihr Vater den finanziellen Rückschlag erlitten hatte. Jetzt war dieses Sommerhaus ihre einzige Zuflucht. Nur dank der unerbittlichen Selbstaufopferung ihrer Familie und der Hilfe ihres ohnedies bereits schwer verschuldeten Onkels Vimpos hatte Sophia ihr letztes Jahr im teuren Arsakeion, der besten Mädchenschule Griechenlands, beenden können.
»*Herete*«, murmelte sie ihren Freundinnen zu, als sie die Kirche verließ.

Draußen lastete die trockene, wohltuende Hitze des Spätsommertags auf dem St.-Meletios-Platz, fast so greifbar wie die Männer, die sich unter Palmen und Akazien zu ihrer Tasse türkischen Mokka in ihrem Lieblingscafé eingefunden hatten. Die Gläser mit Wasser, die, einen kleinen Löffel quer über dem Rand, zum Kaffee serviert wurden, glitzerten in der klaren Luft. Sophias Haus lag diagonal zur Kirche auf der anderen Seite des Platzes, aber statt den kürzesten Weg über das warme Pflaster zu wählen, wie sie es für gewöhnlich tat, ging sie diesmal den Gehsteig unter den Bäumen entlang. Sie hatte es nicht eilig, dem schicksalsschweren Augenblick zu begegnen; sie brauchte eine kleine Pause, um sich an all das zu erinnern, was seit jenem Tag im März, fast sechs Monate zuvor, geschehen war, als ihr Onkel – in Wirklichkeit ein Vetter der Familie – mit dem begonnen, was die siebzehnjährige Sophia Engastromenos für kaum etwas anderes als einen romantischen Scherz gehalten hatte; und jetzt sollte dieser Scherz in wenigen Minuten Wirklichkeit werden.

Als Theokletos Vimpos 1856, vor dreizehn Jahren, an der Universität von St. Petersburg Theologie studierte, war er einem gebürtigen Deutschen, inzwischen jedoch Untertan des Zaren, begegnet, der ihn bat, ihn Altgriechisch zu lehren; der Mann hatte ein unersättliches Verlangen nach Sprachen und das Talent, sie sich in wenigen Wochen anzueignen. Er besaß keine höhere Schulbildung, sondern hatte sich den größten Teil seiner vierunddreißig Jahre mit dem Handel von Indigo, Olivenöl und Tee befaßt und durch Gewissenhaftigkeit und Fleiß ein Vermögen erworben.

Der vierundzwanzigjährige Theologiestudent und Heinrich Schliemann wurden Freunde.

Heinrich Schliemann war am 6. Januar 1822 in einem Pfarrhaus in Mecklenburg geboren worden. Da er fließend Russisch sprach – er hatte es sich selber beigebracht –, wurde er von der Firma B.H. Schröder & Co., für die er in Amsterdam arbeitete, als Agent nach St. Petersburg gesandt. Dort hatte er nach einem Jahr die Genehmigung erhalten, eine eigene Firma zu gründen, und war russischer Staatsbürger geworden. Als im Jahr 1850 der Goldrausch in Amerika seinen Höhepunkt erreichte, ging er nach Kalifornien, wo er ein zweites Vermögen machte. Zwei Jahre später kehrte er nach St. Petersburg zurück, heiratete und erwarb während des Krimkrieges ein drittes Vermögen.

Die Ehe, aus der drei Kinder hervorgingen, war ein vollkommener Fehlschlag. Im Frühjahr 1869 schiffte er sich nach New York ein, erhielt seine Einbürgerungspapiere, die auf den Namen Henry Schliemann ausgestellt waren, und ging nach Indianapolis, um eine rasche Scheidung zu erwirken. Von dort aus hatte er an seinen alten Freund, jetzt Pater Theokletos Vimpos, in Athen geschrieben und ihn dringend gebeten, ihm eine junge griechische Frau zu suchen. Pater Vimpos suchte daraufhin sofort seine Verwandten, Sophias Eltern, auf und bat sie um ihr Einverständnis, seinem Freund ihre junge Tochter Sophia zu empfehlen. Als er ihnen ein Charakterbild des Mannes entwarf, der jetzt darauf bestand, seinen amerikanischen Namen, Henry Schliemann,

zu führen, erzählte er von seinen Besuchen in Schliemanns Petersburger Lagerhaus am Ufer der Newa.
»Manche Leute hielten seine Geschäftsmethoden für fanatisch, denn er vertraute seinen Angestellten nur die Routinearbeiten an. Er empfing jeden Kunden persönlich, erkundigte sich genau, was er brauchte, und kontrollierte die Lieferung, ehe sie das Lagerhaus verließ. Während des Krimkrieges hatte er ein Monopol für den Handel mit Indigo, ein Produkt, das für das russische Heer unentbehrlich war. Ende 1863, im Alter von einundvierzig Jahren, war er soweit, daß er sich von seinen Geschäften zurückziehen konnte. Er sagte mir, daß Geld, obwohl er es schätzte, für ihn nur ein Mittel zum Zweck sei: Es solle ihm die Entdeckung von Homers Troja ermöglichen.«
Und jetzt war er, zwei Monate nachdem Sophia das Lyzeum absolviert hatte, in Kolonos eingetroffen.

Sophia drehte sich an der Ecke des Platzes auf den Zehenspitzen einmal um die eigene Achse, dann ging sie mit tänzelnden Schritten auf ihr Haus zu. Sie lachte leise vor sich hin, als sie sich an den Brief erinnerte, den dieser Herr Schliemann ihrem Onkel Vimpos aus Paris geschrieben hatte. Vimpos hatte ihn ihr überlassen, und sie hatte ihn so oft gelesen, daß sie ihn auswendig wußte.

> Lieber Freund, ich kann Ihnen nicht sagen, wie sehr ich Ihre Stadt und deren Bewohner liebe... Ich schwöre Ihnen beim Leichnam meiner Mutter, daß ich meinen ganzen Sinn und mein Bestreben darauf richten werde, meine künftige Frau glücklich zu machen. Ich schwöre, daß sie niemals Grund zur Klage haben soll, daß ich ihr jeden Wunsch von den Augen ablesen werde, wenn sie gut und liebenswert ist.
> Deshalb bitte ich Sie, Ihrer Antwort die Bilder von einigen schönen griechischen Frauen beizufügen. Aber wenn Sie mir das Bild des Mädchens senden können, das *Sie* für mich ausersehen haben, um so besser. Ich bitte sie herzlich: Wählen Sie für mich eine Frau mit dem gleichen engelhaften Charakter wie Ihre verheiratete Schwester. Sie soll arm sein, aber gut erzogen; sie muß sich für Homer und die Wiedergeburt meines geliebten Griechenlands begeistern können. Es ist nicht wichtig, ob sie Fremdsprachen spricht. Aber sie soll vom griechischen Typ sein, mit schwarzem Haar und, wenn möglich, schön. Meine Hauptbedingung ist jedoch ein gutes und liebendes Herz! Vielleicht kennen Sie eine Waise, die Tochter eines Gelehrten, die sich als Gouvernante ihren Lebensunterhalt verdienen muß und die Tugenden besitzt, die ich erwarte.

Zu Hause angelangt, ging Sophia zur selten benutzten Vordertür, um nicht von ihrer Familie und dem Besuch gesehen zu werden, die draußen im Garten saßen. Als sie die Hand auf den Türknauf legte, wurde sie von einer momentanen Unsicherheit gepackt: Sollte sie ins Haus gehen? Oder lieber gleich die

Bekanntschaft des Mannes machen, mit dem ihre Familie sie verheiraten wollte? Sie konnte sich nicht entscheiden.
›Aber schließlich konnte sich auch Henry Schliemann nicht entscheiden‹, dachte sie bei sich. Sein zweiter Brief an Onkel Vimpos war ein schwerer Schlag für ihre Mutter gewesen, die in Kolonos allgemein Madame Victoria genannt wurde, weil sie die Kleidung der englischen Königin bis ins kleinste Detail nachahmte.
Theokletos Vimpos, der sich, wie er erklärte, nicht der Vetternwirtschaft schuldig machen wollte, hatte seinem Freund außer Sophias Bild noch die Photographien von zwei anderen reizvollen jungen Frauen geschickt. Schliemann hatte ihm Anfang März in Neugriechisch geantwortet:

> Da ich glaube, ein guter Menschenkenner und Physiognom zu sein, kann ich Ihnen den Charakter von zweien der Mädchen sofort nach ihren Bildern beschreiben: Polyxene Goustis Nachname zeigt, daß ihre Vorfahren Italiener waren. Ihrem Alter nach wäre sie dazu geeignet, meine Frau zu werden, aber sie ist rechthaberisch, anmaßend, herrschsüchtig, reizbar und übelnehmerisch. Natürlich kann ich mich irren: Wenn ich ihr von Angesicht zu Angesicht gegenüberstünde, würde ich vielleicht die Verkörperung aller Tugenden in ihr sehen. Was Sophia Engastromenos betrifft, sie ist ein wundervolles Mädchen, umgänglich, mitfühlend, großherzig, eine gute Hausfrau, vital und gut erzogen. Aber leider ist sie zu jung für einen Mann von siebenundvierzig.

Sie öffnete die Tür, betrat das bescheidene, aber hübsche Landhaus der Familie Engastromenos und ging durch eine Halle mit dem Wohnzimmer zu ihrer Rechten und dem Eßzimmer zu ihrer Linken in die am hinteren Ende gelegene Küche. Dort holte sie eine runde Schüssel aus dem Schrank und füllte sie mit heißem Wasser aus einem riesigen Topf, den *Kyria* Victoria Engastromenos ständig auf dem Kohlenofen stehen hatte.
Sorgsam darauf bedacht, das Wasser nicht zu verschütten, ging sie mit langsamen, gleichmäßigen Schritten die schmale Treppe hinauf. In ihrem Schlafzimmer, das den St.-Meletios-Platz überblickte, stellte sie die Schüssel auf den Waschtisch, breitete ein Handtuch auf dem Boden aus, nahm einen Waschlappen aus der Kommode und ließ ein viereckiges Stück Seife ins Wasser fallen, um dessen harte Ränder aufzuweichen. Sie knöpfte das Oberteil ihres Kleides auf, dessen Material – ein mit kleinen Blumen bedruckter, billiger Musselin – aus dem Textilgeschäft ihres Vaters am Romvisplatz stammte; dann schlüpfte sie aus dem langen, weiten Rock und hängte das Kleid hinter einen Vorhang in der Ecke. Sie warf ihre Unterwäsche Stück um Stück auf das schmale Bett mit den Messingstangen an Kopf- und Fußende und drapierte die Strümpfe um die runden Knaufe, die auf die Stangen geschraubt waren. Sie tauchte den Waschlappen in die Schüssel und wusch sich. Als sie sich aufrichtete, um sich abzutrocknen, warf der goldgerahmte Spiegel

über dem Waschtisch ihr Bild zurück. Es war ein geschmeidiger, aber kräftiger Körper, mit schön gerundeten Schultern, festen, gut geformten Brüsten und einer schlanken Taille. Sie hatte überraschend lange Beine für ein griechisches Mädchen, und sie war mit ihren siebzehn Jahren fast einen Meter fünfundsechzig groß, größer als die meisten ihrer Altersgenossinnen im Arsakeion. Sowohl in ihrem Aussehen als auch in ihrem Temperament schlug sie nach der Familie ihres Vaters.

Mit einem Gefühl der Bestürzung erkannte sie, daß sie sich ihres Körpers auf eine völlig andere Art bewußt war als je zuvor.

›Kommt das daher‹, fragte sie sich, ›daß ein Freier gekommen ist, hier in unserem Garten sitzt und vielleicht gerade in diesem Augenblick mit meinen Eltern über eine Heirat spricht? Daß dieser Körper künftig nicht mehr mir allein gehören, daß er... geteilt werden wird...? Von einem Mann, von Kindern, die in mir wachsen...? Wie mag die Liebe sein?‹ Würde sie als verheiratete Frau ebenso glücklich sein, wie sie es als Mädchen war?

Sie saß am oberen Ende des Bettes, auf einer Ecke des hohen Kopfpolsters, während sie in die frische Unterwäsche schlüpfte, die nach den Veilchensachets in ihrer Kommode duftete, und Strümpfe über ihre schlanken Beine zog. Als sie damit fertig war, blickte sie zum Spiegel hinüber, der jetzt in Augenhöhe war.

›Meine Züge sind zu...‹, sie suchte nach dem passenden Wort, ›... zu positiv.‹ Aber im Arsakeion hatte man ihr eingeprägt, daß die Schönheit einer Frau in ihrem Charakter lag. Sie schnitt eine spöttische Grimasse und wandte sich vom Spiegel ab. Niemand hatte je gesagt, daß sie hübsch sei; dieses Wort paßte nicht zu ihrem Antlitz. Aber es gab viele, die der Ansicht waren, daß sie sich allmählich zu einer vornehmen Schönheit entwickelte: Der edel geformte Kopf saß stolz und amutig auf dem schlanken Hals, und auf ihren Zügen lag der Glanz eines inneren Lichts, das die Verbindung von Sanftmut und Stärke widerspiegelte.

In einer plötzlichen Gemütsbewegung erinnerte sie sich an das, was Onkel Vimpos ihr letzten Juni bei der Abschlußfeier im Arsakeion gesagt hatte:

»Sophia, mein Liebes, in deinem glückstrahlenden Gesicht liegt heute die ganze heitere Ruhe und Schönheit der klassischen Griechin: das rabenschwarze Haar, das deine rosigen Ohren frei läßt, die dichten, schwarzen Augenbrauen, die wir beide, du und ich, von der Familie deiner Mutter geerbt haben; deine großen, dunklen Augen, die gerade Nase, die helle Haut; dein reizender Mund mit der vollen roten Unterlippe, das Kinn, das Phidias in seiner Bildhauerwerkstatt in Olympia gemeißelt haben könnte. Trotz deiner fröhlichen Natur liegt ein Anflug von Ernst in deinem Ausdruck und von Würde in der Art, wie du deinen Kopf hältst. Auch das ist typisch griechisch.«

»Onkel Theokletos«, hatte sie überrascht ausgerufen, denn ihre Familie neigte nicht zur Überschwenglichkeit, »du hast gerade ein romantisches Gedicht verfaßt!«

»Leider mein erstes und letztes. Ich wollte dir heute die Neuigkeit mitteilen,

Sophia. Ich gebe meinen Lehrstuhl an der Universität auf, um Bischof unserer Kirche zu werden.«
»Bischof! Aber das bedeutet, daß du niemals heiraten kannst...«
»...und auch nicht lieben. Sophia, ich habe nie eine Frau geliebt. Nur Gott und unsere Kirche. Ich werde im November als Bischof von Mantinia und Kynouria in mein Amt eingesetzt.«
Sophia ging zum Fenster in der Halle; sie hatte plötzlich den Wunsch, ihren Freier zu sehen. Als sie in den Garten hinunterblickte, sah sie ihre Eltern. Sie saßen mit dem Rücken zu ihr, und zwischen ihnen saß ein fremder Mann. Das war zweifellos Henry Schliemann, aber sie konnte wenig sehen. Im Mittelpunkt der Gruppe, das Gesicht dem Haus zugewandt, saß Pater Vimpos, ein hochgewachsener, hagerer Mann in einem schwarzen Priestergewand, das ihn vom Adamsapfel bis zur Schuhspitze bedeckte. Sein starkknochiger Körper wurde von einem riesenhaften Kopf gekrönt.
»Er muß wohl groß sein, um diese Menge Gehirn herumzutragen«, hatte ihr Vater bemerkt. »Mich wundert nur, daß das Gewicht ihm keine Schmerzen im Nacken verursacht.«
Während Sophia die Augen mit tiefer Zuneigung auf dem Priester ruhen ließ, hörte sie seine volltönende Stimme, die tief aus seiner Brust kam und auf dem Weg hinauf in seine Kehle an Kraft gewann. Theokletos Vimpos war jetzt siebenunddreißig, zwanzig Jahre älter als Sophia, aber sein Gesicht war jugendlich und faltenlos. Er war im Schatten der Akropolis geboren worden, hatte an der Universität von Athen in Theologie promoviert, dann seine Studien in Moskau und St. Petersburg fortgesetzt und hatte schließlich ein vierjähriges Stipendium für die Universität von Leipzig gewonnen, wo er unter zwei der bekanntesten Hebraisten Europas studierte und seinen Doktor der Philosophie machte. Als er im Alter von achtundzwanzig Jahren nach Athen zurückkehrte, wurde er zum Professor der Theologie ernannt, führte das Studium der hebräischen Sprache in Griechenland ein und veröffentlichte das erste Lehrbuch darüber: *Grundlagen der hebräischen Grammatik*. Sechs Jahre später wurde er, ohne seinen Lehrstuhl aufzugeben, zum Priester der orthodoxen Kirche geweiht.
In diesem Winter war er nach Kolonos gekommen, um sich mit Sophias Eltern zu beraten. Als Bischof würde er in Tripolis, dem Sitz seiner Diözese, in dem ärmlichen und unfruchtbaren Hochland des zentralen Peloponnes leben müssen. Infolge seiner ausgedehnten Reisen und der langen Studienzeit hatte er drückende Schulden in Höhe von zweitausend Dollar, für die er den Geldverleihern zwei Prozent Zinsen im Monat zahlen mußte. Die besten Familien von Athen boten ihm stattliche Mitgiften an. Wie konnte er es sich leisten, Bischof zu werden, ein Posten, für den es kein Gehalt gab? Wie sollte er sich von seinen Schulden befreien, ohne irgendein unglückliches Mädchen zu heiraten, das er nicht liebte? Sein Freund Henry Schliemann hatte das Problem für ihn gelöst, indem er seine Bank in Paris beauftragte, Vimpos einen Scheck zu senden, der ihn von der ärgsten Schuldenlast befreite.

Henry Schliemann!
Als Theokletos Vimpos den ersten Brief erhielt, in dem sein Freund ihn bat, ihm eine Frau zu suchen, hatte er sofort an Sophia gedacht. Er und Sophia waren in den letzten Jahren gute Freunde geworden, vor allem während ihrer Schulzeit in Arsakeion, wo sie oft bei Dingen wie Euklidischer Geometrie, experimenteller Physik und dem alten Griechisch eines Homer und Thukydides Hilfe brauchte. Sophia war immer ein lebensfrohes Kind gewesen, das gerne lachte und spielte. Aber sie hatte ihre Studien ernst genommen und schien jetzt mit siebzehn reifer, als ihre Jahre vermuten ließen.
»Scheint...« Pater Vimpos lächelte. »Wer kann schon sagen, wie ein junges Mädchen wirklich ist?«
Es war nur natürlich, daß er an eine Heirat für Sophia dachte. Alle griechischen Familien fingen an, das Feld zu prüfen und die Höhe der Mitgift zu erwägen, wenn ihre Töchter siebzehn wurden. Die Mädchen selbst hatten wenig zu sagen; kein Mädchen stellte die Tradition in Frage. Theokletos Vimpos hatte mit dem Brauch gebrochen, indem er verlangte, daß Sophia zugegen sei, als er mit ihren Eltern über Henry Schliemanns Bitte sprach. Sie waren sich alle einig gewesen, daß ihr Name genannt werden sollte.
Sophia musterte ihren Freund und Verwandten mit den eingefallenen Wangen eines Asketen, der sich an Büchern und Wissen statt an *dolmadakia* und *moussaka* labte. Er hatte bereits als Professor einen Vollbart getragen, aber sein Haar war kurzgeschnitten gewesen. Seit er vor drei Jahren zum Priester geweiht worden war, mußte er seine Haare wachsen lassen, und jetzt waren sie straff nach hinten gekämmt und knapp unterhalb des runden schwarzen Priesterhuts zu einem Knoten gewunden. Sophia war sicher, daß er nur ihr Bestes wollte.
Sie warf einen flüchtigen Blick auf Mr. Schliemanns Rücken, vermied es jedoch, sich irgendwelche Gedanken über ihn zu machen. Statt dessen sank sie vor ihrer Ikone, einer schönen, wenn auch sehr ernsten Jungfrau Maria in einem prachtvollen purpurfarbenen Gewand, auf die Knie und bat um göttliche Führung.

2.

Das weiße Batistkleid, das ihre ältere Schwester Katingo nach ihrer Heirat vor einigen Jahren zurückgelassen hatte, war Katingo zu eng gewesen, denn sie hatte die Figur ihrer Mutter, vollbusig, mit üppig gepolsterten Armen und Hüften. Sophia aber war es zu groß, und sie war sich dessen bewußt, als sie den Spitzenkragen am Hals zuknöpfte; doch es war das beste, das sie besaß. Es hatte keine neue Kleidung für die Engastromenos' gegeben, seit ihr Vater in die finanzielle Katastrophe verwickelt worden war, die ihn sein gutgehendes Textilgeschäft und das darübergelegene Heim der Familie am Romvisplatz kostete. Es hatte die herrliche byzantinische St.-Panaghitsa-Kirche gegenüber, wo Sophia und ihre fünf Geschwister getauft worden waren, und die verkehrsreiche Evanghelistriasstraße, über der sich die Akropolis erhob. Die Familie hatte Katingo eine gute Mitgift geben können, die ihr den Uhrmacher Ioannes Synessios zum Ehemann gewann; aber kurz nach der Hochzeit wurde ein großes Darlehen fällig, für das Georgios Engastromenos den Schuldschein mit unterzeichnet hatte. Georgios' Partner floh ins Ausland und überließ ihm die Verantwortung für die Schuld. Um seiner gesetzlichen Verpflichtung nachzukommen, hatte Georgios das schöne Gebäude verkaufen müssen, das er mit der Mitgift seiner Frau erworben hatte: den Laden und das geräumige Heim mit seinen vielen Schlafzimmern, dem Dachgarten, der Dachwohnung, wo die Söhne schliefen, der hohen Doppeltür, die auf den von einer schmiedeeisernen Balustrade eingeschlossenen Balkon führte, auf dem die Familie nach dem Abendessen sitzen und die nächtliche Kühle genießen konnte.

Jetzt war das Haus am Romvisplatz, in unmittelbarer Nähe der eleganten Ermou, und damit auch die Mitgift von Victoria Geladaki verloren. Georgios hatte den Laden, in dem auch seine älteren Söhne Alexandros und Spyros arbeiteten, vom neuen Besitzer gemietet, aber zu einem so hohen Preis, daß die drei Männer kaum genug verdienen konnten, um die täglichen Ausgaben zu bestreiten.

Der finanzielle Zusammenbruch hatte auch die Stellung der Familie Engastromenos in der Gesellschaft von Athen beeinträchtigt. Jetzt gab es keine Mitgift für Sophia und Marigo, und damit waren ihre Aussichten auf eine Ehe praktisch gleich Null; und auch kein Universitätsstudium für den jüngsten Sohn, Panaghiotes, der erst zehn war, aber schon jetzt eine so große Vorliebe für Bücher und Lernen zeigte, daß er wie geschaffen für eine akademische Laufbahn zu sein schien.

Sophias Mutter, Madame Victoria, klein und rundlich, war eine würdevolle, gesetzte Frau, die ihr glänzendes schwarzes Haar mit einem Mittelscheitel und über die Ohren gekämmt im Nacken zu einem dicken Knoten geschlungen trug. Obwohl sie selbst einen großen Teil der Hausarbeit verrichtete, war sie stets makellos gekleidet, sogar in der Küche. Sie stammte aus einer prominenten kretischen Familie, die einen der frühen Aufstände gegen die Türken angeführt und nach Athen hatte fliehen müssen, einer kleinen Stadt mit ungepflasterten Straßen, die damals, im Jahre 1834, gerade zur Hauptstadt von Griechenland gemacht worden war. Obgleich der Verlust ihres Heims und ihrer gesellschaftlichen Stellung ein schwerer Schlag für ihre Mutter gewesen war, hatte Sophia nie gehört, daß Madame Victoria ihrem leichtlebigen Mann irgendwelche Vorwürfe wegen seines Mißgeschicks machte oder sich über die beschränkten Verhältnisse beklagte. Trotzdem war sie Sophia gegenüber ehrlich gewesen. Sie hatte ruhig mit ihr gesprochen, als sie kurz nach der Übersiedlung nach Kolonos einmal allein im Haus waren.

»Meine liebe Sophia, dies alles betrifft dich unmittelbar, denn du bist beinahe siebzehn und hast bald die Schule hinter dir. Weder dein Vater noch ich wollten dich irgendwie drängen, aber wir hatten bereits begonnen, uns nach der bestmöglichen Partie für dich umzusehen. Jetzt können wir es nicht. Du hast keine Mitgift, und kein Mann, den du würdest haben wollen und der dir eine angemessene Stellung in der griechischen Gesellschaft bieten könnte, würde dich ohne Mitgift heiraten.«

Sophia war aufgesprungen und hatte ihre Mutter auf die feste rundliche Wange geküßt.

»Aber Mutter, mir bleiben noch volle sieben Jahre, bis ich vierundzwanzig bin und als alte Jungfer angesehen werde, die keiner mehr haben will!«

Madame Victoria erschauderte bei dem Ausdruck »alte Jungfer«.

»Oh, Sophia, unsere Aussichten sind jetzt sehr gering. Wir könnten bestenfalls irgendeinen armen Pfarrer oder einen jungen Offizier in einer entlegenen Garnison für dich finden... Die einzige andere Möglichkeit wäre ein Überseegrieche, der in Ägypten, Kleinasien oder den Vereinigten Staaten sein Glück gemacht hat und jetzt zurückkehrt, um sich eine griechische Frau zu suchen. Das sind die einzigen, die sich nicht für eine Mitgift interessieren; sie wollen ein wohlerzogenes Mädchen, das eine gute Hausfrau zu werden verspricht...«

Sophia hatte sich geweigert, die Sache ernst zu nehmen.

»Ich habe mich bereits um einen Posten als Lehrerin beworben. Als Absolventin des Arsakeion brauche ich nicht einmal ein Examen abzulegen.«

Sie war jetzt fertig angezogen, hatte das dichte schwarze Haar von der Stirn nach hinten gebürstet, bis es knisterte und glänzte, hatte die Perlohrringe an ihren Ohrläppchen befestigt, ihre Unterkleidung weggeräumt und das Bett geglättet. Es gab keinen Grund, noch länger zu zögern. Sie ging durch die Diele, dessen Fenster den Garten überblickte. Offensichtlich hatte sich unten bereits die ganze Sippe versammelt, denn sie hörte durch das offene Fenster das Geschwätz von etwa dreißig Verwandten, die eilig aus den verschiedenen Ecken von Kolonos herbeigeströmt waren, um sich den mysteriösen Millionär anzusehen, der gekommen war, um Sophia den Hof zu machen.

›Nicht nur mir‹, dachte sie mit einem leisen Kichern, ›er macht jetzt so ziemlich ganz Griechenland den Hof.‹

Der Brief, den Onkel Vimpos Ende April erhalten hatte, war praktisch ein Heiratsantrag gewesen:

> Mein Freund, ich habe mich bereits in Sophia Engastromenos verliebt, und ich schwöre, sie ist das einzige Mädchen, das meine Frau werden soll. Aus zwei Gründen weiß ich jedoch nicht, ob ich in der Lage bin, zu heiraten: Erstens bin ich noch nicht sicher, daß ich die Scheidung bekomme; zweitens habe ich angesichts meiner ehelichen Schwierigkeiten sechs Jahre lang keinerlei Beziehungen zu einer Frau gehabt... Wenn ich die Gewißheit habe, daß ich tauglich für die Ehe bin, werde ich nicht zögern, nach Athen zu kommen, mit Sophia zu sprechen und sie zu heiraten, falls sie einverstanden ist. Bis dahin müssen wir warten, denn wenn ich impotent

bin... werde ich nicht heiraten. Ja, so sehr eine Frau ihren Mann vor der Ehe lieben mag, sie wird ihn immer verachten, wenn er außerstande ist, ihre körperliche Leidenschaft zu befriedigen.
Wie alt ist Sophia? Welche Farbe hat ihr Haar? Spielt sie Klavier? Spricht sie irgendwelche Fremdsprachen? Ist sie eine gute Hausfrau? Versteht sie Homer und die anderen Autoren des Altertums? Wäre sie einverstanden, ihren Wohnsitz nach Paris zu verlegen und ihren Mann auf seinen Reisen nach Italien, Ägypten und anderswohin zu begleiten?...

Sophia wußte jedoch, daß Henry Schliemann während der zwei Tage, die er in Athen war, sich mit dem, was Pater Vimpos »eine Verbindung von teutonischer Gründlichkeit mit amerikanischer Tatkraft« nannte, andere »Kandidatinnen« angesehen hatte. Er versuchte nicht, diese Begegnungen vor Vimpos geheimzuhalten, sondern hatte ihm sogar ausführlich Bericht erstattet. Er hatte ein Fräulein Charikleia aufgesucht, »die keinen guten Eindruck auf mich gemacht hat; sie ist zu groß, trübselig und schüchtern«. Von dort aus war er mit einem Wagen zu *Kyria* Kleopatra Lemoni, einer Witwe, gefahren. »Ich erwartete, eine alte Frau zu sehen, gebeugt unter der Last des Leidens und mit traurigen Augen. Statt dessen fand ich eine junge, schöne und muntere Frau vor, die ihrem Aussehen nach nicht älter als dreißig sein kann. Sie hat eine große Anziehungskraft auf mich ausgeübt. Ich glaube, es wäre besser, wenn ich eine junge Witwe mit einem tadellosen Lebenswandel heiratete, die schon weiß, was eine Ehe bedeutet. Sie wäre weniger wollüstig und sinnlich, während junge Mädchen glauben, daß das ganze Glück in der Befriedigung ihres körperlichen Verlangens liege.«
Er hatte seine Suite im *Hotel d'Angleterre* am Syntagmaplatz gegenüber dem königlichen Schloß in ein Heiratsbüro in eigener Sache verwandelt: Von dem Augenblick an, als er in Athen eintraf, und es sich herumsprach, daß er sich auf der Suche nach einer griechischen Frau befände, war er mit Angeboten von den besten Familien überschüttet worden, die ideale, aber leider unverheiratete Töchter hatten.
»Soweit man bei einem Wirbelwind wie ihm überhaupt etwas mit Sicherheit sagen kann, möchte ich annehmen, daß er in diesen zwei Tagen bereits fünfzehn Kandidatinnen gesehen und gesprochen hat«, sagte Vimpos zu Sophia. Sie lachte. »Dein Herr Schliemann scheint ein außergewöhnlicher Mann zu sein.« Dann wurde sie ernst, und ihre dunklen Augen blickten nachdenklich. »Aber wie verhält man sich einem Orkan gegenüber? Ich habe außerhalb der Familie kaum ein Dutzend Sätze mit Männern gewechselt.«
Wenn Sophia sich über den Gedanken amüsierte, daß Herr Schliemann versuchte, jedes heiratsfähige Mädchen in Athen kennenzulernen, so waren ihre Eltern, für die diese Heirat ein Rettungsanker war, verletzt und bestürzt. Madame Victoria sagte zu Theokletos Vimpos:
»Aber ist es nicht eine Beleidigung, ein Schlag für unseren Familienstolz, daß Herr Schliemann ganz Athen absucht...?«

»Das ist nun einmal seine Art, Kusine Victoria. Ich habe ihn in St. Petersburg bei seinen Geschäften beobachtet, und er hat dort mit genau der gleichen Methode sein Glück gemacht. Es wird euch nur um so größere Ehre einbringen, daß Herr Schliemann nicht blind nach einer Photographie gewählt hat, sondern erst, nachdem er sorgfältig jede nur denkbare Alternative erwogen hat.«
Die Engastromenos' hatten sich beruhigt, aber um Madame Victorias Mundwinkel lagen sorgenvolle Falten. Mit Schliemann in der Familie würde es eine stattliche Mitgift für ihre jüngste Tochter Marigo geben, ein Universitätsstudium für ihren jüngsten Sohn und Kapital, um neue Waren für das Textilgeschäft zu kaufen, das seit dem verhängnisvollen Verkauf des Hauses wegen mangelnden Kredits immer mehr in Schwierigkeiten geriet.
Sophia wußte das alles; sie hatte sich vorbehaltlos mit der Heirat einverstanden erklärt.
»Arrangierte Ehen sind die besten«, sagte der griechische Volksmund.

Sie trat in den Garten hinaus, um Henry Schliemann kennenzulernen, um zu prüfen und geprüft zu werden.
Es war jetzt am Spätnachmittag kühl im Garten; an den Kletterreben hingen noch einige Trauben. Es gab Obstbäume, die Georgios Engastromenos vor Jahren hier gepflanzt hatte: Granatäpfel, Mandeln, Aprikosen und Maulbeeren; die vertraute *gazia*, eine Warzenmelone mit schwammähnlichen gelben Blüten und einem herrlichen Duft. Der Tisch und die Stühle waren aus einfachem Holz und sichtlich viel benutzt, denn die Tanten, Onkeln und Vettern Engastromenos sowie die Familie von Madame Victoria, die Geladakis, hatten ebenfalls Sommerhäuser in Kolonos.
Die Familie stand geschlossen auf, als Sophia auf sie zutrat. Das war etwas völlig Neues.
›Ich bin plötzlich die Hauptperson geworden‹, dachte sie bei sich.
Ihr Herz schlug laut und heftig, obwohl sie sich vorgenommen hatte, sich nicht über diese erste Begegnung aufzuregen; aber sie wußte, daß Henry Schliemann sie mit der ganzen Gründlichkeit prüfen würde, mit der er bei den Versteigerungen in Amsterdam einen Posten Indigo geprüft hatte.
›Wie schnell die Nachricht sich verbreitet hat!‹ bemerkte sie im stillen. In kürzerer Zeit, als sie gebraucht hatte, den Platz zu überqueren, sich zu waschen und anzuziehen, hatten ihre Verwandten ihren besten Sonntagsstaat angelegt und waren, von ihren Kindern gefolgt, herbeigeeilt, um dieses bemerkenswerte Phänomen zu sehen: einen Multimillionär, der sich mit vierundvierzig zur Ruhe gesetzt, die Welt bereist und zwei Bücher veröffentlicht hatte; einen gebürtigen Deutschen, der ein Untertan des Zaren, dann amerikanischer Staatsbürger geworden war und jetzt eine griechische Frau heiraten und selbst Grieche werden wollte! Es hatte in Kolonos nichts annähernd so Interessantes gegeben, seit Sophokles dort geboren worden war und später seinen Geburtsort unsterblich gemacht hatte, indem er schrieb: »...Kamst zum schimmernden Grunde Kolonos'! Helltönend schwärmt hier die Nachti-

gall und klagt aus des Efeus grünendem Dunkel ihr Lied hinaus in die blühenden Täler«; seit Ödipus dort in der Nähe verschwunden war. Als Antigone ihren blinden Vater Ödipus nach Athen führte und er sie am Nachmittag eines langen Tages auf den staubigen Straßen fragte: »Wo sind wir? Welche Stadt ist's, welche Gegend?«, hatte Antigone geantwortet:

»Mein armer Vater, ach, weit in der Ferne
Erscheinen erst der Stadt getürmte Zinnen.
Doch heilig scheint der Ort, den wir betraten.
Von Lorbeer strotzt er, Reben und Oliven,
Und süß erschallt der Nachtigallen Lied.«

Auf dem Kommandoposten am oberen Ende des großen Gartentisches saß ihre Mutter. Madame Victoria, das Oberhaupt ihrer Sippe, war außerordentlich stolz auf ihr kretisches Erbe. Die Kreter waren wilde Kämpfer, freiheitsliebend und eigenwillig; sie konnten sich nicht damit abfinden, von den Türken unterworfen worden zu sein, und lehnten sich, seit die ersten Griechen, von ihrer Geistlichkeit angeführt, auf dem Festland die Unabhängigkeit errungen hatten, in jeder Generation gegen die Fremdherrschaft auf. Sie hielten zusammen: Familientreue war das oberste Gebot fürs Überleben. Als nächstes kam ihre Anhänglichkeit an die Sippe, ein weiter gespannter Kreis als die Familie, denn er schloß die »Blutsbrüder« ein, das heißt diejenigen, die sich mit dem Messer in den Arm geritzt und ihr Blut miteinander vermischt hatten, um sich ewige Treue zu schwören. Eine hervorstechende Eigenschaft der Kreter war, daß sie gleichzeitig großzügig und habgierig waren: habgierig, damit sie es sich leisten konnten, großzügig zu sein, die große Geste zu machen. Sie waren ein stolzes Volk, »und das mit Recht«, hatte Sophias Mutter ihre Kinder gelehrt. Schon 1600 v. Chr. war Kreta das Kulturzentrum der westlichen Welt, mit großen Palästen, reichen Städten, begabten Architekten, Malern, Bildhauern, Athleten, und gleichzeitig war es auch das kommerzielle Zentrum des Ägäischen Meeres, denn seine Schiffe trieben Handel mit allen Ländern, die ans Mittelmeer grenzten, und seine Flotte beherrschte die Meere. Sophia war mit den überlieferten Lebensweisheiten des kretischen Volkes aufgewachsen:

Wer auf Gott hofft, geht niemals hungrig zu Bett; und wenn er es tut, so nährt ihn der Schlaf... Eine gute Hausfrau kann mit einem Löffel spinnen... Befolget den Rat von alten Menschen und Verheirateten; sie haben viel Brot und Salz gegessen...

Neben ihrer Mutter saß Sophias Tante, *Kyria* Lambridou, stellvertretendes Oberhaupt der Sippe; ihre untergeordnete Stellung mag der Grund dafür gewesen sein, daß sie mit Vorliebe Zwietracht zwischen den Menschen säte. Zur Linken des Besuchers sah Sophia ihren Vater, der im Gegensatz zu Madame Victoria völlig entspannt und gelassen auf seinem Gartenstuhl saß. Einer der Wertgegenstände, die die Familie aus der Stadtwohnung gerettet hatte, war ein Ölbild von Georgios Engastromenos, das zwei Jahre zuvor von dem berühmten griechischen Maler Kastriotes gemalt worden war. Das Porträt hing jetzt im Wohnzimmer ihres Hauses in Kolonos. Wenn Sophia in Gedanken das Bild ihres Vaters heraufbeschwor, war sie nie sicher, was sie sah, das Ölgemälde oder den Menschen aus Fleisch und Blut. Er war ein gutaussehender Mann von fast sechzig, glatzköpfig, abgesehen von ein paar grauen Strähnen über den Ohren, und er trug einen langen, gut proportionierten Schnurrbart, der bis zu seinem Kinn herabfiel. Die Augen standen weit auseinander; sie beobachteten, aber sie urteilten nicht. Als junger Mann hatte er im Freiheitskrieg der Athener gegen die Türken gekämpft, und die Erfahrung hatte ihm Befriedigung und Auszeichnungen gebracht; aber damit war seine Kampfeslust erschöpft. Sein Charakter war eher beschwichtigend und versöhnlich. Er liebte gutes Essen und Trinken, und er verdankte seinen ursprünglichen Erfolg der Tatsache, daß er sich seinen Kunden gegenüber gesellig und gastfreundlich zeigte. Mit seinen Kindern machte er es ebenso; Sophia liebte ihn zärtlich; sie konnte sich nicht entsinnen, daß er je die Stimme erhoben hatte, obwohl er gelegentlich die Jungen zur Ruhe mahnen mußte. Er trug eine kleine weiße Fliege, die unter einem schmalen weißen Kragen saß; sein Anzug, aus dem besten Tweed, den er aus England einführen konnte, war gut geschnitten. Er war ein großer, breitschultriger Mann, dessen einziges typisches Merkmal eine zackige Narbe über der rechten Augenbraue war, wo ihn als Kind ein Hund gebissen hatte. Es lag kein Argwohn in seinem Charakter. Mehr Praktiker als Theoretiker, nahm er das Leben, wie es war, ohne zu rechten oder zu klagen. Seitdem er ein unabhängiger Grieche geworden war, betrachtete er es als eine Torheit, die Welt verändern oder ihren Lauf lenken zu wollen.

Die heranwachsende Brut von sechs Kindern war von Madame Victoria beherrscht worden. Darin lag nichts Ungewöhnliches: Es war der jahrhundertealte Brauch der griechischen Familie. Der Vater war der absolute Herr des Hauses, dessen Wünschen und Befehlen sich die Mutter widerspruchslos unterwarf. Niemand hätte auch nur im Traum daran gedacht, seine Autorität in Frage zu stellen. Dennoch war die Mutter diejenige, die die Kinder großzog und mit einem gordischen Knoten an sich band, den nur die Kraft und das Schwert eines Alexanders des Großen hätten lösen können.

Sophia hatte es am besten von allen sechs Kindern der Familie Engastromenos gehabt. Als sie ins Arsakeion kam, und vor allem während ihres letzten Jahres dort, hatte Madame Victoria, die völlig vernarrt in die hübscheste und begabteste ihrer Töchter war, ihre Strenge durch Anbetung ersetzt und Sophia Rechte eingeräumt, die ihren Geschwistern verwehrt blieben. Sophia hatte diese Privilegien ausgiebig genossen; sie hatten die Liebe zu ihrer Mutter eher noch verstärkt als gemindert. Sie gelobte, daß kein Mensch jemals zwischen sie treten sollte, nicht einmal ein geliebter Ehemann.

Sie hatte es bisher ängstlich vermieden, dem Mann ins Gesicht zu sehen, der annähernd siebentausend Meilen weit gereist war, um ihr den Hof zu machen. Erst jetzt merkte sie in der Stille, die sie umgab, wie erregt sie war. Sie fing an zu zittern, als ihr Vater seine Hand nach der ihren ausstreckte. Obwohl sie sich während der vergangenen Wochen immer wieder fest vorgenommen hatte, nicht auf eine hochgewachsene, schöne, romantische Gestalt zu hoffen, hatte sie sich, wie sie jetzt zum erstenmal erkannte, doch im tiefsten Inneren und ohne es bewußt zu wollen gewisse Illusionen über diesen welterfahrenen Mann gemacht, der sicherlich eine der fesselndsten Persönlichkeiten war, die sie je gesehen hatte.
»Sophia, dies ist Herr Henry Schliemann, der uns die Ehre erwiesen hat, uns seine Aufwartung zu machen. Herr Schliemann, darf ich Ihnen meine Tochter Sophia vorstellen.«
Schliemann murmelte: »*Despossyne*, mein Fräulein«, nahm ein Buch vom Tisch und sagte in akzentfreiem Griechisch:
»Dies ist ein kleines Buch, das ich gerade über meine Reisen im letzten Jahr veröffentlicht habe: *Ithaka, der Peloponnes und Troja*. Darf ich es Ihnen überreichen? Ich habe die französische Übersetzung mitgebracht, weil ich annahm, daß es Ihnen leichter fallen wird, sie zu lesen.«
Sie verbeugte sich leicht und nahm das Buch zwischen ihre ausgestreckten Hände. Obwohl es, wie Schliemann gesagt hatte, nur ein schmaler Band war, fühlte es sich wie ein Bleigewicht an, das sich ihr schwer aufs Herz legte; denn der Fremde, den sie vor sich stehen sah, war von kleiner Statur, nur wenige Zentimeter größer als sie. Er wirkte langweilig und glanzlos, mit einer Stirnglatze, zottigem Schnurrbart, blasser Haut und ausgehöhlten Wangen; seine Augenlider waren gesenkt, als ob er müde sei, und die spärlichen Haare an den Seiten seines Kopfes fielen ihm unordentlich über die Ohren. Der Schmetterlingsbinder paßte nicht zu seinem Kragen, und sein dunkler Anzug mit der schweren Goldkette über der Weste gab ihm das Aussehen eines Bankangestellten oder Mittelschullehrers. In ihren jungen, unerfahrenen Augen sah er mit seinen siebenundvierzig Jahren alt und verbraucht aus; eher wie ein Mann, der mit Freuden diese ermüdende und enttäuschende Welt verlassen würde, als wie einer, der gerade erst im Begriff war, sein wirkliches, bedeutungsvolles Leben zu beginnen.
Sophia war niedergeschmettert. Die Enttäuschung war zu groß. Und während sie sich noch bemühte, die Tränen zurückzudrängen, fühlte sie eine neue und seltsame Regung in sich aufsteigen: ein Gefühl der Auflehnung. Sie war überzeugt, daß abgesprochene Ehen gut waren, das beste für alle Beteiligten. Und sie wußte auch, daß ihre Heiratschancen ohne Mitgift sehr gering sein würden und sie kaum damit rechnen konnte, eine bessere Gelegenheit zu finden. Aber sie erkannte mit erschreckender Klarheit, daß es schwer sein würde, diesen Mann zu lieben, ganz gleich, wie ernsthaft sie sich bemühte. Sie spürte ein fast unwiderstehliches Verlangen, ein lautes »Nein!« hinauszuschreien.

›Aber ich kann nicht nein sagen‹, dachte sie bei sich. ›Die Zukunft meiner Familie hängt von dieser Verbindung ab. Meine Brüder können nicht heiraten, bevor ich verheiratet bin. Durch meine Ehe mit Herrn Schliemann bekommt Marigo ihre Mitgift, die Kreditwürdigkeit meines Vaters wird wiederhergestellt, wir können Panaghiotes studieren lassen...‹
Nicht nur ihre Familie, sondern ganz Kolonos erwartete das von ihr.
Sie straffte die Schultern, hob den Kopf und sagte mit ihrer normalen, kräftigen Stimme:
»Vielen Dank für das Buch, Herr Schliemann. Ich habe bereits die Einführung auf griechisch gelesen. Onkel Theokletos hat mir das Maiheft von *Myria Osa* mit Ihrem Auszug gebracht.«
Henry Schliemann lächelte. Es war ein sympathisches Lächeln.
»Ausgezeichnet! Die Zeitschrift erscheint in Paris, aber ich hatte gehofft, daß sie auch in Griechenland eine weite Verbreitung findet.«
Sie neigte höflich den Kopf und ging zu dem Stuhl neben Pater Vimpos, den man für sie freigehalten hatte. In diesem Augenblick kam Marigo aus dem Haus; sie trug ein großes silbernes Tablett, auf dem für jeden der Gäste ein Glas Wasser stand. In der Mitte des Tabletts befand sich eine Schüssel mit Kirschen in dickflüssigem Zuckersaft und daneben ein silberner Becher mit genau der richtigen Anzahl Löffeln. Marigo begann beim Ehrengast, dann ging sie von einem Familienmitglied zum anderen. Jeder der Anwesenden nahm ein Glas in die eine Hand, einen Löffel in die andere und dann einen Löffelvoll von den süßen Früchten, den er über das Glas hielt, um den herabtropfenden Sirup im Wasser aufzufangen. Sie aßen die Früchte, tranken das Wasser und taten den jetzt leeren Löffel in das leere Glas.
Marigo machte abermals die Runde, um die Gläser einzusammeln und ins Haus zu bringen.

3.

Mit diesem Ritus des »süßen Löffels« war das Eis gebrochen. Sophia sah, daß mit Ausnahme von ihr und Henry Schliemann alle auf einmal zu reden begannen. Um sie ins Gespräch zu ziehen, sagte Pater Vimpos zu ihr:
»Wir werden unseren Freund bald *Doktor* Schliemann nennen müssen. Die Universität von Rostock, in der Nähe seines Geburtsortes, wird ihm für das Buch, das du in der Hand hältst, den Doktortitel verleihen. Das ist ein Beweis für die Glaubwürdigkeit seiner Theorien.«
Sophia wußte nicht, was sie darauf erwidern sollte. Aber noch ehe ihr Schweigen bemerkt werden konnte, ergriff Schliemann das Wort.
»Kein *Beweis*, mein lieber Erzbischof«, rief er, den jungen Bischof in spe zu einem der höchsten Würdenträger der orthodoxen Kirche befördernd, »nur eine *Vermutung*. Jetzt ist es an mir, meine Schlußfolgerungen durch die Tat statt durch das gedruckte Wort zu beweisen.«

»Worin wird diese Tat denn bestehen?« fragte einer von Sophias Onkeln höflich.

»In der Entdeckung von Troja! In Ausgrabungen bei Hissarlik, genau gegenüber dem Ausgang des Hellespont. Bis ich die ganze Stadt des Priamos freigelegt habe, das, was Homer das ›heilige Troia‹ nennt. Zuerst werde ich die Mauer suchen. Poseidon beschreibt sie in der *Ilias:* ›Ich nun selbst erbaute der Troer Stadt und die Mauer, breit und schön, der Feste zur undurchdringlichen Schutzwehr.‹ Und sie war tatsächlich undurchdringlich, bis die Achäer nach zehnjährigem Kampf die Trojaner überlisteten, indem sie sie überredeten, das hölzerne Pferd in ihre Stadt zu lassen. In der Nacht verließen die achäischen Soldaten, die im Bauch des Pferdes verborgen waren, ihr Versteck und öffneten die ›guterbauten Tore‹, wie Homer sie nennt. Nur durch diese Kriegslist konnten die Achäer, die vorgegeben hatten, in ihre Heimat zurückzukehren, in Wirklichkeit aber ihre elfhundert Schiffe in den sandigen Buchten der Insel Tenedos versteckten, Troja einnehmen und niederbrennen.«

Henry Schliemann hatte sich erregt vornübergebeugt, und seine Augen glühten. Sophia war erstaunt über die Veränderung, die mit ihm vor sich gegangen war. Und sie war auch erstaunt über den Ernst in seiner Stimme. Ihre Ansichten, was die *Ilias* und damit Troja betraf, waren durch fünf Jahre Unterricht in der Sprache Homers geformt worden. Die Lehrer im Arsakeion hatten sich die Theorien ihrer Professoren an der Universität von Athen, die auf der anderen Seite der Panepistimioustraße lag, zu eigen gemacht. Als Sophia ihr zweites Jahr im Arsakeion absolvierte, hatte Professor Vernardakis, der beste griechische Kenner Homers, seinen Studenten an der Universität erklärt:

»Nach den Jahren des türkischen Jochs waren Homers Dichtungen mit ihrer unübertrefflichen Erfindungskraft die ideale Nahrung für das griechische Volk. Homer erreicht eine vollkommene tektonische Einheit. Alles wirkt wahr und natürlich. *Aber alles bei Homer ist falsch. Es sind alles Lügen.*«

Die *obiter dicta* Professor Vernardakis' hatten ihren Weg sehr schnell ins Arsakeion gefunden. Kein Lehrer wäre so tollkühn gewesen, das Urteil eines Professors der Universität von Athen anzuzweifeln. Und so hatte man Sophia gelehrt, Friedrich August Wolf habe in seinem großen Werk, *Prolegomena ad Homerum*, das 1795 in Halle erschienen war, ein für allemal bewiesen, daß es niemals einen Homer, einen Trojanischen Krieg oder auch nur ein Troja gegeben hatte. Kein angesehener Gelehrter oder Akademiker hatte seinen Argumenten widersprechen wollen.

Sophia war bestürzt, diesen Mann, der mit vierzehn die Schule hatte verlassen müssen, um in einem Lebensmittelgeschäft zu arbeiten, wo er fünf Jahre lang achtzehn Stunden am Tag geschuftet und nie Gelegenheit gehabt hatte, ein Buch zu lesen, ihren Lehrern widersprechen und eine Irrlehre vortragen zu hören, an die nur Dilettanten und Narren glaubten. Als sie den Blick über die Gesichter ihrer Verwandten schweifen ließ, sah sie an den skeptisch hochgezogenen Brauen, daß sie alle das gleiche dachten.

Sophia bemerkte, daß Henry Schliemann den Unglauben ihrer Angehörigen spürte, obgleich sie ihr Bestes taten, ihn zu verbergen; und sie sah, daß es ihn nicht weiter störte. Er sagte liebenswürdig:
»Verzeihen Sie, daß ich so anmaßend bin, Griechen über ihre eigene Geschichte unterrichten zu wollen. Aber Sie wissen, wie es mit Bekehrten ist: Sie sind fanatischer als diejenigen, die mit dem Glauben aufgewachsen sind. Zweifel stören mich nicht. Ich habe gelernt, damit zu leben. Die Menschen haben auch nicht glauben wollen, daß die Erde sich um die Sonne dreht.«
Die Engastromenos' hatten die populäre Zeitschrift *Pandora* abonniert, wo literweise Tinte für das verspritzt wurde, was bis zu diesem Augenblick im Spätsommer 1869 eine leidenschaftliche Debatte über »die homerische Frage« war, wobei die Mitarbeiter von *Pandora* selbst die Ansicht vertraten, daß die Werke Homers »eine bloße poetische Erfindung« seien.
Georgios Engastromenos hielt es für ein Gebot der Höflichkeit, seinen Gast anzuspornen.
»Bitte erklären Sie uns doch, Herr Schliemann, wie es möglich ist, eine Stadt freizulegen, die vor...«
»...dreitausend Jahren dem Erdboden gleichgemacht worden ist«, beendete Herr Schliemann den Satz. »Irgendwann zwischen 1240 und 1190 v. Chr.«
»Ja«, sagte Sophias Vater nachdenklich, »bedeutet das nicht, daß alles, was verbrannt und zerstört wurde, in Staub zerfallen ist?«
Henry Schliemann nickte lebhaft. Sophia sah, daß seine Wangen sich röteten.
»Hektor, der große Feldherr der Trojaner und Thronerbe des Priamos, sagt zu seinem Freund Polydamas: ›Sonst war Priamos' Stadt bei vielfachredenden Menschen weit auf der Erde berühmt als reich an Gold und Bronze.‹ Dieser Schatz müßte noch vorhanden sein! Wir wissen aus der *Ilias* von dem Palast des Priamos, der ›fünfzig Gemächer aus schöngeglättetem Marmor‹ für seine Söhne und deren Frauen hatte; und von den ›zwölf gewölbten Gemächern zur anderen Seite des Hofes‹, wo seine Töchter und Schwiegersöhne lebten. Wir wissen von Hektors ›wohlgebauter Wohnung‹ mit ihrem offenen Hof, wo die ›lilienarmige Andromache‹ mit ihren Dienerinnen saß; sie trugen ›leuchtende Gewänder aus Wolle und Gold‹. Als Hektor zu seinem verhaßten Bruder Paris geht, um ihn zur Schlacht zu holen, wird uns der Palast des Paris beschrieben: ›...wandelte Hektor dahin zum schönen Palast Alexandros', welchen er selbst sich erbaut mit den kunsterfahrensten Männern aller umher in Troia, dem Land hochscholliger Äcker; diese bereiteten ihm das Gemach und den Saal und den Vorhof, hoch auf der Burg und nahe bei Priamos' Wohnung und Hektors.‹ All diese Gebäude waren aus Stein, und Stein verbrennt nicht.
Wir wissen von dem skaiischen und dem dardanischen Tor, durch die das trojanische Heer in den Kampf zog. Sie müssen noch vorhanden sein! Ebenso wie die ›wohlgepflasterten Straßen‹, die von den Wagenlenkern benutzt wurden; und der hohe Wachtturm, von dem aus Helena dem Priamos die achäischen Heerführer Aias und Agamemnon zeigte. All dies und vieles mehr

müßte noch stehen, begraben unter späteren Trojas – es könnten bis zu drei oder sogar vier sein –, aber durch die Jahrtausende hindurch von einer dichten Erdschicht beschützt.«
Sophia hatte still, mit gesenkten Augen dagesessen; er hörte überrascht die Bewunderung in ihrer Stimme:
»Herr Schliemann, Sie zitieren so fließend aus der *Ilias*, daß man annehmen möchte, Sie haben das ganze Buch auswendig gelernt. Ist das möglich?«
»Nicht nur möglich, Fräulein Sophia, sondern sehr wahrscheinlich. Ich habe die Verse so oft gelesen, sowohl in altem als auch in neuem Griechisch, daß sie sich mir unauslöschlich ins Gedächtnis gegraben haben. Und warum sollte ich nicht fähig sein, das Epos auswendig zu lernen, wenn Hunderte von Homers Nachfahren und Schülern es in seiner ganzen Länge von Generation zu Generation weitergegeben haben, indem sie den Sängern lauschten, die durch die Lande zogen und die Episoden vortrugen?«
Seine Art war nicht überheblich, einfach sachlich. Sophia sah ihn aufmerksam an; er war wie verwandelt, wirkte jetzt nicht mehr langweilig und alt. Sein Ausdruck war lebendig, sein glattrasiertes Gesicht leicht gerötet; er hatte die Schultern gestrafft und strotzte förmlich vor jugendlicher Begeisterung und Tatendrang. Ein geschickter Zeigefinger hatte den Schnurrbart geglättet und die Haare hinter die dicht anliegenden Ohren gestrichen. Aber am wichtigsten waren für sie seine Augen, die jetzt strahlend, klar und weit geöffnet waren, um all das hereinzulassen, was die Welt einem aufgeschlossenen, scharfen Geist zu bieten hatte.
Das Gefühl der Enttäuschung verschwand; an seine Stelle trat Neugier, der Wunsch, mehr über diesen seltsamen Mann zu erfahren.
Theokletos Vimpos kannte Schliemann gut genug, um ihm die Stirn zu bieten.
»Sie sprechen fortwährend von Troja. Aber es hat nie ein Troja gegeben! Es ist ein Produkt der Phantasie des Dichters. Und es hat auch keinen Trojanischen Krieg, kein hölzernes Pferd und keinen Streit zwischen Achilles und Agamemnon wegen einer schönen Gefangenen gegeben. Es ist alles Mythologie!«
Schliemann lachte gutmütig; er war an Vimpos' Hänseleien gewöhnt.
»Ich weiß. Und es hat auch keinen Homer gegeben. Zahllose Sänger haben durch die Jahrhunderte hindurch nach und nach die Verse erfunden, und Peisistratos, der Tyrann von Athen, hat schließlich im 6. Jahrhundert v. Chr. all die Sänger versammelt und ihre Verse von Schreibern aufzeichnen lassen, um sie dann zu einem Ganzen zusammenzufügen... Selbst Grote sagt in seiner *Geschichte Griechenlands*, es gebe keine Möglichkeit zu beweisen, daß Troja existiert hat oder daß Homer tatsächlich die *Ilias* und die *Odyssee* geschrieben hat. Oh, aber nicht die großen Dichter der Welt, nicht Goethe, Schiller, Shelley, Pindar oder Horaz. Sie glauben an die Existenz Homers, weil sie erkennen, daß die beiden Bücher organisch in sich geschlossen sind, aus einem Stück, von einem einzigen genialen Geist geschaffen!«

Sophia, die hörte, wie seine Stimme an Kraft gewann und mit leidenschaftlicher Beredsamkeit durch den Garten schallte, wurde sich einer seltsamen Gemütsbewegung bewußt, die sie noch nie zuvor empfunden hatte. Ohne den Blick zu heben, fragte sie leise:

»Herr Schliemann, darf ich eine Frage stellen?«

»Gewiß, mein Fräulein.«

»Man hat uns in der Schule gelehrt, da die alten Götter eine so wichtige Rolle in beiden Epen spielen, und diese Götter von Olymp und Ida verschwunden sind, sei schon das ein Beweis, daß die *Ilias* und die *Odyssee* Mythen sind.«

Henry Schliemann lächelte; seine blauen Augen leuchteten vor Kampfeslust.

»Die Antwort ist, nachdem man die Götter entfernt oder in die Mythologie versetzt hat, ist das, was von den beiden Epen übrigbleibt, immer noch bis in die letzte Einzelheit glaubwürdig und plausibel. Aber ich bin nicht der Meinung, daß wir die Götter ›entfernen‹ müssen. Sie wurden von einem Volk der Antike etwa 4000 v. Chr. geschaffen, und sie unterscheiden sich nicht wesentlich von den Göttern anderer alter Religionen.«

»Aber die heidnische Religion des alten Griechenlands wird von den christlichen Griechen als kindisch angesehen!« rief Madame Victoria aus.

Sophia fragte sich, ob Henry Schliemann beleidigt sein würde. Statt dessen war er, wie sie sah, erregt, als er ihre Mutter bat, ihm zu erklären, warum. Madame Victoria erklärte, daß die Götter, die wie Menschen aussahen und sich wie Menschen verhielten, mit allen Trieben und Leidenschaften ausgestattet worden waren, die der menschlichen Natur entsprachen, wobei man ihnen zusätzlich übermenschliche Kräfte zuschrieb, die sie befähigten, dem Sterblichen zu helfen und seine Feinde zu schädigen oder zu vernichten.

»Wir haben nie irgendeine andere Erklärung für die griechische Religion des Altertums gesucht, sondern haben sie einfach als eine phantasievolle, interessante und manchmal amüsante Geschichte betrachtet.«

Sophia beobachtete, wie Schliemann seine Weste herunterzog, seine schwarze Fliege zurechtrückte und die Beine übereinanderschlug, während er nach einer möglichst überzeugenden Antwort suchte.

»Ich bin Sohn eines Pfarrers und natürlich streng christlich erzogen worden. Aber das, was frühere Völker geschaffen und woran sie geglaubt haben, wird eher zu einer geschichtlichen Tatsache als zu einem Mythos. Wenn die Trojaner oder Achäer heute abend hier in den Garten kommen und uns über unsere Religion sprechen hören könnten, wären sie ebenso belustigt über das, was sie unsere Mythologie nennen würden, wie wir es über die ihrige sind. Ich hege eine tiefe Bewunderung für den Pantheismus, und ich verstehe, weshalb die Menschen den Gott der Sonne, der Felder, der Flüsse verehrt haben. Alle Naturgewalten tragen etwas vom göttlichen Wesen in sich. Ich hoffe, daß ich niemanden schockiert habe.«

Er hatte es getan, aber die Familie Engastromenos war zu wohlerzogen, um es sich anmerken zu lassen. Ohne ihn anzusehen, sagte Sophia leise, aber doch laut genug, daß er sie hören konnte:

»Herr Schliemann, ich kann nicht beurteilen, ob Sie recht oder unrecht haben, aber ich bewundere Sie wegen der Stärke Ihrer Überzeugung.«
Seine Augen verschlangen das junge Mädchen vor ihm.
Es war dunkel im Garten. Einige der Frauen waren leise mit den kleineren Kindern fortgegangen. Die Männer hatten sich um Schliemann geschart.
»Sie glauben, daß Homer ein bestimmter Mensch war wie Dante oder Shakespeare?« fragte jemand, wahrscheinlich ihr Onkel Lambridou, vermutete Sophia.
»Daran ist nicht zu zweifeln!« Henry Schliemanns Augen funkelten vor Erregung. »Er ist irgendwann zwischen 1000 und 900 v. Chr. in Smyrna, Izmir, nicht weit von Troja, geboren worden. Die Söhne Homers, sowohl seine leiblichen Nachkommen als auch seine Schüler, bildeten eine Sängergilde, die ihren Stammsitz auf Chios, der Smyrna am nächsten gelegenen Insel, hatte. Diese Sänger reisten um das Ägäische Meer herum von einem Hof zum anderen, zupften ihre Lyra und sangen Homers Verse.«
»Wenn Sie sagen, Homer habe die *Ilias* ›geschrieben‹, meinen Sie damit, daß er ein großes Gedicht aus den Fragmenten schuf, die vom Krieg überliefert worden waren?«
Es war Spyros, Sophias ältester Bruder und engster Freund, der ihre Reaktion auf Herrn Schliemann beobachtet hatte. Schliemann lächelte nachsichtig.
»Ja. Wir haben kein Manuskript von Homer und auch keine Beweise, daß eines existiert hat. Er könnte jedoch sehr wohl alles niedergeschrieben haben, ebenso wie das Hohelied Salomos fast zur gleichen Zeit als Teil des Alten Testaments geschrieben wurde. Wenn es keine geschriebene Literatursprache gibt, so ist eine andere Kraft am Werk, die ebenso mächtig ist: *das Gedächtnis des Volkes.* Die Geschichten vom Trojanischen Krieg und den Irrfahrten des Odysseus wurden durch die Jahrhunderte hindurch von den Eltern an die Kinder weitergegeben. Abgesehen von ihrem Ackerland, ihren Schafen und Ziegen war ihre Geschichte das wertvollste Gut dieser Menschen, ehe es schriftliche Aufzeichnungen gab, und jede Generation gab dieses Erbe weiter. Es hatte vor Homer schon Sänger gegeben, und sie verfaßten Lieder über die großen Sagen von Achilles, Hektor, Helena; aber Homer war derjenige, der nach Troja ging. Er erfand eine griechische Schriftsprache, um seine Geschichte zu erzählen, und sammelte all diese früheren Sagen und Balladen, um allein die *Ilias* und die *Odyssee* zu schaffen. Er erforschte das trojanische Gelände und prägte es sich ein: den Hügel, heute Hissarlik genannt, auf dem die ursprüngliche Festung errichtet worden war; die beiden Flüsse – den Skamander, der vom Berg Ida im Süden herunterkommt, und den Simois, der aus dem Norden kommt: Sie bilden ein Dreieck zwischen den Mauern von Troja und dem Meer, und auf diesem Stück Land wurden die Schlachten ausgetragen. Troja muß dicht am Hellespont liegen, wo die Achäer ihre 1140 Schiffe auf den Strand zogen und ein Lager für ihre 120000 Krieger aufschlugen; denn Homer berichtet uns, daß die griechischen Soldaten oft zweimal am Tag von ihrem Lager zu den Mauern von Troja zogen.«

Georgios Engastromenos wußte nicht, was er von alldem halten sollte. Sophia kannte ihren Vater gut genug, um an seinem Ausdruck zu erkennen, daß er sich insgeheim fragte: ›Rede ich mit einem Genie oder einem Narren?‹ Laut sagte er:

»Hunderte von Menschen haben sich sehr eingehend mit der *Ilias* befaßt, ohne zu erkennen, wo Troja liegt...«

Henry Schliemann fing an, im Kreis der schwarz gekleideten Männer auf und ab zu gehen.

»Ich kann nicht für Ihre Hunderte sprechen, Herr Engastromenos, nur für meine Person. Hunderte von Gelehrten haben auch Pausanias' *Beschreibung Griechenlands* gelesen, und trotzdem suchen sie immer noch beharrlich außerhalb der kyklopischen Mauern von Mykene nach den Königsgräbern mit ihrem kostbaren Goldschatz.«

Jetzt war auch Sophia bestürzt.

»Und Sie wissen, wo sich diese Königsgräber in Mykene befinden, Herr Schliemann?«

»Fräulein Sophia, vielleicht gestatten Sie mir, daß ich, wenn ich nächstesmal nach Kolonos komme, mein Exemplar von Pausanias mitbringe? Ungeachtet der Tatsache, daß er seinen Bericht erst im 2. Jahrhundert n. Chr. geschrieben hat, sagt er, er habe die Quelle Perseia und die Schatzhäuser des Atreus und seiner Söhne gesehen, die sich tatsächlich in der unteren Stadt befinden. Aber ›Klytaimnestra und Aigisthos wurden etwas entfernt von der Mauer begraben, innerhalb verwehrte man es ihnen, wo Agamemnon selbst lag und die mit ihm Ermordeten.‹ Es besteht kein Zweifel, daß er dabei ausschließlich an die riesigen kyklopischen Mauern der Zitadelle dachte. Ich glaube, ich weiß, wo das ist.«

Es herrschte verlegenes Schweigen im Garten. Herrn Schliemanns Behauptung, daß er wisse, wo Troja lag, und daß er im Begriff sei, es auszugraben, war schon schwer zu akzeptieren gewesen. Mit dieser zweiten Behauptung, daß er wisse, wo sich die Königsgräber von Mykene befanden, entwich alles Vertrauen zu diesem geheimnisvollen Millionär in den nächtlichen Himmel; die diversen Engastromenos' und Geladakis hatten nichts dazu zu sagen. Sophia dachte bei sich:

›Er kann nicht verrückt sein. Er ist durch die halbe Welt gereist, hat zwei Bücher geschrieben, sich aus eigener Kraft ein Vermögen geschaffen. Gewiß, er ist egozentrisch, aber ich bezweifle, daß er riskieren würde, sich lächerlich zu machen.‹

Sie sagte ruhig:

»Herr Schliemann, angesichts Ihrer Ausführungen fragt man sich natürlich unwillkürlich, wenn Sie so überzeugt sind, daß Sie recht haben, warum haben Sie nicht sofort mit der Ausgrabung von Troja begonnen?«

Schliemann kehrte zu seinem Platz zurück und ließ sich müde auf den Stuhl sinken, als hätte er bereits einen ganzen Tag gegraben.

»Wenn es nach mir ginge, Fräulein Sophia, hätte ich das ganz gewiß getan.

Aber um in der Türkei zu graben, braucht man einen *firman*, eine schriftliche Genehmigung vom Großwesir in Konstantinopel. Es ist nicht leicht, sie zu erhalten. Ich habe ein Gesuch eingereicht. Sobald ich das offizielle Dokument in der Hand habe, werde ich es sofort gegen eine Hacke, eine Schaufel und einen Schubkarren eintauschen. Die Archäologie wird erst zu einer eigenständigen Wissenschaft, wenn sie aufhört, Philologie zu sein, wenn die Männer aus ihren Bücherstuben herauskommen und anfangen, in der Erde zu graben. Genau das beabsichtige ich zu tun. Und das ist der Grund, weshalb ich entschlossen bin, mir eine griechische Frau zu suchen. Sie wird die Hand Gottes auf meiner Schulter sein. Mein griechischer Schatz!«

Seine Stimme zitterte. Er wischte sich mit einem feinen Batisttaschentuch den Schweiß von der Stirn.

›Du meine Güte‹, dachte Sophia im stillen, ›das wird eine ganz schöne Aufgabe für die griechische Frau, die er heiratet. Wenn er Troja oder die Königsgräber von Mykene nicht findet, wird er dann sagen, seine Frau habe ihn im Stich gelassen?‹

4.

Madame Victoria lud Herrn Schliemann am Sonntag zum Mittagessen ein, was er mit Freuden annahm; außerdem schlug sie vor, er solle bei ihnen vorbeischauen, wann immer er nichts anderes zu tun habe. Seine Besuche am Freitag- und Sonnabendnachmittag waren enttäuschend für ihn: Der Garten der Engastromenos' war jetzt zum beliebtesten Treffpunkt von Kolonos geworden. Alle Welt wollte von seinen Reisen und Abenteuern hören, und er fand keine Gelegenheit zu dem vertraulichen Gespräch mit Sophia, das er so ungeduldig ersehnte. In einem unbeobachteten Augenblick flüsterte sie ihm leicht belustigt zu:

»Es ist nicht leicht für ein junges griechisches Mädchen, allein zu sein. Tatsächlich ist es praktisch unmöglich! Der Priester sagt: ›Laßt eure Kinder nie aus den Augen, bis sie zwölf sind.‹ Ich durfte nie vor unserem Haus am Romvisplatz mit den anderen Mädchen Seil springen oder Hopse spielen, wenn nicht einer meiner älteren Brüder dabei war, um auf mich aufzupassen. Und ich durfte bis zum Schluß nie allein zum Arsakeion gehen; einer meiner Brüder oder eines der älteren Dienstmädchen mußte mich hinbringen und abholen. Noch bis vor wenigen Monaten war ich ein beschütztes Kind mit weißer Bluse und dunkelblauem Rock. Für ein griechisches Mädchen gibt es vor der Ehe keine Freiheit.«

Besänftigt fing Henry Schliemann an, die Männer der Familie mit Geschichten über Ägypten und den Orient zu unterhalten. Der kleine Panaghiotes fragte:

»Herr Schliemann, wenn Sie durch so viele Länder reisen, woher wissen Sie, welches Geld Sie dort benutzen müssen?«

Schliemann lächelte dem Jungen zu und holte aus der Innentasche seines Jacketts eine dicke schwarzlederne Geldbörse hervor.
»Ich habe diese Börse von den europäischen Kellnern übernommen, die auf diese Art am schnellsten Geld wechseln können. Siehst du, die Tasche hat innen fünf Fächer. Im ersten habe ich mein amerikanisches Geld, im zweiten das französische, im dritten das deutsche, im vierten das russische und im fünften die Banknoten aus Ägypten, Indien, der Türkei und Japan. In der Außentasche bewahre ich der Bequemlichkeit halber mein griechisches Geld auf.«
Sophias Brüder waren fasziniert von den verschiedenen Münzen und Scheinen, die ihr Gast ihnen zur Ansicht gab. Alexandros, der Geld in jeder Form liebte, fragte ihn:
»Herr Schliemann, woher wissen Sie immer, was eine Währung im Verhältnis zur anderen wert ist?«
»Hier, siehst du die weiße Karte auf der Innenseite der Geldtasche? Auf ihr stehen die Wechselkurse für all die Länder, in denen ich Geschäfte mache. Ich nenne sie meine ›Börse‹ und ersetze sie einmal im Monat durch die neuen Kurse. Gegenwärtig sind zum Beispiel fünf Drachmen gleich einem amerikanischen Dollar. Eine Drachme ist einen französischen Franc wert. Man braucht vier Reichsmark für einen Dollar; das britische Pfund ist fünfundzwanzig französische Francs wert, während der russische Rubel drei Francs wert ist...«
An Panaghiotes gewandt sagte er mit einem belustigten Augenzwinkern: »Ich habe diese Geldbörse nachts unter meinem Kopfkissen liegen, denn ich träume viel, und ich weiß nie im voraus, in welches Land mich meine Träume führen werden.«
Panaghiotes quietschte vor Vergnügen.
»Und wenn Sie morgens aufwachen, fehlt Ihnen dann manchmal Geld?«
»O ja, Panaghiotes. Ich träume jede Nacht in mindestens sechs Sprachen; das bedeutet, daß ich praktisch den ganzen Erdball umkreise und bis zum Morgen alles ausgegeben habe.«
Sophia beobachtete die beiden.
›Wie nett von ihm, Panaghiotes zu unterhalten. Er ist gütig, und er hat Humor.‹

Nach dem frühen Sonntagmorgenkaffee ging die Familie Engastromenos schräg über den Platz zur St.-Meletios-Kirche. Sie gingen nicht hinein, denn in der kleinen Kirche hatten, abgesehen von den Priestern, die den Gottesdienst abhielten, nur die Alten Platz. Der Rest der Gemeinde versammelte sich in der Nähe der beiden Türen, und die Leute schwatzten und tauschten die Neuigkeiten der Woche aus, während sie gleichzeitig an den Gebeten und dem Gesang teilnahmen. Gelegentlich kam ein Priester heraus, um die Menge zu segnen, wobei jeder sich dreimal bekreuzigte.
Sofort nach der Messe begann das Kochen. Sophia erinnerte sich an Vormit-

tage in ihrer Wohnung in Athen, wo ihre Mutter eine volle Stunde mit dem Mädchen in der Küche über das Rezept für irgendein besonderes Gericht, zum Beispiel geschmortes Lamm mit frischen Tomaten, kleinen weißen Bohnen, Petersilie und Weißwein, debattiert hatte. Sophia hatte von klein auf gelernt, daß Nahrung etwas war, was man in Ehren halten und folglich mit Liebe und Sorgfalt zubereiten mußte. Alle Griechen teilten diese Ansicht, und die kleinen Mädchen wurden schon vom dritten Lebensjahr an von ihren Müttern im Kochen unterwiesen; nicht als Spiel oder Zeitvertreib, sondern als eine Art religiöser Ritus, denn im gebirgigen Griechenland war Nahrung knapp und, abgesehen von den reichlich vorhandenen Früchten des Meeres, schwer zu bekommen.

Alle Griechen hatten erfahren, was es bedeutet, hungern zu müssen; fast jede Generation hatte Zeiten erlebt, wo selbst diejenigen, die Geld zum Kaufen hatten, wenig oder nichts auf den Märkten fanden. Es gab wohl kaum einen Griechen, der nicht den Zeilen von Euripides beipflichtete:

Du siehst, wie schön das Leben ist
Vor einem reich gedeckten Tisch.

Vor jeder der beiden Mahlzeiten des Tages, dem Mittagessen und den Resten am Abend, wurde ein Tischgebet gesprochen. An religiösen Feiertagen machte Georgios Engastromenos das Zeichen des Kreuzes über dem Brot, denn Brot war das Symbol Christi.

Wenn ein Stück übrigblieb, küßte Madame Victoria es; es war heilig wie beim Sakrament.

Der Eßtisch war der beliebteste Platz im griechischen Heim. Die Griechen aßen gern und saßen oft stundenlang zusammen bei Tisch. Die Frauen wurden rundlich um die Hüften. Aber seltsamerweise blieben die Männer schlank. Abgesehen von Georgios Engastromenos: Vielleicht war es sein herzhaftes Gelächter und sein nicht minder herzhafter Appetit, daß sein Bauch immer größer wurde.

Madame Victoria, Sophia, Marigo und das Küchenmädchen, das die grobe Arbeit verrichtete, brauchten Stunden, um die Tiegel mit den würzigen, köstlich gemischten Speisen vorzubereiten, die sie dann in die Gemeinschaftsöfen in der Bäckerei brachten. Hier ließen die Hausfrauen, die keine eigenen Backöfen hatten oder ihr Haus im Sommer nicht überhitzen wollten, für ein paar Lepta pro Tiegel die Speisen backen, nachdem der Bäcker seinen täglichen Vorrat von Brot und Kuchen mit einer langstieligen Schippe herausgeholt hatte. Er wußte genau, wie viele Minuten für jedes Gericht erforderlich waren.

An diesem Morgen bemerkte Madame Victoria:

»Genieße die Stunden des Kochens, Sophia; du wirst dieses Vergnügen nicht mehr lange haben.«

»Warum nicht?«

»Weil reiche Männer ihre Frauen nicht in die Küche lassen. Sie engagieren Köchinnen.«
»Wohlhabende griechische Frauen kochen selbst. Ich werde es auch tun! Griechische Männer bewundern die Kochkunst ihrer Frauen.«
»Richtig. Sie ist für sie ein wichtiger Bestandteil des Lebens. Aber dein künftiger Mann ist kein Grieche, so gern er es auch wäre.«
Über eine Stunde saß die Familie mit ihrem Gast draußen im Schatten der Reben, und die Männer tranken *ouzo*, ein starkes Anisgetränk, in das sie einen Schuß kaltes Wasser gossen, so daß das Getränk eine milchigweiße Farbe annahm. Zu dem *ouzo* servierten Sophia und Marigo *tiropetes*, kleine, dreieckige Blätterteigtaschen mit Spinat und Ziegenkäse; große marinierte schwarze Oliven; Tomaten, mit Reis und Gewürzen gefüllt; *dolmadakia*, kleine, in Traubenblätter gewickelte Fleischbällchen; *kalamaria*, in Essig eingelegte Tintenfische; Miesmuscheln, mit Reis, Korinthen, Gewürzen und Petersilie gefüllt; *taramosalata*, eine Soße aus rotem Rogen und Knoblauch; *iman baildi meze*, dünne Eierfruchtscheiben, in Olivenöl mit Tomaten und Zwiebeln gedünstet; und *loukanika*, Scheiben von würziger Wurst.
Henry Schliemann gratulierte Madame Victoria zu der köstlichen Vielfalt der *mezethakia*, der pikanten Vorspeisen.
»Sie müssen auch meinen zwei Töchtern gratulieren«, erwiderte sie, »denn während ich das Mittagessen vorbereitet habe, hat Sophia die Blätterteigtaschen, die Muscheln und die *dolmadakia* gemacht.«
Schliemann nahm eine der Blätterteigtaschen und ließ den Blick auf Sophia ruhen. Sie sah an diesem warmen Sonntagmittag besonders reizend aus: Ihr Gesicht war noch leicht gerötet von der Arbeit in der Küche, aber sie hatte sich Zeit genommen, es mit einem aromatischen Hautwasser zu waschen und ihr Haar zu bürsten, bis es glitzerte und glänzte. Ihre großen braunen Augen tanzten vor Interesse und Erregung. Sie trug ein hübsches blaues Seidenkleid mit einem plissierten Rock, der sich weich um ihre Hüften schmiegte; der mit Plissee gesäumte Kragen war vorn zu einer Schleife gebunden und bildete ein etwas tieferes Dekolleté, als ihre Alltagskleider es hatten. Trotz seines Charmes war deutlich zu erkennen, daß das Kleid ein wenig ausgewachsen war, und Madame Victoria war unglücklich, daß sie nicht das Geld gehabt hatten, Sophia ein neues machen zu lassen.
Als Sophia ihrer Mutter vorhielt: »Herr Schliemann hat nicht diese weite Reise gemacht, um sich ein Kleid anzusehen«, hatte Madame Victoria erwidert: »Wir sollten uns immer von der besten Seite zeigen.«
Sophia blickte an sich herab und neckte ihre streng viktorianische Mutter: »Nun, Mutter, niemand kann behaupten, daß ich nicht meine beste Seite zeige. Ich entwickle mich allmählich zu einer echten Geladaki, und dieses Kleid wird mein Licht nicht unter den Scheffel stellen.«
»Hmm!« brummte Madame Victoria. »Diese Leichtfertigkeit hast du jedenfalls von der Seite deines Vaters. Herr Schliemann hat diese Tausende von Meilen zurückgelegt, um deinen Charakter zu prüfen.«

Sophia lachte vergnügt.
»Er läßt keinen Moment die Augen von meinem Gesicht und von meiner Figur!«
Um ihrer Mutter eine Freude zu machen, trug sie einen Familienschmuck, eine goldene Brosche mit einem doppelten, in sich verflochtenen Kreuz.
Jetzt war es Zeit, ins Eßzimmer zu gehen, das durch die geschlossenen Fensterläden kühl gehalten worden war. Sophia half beim Servieren und Abräumen der Teller. Ihre Mutter hatte gewünscht, daß sie »wie eine Dame am Tisch sitzen« sollte, aber Sophia hatte energisch erklärt:
»Mutter, es hat keinen Sinn, Herrn Schliemann einen falschen Eindruck zu vermitteln. Ich glaube, er würde es vorziehen, mich als Tochter des Hauses arbeiten zu sehen, statt daß ich wie eine Königin am Tisch sitzen bleibe. Ich nehme an, er will eine Frau, die imstande ist, ihm bei den Ausgrabungen zu helfen.«
»Er ist nicht gekommen, um eine Tagelöhnerin anzustellen«, rief ihre Mutter aus.
Sophia und Marigo waren zuerst ins Haus gegangen, um die Hühnersuppe auszuteilen. Als nächstes kam eine Schüssel mit knusprig gebratenen *barbouni,* kleinen Fischen mit roten Streifen, die als eine große Delikatesse galten. Als sie damit fertig waren, brachte Sophia die zerteilten Brathähnchen herein; und danach die Lammkeule mit Pilaw, grünen Bohnen und gedämpften Tomaten. Zum Nachtisch gab es Walnüsse in warmem Hymettos-Honig, *loukoumades,* kleine Beignets mit Rosenblütengelee, Apfelsinen, kleine Rechtecke von *baklava* und schließlich die winzigen Täßchen mit türkischem Kaffee, der seit dem Unabhängigkeitskrieg stolz griechischer Kaffee genannt wurde.
Als sie wieder im Garten waren, klopfte Schliemann auf die Goldkette, die in Magenhöhe über seiner Weste hing, und sagte:
»Das war ein fürstliches Bankett! Man weiß in Europa noch gar nicht, wie großartig die Griechen kochen können.«
Sophia sah, wie er aufstand und auf sie zukam, aber plötzlich erschien ein Ausdruck bitterer Enttäuschung auf seinem Gesicht: Denn in diesem Augenblick kamen die ersten Freunde und Verwandten, die ihr eigenes Sonntagsmahl beendet hatten, durch das Tor, und bald war der Garten wieder voller Besucher.

Sophia war erstaunt zu beobachten, wie ihr Ansehen in Kolonos von einem Tag zum anderen gestiegen war. Zuvor war sie das frühreife Kind der Familie Engastromenos gewesen, dasjenige, das die beste Ausbildung erhalten und das berühmte Arsakeion mit glänzenden Noten absolviert hatte. Und alle wußten auch, daß es der Familie nur mit Mühe gelungen war, das Schulgeld für das letzte Halbjahr zusammenzukratzen.
Aber jetzt! Wenn sie ihre Mutter frühmorgens auf den Markt begleitete, um das frische Landbrot zu kaufen, das eben erst aus dem Backofen gekommen

war, nahmen die älteren Männer den Hut ab und verbeugten sich vor ihr, während die jüngeren sie mit weit aufgerissenen Augen bewundernd anstarrten; die älteren Frauen gratulierten ihr wortreich, und die jungen Mädchen bemühten sich nach Kräften, ihren Neid hinter einem verkniffenen Lächeln zu verbergen. Sophia murmelte ihrer Mutter zu:
»Es ist, als wäre ich plötzlich die wichtigste Persönlichkeit in Kolonos geworden. Nur, weil ein reicher Ausländer mir seine Aufwartung gemacht hat. Die Leute sehen mich bereits als seine Frau, und dabei hat er noch nicht einmal um mich angehalten.«
»Er wird es tun«, erwiderte Madame Victoria lakonisch. »Dazu ist er hergekommen. Und er war hingerissen von dir, meine kleine Sophidion, das konnte jeder sehen.«
»Ich habe nur gesehen, daß er leidenschaftlich verliebt in Homer zu sein scheint«, entgegnete Sophia lachend.
»So etwas darfst du nicht sagen, mein Kind. Du bist zu alt, um respektlos zu sein.«
»Respektlosigkeit ist Salz auf einem gekochten Ei.«
Am nächsten Morgen erhielt sie ein Geschenk von Henry Schliemann, das von einem Brief begleitet wurde:

Athen, 6. September 1869

Liebes Fräulein Sophia!
Ich erlaube mir, Ihnen diese Korallen als kleine Aufmerksamkeit zu übersenden. Aber bitte seien Sie vorsichtig, denn das Band ist nicht stark genug und sollte durch ein seidenes ersetzt werden, sonst riskieren Sie, die Korallen zu verlieren.
Könnten Sie bitte Ihre verehrten Eltern fragen und mir mitteilen, ob es möglich ist, Sie allein, ohne all diese Menschen zu sehen, und zwar nicht einmal, sondern öfters, denn unsere Begegnung soll ja dazu dienen, daß wir uns kennenlernen und sehen, ob unsere Charaktere sich vertragen. In Gegenwart so vieler Menschen ist das unmöglich. Die Ehe ist die großartigste aller Institutionen, wenn sie sich auf Respekt, Liebe und Tugend gründet. Die Ehe ist eine drückende Knechtschaft, wenn sie auf materiellen Interessen oder sexueller Anziehung beruht.
Gottlob bin ich nicht so töricht, daß ich blind in eine zweite Ehe gehen würde; wenn daher die Sitten in Athen mir nicht gestatten, Sie des öfteren allein mit Ihren Eltern zu sehen, um Sie gut kennenzulernen, muß ich Sie bitten, nicht mehr an mich zu denken.
Bitte empfangen Sie den Ausdruck meiner aufrichtigen Hochachtung

Henry Schliemann

Sie hatte sich kaum von ihrem Erstaunen über diesen ersten Brief erholt, da kam ein zweiter Bote mit einer kürzeren Nachricht.

Liebes Fräulein Sophia!
Können Sie und Ihre verehrte Frau Mutter heute um Viertel vor zwei zum Bahnhof kommen? Sie werden dort Herrn Lamprides und seine ehrenwerte Gattin antreffen, und wir wollen alle zusammen nach Piräus fahren. Dort werden wir ein Boot mieten und ein Weilchen segeln gehen. In der Hoffnung, daß Sie uns nicht der Freude Ihrer Gesellschaft berauben werden, bitte ich Sie, den Ausdruck meiner Hochachtung entgegenzunehmen. Bitte antworten Sie mir mit ein oder zwei Zeilen.

H. S.

Sophia war noch nie gesegelt; tatsächlich hatte sie, im Gegensatz zu den meisten ihrer Landsleute, eine Abneigung gegen das Wasser. Während der ganzen siebzehn Jahre ihres Lebens war sie regelmäßig seekrank geworden, wenn die Familie auf ihren Sommerreisen »in die Natur« auf ganz soliden Dampfern zu den nahe gelegenen Inseln Aigina oder Andros fuhr. Jetzt fragte sie verzweifelt ihre Mutter:
»Was soll ich tun? Das Ägäische Meer scheint jedesmal genau den Augenblick zu kennen, wo ich ein Boot besteige, und läßt sofort einen Sturm aufkommen. Aber andererseits möchte ich Herrn Schliemann nicht absagen, denn das würde ihn kränken und ebenfalls einen Sturm entfachen!«
»Schreib Herrn Schliemann ein paar Zeilen und erkläre ihm, daß du sehr gerne segeln gehen würdest, aber wenn dein Vater nicht rechtzeitig nach Hause kommt, um seine Erlaubnis zu geben, möchte Herr Schliemann zum Abendessen zu uns kommen, und wir werden dafür sorgen, daß er Gelegenheit hat, in Ruhe und allein mit dir zu sprechen.«
Sie hatte kaum die Nachricht abgesandt, da kam Georgios Engastromenos zu einem frühen Mittagessen nach Hause, las die Briefe und wandte sich an die beiden Frauen:
»Aber natürlich müßt ihr gehen. Benachrichtigt Herrn Schliemann sofort, daß ihr kommen werdet. Und, Victoria«, sagte er in strengem Ton zu seiner Frau, »bitte sorge dafür, daß Sophia und Herr Schliemann an einem Ende des Bootes ungestört miteinander reden können, während du am anderen Ende Herrn und Frau Lamprides unterhältst. Wenn du Sophia nicht den Rücken zudrehen kannst, so wende dich wenigstens zur Seite.«
Henry Schliemann mietete das größte Segelboot, das er finden konnte, aber Sophia kam es erschreckend klein und zerbrechlich vor. Die Fahrt aus dem Hafen hinaus war ruhig, und sie schöpfte Hoffnung, daß sie den Nachmittag würde durchstehen können, ohne sich zu blamieren. Aber sobald sie die geschützte Bucht verließen und auf das offene Meer hinauskamen, verschwand die Sonne hinter einer Wolke, ein Wind kam auf, und das Segelboot fing an zu stampfen. Sophia wurde elend zumute. Henry Schliemann bemerkte weder die Bewegung des Bootes noch die grünliche Farbe von Sophias sonst so rosiger Haut; er sah nur, daß die anderen Passagiere ihnen den Rücken zugewandt hatten.

»Fräulein Sophia«, begann er in ernstem, gütigem Ton, »warum wollen Sie mich heiraten?«
›O nein‹, dachte Sophia bei sich, ›bitte nicht jetzt! Nicht in diesem Augenblick, wo ich gerade im Begriff bin, mich über die Reling zu beugen.‹
Es gab kein Entrinnen vor seinem eindringlichen Blick oder der angespannten Haltung seines Kopfes, während er die so wichtige Antwort auf seine Frage erwartete. Mühsam schluckte sie ihre Übelkeit hinunter, preßte die Arme fest gegen den aufgewühlten Magen und antwortete so ehrlich, wie sie konnte:
»Weil meine Eltern es wünschen.«
Sie sah, daß Henry Schliemann erblaßte. Einen Augenblick glaubte sie, er sei derjenige, der sich erbrechen wollte. Dann verdunkelten sich seine Augen; Sophia hatte sie noch nie so wütend funkeln sehen. Eine zornige Röte stieg in seine mageren Wangen, und als er sprach, war seine Stimme heiser.
»Ich bin zutiefst bestürzt über die Antwort, die Sie mir gegeben haben, Fräulein Sophia. Es ist die Antwort einer Sklavin und um so befremdender, als sie von einem gebildeten jungen Mädchen kommt. ich selbst bin ein schlichter, ehrbarer, häuslicher Mann. Wenn wir jemals heiraten würden, so wäre es, damit wir gemeinsam an den Ausgrabungen arbeiten und unserer beider Liebe zu Homer teilen könnten.«
Die See war stürmischer geworden. Das Segelboot war von weißen Schaumkronen umgeben. Sophia betete: ›Lieber Gott, laß mich von diesem Boot herunter, und ich werde nie wieder den Fuß aufs Wasser setzen.‹
Sie leckte sich die trockenen Lippen und lächelte trübe, als ihr die Ungereimtheit ihres Gelübdes zu Bewußtsein kam, denn keiner außer Gottes Sohn war je übers Wasser gewandelt. Dann kam sie zu dem Schluß, daß es ungeachtet ihrer Übelkeit wohl ratsam wäre, diesen seltsamen und unberechenbaren Mann zu versöhnen.
»Henry, Sie sollten nicht entrüstet über meine Antwort sein. Die Ehe eines jeden Mädchens in Griechenland wird von den Eltern arrangiert, die sich gewissenhaft bemühen, den bestmöglichen Ehemann für ihre Tochter zu wählen. Das haben meine Eltern getan, und ich füge mich ihrem Entschluß. Es ist eine Eigenschaft, die Sie an mir schätzen sollten: Wenn ich eine gute Tochter bin, so bedeutet das, daß ich auch eine gute Ehefrau sein werde.«
Nur teilweise versöhnt, fragte Henry mit ruhigerer, aber immer noch strenger Stimme:
»Gibt es keinen anderen Grund, weshalb Sie bereit sind, mich zu heiraten? Ihr Entschluß muß doch sicherlich auch noch von irgend etwas anderem als blindem Gehoram beeinflußt worden sein?«
Sophia spürte einen starken Brechreiz im Hals; sie wußte nicht, wie lange sie sich noch beherrschen konnte. In dem verzweifelten Versuch, ihre Gedanken zu ordnen, sagte sie sich im stillen:
›Was will er noch von mir hören? Ich habe ihm bereits gesagt, daß ich ihn wegen der Stärke seiner Überzeugung hinsichtlich Homers bewundere und achte. Ich habe bereits angedeutet, daß ich Vertrauen in seine Schriften habe.

Wegen welcher anderen Eigenschaften soll ich ihn bewundern, wo er uns doch selbst gesagt hat, daß diese Interessen sein ganzes Leben sind? Daß er eine griechische Frau will, damit sie ihm hilft, seine Träume zu verwirklichen. Mir muß irgend etwas entgangen sein. Und wie soll ich vernünftig nachdenken, wenn mir so sterbenselend zumute ist?‹
Plötzlich, als ob der Gedanke von der Sonne käme, die gerade eben hinter der Wolke hervorgekommen war, sagte sie sich:
›Aber natürlich! Die Eigenschaft, die alle an ihm bewundern, und deretwegen sich jede griechische Familie mit einer heiratsfähigen Tochter um ihn bemüht hat. Er ist Millionär! Mit mehr Geld als irgendein Mensch, dem wir je begegnet sind! Und er hat das alles aus eigener Kraft erreicht, ohne Studium, ohne Familie oder irgendeine Unterstützung. Er kann mit Recht stolz auf sich sein.‹
Sie sah Henry Schliemann an, legte all die Bewunderung und Hochachtung in ihre Stimme, die sie aufbringen konnte, und machte ihm das höchste Kompliment der Welt:
»Weil Sie reich sind!«
Henrys Gesicht erstarrte.
»Sie wollen mich also nicht um meiner menschlichen Werte willen heiraten, sondern weil ich reich bin! Es ist mir leider nicht möglich, mich noch länger mit Ihnen zu unterhalten. Ich habe beschlossen, nicht mehr an Sie zu denken.«
Er wandte sich ab und befahl der Mannschaft:
»Kehren Sie zum Hafen zurück.«

5.

Madame Victoria verschwand in die Tiefen des Hauses. Die stolze Frau, die für gewöhnlich die Würde und Selbstsicherheit einer Königin zur Schau trug, hatte Mühe, die Tränen zurückzuhalten. Sophia konnte sich nicht entsinnen, daß sie ihre Mutter jemals hatte weinen sehen, nicht einmal, als sie von dem Verlust ihres Hauses am Romvisplatz erfuhr. Jetzt würde sie in den Augen aller gedemütigt sein: Eine Tochter der Familie Engastromenos war nicht für würdig befunden worden, Herrn Schliemann zu heiraten. Er würde ein anderes griechisches Mädchen zur Frau nehmen.
Mit dem bedrückenden Gefühl, zurückgewiesen worden zu sein, schloß Sophia sich in ihrem Zimmer ein. Als sie an den Schaden dachte, den sie ihrer Familie zugefügt hatte, fing sie an zu weinen. Während einer schlaflosen Nacht gelangte sie zu der Erkenntnis, daß ihre Antworten, obwohl sie ihr aufrichtig und ehrlich erschienen, genau die falschen Antworten für einen Mann von Henry Schliemanns Stolz und Empfindsamkeit gewesen waren. Mit Recht, sagte sie sich, hatte er wegen seiner Leistungen, seiner kühnen Pläne für die zweite Hälfte des Lebens, wegen seiner Klugheit und seiner gu-

ten Charaktereigenschaften bewundert und geheiratet werden wollen. Sie erinnerte sich jetzt, daß Herr Lamprides auf der Eisenbahnfahrt nach Piräus von Henry Schliemanns einzigartiger Methode gesprochen hatte, sich neue Sprachen anzueignen, indem er das gleiche Buch in zwei Sprachen, von denen er die eine kannte und die andere lernen wollte, nebeneinander vor sich liegen hatte und laut daraus las.

»Oh!« hatte Schliemann erwidert. »Wir denken und handeln anders in jeder Sprache, die wir sprechen. Wenn ich deutsch schreibe oder spreche, kommt es mir hart vor; auf englisch bin ich höflich und weltmännisch; auf französisch neige ich zur Ironie. Wie klinge ich auf griechisch, Fräulein Sophia?«

»Wenn Sie griechisch sprechen, sind Sie wie wir alle: großzügig in großen Dingen, kleinlich in den kleinen. Aber wenn Sie schreiben, sind Sie...«, sie suchte nach dem richtigen Wort, »...international.«

Er nahm dies als ein Kompliment auf, griff in die Innentasche seines Jacketts und zog ein paar bedruckte Bogen heraus.

»Diese Abhandlung ist gerade aus New York eingetroffen. Ich habe sie im vergangenen Mai für die Tagung der amerikanischen Philologen geschrieben.«

Dann fragte er respektvoll, ob er die einleitenden Zeilen vorlesen dürfe. Nachdem er zu lesen begonnen hatte, sah Sophia wieder die erstaunliche Verwandlung von dem alltäglich aussehenden Mann mittleren Alters in einen anziehenden jungen Mann mit blitzenden Augen und straffen Schultern, dessen Gebärden die eigentümliche Verbindung von gespannter Aufmerksamkeit und Anmut hatten, die ihn belebte, wenn sein Geist sich intensiv mit irgend etwas beschäftigte.

> »Auf die Frage: ›Wieviel Zeit sollte im Studienkurs eines College dem Studium von Sprachen gewidmet werden?‹ kann ich nur sagen, was Karl v. mit Recht zu Franz I. gesagt hat: ›Mit jeder neuen Sprache erwirbt man ein neues Leben‹; denn durch die Kenntnis der Sprache eines fremden Landes können wir seine Literatur, seine Sitten und Bräuche kennenlernen...«

Als das schimmernde weiße Licht des griechischen Sonnenaufgangs jetzt ihr Schlafzimmer und den Platz vor dem Haus überflutete, wurde ihr klar, daß sie in dieser schlaflosen Nacht der Selbstvorwürfe älter und reifer geworden war. Sie hätte auf Herrn Schliemanns Frage antworten sollen:

›Weil Sie ein Mann sind, den ich achte und bewundere. Obwohl Ihnen die Vorteile einer formalen Schulbildung verwehrt waren, sind Sie ein prominenter Gelehrter geworden, der viele Sprachen beherrscht. Ich bin glücklich über die Aussicht, als Ihre Frau, Gefährtin und vertraute Freundin an Ihrer Seite zu arbeiten, während Sie in Troja und Mykene Ihre Ausgrabungen machen und der Welt die reichen Schätze der Vergangenheit erschließen. Es ist eine Ehre und ein Privileg, dem jedes junge Mädchen mit ein wenig Scharf-

blick freudig entgegensehen könnte. Das ist der Grund, weshalb ich Sie heiraten will.‹
›Oh‹, dachte sie, ›wie klug ist man am Morgen danach!‹
Gewiß, sie war sehr seekrank gewesen.
So beunruhigt sie über den Verlust einer Gelegenheit war, die vielleicht nie wiederkehren würde, viel schlimmer noch war der Gedanke, was dies alles für ihre Familie bedeutete. Kurz nach Tagesanbruch zog sie sich an und ging hinunter, um ihrem Vater und ihren beiden älteren Brüdern beim Frühstück ausführlich über ihre erste »private« Unterhaltung mit Henry Schliemann zu berichten. Die Familie war ehrlich verwirrt: Sie fanden ihre Antworten vollkommen korrekt. Ihr Vater sagte:
»Herr Schliemann ist ein vielgereister Mann. Er muß doch wissen, daß bei uns alle Ehen in den guten Familien von den Eltern beschlossen werden. Warum sollte er es übelnehmen, wenn du ihm eine offenkundige Wahrheit sagst?«
»Er wollte von ihr hören, daß sie ihn liebt!« rief die vierzehnjährige Marigo.
»So naiv kann er doch nicht sein«, sagte Madame Victoria, die angesichts des Kummers ihrer Tochter beschlossen hatte, sich ohne viel Worte mit dem Verlust abzufinden. »Sophia hat ihn nur ein paarmal gesehen, und das immer in Gegenwart anderer ... Außerdem ist sie erst siebzehn. Er dürfte alt genug sein, um zu wissen, daß die Liebe nach der Hochzeit kommt.«
»Ich glaube nicht, daß er so etwas erwartet hat«, murmelte Sophia. »Ganz abgesehen davon, daß ich es nicht hätte sagen können; er hätte sofort am Ton meiner Stimme gemerkt, daß es nicht wahr ist.«
Ihr Vater versuchte, sie zu trösten. »Meine kleine Sophia, diese ganze Sache war niemals etwas wirklich Ernstes. Es war einfach ein Schattenspiel von der Art, wie ich sie dir im Karaghiozis gezeigt habe. Eine kurze Vorstellung, ein paar Stunden nur, und jetzt hat sich der Vorhang gesenkt. Gleich jeder Gaukelei verschwindet es wie der frühmorgendliche Nebel.«
Alexandros war der einzige, der zornig war.
»Man sagt in Kreta: ›Gott gibt den Vögeln Nahrung, aber er legt sie ihnen nicht ins Nest.‹ Wir hatten die Möglichkeit, aus unseren Schwierigkeiten herauszukommen. Wäre es wirklich solch ein Verbrechen gewesen, zu sagen, daß sie ihn aus Freundschaft und Liebe heiraten will? Hätte meine teure Schwester nicht eine Antwort geben können, die mehr auf die Zukunft als auf die Gegenwart zutrifft? Wem hat die Wahrheit schon jemals gedient? Aber nein, unsere verhätschelte Sophia hielt sich für zu gut, um einem einsamen Mann zu schmeicheln, der gekommen ist, um eine Gefährtin zu finden.« Er wandte sich an Sophia. »Jetzt hast du uns alle und dazu auch noch Herrn Schliemann unglücklich gemacht; du hast die ganze Familie Engastromenos in diesem Segelboot versenkt.«
Die Tage, an denen Henry Schliemann schwieg, waren eine bittere Prüfung. Sophia hatte noch nie persönliche Schwierigkeiten durchgemacht. Sie hatte nur am Rande den Kummer der Familie über den finanziellen Rückschlag ge-

teilt. Diese mißliche Lage war einzig und allein ihre Schuld. Ihre Augen blitzten vor Zorn, während sie versuchte, durch stumme Selbstgespräche mit sich ins reine zu kommen.
›Warum mußte er mich auch mit dieser Frage überfallen, während wir draußen auf dem stürmischen Meer waren? Wenn er nicht so sehr mit sich selbst beschäftigt gewesen wäre, hätte er bemerken müssen, daß ich seekrank war... Warum war er so plump...?‹
Dann wurde sie weicher.
›Aber es war seine einzige Chance! Er hatte vorher nicht ein einziges Mal Gelegenheit gehabt, auch nur ein Wort mit mir zu reden, ohne daß uns Dutzende von Menschen zuhörten. Es war sein gutes Recht, die Frage zu stellen... Nun, wie man in Kreta sagt: ›Ein Geschehnis ungeschehen machen zu wollen, ist, als suchte man nach einem grünen Pferd.‹... ›Ich habe meine Ohrringe verloren, aber ich habe noch die Löcher in meinen Ohren‹...‹
Sie war in Ungnade gefallen. Die Leute von Kolonos fühlten sich betrogen. Die Verwandten blieben fort; die Frauen der Stadt rümpften verächtlich die Nase. Die jungen Männer wandten verlegen den Blick ab; die älteren waren höflich, aber kühl. Kolonos war im Begriff gewesen, berühmt zu werden. Jetzt war es zu seinem früheren Status eines verschlafenen kleinen Vororts von Athen zurückgekehrt, in den nur während der Sommermonate ein wenig Leben kam.
Onkel Vimpos brachte ihr den einzigen Trost. Er hatte eine Nachricht von Henry Schliemann erhalten, in der dieser seinem Freund mitteilte, daß er sich nach Neapel einschiffen werde, um Sophia vielleicht nie wiederzusehen. Wenn sie jedoch jemals Hilfe brauchte, so hoffe er, daß sie sich an ihren ergebenen Freund erinnern werde. Pater Vimpos sagte sanft:
»Nimm seine verletzten Gefühle nicht zu ernst. Henry, der jetzt in seiner einsamen Suite im *Hotel d'Angleterre* sitzt, ist viel niedergeschlagener und enttäuschter als ihr alle zusammen. Er sehnt sich verzweifelt nach einer Möglichkeit, eine Versöhnung herbeizuführen. Mein liebes Kind, du mußt dir klarmachen, daß Herr Schliemann, abgesehen von seinem Erfolg, auch die Narben von zahllosen Mißerfolgen, Demütigungen und Entbehrungen mit sich herumträgt. Jene fünf Jahre, die er wie ein Sklave in dem Lebensmittelgeschäft verbracht hat, wo er unter dem Ladentisch schlief, keine Freunde oder Verwandten hatte... Die Mansardenstuben, in denen er in Amsterdam gewohnt hat, eiskalt im Winter, erstickend heiß im Sommer, wo er sich von Brotkrusten und ausgetrocknetem Käse ernährte, um von seinem Gehalt Bücher kaufen zu können... Selbst nachdem er bereits ein Vermögen in Rußland erworben hatte – während der Jahre, wo ich ihn kannte –, brachte er es nie weiter als bis zum ›Kaufmann der Ersten Gilde‹; er gewann keinen Zutritt zu den intellektuellen und gesellschaftlichen Sphären, nach denen er sich sehnte, nicht einmal nach seiner Heirat, die für ihn ein Alptraum war. Bei einem Mann, der so viel gelitten hat, sollte man vieles verstehen und verzeihen.«

Sophia musterte das lange, schmale Gesicht unter dem Priesterhut. Sie war sicher, daß ihr Vetter ihr nahelegen wollte, den nächsten Schritt zu tun.
»Du meinst also, ich sollte ihm einen Brief schreiben und mich entschuldigen?«
»Wenn du glaubst, daß du es kannst.«
»Was soll ich sagen, um ihn zu besänftigen?«
»Das mußt du selbst am besten wissen.«
»Gut. Ich glaube, das bin ich ihm schuldig.«
Spyros brachte ihr einen Bogen Briefpapier. Sie nahm ihn mit auf ihr Zimmer und schrieb mit einer energischen Handschrift, die ganz anders war als diejenige, mit der sie im vergangenen Juni ihr Examen geschrieben hatte:

Lieber Herr Henry! Es tut mir so leid, daß Sie fortgehen. Sie dürfen nicht böse sein über das, was ich gesagt habe. Ich glaubte, das sei die Art, wie ein junges Mädchen sprechen soll. Meine Eltern und ich wären sehr glücklich, wenn Sie uns morgen besuchten.

Sie versiegelte das Kuvert, ging wieder hinunter und überreichte es ihrem Vater.
»Ich werde es selbst im Hotel abgeben«, sagte er.
Am nächsten Mittag erhielt sie eine Antwort:

Reichtum trägt zum Glück der Ehe bei, darf aber nicht ihre einzige Grundlage sein. Die Frau, die mich um meines Geldes willen heiratet, oder um in Paris die Rolle einer großen Dame zu spielen, wird bedauern, Athen verlassen zu haben, denn sie würde mich und sich selbst sehr unglücklich machen. Die Frau, die mich heiratet, muß es tun, weil sie mich als Menschen schätzt...

Er hatte immer noch vor, Athen zu verlassen.
Madame Victoria hatte ihrer Tochter die seltene Ehre erwiesen, den Brief nicht zu öffnen, als er kam, und sie bat auch nicht, Sophias Antwort zu sehen. Sophia war dankbar dafür, konnte aber gleichzeitig nicht umhin, sich zu sagen: ›Man hat sie ermahnt, daß diese Angelegenheit ausschließlich zwischen Herrn Henry und mir geregelt werden muß. Und so soll es sein. Aber was schreibe ich ihm jetzt? Er müßte doch weltklug genug sein, um sich zu sagen, daß er, wenn er kein Geld hätte, nicht in Griechenland wäre, um sich eine Frau zu suchen. Wie kann ich diesem armen reichen, verwundbaren Mann begreiflich machen, daß ich alles andere als eine große Dame in Paris werden will?‹

Lieber Herr Henry! Mit großer Unruhe im Herzen habe ich Ihre Antwort auf meinen Brief erwartet, denn es war mir viel daran gelegen, zu wissen, ob Sie mir wieder das Wohlwollen entgegenbringen können, das Sie mir

bei unseren Begegnungen bezeigt haben, bevor meine Erklärungen während unseres Ausflugs in Piräus Sie bewogen, Ihre Meinung zu ändern. Aber Ihr geschätzter Brief von heute hat mir großen Kummer bereitet. Als ich daraus ersah, wie Sie über all diese Dinge denken, betete ich zu Gott, er möge Ihnen die entschwundenen Gefühle wiedergeben. Dieser Brief sagt mir, daß Sie immer noch beabsichtigen, Athen am kommenden Sonnabend zu verlassen, und wenn das wirklich der Fall ist, so nehmen Sie mir damit alle Hoffnung. Das hat mich sehr traurig gemacht.
Wenn ich nichts anderes erwarten darf, gestatten Sie mir wenigstens, Sie zu bitten, mich vor Ihrer Abreise noch einmal in meinem Elternhaus aufzusuchen. In der Hoffnung, daß Ihr gütiges Herz meine Bitte nicht abschlagen wird, verbleibe ich mit der größten Hochachtung

Sophia G. Engastromenos

Es kam keine Antwort, weder an diesem Tag noch am nächsten, was um so erstaunlicher war, als Henry Schliemann, wie er ihr selbst gesagt hatte, sehr gerne Briefe schrieb, oft bis zu einem Dutzend am Tag. Sophia fing an, sich ernsthafte Sorgen zu machen, denn es sah so aus, als ob er Athen verlassen würde, ohne ihr oder ihrer Familie Gelegenheit zu geben, das Gesicht zu wahren. Diese Entwicklung der Dinge bedrückte sie tief, denn die Spannung im Haus wurde allmählich fast unerträglich. Niemand sprach über Henry Schliemann. Tatsächlich wurde überhaupt kaum etwas gesprochen, außer den notwendigsten alltäglichen Dingen. Die Familie war, jeder auf seine Art, niedergeschlagen, gekränkt und bestürzt. Sophia hatte keinen Appetit und ging schon vor dem Abendessen auf ihr Zimmer, wo sie sich aufs Bett warf und das Gesicht im Kissen vergrub. Sie weinte... aber sie wußte nicht, weswegen. Wegen ihrer Eltern, deren Hoffnungen, zu ihrem schönen Leben in Athen zurückzukehren, sich zerschlagen hatten? Wegen ihrer Geschwister, denen sie durch diese Heirat hätte helfen können? Oder über sich selbst, weil sie in ihrem Urteil versagt und es nicht fertiggebracht hatte, ihre Pflicht zu tun? Oder vielleicht über alles zusammen und über eine verrückte, unverständliche Welt, der sie sich nicht gewachsen fühlte?
Sie sagte mit halblauter Stimme: »Ich habe Henry Schliemann gern. Ich bewundere ihn. Ich weiß, daß ich nach unserer Hochzeit lernen werde, ihn zu lieben, so wie meine Mutter gelernt hat, meinen Vater zu lieben, und meine Schwester Katingo ihren Mann. Ich will ihn heiraten. Und ich weiß genau, daß er mich liebt. Aber was kann ich sonst noch tun?«
Sie verbrachte eine schlaflose Nacht, und am Morgen war ihr Kopfkissen feucht.
Als ihre Mutter sie dann zum Frühstück rief, waren ihre Augen geschwollen und rot. Aber es war ein Brief von Henry Schliemann da. Sie ging in den Garten hinaus, drehte einen Korbstuhl herum, so daß er auf einen Baumstamm blickte, und riß mit zitternden Fingern das Kuvert auf. Zuerst war die Hand-

schrift, in präzisem, aber etwas verkrampftem Griechisch, leicht verschwommen. Dann las sie:

> ... Ich gebe mich keinen Illusionen hin. Ich weiß sehr gut, daß ein junges und schönes Mädchen sich nicht in einen siebenundvierzigjährigen Mann verlieben kann, der überdies selbst nicht sonderlich gut aussieht. Aber ich hatte geglaubt, daß eine Frau, deren Charakter vollkommen mit dem meinen übereinstimmt und die den gleichen leidenschaftlichen Hang zur Wissenschaft hat, mich achten könnte. Und da diese lernbegierige Frau ihr ganzes Leben lang meine Schülerin wäre, wage ich zu hoffen, daß sie mich lieben würde, erstens, weil Liebe aus Achtung erwächst, und zweitens, weil ich versuchen will, ein guter Lehrer zu sein, und jeden freien Augenblick meines Lebens der Aufgabe widmen würde, die Freundin der Wissenschaft in ihren philologischen und archäologischen Interessen zu fördern.

Sie warf den Kopf zurück und lachte herzhaft.
›Jetzt weiß ich, was er will: einen Heiratsantrag von mir! Dann wird er beruhigt sein und wissen, daß ich nicht nur all seine Bedingungen akzeptiere, sondern daß ich erpicht darauf bin, seine Frau, seine Schülerin und seine Arbeitsgefährtin bei den Ausgrabungen in Troja zu werden! Nun gut, er soll sofort seinen Antrag bekommen. Ich bin nicht mehr das kleine, naive Mädchen, das mit Henry Schliemann in Piräus segeln gegangen ist.‹
Pater Vimpos kam am nächsten Tag, um ihr zu versichern, daß alles in bester Ordnung sei, und ihr gleichzeitig sein tiefes Bedauern auszudrücken, daß er nicht selbst die Trauung vollziehen könne, da er sich sofort nach Tripolis begeben müsse, um die Kirche und Ordensgenossenschaft für seine Bischofsweihe vorzubereiten.
»Aber ich habe noch gar keine Antwort auf meinen letzten Brief. Woher willst du wissen, daß ...?«
»... er hat es mir selbst gesagt. Heute morgen. Er hat in den vergangenen Tagen Stunden und Stunden mit zahllosen athenischen Mädchen verbracht, aber er hat mir erklärt: ›Ich konnte keine zweite Sophia finden.‹ Dann setzte er hinzu: ›Deshalb empfangen Sie bitte den Ausdruck meines tiefempfundenen Dankes, daß Sie mit so viel Wohlwollen diesen seltenen griechischen Schatz als Frau für mich ausgewählt haben.‹ Ein bißchen sehr literarisch ausgedrückt, findest du nicht, Sophidion? Aber das ist etwas, woran du dich gewöhnen mußt: Dein zukünftiger Mann wird immer halb Tatenmensch, halb schöngeistiger *littérateur* sein.«
»Ich muß Mutter die Neuigkeit mitteilen. Sie verzehrt sich vor Kummer. Hat Herr Henry gesagt, wann er kommt?«
»Ja. Morgen. Er ist jetzt gerade dabei, den Ring für dich auszusuchen.«
»Hat er ein Datum genannt?«
»Drei Tage: nächsten Donnerstag, Freitag oder Sonnabend, je nachdem, was

dir am besten paßt, und wann ein Schiff nach Italien abfährt, wo er die Flitterwochen mit dir verbringen will. Ich werde bei der St.-Meletios-Kirche vorbeigehen, um den Priestern wegen der Trauung Bescheid zu sagen.«

»Oh, Onkel Theokletos, wir werden jeder den großen Tag des anderen versäumen. Du wirst nicht in der Kirche sein, wenn ich Frau Schliemann werde, und ich werde nicht in der Kirche sein, wenn du Bischof wirst.«

»Mach dir nichts draus, mein Kleines. Wir werden einander immer nahe sein, besonders in Zeiten der Bedrängnis. Du wirst in ein paar Monaten wieder hier sein: Herr Henry ist überzeugt, daß die türkische Regierung ihm sehr bald die Genehmigung für die Ausgrabungen erteilen wird.«

Pater Vimpos machte mit der Rechten dreimal das Zeichen des Kreuzes über ihr, um sie gegen jedes Leid oder Übel zu beschützen, dann berührte er zum Abschied mit den drei mittleren Fingern der Linken sanft ihre Stirn.

Sophia war völlig beruhigt, aber ihre Eltern gingen wie auf Eiern umher. Sie bat ihre Familie höflich, nicht über Herrn Schliemann zu sprechen, und sagte energischer, als sie je zuvor gesprochen hatte:

»Warten wir bis morgen. Dann wird sich alles Weitere finden.«

Henry Schliemann traf am Vormittag ein. Strahlend vor Glück, frisch rasiert, den Schnurrbart tadellos gestutzt und nach dem Kölnisch Wasser duftend, mit dem der Barbier des *Hotel d'Angleterre* ihm das Gesicht abgerieben hatte, sprang er mit jugendlichem Schwung aus dem Wagen. Niemand erwähnte die Tatsache, daß Herr Schliemann, abgesehen von seiner Flut von Briefen, sechs volle Tage lang durch Abwesenheit geglänzt hatte. Sophia hatte Katingos weißes Kleid angezogen, dasselbe, das sie bei seinem ersten Besuch getragen hatte. Während der lockere Sitz des Kleides sie jünger als ihre siebzehn Jahre erscheinen ließ, waren ihre Augen, in denen ein kaum merklicher Ausdruck des Stolzes lag, reifer als zuvor.

Henry Schliemann plauderte liebenswürdig mit ihren Eltern im Garten und unterhielt sie mit einem anschaulichen Bericht über den Brand von San Francisco im Jahre 1851, den er miterlebt und der die Stadt vollkommen zerstört hatte. Außerdem war ihm von der Universität Rostock gerade der Titel eines Doktors der Philosophie verliehen worden, und er hatte die Urkunde mitgebracht, um sie der Familie zu zeigen.

»Das ist eine große Ehre für Sie, Dr. Schliemann«, sagte Georgios mit neuem Respekt.

Schliemanns Gesicht strahlte vor Freude.

»Das ist das erstemal, daß mich jemand mit dem Titel angeredet hat. Was für eine Wohltat für mein Ohr!« Dann wurde er ernst. »Aber es geht mir um viel mehr als um die Ehre. Ich brauche den Titel, um in meiner Arbeit ernstgenommen zu werden; die Universitäten blicken mit Verachtung auf Autodidakten.«

»Aber Herr Henry, wird man Ihre Funde nicht nach ihrem eigenen Wert beurteilen müssen?« Es war Sophia, die mit gerunzelter Stirn die Frage stellte. »Wenn Sie Troja entdecken, so kann das doch niemand abstreiten.«

»Oh, man kann es, und man wird es tun, Fräulein Sophia. Sie werden es erleben. Aber der Doktortitel erhöht mein Prestige in der Weltöffentlichkeit.«
Er fragte Sophia, ob er einen Augenblick mit ihren Eltern sprechen könne. Sie nickte und ging in die Küche, um Kaffee aufzusetzen. Durch das offene Fenster konnte sie deutlich die Stimmen im Garten hören, die angespannt und von unterschwelliger Erregung erfüllt waren.
»Herr und Frau Engastromenos, ich möchte Sie um Ihre elterliche Einwilligung zu meiner Ehe mit Sophia bitten.«
Sophia wußte, daß ihr Vater an diesem Punkt hätte lachen mögen, denn die Frage kam so lange nach der Tatsache. Statt dessen erwiderte er:
»Ihr Antrag, mein lieber Doktor Schliemann, ehrt mich, und es macht mich glücklich und stolz, daß ein Mann Ihres Ansehens bereit ist, meine kleine Sophia zu heiraten. Ich bin sicher, Sie werden sie glücklich machen. Ich gebe sie Ihnen mit ganzem Herzen.«
»Sie haben keine Bedenken wegen meiner kürzlichen Scheidung?«
»Nein. Vetter Vimpos hat uns gesagt, er habe Sie zum Erzbischof begleitet, der Ihre Scheidungsurkunde geprüft und für gültig erklärt hat. Wie Sie wissen, gestattet unsere orthodoxe Kirche drei Scheidungen.«
Schliemann wandte sich an Madame Victoria.
»Ich hätte auch gern die Einwilligung von Sophias verehrter Mutter.«
»Wir sind gottlob keine Feinde unserer Tochter. Es wäre unverzeihlich, dieses große Glück auszuschlagen, um das ganz Griechenland uns beneidet. Und wenn wir zehntausend Jahre warteten, es würde nicht noch einmal geschehen, daß ein Schliemann uns die Ehre erweist, unsere Tochter zu heiraten. Die Erinnyen würden uns bestrafen, wenn wir solch eine Sünde begingen.«
Während der Kaffee serviert wurde, saß Sophia mit den Händen im Schoß da und musterte den Mann, den sie heiraten würde...
›Er ist aufmerksam und gütig, mit einem sehr heftigen Temperament, das er im Zaum zu halten weiß...‹
Henry Schliemann, der ihren kritischen Blick auf sich ruhen fühlte, wandte sich ihr zu, holte ein schwarzes Samtetui aus seiner Jackentasche, öffnete es und sagte:
»Fräulein Sophia, in Gegenwart Ihrer verehrten Eltern bitte ich um Erlaubnis, Ihnen diesen Perlenring zu überreichen. Die Perle paßt, wie Sie sehen werden, zu Ihren Ohrringen.«
Sie steckte den Ring an den Finger. Die Perle war prachtvoll: leicht cremefarben mit einem rosigen Schimmer. Offensichtlich hatte er sich große Mühe gegeben, das Richtige zu finden. Sie sah ihn mit einem dankbaren Lächeln an. Seine Wangen röteten sich wie immer, wenn er bewegt war.
»Und mit dem Ring, Fräulein Sophia, werden Sie, wie ich hoffe, auch meinen Heiratsantrag annehmen. Ich habe bereits die Einwilligung Ihrer Eltern.«
Sophia dachte im stillen: ›Unser Streit und die Trennung haben auf uns beide eine besänftigende Wirkung ausgeübt. In gewisser Weise bin ich froh, daß es so war. Es ist erst sechzehn Tage her, seit er zum erstenmal zu uns gekom-

men ist, und trotzdem fühle ich mich um Jahre älter. Ich weiß, daß diese Ehe nicht leicht sein wird. Es wird Probleme geben. Aber ich kann ihnen mit Nachsicht und Verständnis begegnen, weil ich weiß, wie leicht verletzbar er ist.‹

Laut sagte sie: »Vielen Dank, Herr Henry. Für die Perle und für den Antrag. Ich nehme beides mit aufrichtiger Freude an.«

Dann verabschiedete sich Henry bis zum nächsten Tag. Nachdem er ihr auf galante französische Art die Hand geküßt hatte, sah sie, daß er ihrer Mutter unauffällig ein Kuvert übergab.

Sophia küßte ihre Eltern, die sie in die Arme schlossen. Als sie ins Haus gingen, fragte Sophia:

»Mutter, was ist in dem Kuvert, das Herr Schliemann dir gegeben hat?«

»Ich weiß es nicht, mein Kind. Laß uns ins Eßzimmer gehen und es aufmachen.«

Die Sonne, die durch die Vorhänge schien, hüllte ihre drei Gesichter in ein warmes Licht. Madame Victoria öffnete das Kuvert und holte einen Bogen Briefpapier des *Hotel d'Angleterre* heraus, der um einen ansehnlichen Haufen Goldmünzen gewickelt war. Sie breitete das Geld auf dem Tisch aus, dann las sie laut:

> »Meine liebe Madame Victoria, bitte seien Sie so freundlich und benutzen Sie dieses kleine Geschenk, Fräulein Sophia Unterkleidung und Strümpfe zu kaufen.«

»Was für ein großzügiger, aber seltsamer Mensch!« rief sie aus. »Warum nur Unterkleidung und Strümpfe? Wenn er schon daran gedacht hat, warum nicht Geld für einen ganzen Trousseau?«

Sophias Lachen schallte durchs Haus.

»Aber siehst du nicht, Mutter, daß es genau das ist? Dieses Geld reicht aus, ein halbes Dutzend Trousseaus zu kaufen...«

6.

Sie hatte sechs Tage, um sich auf ihre Hochzeit vorzubereiten, aber jetzt, da sie bereit zur Ehe war, schien ihr die Zeit nicht zu kurz. Griechische Mädchen, abgesehen von den Angehörigen des Hofes oder den Töchtern sehr reicher Eltern, ließen sich ihre Hochzeitskleider nicht eigens anfertigen. Man lieh sie. Da das Textilgeschäft ihres Vaters in unmittelbarer Nähe der eleganten Ermou lag und Georgios Engastromenos mit den Besitzern einiger gut ausgestatteter »Hochzeitsläden«, die Brautkleider verliehen, befreundet war, bekam Sophia ein neues Kleid aus reinseidenem Crêpe Satin mit einem Spitzenschleier, der von einem Kopfschmuck aus Spitzen herabfiel. Das Kleid war bodenlang, mit einer Schleppe und einem Rock, der eng um die Hüften

lag und sich von den Knien nach unten erweiterte. Da das Kleid noch nicht getragen war, war es nicht schwer, die Nähte ein wenig auszulassen, denn Sophia hatte einen etwas üppigeren Busen und längere Beine als der Durchschnitt der siebzehnjährigen Mädchen Athens.
Henry hatte vorgeschlagen, daß sie nur kaufen sollte, was sie für die Reise brauchte, denn sie würden nur jeweils ein paar Tage in Messina, Neapel, Rom, Florenz und Venedig verbringen, ehe sie nach Paris gingen, wo er eine geräumige Wohnung an der Place St. Michel Nr. 6 hatte, ein ganzes Stockwerk in einem der vier Etagenhäuser, die er in der französischen Hauptstadt besaß. Nach ihrer Ankunft in Paris sollte Sophia ihre gesamte Garderobe von einem der besten Couturiers entworfen und angefertigt bekommen.
Die Tage vergingen rasch, während die Familie das Haus und den Garten für die Hochzeitsfeier schmückte. Sophia und ihre Mutter fuhren täglich für einige Stunden nach Athen, um Einkäufe zu machen. Henry hatte darauf bestanden, daß sie unter anderem mehrere Paar bequeme Schuhe haben müsse, um durch die Straßen von Italien und vor allem durch die Kirchen und Museen zu gehen. Er besuchte sie täglich in Kolonos, und Sophia hatte den Eindruck, daß er von Stunde zu Stunde jünger wurde. Er hatte eine Suite auf dem Luxusdampfer *Aphrodite* gebucht, der an ihrem Hochzeitstag um Mitternacht von Piräus abfuhr.
Dann geschah etwas sehr Sonderbares. Henry Schliemann bat Georgios Engastromenos, ihn im Büro eines Notars in Athen zu treffen, um ein wichtiges Dokument zu unterzeichnen. Als Georgios an diesem Abend zurückkehrte, fragte Sophia:
»Was war es, Vater, ein Ehevertrag?«
Georgios, der für gewöhnlich nicht leicht aus der Fassung zu bringen war, sagte in verwirrtem Ton:
»Eher so etwas wie eine Verzichterklärung.«
Madame Victoria starrte ihren Mann verblüfft an.
»Was hat das zu bedeuten?«
»Ich weiß, was es zu bedeuten hat, aber ich verstehe nicht, was es für einen Zweck haben soll. Ich mußte mich in diesem Dokument damit einverstanden erklären, daß Sophia sowohl zu Henrys Lebzeiten als auch nach seinem Tod keinerlei Anspruch auf sein Vermögen haben soll, außer, wenn ihr Verhalten ihm gegenüber so war, daß er es für angebracht hält, ihr in seinem Testament etwas zu hinterlassen.«
Die Familie kaute schweigend an dieser Mitteilung. Sie war so zäh und fast so unverdaulich wie die Keule einer Bergziege. Madame Victoria regte sich am meisten auf.
»Aber das ist unerhört! Wie kann er die Frau enterben, die er heiraten wird?«
Sophia sagte in beschwichtigendem Ton: »Er enterbt mich nicht, Mutter. Er will nur sein schwer verdientes Vermögen fest und sicher in der Hand behalten.«
»Er kennt unsere schwierige Lage«, bemerkte der ehrgeizige Alexandros

schroff. »Warum will er sich seiner neuen Familie gegenüber nicht großzügig zeigen?«

»Er wird es tun, Alexandros. Laß ihm Zeit. Onkel Vimpos sagt, er sei ein großzügiger Mensch, vorausgesetzt, man gestattet ihm, aus freiem Antrieb zu handeln. Ich bin sicher, wenn wir erst einmal glücklich verheiratet sind, wird er euch freiwillig seine Hilfe für den Laden anbieten. Wie könnte ich als Frau eines Millionärs zufrieden sein oder ihm die Liebe und Freundschaft entgegenbringen, die er erwartet, wenn er weiß, daß meine geliebten Eltern in Schwierigkeiten sind, und nichts dagegen unternimmt? Er wird das bestimmt verstehen.«

»Das will ich hoffen!« riefen Alexandros und Madame Victoria fast wie aus einem Mund. Alexandros fuhr fort: »Aber ich kann nicht behaupten, daß es ein sehr vielversprechender Anfang ist.«

Georgios Engastromenos kam am Tag vor der Hochzeit zu seiner Tochter, um ihr zu gestehen, daß er kein Geld für die Kirche und die Priester habe.

»... nichts, Vater? Nicht einmal diese kleine Summe?«

Georgios schüttelte den Kopf.

»Nein... Wir haben unser letztes Bargeld für die Dinge ausgegeben, die für die Hochzeit notwendig sind...«

Sophia schwieg. Sie wußte, was von ihr erwartet wurde. Wäre ihr Vater gewillt oder imstande gewesen, sich das Geld von Verwandten oder Freunden zu leihen, so hätte er seine Tochter nicht mit seiner verzweifelten Situation behelligt.

»Wieviel brauchst du?«

»Dreihundert Drachmen.«

Sie rechnete rasch: Der Betrag belief sich in Henrys amerikanischem Geld auf sechzig Dollar. Ihr Vater setzte mit einem schwachen Lächeln hinzu:

»Es ist keine sehr große Summe für den Gottesdienst und ein paar andere Kleinigkeiten. Manche Bräutigame erbieten sich freiwillig, die Kosten zu tragen...«

»Gut, Vater, ich werde dir das Geld beschaffen.«

Sie brachte die Bitte sehr sachlich vor, entschlossen, die Haltung zu wahren und sich ihre Verlegenheit nicht anmerken zu lassen. Vielleicht war das der Grund, weshalb Henry nicht überrascht oder beunruhigt schien. Er holte seine Geldtasche heraus, nahm die griechischen Goldmünzen aus dem äußeren Fach und gab sie ihr.

»Vielleicht hätte ich deinem Vater von mir aus anbieten sollen, die Kosten für die Kirche zu übernehmen, Sophia. Es ist wenig genug angesichts all der Arbeit, die deine Familie sich gemacht hat.«

Sie dankte ihm mit einem Lächeln, getraute sich jedoch nicht zu sprechen.

Die Hochzeit von Sophia Engastromenos und Henry Schliemann war das größte Ereignis in dem kleinen Vorort, seit Sophokles seinen *Ödipus auf Kolonos* geschrieben hatte, der kurz nach seinem Tod, im Jahre 406 v. Chr., zum erstenmal aufgeführt wurde. Die ganze Stadt und auch die Leute aus den umliegenden ländlichen Bezirken kamen, in ihre Nationaltracht gekleidet, zur kirchlichen Feier. Nur die Familie und die engsten Freunde fanden Platz im Inneren der Kirche, aber das machte der Menge draußen nichts aus; sie wußten genau, wann sie gemeinsam beten, sich bekreuzigen, die Choräle singen und den Segensspruch sprechen mußten.

Es war eine farbenfreudige Schar: Die Männer trugen rote Mützen mit langen blauen Troddeln, gestickte Blusen mit weiten, reichverzierten Ärmeln, knielange Röcke und Kniestrümpfe, die farblich auf die Stickerei der Röcke abgestimmt waren. Die Frauen kamen in langen, goldbestickten Kleidern mit einer Reihe von herabfallenden Überwürfen und zarten weißen Schals um Kopf und Schultern; andere trugen lange, weite weiße Röcke, mit horizontaler Stickerei, dazu enganliegende blaue Mieder mit weißen Spitzenkrägen, kleine braune Hüte mit langen Quasten, die schräg auf ihrem Kopf saßen, und Perlenketten um den Hals.

Sophias Hochzeitstag war heiter und klar, aber mit einem Hauch von herbstlicher Kühle in der Luft, denn der Sommer war beinahe vorüber. Sie verbrachte den größten Teil des Tages auf ihrem Zimmer und plauderte, während sie sich anzog und frisierte, mit ihren weiblichen Verwandten, die gekommen waren, ihr Rat und Hilfe anzubieten: ihre Schwestern Katingo und Marigo, ihre Tanten *Kyria* Helmis und *Kyria* Lambridou, ihre Kusinen Eugenia, Helena und Marigo. Nur ihre Mutter war nirgends zu sehen: Sie war die ganze Nacht aufgewesen, um die Speisen vorzubereiten, die beim Morgengrauen in den Ofen der Bäckerei gebracht wurden, und ruhte sich jetzt aus.

Der St.-Meletios-Platz war wie für einen Nationalfeiertag geschmückt: Bunte Wimpel flatterten zwischen den Bäumen, die Häuser waren beflaggt, die Schaufenster festlich dekoriert, und auf den Tischen der Cafés standen Gläser mit Blumen. Sophia machte sich bei Einbruch der Dunkelheit mit den Hochzeitsgästen auf den Weg zur Kirche. Ihr jüngster Bruder trug die Schleppe ihres Kleides, während sie den Platz überquerten. Ihr Brautbukett war aus roten Rosen mit einem breiten, mit Rosenknospen besetzten Band, das kaskadenartig an der Seite ihres langärmeligen Kleides herabfiel. Sie trug die Korallenkette, die Henry ihr geschenkt hatte, weil sie wußte, daß es ihn freuen würde. Unter dem Kleid hing das silberne Kreuz, das ihr bei der Taufe um den Hals gehängt worden war.

Die Freunde und Verwandten, die den Platz säumten und auf die kirchliche Feier warteten, applaudierten leise, als sie vorüberkam, indem sie mit den Fingerspitzen der rechten Hand leicht gegen die Handfläche der linken schlugen. Sophia trug ein starres Lächeln zur Schau und blickte weder nach rechts noch links. Sie war sehr nervös.

Henry wartete am Eingang der St.-Meletios-Kirche, die die jungen Mädchen von Kolonos wieder mit Lorbeer- und Myrtenzweigen geschmückt hatten. Er hatte einen schwarzen Gehrock mit schwarzer Hose an, ein gestärktes weißes Hemd mit weißer Krawatte und Weste, weiße Handschuhe, und er hielt einen schwarzen Zylinder in der Hand. Sophia bemerkte, daß er sehr blaß aussah.

Sie betrat die kleine Kirche, ein Glanzstück byzantinischer Architektur, atmete den ersten schwachen Duft von Weihrauch ein und blickte liebevoll auf den Bischofsstuhl, die schwarzen Marmorwände, den Vorhang, der das *sanctum sanctorum* abschloß, die fast lebensgroßen, auf Holz gemalten Bilder der Jungfrau Maria auf einer Seite der Ikonostase und Jesu auf der anderen, die Schutzheiligen Meletios und Johannes, deren Gesichter und Hände in warmen Fleischtönen gemalt waren, während die restliche Gestalt von erhaben gearbeiteten, darüberliegenden Gewändern aus schwerem Silber eingeschlossen war. Sobald sie sich innerhalb des Gotteshauses und der Religion befand, die sie so zärtlich liebte, lösten sich alle Knoten ihres Nervensystems: Sie fühlte sich gelassen und sicher.

Die Mädchen hatten so viele Blumen in die Kirche gebracht, wie sie nur auftreiben konnten, und hatten den Schrein und die große Ikone des heiligen Meletios, die allein in der Mitte der Kirche stand, in ein Meer von Blüten gehüllt. Kränze aus Dahlien, gelben Chrysanthemen, Margeriten und grünem Laub schmückten alle Ikonen des Schreins, der die Hauptkirche von ihrem Sanktuarium trennte; Vasen mit Gladiolen standen auf den zwei Stufen, die zur Heiligen Tür führten.

Ein länglicher Tisch, mit einem weißen Tuch bedeckt, war vor der Ikonostase aufgestellt worden; auf ihm befanden sich neben dem Evangelium und einem Glas Wein die beiden goldenen Trauringe, die der Bräutigam besorgt hatte. In seinen Ring war der Name *Sophia* eingraviert, in ihren der Name *Henry*. Sophias weißer Kopfputz bildete einen schönen Kontrast zu ihrem schwarzen Haar. Neben ihr standen ihr Neffe Costaki und ihre kleine Kusine Eugenia, beide in Weiß gekleidet und mit großen weißen Kerzen in der Hand.

Die Kirche hatte sich jetzt gefüllt. Es gab keine Stühle. Alle standen. Auf Sophias und Henrys Kopf wurden Kränze aus frischen Orangenblüten gelegt, die durch ein Band miteinander verbunden waren. Spyros, der als Brautführer fungierte, würde sie dreimal auswechseln, jedesmal, wenn das Paar vom Priester an der Hand um den Tisch geführt würde, während der Kantor sang und die Gemeinde betete. Der Priester las aus den Briefen des Paulus und dem Evangelium nach Johannes, das die Hochzeit zu Kana in Galiläa beschreibt. Nur hin und wieder hörte Sophia die Worte über das Klopfen ihres Herzens hinweg.

»Gott, der Allmächtige, Schöpfer des Himmels und der Erde, der Adams Rippe nahm und in seiner Güte aus ihr ein Weib schuf, und Gott segnete sie und sprach zu ihnen: ›Seid fruchtbar und mehret Euch und füllet die Erde und macht sie Euch untertan‹, und er gab ihnen die Möglichkeit, *ein* Glied zu sein durch die Ehe ..., darum wird ein Mann Vater und Mutter verlassen und an seinem Weibe hangen, und sie werden sein *ein* Fleisch. ...und was Gott zusammengefügt, soll der Mensch nicht scheiden ...«

Sophia hatte sich für zwei Stunden des Singens, Betens und Bibellesens gerüstet, denn man hatte sie gelehrt, daß in der griechisch-orthodoxen Religion das wichtigste Ereignis im Leben eines Menschen nach der Taufe die Trauung sei. Ohne in dieser feierlichen Stunde respektlos sein zu wollen, erinnerte sie sich an die scherzhafte Bemerkung der Junggesellen von Athen:
»Die Trauung ist so lang, daß es eines lebenslänglichen Zusammenlebens bedarf, darüber hinwegzukommen!«
Der Priester segnete die Ringe und tauschte sie aus. Sophia und Henry tranken Wein aus demselben Glas, um anzudeuten, daß sie alle Freude und Bitterkeit miteinander teilen würden. Die Kränze aus Orangenblüten wurden noch dreimal über ihren Köpfen gekreuzt, womit die Heilige Dreifaltigkeit den neuen Eheleuten ihren Segen erteilte. Die Gemeinde betete. Der Priester las wieder aus dem Evangelium:
»O Herr, unser Gott, sende Deine Gnade herab vom Himmel auf diese Deine Diener Henry Schliemann und Sophia Engastromenos. Mache, daß dieses Mädchen dem Manne gehorche, Deinem Diener, der der Frau voransteht, so daß sie gemäß Deinem Willen leben. Segne sie, o Herr, unser Gott, wie Du segnetest Abraham und Sarah. Segne sie, wie Du segnetest Jakob und Asnath. Segne sie, wie Du segnetest Moses und Zipporah. Segne sie, wie Du segnetest Zacharias und Elisabeth. Beschütze sie, wie Du beschützetest Noah in der Arche; beschütze sie, wie Du beschützetest Jonas im Magen des Seeungeheuers...«
Der Priester gebot Sophia: »... gehe selbst hin wie Rachel, freue dich deines Gatten und halte die Gesetze, denn dies ist der Wille Gottes...« und erklärte sie für Mann und Frau.
Die Frauen umarmten Sophia mit Tränen in den Augen, die Männer küßten sie auf die Wange; und währenddessen überreichte ihre jüngere Schwester Marigo den Gästen *koufeta*, gezuckerte Mandeln in kleinen Beuteln aus weißem Tüll mit farbigen Seidenbändern. Jeder der Gäste sagte zu Marigo:
»Möge dir das gleiche beschieden sein!«

Eine Hochzeitsfeier ist in Griechenland ein Freudenfest für alle. Sophias Vater hatte sich große Metallkannen geliehen und sie mit *ouzo* gefüllt; und es gab Fässer mit *retsina* von den Weinhändlern des Ortes. Obwohl Madame Victoria den Ruf genoß, die besten Desserts von Attika zu machen, hatten ihre Verwandten ihr diese Aufgabe abgenommen, und jede Familie brachte ein großes Tablett mit Obst- und Schokoladenkuchen, Cremetorten, golden überbackenen Meringen, *ravani*, Joghurttorten, Nußgebäck, Birnen, mit Mandeln gefüllt, *baklava* und zahllosen anderen Leckereien.
Ein langer hölzerner Tisch war mit pikanten Vorspeisen beladen, die zum *ouzo* und zum Wein verzehrt wurden: gesalzener Stint, Rogenpastetchen, mariniertes Lammhirn, Essigbohnen, frische Muscheln. Auf einem anderen Tisch standen riesige Schüsseln mit verschiedenen Salaten: Lattich, Kopfsalat und Endivien, mit Dill, wilder Zichorie und Minze gewürzt.

Aus dem Ofen der Bäckerei kamen Hühner, Kaninchen, Fischpasteten, gedünstete Auberginen, Gumboschoten, Kichererbsen, Artischocken mit Buttersoße, Zucchini, gebratener Kürbis, gedämpfte grüne Bohnen und *shish kebab*. Aber die gesamten Töpfe und Tiegel der Familie genügten nicht, die Mägen der Gäste zu füllen, um so mehr, als der Appetit der Männer durch häufige Streifzüge zu den Kannen mit *ouzo* und den Fässern mit Wein immer von neuem angeregt wurde. Im hinteren Teil des Gartens wurden Hühner auf Holzkohlengrills gebraten, Lämmer und Spanferkel drehten sich an geliehenen Bratspießen und erfüllten nicht nur den Garten, sondern den ganzen Platz mit köstlichen Gerüchen.

Sophia, die hinaufgegangen war, um sich für die Reise umzuziehen, stand am Fenster der oberen Halle und blickte bestürzt auf die über zweihundert Menschen, die sich zum Festessen versammelt hatten. Außer ihren Verwandten und engen Freunden war jetzt eine große Anzahl von Bekannten aus Kolonos und Athen eingetroffen. Sie wußte, was Speisen und Getränke kosteten, und ihr war klar, daß die sechzig Dollar, um die sie Henry gebeten hatte, nicht annähernd die Ausgaben decken konnten. Die Summe würde eher zweihundertsechzig Dollar betragen!

Tief besorgt fragte sie sich:

›Woher wird Vater das Geld nehmen, um die Rechnungen zu zahlen? Wenn er nicht einmal die sechzig Dollar für die Kosten der Kirche aufbringen konnte, wo will er weitere zweihundert auftreiben? Wenn er zu einem Geldverleiher geht, kostet es ihn zwei Prozent im Monat, ohne daß er die Möglichkeit hat, die Schuld zu tilgen. Meine Eltern haben das für mich getan; sie sind zu stolz, um zuzugeben, wie es um sie steht; sie konnten niemanden abweisen. Und während ich jetzt im Sonnenschein von Messina aufwache, eine verheiratete Frau, die alles hat, was sie sich nur wünschen kann, wachen sie mit den Sorgen der Schulden auf. Das darf ich nicht zulassen.‹

Sie nahm ihren Vater beiseite und zwang ihn, Farbe zu bekennen. Genau gerechnet hatte er sechzehnhundert Drachmen ausgegeben. Das waren dreihundertzwanzig Dollar.

»Aber Vater, du weißt doch, daß die Kaufleute bezahlt werden müssen.«

»Das ist morgen. Heute ist heute, und dies ist die Hochzeitsfeier meiner Tochter. Die Leute sollen nicht glauben, wir seien zu arm, um sie kommen und auf dein Glück trinken zu lassen.«

Sie ging zu ihrem Mann und erklärte ihm, was geschehen war: Die Familie Engastromenos konnte einfach nicht das Gesicht verlieren.

»Mein lieber Henry, es ist mir schrecklich, daß meine erste Bitte als deine Frau sich auf Geld bezieht. Aber ich habe keine andere Wahl. Ich kann mich nicht fortstehlen und meine Familie mit diesen Problemen zurücklassen. Bitte, hilf mir dieses eine Mal. Ich verspreche dir, daß ich dich nie wieder um etwas bitten werde.«

»Was hat dein Vater mit den sechzig Dollar gemacht, die ich ihm gegeben habe?«

»Er hat die Priester, die Kosten für die Kirche bezahlt und die Kaufleute, die ihm keinen Kredit gewähren wollten.«

Er wurde blaß um die Mundwinkel.

»Du bist meine Frau, liebste Sophia, und du kannst um alles bitten, was du willst – für dich. Aber der Gedanke, daß ich ohne mein Wissen oder Einverständnis von deiner Familie ausgenutzt werden soll, ist mir unerträglich. Bist du sicher, daß dein Vater nicht so freigebig mit dem Geld umgegangen ist, weil er wußte, daß ich dir an unserem Hochzeitstag nichts abschlagen würde?«

Sie hielt den Kopf hoch, und ihr Blick begegnete offen dem seinen.

»Auf keinen Fall. Das ist nicht seine Art. Stolz, ja. Der Wunsch, sich großzügig zu zeigen, ja. Aber Hinterlist, niemals. Meine Eltern haben einfach heute heute sein lassen und ihre Sorgen auf morgen verschoben.«

Henry schnitt eine Grimasse, holte seine Geldtasche heraus, zählte sechzehnhundert Drachmen ab und gab sie Sophia. Sie beugte sich vor und küßte ihn.

»Vielen Dank. Du bist sehr großzügig.«

Ein leicht ironisches Lächeln spielte um seine Lippen.

»Jeden zweiten Tag!«

»Du wirst es nicht bedauern.«

Er antwortete mit einem vielsagenden Blick, dem ersten, den er sich gestattete:

»Ich würde es nur bedauern, wenn das Ägäische Meer zu stürmisch wird. Da ich weiß, was für eine schlechte Seefahrerin du bist, Sophidion, müßte ich in dem Fall sehr gegen meinen Willen unsere Flitterwochen verschieben, bis wir auf festem Boden in Sizilien sind.«

Zweites Buch

GRIECHENLAND IST GOTTES LIEBESAFFÄRE MIT DEM PLANETEN ERDE

1.

Sie zog sich leise vor dem großen Fenster ihres Zimmers im obersten Stockwerk des *Hotel d'Angleterre* an. Der Syntagmaplatz war ein dunkelgrüner Teppich, der vor ihr bergan lief, der Mittelpunkt Athens und für jeden Griechen der Mittelpunkt der Welt. Hinter dem Platz, von hohen, schlanken Gaslampen erleuchtet, lag der Palast, den die Griechen für Otto I. erbaut hatten, als er aus Bayern herbeigerufen wurde, um Titularkönig der neuen, sich langsam zusammenschließenden Nation zu werden.
Zu dieser frühen Stunde – es war erst vier Uhr morgens – war die Hotelhalle menschenleer. Sophia trat hinaus in die kühle Nachtluft, die sich jetzt, da der Winter zu Ende ging, allmählich erwärmte. Der bläulichschwarze Himmel, nah und vibrierend, wurde von Sternen erhellt, die glitzerten und glänzten, als ob sie bersten wollten. Ein Gefühl des Friedens und der Zugehörigkeit kam über sie. Sie dachte bei sich:
›In Athen zu leben, bedeutet, im Herzen des Universums zu leben. Man braucht nur diese duftende Nachtluft einzuatmen oder morgens zum blauesten aller Himmel hinaufzublicken, um zu wissen, wie schön die Welt ist und wozu sie geschaffen wurde.‹
Der Mond hatte die Form eines Krummsäbels – ein Anblick, der den Griechen während der türkischen Besetzung vertraut geworden war. Die hohen eisernen Laternen, grün gestrichen und mit dem Kopf der Athene geschmückt, warfen ihr schimmerndes Licht auf die Palmen, die Akazien mit ihren weißen und gelben Blüten, die Pistazien- und Orangenbäume, deren Laub nach dem winterlichen Regen in leuchtendem Grün erstrahlte. Die Stühle der Straßencafés waren schläfrig an den Hausmauern aufgestapelt; Straßenkehrer wuschen die Bürgersteige, indem sie Wasser aus Eimern über das Pflaster gossen und die Abfälle mit kurzstieligen, handgebundenen Besen aus Borstenhirse in die Abflußrinne fegten.
Als sie zum Palast hinaufging, sah sie den Verkäufer von *salèpe*, dessen großer Samowar aus Messing, den er auf einem Karren durch die dunklen Straßen schob, mit dem heißen Kräutertrank gefüllt war. Sophia holte eine

Münze aus ihrem Geldbeutel, der Mann nahm eine Tasse von einem der Haken am Samowar und füllte sie. Der Duft der wildwachsenden Kräuter stieg ihr in die Nase, ehe der starke Tee ihr durch die Kehle lief.
Sie ging rasch die Panepistimiou entlang, bis sie zu den Marmorsäulen und dem Bogengang des Arsakeion kam, das ein Grieche, der im Ausland reich geworden war, bei seiner Rückkehr in die Heimat der Stadt als Liebesbeweis geschenkt hatte. Dann überquerte sie die breite Straße und blickte mit freudigem Stolz auf die Universität von Athen und die Staatsbibliothek, die nach alter griechischer Art aus Pentelischem Marmor erbaut und mit majestätischen Säulen geschmückt waren.
Als sie kurz darauf in eine der Seitenstraßen bog, hörte sie die ersten Verkäufer ihre Waren ausrufen.
»Sie werden die ganze Stadt aufwecken«, sagte sie lachend.
Aber es war keine Kakophonie: Jeder Verkäufer hatte seine eigene Tonart gewählt, und sie weckten die Hausfrauen auf Griechisch, Türkisch oder Italienisch, jeder mit seinem unverkennbaren und stets gleichbleibenden Ruf. Kurz vor Sonnenaufgang begegnete sie den Ziegenhirten, die laut *Galá, galá*« riefen. Die Hausfrauen kamen mit ihren Eimern heraus und suchten sich unter den zahlreichen Ziegen diejenige aus, deren Milch sie haben wollten. Der Ziegenhirt verkaufte auch Ziegenquark, den er in einer Blechbüchse bei sich trug und mit dem Ruf »*yo-wr-te!*« feilbot. Sophia kaufte ein kleines Stück, und der Ziegenhirt bestreute es mit Puderzucker. Nachdem sie den ersten Bissen hinuntergeschluckt hatte, murmelte sie:
»Beißend wie der Stich einer Wespe.«
Im Osten wurde es hell. Sophia blickte wie gebannt auf die Schönheit des blaßrosa Sonnenaufgangs. Sie stieg durch einen dicht mit Bäumen bewachsenen Park zum oberen Ende des Hügels. Ganz Athen lag zu ihren Füßen und über ihr die Akropolis. Ein mystisches Licht, einem feinen, weißen Puder gleich, schien vom Himmel herabzusickern, als ob Zeus das Firmament mit irgendeinem göttlichen Elixier besprengte, um der Stadt Pracht und Schönheit zu verleihen. Wie eine Offenbarung kam ihr der Gedanke:
›Griechenland ist Gottes Liebesaffäre mit dem Planeten Erde.‹
Ein Straßenverkäufer trug warme Brötchen auf einem Backblech auf dem Kopf. Unmittelbar hinter ihm kam ein Schäfer, der ungesalzene Butter in einem irdenen Topf verkaufte, die er in dem Brötchen schmelzen ließ, das Sophia hungrig hinunterschlang. Sie fragte sich im stillen:
›Wo hätte ich in Paris einen Anblick wie diesen finden können – einen Schäfer mit enganliegender Hose, einem grellen Hemd, das fast bis zu seinen Knien reicht, einem farbigen Tuch, das um seinen Kopf gebunden und hinten verknotet ist?‹
Aber sie hatte wenig Zeit, darüber nachzudenken, denn jetzt erschien eine Schar gebückter Frauen, die wildgewachsenes Grün verkauften und mit krächzender Stimme »*radheekia!*« riefen. Hinter ihnen kamen die Knoblauchverkäufer, die Knoblauchzwiebeln an einer langen Schnur über der

Schulter. Sophia war in dem Glauben erzogen worden, daß Knoblauch den »bösen Blick« abhält. Ein typisch athenisches Geräusch, vertraut und herzerwärmend, erfüllte jetzt die Straßen: das Knarren von riesigen Tragkörben, die paarweise auf dem Rücken von winzigen Eseln hingen und sie fast völlig unter sich begruben. In ihnen befanden sich, frisch gepflückt und noch feucht vom Morgentau, Berge von Früchten und Gemüse, unter denen die Hausfrauen vor ihrer Tür die besten für das Mittagessen auswählten.

Der unterhaltsamste Anblick war für Sophia der Truthahnverkäufer. Einen langen Stab in der Hand, um die Tiere anzutreiben, war er seit Mitternacht mit einer Schar von zweihundert Truthähnen von seinem Hof in die Stadt marschiert und kam jetzt langsam den Hügel herauf. Und nun begann ein langes Handeln und Feilschen, denn jede Hausfrau wollte den schönsten Truthahn für den niedrigsten Preis. Wenn er einen Verkauf getätigt hatte, zog er weiter und rief in schrillem, gackerndem Ton:

»Truthähne, kleine Truthähne ...«

Dann kam der Honigverkäufer, der einen dicken Zweig mit einer dreieckigen Honigwabe am Ende über der Schulter trug. Der Honig stammte von dem Feldthymian, der an den Hängen des Hymettos wuchs. Sophia ließ sich ein Stückchen abschneiden, kaute an der wächsernen Wabe und ließ den köstlichsten Nektar der Welt durch ihre Kehle rinnen. Der Honigverkäufer hatte sich erst bei Sonnenaufgang auf den Weg gemacht, aber sein Vorrat war bald erschöpft.

Als Sophia zu den Hauptstraßen Academias und Panepistimiou zurückging, hörte sie den öffentlichen Ausrufer, der mit lauter Stimme die neuen Gesetze und Verordnungen verkündete, die der Stadtrat oder die Polizei am Tag zuvor erlassen hatte. Die Verfügungen wurden nicht in den Zeitungen abgedruckt, weil diese nicht täglich erschienen; und im übrigen konnte die Mehrzahl der Bevölkerung nicht lesen.

Sie wandte sich wieder in Richtung des Hotels.

›Man kann das Leben einer Stadt nur auf ihren Straßen kennenlernen‹, dachte sie bei sich. ›Es gibt immer irgend etwas Typisches zu sehen, zu hören, zu riechen. So war es auch in Italien: in Messina, Neapel, Rom ... Ich fand Italien wundervoll. Oder war es, weil ich so herrliche Flitterwochen hatte? Abgesehen davon, daß Henry mich von morgens bis abends durch die Museen geschleift hat.‹

Sie hatte sich in Italien mit seinen silbergrünen Olivenhainen und seinem tiefblauen Meer zu Hause gefühlt. Schließlich war Italien ja von dem Trojaner Äneas und seinem Sohn Askanius besiedelt worden. Ungeachtet der Tatsache, daß Henry sie veranlaßt hatte, sich die Geschichte von sämtlichen Gemälden, Mosaiken, Vasen, beschrifteten Steinen, alten Skulpturen, Waffen, Werkzeugen und Münzen in den Museen von Messina bis Venedig einzuprägen, fand sie Zeit, täglich nach Hause zu schreiben. Aus Messina berichtete sie:

»Ich staune immer von neuem über das Glück, das Gott mir beschert hat. Ich spreche dabei nicht von Pracht, Reichtum oder den Aufmerksamkeiten, mit denen ich überschüttet werde, sondern von Henrys liebevollem Verhalten mir gegenüber. Ich bin sehr zufrieden mit meiner Ehe und werde es immer sein. Meine verehrte Mutter soll sich bitte keine Sorgen um mich machen.«
Aus Neapel schrieb sie: »Es geht uns gottlob sehr gut. Wir sind den ganzen Tag mit einem Wagen durch die Straßen der Stadt gefahren. Ich freue mich hier über das Klima und die herrlichen alten Kunstwerke. Wir haben Pompeji und Herculaneum besucht... Heute fahren wir nach Sorrent, wo wir übernachten werden.«
Aus Rom: »Wenn Ihr nach unserer Gesundheit fragt, es geht uns sehr gut, und wir genießen die irdischen Freuden. Wir haben die größte und prächtigste Kirche der Welt, den Petersdom, besucht, und ich war wirklich sprachlos über den großen Luxus! Wir haben die Museen des Vatikans, die Sixtinische Kapelle, die von Raffael ausgemalten Räume, die griechischen und ägyptischen Skulpturen besichtigt.«
Wenn Henry ihren Eltern schrieb, unterzeichnete er seine Briefe: »Der glückliche Ehemann Sophias.«
Sophia versuchte, ihre Familie mit anschaulichen Beschreibungen zu unterhalten:
»In Venedig fand ich es sehr seltsam, daß, abgesehen von ein paar engen Straßen, die ganze Stadt im Wasser steht. Anstelle von Wagen benutzt man Boote, die wie Gräber aussehen, schwarz und halb zugedeckt. Als wir in Padua die Universität besuchten, sahen wir ein Gerät, das sich seit dreißig Jahren fortwährend bewegt. Man nennt es Perpetuum mobile. Es hat mich an Henry erinnert. Er besucht nicht einfach ein Museum, er stürmt und erobert es!«
Er lehrte sie, auf die Verzierungen der Tonwaren zu achten, auf die verschiedenartigen Formen, Glasuren, Henkel, Füße, Mundstücke.
»Tonwaren sind unsere Enzyklopädie aus prähistorischen Zeiten«, sagte er. »Wir können sie ebenso deutlich entziffern wie die Schriften auf den alten Papyri. Man sagt, der Mensch sei Mensch geworden, als er sein erstes Tongefäß formte. Wenn du dich darin übst, Tonwaren zu entziffern, so kannst du bei jedem neuen Fund genau bestimmen, aus welcher Zeit, Kultur und Gegend er stammt.«
Er hatte sich als leidenschaftlicher Liebhaber erwiesen, aber er war zartfühlend und rücksichtsvoll und half ihr, in ihrem eigenen Tempo zu lernen. Nachdem sie ihre erste Scheu verloren hatte, erzählte Henry ihr, daß er eine »Abstinenz von sechs Jahren« durchgemacht habe, weil seine Frau ihre intimen Beziehungen abgebrochen hatte. Sophia murmelte leise lachend:
»Nun, du bist auf dem besten Weg, die sechs verlorenen Jahre wettzumachen!«
Auch Paris hatte ihr anfangs gefallen: die Rue de Rivoli mit ihren eleganten Läden, die breiten, von Bäumen gesäumten Champs-Élysées, die blühenden Gärten der Tuilerien, die breiten, mit Skulpturen geschmückten Brücken

über die Seine, die Île de la Cité mit ihrer großartigen Kathedrale, und natürlich der Louvre, wo Henry ganze Tage mit ihr verbrachte. Sie liebte vor allem die Venus von Milo. An ihre Eltern schrieb sie:

»Was soll ich Euch von Paris erzählen? Es ist wirklich das Paradies auf Erden. Mir gefällt alles; und noch schöner ist die wundervolle Liebe zwischen Henry und mir. Wir sind ständig darauf bedacht, uns gegenseitig glücklich zu machen. Das einzige, was mich ein wenig beunruhigt, ist die Sprache. Ich nehme jetzt täglich vier Stunden Unterricht. Ich habe eine Lehrerin, und Henry unterrichtet mich ebenfalls.«

Sie setzte nicht hinzu, daß Henry auch einen deutschen Lehrer engagiert hatte und ihr selbst Deutsch aus den Bänden von Schiller und Goethe in seiner Bibliothek beibrachte. Außerdem hatte er an der Sorbonne einen Professor gefunden, der Französisch und Griechisch nebeneinander lehrte, damit sie besser mit den Aufsätzen vorankam, die sie auf Henrys Verlangen täglich schreiben mußte.

Nicht zufrieden mit ihrem zehnstündigen Arbeitstag, immatrikulierte er sie an der Universität von Paris. Sie genoß das meiste von alledem, besonders die Abende, wo Henry ihr in der Stille seiner von Büchern eingeschlossenen Bibliothek vorlas. Es lag ihm viel daran, sie als Vorbereitung für die Ausgrabungen bei Hissarlik mit den Anfängen der Archäologie vertraut zu machen: mit Winckelmanns *Geschichte der Kunst des Altertums*; Belzonis Öffnung der ägyptischen Königsgräber; der Entdeckung der Stein- und Bronzefiguren in Herculaneum und der Wandgemälde, die man unter der harten Lavakruste in Pompeji gefunden hatte, wo sie siebzehnhundert Jahre begraben gewesen waren.

Henry ersetzte eine ganze Universität in seinem Bestreben, ihr neue Kenntnisse zu vermitteln. Sie hatte keinerlei Pflichten in seiner eleganten Wohnung. Wie Madame Victoria ihr vorausgesagt hatte, die französische Köchin ließ sie noch nicht einmal den Fuß in die Küche setzen. Sie sah, daß die Mädchen und die Wäscherin stahlen, aber sie wußte nicht, wie sie das verhindern sollte. Henry engagierte sogar eine Kammerzofe für sie, die sich um ihre Kleidung und andere persönliche Dinge zu kümmern hatte. Er plante die Diners, stellte die Liste der Gäste auf, lud Ernest Renan und andere intellektuelle Rebellen von Paris ein.

Ihre Jugend und ihre mangelhaften französischen Kenntnisse ließen sie ein wenig abseits stehen, aber ihr einziges wirkliches Problem war Heimweh; das ständig gegenwärtige Bedürfnis, ihre Familie, Athen, Griechenland zu sehen. Henry hatte kein Verständnis dafür.

»Wie kann irgend jemand sich *nicht* unsterblich in Paris verlieben?«

»Henry, ich glaube, kein Europäer kann verstehen, wie eng verbunden die griechischen Familien sind. Wir sehnen uns nach einander, wenn wir uns nur für wenige Stunden trennen müssen. Liebe zur Familie ist der wesentlichste Aspekt unseres Lebens. Mein Heimweh ist schmerzhafter als ein gebrochenes Bein.«

An ihren Bruder Spyros schrieb sie:
»Du fragst mich nach meinem Leben hier. Es ist sehr angenehm. Ich sitze den ganzen Tag da mit einem Wörterbuch auf dem Schoß. Aber ich fange an, Gymnastikstunden zu nehmen. Manchmal leide ich an Heimweh. Aber mein lieber Mann sorgt dafür, daß dieses Heimweh nicht lange anhält. Er geht mit mir spazieren oder ins Theater oder in den Zirkus, den ich besonders liebe.« An ihre Schwester Marigo: »Das einzige, was mein Gemüt bedrückt, ist die Tatsache, daß ich Euch nicht sehen kann. Gott hat mir dieses ganze Glück geschenkt, aber ich bin fern von meiner Familie.« An Georgios Engastromenos: »Mein verehrter Vater, ich habe Deinen lieben Brief erhalten. Ich habe ihn tausendmal gelesen und Tränen der Freude vergossen, als ich sah, daß Du mich nicht vergessen hast.«
Zu ihrer zunehmenden Sehnsucht kam die Sorge, daß ihre Familie zu Hause Not zu leiden hatte, während sie in Paris im Luxus lebte. Als ihre Eltern sie in Piräus aufs Schiff gebracht hatten, besaßen sie kaum eine Drachme. Ihre Mutter mußte die Vorräte für die Woche vom Verdienst der Woche kaufen, und das bedeutete spärliche Kost für alle Beteiligten. Als Sophia keinen Brief erhielt, nahm sie an, daß sie zu niedergeschlagen zum Schreiben waren.
Sie wußte nicht, wie sie ihnen helfen sollte, obwohl sie immer deutlicher erkannte, daß sie Hilfe brauchten. Als sie Henry um die sechzehnhundert Drachmen für die Kosten der Hochzeitsfeier bat, hatte sie versprochen, daß sie ihn nicht noch einmal um etwas bitten würde. Sie wollte ihr Wort halten. Und sie hatte auch kein eigenes Geld, das sie hätte senden können, denn es kam Henry nicht in den Sinn, ihr ein Taschengeld zu geben. Was sollte sie damit anfangen? Er bezahlte die Dienstboten, die Kaufleute, die Schneiderinnen und trug jeden Scheck und jede Quittung in seine gewissenhaft geführten Bücher ein. Er war großzügig ihr gegenüber, aber da sie niemals mit Geld umgegangen war, sah er keinen Grund, jetzt damit zu beginnen. Ganz gleich, wie sehr sie sich den Kopf zerbrach, sie fand keine Lösung. Es gab einfach keine Möglichkeit, ihren Mann um ein Taschengeld oder ein Bankkonto zu bitten, wenn es nichts gab, was ihr fehlte.
Und all das war um so bedrückender, als ihr jetzt durch Bruchstücke von Unterhaltungen und Bemerkungen, die er fallenließ, allmählich klarzuwerden begann, was für ein Vermögen Henry Schliemann angesammelt hatte. Seine vier Etagenhäuser in Paris wurden auf dreihundertsechzigtausend Dollar geschätzt, und sie brachten gute Mieten ein. Er hatte allein aus dem Krimkrieg einen Gewinn von zwei Millionen Rubel, annähernd vierhunderttausend Dollar, gezogen. Er hatte Bankiers und Agenten in St. Petersburg, London, Hamburg, New York und Paris, besaß Eisenbahnaktien in den Vereinigten Staaten und Kuba, Wertpapiere in England... Sein Jahreseinkommen mußte beträchtlich sein. Sie zweifelte nicht, daß Henry irgendwie, irgendwann ihrer Familie helfen würde. Aber im Augenblick war er offensichtlich zu sehr mit dem Pariser Leben beschäftigt, um daran zu denken.
Angesichts der zunehmenden Sorgen um ihre Familie hatte sie wenig Freude

an der Wohnung mit all den Dienstboten, den kostbaren Möbeln, der Loge in der Oper, den Samt- und Seidenkleidern. Manchmal, wenn sie besonders niedergeschlagen war, wünschte sie, daß sie in Griechenland geblieben wäre, um dort als Lehrerin zu arbeiten und ihrer Familie mit ihrem bescheidenen Gehalt zu helfen.

Dann schenkte Henry seiner Frau einige Wochen vor Weihnachten eine bezaubernde Uhr, die er für sie aus England hatte kommen lassen. Und gleichzeitig sandte er Georgios Engastromenos eintausend Francs, zweihundert Dollar. Sophia sah den kleinen Brief, der den Bankscheck begleitete. »...Ich hoffe, dieser Betrag wird Ihnen helfen, die Feiertage festlich zu begehen.« Er ahnte nicht, daß die zweihundert Dollar ihnen helfen würden, die Feiertage zu *überleben!* Sophia freute sich für ihre Familie; und sie war Henry dankbar, daß er von selbst daran gedacht hatte.

Aber jetzt, da ihr diese Sorge für eine Weile genommen war, kam das Mißgeschick aus einer anderen Richtung, in die zu blicken sie sich nie gestattet hatte. Als sie Mitte Dezember eines Abends zusammen in der Bibliothek saßen und einen Brief von Henrys Schwester aus Deutschland lasen, wurde ein Telegramm abgegeben. Es kam aus St. Petersburg und war von Henrys Sohn, dem vierzehnjährigen Sergio. Die ältere von Henrys Töchtern, Natalia, erst zwölf Jahre alt, war an Blutvergiftung gestorben.

Drei Tage und drei Nächte blieb Henry in seinem Schlafzimmer, wollte nichts essen und niemanden sehen. Er weinte. Er war ein schlechter Vater gewesen. Wäre er in St. Petersburg geblieben, hätte er für Natalia die besten Ärzte gerufen, hätte ihr die besten Arzneien besorgt, und sie wäre heute noch am Leben...

Sophia, die diese Art von Schmerz noch nie erlebt, hatte keinen Balsam für die Wunden ihres Mannes, außer den der Vernunft.

»Dein Agent in St. Petersburg, Herr Günzburg, schreibt in seinem Brief, man hat Dr. Kauzler und Dr. Eck kommen lassen. Sind das gute Ärzte?«

»Die besten.«

»Wenn du in St. Petersburg gewesen wärst, hättest du sie gerufen?«

»Ja.«

»Glaubst du nicht, daß Natalias Mutter sie mit der größten Liebe und Aufopferung gepflegt hat?«

»Doch.«

»Was hättest du dann sonst noch tun können?«

»Ich hätte dort sein müssen. Dann wäre Natalia nicht krank geworden.«

Sophia rief Ernest Renan und einige andere von Henrys Freunden, damit sie ihn trösteten, aber Trost und Mitgefühl waren nicht die Medizin, die er brauchte. Sie versuchte es auf andere Art und beging damit einen Irrtum. Sie sandte eine Botschaft an die älteren Frauen, die früher seine Freundinnen gewesen waren. Sie behandelten Sophia kalt, als ob die Schuld bei ihr läge: Wen sie nicht Henrys Ehe zerstört hätte, wäre Natalia noch am Leben.

›Was hat es für einen Sinn, ihnen zu sagen, daß Henry bereits seit sechs Jahren von Ekaterina getrennt war, als er nach Kolonos kam?‹ fragte sie sich. ›Sie tun, als wäre ich Henrys Geliebte.‹

Die Zeit milderte Henrys Kummer. Aber Paris war für Sophia nicht mehr das gleiche. Der Winter begann: Regen, Kälte, Graupeln, Schnee, ein dunkelgrauer, bedrückender Himmel. Sie erkältete sich. Henry zog sich eine Grippe zu.

Ihre Mutter schickte ihr zu Weihnachten eine Schachtel mit selbstgebackenen Keksen. Sie aß nur einen am Tag, nach dem Frühstück, um den tröstenden Kontakt zu verlängern.

Das Wetter wurde so schlecht, daß die Schiffe von Piräus nach Marseille sich verspäteten und mit ihnen die Post von zu Hause. Die Sehnsucht nach ihrer Familie wuchs von Tag zu Tag.

Neujahr, ihr Geburtstag, war düster und traurig, ebenso wie Henrys, fünf Tage später. Als die Feiertage vorüber waren und die Zeit verging, ohne daß die Genehmigung von der türkischen Regierung für den Beginn der Ausgrabungen in Troja kam, wurde Henry reizbar. Das achtzehnjährige Mädchen hatte Schwierigkeiten, sich an das Leben in einem neuen Land, fern von ihrer Familie, zu gewöhnen, und der achtundvierzigjährige Mann konnte sich nicht mit dem Gedanken abfinden, daß es keine Möglichkeit gab, die türkische Regierung zur Eile anzutreiben. Er hatte sich seinen guten Ruf und auch sein Vermögen erworben, indem er pünktlich, tatkräftig, tüchtig, ehrlich und zuverlässig war.

»Es ist unbegreiflich«, murrte er, »weshalb die türkische Regierung oder der zuständige Minister nicht ein so einfaches Dokument ausstellen kann. Sie haben alles zu gewinnen und nichts zu verlieren. Wozu also diese unnütze Verzögerung?«

Sie hatte gelernt, welche seiner Fragen rhetorisch waren. Statt ihn zu trösten, indem sie eine Tugend pries, die ihm verhaßt war – Geduld –, sagte sie sich im stillen:

›Mein Problem ist, daß ich zu jung bin, um anzufangen. Sein Problem ist, daß er zu alt ist, um zu warten.‹

Da er seinen Kummer nicht am Großwesir auslassen konnte, wurde er gereizt gegen Sophia.

»Du lebst überhaupt nicht in Paris! Deine Gedanken sind Tag und Nacht in Griechenland. Du hast nur den einen Wunsch, deine Familie zu sehen und unter deinem blauen griechischen Himmel zu leben. Warum wirst du nicht endlich erwachsen und lebst in Paris mit deinem Mann, der dich vergöttert? Dein Heimweh macht unsere Ehe kaputt.«

Das Lernen verursachte ihr jetzt Kopfschmerzen. Sie konnte nur kleine Mengen von Nahrung verdauen. Henry ließ zuerst einen französischen Arzt kommen, der ihre Beschwerden als Magenkrämpfe diagnostizierte; dann rief er einen in Paris praktizierenden griechischen Arzt, der der Ansicht war, daß Sophia an Verdauungsstörungen litt. Henry fragte ihn:

»Meinen Sie, ich sollte sie zu einer Kur in einen deutschen Badeort bringen?«

»Warum bringen Sie sie nicht nach Hause und lassen sie in Piräus baden? Sie werden erstaunt sein, wie schnell das Wasser dort sie gesund macht!«
Obwohl es Henry schwerfiel, Sophias verzweifelte Einsamkeit zu verstehen, gewann seine Liebe zu ihr die Oberhand. Er erklärte sich einverstanden, mit ihr nach Athen zurückzukehren und dort auf den *firman* aus Konstantinopel zu warten. Sophia erkannte, daß es ein großes Opfer für ihn bedeutete, seine elegante, geräumige Wohnung gegen eine Hotelsuite in Athen einzutauschen und sowohl auf seine Handbibliothek als auch auf seine Freunde zu verzichten.
Aber sie war zu unglücklich, um das Opfer auszuschlagen.

2.

Im Hafen von Piräus bereitete die Familie Engastromenos Sophia einen überschwenglichen und tränenreichen Empfang. Einen Augenblick lang hatte sie das Gefühl, daß sie ihrem Mann mit einer gewissen Zurückhaltung begegneten, aber dieser Eindruck wurde von der Freude verdrängt, wieder mit ihren Eltern und Geschwistern vereint zu sein und die farbenfroh festlichen Straßen von Piräus und Athen zu sehen, denn dies war der letzte Sonnabend vor den achtundvierzig Tagen der Fastenzeit. Sowohl der Hafen als auch die Stadt waren geschmückt, die Straßen und Plätze voll von Menschen, die singend um die *romvia*, eine mit Blumen und Bändern behängte Drehorgel, tanzten. Komödianten zogen, als Mohren oder Frauen verkleidet, durch die Straßen, tanzten um eine Art Maibaum oder ritten auf Pappferden und -kamelen. Scharen von ausgelassenen Kindern folgten den Masken, die nach jeder Vorstellung mit einer Schellentrommel umhergingen, in die die Zuschauer Zehn- und Zwanzigleptamünzen aus Nickel oder Silber warfen.
Am nächsten Morgen, einem Sonntag, fuhren Sophia und Henry in aller Frühe nach Kolonos, um den Tag mit der Familie zu verbringen. Auch der St.-Meletios-Platz war mit bunten Girlanden geschmückt, die Jungen und Mädchen liefen maskiert umher, und eine fröhliche Stimmung lag über der ganzen Stadt. Sophia und ihre Verwandten schwatzten stundenlang, vormittags im Garten und dann am sonntäglichen Eßtisch. Sophia erzählte von ihren Reisen, von Paris, die Familie berichtete Neuigkeiten und Klatsch über Verwandte und Freunde, wobei sie manchmal vor lauter Aufregung alle auf einmal redeten. Sophia hatte abermals das Gefühl, daß Henry ausgeschlossen wurde. Sie wandte sich ein wenig besorgt nach ihm um und sah, daß er weder verletzt noch beleidigt war, sondern eher belustigt über das lebhafte Geschwätz zu sein schien. Als sie später an diesem Abend ins Hotel zurückfuhren, legte Henry im Wagen den Arm um ihre Schultern und zog sie besitzbetonend an sich, als wollte er sagen: ›Letztlich gehörst du ja doch zu mir und nicht zu ihnen.‹ Laut bemerkte er, nicht unfreundlich:
»Mein Kleines, wie könnt ihr alle nur so viel reden und so wenig sagen?«

Sie sah ihn verblüfft an.
»Aber Henry, Reden ist ebenso lebensnotwendig wie Atmen. Es ist nicht wichtig, was meine Familie und ich zueinander sagen; wichtig ist, daß wir gegenseitig den Ton unserer Stimmen hören.«
Henry dachte einen Augenblick darüber nach, dann küßte er sie und erwiderte:
»Du hast recht, Sophidion; Menschen, die sich lieben, brauchen nicht viel zu sagen; sie müssen einfach die Gegenwart des anderen fühlen.«
Am Montagmorgen, drei Tage nach ihrer Ankunft im *Hotel d'Angleterre*, fand sie Henry bei der Rückkehr von ihrer Wiederbegegnung mit Athen im Schlafrock an seinem Schreibtisch vor, wo er, seinen Morgenkaffee neben sich, in seiner etwas verkrampften, aber deutlichen Handschrift Briefe schrieb. Er blickte auf und sagte, er sei um sechs Uhr aufgewacht und habe sie vermißt; dann hörte er sich aufmerksam ihre Beschreibung des erwachenden Athen an. Er zog einen Stuhl für sie heran und schenkte ihr eine Tasse heißen, süßen Kaffee ein.
»Ich schreibe an Frank Calvert in Çanakkale, einen Engländer, der während des Krimkrieges mit Lieferungen an die britische Marine Millionen verdient hat. Eines der Felder, die er besitzt, umfaßt die Hälfte von Hissarlik. Er hat mir gestattet, dort zu graben. Und er tut auch sein möglichstes, um mir die Genehmigung für die Ausgrabungen am ganzen Berg zu verschaffen. Er ist selbst Wissenschaftler aus Liebhaberei und hat im britischen *Archaeological Journal* einige Artikel über die geographische Beschaffenheit der Troas im Altertum veröffentlicht.«
Sophias Augen strahlten vor Leben nach ihrem Morgenspaziergang.
»Darf ich den Brief sehen?«
Sie nahm den Bogen zur Hand und las halblaut: »›Ich warte mit größter Ungeduld auf den Augenblick, wo ich mit den Ausgrabungen bei Hissarlik beginnen kann. Wenn Sie den *firman* haben, geben Sie mir bitte noch einmal eine Liste der notwendigen Arbeitsgeräte und Instrumente, denn in der Eile unserer Abreise aus Paris habe ich vergessen, sie mir aus Ihrem Brief vom letzten Winter abzuschreiben. Sobald ich von Ihnen höre, daß Sie den *firman* haben, werde ich nach Smyrna fahren, oder nach Konstantinopel, falls Sie das für richtiger halten, um alles Notwendige zu besorgen.‹«
Sophia wandte sich eifrig an ihren Mann.
»Henry, glaubst du, daß wir tatsächlich noch in diesem Frühling zu graben anfangen können?«
»Ich hoffe sehr.« Seine Augen glänzten, und seine Wangen röteten sich. »Ich möchte sofort mit dir nach Aulis. Das ist der Ort, wo die achäische Flotte sich versammelt hat, ehe sie nach Troja fuhr. Ich bin noch nie dort gewesen, und ich finde, wir sollten die Lager der Achäer hier in Griechenland aufsuchen, ehe wir ihr Lager an den Dardanellen unterhalb von Troja rekonstruieren.«
Ihr stockte der Atem bei dem Gedanken, ihre Familie so bald wieder verlassen zu müssen.

»Könnten wir nicht Spyros und Marigo mitnehmen?« fragte sie. »Die Familie wäre glücklich bei dem Gedanken, daß du sie einlädst; sie waren seit dem geschäftlichen Fiasko meines Vaters nicht ein einziges Mal von zu Hause fort.«
Sie lauschte aufmerksam seinen Gedanken, die aus ihm hervorsprudelten, während er die Vor- und Nachteile ihres Vorschlags erwog. Nachdem er seinen Entschluß gefaßt hatte, lächelte er und nickte.
»Ich werde mich erkundigen, wann das Boot nach Chalkis abfährt. Dann kannst du nach Kolonos fahren und sie einladen.«
Es gab ein Nachtboot von Piräus nach Chalkis, eine Fahrt, die fünfzehn Stunden dauerte. Henry reservierte drei Kajüten, Spyros, der kürzlich seinen einundzwanzigsten Geburtstag gefeiert hatte, war ein phlegmatischer junger Mann, klein, untersetzt, mit einer olivfarbenen Haut. Er hatte keine besonderen Neigungen, abgesehen von seiner Liebe zu Sophia, deren Beschützer er während ihrer Mädchenzeit gewesen war. Henry war er ein Rätsel, denn er hatte keinerlei Ehrgeiz und keine Richtschnur für sein Leben. Als Henry ihn fragte, was er werden wolle, antwortete Spyros schüchtern:
»Ich bin bereits. Ich werde in Vaters Geschäft arbeiten, solange wir es haben; dann arbeite ich für Alexandros. Er ist der ehrgeizige von uns beiden. Ich gebe mich damit zufrieden, einfach zu existieren.«
Sophia lächelte verstohlen, als ihr Mann ungläubig den Kopf schüttelte. Sie überlegte sich: ›Henry meint, jeder Mensch müßte danach streben, reich oder berühmt zu werden. Ohne Ehrgeiz geboren zu sein, ist für ihn gleichbedeutend damit, einen Arm oder ein Bein zuwenig zu haben.‹
Marigo war mit vierzehn ein lebhaftes kleines Ding, mit einem hübschen, reizvollen Gesicht, abgesehen von dem etwas starkknochigen Nasenrücken, der ihren Zügen eine gewisse Schärfe verlieh. Sie schwatzte so, wie sie atmete, unaufhörlich, obgleich ihre Ehrfurcht vor Henry ihr zu Anfang die Lippen verschloß, was noch nie dagewesen war.

Das Schiff fuhr um sieben Uhr fünfzehn abends von Piräus ab. Sie aßen in einem kleinen Raum neben dem großen Salon zu Abend, dann gingen sie an Deck, um die kleinen Inseln im Mondschein vorbeigleiten zu sehen; jede von ihnen glich einem Meeresbewohner: Zuerst kam ein Wal, dann ein Delphin, ein Hai, eine Robbe; und danach waren es Tiere des Waldes: eine Giraffe, wegen einer hoch aufragenden Bergspitze, ein Grizzlybär, eine Antilope. Es war ein Spiel, das die Kinder der Familie Engastromenos gespielt hatten, wenn sie in den Sommerferien mit ihren Eltern nach Kreta, Mykonos oder den näher gelegenen Inseln gefahren waren.
Die See war ruhig, die Nachtluft still. Sie blieben an Deck, bis das Schiff um Mitternacht am Kap Sunion eine große Kurve beschrieb und sie den herrlichen Tempel des Poseidon sehen konnten, der auf dem Gipfel des Vorgebirges steht und dessen fünfzehn Marmorsäulen zumindest in der Einbildung vom Bug ihres Schiffes aus zu sehen waren.
Als sie am nächsten Morgen um sieben Uhr aufwachten, sah Sophia, daß sie

Marathon bereits hinter sich gelassen hatten und im Begriff waren, in die siebzig Meter breite Meerenge einzufahren, die nach Chalkis führt. Henry nahm sie beim Arm und ging mit ihr zur Backbordseite, um ihr den breiten, tiefen Strand zu zeigen, wo die achäischen Schiffe um die Nekropole von Aulis an Land gezogen worden waren. Sophia legte ihre Hand in die seine; er zitterte vor Erregung.

»Wie dumm bin ich gewesen!« rief er aus. »Dies ist mein dritter Aufenthalt in Griechenland, und erst jetzt komme ich zu dem Ort, wo meine Geschichte begonnen hat.«

»Wie hättest du nach Aulis kommen können«, neckte sie ihn, »ohne eine griechische Frau, die dir helfen wird, Troja zu finden?«

Er drehte sie zu sich herum und küßte sie zu ihrem Erstaunen kräftig auf den Mund.

›Oh, er hat meine Worte tatsächlich ernst genommen‹, dachte sie bei sich; ›ich muß mich vorsehen, womit ich ihn necke.‹

Henry mietete den Kajik eines Fischers, der sie über den Kanal zum Ufer von Aulis brachte und auf Henrys Anweisungen hin direkt vor dem kleinen Gasthaus an Land setzte. Zwei kleine Jungen kamen herbeigelaufen, um ihr Gepäck ins Haus zu tragen. Henry holte aus seiner Büchertasche eine Karte von Griechenland, auf der er in verschiedenen Farben die genaue Lage jenes Königreiches und das Gebiet jedes Stammes eingezeichnet hatte, die in Homers Schiffskatalog erwähnt sind, mit Ausnahme der wenigen, die mittlerweile nicht nur von der Landkarte verschwunden, sondern auch vergessen waren. Auf einem getrennten Blatt hatte er eine Skizze mit der Anordnung des achäischen Lagers am Strand von Aulis gemacht.

Sophia holte Spyros und Marigo, und sie gingen alle zusammen am Strand entlang nach Norden, bis Henry den Hafen von Chalkis erblickte. Rings um sie und diese enge Meeresbucht herum lagen die nackten runden Hügel, die die Römer abgeholzt hatten, um Mastbäume für ihre Schiffe zu fertigen. Die Landschaft entsprach genau dem, was Homer das »felsige Aulis« genannt hatte. Am äußersten nördlichen Ende lag eine Meeresstraße, gerade breit genug, daß die Schiffe in einer Reihe hintereinander hindurchfahren konnten. Dies war die Route, auf der die 1140 achäischen Schiffe den Kanal verlassen hatten, um an den Sporaden vorbei aufs offene Meer hinauszufahren, ehe sie dann südlich von Lemnos geradewegs Kurs auf den Hellespont nahmen.

Henry hob ein Stück Treibholz auf und schnitzte mit seinem Taschenmesser ein Ende zu einer Spitze. Dann begann er, anhand seiner Karte große Striche und Furchen durch den Sand zu ziehen, um die Anordnung des Lagers darzustellen. Sophia beobachtete, daß seine Augen, seine feuchten Lippen, seine sich schnell bewegenden Hände, sein ganzer Körper vor Entzücken bebten; und sie erkannte abermals, daß Henry Schliemann zusehends jünger wurde, wenn er sich in die Arbeit stürzte, die er mehr liebte als jede andere auf der Welt. Die dreißig Jahre Altersunterschied verschwanden. Mit raschen, leich-

ten Schritten schoß er auf dem Strand umher, um im Sand von Aulis das riesige Lager der Achäer zu rekonstruieren.
»Hier, im Mittelpunkt des Kommandobereichs, war Agamemnon, Herr über Mykene und das ganze mykenische Königreich, das sich über den größten Teil Griechenlands erstreckte.« Er sprach direkt zu Sophia, seiner Gefährtin und Partnerin in diesem Abenteuer; Spyros und Marigo standen ein wenig abseits und folgten mit großen Augen Henrys Darlegungen. »Sein Zelt stand inmitten seiner hundert Schiffe mit ihrem schwarz gepechten Rumpf und den riesigen ehernen Rammschnäbeln. Auf beiden Seiten – sieh her, ich werfe Steine, um dir zu zeigen, wo – befanden sich die zwei stärksten Heerführer, Aias mit seinen vierzig Schiffen im äußersten Norden, Achilles im Süden mit seinen fünfzig Schiffen und fast eintausend Mann. Zu Agamemnons Rechten war der alternde, aber weise Nestor, ›König des sandigen Pylos‹, mit seinen neunzig Schiffen; und auf der anderen Seite war Menelaos, Agamemnons Bruder, König von Sparta, mit sechzig. Neben ihm lag der schlaue Odysseus mit zwölf Schiffen mit scharlachrotem Bug. Hier war Kreta, ein mächtiges Kontingent von achtzig schnellen Schiffen und achthundertsechzig Mann; an der entsprechenden Stelle auf der anderen Seite waren die Argiver, ebenfalls mit achtzig Schiffen. Nach Süden zu lagen in einer Linie nebeneinander die böotischen Streitkräfte mit fünfzig Schiffen, die Phokier mit vierzig, die Magnesier mit vierzig; nach Norden zu die Streitkräfte von Euböa mit fünfzig Schiffen, die Arkader mit sechzig.
Es war ein riesiges Lager, etwa 120000 Mann unter vierzig Befehlshabern. Jede Flottille errichtete ihre eigenen Zelte, versorgte sich selbst mit Fleisch, Wein, Gerste. Aber die Flotte konnte wegen ungünstiger Winde nicht nach Troja segeln, und die Monate vergingen in Untätigkeit; die Krieger begannen zu trinken, zu spielen, sich zu streiten... Selbst der mächtige Achilles konnte seine Leute nicht im Zaum halten. Euripides läßt ihn in *Iphigenie in Aulis* sagen:

Und am Euripos harr' ich hier bei schwachem Wind,
Die Myrmidonen haltend, die mich immerdar
Bestürmend fragen: ›Was, Achilleus, zögern wir?
Wie lange währt's noch, bis wir ziehn nach Ilion?
Tu, was du tun willst, oder führ' heimwärts das Heer
Und warte nicht mehr, zaudern Atreus' Söhne auch.‹«

Henry nahm seine Frau beim Arm und führte sie von einem Lager zum anderen.
»Während der athletischen Wettkämpfe – dem Boxen, Ringen, Diskuswerfen, den Wettläufen und Wagenrennen – begannen die Männer der verschiedenen Stämme, sich untereinander zu streiten; es muß mehr als einen gebrochenen Schädel gegeben haben. Dies, zusätzlich zu der Tatsache, daß die weißen Segel vermoderten, das Holz der Mastbäume zu faulen begann und

die Nahrungsvorräte zur Neige gingen, führte zu der Krise, die Agamemnon zwang, seine jungfräuliche Tochter Iphigenie der Göttin Artemis zu opfern, damit diese günstige Winde sandte, die es den Feldherrn ermöglichte, sich sofort auf den Weg nach Troja zu machen und damit die Flotte und das Heer vor der Auflösung zu bewahren.«

Weit die Arme ausbreitend, sagte Henry zu seiner Frau:

»Kannst du dir vorstellen, was für ein riesiges Gemeinwesen hier geschaffen worden sein muß? Es war vielleicht die größte Stadt, die die Achäer je gesehen hatten. Es muß Straßen und Wege gegeben haben, Quartiere für die Händler, die kamen, ihre Waren zu verkaufen; für die Frauen, die kamen, die ihren zu verkaufen. Obwohl es vielleicht nicht mehr als vierzig geräumige Zelte gab, muß es Tausende von kleinen Leinwandzelten gegeben haben, hölzerne Schuppen, improvisierte Gehege für kleines Wild, offenes Gelände für die Wettkämpfe...«

Sophia hatte über ein Problem nachgedacht. Sie fragte:

»Henry, diese Schiffe waren gerade groß genug, um fünfzig Mann aufzunehmen. Ich kann mir vorstellen, daß man die Wagen auseinandergenommen und irgendwo verstaut hat. Aber wo haben sie die Pferde untergebracht? Als die *Ilias* im zehnten Jahr der Belagerung von Troja beginnt, hatte das Heer alle Pferde, die es brauchte, vor allem aus dem ›pferdezüchtenden Argos‹ hier in Griechenland. Hat man sie auch auseinandergenommen und vorn und achtern verstaut?«

Henry lachte und legte den Arm um ihre Schultern, um sie gegen den kühlen Wind zu schützen.

»Nur das hölzerne Pferd, meine respektlose Sophidion! Warum sollten die Krieger sich nicht ihre Pferde beschafft haben, als sie das Lager auf der Ebene von Troja aufschlugen? Die Trojaner und ihre über zwanzig Verbündeten hatten wundervolle Pferde, besonders die Thrakier, denen Odysseus und Diomedes ihre Pferde stahlen, nachdem sie den trojanischen Spion Dolon getötet hatten, der versuchte, die thessalischen Pferde des Achilles einzufangen.«

»Siehst du, Henry, du hast bewiesen, daß ich recht habe. Wenn Achilles seine Pferde aus seinem Heimatland Thessalien mitgebracht hatte, haben die übrigen es bestimmt auch getan. Vielleicht hatten sie besondere Pferdeschiffe?«

»Die Überlieferung erwähnt nichts davon, Kleines. Ich überlasse es dir, darüber nachzudenken, wie die Achäer ihre Pferde von hier nach Troja befördert haben.«

Sie lachte leise; es machte ihr Spaß, ihn bei einem Fehlschluß ertappt zu haben. Ihre Augen funkelten mutwillig.

»Wenn ich mir schon Gedanken über Pferde mache, warum nicht über Jahre? Glaubst du, Homer hatte recht, wenn er sagte, die Achäer hätten Troja neun Jahre lang belagert, ehe die *Ilias* beginnt? Wenn die Mastbäume und Segel hier in Aulis in wenigen Monaten vermodert sind, was wäre mit ihnen in neun Jahren am Hellespont geschehen?«

»Die Berge sind voll von Holz«, erwiderte er geduldig; »und die Männer verstanden es, Segel zu weben.«
»Henry, du hast einmal gesagt, die Neun sei für die Griechen eine geheiligte Zahl. Die Akropolis hatte *neun* Tore. Homer gebraucht in der ganzen *Ilias* fast ausschließlich die Zahl Neun. Letzten Winter in Paris, als ich so unglücklich war, habe ich angefangen, eine Liste aufzustellen:
Als Agamemnon sich weigert, dem Priester Chryses die Tochter zurückzugeben, die er in der Schlacht gefangengenommen hatte, bittet Chryses Apollo, die Achäer zu bestrafen: ›Schon neun Tage durchflogen das Heer die Geschosse des Gottes...‹ Als die Freunde des Patroklos seinen Leichnam wuschen, ›erfüllten sie jetzo die Wunden mit neunjähriger Salb'...‹ Als Hephaistos über Nacht eine Rüstung für Achilles anfertigte, schuf er darauf ›neun schnellfüßige Hunde‹. Als Priamos von Achilles den Leichnam Hektors erbittet, sagt er: ›Gern betrauerten wir ihn neun Tage lang im Palaste‹...«
»Genug! Ich gratuliere dir zu dieser Gedächtnisleistung«, sagte Henry.
Sie war zu vertieft in ihre Beweisführung, um das Warnsignal zu hören.
»Ist es nicht sonderbar: Neun Jahre lang ist unten auf der Ebene gekämpft worden, und erst jetzt, nach dieser langen Zeit, bittet Priamos, während sie oben auf dem Wachtturm stehen, Helena möge die achäischen Krieger identifizieren, die auf sie zukommen. Du erinnerst dich, daß Helena ihren Ehemann Menelaos und Aias identifiziert?«
»Ja, ich meine mich zu erinnern.« In sarkastischem Ton.
»Gibt uns das nicht vielleicht das Recht, anzunehmen, daß Homer die neun Jahre symbolisch meinte?«
»Nein!« erwiderte er streng. »*Wir müssen glauben!*«
»Aber wie hätten die achäischen Streitkräfte sich neun Jahre lang vor Troja versorgen können?«
»Sie machten Überfälle, um sich Nahrung zu beschaffen...«
»Ich weiß«, unterbrach sie ihn. »Aber wie konnten all diese Könige, Fürsten und Krieger so lange ihrem Land und ihren Pflichten fernbleiben? Es hätte widerrechtliche Machtergreifung gegeben, Einfälle durch räuberische Nachbarn, plündernde Barbaren. Ich glaube, die Zahl Neun bedeutet neun Monate Belagerung in diesem einen Jahr und nicht im zehnten Jahr auf der Ebene von Troja. Ich glaube, sie bedeutet *eine lange Zeit*...«
Henry schnitt eine Grimasse.
»Jetzt belehrt die Schülerin schon ihren Lehrer.«
Mit hocherhobenem Kopf, die Lippen zusammengepreßt, beharrte sie auf ihrer Meinung.
»Dann solltest du stolz statt verstimmt sein, daß du offensichtlich ein so guter Lehrer bist.«
Er wandte ihr den Rücken zu und ging mit langen Schritten zum Gasthaus.
Sophia dachte sich im stillen:
›Wieder ein kretisches Sprichwort von Mutter, das sich als wahr erwiesen hat: ›Du kannst sagen, was du willst, solange du mir nicht widersprichst.‹...‹

Langsam ging auch sie aufs Gasthaus zu.
›Wenn wir erst einmal zu graben anfangen, bleibt keine Zeit für theoretische Erörterungen. Lieber Gott, bitte, erweiche das Herz des Großwesirs, damit er Henry die Genehmigung erteilt.‹

Bis sie sich ein wenig ausgeruht hatten und zum Abendessen gerufen wurden, war Henrys gute Laune zurückgekehrt. Er entschuldigte sich bei Sophia wegen seines unhöflichen Benehmens, nahm Spyros und Marigo beim Arm und führte sie in den freundlichen großen Raum im Erdgeschoß des Gasthauses, der halb Küche, halb Eßzimmer war. Sie waren die einzigen Gäste. Sophia wählte einen der drei Tische vor einer großen, mit bunten Kacheln eingelegten Theke, die den Arbeitstisch und die Spüle von den Gästen trennte. Der Küchenofen in der Ecke war jedoch in Sicht, so daß Sophia und Marigo beobachten konnten, wie die Frau des Wirts Lammbraten mit Sellerie und Porree zubereitete, während die Männer gekühlten weißen *retsina* tranken.
Sophia hatte ihren Mann gebeten, ihnen *Iphigenie in Aulis* vorzulesen, und er hatte den kleinen Band in der Jackentasche. Nach dem Essen setzten sie sich vor den offenen Kamin. Henry hielt das Buch auf dem Schoß. Der Wirt nutzte die Gelegenheit, seinen ältesten Sohn mit der Nachricht zu den Nachbarn zu schicken.
Henry durchblätterte die Seiten des Dramas und begann hier und dort mitten in einem Satz, der seinen eigenen Gedanken zu entsprechen schien. Der Wirt und seine Frau saßen mit ihren beiden Söhnen diskret hinter ihnen.
»... keine menschliche Geschichte gründet sich ausschließlich auf ihre eigene Zeit. Das, was ihr vorausgegangen, reicht Generationen zurück, ebenso wie ihre Verzweigungen sich auf künftige Generationen erstrecken. Das trifft vor allem auf die Geschichte Trojas zu.«
Sophia wärmte sich an dem knisternden Feuer, das Henrys leiser, weicher Stimme wie ein Verstärker einen vollen Klang verlieh. Sein Gesicht war von einer inneren Glut erhellt, denn es beglückte ihn, zwei seiner Lieblingsrollen spielen zu können: die des Erzählers und die des Lehrers. Sophia hatte auf ihrer Hochzeitsreise und in Paris erkannt, daß Henry ein guter Erzähler war, denn die Geschichten, die er erzählte, waren für ihn keine Phantasiegebilde: Sie waren sowohl echte Geschichte als auch Literatur. Deshalb gelang es ihm, seine Zuhörer zu verzaubern und sie in ein anderes Zeitalter zu versetzen: Sie wurden Teilnehmer an einem Drama, das sich Jahrtausende zuvor abgespielt hatte.
»Beginnen wir am Anfang unserer Geschichte«, sagte Henry, »obwohl mir klar ist, daß man euch Teile davon in der Schule gelehrt hat. Wir brauchen den Hintergrund, um die Geschichte Griechenlands, Trojas und den Niedergang Mykenes zu verstehen. Einer der ersten Könige des südlichen Griechenlands war Pelops, nach dem der Peloponnes benannt ist. Pelops hatte zwei Söhne, Atreus und Thyestes. Der erstgeborene, Atreus, folgte seinem Vater als König von Mykene auf dem Thron. Aber sein jüngerer Bruder, Thyestes,

war neidisch und rachsüchtig. Zuerst verführte er die Frau seines Bruders; dann wiegelte er die Männer von Atreus' Palastwache gegen den König auf. Atreus unterdrückte die Revolte seines Bruders und verbannte ihn zusammen mit seinen Söhnen. Nach einem Jahr kehrte Thyestes an Atreus' Hof zurück, um Atreus um Vergebung zu bitten. Atreus gab vor, seinem jüngeren Bruder zu verzeihen, und lud ihn zu einem Festessen ein, das ihre Versöhnung besiegeln sollte. Doch Atreus tötete Thyestes' ältere Söhne, ließ sie zerschneiden, kochen und Thyestes in einer tiefen Schüssel mit einer würzigen Soße servieren. Als Atreus seinem Bruder mitteilte, was er gerade verspeist hatte, bat Thyestes die Götter, einen Fluch auf das Haus des Atreus zu legen, und floh mit Aigisthos, dem einzigen Sohn, der ihm geblieben war...«
»...und der Klytaimnestras Liebhaber wurde«, warf Sophia ein, »während Agamemnon in Troja war. Er half Klytaimnestra, ihren Mann noch in der Nacht seiner Rückkehr zu ermorden.«
Henry lächelte und nickte zustimmend.
»...genau. Aber du bist der Geschichte ein wenig vorausgeeilt. Als Atreus starb, erbten seine Söhne das Königreich; der ältere, Agamemnon, wurde König von Mykene; und der jüngere, Menelaos, König von Sparta. Agamemnon fand seine Frau und Königin, Klytaimnestra, auf einem seiner Feldzüge. Klytaimnestra erzählt, wie es sich zugetragen hat. Laßt mich euch die Stelle vorlesen:

›Erst nahmst du – dieses halt' ich dir am ersten vor –
Mich wider Willen zum Gemahl und raubtest mich,
Nachdem du mir den frühern Gatten Tantalos
Erschlugst und meinen Säugling, den du meiner Brust
Entrafft gewaltsam, auf dem Grund zerschmettertest.
Für mich, die Schwester, zogen dann Zeus' Söhne wohl,
Auf Rossen schimmernd, wider dich zum Kampf hinaus;
Doch Tyndareos, mein grauer Vater, schirmte dich –
Du flehtest kniend – und ich wurde wieder dein.
Mit dir versöhnt nun, war ich dir und deinem Haus –
Auch du bezeugst es – eine tadellose Frau,
In Liebe treu und züchtig und des Hauses Glanz
Dir mehrend, daß dich Wonne, wenn du tratst herein,
Und Seligkeit erfüllte, wenn du weitergingst.
Ein selt'nes Glück ist's, wenn der Mann ein solches Weib
Erringt; die bösen Frauen sind nichts Seltenes.‹«

Als er geendet hatte, beugte sich Sophia vor und murmelte:
»Sieh dich um. Du hast eine große Zuhörerschaft.«
Henry wandte sich um und sah zu seinem Erstaunen, daß die Leute aus den verstreuten Häusern von Aulis einer nach dem anderen leise hereingekommen waren und sich hinter die kleine Familiengruppe vor dem Kamin gesetzt

hatten. Sie trugen noch ihre Arbeitskleidung, aber ihre Gesichter waren geschrubbt und glänzten im Feuerschein, als sie sich vorbeugten, um jedes Wort von Henry zu verstehen. Sie konnten weder lesen noch schreiben und hatten auch nie ein Theaterstück gesehen; aber sie wußten instinktiv, daß Henry Schliemann ihnen einen Teil ihres Erbes zurückbrachte.

Sophia erkannte, daß Henry tief bewegt war. Die Bewohner von Aulis hatten ihm das schönste Kompliment gemacht. Sie legte ihre Hand in die seine und sagte leise:

»Bitte, fahr fort, Henry.«

»Ja. Menelaos fand seine junge Frau auf friedlichere Art, aber letztlich brachte sie die 1140 Schiffe und 120000 Achäer hierher nach Aulis, wo sie auf einen günstigen Wind warteten, um dann Troja zu belagern und zu zerstören. Tyndareos, König von Lakedaimon und Gemahl der Leda, hatte eine Tochter von unvorstellbarer Schönheit, Helena genannt, eine Schwester der Klytaimnestra. Sie stammten von Zeus, dem mächtigsten aller Götter, der Leda in der Gestalt eines Schwans erschienen und sie verführt hatte. Tyndareos, der nicht wußte, welchen unter den zahllosen Königen und Prinzen er als Ehemann für seine Tochter wählen sollte, lud sie alle in seinen Palast ein, damit sie im Wettkampf um sie warben. Die jungen Fürsten kamen und waren so hingerissen von Helenas Schönheit, daß am Hof ein Krieg auszubrechen drohte. Tyndareos ließ die Freier bei ihrer Ehre schwören, daß sie Helenas Wahl anerkennen wollten und daß, falls irgend jemand je ihrem Gemahl eine Schmach antat, alle übrigen sich verbünden und ihn vernichten würden. Ihre Wahl fiel auf Menelaos.«

Henry trank einen Schluck Wein und fuhr mit seiner Geschichte fort.

»Paris, einer der Söhne des Königs Priamos von Troja und die Verkörperung männlicher Schönheit, kam mit reichen Geschenken nach Sparta und wurde von Menelaos gastlich aufgenommen. Aber als Menelaos sich auf einen Besuch nach Kreta begab, nützte Paris die Gelegenheit, Helena zu entführen. Helena behauptete, sie habe sich geweigert mitzugehen, aber die Göttin Aphrodite habe sie verhext. Paris und Helena überquerten in drei Tagen das Ägäische Meer von Sparta bis zum Hellespont. Menelaos sandte Boten an alle ehemaligen Freier Helenas und mahnte sie an ihren Schwur. Könige, Fürsten und Krieger versammelten sich hier in Aulis, bereit, die Fahrt nach Troja anzutreten, um Helena wieder ihrem Gemahl zuzuführen, die Männer zu töten, die Stadt niederzubrennen und die Frauen und Kinder gefangenzunehmen. Aber hier, in diesem sicheren Hafen, sah sich die große Flotte an der Abfahrt gehindert. Zuerst gab es Stürme und hohen Seegang; später war das Meer monatelang vollkommen still. Die Heere der Könige begannen zu meutern und forderten, man solle sich sofort auf den Weg machen, um Troja zu besiegen und zu plündern, oder sie nach Hause zu ihren Familien, Feldern und Herden zurückkehren lassen.

Zur gleichen Zeit berichtete der Seher Kalchas, Artemis, die Göttin der Jagd, die die Winde beherrschte, zürne Agamemnon, weil er einen ihrer heiligen

Hirsche getötet habe, und fordere von ihm, daß er seine Tochter Iphigenie auf dem Altar ihres Hains in Aulis opfere. Unter dem Vorwand, sie mit Achilles, dem Sohn des Königs Peleus, verheiraten zu wollen, ließ Agamemnon seine älteste Tochter aus Mykene kommen. Mit seinem Schwert durchschnitt der Vater die Kehle seiner Tochter und ließ ihr Blut als Sühneopfer für Artemis in ein Becken mit ›heil'gem Wasser‹ tropfen.
Dies ist Iphigenies flehentliche Bitte an ihren Vater:

›Wie einen Ölzweig heft' ich an deine Knie mich selbst,
Dein Kind, o Vater, welches diese dir gebar:
Nicht opfre meine Blüte, süß ist das Leben ja,
Noch stoße mich in ewig finstre Nacht hinab!
Zuerst hab' ich dich Vater, du mich Kind genannt,
Zuerst an deine Knie schmiegt ich meinen Leib
Und gab und nahm der Liebe süßen Zoll von dir...‹

Am Schluß kommen die herzzerreißenden Abschiedsworte Iphigenies an ihre Mutter Klytaimnestra:

›Höret meine Worte an,
Mutter; ohne Grund ja grollst du, wie ich sehe, deinem Mann.
Nur mit Müh' jedoch erkämpfen können wir Unmögliches...
Drum erwäge du mit uns jetzt, Mutter, ob ich's wohl bedacht!
Mir hat Hellas' ganzes Volk die Blicke zugewandt,
Und auf mir ruht seiner Schiffe Fahrt und Trojas Untergang;
Mir verdankt es, wenn der Fremdling künftig buhlt um seine Fraun,
Daß er sie nicht mehr von Argos' sel'gem Land entführen darf,
Wenn um Helenas Entführung Ilion Verderben traf.‹ «

Henry kehrte zum Anfang zurück und las leise, melodisch, die ganze Tragödie des Euripides. Sophia beobachtete die Gesichter der Leute von Aulis. Die Frauen weinten, die Männer hörten wie gebannt zu und sahen sich hier in diesem kleinen Ort, wo ihre Vorfahren seit Jahrhunderten als Bauern und Schafhirten gelebt hatten, in ein anderes Zeitalter versetzt.
›Es sind alles gute Christen‹, grübelte Sophia, während sie den Blick von einem Gesicht zum anderen wandern ließ; ›aber es würde ihnen nie in den Sinn kommen, daß die Göttin Artemis nicht die Macht hatte, die Winde zurückzuhalten. Iphigenie wurde nicht in einem anderen, weit entfernten Zeitalter geopfert; ihr Blut fließt in diesem Augenblick hier am Strand von Aulis in das Becken mit heiligem Wasser.‹
Später, nachdem die Wirtsleute und ihre Söhne und Nachbarn Dr. Schliemann mit einer Gemütsbewegung gedankt hatten, die fast zu tief war, um sie in Worte zu fassen, nachdem Marigo mit Tränen in den Augen Henry auf die Wange geküßt und selbst der phlegmatische Spyros die Hand auf

Henrys Schulter gelegt und sie gedrückt hatte, zogen sich Sophia und Henry in ihr Zimmer zurück.

Sophia schlang die Arme um den Hals ihres Mannes und küßte ihn zärtlich. »Du hast uns verzaubert. Du hast diese Tragödie im Geiste miterlebt und es uns ermöglicht, sie mitzuerleben.«

Henry zog den Kopf zwischen die Schultern.

»Henry, ich spreche im Ernst. Trotz all deiner Überredungskunst während der letzten Monate hat ein Teil meines Verstandes sich geweigert, dir zu glauben. Aber jetzt nicht mehr! Ich weiß jetzt, daß es Troja gegeben hat, daß es einen Krieg gegeben hat und daß das Troja, das von den Achäern niedergebrannt wurde, darauf wartet, von uns ausgegraben zu werden.«

3.

Als sie ins *Hotel d'Angleterre* zurückkehrten, fand Sophia einen kurzen Brief ihrer Mutter vor:

> Liebste Sophia! Bitte komm gleich nach Deiner Rückkehr nach Kolonos. Vielleicht könntest Du einen Zeitpunkt wählen, wo Henry beschäftigt ist.

Sie kannte ihre Mutter gut genug, um die Nachricht so zu verstehen, wie sie gemeint war. Sie bedeutete: »Komm allein!«

Die Worte hatten einen unheilvollen Klang. Das Schiff aus Chalkis war um neun Uhr morgens in Piräus eingetroffen; jetzt war es elf. Sie sah, daß Henry einen Haufen Post zu beantworten hatte.

»Noch immer kein Brief von Frank Calvert«, brummte er. »Ich werde heute noch sowohl an den englischen als auch an den amerikanischen Gesandten in Konstantinopel schreiben. Sie haben großen Einfluß auf den Sultan.«

»Da du ja ohnedies Briefe schreiben mußt, hättest du etwas dagegen, wenn ich nach Kolonos fahre? Mutter möchte mich sprechen.«

»Ich lasse mir das Mittagessen heraufbringen, um durcharbeiten zu können. Benachrichtige mich, wenn du möchtest, daß ich zum Abendbrot nach Kolonos komme, um dich abzuholen. Anderenfalls erwarte ich dich vor Einbruch der Dunkelheit.«

Madame Victoria umarmte ihre Tochter, aber es war eine grimmige Umarmung, ohne Wärme.

»Ist irgend etwas los, Mutter?«

»Ja. Sehr viel.«

»Dann laß uns in die Küche gehen und eine Tasse Kaffee trinken.«

Sie saßen einander gegenüber an dem groben Holztisch, der für gewöhnlich dazu benutzt wurde, Gemüse zu putzen oder Töpfe in der Nähe des Herdes warm zu halten. Das Haus war ungewöhnlich still. Es war außer ihnen niemand da. Schwacher gelber Sonnenschein sickerte in die Küche wie Wasser

aus einem undichten Hahn. Auf dem Herd kochte eine Zwiebelsuppe und daneben ein Topf mit Gumboschoten.
Das breite, kräftige Gesicht von Madame Victoria war ernst, und sie hielt die Lippen zusammengepreßt; das straff zurückgekämmte, rabenschwarze Haar lag wie eine Kappe um ihren Kopf.
›Mutter ist eine starke Persönlichkeit‹, dachte Sophia bei sich. ›Manche Leute nennen sie herrschsüchtig. Sie kann sich nicht an den Gedanken gewöhnen, daß ich jetzt eine verheiratete Frau bin. Soviel Heimweh, wie ich auch in Paris gehabt haben mag, ihr Kummer darüber, daß ich weit fort war und sie mich nicht beraten und leiten konnte, muß noch quälender gewesen sein.‹ Sie sagte:
»Mutter, du verschweigst mir etwas. Schon seit ich aus Paris zurückgekommen bin. Stimmt's?«
»Ja, das stimmt«, erwiderte Madame Victoria grimmig.
»Ich hatte vom ersten Augenblick an das Gefühl, daß ihr sehr kühl zu Henry wart.«
»Es dreht sich tatsächlich um deinen Mann. Ich fürchte, wir haben einen Fehler begangen. Wir haben zugelassen, daß du einen Geizhals heiratetest.«
»Henry ein Geizhals! Das ist einfach nicht wahr. Er gibt mir keine großen Beträge in die Hand, und ich will das auch gar nicht; aber er geht mit mir, wohin ich will, und kauft mir alles, was ich haben möchte oder brauche.«
»Unsere Verwandten sagen, du hast Schande über die Familie gebracht.«
Sophia war so bestürzt, daß sie ihre Mutter nur ungläubig anstarren konnte.
»Nachdem du einen Millionär geheiratet und monatelang in Paris gelebt hast, erwarteten wir alle, daß du mit kostbarem Schmuck, Pelzen und eleganten Kleidern zurückkehren würdest.«
Sophia musterte das Kleid, das sie trug. Es war aus brauner Wolle, mit kleinen bunten Blumen bestickt. Gewiß, es war sehr schlicht, aber es war nicht billig gewesen; sie hatte selbst den Stoff ausgesucht und es von einer guten Schneiderin anfertigen lassen. Es hatte lange Ärmel, ein enganliegendes, hochgeschlossenes Oberteil und einen weiten, ausgestellten Rock. Sie glättete den Stoff über den Hüften und fragte ruhig:
»Gibt es irgend etwas an diesem Kleid auszusetzen? Mir gefällt es.«
»Mir nicht. Nicht für dich in deiner jetzigen Stellung. Und warum hast du seit deiner Rückkehr nie etwas anderes als die Korallenkette getragen?«
»Weil sie Henrys erstes Geschenk gewesen ist. Deshalb liebe ich sie.«
»Gefühlsduselei ist ein Luxus, den sich arme Leute, wie wir es jetzt sind, nicht leisten können. Dieses Kleid ist zu einfach für die Frau eines reichen Mannes. Und du solltest schönen Schmuck dazu tragen. Tante Lambridou sagt, du siehst aus wie eine arme Verwandte.«
Sophia fing an, nervös in der Küche auf und ab zu gehen.
»Mutter, du beurteilst Henry vollkommen falsch. Er ist mit mir ins beste Modehaus von Paris gegangen. Ich habe mehr Kleider, als ich brauche. Ich

bin einfach zu jung, um Diamanten zu tragen. Und Pelze sind für Länder mit kaltem Klima.«

»Du solltest sie haben. Du hast ein Recht darauf. Henry hätte sie dir kaufen sollen.«

»Henry macht mir bezaubernde Geschenke. Er hat sogar eine Uhr, die mir gefiel, extra für mich aus England kommen lassen.«

»Du solltest anspruchsvoller sein.« Madame Victoria schüttelte mißbilligend den Kopf. »Du hast immer auf mich gehört. Warum bist du jetzt so halsstarrig?«

»Ich habe dir immer gehorcht, Mutter. Aber ich bin jetzt eine verheiratete Frau...«

»Du bist achtzehn. Du solltest auf ältere Leute hören, die seit langem verheiratet sind; sie haben viel Brot und Salz gegessen. Du bist zu jung, um selbst urteilen zu können.«

Sophia holte tief Luft.

»Mutter, was willst du mir in Wirklichkeit sagen?«

»Dein Herr Schliemann hat jedes seiner Versprechen uns gegenüber gebrochen. Wir haben dich ihm in gutem Glauben zur Frau gegeben, aber er hat unser Vertrauen schmählich getäuscht.«

Sophia wurde blaß. »O Gott, ich bekomme wieder diese Magenschmerzen; die gleichen, die ich fast ständig in Paris hatte.«

»Manche Leute bekommen Magenschmerzen, andere Herzweh. Ich habe Herzweh.«

Georgios, Spyros und Alexandros kamen zusammen zum Mittagessen heim, aber es wurde an diesem Tag im Hause Engastromenos nicht viel gegessen, und keiner schien in Stimmung für den sonst so geheiligten Mittagsschlaf zu sein. Sophia hörte sich schweigend die Beschuldigungen ihrer Familie an. Die schwerwiegendste war, daß Henry Schliemann vor der Hochzeit versprochen hätte, der Familie ein Diamantkollier im Wert von 150000 Francs, dreißigtausend Dollar, als Brautpreis zu kaufen. Madame Victoria war absolut sicher, daß er sich dazu verpflichtet hatte. Sophias Vater erklärte weniger heftig, aber mit der gleichen Überzeugung, daß Henry ihm die Summe von vierzigtausend Francs garantiert habe, damit er seinen Laden renovieren und sein Warenlager auffüllen könnte. Marigo behauptete, Henry hätte ihr zwanzigtausend Francs für ihre Mitgift zugesagt...

»Dies ist das erstemal, daß ich von alledem höre«, rief Sophia bestürzt. »Warum habt ihr es mir nicht schon längst gesagt?«

»Weil wir deine Gefühle schonen wollten«, sagte ihr Vater. »Es schickt sich nicht für eine Braut, sich mit Geldfragen zu befassen.«

Sie saß lange schweigend da, während hinter ihr in dem stickigen Wohnzimmer die Wanduhr tickte. Als sie aufsah, blitzten ihre Augen vor Zorn.

»Mutter, hat Henry dir das Kollier persönlich mit eindeutigen Worten versprochen?«

»Nein.«

»Wem hat er es dann versprochen?«
»Deinem Onkel Vimpos.«
Sie zuckte zusammen, als ob man ihr einen Schlag versetzt hätte.
»Vater, das Geld für den Laden. Wem hat er das Versprechen gegeben?«
»Deinem Onkel Vimpos.«
»Marigo, du hast auf unserer Fahrt nach Aulis kein Wort von einer Mitgift erwähnt. Wann hat Henry sie dir versprochen?«
»Er hat sie Bischof Vimpos versprochen.«
Sophia wandte sich an Spyros. Seine Lippen waren zusammengepreßt, und er wich ihrem Blick aus. Die Tränen stiegen ihr in die Augen.
»Onkel Vimpos lügt nicht. Er ist ein Diener Gottes. Jetzt kann ich dein Herzweh mit dir teilen, Mutter; es ist schlimmer als alles, was ich in meinen ärgsten Zeiten in Paris durchgemacht habe.«
Nach einem Augenblick setzte sie hinzu:
»Es gibt nur eine Lösung: Ich muß offen mit Henry reden und ihn zwingen, seine Versprechen zu halten. Ich werde ein paar Zeilen schreiben, um ihm zu sagen, er möchte unbedingt heute abend nach Ladenschluß mit dir herauskommen, Vater.«
Henry tat wie gebeten. Ein besorgter Ausdruck lag auf seinem Gesicht, als er das Wohnzimmer betrat.
»Ist alles in Ordnung, mein Liebes? Dein Brief klang so sonderbar. Geht es dir gut?«
»Nein.« Sie trat von ihm zurück. »Es geht mir so schlecht wie noch nie.«
»Aber was ist geschehen? Du warst heute morgen doch noch ganz munter und vergnügt?«
»Meine Familie sagt mir, du hättest vor unserer Hochzeit eine Menge Dinge versprochen und hättest kein einziges deiner Versprechen gehalten.«
Henry wurde blaß. Er schien zusammenzuschrumpfen, und sie mußte unwillkürlich an den Eindruck denken, den er bei ihrer ersten Begegnung an jenem Nachmittag im Garten auf sie gemacht hatte.
»Welche Versprechen soll ich gebrochen haben? Ich weiß von keinem.«
Madame Victoria ergriff das Wort.
»Unser Vetter, Bischof Vimpos, hat gesagt, Sie würden uns, oder Ihrer Frau, ein Diamantkollier schenken.«
Sophia beobachtete ihren Mann. Er probierte ein halbes Dutzend Gemütsbewegungen aus und verwarf sie alle, wie er manchmal in Paris seine Krawatten anprobiert hatte, ehe sie in die Oper gingen. Was schließlich dabei herauskam, war eine Mischung all der Gefühle, die ihm durch den Kopf gegangen waren. Wie eine Peitsche durchschnitt seine Stimme die gespannte Stille des Raums.
»Meine verehrte Schwiegermutter, der Bischof ist ein vornehmer und ehrlicher Mensch. Ich bin sicher, Sie haben ihn mißverstanden, um so mehr, als ich ihn in jedem meiner Briefe inständig gebeten habe, niemandem zu sagen, daß ich reich sei.«

Er wandte sich an Georgios Engastromenos.
»Mein sehr ehrenwerter Schwiegervater, wenn es wahr ist, daß der Bischof solch ein Versprechen in meinem Namen gegeben hat, und selbst wenn es nicht wahr ist, haben Sie auf jeden Fall eine Sünde begangen, indem Sie Ihre Tochter für Diamanten verkauften. Die Vereitelung Ihrer Hoffnungen ist die gerechte Strafe für solch eine Tat. Wir sind Christen, und wir pflegen unsere Töchter nicht zu verkaufen.«
Alexandros hatte sich Henrys Ausbruch angehört. Jetzt rief er:
»Die Diamanten sind Sache von Ihnen und Sophia. Aber was ist mit dem Geld, das Sie versprochen haben, in unseren Laden zu investieren?«
»Ich habe nichts Derartiges versprochen.«
»Und die Mitgift, die Sie Marigo zugesagt haben?« Madame Victorias Wangen waren rot vor Zorn.
Henry wandte sich an Marigo:
»Habe ich dir Geld für deine Mitgift angeboten?«
»Onkel Vimpos hat es gesagt.«
Sophia dachte bei sich:
»Nicht in meinen schlimmsten Alpträumen hätte ich mir solch eine schreckliche Szene vorstellen können.«
In diesem Augenblick kam Tante Lambridou herein. Sie hatte eine feine Nase für Skandale und roch sie schneller als die grünen Bohnen, die auf ihrem Herd anzubrennen begannen. Sie schloß sich dem Angriff der Familie an. Henry Schliemann hätte sie alle hintergangen. Er sei geizig und gebe nur Geld für die allernotwendigsten Dinge aus. Er verweigere seiner ehemaligen Frau den Lebensunterhalt und vernachlässige die Bedürfnisse seiner Kinder. Er habe Sophia verboten, an ihre Eltern zu denken, ihnen gegenüber ihre Pflicht zu tun...
Sophias Augen waren wie glühende Kohlen, und ihr Gehirn stand in Flammen. Angewidert von allem, was geschehen war, sah sie ihren Mann ungläubig an, dann sagte sie heiser:
»Mit solch einem Mann will ich nicht leben.«
Die Worte schienen sich wie ein Seil um Henrys Hals zu legen und ihm den Atem zu nehmen.
»Es wird dich niemand dazu zwingen.« Seine Augen waren blutunterlaufen. »Ich bin bereit, mich von dir scheiden zu lassen, und ich werde dir eine große Mitgift zuerkennen, damit du einen griechischen Mann, einen Mann deines Alters heiraten kannst.«
Als er sich an *Kyria* Lambridou wandte, war sein Ton bitter.
»Woher haben Sie all diese niederträchtigen Dinge, die Sie mir vorwerfen? Von einem gewissen Herrn Vretos, dem griechischen Konsul in Livorno, der meine ehemalige Frau vertritt? Er war sehr freundlich, als wir ihm dort auf unserer Hochzeitsreise begegneten, aber jetzt hat er sich gegen Sophia und mich gewandt. Er ist nie in St. Petersburg gewesen und hat meine erste Frau nie persönlich kennengelernt, aber er erzählt jetzt jedem, der es hören will,

daß all unsere Schwierigkeiten auf meinen unglückseligen Charakter zurückzuführen seien.«

Er wandte sich an Sophia.

»Du weißt, daß diese Beschuldigungen unwahr sind. Ich habe dich geliebt, wie wenige Männer ihre Frauen lieben. Wenn du nicht mit einem Mann wie mir leben willst, so ist es meine Schuld, daß ich ein zu junges Mädchen geheiratet habe. Aber du solltest nicht zulassen, daß man meinen Ruf untergräbt.«

Sophia stand schweigend inmitten ihrer Familie. Sie wußte nicht, was sie sagen sollte. Als Henry sich zum Gehen wandte, erkannte Madame Victoria, daß sie zu weit gegangen waren. Sie lief ihm nach.

»Mein lieber Henry, gehen Sie nicht so von uns fort. Wir können alles in Ruhe klären.«

Georgios Engastromenos' jovialer Charakter gewann wieder die Oberhand. Sophia sah, daß er Henry die Hand hinstreckte.

»Dr. Henry, ich glaube, selbst mein ärgster Feind würde nicht von mir behaupten, was Sie mir unterstellen. Daß ich meine Sophia wie eine Marionette für Geld verkauft hätte! Ein Grieche, der während des Wiedererwachens seiner Nation sein Leben für Freiheit und Gleichheit eingesetzt hat, würde nie auch nur im Traum an solch ein grausames Verbrechen denken. Wie können Sie annehmen, daß die Eltern und Verwandten Ihrer Frau sich je verschwören würden, Ihr Glück zu zerstören? Wir hatten nie die Absicht oder den Wunsch, Ihrem glücklichen Leben mit Sophia auch nur das geringste Hindernis in den Weg zu legen. Ich habe keine Juwelen für Sophia verlangt; solch ein Gedanke ist mir nie in den Sinn gekommen. Ich habe Sophia gesagt, daß sie sich keine Sorgen um die finanzielle Lage ihres Elternhauses machen, sondern sich nur um Ihr Heim, sein Wachsen und Wohlergehen kümmern soll; daß ihr Glück in ihrer Zuneigung und Liebe zu Ihnen liegt...«

Henry verließ das Haus.

Er kehrte ins *Hotel d'Angleterre* zurück, packte am nächsten Tag seine Koffer und machte sich auf den Weg zu den Inseln. Als Grund dafür, daß er allein fuhr, gab er an, daß das Ägäische Meer im März sehr stürmisch sei und Sophia seekrank werden würde. Die Familie erkärte, Henry sei unterwegs, um die archäologischen Ausgrabungen zu besichtigen. Aber in einer so kleinen Stadt wie Kolonos war es unmöglich, derlei Dinge geheimzuhalten. Die Nachbarn sahen Sophia mit verstohlenen Blicken an und flüsterten untereinander.

Sie wälzte sich nachts schlaflos in dem Bett ihrer Kindheit, das sie vor noch nicht einem Jahr gegen das Ehebett eingetauscht hatte. Ihre Gefühle schwankten zwischen tiefer Scham, daß ihr Mann ihre Familie so schäbig behandelte, und Schuldbewußtsein wegen dessen, was Henry »erbärmliche Beschuldigungen« nannte. Es stimmte, daß Konsul Vretos böswilligen Klatsch über Henrys erste Ehe verbreitete. Obwohl Henry seiner Familie ein palastähnliches Haus in St. Petersburg gekauft hatte, behauptete Vretos, daß er sie

knapp mit Geld halte und daß die Leute in Rußland ihn einen Geizhals nannten. Henry hatte sich mit Recht dagegen verwahrt:
»Ein Geizhals! Ein Mann, der zwanzig Jahre lang seine Eltern unterhalten und seine Schwestern unterstützt hat, bis sie geheiratet haben, seinem Bruder eine Weinhandlung gekauft hat...«
Als sie ihm in Paris, von Heimweh geplagt, vorgehalten hatte, daß er ihr befehlen wolle, nicht an ihre Eltern oder Geschwister zu denken, hatte er erwidert:
»Im Gegenteil. Ich würde dich verachten, wenn du es nicht tätest.«
Sie war zutiefst niedergeschlagen, und dieser Zustand verschlimmerte sich von Tag zu Tag. Henry schien es ähnlich zu ergehen. Offenbar ging er überhaupt nicht aus, um auf Syros, Delos oder Santorini die Sehenswürdigkeiten zu besichtigen, sondern blieb im Hotel und machte seinem Kummer in vorwurfsvollen Briefen an Sophia und ihre Eltern Luft. An seine Frau schrieb er:
»Ich hätte mir nie träumen lassen, daß ich so verblendet sein würde, ein Kind zu heiraten, das meine Enkelin sein könnte. Dein schreckliches Heimweh in Paris war Beweis genug, daß Du mich überhaupt nicht liebst, und daß Du mich gegen Deinen Willen geheiratet hast...«
Und wieder: »Auf unserer Hochzeitsreise und in Paris gab es nur Achtung und Liebe zwischen uns. Ich vergöttere Dich, aber wenn Du diese Beschuldigungen vorbringst, lassen sie mein Herz erstarren...«
An ihren Vater schrieb er:
»Sie erklären, Sie hätten in Ihren Briefen nach Paris versucht, Sophia zu überzeugen, daß sie sich nicht um die finanzielle Lage ihres Elternhauses kümmern solle, sondern nur um diejenige ihres eigenen Heimes. Aber als wir Ihnen ein Geldgeschenk machten, schrieben Sie an Sophia, sie möge sich weiterhin bemühen, mehr Hilfe von mir zu erlangen...«
Sophia wurde blaß. Sie konnte kaum etwas essen. Sie nahm ab. Die Tage waren schwer, die Nächte unerträglich. Als die erste Woche vergangen war und die zweite begann, empfand sie ein zunehmendes Mitleid mit Henry. Aber sie sah keine Möglichkeit, sich mit einem Mann zu versöhnen, der ihre geliebte Familie betrogen hatte.
Die Engastromenos' verstanden nicht, daß ein erwachsener Mann solch einen Streit ernst nehmen konnte. Das kam daher, daß Henry kein Grieche war! Man sagte Dinge und nahm sie zurück! Victoria und Georgios Engastromenos hegten keinen Groll – und kein Schuldgefühl.
Sophia ahnte nicht, daß Henry Schliemann mit seiner üblichen Genauigkeit sofort nach der Szene im Hause Engastromenos an Bischof Vimpos geschrieben und jedes goldene Angebot aufgezählt hatte, das er, Henry Schliemann, gemacht haben sollte, um Sophia zur Frau zu gewinnen.
Gegen Ende der zweiten Woche sah Sophia, die allein am Fenster ihres Schlafzimmers saß, unten an der Haustür einen Wagen vorfahren. Aus ihm stieg Henry, gut rasiert, elegant gekleidet und eine Trübsal ausstrahlend, die

so greifbar war, daß sie den ganzen St.-Meletios-Platz auszufüllen schien. Sie lief die Treppe hinunter und öffnete die Tür, als er gerade den Klopfer fallen ließ. Sie begrüßten sich förmlich.

»Onkel Vimpos ist in Kolonos«, berichtete sie ihm. »Er hat uns sagen lassen, daß er auf deinen Brief hin gekommen sei und das Problem nur in deiner Gegenwart mit uns erörtern wolle. Panaghiotes wird ihn holen.«

Die Familie saß in einem engen, feierlichen Kreis um den Gartentisch. Sophia setzte sich zu ihnen. Henry ging am unteren Ende des Gartens unter den Akazien auf und ab. Nach wenigen Minuten betrat Theokletos Vimpos in seinem losen schwarzen Priestergewand, die Haare unter dem schwarzen Hut zu einem Knoten geschlungen, den Garten. Seine Augen waren schwärzer als sein Gewand, sein Hut oder seine blank polierten Schuhe: Jeremias, der geradewegs aus dem Alten Testament herbeigestürmt kam! Er begrüßte die Familie mit einem kühlen »Guten Tag«, dann ging er auf Henry zu und rief:

»Mein lieber, gelehrter Freund, ich grüße Sie von ganzem Herzen, und ich segne Sie.«

»Mein verehrter Bischof, Sie sind ein wahrer Freund, daß Sie so schnell von so weither gekommen sind.«

»Ich habe Ihren Brief aus Syros erhalten und mit großem Kummer gelesen...«

Sophia sagte sanft: »Onkel Vimpos, wir machen uns alle Kummer...«

Bischof Vimpos sah nur Henry an. »Ich versichre Ihnen im Namen unseres Herrn Jesus Christus, daß ich Frau Engastromenos niemals gesagt habe, Sie würden ihr oder ihrer Tochter Diamanten im Wert von dreißigtausend Dollar schenken. Frau Engastromenos hat vor mir auf den Knien gelegen und mich gebeten, Ihnen ihre Tochter vorzustellen. Ich habe nur von Ihnen gesagt, daß Sie ein ehrlicher und aufrichtiger Mensch seien.«

»Das ist alles, was Sie gesagt haben?«

»Das ist alles. *Lügen, Lügen!* Sie haben nicht ein Wort über Geschenke gesagt, weder über irgendwelches Geld für den Laden noch über eine Mitgift für Marigo. Vertrauen Sie auf Gott, dann wird Ihre Unschuld heller leuchten als die Sonne.«

Im Garten herrschte eine fast unheimliche Stille. Sophia saß eine Weile regungslos da und ließ den Blick forschend auf dem Gesicht ihres Mannes ruhen. Dann stand sie auf, sah ihre Eltern an und fragte, an Madame Victoria gewandt, mit bebender Stimme:

»Mutter, wer hat dir gesagt, mein Mann hätte versprochen, uns ein Kollier zu schenken? Denn Onkel Vimpos war es offensichtlich nicht!«

»...nun... ich habe nicht behauptet, daß er es war. Ich habe es von Tante Lambridou gehört. Sie versicherte mir, Onkel Vimpos habe es ihr gesagt.«

Sophia drehte sich um und sah Georgios Engastromenos an.

»Vater, wer hat dir gesagt, daß mein Mann Geld in dein Geschäft investieren würde?«

»Ich habe es ebenfalls durch Tante Lambridou erfahren.«

Sophia brauchte sich nicht an Marigo zu wenden, die unter Tränen sagte:
»Es tut mir leid, Sophia. Ich wollte keinen Unfrieden stiften. Tante Lambridou hat mir gesagt, Onkel Vimpos habe ihr mitgeteilt, daß Henry eine Mitgift für mich bereitstellen werde.«
Bischof Vimpos wandte sich an den kleinen Panaghiotes:
»Bitte, hole *Kyria* Lambridou. Bring sie sofort hierher. Sag ihr, es sei ein Befehl von mir.«
Kyria Lambridou machte keinen sehr beglückten Eindruck. Ihre Bemühungen sollten zunichte gemacht werden, und damit würde sie eine Menge Zeit und Kraft unnütz vergeudet haben. Bischof Vimpos sagte, ohne sie zu begrüßen:
»Madame, es ist an der Zeit, einmal klarzustellen, daß Sie keine Verwandte dieser Familie sind. Sie und Ihre Eltern waren lange mit den Engastromenos' befreundet, aber Sie sind für uns keine Freundin mehr. Niemand hier soll Sie je wieder ›Tante‹ nennen. Und jetzt sagen Sie uns, haben Sie unter dieser Familie die Nachricht verbreitet, daß mein Freund Henry Schliemann versprochen habe, ihnen große Geschenke zu machen?«
»Ja, Bischof Vimpos.«
»Und woher wollten Sie das erfahren haben?«
»Ich glaubte, ich hätte es von Ihnen gehört.«
»Wie konnten Sie das von mir gehört haben, wenn ich nie etwas Derartiges geäußert habe?«
Kyria Lambridou lächelte verschlagen.
»Dann war es ein bedauerlicher Irrtum von mir, Bischof. Ich nahm an, Sie hätten es gesagt, und das ist der Grund, weshalb ich diese gute Nachricht der Familie Engastromenos gegenüber wiederholte.«
»Sie wissen genau, daß es nicht so war. Sie haben bewußt die Saat der Zwietracht gesät, um Schwierigkeiten heraufzubeschwören. Ich verlange, daß Sie Herrn Schliemann wegen des Kummers, den Sie ihm verursacht haben, um Entschuldigung bitten; und auch Sophia. Dann werden Sie sich aus diesem Garten entfernen, und ich verbiete Ihnen, jemals wiederzukommen. Wir können keinen Menschen um uns dulden, der Gift in den Brunnen gießt.«
Als sie fort war, wandte er sich an Sophia.
»Ich will dir keine Vorwürfe machen, mein Kind; du bist zu jung, um zwischen der Pflicht deiner Familie gegenüber und der Pflicht deinem Mann gegenüber unterscheiden zu können.«
Sophia errötete tief. Sie ließ den Blick über ihre Familie schweifen.
›Es ist eine Schande, daß so etwas geschehen konnte. Und ich selbst habe mich am schändlichsten von allen benommen. Warum ist niemand auf die Idee gekommen, zunächst einmal Onkel Vimpos nach diesen Versprechen zu fragen? Warum habe ich es nicht getan, ehe ich die Liebe meines Mannes und meine Ehe aufs Spiel setzte? Ich war sehr dumm. Und mehr noch als das, wir waren alle verletzend zu einem Mann, von dem wir nichts wie Gutes erfahren haben.‹

Sie ging auf Henry zu.
»Henry, bitte, verzeih uns. Verzeih mir. Ich habe mich sehr töricht benommen. Ich bin noch so kindisch, daß ich glaubte, auch eine verheiratete Frau muß in erster Linie zu ihrer Familie halten. Ich werde nie wieder gegen dich Partei ergreifen, und ich werde nie wieder an deinem Wort zweifeln. Ich liebe dich, und ich möchte den Rest meines Lebens mit dir verbringen.«
Ein Schluchzen entrang sich ihrer Brust. Henry legte den Arm um sie.
»Ja, Sophidion. In Zukunft müssen wir uns und unsere Ehe gegen jeden Angriff verteidigen.«

4.

Die folgenden Wochen waren die schönsten, die sie bisher zusammen verlebt hatten. Henry beschloß, mit Sophia eine Rundreise durch ihr eigenes Land zu machen. Er mietete eine geräumige Kutsche, die von zwei Pferden gezogen wurde, und da es im Gebirge von Straßenräubern wimmelte, engagierte er zwei Leibwächter, die, das Gewehr über der rechten Schulter, die silberbeschlagene Pistole im Gürtel, mit ihnen fuhren.
Auf ihrem ersten Ausflug fuhren sie zur Festung Phyle hinaus, die im 4. Jahrhundert v.Chr. errichtet worden war. Sie ließen die Kutsche am Fuß des Aquädukts zurück und erstiegen den siebenhundert Meter hohen Berg mit seinem herrlichen Ausblick über Berge, Schluchten und Täler, der immer großartiger wurde, je höher sie kamen. Oben angelangt, aßen sie auf einer ausgebreiteten Decke im Schatten des uralten Mauerwerks zu Mittag.
Henry las seiner Frau die Geschichte des Thrasybulos vor, der in Theben eine Schar von hundert Gefolgsleuten um sich versammelt, sich von dieser Festung aus auf den Weg nach Athen gemacht, die dreißig Tyrannen besiegt und die Stadt befreit hatte. Sophia merkte jedoch, daß seine Gedanken woanders waren. Er steckte das Buch in die Jackentasche und griff nach ihrer Hand.
»Sophidion, ich weiß, du machst dir Sorgen um deine Familie. Ich habe keinen Sieg gewollt, und ich will sie auch nicht gedemütigt sehen. Deshalb habe ich mir etwas ausgedacht.«
Sie wartete schweigend.
»Ich habe vor, deinen Vater zu meinem hiesigen Agenten mit einem festen Gehalt zu machen. Außerdem werde ich bis zu einer bestimmten Summe für den Kredit des Ladens bürgen, damit dein Vater Waren aus dem Ausland importieren kann. Damit müßte das Geschäft eigentlich wieder in Schwung kommen.«
»Oh, das wird es!«
»Und ich werde auch die kleine Marigo nicht vergessen. Ich zahle viertausend Dollar auf ein Sonderkonto bei der Nationalbank von Griechenland ein. Wenn Marigo heiratet, kannst du dem jungen Ehepaar die Mitgift aushändigen.«

Sie schlang die Arme um seinen Hals; ihre Wangen waren feucht von Tränen. Dabei dachte sie im stillen:

›Wenn die Menschen etwas von ihm fordern, ihn bedrängen, schließt er seine schwarze Geldtasche und weigert sich, etwas herauszurücken. Wenn man ihn dagegen selbst den Entschluß fassen läßt, gibt er mit vollen Händen.‹

Ein paar Tage später machten sie sich, wieder von den bewaffneten Wächtern begleitet, auf den Weg nach Marathon. Sie fuhren auf der gleichen Straße, auf der die athenischen Hopliten 490 v.Chr. marschiert waren, als sie ihre Stellung auf der Ebene bezogen, um auf den Angriff der Perser unter König Darius zu warten. Es war ein schöner Märztag, die Luft war kühl und klar und duftete nach den Obstbäumen, die die Straße säumten. Als sie durch Kafisia, ein reizendes kleines Dorf außerhalb Athens, kamen, bemerkte Sophia:

»Sieh dir an, wie jedes Haus von Pinien- und Pappelhainen umgeben ist. Das Dorf liegt höher als Athen, und im Sommer ist es hier kühler als in der Stadt. Als Kinder sind wir oft an Sonntagen mit Vater zum Picknick hierhergekommen.«

In Marathon erstiegen sie den Grabhügel, wo man die hundertzweiundneunzig Athener, die in der Schlacht gefallen waren, gemeinsam verbrannt und begraben hatte. Henry las Sophia den ausführlichen Bericht Herodots über die Schlacht vor.

Auf ihrem dritten Ausflug fuhren sie nach Korinth. Der Isthmus ist hier nur etwa sechs Kilometer breit. Im ersten Jahrhundert n.Chr. hatte Kaiser Nero versucht, dort einen Kanal zu graben, um den Schiffen aus Italien den weiten Weg um das äußerste südliche Ende des Peloponnes zu ersparen. Jetzt lag der unvollendete Graben seit achtzehnhundert Jahren trocken. Von dort aus fuhren sie weiter zur alten Stadt, um die Agora und den Apollontempel zu besichtigen, dessen sieben monolithische dorische Säulen noch im Peristyl stehen. Henrys Blicke schweiften über den Burgfelsen Akrokorinth und das dahinter gelegene Meer.

»Ein herrlicher Platz für Ausgrabungen«, sagte er. »Dort unten liegt eines der reichsten archäologischen Felder Griechenlands.«

Eines Morgens sah Sophia, als sie aufwachte, daß Henry bereits im Wohnzimmer ihrer Suite am Schreibtisch saß und ungestüm in sein Tagebuch schrieb. Als er sie aufstehen hörte, kam er ins Schlafzimmer und begrüßte sie mit einem strahlenden Lächeln.

»Guten Morgen, meine schöne Sophia. Dies ist unser großer Augenblick. Ich habe es gerade in mein Tagebuch eingetragen: Heute, am 5. April 1870, machen wir uns auf den Weg zum Hissarlik, um mit unserer ersten Versuchsgrabung zu beginnen.«

Sie hatte sich immer noch nicht an die überstürzten Entschlüsse ihres Mannes gewöhnen können.

»... Das versteh ich nicht. Hast du deinen *firman* erhalten?«

Sein Lächeln wurde ein wenig kleinlaut.

»Nein, noch keine Genehmigung. Vielleicht kann ich sie in Konstantinopel bekommen. Aber die *Menzaheh* fährt heute nachmittag von Piräus ab. Ich habe während der Nacht den Entschluß gefaßt.«

Sie bespritzte sich das Gesicht mit kaltem Wasser, um schneller wach zu werden. Der Morgenkaffee wurde hereingebracht.

»Henry, es ist ein so unbesonnener und übereilter Schritt. Wie können wir einfach ohne alle Vorbereitungen losfahren? Du hast keine Genehmigung von der türkischen Regierung, keine Werkzeuge zum Graben. Frank Calvert hat dir eine Liste von all den Dingen gesandt, die wir brauchen, um in der Troas zu überleben – ganz abgesehen von Schubkarren, Spitzhacken, Schaufeln... Wenn diese Geräte hier in Athen unbrauchbar sind, glaubst du, daß die von Konstantinopel besser sein werden? Du hast noch nicht einmal die Bestätigung von Frank Calvert, daß du auf seiner Hälfte des Berges graben darfst. Ich kann nicht...«

Er unterbrach sie mit funkelnden Augen.

»Was kannst du nicht? Meinen Standpunkt verstehen oder mit mir nach Troja kommen?«

Er war wütend.

»Du hast mit tausend Schwüren gelobt, mir niemals zu widersprechen, immer gehorsam zu sein und ein Leben lang meinen Willen wie einen göttlichen Befehl zu respektieren. Und weil du geschworen hast, daß du dieses Versprechen halten willst, glaubte ich tatsächlich, in dir einen Engel gefunden zu haben, den der Himmel mir als Entschädigung für meine früheren Leiden gesandt hat.«

Sophia tat seinen Ausbruch mit einer Handbewegung ab.

»Ich gehorche dir gern, Henry. Aber du hast versprochen, daß wir in Troja als Partner Seite an Seite graben werden. Wenn ich dein ›von Gott gesandter Engel‹ sein soll, habe ich auch ein Recht, an deinen Entscheidungen teilzunehmen. Du beherrschst zwar mindestens ein Dutzend Sprachen, aber nicht die türkische.«

»Ich kann sie in drei Wochen lernen.«

»Henry, dies ist einfach ein Impuls. Er kommt von deiner Aufregung über die unerforschten Ruinen von Korinth. Wenn du ohne *firman* zu graben anfängst, bekommst du Schwierigkeiten mit den türkischen Behörden. Warum sie verärgern, wenn du gleichzeitig einen Gefallen von ihnen brauchst? Ich verstehe deine Ungeduld. Ich bin auch ungeduldig. Aber ich versuche, uns Unannehmlichkeiten zu ersparen. Laß uns statt dessen wirklich ernsthaft mit unseren Vorbereitungen beginnen.«

Er sah sie an und erwiderte kalt:

»Du bist der Meinung, daß ich mich einfach ziel- und planlos in etwas hineinstürze?«

»Bitte überleg es dir noch einmal.«

Er sagte kein Wort mehr, packte seine Reisetasche, stopfte einige Papiere hinein und ging fort.

Sophia saß niedergeschlagen auf einer Ecke des Schreibtischstuhls. Sie blieb

zwei Tage in der Suite, ohne jemanden sehen zu wollen. Am dritten Tag trat der Hoteldirektor mit der Rechnung an sie heran. Henry war so überstürzt davongeeilt, daß er kein Geld dagelassen und auch keine Vorkehrungen für ihren weiteren Aufenthalt im Hotel getroffen hatte. Sophia wußte nicht, wie lange er fortbleiben würde. Sie packte ihre und Henrys Sachen und fuhr nach Kolonos. Als sie vor dem Haus ihrer Familie aus dem Wagen stieg, dachte sie bei sich:
›Du lieber Gott, wird meine Ehe immer so sein? Daß ich alle paar Wochen wie ein unerwünschtes Kind in mein Elternhaus zurückkehre?‹

Henry kam nach zwei Wochen zurück, zerknirscht, aber nicht entmutigt.
»Du hast in jedem Punkt recht gehabt«, gestand er ihr. »Es gab keine erste Klasse auf dem Boot, und ich hätte dir nicht die muffige Kajüte zweiter Klasse zugemutet, mit der ich mich begnügen mußte. In Konstantinopel ist es mir nicht gelungen, zu den maßgebenden Regierungsbeamten vorgelassen zu werden. In den Läden gab es keine Schubkarren oder Spitzhacken von annehmbarer Qualität. Die zwei Türken aus Kum Kale, denen die andere Hälfte des Hissarlik gehört, haben mir tagelang die lächerlichsten Schwierigkeiten gemacht. Vielleicht hatten sie Angst, daß ihre Ziegen in meine Gräben fallen könnten. Ich habe zwei Männer zum Graben angestellt, und zunächst waren die Besitzer bereit, sich mit einigen großen Steinen zufriedenzugeben, die wir ausgegraben haben; sie brauchten sie für eine Brücke, die sie über den Simois bauen wollen. Dann kehrten sie am nächsten Tag in streitsüchtiger Stimmung zurück und verlangten eine ungeheuerliche Summe für ihr Land. Ich bot ihnen das Doppelte von dem, was das Land wert ist, aber es war unmöglich, mit ihnen zu verhandeln. Und zu allem kam schließlich noch ein Regierungsbeamter aus Çanakkale, um mir zu sagen, der Pascha sei sehr verärgert, daß ich ohne Genehmigung zu graben begonnen hätte, und infolgedessen werde mein offizieller *firman* sich verzögern.
Da gab ich es auf. Aber das wesentliche ist, daß ich es in den wenigen Tagen mit nur zwei Arbeitern geschafft habe, die Grundmauern eines großen Gebäudes, etwa dreizehn Meter breit und zwanzig Meter lang, auszugraben. Jetzt haben wir die Gewißheit, daß in diesem Hügel eine Stadt begraben liegt.«
Er hatte ihr aus einem Basar in Konstantinopel ein breites Filigranarmband mitgebracht, dessen haarfeine Silberfäden zu einem kunstvollen Blumenmuster verflochten waren. Das lange, schmale Schloß war mit kleinen Edelsteinen besetzt, die ein buntes Mosaik bildeten. Es mußte ihn Stunden gekostet haben, etwas so Schönes zu finden.
Sie war, wie sie sich eingestand, aufrichtig froh, ihn wieder bei sich zu haben.

5.

Henry hatte nicht an das *Hotel d'Angleterre* telegrafiert, um eine Suite reservieren zu lassen. Er war überzeugt gewesen, daß Sophia die Zimmer behalten und er einfach dorthin zurückkehren werde. Jetzt konnte die Direktion zu ihrem Bedauern den Schliemanns nur ein Mansardenzimmer anbieten. Henry murrte. Und als er drei Tage später die erste Rechnung erhielt, war er empört über den Preis, den das Hotel verlangte.

»Einhundertsechsundsiebzig Francs für diese elende Mansarde. Und sie haben die Unverschämtheit, uns volle Pension zu berechnen, obwohl wir kaum irgend etwas aus ihrer Küche verzehrt haben. Ich bin fest entschlossen, diese *auberge* nie wieder zu betreten!«

Dies war genau der richtige Augenblick, über den Plan zu sprechen, den Sophia während der letzten zwei Wochen ausgeheckt hatte.

»Henry, du hast gesagt, wir müssen uns auf mindestens fünf Sommer bei Hissarlik gefaßt machen.«

»Ja, ich bin sicher, daß die Arbeiten dort so lange dauern werden.«

»Demnach werden wir Athen als Standquartier benutzen. Warum mieten oder kaufen wir hier nicht ein passendes Haus? Dann hast du dein eigenes Arbeitszimmer, ich habe meine eigene Küche...«

»... und wir haben unser eigenes, bequemes Bett in unserem eigenen Schlafzimmer!«

»Und wenn du verreist, geschäftlich... oder wozu auch immer, brauche ich nicht jedesmal wie ein kleines Mädchen zu Mama nach Hause zu laufen. Ich glaube, ich werde mich erst richtig verheiratet fühlen, wenn ich Herrin eines eigenen Hauses bin.«

»Und ein oder zwei Kinder hast.« Er drückte sie zärtlich an sich. »Die Ärzte haben gesagt, all deine Beschwerden werden verschwinden, sobald du schwanger wirst. Bis jetzt war ich nicht imstande, ein Kind mit dir zu zeugen, weil du mich so oft erzürnt hast. Kinder werden in Liebe, nicht im Zorn gezeugt.« Er küßte sie auf beide Wangen. »Du hast recht. Wenn du Herrin eines eigenen Hauses bist und dich dort glücklich fühlst, wirst du empfangen. Welchen Teil der Stadt hältst du für den besten?«

»Es gibt einen kleinen Bezirk, nicht weit von der Akropolis, der noch wenig bebaut ist. Er ist ruhig, liegt oberhalb der sommerlichen Staubwinde und man überblickt von ihm aus die Stadt. Wir würden im Schatten des Parthenon wohnen.«

Es dauerte nicht lange, bis sie fanden, was sie sich wünschten: ein neu erbautes Haus in der Moussonstraße, in klassizistischem Stil, zweieinhalb Stockwerke hoch, mit halben Fenstern in Bodenhöhe für die Dienstbotenräume, einer breiten Haustür aus dunklem Holz und großen, hohen Fenstern im Salon und Eßzimmer, von wo man den bewaldeten Hügel der Musen überblickte. Die Fenster im Obergeschoß ließen Licht und Luft in die drei Schlafzimmer und den kleinen intimen Wohnraum, der auf eine offene Veranda hinausging. Über dem Eingang befand sich ein Balkon mit einem schönen schmiedeeisernen Gitter. Der Rand des Daches war mit *akrokerami*, muschelähnlichen Verzierungen aus gebranntem Ton, eingefaßt. Vom rückwärtigen Garten aus blickten sie in Richtung Piräus und dem alten Phaleron; unter ihnen lag der Ilissos, der durch Athen zum Meer fließt.

Sophia liebte das Haus. Die Zimmer waren groß, mit einer hohen Decke, und die Wände hatten einen Fries mit Rosetten und Blumenornamenten aus Gips. In den unteren Räumen waren sie mit poliertem Stuck überzogen, der wie hellgrauer Marmor aussah. Die Küche, das Eßzimmer und die Korridore hatten geflieste Böden, die unteren Wohnräume Parkett. Von der Halle führte eine breite, geschwungene Treppe mit einem geschnitzten Geländer ins Obergeschoß.

Die Moussonstraße war etwa vierhundert Meter lang und nur auf einer Seite bebaut; die andere Seite bildete der felsige, dicht mit Bäumen bewachsene Hügel der Musen mit dem Monument des Philopappos. Es war, als wohnte man direkt am Wald. Nur ein paar hundert Meter entfernt lag das riesige, aus Marmor erbaute Parthenon. Die Moussonstraße war eine Sackgasse und hatte wenig Verkehr. Wenn Henry und Sophia mit dem Wagen in die Stadt fuhren, kamen sie an der Akropolis vorbei, deren Haupteingang in wenigen Minuten zu Fuß zu erreichen war und die zu einem vertrauten Bestandteil ihres Lebens werden sollte.

In unmittelbarer Nähe lag der Areopag, der Areshügel, auf dem der Rat von Athen im Altertum seine Sitzungen abgehalten hatte, um sowohl über politische als auch juristische Fragen zu entscheiden und als Blutgerichtshof zu fungieren. Hier wurde in Aischylos' Tragödie *Die Eumeniden* Orestes der Prozeß gemacht, weil er seine Mutter, Klytaimnestra, getötet hatte, um Agamemnon zu rächen. Sophia stieg die steinernen Stufen des Areopag hinauf und blickte über die Agora hinweg auf die Stadt, die silbergrünen Olivenhaine, die Weinberge und, in der Ferne, den mit Minze, Salbei, Lavendel, Thymian und Terebinthen bedeckten Hymettos, die Heimat der Bienen, die den aromatischsten Honig der Welt erzeugten.

Das Eckgrundstück neben dem Haus war ebenfalls zu verkaufen. Henry kaufte es, und sie entwarfen zusammen Pläne für einen kühlen, ummauerten Garten mit Palmen, kleinen Teichen, blühenden Sträuchern, Kieswegen, einer Wand aus Gitterwerk für Trauben und einer anderen für Glyzinien. Henry ließ einen Schreiner kommen, der ihnen ein achteckiges Teehaus baute, ähnlich demjenigen, das Henry kürzlich im Garten von Frank Calverts Villa in Çannakale gesehen hatte.

Es war in Griechenland nicht üblich, daß ein Ehemann beim Kauf eines Hauses seine Frau um ihre Meinung fragte oder sie bei der Einrichtung mitreden ließ, aber Henry zog in beiden Fällen Sophia zu Rate.

»Ich verstehe sehr wenig von Möbeln«, gestand sie. »Griechische Häuser sind spärlich möbliert. Wir stellen aus Mangel an Holz fast nichts im Lande her, und europäische Möbel sind für uns sehr teuer. Das meiste, was wir am Rom-

visplatz hatten, war nach und nach angeschafft worden oder stammte von meinen Großeltern.«
»Dem werden wir abhelfen. Ich habe einige Erfahrung.«
»Henry, deine Wohnung in Paris ist wunderschön, aber es gibt überhaupt keinen Platz in den Räumen. Ich hatte immer das Gefühl, als ginge ich auf einem schmalen Pfad durch einen dichten Wald.«
»Die Franzosen sind der Meinung, daß jeder Quadratmeter, den man nicht mit kleinen gepolsterten Stühlen oder kunstvoll geschnitzten Tischchen ausfüllt, nutzlos vergeudet ist.«
Sie durchstöberten ganz Athen nach brauchbaren Möbelstücken. Für ihr Schlafzimmer fanden sie ein geschnitztes italienisches *matrimoniale*, ein Ehebett ähnlich denjenigen, die sie auf ihrer Hochzeitsreise so genossen hatten: breit genug, sich ruhelos umherzuwerfen, friedlich zu schlafen, sich aneinanderzuschmiegen oder sich zu lieben. Dann entdeckten sie eine Kommode aus Nußbaum, mit indischem Satinholz eingelegt; sie bot ausreichend Platz für Sophias Unterwäsche und Nachthemden. Einer der Antiquitätenhändler hatte einen französischen Waschtisch, der ihnen gefiel: Innen an der aufklappbaren Platte befand sich ein kleiner Spiegel und in dem Fach darunter ein Waschbecken aus Metall. Auf beiden Seiten waren Schubladen für ihre Toilettensachen.
Es war ein Vergnügen, das Eßzimmer einzurichten, nachdem sie erst einmal den Tisch gefunden hatten, den sie haben wollten: rund, aus englischem Nußbaum und in der Mitte ausziehbar, so daß man ihn mit zusätzlichen Platten vergrößern konnte. Die Stühle hatten Sitze aus geprägtem Leder und handgeschnitzte Beine und Lehnen. An einer Wand stand ein halbrunder Geschirrschrank mit Glastüren, in dem sie ihre bunten Keramikterrinen und das Dresdner Porzellan aufbewahrten, und an der gegenüberliegenden Wand ein geschnitztes Mahagonischränkchen für ihr Kristall und Silber. Von der Decke hing an bronzenen Ketten eine glockenförmige Porzellanlampe.
»Das Zimmer ist überfüllt«, rief Sophia, als der letzte der zehn Stühle aufgestellt war, »der Platz reicht knapp aus, um bei Tisch zu servieren.«
Henry lachte leise. Sophia stöhnte.
»Könnten wir bitte fürs Wohnzimmer etwas weniger kaufen?«
In sein Arbeitszimmer stellte Henry einen hohen Sekretär aus dunklem Holz, in dessen oberer Hälfte seine Bücher hinter Glastüren standen, während er in der unteren, die verschließbar war, seine persönlichen Papiere, Geschäftskorrespondenz, Bankauszüge und Tagebücher aufbewahrte. Außerdem fand er einen hufeisenförmigen Régenceschreibtisch aus Mahagoni, auf dem er nach Herzenslust seine Monographien, Schreibutensilien und die an wichtigen Stellen aufgeschlagenen und markierten Bücher ausbreiten konnte.
Sophia ihrerseits widmete jetzt ihre ganze Aufmerksamkeit der Küche. Sie lag am hinteren Ende des Hauses, war sehr geräumig und hatte zwei große Fenster, die über den hinteren Garten hinweg auf die Innenstadt von Athen blickten. Sophia kaufte einen Herd mit fünf Kochlöchern und einer Kupfer-

haube, durch die der Dampf abzog. Ein Schreiner brachte zwei Wandhalter an, auf die sie Öllampen stellte. In einer Ecke befand sich ein Spülstein und darüber ein Wassertank. Hoch über dem offenen Kamin war ein breites Gesims, auf dem ihr Steingut stand. An den Wänden gab es Bretter mit Haken für Kochlöffel, Bratpfannen und Töpfe. Sie kaufte einen kleinen runden Tisch und zwei Stühle mit Lehnen aus Korbgeflecht, die sie in der Mitte des Raums aufstellte. Eine Tür zwischen Herd und Kamin führte in den hinteren Garten; wenn man sie bei warmem Wetter offenließ, gab es einen angenehmen Durchzug.

»Henry meint, das Schlafzimmer sei der wichtigste Raum im Haus«, dachte sie bei sich, als sie ihr vollendetes Werk betrachtete, »aber ich finde, die Küche ist wichtiger. Sie wird mehr benutzt.«

»Das Haus wird zu klein sein, wenn wir anfangen, unsere archäologischen Funde heimzubringen«, bemerkte er.

Sie verbrachten einen ruhigen Sommer in der Moussonstraße. Da das Haus hoch über der Stadt lag, ging immer eine leichte Brise; der Laubwald des Hügels der Musen auf der anderen Straßenseite absorbierte die Hitze und den grellen Glanz des Spätnachmittags. Sophia hielt sich morgens für gewöhnlich in dem angrenzenden Garten auf, wo Henry die größten Sträucher und Bäume gepflanzt hatte, die man noch verpflanzen konnte. Obwohl Sophia ihre deutschen und französischen Stunden wiederaufgenommen hatte, entschied Henry, daß sie jetzt außerdem anfangen müsse, Englisch zu lernen, denn er beabsichtigte, während der Wintermonate, wo sie nicht am Hissarlik graben konnten, mit ihr nach London zu fahren. Ihre Lehrerin war eine vornehme Griechin, die eine Reihe von Jahren in England gelebt und sich eine gute Aussprache angeeignet hatte.

Er stand beim Morgengrauen auf, schrieb Briefe in seinem Arbeitszimmer, von dem aus er die Stadt überblickte, und arbeitete an seiner Kampagne, den Widerstand oder die Gleichgültigkeit der türkischen Regierung zu überwinden, um endlich die Genehmigung für die Ausgrabungen zu erhalten. Um zehn Uhr ging er mit lebhaften Schritten den Hügel hinunter zum »Schönen Griechenland«, einem Café nur für Männer, das alle wichtigen europäischen Zeitungen abonniert hatte, und wo er sich über die internationalen Ereignisse auf dem laufenden hielt.

Sophia hatte Punkt halb zwei das Essen fertig, denn Henry war ein pünktlicher Mann. Nach ihrem Mittagsschlaf kam ein Wagen, der sie zu dem neu eröffneten Schwimmbad in Phaleron brachte. Gegen acht Uhr kehrten sie erfrischt in die Stadt zurück und setzten sich am Syntagmaplatz draußen in eines der zwei eleganten Cafés, das *Yannakis* oder das *Dore*, wo Sophia für gewöhnlich ein Eis aß. Diese beiden Cafés, die an den gegenüberliegenden Ecken der in den Platz mündenden Hauptstraße lagen, wurden allgemein die Dardanellen genannt, denn während der Sommertage wanderte ganz Athen zwischen ihnen hindurch. Die Gehsteige waren breit, die Tische standen in drei Reihen. Die Leute, die dort saßen, beschäftigten sich in erster Linie damit, zu klatschen und über diejenigen, die vorbeigingen, Geschichten zu erzählen oder Gerüchte zu verbreiten. Niemand konnte dieser Art der Unterhaltung entgehen oder den Durchgang passieren, ohne daß man ihn sah und über ihn sprach. Die Gäste in den Cafés waren die beste Nachrichtenquelle der Stadt.

Der besondere Aspekt des Athener Klatsches war, daß er dazu bestimmt war, dem Opfer zu Ohren zu kommen. In geschäftlichen Dingen, sagte man, sei Henry Schliemann ein Genie. In seinen Plänen, Troja auszugraben, sei er ein Narr. Auch die Universitätsprofessoren waren dieser Ansicht; selbst wenn er fünfmal die geplanten fünf Jahre bei Hissarlik grub, erklärten die Fachleute einmütig, würde er mit leeren Händen zurückkehren. Gewiß, ein reicher Mann habe das Recht, seinen Schrullen nachzugeben. Aber seine Theorien ernst zu nehmen – das bedeutete, sich Henry Schliemann in seiner Torheit anzuschließen.

Als im August Sophias Periode ausblieb, sagte sie sich: ›Henry hatte recht: Man zeugt Kinder in Liebe, nicht im Zorn.‹

Henry sehnte sich nach einem griechischen Sohn. Sie wollte ihm keine falschen Hoffnungen machen, und so wartete sie bis Oktober, ehe sie es ihm sagte. Als sie eines Nachmittags gemütlich bei einer Tasse Kaffee in ihrem kleinen Teehaus saßen, bemerkte Sophia so gelassen, wie sie konnte:

»Henry, mein Lieber, ich habe gewisse Symptome... oder besser gesagt, mir fehlen gewisse Symptome. Ich glaube, du solltest mich zu dem Arzt bringen, den du in Athen für den besten hältst.«

Henry wurde blaß; sein Gesicht schien nur noch aus Augen zu bestehen. Er sagte nur:

»Das ist Dr. Venizelos. Er ist verdientermaßen der beliebteste Arzt in der Athener Gesellschaft. Ich schicke den Jungen zu ihm und lasse ihn bitten, uns morgen früh zu empfangen.«

Der Teil von Dr. Venizelos' Gesicht, der nicht von dem professionellen Vollbart bedeckt war, wurde von einer riesigen Brille beherrscht; und durch die Brillengläser blickten, vergrößert, zwei lebhafte, kluge Augen. Nach seinem Medizinstudium in Athen war er nach Berlin gegangen, um sich auf Geburtshilfe zu spezialisieren, und war jetzt seit Jahren Professor an der Universität in Athen. Außerdem hatte er das neue Krankenhaus für Geburtshilfe in Athen gegründet. Er stellte Sophia eine Reihe von Fragen: Sind Sie oft müde? Fühlen Sie eine gewisse Mattigkeit? Morgendliche Übelkeit? Zufrieden mit den Antworten, nahm er keine Untersuchung vor. Er sagte:

»Meinen Glückwunsch, Frau Schliemann. Sie scheinen in ausgezeichneter Verfassung zu sein. Ich sehe keinen Grund, weshalb Sie nicht ein vollkommen gesundes Kind zur Welt bringen sollten.«

Henry hatte sich aus Angst vor einer Enttäuschung bisher zurückgehalten; jetzt schlang er die Arme um Sophia und rief:

»Es wird ein Sohn! Wir werden ihn Odysseus nennen. Erinnere dich, was Achilles' Mutter, Thetis, gesagt hat: ›*Einen Sohn zu gebären, verlieh er mir,*

und zu erziehen, hoch vor Helden geschmückt! Er schwang sich empor wie ein Sprößling; und ich erzog ihn mit Fleiß, wie die Pflanz' im fruchtbaren Acker.‹«
Sophia lächelte schüchtern.
»Und wie wirst du es nennen, wenn es ein Mädchen wird?«
»Nein, Sophia, es ist unbedingt erforderlich, daß wir einen männlichen Erben haben, der den Namen Schliemann fortführt.«
Dr. Venizelos blinzelte Sophia vielsagend zu.
»*Kyria* Schliemann, informieren Sie Ihren Mann, daß ein guter Baum viele Früchte trägt.«

6.

Sie hatten Ruhe in ihrer Ehe erzielt, aber es waren äußere Kräfte am Werk, ihnen Sorgen zu bereiten. Henry hatte seiner Frau verschwiegen, daß Ekaterina bereits im Januar 1870, als Henry und Sophia kaum mehr als drei Monate verheiratet waren, einen Anwalt von St. Petersburg nach Paris gesandt hatte, um eine Klage gegen ihn einzureichen, denn sie behauptete, seine Ehe sei ungültig, weil seine Scheidung gesetzwidrig sei. Angesichts der Tatsache, daß Henry Schliemann amerikanischer Staatsbürger war, hatte das Pariser Gericht sich geweigert, die Klage zu berücksichtigen. Daraufhin hatte Ekaterina erklärt, sie werde durch die Internationale Anwaltskammer in New York oder den russischen Gesandten in Washington Abschriften des Scheidungsverfahrens anfordern. Sie drohte, vor Gericht zu gehen, um die Scheidung für ungültig erklären zu lassen. Henry hatte an Mr. Naltner, einen seiner Anwälte in Indianapolis, geschrieben und ihn gebeten, ihm einen ausführlichen Bericht über die Rechtslage zukommen zu lassen.
Als Ekaterina jetzt verkündete, daß sie einen Anwalt beauftragen werde, eine Klage gegen Henry in Athen einzureichen, kam alles ans Tageslicht. Die Nachricht ging wie ein Lauffeuer durch die beiden Cafés. Sophia blieb ruhig. Der Erzbischof hatte Henrys Scheidungsurkunde geprüft, sie für gesetzmäßig erklärt und ihre Heirat gutgeheißen. Obwohl nicht die Kirche, sondern das Gericht über diese Frage zu entscheiden hatte, waren die Bischöfe berechtigt, vor dem Richter auszusagen. Bischof Vimpos würde bestimmt bezeugen, daß er Henry Schliemann und seine Scheidungsurkunde zum Erzbischof gebracht hatte; und der Erzbischof würde bestätigen, daß er Sophias Heirat gutgeheißen hatte. Die Aussage eines Erzbischofs galt viel bei den griechischen Gerichten.
»Warum hast du es mir nicht schon letzten Januar gesagt?« fragte Sophia.
»Vielleicht ist das der Grund, weshalb deine Freundinnen mich behandelt haben, als wäre ich deine Geliebte.«
Henry fluchte leise.
»Warum tut sie das? Aus Rache?«

»Sie ist nicht rachsüchtig.«
»Ist es denkbar, daß sie dich noch liebt?«
Er runzelte die Stirn.
»Sie hat mich nie geliebt.«
»Warum hat sie dich dann geheiratet?«
»Ich habe sie fast dazu gezwungen. Sie hat mich im Laufe von mehreren Jahren zweimal abgewiesen, aber als ich das zweite Vermögen in Kalifornien gemacht hatte und nach St. Petersburg zurückkehrte, konnte sie all diesem Geld einfach nicht widerstehen.«
»Du hast drei Kinder von ihr.«
»Ja.« Sein Ton klang verbittert. »Das erste hat sie mir freiwillig geschenkt. Die andern beiden mußte ich mir erschleichen! Ich bin zu der Überzeugung gekommen, daß ihre wirkliche Liebe einer Madame Roller gehörte. Die beiden waren unzertrennlich.«
In ihrer zunehmenden Besorgnis schrieb sie an Bischof Vimpos. Er antwortete, daß er eigentlich schon längst eine Reihe von Dingen in der Stadt hätte erledigen müssen, es aber bisher immer wieder hinausgeschoben habe. Er werde in wenigen Tagen in Athen eintreffen.
Er stand in der Halle des neuen Hauses, hob die Hand und machte das Zeichen des Kreuzes.
»Möge unser Heiland, Er, der sich herabließ, im Hause des Zachäus einzukehren und ihn und alle, die bei ihm waren, zu erlösen, möge Er diejenigen, die in diesem Hause leben werden, vor allem Übel bewahren.«
Er reichte Sophia die Hand; sie küßte sie.
Dann erzählte sie ihm von Ekaterinas Drohung, ihre, Sophias, Ehe mit Henry von einem griechischen Gericht für ungültig erklären zu lassen.
»Unsere Kirche und die russisch-orthodoxe Kirche sind in vieler Hinsicht miteinander verwandt. Wenn Henrys erste Frau ihn vor einem russischen Gericht beschuldigt, noch mit ihr verheiratet zu sein, wird sich unsere Kirche nicht von der Entscheidung des dortigen Gerichts beeinflussen lassen?«
Bischof Vimpos war nachdenklich.
»Ich bezweifle, daß es schon jemals solch einen Fall gegeben hat. Ich werde mich mit dem Erzbischof beraten.«
Sophia verbrachte einige quälende Stunden, bis er zurückkehrte.
»Mein Kind, der Erzbischof sagt, solange Henry im Juni 1869 rechtmäßiger Staatsbürger der Vereinigten Staaten war und sich von seiner Untertanenpflicht gegenüber dem russischen Zaren losgesagt hatte, kann weder Rußland noch irgendein anderes Land seine Scheidung für ungültig erklären. Henry hat doch seine Staatsbürgerschaft in Kalifornien erworben, als der Staat in die Union aufgenommen wurde, nicht wahr?«
Sophia runzelte die Stirn.
»Er sagt, alle Männer, die 1850, als der Staat in die Union kam, in Kalifornien gelebt haben, wurden automatisch amerikanische Staatsbürger. Und dennoch ist er nach Rußland zurückgekehrt, hat dort fünfzehn Jahre lang ein Heim

und eine Firma gehabt und hat sich, soviel ich weiß, nie wieder als Amerikaner bezeichnet, bis es Zeit war, seine Scheidung zu beantragen.«
»Bewahrt er seine Einbürgerungspapiere im Schreibtisch auf?«
»Ja. Laß uns in sein Arbeitszimmer gehen.«
Sophia holte die vier länglichen Urkundenbogen heraus. Nachdem Vimpos sie gelesen hatte, wandte er sich ihr zu; seine dunklen Augen blickten besorgt. »Henry hat beinahe die Wahrheit über seine damalige Staatsangehörigkeit gesagt, aber nicht ganz. Er hat die amerikanische Staatsangehörigkeit zum erstenmal beantragt, als er in New York war. Hier sind die Unterlagen. Er erklärt, daß er beabsichtigt, Bürger der Vereinigten Staaten zu werden, und sagt sich von jeglicher Untertanen- oder Treuepflicht gegenüber jeder fremden Macht los. Das Dokument ist am 17. Februar 1851 datiert, trägt Henry Schliemanns Unterschrift und den Stempel des Gerichts. Es erwähnt nichts davon, daß er während seines Aufenthalts in Kalifornien Staatsbürger geworden sei. Den nächsten Antrag stellt er wiederum in New York, am 29. März 1869 – also über achtzehn Jahre später –, und er leistet den gleichen Eid. An diesem selben Tag schwört ein Mann namens John Bolan, daß er ›den oben erwähnten Antragsteller, Henry Schliemann, gut kennt und daß besagter Antragsteller während der letzten fünf Jahre ohne Unterbrechung in den Vereinigten Staaten ansässig gewesen ist, und zwar vor diesem Antrag mindestens ein Jahr im Staate New York.‹ Aufgrund der Aussage Bolans wurde Henry naturalisierter Staatsbürger der Vereinigten Staaten.«
»Aber das ist nicht wahr! Er schreibt in seinem Tagebuch, daß er am 27. März 1869, genau zwei Tage vor seinem Erscheinen vor Gericht, in New York eingetroffen ist! Er war nur 1850 in Sacramento und 1865, auf dem Rückweg aus dem Orient, ein paar Tage in San Francisco.«
Sophia erblaßte. Der Bischof strich nachdenklich über seinen Bart.
»Wenn er seine Staatsangehörigkeit durch den Meineid eines anderen erworben hat...«
Die Tränen stiegen Sophia in die Augen. »... dann ist seine Scheidung auch nicht rechtsgültig! Nicht, wenn der Anwalt seiner Frau diese Daten sieht. Oh, Onkel Vimpos, was soll ich tun?«
»Henry muß seine erste Frau überreden, daß sie selbst die Scheidung beantragt. In Rußland. Ist das möglich?«
»Ja.« Ihr Ton klang energisch.
»Wie?«
»Mit Geld. Henry hat seiner Familie stets eine mehr als ausreichende Summe für ihren Unterhalt gesandt. Jetzt muß er Ekaterina einen Teil seines Vermögens anbieten.«
»Wie verhält er sich zur Zeit, was Geld betrifft?«
»Wenn er unglücklich ist, bedeutet es eine Qual für ihn, sich auch nur von einer einzigen Drachme zu trennen. Aber diesmal wird er es tun. Ich gebe dir mein Wort, denn jetzt geht es nicht mehr nur um mich, sondern um die Ehelichkeit meines ungeborenen Kindes!«

Sie straffte die Schultern, und ihre Augen blitzten.
Bischof Vimpos lächelte.
»Gott wird dir beistehen.«
Und Henry tat es auch. Er traf ein Abkommen, das Ekaterina befriedigte. Sie erwirkte die Scheidung vor einem russischen Gericht. Damit war dieses Problem gelöst.
Die zweite äußere Kraft, die ihre Ruhe störte, war der Ausbruch des Krieges zwischen Frankreich und Preußen. Henrys Treue gehörte dem Land seiner Geburt, aber er hatte es mit neunzehn Jahren verlassen, war jahrelang russischer Staatsangehöriger gewesen und liebte Paris mit einer Leidenschaft, der nur Sophias Liebe zu Athen gleichkam. Gefühlsmäßig stand er auf seiten der Franzosen. Und diese Einstellung verstärkte sich noch, als er erfuhr, daß ein deutsches Artilleriegeschoß das Etagenhaus neben dem seinen auf der Place St. Michel zerstört hatte. Im September 1870 hatten die Deutschen Paris umzingelt. Jeder Tag brachte weitere schlechte Nachrichten: Der Bois de Boulogne sei abgeholzt worden, ebenso wie die Bäume der Champs-Elysées und in den Tuilerien. Da Hungersnot herrschte, habe man sämtliche Pferde von Paris geschlachtet, um Nahrung für das Volk zu beschaffen.
Dann kam der traurige Tag, an dem Henry hörte, daß seine vier Mietshäuser, die einen beträchtlichen Teil seines Vermögens darstellten, von Bomben zerstört worden seien. Es habe viele Opfer gegeben, als die Geschosse die Wohnviertel trafen. Henry war verzweifelt. Er versuchte wochenlang vergebens, zuverlässige Nachrichten aus Paris zu erhalten.
Um sich von seinen Sorgen abzulenken, beschloß er, nach Konstantinopel zu fahren.
»Sophia, ich muß einfach so lange auf Safvet Paschas Schwelle hocken, bis er mich empfängt. Es ist mir schrecklich, dich während deiner Schwangerschaft allein zu lassen, aber ich bin sicher, daß ich dir den *firman* als Geschenk zum Dreikönigstag mitbringen kann. Bis dahin bleiben mir noch zwei Monate.«
Er war so niedergeschlagen, daß sie es nicht über sich brachte, ihn zurückzuhalten.
Und sie hatte wenig Zeit, ihn zu vermissen: Er war kaum fort, da stürmte die Familie das Haus, hocherfreut, wieder mit Sophia vereint zu sein und eine Zeitlang in Athen wohnen zu können. Ihre Mutter verbrachte glückliche Stunden in der Küche, wo sie die Lieblingsgerichte der Engastromenos' zubereitete. Sophia stand bei Morgengrauen auf, um von den Straßenverkäufern Ziegenmilch, frischgebackene Brötchen und ungesalzene Butter zu kaufen, wildwachsendes Blattgemüse von den gebückten alten Frauen und Fisch, der während der Nacht gefangen worden war und jetzt in runden Weidenkörben feilgeboten wurde, die die Männer auf dem Kopf trugen. Für das sonntägliche Mittagessen kaufte sie einen Truthahn, den sie selbst aus der kollernden Schar auswählte.
»Es ist wie in alten Zeiten!« rief Madame Victoria eines Sonntags, als sie die

Augen über den runden Nußbaumtisch schweifen ließ, um den die ganze Familie Engastromenos versammelt war.
Henry schrieb selten, aber seine Briefe klangen hoffnungsvoll. Der Kultusminister hatte sich erboten, ihm das Land zu dem Preis von zweihundert Dollar zu verschaffen, den Henry den Besitzern aus Kum Kale geboten hatte. Sowohl der englische als auch der amerikanische Botschafter hatten sich persönlich für ihn eingesetzt. Er lernte Türkisch und hatte bereits ein Vokabular von dreitausend Wörtern.
Er kam zu Weihnachten nicht nach Hause. Sophia war bestürzt, aber sie versuchte, ruhig zu bleiben, und sagte sich:
›Er will nicht mit leeren Händen zurückkehren. Das würde ihn nicht nur zur Verzweiflung bringen, sondern er würde es auch als eine Demütigung empfinden. Bestimmt kommt er zum Dreikönigstag – mit der Genehmigung in der Tasche.‹
Madame Victoria entschied, daß Weihnachten im Elternhaus gefeiert werden mußte. Sophia war jetzt im fünften Monat, und man sah ihr die Schwangerschaft bereits an. Sie war beglückt über die ersten Anzeichen von Leben in ihr. In den Schaufenstern der Läden in der Ermoustraße standen Krippen, von bunten Ballons, Laternen, Glocken und Engeln umgeben. Die Innenstadt war voller Straßenverkäufer, die auf ihren Karren billiges Spielzeug zum Verkauf anboten.
Sophia half ihrer Mutter, den süßen *christopsomo*, das Christusbrot, zu backen. Georgios machte mit dem Messer das Zeichen des Kreuzes über dem Brot und fing an, es aufzuschneiden. Die erste Scheibe war für die Jungfrau Maria, die zweite für die Armen, und erst dann kam die Familie an die Reihe.
Am Neujahrstag feierten sie das Fest des heiligen Basilius und gingen auf den Platz hinaus, um sich die Lobgesänge anzuhören und die *Kalanda* zu singen. Henry war nicht zu Sophias Geburtstag zurückgekehrt und würde offenbar auch nicht zum Dreikönigstag kommen. Sie fühlte sich verlassen.

Henry kehrte am 24. Januar zurück, mit leeren Händen und zutiefst niedergeschlagen. Er hatte kein Geschenk für Sophia. Nachdem ihm endgültig klar geworden war, daß er nichts erreichen würde, hatte er in kopfloser Eile das erste Schiff genommen, das nach Piräus fuhr.
»Glaub mir, Liebling, ich hätte dir einen ganzen Basar mitgebracht, aber ich war so bekümmert, so aufgeregt... Ich konnte kaum einen klaren Gedanken fassen.«
Sophia nahm ihn in die Arme und tröstete ihn, so gut sie konnte.
»Die Türken halten mich für einen Abenteurer, der nur nach Edelmetallen sucht, so wie die Grabräuber in Ägypten es jahrhundertelang getan haben. Ich kann sie einfach nicht überzeugen, daß ich nach einer verlorenen Stadt suche und nicht nach Gold, das mir zu einem weiteren Vermögen verhelfen würde. Im Gegensatz zu meinen Geschäftspartnern und Kunden in der ganzen Welt hat die türkische Regierung kein Vertrauen zu mir.«

»Henry, hast du mir nicht erzählt, daß bisher jeder Ausländer, dem die Erlaubnis zum Ausgraben erteilt wurde, die türkische Regierung hintergangen hat, indem er all seine Funde außer Landes brachte, statt, wie vereinbart, die Hälfte abzuliefern?«

»Ausnahmslos.«

»Dann mißtrauen sie einfach allen Ausländern. Könntest du nicht einen Weg finden, ihre Befürchtungen zu zerstreuen?«

»Wie?«

»Nun, indem du zum Beispiel zum Beweis deiner ehrlichen Absichten beim Wesir eine größere Summe hinterlegst.«

Er senkte den Kopf und blickte sie von unten her wie über den Rand einer Brille an.

»Übertreiben wir es nicht!« entgegnete er.

Er zog Schuhe, Jacke, Weste und Schlips aus und warf sich quer über das breite Bett.

»Oh, wie herrlich, wieder im eigenen Bett zu sein! Und mit meiner eigenen Frau, so rundbäuchig sie auch sein mag. Komm, leg dich zu mir und laß uns eine Stunde der Freundschaft genießen. Hat Odysseus sich gut benommen?«

»Brav wie ein Lamm.«

Er erzählte ihr, was sich während der letzten Woche seines Aufenthalts in Konstantinopel zugetragen hatte. Am 1. Januar hatte der Wesir, der erste Minister des Sultans, ihn sehr liebenswürdig empfangen und ihn aufgefordert, am nächsten Tag wiederzukommen. Am nächsten Tag riet er Henry, dem Direktor des neuen Osmanischen Museums einen ausführlichen Bericht über seine archäologischen Pläne zu unterbreiten. Henry schrieb mehrere Seiten und überreichte sie persönlich dem Direktor. Dann erhielt er ein Schreiben, in dem für den 8. Januar eine Zusammenkunft mit dem Kultusminister, Safvet Pascha, festgesetzt wurde. Der Minister sollte dafür sorgen, daß die zwei Türken aus Kum Kale, denen die andere Hälfte des Hissarlik gehörte, diese Hälfte auf Befehl der türkischen Regierung für fünftausend Piaster, zweihundert Dollar, an Henry Schliemann verkauften. Sobald Henry den Grund und Boden gekauft hatte, konnte er mit seinen Ausgrabungen beginnen, vorausgesetzt, er übergab dem Osmanischen Reich die Hälfte seiner Funde. Er hatte sich einverstanden erklärt.

Henry wartete zehn Tage, bis Safvet Pascha ihn wieder zu sich kommen ließ; er empfing ihn sehr herzlich, ließ Kaffee bringen, plauderte liebenswürdig auf türkisch und erklärte schließlich:

»Nach unserer Unterhaltung am 8. Januar habe ich ein Telegramm an den Gouverneur der Provinz der Dardanellen gesandt und ihn angewiesen, die zweite Hälfte des Hissarlik *auf meine Rechnung* für die türkische Regierung zu kaufen. Wir haben das Land zu seinem wahren Wert – dreitausend Piaster – erworben. Sie haben jetzt die Genehmigung meines Ministeriums, dort mit Ihren Ausgrabungen zu beginnen.«

Henry war in blinde Wut geraten und hatte Safvet Pascha beschuldigt, ihn

betrogen und sich hinterlistig Land angeeignet zu haben, das er ihm, Henry Schliemann, versprochen hatte.
»Unter meinen sechstausend Worten Türkisch gabe es einige Kraftausdrücke. Und letztlich verlor ich derart den Kopf, daß ich mich fast mit Safvet Pascha geprügelt hätte.«
»Ach du lieber Himmel!« sagte Sophia; ihre Augen waren feucht. »Und was ist mit der Genehmigung?«
»Widerrufen. Wir sind wieder am Anfang des Labyrinths unterhalb des Palasts von Knossos, wo der Minotaurus jeden verschlingt, der entsandt wird, ihn zur Strecke zu bringen.«
»Aber der amerikanische Botschafter, Wayne MacVeagh, wird sich doch auch weiterhin beim Wesir für dich einsetzen?«
»Ja. Obwohl ich dir gestehen muß, daß er der Ansicht ist, ich hätte unrecht gehabt, nicht nur mit meinem Wutausbruch, sondern auch hinsichtlich dessen, was Safvet Pascha mir versprochen hat. Anscheinend sind meine türkischen Kenntnisse doch nicht so gut, wie ich angenommen hatte. MacVeagh meint, Safvet Pascha habe möglicherweise gesagt: ›Wir werden das Land kaufen, und dann können Sie dort graben‹, während ich verstanden habe: ›Wir werden das Land *für Sie* kaufen . . .‹ Ein geringfügiger Unterschied, aber ausreichend, mich einen meiner Koller kriegen zu lassen.«
Sie küßte seine fieberheiße Stirn.
»Laß gut sein, Lieber, die Geburt unseres Kindes wird uns Glück bringen. Du brauchst nur noch ein paar Monate zu warten – bis April, sagte Dr. Venizelos. Dann kommt bestimmt alles ins rechte Gleis.«
Als schließlich der Waffenstillstand zwischen Frankreich und Deutschland unterschrieben wurde, begab sich Henry nach Paris, um zu sehen, was er retten konnte. Er erfuhr sehr bald, daß die Gerüchte über die Zerstörung von Paris so gegenstandslos waren wie diejenigen, die in den Dardanellen-Cafés verbreitet wurden. Keines von Henrys vier Mietshäusern war beschädigt. Der Bois de Boulogne war nicht abgeholzt worden. Die Bäume auf den Champs-Elysées und in den Tuilerien standen noch. Und Paris war so schön wie eh und je!
Das einzige Problem war, daß er, genau wie alle anderen Hauseigentümer, bis Ende 1871 keine Miete von den Leuten fordern durfte, die in seinen Häusern wohnten; eine erhebliche Minderung seines Einkommens während der nächsten zehn Monate.
Im März fing Sophia an, ein wenig schwerfällig zu werden. Die Tatsache, daß es ihr während der ganzen Zeit so gutgegangen war, beruhigte sie, was das Wohlbefinden des Kindes betraf. Ihre ältere Schwester Katingo, die schon zwei Kinder hatte, brachte ihr einen Ballen weißen Batist, Spitzen und Bänder für die Babywäsche. Dreimal wöchentlich kam eine Schneiderin, die die winzigen Kleidungsstücke zuschnitt und nähte. Madame Victoria bestickte die Hemdchen und Jäckchen mit weißem Garn. Sophia suchte mit Katingo eine Wiege aus. Sie machte sie selbst zurecht, überzog das Strohgeflecht mit wei-

ßem Satin und befestigte zum Schluß am oberen Ende ein Moskitonetz aus Tüll.

Henry war beglückt über die Aussicht, ein griechisches Kind zu haben; es paßte irgendwie zu seiner mystischen Vorstellung von seinem griechischen Schatz. Aber wenn er sich unbeobachtet glaubte, war sein Gesicht angespannt und seine Augen blickten düster. An einem schönen Apriltag, an dem kleine Schäfchenwolken über den azurnen Himmel zogen, schlenderten er und Sophia Hand in Hand durch den Garten. Sophia fragte besorgt:

»Henry, ist irgend etwas nicht in Ordnung?«

»...nun... ja. Geld. Ich habe während der letzten zwei Jahre Tausende von Dollars an Mieten verloren. Die Häuser sind in miserablem Zustand, denn es gab weder Material noch Arbeiter, um sie zu renovieren oder Reparaturen vorzunehmen. Mein Verwalter in Paris schreibt mir, es wird sehr viel kosten, sie wieder instand zu setzen.«

»Das tut mir leid, Liebling.« Sie setzte sich auf eine Bank. »Komm, setz dich zu mir. Die Aprilsonne wird uns wärmen.«

Er tätschelte mit stolzer Zärtlichkeit ihren Leib, dann legte er den Arm um ihre Schultern.

»Um ehrlich zu sein, Sophidion, es ist mehr als das. Ich habe plötzlich festgestellt, daß ich über viel zuviel unrentablen Grundbesitz verfüge.«

»...unrentablen Grundbesitz? Wieso?«

»Nun, ich werde es dir erklären. Wie alle Bekehrten bin ich fanatischer in meinem Glauben als diejenigen, die in ihn hineingeboren sind. Du liebst Athen, weil du im Schatten der Akropolis geboren bist. Die meisten Menschen betrachten es als eine heiße, staubige, wasserlose Provinzstadt mit weniger als 60000 Einwohnern, nur ein paar gepflasterten Straßen, einer verarmten Stadtverwaltung und vor allem ohne jede Zukunft. Bei der letzten Gemeindewahl haben knapp sechstausend gewählt! Trotzdem bin ich sicher, daß es sich zu einer der großen Hauptstädte der Welt entwickeln wird. Am Tage meiner Rückkehr aus Konstantinopel, so zornig und enttäuscht, wie ich war, erfuhr ich, daß die Besitzer jenes herrlichen Grundstücks in der Panepistimiou, das ich schon immer gern haben wollte, und wo wir eines Tages einen Palast bauen werden, aufgrund der allgemeinen Geldkrise bereit waren, das Angebot von achtundsechzigtausend Drachmen anzunehmen, das ich ihnen vor langer Zeit einmal gemacht hatte.«

»Hast du bar bezahlt?«

»Das mußte ich. Aber damit allein war's nicht getan. Laß mich eine topographische Karte aus dem Arbeitszimmer holen.«

Er kehrte mit einem Plan von Athen zurück, auf dem er verschiedene Stellen mit Rotstift markiert hatte.

»Dies sind die Grundstücke und Parzellen, die ich gekauft habe. Ich kam zu dem Schluß, daß die Preise für Grund und Boden ihren absoluten Tiefstand erreicht hatten und bald zu steigen anfangen würden, wie sie es in allen Hauptstädten der Welt getan haben. Es gab wenig Bargeld und noch weniger

Kredite. Die Besitzer waren erpicht darauf, zu verkaufen. Ich hatte die Stadt bereits genau erforscht und mir die Grundstücke ausgesucht, die ich kaufen wollte, wenn er richtige Augenblick gekommen war.«
Sophia war verblüfft über das Ausmaß seiner Käufe. Er hatte eine Vorliebe für Eckgrundstücke und hatte das größte erworben, das er in der Innenstadt bekommen konnte: etwa 5000 Quadratmeter in unmittelbarer Nähe der Staatsbibliothek. Direkt gegenüber besaß er jetzt zwei weitere große Grundstücke. Außerdem hatte er ein halbes Dutzend Parzellen an dem Hügelhang gekauft, an dessen oberem Ende das Französische Archäologische Institut gebaut werden sollte. Weiter draußen, in der Nähe des Polytechnikums und des Nationalmuseums, hatte er für wenig Geld ein großes Stück unerschlossenen Landes erworben.
»Unsere Kinder werden eines Tages einen großen Teil von Athen erben. Aber für den Augenblick müssen wir sein, was Ekaterina mir schon immer vorgeworfen hat: knauserig.«

7.

Das Baby wurde ohne viel Aufhebens oder Schmerzen in dem *matrimoniale* geboren. Dr. Venizelos, der bei der Entbindung zugegen war, nahm das Kind in Empfang und gab ihm einen energischen Klaps aufs Hinterteil. Es stieß einen Schrei aus, der typisch für Henry Schliemann war, wenn er in Zorn geriet. Henry, der dicht vor der Tür stand, kam hereingestürzt.
»Was ist es, Herr Doktor, ein Junge?«
Es war mehr eine Bejahung als eine Frage.
»Ich weiß es noch nicht. Habe nicht nachgesehen.«
»Dann sehen Sie um Himmels willen nach!«
Dr. Venizelos drehte das rundliche, rosige Baby zu sich herum, dann murmelte er:
»... ein Mädchen. Gesund. Schön. Ich gratuliere!«
Henry unterdrückte seine Enttäuschung, schluckte unvergossene Tränen hinunter und wandte sich seiner Frau zu.
»Wie geht es dir, meine kleine Sophidion?«
»Sehr gut. Bist du traurig, Henry?«
Er beugte sich über das Bett, um sie auf die Stirn zu küssen.
»›Ein guter Baum trägt viele Früchte.«
Sie war nach wenigen Tagen wieder auf den Beinen und fand ein entspanntes, sinnliches Vergnügen daran, das Kind zu stillen. Jetzt, da Henry ihr Kind gezeugt hatte, änderte sich ihre Einstellung ihm gegenüber auf eine kaum merkliche Art. Es bestand ein Blutband zwischen ihnen, denn sie hatten gemeinsam ein Leben geschaffen. Henry liebte das Baby und saß oft lange neben seiner Wiege; seine Enttäuschung, keinen Sohn zu haben, war vergessen. Er bestand darauf, daß die Kleine Andromache heißen sollte.

»Warum Andromache?« fragte Sophia verwirrt. »Warum nicht etwas Einfaches wie Maria, Loukia oder Nausikaa?«
»Weil Andromache einer der edelsten Namen der griechischen Vorgeschichte ist.«
Andere Probleme waren nicht ganz so leicht zu lösen. Die Familie Engastromenos war begeistert über ihre Enkeltochter und Nichte, und sie alle, Sophias Eltern, Brüder und Schwestern, verbrachten Tag und Nacht jede freie Minute in der Moussonstraße und überschütteten Sophia und das Baby mit ihrer Liebe. Es störte Henry, ständig so viele Engastromenos' um sich zu haben. »Ich bin noch kein echter Grieche; es ist mir einfach unmöglich, vierundzwanzig Stunden des Tages liebenswürdig und gastfreundlich zu sein. Bitte versuche, den Strom etwas zu dämmen; verschaff mir ein wenig Ruhe.«
Sophia hatte das erste Kind ihrer Schwester Katingo aus der Taufe gehoben. Jetzt bestand Spyros darauf, bei dem Schliemannkind Pate zu stehen. Sophia engagierte Aushilfspersonal für das große Diner, das der Taufe folgen sollte. Lange Holztische, die Platz für hundert Personen boten, wurden im Garten aufgestellt. Henry kaufte Kisten mit französischem Champagner. Spyros sandte seiner Schwester Päckchen mit zuckerüberzogenen Mandeln, und Sophia wickelte sie in rosa Tüll.
Am Sonntagmorgen nahmen sie einen Wagen zur St.-Panaghitsa-Kirche. Die Messe war gerade vorüber. Die kleine Kirche war ein anmutiges byzantinisches Bauwerk mit einem kleinen Innenraum, in dem der Weihrauch von Jahrhunderten hing. Er wurde durch Nischen und Säulen in vier Teile geteilt, von denen der mittlere der größte und höchste war. Die Säulen waren aus unpoliertem Marmor, und über ihnen waren die Wände und Decken mit Wandgemälden geschmückt. In der Mitte Christus mit einem goldenen Heiligenschein.
Sie gingen zur Jungfrau Maria, die, aus Holz geschnitzt und mit goldenen Ringen, Armbändern und Kruzifixen bedeckt, auf ihrem hohen Schrein stand. Spyros zündete die Kerzen an. Jeder stellte die seine auf den Kerzenhalter in der Nähe der Jungfrau. Rechts von Christus waren der heilige Johannes, der heilige Charalambos und zwei Erzengel; links die Mutter Gottes mit dem Jesuskind, Mariä Himmelfahrt, die zwölf Apostel und zwei weitere Erzengel. Auf der rechten Seite des Raumes stand der Stuhl des Bischofs. Die Kanzel war aus weißem Marmor.
Die Kirche füllte sich rasch. Jeder der Anwesenden, einschließlich der Kinder, hielt eine Kerze in der Hand. Kurz bevor die Zeremonie begann, mußte Sophia hinausgehen, um im Säulengang vor der zweiten Tür zu warten. Der Priester kam herein; er trug einen langen weißen Umhang aus Seidensatin, der mit einem hellblauen Band eingefaßt war. Spyros hatte die Flasche mit Olivenöl, ein Stück Seife und den Weihrauch mitgebracht. Jetzt stand er, eine hohe, mit Satin umwickelte Kerze in der Hand, vor dem Altar.
»Weisen Sie im Namen des Kindes den Teufel zurück?« fragte der Priester.
»Ja.«

»Welchen Namen soll das Kind erhalten?«
»Andromache.«
Die Kinder stürzten hinaus, um Sophia den Namen ihrer Tochter mitzuteilen. Sophia hielt eine Münze in der Hand, die sie dem Kind gab, das als erstes bei ihr eintraf. Jetzt durfte sie wieder die Kirche betreten.
Das Taufbecken stand neben den Stufen zum Allerheiligsten, ein großer Bronzetopf mit Griffen auf beiden Seiten. Der Küster goß heißes und kaltes Wasser in das Becken. Andromache wurde ausgezogen, der Priester nahm seinen Umhang ab, schob die Ärmel seines Gewandes bis zu den Ellbogen hinauf und nahm das nackte Baby in Empfang. Der Küster öffnete die Flasche mit dem Olivenöl und goß ein paar Tropfen in Spyros' hohle Hand. Spyros rieb den Körper des Babys mit dem Öl ein. Dann tauchte der Priester das Kind dreimal bis über den Kopf in das Taufbecken und rief:
»Die Sklavin Gottes Andromache wird getauft.«
Andromache, für die das alles zweifellos höchst beängstigend war, schrie so laut, daß die *lampions*, die silbernen und goldenen Töpfchen mit Olivenöl und brennenden Dochten, die jeweils an drei Ketten von der Decke hingen, zu klirren anfingen. Sie wurde in eine Ecke der Kirche gebracht und wieder angezogen. Ein goldenes Kreuz an einer dünnen goldenen Kette wurde ihr um den Hals gehängt.
Es gab Umarmungen und gute Wünsche. Katingo reichte den Gästen die kleinen Bündel mit *koufeta*. Das größte war für Spyros reserviert.

Als Sophia wieder am gesellschaftlichen Leben teilzunehmen begann, merkte sie, daß ihre Figur ein wenig voller geworden war. Die Kleider waren ihr zu eng. Sie bat Henry, sie zum Laden ihres Vaters zu begleiten, wo sie sich Stoffe für neue Kleider aussuchen wollte.
»Kann man die anderen nicht auslassen?« fragte Henry.
»Warum? Das ist nichts Halbes und nichts Ganzes. Du warst doch immer so bedacht darauf, daß ich gut angezogen bin, wenn wir zusammen ausgehen.«
»Ich möchte, daß wir vorläufig kein Geld ausgeben.«
»Aber Henry, dies ist doch eine Bagatelle...«
Sein kalter, starrer Blick brachte sie zum Schweigen.
Sie hatte gesagt, daß sich mit der Geburt des Kindes ihr Glück wenden werde; daß der *firman* eintreffen und auch alles andere ins rechte Gleis kommen werde. Aber die Tage vergingen, und es kam keine Nachricht, die Henrys zunehmende Reizbarkeit hätte mildern können. Ihr Vater und ihr Bruder Alexandros wählten gerade diesen Zeitpunkt, um weitere finanzielle Hilfe zu erbitten. Sie forderten Henry auf, in den Laden zu kommen, zeigten ihm die Fortschritte, die sie mit seiner Hilfe gemacht hatten, und baten ihn, ihnen einen größeren Kredit zu verschaffen, damit sie das Geschäft wieder auf das ursprüngliche Niveau bringen konnten.
Henry weigerte sich: Sie seien dank seiner Hilfe so gut vorangekommen, erklärte er, daß sie jetzt Waren auf eigenen Kredit kaufen könnten.

Madame Victoria wollte wieder nach Athen ziehen, um näher bei Sophia und dem Baby zu sein. Würde Henry ihnen bitte ein Haus kaufen? Die Engastromenos' würden Miete zahlen wie jeder andere Mieter auch.
Henry lehnte es ab.
Sophia bekam von beiden Seiten Beschwerden zu hören, zuerst von ihrem Mann, dann von ihrer Familie. Sie stand zwischen zwei Feuern.
Es gab keinen Frieden mehr im Haus. Sie bekam wieder ihre Magenkrämpfe; Henry war verzweifelt; er fürchtete, den Kultusminister tödlich beleidigt zu haben, und natürlich hatte dieser dem Wesir von der heftigen Szene berichtet. Seine Chance, die Genehmigung für die Ausgrabungen zu erhalten, war für immer dahin. Das bedeutete sein Ende. Welche Schmach! Nachdem er überall erzählt hatte, daß er Troja ausgraben werde. Er hatte sich lächerlich gemacht. Die Leute würden ihn verspotten und verachten! Was sollte er mit dem Rest seines Lebens anfangen? Fortlaufen? Von Griechenland? Von Sophia? Um seine Schande in irgendeinem abgelegenen Winkel zu verbergen, wo niemand etwas von seiner Torheit wußte?
Da Henry ohnedies nach Konstantinopel mußte, kamen sie im Juni überein, daß er so bald wie möglich fahren sollte. An diesem Abend fiel Sophia vor ihrer Ikone auf die Knie und betete inbrünstiger:
»Liebe Mutter Gottes, erhöre meine Bitte. Ich weiß, daß ich dieser Gnade unwürdig bin, aber ich brauche Hilfe von einer Quelle, die stärker ist als ich. Bitte, hilf mir in Deiner unendlichen Weisheit und Güte. Erweiche die Herzen der türkischen Beamten und laß sie Henry die Erlaubnis zum Graben geben. Dann können wir zusammen nach Troja gehen. Mehr als alles andere auf der Welt wünsche ich mir, Seite an Seite mit meinem Mann zu arbeiten und Homers unsterbliche Stadt zu finden. Das ist der Grund, weshalb wir geheiratet haben. Das ist es, was unsere Liebe aufrechterhält. Ohne das können wir nicht überleben, Andromache und ich. Ich werde mein Kind in Kolonos lassen, wo es gut aufgehoben ist. Henry und ich werden sofort in die Troas gehen, die das wahre Heim unserer Ehe ist. All dies erbitte ich im Namen Christi. Amen.«
Am nächsten Morgen machte Henry sich auf den Weg nach Piräus.
Die Wochen vergingen ruhig für Sophia und Andromache. Sie fing wieder an, täglich englische Stunden zu nehmen. Anfang August erhielt sie ein Telegramm aus London:

GLÜCKWÜNSCHE FÜR MEINE GELIEBTE SOPHIA. HABE DIE OFFIZIELLE TÜRKISCHE GENEHMIGUNG, DIE UNS ERMÄCHTIGT, SOFORT MIT DEN AUSGRABUNGEN ZU BEGINNEN. ICH LIEBE DICH UND DANKE DIR FÜR DEINE GEDULD UND HILFE. IN GEMEINSAMER ARBEIT WERDEN WIR AM FORTSCHRITT DER ZIVILISATION MITWIRKEN.

DEIN DICH LIEBENDER EHEMANN
HENRY

Tränen stiegen ihr in die Augen. Sie nahm das Baby auf und küßte es stürmisch.

»Jetzt wird alles gut, Andromache.«

Ihre Mutter kam mittags.

Sophia erklärte ihr: »Henry kommt in ein paar Tagen zurück. Sobald wir alles Notwendige besorgt haben, machen wir uns auf den Weg zu den Dardanellen. Ich lasse Andromache bei dir. Die ganze Familie liebt sie, und sie wird bei euch gut aufgehoben sein. Wir werden nur graben, bis die starken Winterregen einsetzen...«

Drittes Buch

DAS RAD DREHT SICH MIT DER ZEIT

1.

Sophia war begeistert von Konstantinopel, von seinem farbenprächtigen Hafen mit Schiffen jeder Art, von winzigen Fischerkajiks bis zu riesigen Frachtern aus allen Teilen der Welt. Türken, Araber, Tataren, Mongolen, Ägypter, Orientalen drängten sich in ihren Landestrachten durch die engen Straßen. Ihr Zimmer im *Hotel Katlyayn* hatte einen Balkon, von dem aus Sophia über den Bosporus bis nach Kleinasien blicken konnte, während sie der eintönigen Stimme des Muezzins lauschte, der von den hohen, nadelgleichen Minaretten herab die Gläubigen zum Gebet rief. Henry machte mit ihr einen Rundgang durch die Moscheen mit ihren schimmernden Kuppeln, die schmalen Gassen der Altstadt mit ihren steinernen Bögen und den riesigen, mit Arkaden versehenen Basar, wo Hunderte von Kunsthandwerkern im Schneidersitz in dunklen Nischen über ihrer Arbeit hockten und ihre Kupfer- und Silbergeräte im Schein der kleinen Feuer durch die langen Gänge blitzten.
Als sie sich an einem Spätnachmittag ihrem Hotel näherten, kamen sie an einem türkischen Bad vorbei. Henry fragte Sophia, ob sie es einmal ausprobieren wolle. Verdutzt erwiderte sie:
»Wenn du mitkommst.«
»Ich führe dich rein und zahle die zweiundzwanzig Piaster. Aber ich darf die Frauenabteilung nicht betreten, ebensowenig wie man dich während der Mittagsgebete in die Blaue Moschee gelassen hat.«
Sie war leicht befangen, als Henry sich von ihr verabschiedete, aber dieser Zustand verwandelte sich sehr rasch in einen regelrechten Schock: Sie hatte kaum ihr Kleid ausgezogen, da kamen zwei splitternackte, stämmige Frauen herein, um ihr zu helfen, und zogen sie ohne ein Wort mit der gleichen Gelassenheit aus, mit der man eine Banane schält. Sie reichten ihr ein weißes Laken, ein Paar Holzsandalen und führten sie in einen Raum, der, makellos sauber, wie ein Tanzsaal aus weißem Marmor aussah. Durch Löcher in den Wänden, im Boden und in der Decke drang Hitze herein. Sophia begann sofort zu schwitzen. An allen vier Wänden standen hölzerne Bänke und dazwischen große Becken mit ständig laufendem heißem und kalten Wasser.

Als Sophia vor Hitze zu ersticken glaubte, hoben die beiden Amazonen sie von ihrer Bank, legten sie mit dem Gesicht nach unten auf einen hölzernen Tisch und schrubbten sie mit einem rauhen Waschlappen von oben bis unten ab, dann drehten sie sie herum und schrubbten ihre Vorderseite von den Haaren bis zu den Zehen. Sie fühlte sich hilflos wie ein Kind und fragte sich, was wohl als nächstes geschehen werde. Sie wurde zuerst mit heißem, dann mit kaltem Wasser von vorn und von hinten abgespült, auf den jetzt triefend nassen Boden gestellt, in zwei Laken gewickelt und in einen kühlen Raum mit einer bequemen Liege geführt.
Ihre Haut prickelte, und sie spürte eine angenehme Müdigkeit. Sie schlief ein paar Minuten, und als sie aufwachte, lag ihre Kleidung über einem Stuhl. Sie zog sich an und ging hinaus. Auf dem Weg zum Hotel klang ihr noch das Kompliment der Besitzerin in den Ohren:
»Madame Schliemann sieht so schön und gesund aus, daß sie ewig leben wird.«
Henry wartete in ihrem Zimmer auf sie. Er wiederholte das Kompliment und dann bemerkte er:
»Während der nächsten zwei Monate werden wir nur das Meer zum Baden haben.«
Sophia lachte, aber es war kein echtes Lachen.
Henry hatte jetzt den schriftlichen *firman* in der Hand, zusammen mit den besten Wünschen des Wesirs und Safvet Paschas. Sophia fungierte als Gastgeberin bei einem Diner, das sie in ihrem eleganten Hotel zur Feier ihres Erfolges gaben, und zu dem sie Henrys Freunde von der amerikanischen und englischen Botschaft, Wayne MacVeagh und John Porter Brown, einluden. Es war das erstemal, daß sie diese Männer traf, von denen Henry so oft gesprochen hatte. Sophias Englisch hatte sich in den letzten Monaten sehr gebessert, und sie unterhielten sich angeregt, während sie einen köstlich zubereiteten Pilaw mit den Fingern aßen.
Henry hatte eine Kabine auf der *Schibin* reserviert, deren Kapitän er kannte und deren Weinvorrat er für den besten in diesen Gewässern hielt. Es war eine Fahrt von einer Nacht durch das Maramarameer. Sie gingen zeitig schlafen, um frühmorgens die Einfahrt in die Dardanellen zu sehen, bei der auf der einen Seite die europäische Gallipoli-Halbinsel und auf der anderen Kleinasien liegt. Es war ein klarer, kühler Morgen. Der Kapitän lud sie ein, auf die Brücke zu kommen, die ihnen einen herrlichen Blick auf die grüne Gebirgslandschaft zu beiden Seiten bot.
Nachdem sie etwa zwei Drittel des Weges durch die Meerenge zurückgelegt hatten, lief die *Schibin* an der schmalsten Stelle einen Hafen von mittlerer Größe an: Es war Çanakkale, die Hauptstadt dieses nördlichen Gebietes der Türkei in Kleinasien. Der Kapitän versicherte ihnen, daß ihre Kisten mit Werkzeugen und Vorräten zuverlässig ausgeladen werden würden. Zwei Jungen brachten ihr Handgepäck in das kleine Hotel *Nikolaides*, das direkt beim Hafen lag.

»Wir gehen sofort zum Gouverneur«, sagte Henry, »zeigen ihm die Genehmigung und lassen ihn seine Unterschrift hinzufügen. Der Kultusminister hat mich darauf hingewiesen, daß das notwendig ist, um unserer Arbeit in dieser Provinz einen offiziellen Charakter zu geben. Danach können wir dann Wagen und Pferde mieten und unsere Ausrüstungen nach Hissarlik bringen.«
Es war nur ein Weg von wenigen Minuten, aber Sophia fand ihn faszinierend. Çanakkale, obgleich ein belebter türkischer Hafen, war in Wirklichkeit nichts weiter als ein Dorf, dessen staubige Straßen angefüllt waren mit Kamelkarawanen, Reihen schwer beladener Esel, großen knarrenden Wagen, die Holz aus den Bergen brachten, das nach Europa verschifft werden sollte, und Rudeln streunender Hunde. Die Läden waren enge Höhlen, stockdunkel und mit wenig Waren. Es gab griechische Cafés und Restaurants mit handbemalten Schildern in Sophias eigener Sprache.
»Ich dachte, wir wären in der Türkei«, murmelte sie.
»Andere Griechen haben diese Gegend schon vor uns entdeckt. Das Küstengebiet hier ist in seinem Charakter und Klima ihrem eigenen Land so ähnlich, daß die Griechen seit Jahrhunderten hier einwandern. Es gibt viel fruchtbaren Boden für Ackerbau und Viehzucht.«
Das Haus des Gouverneurs lag an der Hauptstraße, nicht weit von dem Pier, an dem das Schiff festgemacht hatte. Sophia blickte in die engen Seitenstraßen und sah, daß viele der Häuser nicht mehr als vier Meter breit waren.
»Henry, warum sind sie so schmal? Ist der Grund und Boden teuer?«
»Ich glaube, es ist wegen der eisigen Winde, die im Winter vom Ägäischen Meer herüberkommen. Die Leute bauen ihre Häuser dicht aneinander, um den Stürmen so wenig Angriffsfläche wie möglich zu bieten.«
Der Gouverneur, Achmed Pascha, ein grobknochiger, dunkelhäutiger, ernster Mann, empfing sie mit der üblichen türkischen Höflichkeit und Kaffee. Er las langsam und bedächtig Henrys *firman* durch, dann sagte er in einem nicht unfreundlichen Ton:
»Der Kultusminister hatte mir bereits mitgeteilt, daß Sie nach Çanakkale kommen würden, und zu welchem Zweck. Aber mit diesem *firman* kann ich Ihnen nicht die Erlaubnis geben, bei Hissarlik zu graben.«
Sophia blinzelte ungläubig. Henry sperrte den Mund auf.
»... aber ... aber warum? Sie haben meine offizielle Genehmigung vor sich.«
»Die Lage des Feldes, auf dem Sie Ihre Ausgrabungen vornehmen werden, ist in diesem Dokument nicht genau angegeben. Ich brauche eine eindeutigere Erklärung vom Großwesir.«
Sophia warf Henry einen warnenden Blick zu. Aber er hatte sich in der Gewalt.
»Exzellenz, meine Frau und ich beabsichtigen, hier mehrere Jahre lang zu arbeiten. Wir hoffen aufrichtig, daß wir mit Ihrer Freundschaft und Unterstützung rechnen dürfen. Wenn Sie weitere Erklärungen aus Konstantinopel brauchen, würden Sie mir den Gefallen tun, ein Telegramm zu schicken und

zu bitten, daß man Ihnen auch telegrafisch antwortet? Selbstverständlich trage ich die Kosten für beide Telegramme.«
»Gern, Herr Schliemann, aber es würde uns nicht viel nützen.«
»Warum nicht?«
»Weil ich eine detaillierte Karte brauche, und Karten könnten nicht telegraphisch übermittelt werden. Bitte haben Sie Geduld, mein Herr. Es handelt sich nur um ein paar Tage, dann ist alles in Ordnung.«
Henry sandte Sophia über den Rand seiner Brille hinweg ein Notzeichen. Es war im allgemeinen nicht üblich, daß Frauen sich in offizielle Angelegenheiten mischten, aber sie hatte das Gefühl, daß sie den Versuch machen mußte.
»Exzellenz, zu jeder anderen Jahreszeit wäre eine Verzögerung von einigen Tagen völlig unwichtig. Aber wir haben heute den 27. September. Soviel ich weiß, beginnen hier die Regenfälle im November.«
»Das stimmt, Frau Schliemann. Starke Regenfälle.«
»Dann können Sie sicher verstehen, wie kostbar jede Stunde für uns ist. Wäre es Ihnen nicht möglich, uns mit den Ausgrabungen anfangen zu lassen und den *firman* hinterher zu unterzeichnen, wenn Sie die neue Karte erhalten haben?«
»Nein, denn Sie könnten an einer nicht autorisierten Stelle graben. Das würde für mich sehr unangenehme Folgen haben.«
›Mein Gott‹, dachte Sophia bei sich, während sie sich in dem geräumigen, geschmackvoll eingerichteten Amtszimmer umsah, dessen große Fenster die Dardanellen überblickten, ›er hat tatsächlich Angst um seine Stellung!‹ Zu Henry sagte sie: »Wir müssen den Standpunkt des Gouverneurs verstehen. Ich bin sicher, er wird den Brief nach Konstantinopel noch heute abschicken.«
Henry brummte, aber für einen Mann von seiner Unbeherrschtheit, fand Sophia, hatte er nicht schlecht reagiert.
»Komm, wir sehen uns Frank Calverts *Sea View* an. Es liegt ganz in der Nähe«, schlug er vor.
Sie betraten das Grundstück durch ein hohes, schmiedeeisernes Tor an der Hauptstraße, die am Meeresufer entlanglief, dann stiegen sie ein paar Stufen hinauf zu einem breiten, überwölbten Vorplatz mit einer Bogentür. Aber ehe sie eintraten, blickten sie auf den fünf Morgen großen Park gegenüber, der auf drei Seiten mit hohen Büschen und Bäumen eingezäunt war. Sie sahen ein Schwimmbecken, dessen Umrisse der geographischen Gestalt Englands entsprachen; einen Rosengarten, Springbrunnen, Blumenbeete, ein Treibhaus, eine kleine Freilichtbühne, Kieswege, von blühenden Sträuchern beschattet; Pagoden, Teehäuschen, einen Zwinger, einen Pferdestall. Und alles war von üppigem Grün durchsetzt.
»Dieser Park ist das einzig Schöne, was ich bisher hier gesehen habe.«
Henry lachte leise.
»Es war ein Sumpf, fast einen Meter tiefer als die Straße und die Hälfte des Jahres mit Regenwasser gefüllt. Frank Calvert hat das Gelände für ein Butterbrot gekauft, hat Tausende von Wagenladungen Erde von den umliegenden

Hügeln bringen lassen und es bis zur Straßenhöhe aufgefüllt. Er hat diesen Park für seine Familie angelegt.«
Sie wandten sich der großen Villa mit ihren zwanzig Räumen zu, die im Stil der italienischen Renaissance gebaut war, mit prachtvollen Fenstern, die von herausgemeißelten Gesimsen und Bögen gekrönt wurden. Drei Glastüren in der Mitte des ersten Stocks führten auf einen Balkon hinaus.
Ein Diener ließ sie herein. Das Eßzimmer und die Bibliothek überblickten den Park; der Salon und die Schlafzimmer im Obergeschoß gaben den Blick über die Dardanellen hinweg auf die grünen Hügel der Gallipoli-Halbinsel frei.
»Dies ist die Art von Haus, wie ich es eines Tages für uns auf unserem Grundstück in der Panepistimiou bauen will. Nur daß wir einen Ausblick auf das alte Phaleron und Piräus haben werden.«
Als Frank Calvert hereinkam, sie willkommen zu heißen, standen sie an der Glastür des Musiksalons. Ein Wind war aufgekommen, die See ging hoch und hinterließ eine Schicht grünes Seegras auf dem gepflasterten Fußweg, den die Dorfbewohner für ihren Sonntagsspaziergang benutzten. Calvert war ein hochgewachsener, magerer Mann mit grauen Augen, blondem, glatt zurückgekämmtem Haar und einem schmalen blonden Schnurrbart. Er trug einen dunklen Anzug, Krawatte und blankgeputzte Schuhe, als wäre er im Begriff, sich auf den Weg ins Oberhaus zu machen. Man sah ihm seine dreiundvierzig Jahre nicht an. Dennoch hatte Sophia den Eindruck, daß hinter seiner Gelassenheit ein Abgrund von Trauer lag.
»Willkommen in Çanakkale! Endlich! Wir haben lange auf Sie gewartet.«
Frank und seine zwei älteren Brüder waren in Malta geboren, wo ihr Vater als Konsul Ihrer Majestät gedient hatte. Franks ältester Bruder, Frederick, war vor vielen Jahren als britischer Konsul in die Troas gekommen; ein paar Jahre später war ihm der mittlere Bruder, James, als erster Konsularagent der Vereinigten Staaten dorthin gefolgt. Alle drei Brüder besaßen ausgedehnte Ländereien in der Troas.
»Was glauben Sie, wie lange es dauern wird, bis Sie Ihre Fahrt nach Hissarlik fortsetzen können?«
»Einige Tage. Bis der Gouverneur eine neue Karte aus Konstantinopel bekommt.«
»Dann müssen Sie und Frau Schliemann hier bei uns logieren. Es gib kein angemessenes Hotel. Ich lasse gleich Ihr Gepäck holen.«
Nach einem gemütlichen Abendessen bat Mrs. Calvert, eine warmherzige, mütterliche Frau, sie vorübergehend zu entschuldigen. Calvert führte die Schliemanns in seine Bibliothek, eine Nachbildung der Bibliotheken in den großen Landhäusern Englands, mit Bücherregalen an allen vier Wänden, auf denen in dichten Reihen die ledergebundenen Werke von Sir Walter Scott, Wordsworth, Tennyson, Dickens, Thackeray und anderen standen. Frank zündete ein Feuer im Kamin an. Henry fragte besorgt:
»Wie kommen Sie mit Ihrem Anliegen bei der Regierung Ihrer Majestät voran?«

Calvert schwieg. Seine grauen Augen verdunkelten sich zur Farbe kalter Asche.

»Nichts. Ich habe es immer wieder versucht.« Er warf einen Blick auf Sophia. »Weiß Ihre Frau über mein Dilemma Bescheid?«

»Ich habe ihr nichts davon erzählt.«

»Dann möchte ich es ihr sagen, ehe jemand anderer ihr Ohr vergiftet.« Er drehte seinen schweren Sessel herum, so daß er Sophia von Angesicht zu Angesicht gegenübersaß. »Ich habe mein Vermögen 1854/55 während des Krimkrieges gemacht, also vor annähernd fünfzehn Jahren. Ich war der einzige Engländer hier draußen, der sowohl türkisch als auch griechisch sprach – meine Brüder wären wegen ihrer offiziellen Positionen sowieso nicht in Frage gekommen –, und so war ich der einzige, der die britische Flotte verproviantieren konnte. Ich habe gute Arbeit geleistet, habe alles an Vieh und Lebensmitteln zusammengeholt, was nur aufzutreiben war. Ohne mich hätte die Flotte hier in den Dardanellen gehungert, und wir hätten möglicherweise den Krieg gegen Rußland verloren.

Ich zahlte den Bauern etwas mehr, als sie auf ihren eigenen Märkten bekommen hätten. Natürlich stellte ich diese höheren Kosten der britischen Regierung in Rechnung. Nach dem Krieg schickten sie eine Kommission hierher, um nachzuforschen. Sie machten genaue Aufstellungen, wieviel ich für die Lebensmittel bezahlt hatte, und dann erklärten sie, ich hätte vierhundert Prozent Gewinn eingesteckt. Nannten es Wuchergeschäfte. Man machte mir in London *in absentia* den Prozeß, ich wurde zum Verräter erklärt und zum Tode verurteilt.« Er schwieg einen Augenblick. »Aber während des Krieges, als sie die Lebensmittel dringend brauchten, hatten sie die Preise für angemessen gehalten...«

Jetzt verstand Sophia den Ausdruck der Trauer in seinen Augen. Er hatte als junger Mann, sechsundzwanzigjährig, eine Gelegenheit gefunden, viel Geld zu machen, hatte sie ausgenutzt und war Millionär geworden. Er konnte ein herrliches Leben führen, ohne je wieder arbeiten zu müssen, denn er hatte sein Vermögen bei Schweizer Banken deponiert, wo die britische Regierung es nicht beschlagnahmen konnte.

Als sie sich in ihr geräumiges Schlafzimmer zurückzogen, fragte Sophia: »Ist es nicht widersinnig, daß Mr. Calvert von den Engländern für die gleiche Art von Dienstleistung zum Tode verurteilt worden ist, die dir das Lob der Russen eingebracht hat?«

»Es ist eine Frage der Proportion, Sophia. Frank hat vierhundert Prozent Gewinn aus allem gezogen, was er der britischen Flotte geliefert hat. Wenn er hundert Dollar für eine Herde lebender Schafe bezahlt hatte, berechnete er den Engländern fünfhundert Dollar dafür, was ihm vierhundert Dollar Gewinn einbrachte.«

»Was für eine Gewinnquote hast du berechnet?«

»Eine beträchtliche, aber sie war nicht übertrieben hoch, wenn man die Risiken eines Krieges in Betracht zieht. Wenn eine Lieferung mich hundert Dollar kostete, berechnete ich den Russen etwa zweihundertfünfzig, inklusive Fracht, was für mich einen Gewinn von rund einhundertfünfzig Dollar bedeutete. Am Ende des Krieges hatte ich netto vierhunderttausend Dollar verdient. Hätte ich Franks Preise berechnet, wäre es etwa eine Million gewesen. Man muß jedoch einen Umstand in Betracht ziehen, ehe du mir zu meiner Zurückhaltung gratulierst: Frank hatte keine Konkurrenz; die britischen Versorgungsoffiziere konnten keine anderen Offerten einziehen, die ihnen einen Vergleich ermöglicht hätten. Aber es gab eine Reihe von Kaufleuten in St. Petersburg, die der Regierung des Zaren Indigo hätten liefern können. Ich mußte ein konkurrenzfähiges Angebot machen, durfte nicht so viel höher mit meinen Preisen liegen, daß ich riskierte, die Aufträge zu verlieren. Ergo bin ich in Rußland ein Held, während der arme Frank in England als Verräter gilt.«

»Henry, du bist bescheiden. In dieser Rolle kenne ich dich noch gar nicht.«

»Versteh mich nicht falsch. Ich war mein Leben lang auf Gewinn bedacht. Ich habe lange vor dem Krimkrieg mein erstes Vermögen mit dem Importgeschäft verdient. Dann habe ich ein zweites in Sacramento, in Kalifornien, gemacht, als ich dorthin ging, um einen Stein auf das Grab meines Bruders setzen zu lassen. Er starb an Lungenentzündung, aber erst nachdem er eine beträchtliche Menge Gold gewonnen hatte. Ich wollte seine Vermögensangelegenheiten ordnen, aber sein Partner hatte sich mit dem Geld aus dem Staube gemacht.«

»Du hast mir nie von den Goldfeldern erzählt. Ich weiß nur, daß du dort sehr erfolgreich warst.«

»Ja, aber nicht mit der Goldgewinnung selbst. Als ich 1851 nach San Francisco kam, waren die Goldfelder überfüllt. Ich sah, daß die meisten Goldsucher bei ihrer Ankunft in Sacramento völlig mittellos waren. Sie brauchten ein Anfangskapital für ihre Ausrüstung und ihren Unterhalt, aber sie konnten keine Sicherheit bieten. Die Aussichten, daß sie das Darlehen zurückzahlen würden, waren gering. Infolgedessen war der allgemein übliche Zinssatz zwölf Prozent pro Monat. Ich nahm Verbindung mit dem Hause Rothschild in London auf und gründete meine eigene Bank. Sie florierte. Als der Krimkrieg ausbrach, konnte ich große Geldsummen investieren. Wie du weißt, mein Liebes, bringt einem nichts so leicht und schnell Geld ein wie das Geld selbst. Drei Vermögen schienen mir jedoch ausreichend, um mit den Ausgrabungen in Troja zu beginnen. Und so sind wir jetzt hier in Çanakkale, blicken über die Dardanellen und warten ungeduldig auf unser großes Abenteuer.«

Sophia rutschte tiefer unter die weichen Wolldecken und murmelte schläfrig:

»Gottes Wege sind rätselhaft.«

Es dauerte elf qualvolle Tage, bis die neue Landkarte aus Konstantinopel eintraf. Der Gouverneur, der den größten Teil der Zeit Henrys ruhelose Gegenwart hatte erdulden müssen, unterschrieb den *firman* mit sichtlicher Erleichterung. Sophia verbrachte die Tage mit Mrs. Calvert; sie lasen oder gingen in dem großen Park der Calverts spazieren, wo man ihnen das kalte Mittagessen und den Fünfuhrtee nach englischer Art servierte: kleine Gurken- und Tomatenbrote, süße Brötchen mit Butter und Marmelade, Tee, so stark, daß er fast schwarz war. Die Calverts lebten wie Fürsten, mit einem Stab von Dienstboten und einem kleinen Heer von Verwaltern, Stallburschen und Gärtnern. Henry lief in der Stadt umher und gab vor, wichtige Dinge erledigen zu müssen. Sophia war froh über seine Fähigkeit, wenig Arbeit in viel zu verwandeln, denn das milderte ein wenig seine Ungeduld. Er fand jedoch den solidesten Wagen für den Transport der Werkzeuge und Geräte; und die bequemste Kutsche für ihren eigenen Gebrauch. Und er engagierte einen Beobachter für die Ausgrabungen, dessen Pflicht es war, sich zu vergewissern, daß das Osmanische Museum die Hälfte von allem bekam, was die Schliemanns zutage förderten. Der Mann war ein Armenier namens Georgios Sarkis, zweiter Sekretär der Justizkanzlei des Bezirks. Henry hatte sich bereit erklärt, ihm sein reguläres Gehalt von dreiundzwanzig Piaster – zweiundneunzig Cent – pro Tag zu zahlen.

Die Zeremonie der Unterzeichnung durch den Gouverneur war um zwölf Uhr beendet. Sophia und Henry aßen früh zu Mittag, umarmten die Calverts und fuhren kurz nach eins ab, um Ciplak wenn möglich noch vor Einbruch der Dunkelheit zu erreichen. Der Bauernwagen mit ihren Schubkarren, Schaufeln, dem Bettzeug und anderen Ausrüstungsgegenständen war schon früher abgefahren. Das erste Stück des Wegs war eben, führte an den Dardanellen entlang, und die Sonne schien warm von dem tiefblauen Himmel herab, dessen Farbe sich im Meer widerspiegelte. Dann waren sie in den Bergen und stiegen scharfe Haarnadelkurven empor. Henry ging neben dem Wagen her, um den Pferden die Arbeit zu erleichtern. Sophia war begeistert von der Schönheit der Wälder rings um sie herum, deren Baumkronen ein dichtes grünes Dach über der Straße bildeten.

Sie machten einmal halt, um in Erenkoi, einem kleinen Dorf am Rande der Straße, Kaffee zu trinken, aber um sieben, als es bereits dunkel zu werden begann, aßen sie im Wagen zu Abend: Wurst, Tomaten, Obst, Brot und Honig aus einem Korb, den die Köchin der Calverts für sie zurechtgemacht hatte. Es war dunkel, als sie in Gölcali von der Hauptstraße in einen schmalen, von tiefen Furchen durchzogenen Feldweg einbogen. Zum Glück war es ebenes Land, und der Kutscher kannte den Weg. Kurz vor neun kamen sie in das kleine Dorf Ciplak, dunkel und still wie die Nacht. Es bestand aus einer Anzahl alter Steinhütten und kleiner, gewundener Gassen, die kaum breit genug waren, daß ein Ochsenwagen zwischen ihnen hindurchfahren konnte, ohne an den Mauern zu schaben.

»Kannst du unser Haus in der Dunkelheit finden?« fragte Sophia.

»Es ist das einzige zweistöckige Gebäude im Ort. Warte, bis der erste Hund den Wagen hört; dann wacht das ganze Dorf auf.«

Das erste Bellen kam vom anderen Ende des Dorfes.
»Anscheinend einer, der an Schlaflosigkeit leidet«, murmelte Henry.
Das Gebell kam näher, bis ein Dutzend ausgemergelter Köter die vier Räder umringten.
Auf Henrys Anweisung bog der Kutscher in einen von Mauern umgebenen, ungepflasterten Hof ein. In einer Ecke sah Sophia einen Backofen, in der anderen ein kleines Vorratshaus. Dazwischen stand ein langer Schuppen, dessen hölzernes Dach von gegabelten Zweigen gestützt wurde – offenbar der Unterstand für die Tiere der Familie. Dramali, der Besitzer, kam, in ein knöchellanges, gestreiftes Nachthemd gekleidet, eine dazu passende Schlafmütze auf dem Kopf und eine Öllampe in der Hand, aus dem Haus.
»Eine schöne Zeit, um schwer arbeitende Leute aus dem Schlaf zu holen«, murrte er. »Konnten Sie nicht bis zum Morgengrauen warten?«
»Wo?« fragte Henry. »Bei den Schafen und Ziegen? Bitte, leuchten Sie uns zu unseren Zimmern.«
Immer noch leise brummend führte der Besitzer sie eine hölzerne Treppe hinauf zu den beiden Zimmern, die Henry durch einen Boten von Çanakkale aus bestellt hatte. Sophia hatte die besten Lampen mitgebracht, die sie in Athen finden konnte, und auch einen Vorrat an Öl, aber sie waren im anderen Wagen, ebenso wie die Laken, Decken, Kopfkissen und Desinfektionsmittel. Sie wollte die klumpige Matratze inspizieren, aber Henry warnte sie.
»Das hat keinen Sinn, Sophia. Sie wimmelt bestimmt von Wanzen.«
»Dann hätten wir auch eine neue Matratze mitbringen sollen.«
»Wie dumm von mir! Natürlich! Das muß jetzt der andere Wagen sein. Ich hole unsere Lampen und die Bettwäsche herauf.«
Sie füllten ihre Öllampen mit Olivenöl, zündeten sie an und hielten sie über die Matratze. Sie war übersät mit Wanzen. Sophia holte eine Flasche mit einem farblosen, dünnflüssigen Öl heraus, nahm eine Bürste aus dem Werkzeugkasten, verteilte das Öl gleichmäßig über die ganze Oberfläche, dann bat sie Henry, die Matratze umzudrehen, und tat das gleiche mit der anderen Seite. Henry hatte inzwischen die Eisenkanten des Bettes mit Alkohol befeuchtet und angezündet, indem er den Zylinder von einer der Lampen nahm und die Flamme an das Eisen hielt. Dann bestrich Sophia die ganze Matratze mit Alkohol und öffnete das Fenster, das den Hof überblickte, um den Öl- und Alkoholgeruch zu den Tiergerüchen hinausziehen zu lassen. Sie stellte die Ikone der Muttergottes auf einen kleinen Tisch neben dem Bett, holte ihre Nachthemden aus einem Handkoffer, schlug ihre Bettlaken aus der Moussonstraße fest unter die Matratze, legte zwei Wolldecken und ihre eigenen Kissen mit den weichen Leinenüberzügen darauf, suchte nach Haken, an denen sie ihre Kleider aufhängen konnten, machte die Lampen aus und kletterte erschöpft ins Bett.
»Mögen die Wanzen ebenso müde sein wie wir«, flehte sie. Und sie klagte:
»Diese Straßen haben jeden Knochen in meinem Körper gebrochen.«

»Ich werde dich ganz fest in den Armen halten, dann sind sie morgen früh wieder heil.«
Henry weckte sie, als der erste graurosa Schimmer des Tages über den östlichen Horizont sickerte.
»Zieh dich rasch an, *anghelaki mou*, mein kleiner Engel. Ich möchte, daß du den ersten Sonnenaufgang auf dem Hügel von Hissarlik erlebst.«
Sie wusch sich Gesicht und Hände in einer Waschschüssel, die sie von zu Hause mitgebracht hatten, putzte sich die Zähne, zog eins der schlichten Kattunkleider an, die sie sich eigens für die Arbeit hatte machen lassen, und dann die Schuhe mit den dicken Sohlen, die sie vor ihrer Hochzeit gekauft hatte, um über das Kopfsteinpflaster von Palermo, Neapel und Rom zu gehen. Henry trieb sie zur Eile an, aber sie weigerte sich, das Zimmer zu verlassen, ehe sie das Bett abgezogen, die Laken und Decken hinuntergebracht und der Frau des Hauses durch Zeichensprache zu verstehen gegeben hatte, daß man sie draußen in der Sonne lüften lassen sollte.
Sie tranken schwarzen Kaffee in der vom Herdfeuer gewärmten Küche der Familie, aßen aber nichts dazu. Dramali bemerkte:
»Wir sagen im Türkischen, daß morgens unsere Kraft vom Schlaf kommt, während des übrigen Tages vom Essen.«
Henry maß die vier Gran Chinin ab, die sie beide jeden Morgen nehmen mußten, um sich gegen die Malaria zu schützen, von der die Troas im Sommer und Herbst verseucht war. Sie durchquerten den Hof, der als Gehege für die Schafe, Ziegen, Schweine, Kühe, Esel und Pferde der Familie diente, dann gingen sie etwa fünfzehnhundert Meter quer über das Feld, das zwischen Ciplac und Hissarlik lag. Es war unbebaut und wurde nur als Schafweide benutzt. Sophia traute ihren Augen nicht, denn selbst in dem trüben Licht der Morgendämmerung machte das Feld den Eindruck, als wäre es mit rostigen Schneewehen bedeckt. Als sie sich bückte, um die Erde zu mustern, sah sie, daß es eine Schicht Tonscherben war, Stücke von Zehntausenden von Vasen und Töpfen, zum Teil mit farbigen Streifen geschmückt. Sie hob den Griff einer Vase auf, dann das Mundstück einer Kanne, den runden Boden eines Gefäßes, Teile der gewölbten Seiten.
»Henry, ich versteh das nicht«, rief sie erregt. »Hier müssen Millionen von Fragmenten liegen. Man hat sie doch bestimmt nicht hier abgeladen?«
»Nein.« Er lächelte über ihre Verwirrung.
»Und sie sind nicht wie Manna vom Himmel gefallen. Demnach müssen sie von den schweren Regenfällen und Stürmen allmählich an die Oberfläche gebracht worden sein, stimmt's?«
»Genau. Du gehst über den Leichnam einer Stadt, die schon vor langer Zeit gestorben ist.«
Ihre dunklen Augen wurden groß vor Staunen. Ihre Wangen glühten in der morgendlichen Kühle.
»Dann weißt du also bereits, was hier unter uns liegt?«
»Eine große römische Stadt, 2. oder 3. Jahrhundert n.Chr. Wenn irgend je-

mand hier zu graben anfinge, würde er kilometerlang Straßen, Häuser, Läden und Tempel finden. Aber niemand wird sich diese Mühe machen; es wäre eine Riesenarbeit und ziemlich sinnlos, denn die Stadt ist zu neu, um interessant zu sein.«
Sophia, die versuchte, sich seinen langen Schritten anzupassen, während sie über das Feld zu dem Schanzhügel gingen, sagte belustigt:
»Das ist das, was du als *nouveau arrivé* auf dem Schauplatz der Geschichte bezeichnest.«
»Ja. Wir müssen uns mit der Zivilisation befassen, die bisher niemand gefunden oder dokumentarisch belegt hat. Die erste trojanische Siedlung mag bereits um 2000 v.Chr. existiert haben, aber ihren Höhepunkt erreichte sie erst zur Zeit des Königs Priamos, etwa 1200 v.Chr. Wenn man so weit zurückgräbt, kann man Tempel finden, die einem sagen, welche Art von Religion geübt wurde; Tafeln, die einen die Sprache lehren; Aufzeichnungen, mit deren Hilfe man die Dynastien bestimmen kann; Rüstungen, die zeigen, wie sie ihre Feinde bekämpften; Münzen, die einem Auskunft über den Handel geben, den sie getrieben haben; Graburnen, die zeigen, wie sie ihre Toten begruben; Fundamente von Häusern, an denen man erkennt, wie gut oder schlecht sie gelebt haben, wie sie ihre Nahrung zubereiteten, was sie aßen; Gold-, Silber- und Kupferarbeiten, die von ihrer handwerklichen Fertigkeit zeugen... und Schätze...«
Sophia schüttelte verblüfft den Kopf, während sie den Ausführungen ihres Mannes zuhörte. Sie sah ihn mit großen Augen an.
»Die besten Geschichtsbücher liegen noch unter der Erde, willst du das damit sagen? Die Unterlagen sind alle da, und es ist an uns, sie hervorzuholen.«
»... Tag um Tag, Seite um Seite. Du bist eine gelehrige Schülerin, Sophidion. Ich werde meinen Doktorgrad von der Universität von Rostock mit dir teilen. In Deutschland würde man dich Frau Professor Dr. Schliemann nennen.«
Sophia lachte leise.
»Was für ein langer Schweif für einen so kleinen Drachen.«

2.

Die Anhöhe sah aus wie ein natürlicher Hügel, wenn auch größer und höher als viele andere. Eine Schafherde weidete an den Hängen. Henry und Sophia gingen von Südosten her zum Plateau hinauf, das knapp dreißig Meter über der Troas lag. Nach Nordwesten zu erhob sich vor ihnen, etwa zehn Meter höher, ein weiterer Hügel. Sie stiegen bis zum obersten Punkt. Sophia versuchte, aus den Zahlen, die Henry ihr aus seinem Notizbuch vorlas, die Größe der ganzen Anhöhe zu erfassen. Sie war etwa dreihundert Meter lang und zweihundertfünfzig Meter breit. Aber obwohl sie hier auf dem Hügel selbst stand, vermittelten ihr die zahlenmäßigen Angaben über seine Höhe, Länge und Breite keine Vorstellung von seinen Ausmaßen. Sie mußte seine Größe mit der Welt in Verbindung bringen, die sie kannte und in der sie aufgewachsen war.

»Er ist größer als der ganze Syntagmaplatz, glaubst du nicht auch, Henry? Ich möchte annehmen, daß er sich vom Königspalast bis zum Arsakeion erstrecken würde. Was seine Breite betrifft, nun, er dürfte ungefähr so breit wie die Akropolis sein.«

Henry lächelte über ihre »Schulmädchenauffassung von Geographie«, gab jedoch zu, daß ihre Vorstellungen einigermaßen richtig waren.

Die Sonne stieg hinter ihnen auf, kam behutsam Zoll um Zoll herauf, als wäre sie nicht sicher, welche Jahreszeit es war, warf einen blaßgelben Schleier über die Troas, das dreieckige Schlachtfeld unter ihnen, und tauchte die zwei Flüsse, den Skamander, der aus dem Süden kam, und den schmaleren Simois aus dem Norden, in einen silbernen Glanz. Als die Sonne heller wurde, konnte Sophia die Stelle sehen, wo die beiden Flüsse sich zusammen in die Dardanellen ergossen, die sich ihrerseits mit dem Ägäischen Meer vermischten. Es war ein überwältigender Anblick.

Etwa fünf Kilometer in gerader Linie nach Westen zu lag das Ägäische Meer. Kum Kale und die letzte geschützte Bucht der Dardanellen, wo die achäische Flotte zehn Jahre lang an Land gelegen hatte, lagen fünf Kilometer weiter nördlich. Sophia sah drunten auf der Ebene einige Tumuli, die man, wie Henry ihr erklärte, lange Zeit für die Gräber des Achilles, Patroklos, Aias und Priamos gehalten hatte. Frank Calvert hatte das Grab des Priamos ausgegraben, hatte aber nichts gefunden.

Im Vordergrund zog eine Karawane von sieben Kamelen, durch ein Seil miteinander verbunden und von einem Reiter angeführt, am Ufer des Skamander entlang. Zu ihrer Linken erkannte Henry das kleine Dorf Yenischehis auf der Kuppe des Hügels, der das alte Sigeum überblickte. In der Ferne machte er die Inseln Imbros und Samothrake aus. Ein schwarzer Frachter mit einem Schornstein, der eine dunkle Rauchfahne in den klaren blauen Himmel entsandte, fuhr gerade aus dem Hellespont ins Ägäische Meer.

Henry deutete auf die Insel Tenedos, die türkisch Bozcada heißt und die nach Süden zu nur ein paar Meilen von der Küste entfernt liegt. Sophia erinnerte sich, daß dies die Insel war, hinter der sich die gesamte achäische Flotte verborgen hatte, als die Achäer vorgaben, die Belagerung Trojas aufgegeben und sich auf den Heimweg gemacht zu haben; als Geschenk ließen sie den Trojanern ein riesiges hölzernes Pferd zurück, in dessen hohlem Bauch sich die tapfersten Krieger des achäischen Heeres, unter ihnen Menelaos, Odysseus und der Sohn des Achilles, befanden. Nachdem das schwere Pferd durch das skaiische Tor und die gepflasterte Straße hinauf zum Gipfel der Festung gezogen worden war, rieten die Weisen Trojas, es über den nördlichen Festungswall in den Abgrund zu stürzen; aber sie wurden überstimmt. Troja ging schlafen; die achäische Flotte war unterdessen zu ihrem Lager am Ufer des Hellespont zurückgerudert. Während der Nacht verließen die achäischen Krieger ihr hölzernes Pferd und öffneten die Tore. Die Achäer drangen zu

Tausenden in Troja ein, steckten die »unsterbliche Stadt« in Brand, töteten die Männer, nahmen die Frauen und Kinder gefangen, um sie als Sklaven zu verkaufen, raubten und plünderten, bis nichts mehr übrig war außer Stein und Asche.

»Henry, die Griechen sind stolz auf die Eroberung Trojas. Aber wie kann man stolz sein auf eine Eroberung durch Hinterlist? Nachdem es uns in zehnjähriger Belagerung nicht gelungen war, Troja einzunehmen? Hätten wir die Trojaner nicht durch unsere Tapferkeit und Kriegskunst besiegen müssen?«

Henry legte den Arm um ihre Schultern, um sie gegen die kühle Morgenluft zu schützen. »Troja war unbesiegbar gewesen, weil es unter dem Schutz des Zeus, des Vaters aller Götter, stand.«

»Und was tat der Vater aller Götter, während die Griechen den Trojanern diesen schlauen, aber nicht sehr bewundernswerten Streich spielten?«

Henry dachte einen Augenblick nach, dann erwiderte er:

»Homer erzählt in einem anderen Zusammenhang, wie Zeus von seiner Frau und Schwester, Hera, überlistet wurde. Es könnte sich in diesem Fall ähnlich zugetragen haben. Es heißt in der *Ilias*: ›Jetzo sann sie umher, die hoheitsblickende Hera, wie sie täuschte den Sinn des aigiserschütternden Gottes. Dieser Gedank' erschien den Zweifelnden endlich der beste: hinzugehen auf Ida, geschmückt mit lieblichem Schmucke, ob er vielleicht begehrte, von Lieb' entbrannt, zu umarmen ihren Reiz, und sie ihm einschläfernde sanfte Betäubung gießen möcht auf die Augen und seine waltende Seele...‹

Als Zeus seine Schwester-Frau erblickte, rief er aus: ›Komm, wir wollen in Lieb' uns vereinigen, sanft gelagert! Denn so sehr hat keine der Göttinnen oder der Weiber je mein Herz im Busen mit mächtiger Glut mir bewältigt.‹ «

Henrys Gesicht glühte. Sophia beobachtete seinen Ausdruck. »Dies ist für ihn die Wirklichkeit des Lebens. Alles andere, was geschehen ist, war Phantasie.«

»Während Zeus in den Armen Heras schlummerte, flog der Gott des Schlafes ins Lager der umzingelten Achäer und weckte Poseidon, den Gott des Meeres. Poseidon nahm menschliche Gestalt an und machte sich zum Befehlshaber der Achäer bei einem Angriff, der die Trojaner bis zu ihrer Stadtmauer zurücktrieb und einigen ihrer edelsten Krieger das Leben kostete. So mischen sich die Götter in die Angelegenheiten der Menschen. Vielleicht hat die schlaue Göttin Hera Zeus noch einmal überlistet...«

»...und ihn in einen so tiefen Schlaf versenkt, daß er erst wieder aufwachte, als Troja zerstört und die achäische Flotte bereits auf dem Heimweg war.«

»Wenigen von ihnen war eine glückliche Heimkehr beschieden. Agamemnon erreichte Mykene, wurde aber noch am selben Tag von seiner Frau und deren Liebhaber ermordet. Menelaos kam wohlbehalten mit Helena in Sparta an; aber Odysseus brauchte zehn Jahre, um nach Ithaka zu gelangen und seine Frau vor ihren zudringlichen Bewerbern zu retten. Die meisten anderen kamen auf See um, und mit ihnen ging der Ruhm des prähistorischen Griechenlands dahin. Bald kam die dorische Invasion aus dem Norden, dann die ionische, die der mykenischen Kultur ein Ende machte und eine neue schuf.«

»Und das alles begann hier, wo wir jetzt stehen?«
»Ja, mein Kleines. Und morgen fangen wir an, es auszugraben.«
In diesem Augenblick erschien der älteste Sohn der Dramalis auf dem unteren Plateau; er brachte zwei Pferde, um die Henry gebeten hatte. Sie gingen hinunter, und Henry half Sophia in den Sattel.
»Gut, daß du in Paris Reitstunden genommen hast«, bemerkte er.
»Ich bin mehr heruntergefallen als oben geblieben.«
»Dies ist eine sanfte Stute. Wir gehen langsam.«
Zuerst zeigte er ihr die zwei Quellen unterhalb des Steilhangs, eine heiß, die andere kalt, wo die trojanischen Frauen ihre Wäsche gewaschen hatten. Als nächstes machte er an der Eiche halt, die innerhalb des skaiischen Tors gestanden hatte und in deren Nähe Hektor den Entschluß faßte, sich Achilles zum Zweikampf zu stellen, in der Hoffnung, damit den Krieg zu beenden.
»Wir müssen jetzt dreimal den Hügel umkreisen. Als Hektor herauskam, um gegen Achilles zu kämpfen, bekam er Angst und lief dreimal um Troja herum, bis die Göttin Athene ihn aufhielt und zum Kampf zwang. Es gibt einige Schriftsteller, die an Troja glauben, aber behaupten, es läge in Bunarbaschi. Hektor hätte nicht dreimal um Bunarbaschi laufen können. Im übrigen liegt es etwa dreizehn Kilometer von der Mündung des Hellespont entfernt. Ich habe dort gegraben und nichts gefunden.«
Sophia, die im Damensattel auf der Stute saß, fragte:
»Könnten wir irgendwann einmal nach Bunarbaschi reiten? Ich möchte mit eigenen Augen sehen, weshalb es nicht Troja sein könnte.«
Sie waren jetzt am Fuß von Hissarlik. Henry wandte die Pferde nach Nordwesten. Sie ritten über eine Ebene, die sich in einem sanften Gefälle dem Meer zu neigte. Nach kurzer Zeit kamen sie zum Skamander, einem majestätischen Fluß, der in einem Tal unweit des Gipfels des Berges Ida, dem Sommersitz der Götter, entspringt. Henry hielt die Pferde an und band sie an einen Baum. Die Ufer waren dicht mit Ulmen, Weiden und Tamarisken, Lotos und Zypressen gesäumt. Sophia erinnerte sich:
»Dies ist der Ort, wo Achilles aus Rache für den Tod seines Freundes Patroklos die trojanischen Jünglinge getötet und so viele von ihren Leichen ins Wasser geworfen hat, daß der Fluß verstopft war und nicht zum Meer fließen konnte. Daraufhin geriet der Gott des Flusses in Zorn, überflutete die Ufer und jagte Achilles mit großen Wellen davon.« Sie wurde plötzlich nachdenklich. »Gibt es wirklich einen Gott des Flusses? Konnte er diese Ebene überfluten, um Achilles zu verfolgen?«
»Er tut es, jeden Winter. Du wirst es im November erleben.«
Sie saßen wieder auf. Bald waren sie in einem Sumpfgebiet, wo es bereits nach Meer roch. Die purpurrot blühenden Sumpfgräser standen so hoch, daß sie bis an den Bauch der Pferde reichten. Sophia zog die Beine auf den Sattel und hob den langen Rock bis über ihre Knie, um ihn trocken zu halten. Sie kamen zu einem höher gelegenen Gelände, das direkt zu einem geschützten, halbmondförmigen Strand führte, der letzten Bucht der Dardanellen. Hier mün-

deten der Simois und der Skamander gemeinsam ins Ägäische Meer. In der Nähe lag das Dorf Kum Kale, gegenüber der Leuchtturm der Gallipoli-Halbinsel.

Henry band ihre Pferde an und rief:

»Endlich sind wir angelangt! Dies ist die Stelle, wo die Griechen zehn Jahre lang gelagert haben. Hier haben die Achäer ihren Verteidigungswall gebaut, als die Trojaner ihre Reihen durchbrachen, und dahinter haben sie einen Graben angelegt, mit spitzen Baumstämmen gesichert und zu breit, als daß die trojanischen Pferde ihn hätten nehmen können. Nichtsdestoweniger durchbrachen einige Trojaner den Wall, überquerten den Graben und setzten ein achäisches Schiff in Brand.«

Sophia kannte die Geschichte, wollte aber Henry nicht das Vergnügen nehmen, sie noch einmal zu erzählen.

»Ehe Wall und Graben fertig waren, gewannen die Trojaner in schweren Kämpfen die Oberhand. Bis zum Einbruch der Dunkelheit hatten sie ein Lager auf der Ebene aufgeschlagen, zuversichtlich, daß es ihnen gelingen würde, die Verteidigungsanlagen zu stürmen und den Feind ins Meer zu treiben. Agamemnon und sein Rat fürchteten das Schlimmste. Der König gab vor dem versammelten Rat zu, schuld an dem Streit mit Achilles zu sein, der das achäische Lager gespalten hatte. Bei der Eroberung von Chryse hatte er Chryseis, die schöne Tochter des Priesters, gefangengenommen. Als der Vater kam, seine Tochter loszukaufen, behandelte Agamemnon ihn so grob, daß der Priester Apollo beschwor, die achäischen Streitkräfte zu bestrafen. Nach neun Tagen mußte Agamemnon Chryseis ihrem Vater zurückgeben; dafür nahm er Achilles die bezaubernde junge Briseis fort, die Achilles in einer Stadt unweit von Troja gefangengenommen hatte und die seine vertraute und geliebte Gefährtin geworden war. Achilles schwor, daß er nicht mehr kämpfen werde. Als Friedensstifter wurden Odysseus und Aias gewählt, die Achilles in Agamemnons Namen reiche Versöhnungsgeschenke anbieten sollten. Homer drückt dies folgendermaßen aus: ›Zehn Talente des Goldes, dazu dreifüßiger Kessel sieben, vom Feuer noch rein, und zwanzig schimmernde Becken, auch zwölf mächtige Rosse, gekrönt mit Preisen des Wettlaufs... Sieben Weiber auch geb ich, untadlige, kundig der Arbeit, lesbische, die, da er Lesbos, die blühende, selber erobert, ich mir erkor, die an Reiz der Sterblichen Töchter besiegten. Diese nun geb ich ihm; es begleite sie, die ich entführet, Briseis' Tochter zugleich...‹«

»Die *Ilias* wird manchmal ›*Der Zorn des Achilles*‹ genannt«, murmelte Sophia, die im Schutz einer Böschung neben ihrem Mann im Sand lag. »Hältst du mich für eine hoffnungslose Romantikerin, weil es mich freut, daß die erste und schönste Geschichte, die je geschrieben wurde, von der Liebe eines Mannes zu einer Frau handelt?«

»Wir sind beide Romantiker«, erwiderte Henry sanft. »Es sind die Romantiker, die die Welt gestalten. Die Realisten begnügen sich damit, sich den Magen zu füllen.«

Sie ritten durch das Fischerdorf Kum Kale und fanden einen Feldweg, der landeinwärts zur Hauptstraße führte und dicht bei Erenkoi herauskam, wo sie am Tag zuvor angehalten hatten, um Kaffee zu trinken. Erenkoi war eine Ortschaft mittlerer Größe, deren 3500 Griechen sie so durch und durch griechisch machten, wie Ciplak türkisch war. Henry hatte beschlossen, sich die Leute zum Graben lieber hier als in Ciplak zu suchen, denn erstens gab es in Erenkoi viel mehr Arbeitskräfte, und zweitens war sein Griechisch weit besser als sein Türkisch.

»Wohin geht man in einem Ort wie diesem, wenn man Arbeiter anstellen will?« fragte Sophia.

»Es gibt überall eine Art Dorfältesten; für gewöhnlich ist es derjenige, dem das größte Stück Land oder das beste Anwesen gehört, das durch Generationen hindurch vom Vater auf den Sohn vererbt worden ist. Es wird nicht schwer sein, ihn zu finden, denn er ist nie weit weg, wenn es irgend etwas zu sehen oder zu hören gibt.«

Nach dem Feldzug Alexanders des Großen, der 334 v.Chr. begann, war die Westküste von Kleinasien völlig griechisch geworden. Jetzt waren hier zwei Kulturen vertreten, es gab wenig oder überhaupt keine Mischehen, und die Bewohner waren alle gleichermaßen arm. Während des neunzehnten Jahrhunderts waren abermals zahlreiche Griechen vom Festland und den Inseln herübergekommen, um das fruchtbare Land Kleinasiens zu bebauen. Vollkommen griechisch in ihren Sitten und Bräuchen, waren diese Familien als *Turkophonen* bekannt. Smyrna, die große, blühende Hafenstadt, etwa dreihundert Kilometer weiter südlich, hatte eine Einwohnerschaft von neunzigtausend Griechen und nur zweitausend Türken.

Da es keine Schulen gab, wo die Kinder Türkisch lernen konnten, kein Krankenhaus, kein Regierungsgebäude, keinen Arzt, keine Krankenschwester und keinen Lehrer, waren die Griechen weitgehend eigenständig. Ihr Leben war so primitiv wie in biblischen Zeiten; ihre wenigen Tiere schliefen bei kaltem Wetter im Haus; die Männer bauten nur so viel an, wie ihre Familien brauchten. Jeder Mann hatte sein eigenes kleines Tabakfeld, das er mit liebevoller Sorgfalt pflegte. Sie besaßen wenig Kleidung: Das Kleid, das ein Mädchen bei seiner Hochzeit trug, hielt ein ganzes Leben lang. Die Männer trugen jahrelang dieselbe Hose und Jacke, und wenn ihre Schuhe Löcher bekamen, wurden sie mit Lederflicken ausgebessert. Bargeld war praktisch unbekannt. Wenn sich irgendein dringendes Bedürfnis ergab, pflügte der Vater, oder häufig die Mutter, ein zusätzliches Stückchen Land, damit die Familie später auf Maultieren zum Freitagsmarkt nach Çanakkale reiten konnte, um den zusätzlichen Ernteertrag gegen ein Stück Stoff oder einen Kochtopf einzutauschen.

Henry brauchte nur stehenzubleiben und mit dem ersten Menschen zu reden, dem sie auf der Straße begegneten. Der Dorfälteste erfuhr sofort, daß Fremde eingetroffen waren. Er war so schnell zur Stelle, als ob das Dorf eine Feuerglocke hätte.

Er war nicht alt, aber frühzeitig gealtert. Weiße Stoppeln bedeckten seine ausgehöhlten Wangen und seinen Kopf. Seine Kleidung sah aus, als hätte er sie ebenso lange getragen wie seine Haut. Die wenigen Zähne, die ihm noch geblieben, waren braune Stummeln vom jahrzehntelangen Kauen an seiner Pfeife. Nichtsdestoweniger verbeugte er sich, wie Sophia bemerkte, mit der Höflichkeit eines vollendeten Kavaliers.
»Sucht der Herr irgend etwas?« fragte er mit einer hohen, heiseren Stimme.
»Ich brauche Arbeiter, die für mich graben.«
»Geehrter Herr, die Zeit ist vorüber. Die Felder liegen brach. Bis zum Frühling gibt es nichts zu graben.«
Sie waren ein paar Schritte zu einem kleinen Café gegangen, wo eine Gruppe von Einheimischen, die längst geleerten kleinen Kaffeetassen vor sich, um einen einsamen Tisch saßen und Karten spielten. Sie standen auf, um zuzuhören.
»Ich will nicht säen. Ich will etwas freilegen.«
»Was will der Herr freilegen?«
»Einen Hügel. Hissarlik.«
»Oh, eine Festung. Aber es gibt jetzt dort keine Festung mehr. Nur Schafe und Ziegen.«
Sophia sagte mit leiser Stimme, damit keiner der Umstehenden sie hören konnte:
»Diese Dorfbewohner sind ebenso griechisch wie jeder in Attika. Sag ihnen lieber nicht, was du vorhast. Es könnte sie verwirren oder erschrecken. Schlag einen Tageslohn vor, dann hast du deine Leute.«
Henry nickte zustimmend. Eine einladende Handbewegung brachte die noch immer etwas argwöhnische Gruppe näher an ihn heran. Er sagte:
»Jeder Arbeiter erhält neun Piaster pro Tag. Wir arbeiten von halb sechs morgens bis halb sechs abends. Eine halbe Stunde Frühstückspause um neun, anderthalb Stunden Mittagspause. Werkzeuge sind nicht nötig; ich habe alles, was wir brauchen. Wie viele können zur Arbeit kommen?«
Der Dorfälteste nahm den verbeulten Hut vom Kopf und kratzte sich mit schwarzen, abgebrochenen Fingernägeln die spärlichen Haarstoppeln. Die Männer des Dorfes sahen sich bedeutungsvoll an, sagten jedoch nichts.
»Warum schweigen sie?« fragte Henry, zu Sophia gewandt. »Neun Piaster pro Tag ist mehr, als sie je verdient haben.«
»Vielleicht ist das der Grund. Griechische Dorfbewohner sind mißtrauisch gegen Fremde. In unserer europäischen Kleidung wirken wir wie Ausländer auf sie, vor allem du mit deinem Stadtanzug, Weste und Schlips. Darf ich es einmal versuchen? Es ist vielleicht besser, wenn jemand in ihrer eigenen Mundart mit ihnen spricht.«
Die Männer waren weniger verwirrt, als sie Sophias zwangloses Griechisch hörten. Acht von ihnen erboten sich, beim Morgengrauen in Hissarlik zu sein.
»Ich brauche mehr«, beharrte Henry.

»Wie viele mehr?« fragte der Dorfälteste.
»Vielleicht fünfzig, fünfundsiebzig – je nachdem, wie sich die Arbeit anläßt.«
»Acht werden den Anfang machen«, erklärte der Dorfälteste. »Sie müssen den halben Lohn des ersten Tages bei mir hinterlegen. Danach können Sie zahlen, wenn die Leute nach Hause gehn.«
Henry holte seine schwarze Tasche heraus, nahm die gewünschte Anzahl Piaster aus dem Fach mit dem türkischen Geld und reichte sie dem Alten. »Wenn die Männer morgen abend zufrieden heimkommen, haben Sie am Mittwoch mehr Leute.«
Sophia dankte ihm mit einem Wortschwall in kretischem Dialekt. Es gab allseitiges Lächeln und Händeschütteln – nur einer hielt sich zurück: Es war ein Riese von einem Mann, einen vollen Kopf größer als seine Gefährten und kräftig wie ein Bulle. Der dichte schwarze Schnurrbart hing ihm bis über das Kinn herab, und seine Augen blickten finster. Sophia schauderte.
›Ich hoffe, er gehört nicht zu den acht, die morgen kommen werden.‹
Auf dem Heimweg ritt Henry dicht an sie heran und griff nach ihrer Hand. »Vielen Dank für deine Hilfe, mein Kleines. Warum bringst du mir nicht die griechische Volkssprache bei? Offenbar werde ich sie brauchen. Ich werde dich dafür Türkisch lehren.«

3.

Es war noch stockdunkel, als Henry sie weckte, indem er an ihrer Schulter rüttelte.
»Was gibt's? Was ist geschehn?«
»Nichts. Unsere Pferde sind gesattelt. Wir gehen schwimmen.«
»Henry! Es muß noch mitten in der Nacht sein.«
»Es ist vier Uhr morgens. Wir können vom Wasser aus den Sonnenaufgang sehen. Es ist gut für dich.«
»Schlaf ist noch besser.«
»*Syzygaki mou*, meine kleine Frau, du weißt, was deine Landsleute sagen: Dreißig Seebäder im Jahr bewahren dich davor, dir eine Erkältung zuzuziehen. Sechzig Bäder, und du ziehst dir überhaupt nichts zu.«
»Ich habe mir auch so noch nie etwas zugezogen... außer von dir. Und das hat sich als Andromache entpuppt. Geh schwimmen und laß mich in Ruhe.«
»Bitte versuch es doch, nur dieses eine Mal.«
Halb schlafend und von dem Pferd geschüttelt, auf dem sie in schlaffer Haltung saß, ritt sie zur Mündung des Skamander, wo das salzige Wasser des Meeres sich mit dem süßen Wasser des Flusses mischte. Henry zog sich aus und schwamm mit kräftigen Stößen etwa hundert Meter weit in die Morgendämmerung hinaus. Sophia stand in einem knöchellangen Badeanzug mit langen Ärmeln da und zitterte, als sie die Zehen ins Wasser tauchte. Aber es blieb ihr nichts anderes übrig, sie mußte naß werden. Sie watete ein Stück

hinaus, dann setzte sie sich und spritzte das kalte Wasser über ihre Brust und Schultern. Nachdem sie somit ihre Pflicht getan hatte, lief sie, so schnell sie konnte, wieder an Land, bedeckte sich mit einem zeltähnlichen Badetuch und schlüpfte zitternd in ihre warme Kleidung. Henry blieb eine halbe Stunde im Wasser und schwamm so weit hinaus, daß sie kaum noch seinen Kopf zwischen den kleinen Wellen des Meeres ausmachen konnte. Aber als er herauskam und sich mit dem rauhen Handtuch abgerieben hatte, sah sie, daß er vor Gesundheit strotzte.

»Kein Wunder, daß du dich nicht erkältest«, murmelte sie. »Dein Blut muß zu Eis erstarrt sein.«

Die acht Arbeiter trafen um fünf Uhr dreißig auf ihren Eseln ein. Sie waren zwei Stunden unterwegs gewesen. Da ihre Familien ursprünglich von den nahe gelegenen griechischen Inseln Samothrake, Lemnos und Lesbos gekommen waren, trugen sie noch immer die Tracht der griechischen Inselbewohner: die *vraka*, eine bauschige Hose, die in der Mitte der Waden zusammengehalten wurde, weiße Strümpfe, ein weißes Hemd, eine kurze, lose Jacke, eine breite Schärpe um die Taille und eine kleine Kappe auf dem Kopf. Nur die Schuhe mit den aufwärtsgebogenen Spitzen ließen türkischen Einfluß erkennen.

Sophia wurde enttäuscht in ihrer Hoffnung, daß der riesenhafte Mann mit dem bedrohlichen Schnurrbart nicht mitkommen würde. Sie beschloß, ihm nach Möglichkeit aus dem Wege zu gehen.

Bei seiner ersten kurzen Ausgrabung im vergangenen Jahr, als er eine zwei Meter dicke Mauer freilegte, hatte Henry am unteren Ende der nordöstlichen Ecke des Berges begonnen. Jetzt hatte er bei seinem Ausritt mit Sophia am Tag zuvor noch einmal genau die geographische Beschaffenheit des Hügels überprüft und erkannt, daß er einen Fehler begangen hatte. Diesmal wollte er, wie er Sophia erklärte, seinen Graben dichter an das nordwestliche Ende des Berges legen, wo das Gelände am steilsten war und wo es die größte Anhäufung von Schutt gab, den die Naturkräfte im Lauf der Jahrtausende hinuntergerollt oder -geworfen hatten.

»Henry, es muß Dutzende von bequemeren Hängen geben.«

»Dies ist die Stelle, wo der Hügelzug zu seiner größten Höhe aufsteigt. Angesichts seiner eindrucksvollen Lage und der natürlichen Befestigungen scheint dieser Punkt geeignet, sowohl die Akropolis der Stadt als auch der Platz zu sein, wo sich der Palast des Königs, der höchste Wachtturm und die stärksten Mauern der umliegenden Festung befunden haben.«

Sophia, die sich eine von Henrys grob gezeichneten Karten des Hissarlik besah, sagte:

»Bitte erkläre mir folgendes: Ich weiß, daß die Schlachten und Einzelkämpfe in dem Dreieck ausgefochten wurden, das vom Fuß des Hissarlik und dem Zusammenfluß des Skamander und des Simois gebildet wird. Aber warum haben alle Kämpfe auf der nördlichen Seite stattgefunden, wo der Hang in einem Winkel von…«, sie blickte auf das Papier, »… fünfundvierzig Grad anstieg und sich oben die stärksten Befestigungen befanden? Der Zugang im Osten ist ziemlich eben, und im Süden ist das Gefälle verhältnismäßig gering. Warum haben die Achäer immer an der Nordseite angegriffen, wo sie wenig Aussicht hatten, die Mauern zu erstürmen?«

Henry dachte eine Weile nach, ehe er antwortete.

»Die Trojaner haben sich unter der Herrschaft ihrer Könige, von Dardanos bis zu Priamos, einen mächtigen Kreis von Verbündeten geschaffen. Homer nennt viele von den Stämmen, unter ihnen die Myser, die Thraker, die Phryger und die Amazonen, die großartige Kämpferinnen waren. Einzelne Krieger dieser Verbündeten kämpften manchmal in ihren Streitwagen oder im Nahkampf auf dem Schlachtfeld gegen die Achäer. Aber vor allem hatten sie die Aufgabe, diese leichteren Zugänge gegen den eindringenden Feind zu schützen: das skaiische und die anderen Tore sowie das ganze, fast ebene Land im Süden. Im übrigen wollten die Achäer niemals außer Sichtweite ihrer Schiffe und ihres Lagers sein, damit sie jederzeit schnell dorthin zurückkehren konnten, um sich zusätzliche Waffen, Streitwagen, Pferde, Rüstungen oder Vorräte zu holen.«

Es war Zeit zum Graben.

Die Ausrüstung, die sie mitgebracht hatten, bestand aus acht französischen Schubkarren, fünf Spitzhacken, einem halben Dutzend hölzernen Schaufeln und zweiundfünfzig fein geflochtenen Strohkörben. Da Henry der Ansicht war, daß es keinen Sinn hatte, am Fuß des Hügels zu graben, weil Homers Troja eine Festung war, die auf einem natürlichen Hügel stand, führte er seine Leute etwa fünfzehn Meter den Hang hinauf. Diese nördliche Seite war mit dichtem, meist dornigem Gestrüpp und alten Bäumen bewachsen, und so bahnten sie sich zunächst einen schmalen Pfad, indem sie mit Messern, die sie in ihrer Schärpe trugen, das Unterholz hieben. Sophia ging als letzte sehr langsam hinauf, denn ihr langes Wollkleid blieb immer wieder an den Dornbüschen hängen.

An der Stelle, wo Henry anfangen wollte – zwanzig Meter unterhalb des ersten Plateaus –, ließ er die vier kräftigsten Männer der Gruppe, einschließlich Sophias Riesen, mit den Spitzhacken einen etwa fünf Meter breiten, flachen Graben auflockern. Zwei Männer schaufelten die Erde in Körbe, die von den anderen zwei fortgetragen und den Hügel hinuntergeschüttet wurde. Henry rammte am Ende des Grabens auf beiden Seiten Pfähle ein und verband sie mit einem Seil, um die untere Linie der Ausgrabung zu markieren. Dann schickte er alle acht Männer geradeaus den Hügel hinauf, ließ sie das dichte Laub wegschneiden und Pfähle einschlagen, die eine gerade Linie mit den seinen am unteren Ende bildeten. Dann ging er, das Seil um die Pfähle schlingend, den Hügel hinauf.

Sophia führte Buch, wie lange jede Arbeit dauerte, und zeichnete einen Plan vom nördlichen Hang, auf dem sie genau vermerkte, an welchem Punkt sie mit dem Graben begonnen hatten. Außerdem bat Henry sie, Notizen über die Art der Substanzen zu machen, die sie ausgruben.

»Du meinst, ob es Schutt ist oder feste Erde?«
»Ja. Wir werden vermutlich meterweit in den Hügel hinein nichts wie Schutt finden.«
»Was glaubst du, wie weit du ins Innere des Hügels graben mußt, ehe du zu dem Grund gelangst, auf dem das ursprüngliche Troja gestanden hat?« fragte sie.
»Das hängt davon ab, wie dick der Schutt ist. Wir haben auf fünfzehn Meter Höhe mit unserem fünf Meter breiten Graben begonnen, und wir werden ihn bis drei Meter vertiefen. Ich nehme an, nachdem wir etwa zehn Meter nach innen gegraben haben, werden wir auf gewachsenem Boden sein.«
»Was für ein aufregender Gedanke!«
»Warte, bis wir dort angelangt sind«, brummte er.
Der riesenhafte Mann, der einen roten türkischen Fes mit einer schwarzen Quaste trug, hielt sich in respektvoller Entfernung. Er war, wie Sophia zugeben mußte, sehr eindrucksvoll mit seiner Spitzhacke, die er mit einer Leichtigkeit handhabte, als ob es ein Spielzeug wäre. Wenn er bei der Arbeit an ihr vorbeikam, senkte er nicht nur den Kopf, sondern er schloß auch die Augen.
Als sie um elf Uhr Mittagspause machten, wählten die Männer aus Erenkoi einen Platz in der schwachen Sonne, um zu essen, zu rauchen und dann zu schlafen. Henry und Sophia suchten sich ein wenig abseits eine ebene Stelle, breiteten die Persenning aus, die Henry in Konstantinopel gekauft, und fingen an, die Speisen zu verzehren, die Frau Dramali ihnen mitgegeben hatte. Sophia fand das Fleisch, das sie für Ziegenfleisch hielt, ungenießbar. Sie ließ sich nichts anmerken, aber Henry schob es ebenfalls sehr bald beiseite.
»Ich habe in China, Japan, Ägypten, Mesopotamien, Indien und auf Java gegessen. Alles, von gebratenen Ameisen bis zu Fischaugen; aber ich habe noch nie so etwas wie dieses hier genossen. Was glaubst du, was es ist?«
»Ich will es lieber gar nicht wissen. Laß es liegen. Ich habe vorsichtshalber ein paar Sachen mitgebracht, die ich in Çanakkale besorgt habe; sie werden dich vielleicht nicht sättigen, aber sie werden dir auch keine Magenschmerzen verursachen.«
Sie holte ein Päckchen hervor, in dem sie Oliven, Ziegenkäse, gesalzene Sardinen und trockene Feigen hatte. Dann fügte sie noch die frischen Tomaten hinzu, die sie am Tag zuvor in Erenkoi gekauft, und ein paar von den Keksen ihrer Mutter, die sie aus Athen mitgebracht hatte.
»Ein regelrechtes Bankett!« rief Henry aus. »Kann ich mich darauf verlassen, daß du immer Zauberkünste zuwege bringst?«
Plötzlich stand der Riese wie eine Felsklippe über ihnen. Er nahm seinen Fes ab, verbeugte sich tief und sprach mit schüchterner Stimme.
»Herr, *doulos sas*, Ihr Sklave. Name Yannakis. Morgen haben Sie fünfunddreißig Arbeiter. Wer führt Buch über sie? Sie müssen jeden Tag bar bezahlen. Ich lese und schreibe Türkisch und Griechisch. Ich kann rechnen. Ernennen Sie mich zum Ansteller und Zahlmeister?«

Henry war überrascht, aber ihm gefiel die seltsame Kombination von Yannakis' furchterregendem Aussehen und seiner sanften Art.
»Was haben Sie sich gedacht, wie Sie die Sache organisieren wollen?« fragte er.
»Sie geben mir Notizbuch. Ich schreibe Namen jedes Mannes. Ich schreibe Datum. Mann kommt zur Arbeit, ich mache Haken hinter seinen Namen. Ich sage Ihnen Gesamtzahl von Männern am Hügel. Sonnenuntergang Sie geben mir so viele mal neun Piaster. Wenn ich Mann bezahle, ich mache Zeichen neben seinen Namen. Wie wir in Konstantinopel gezahlt haben, als ich auf der Schiffswerft arbeitete.«
Sophia sagte: »Ein Buchhalter und Zahlmeister in einem. Henry, das könnte uns eine Menge Kleinarbeit ersparen.«
Yannakis richtete sich zu seiner ganzen imposanten Höhe auf, straffte die Schultern, strich seinen mongolischen Schnurrbart nach oben und verkündete: »Ich auch kochen!«
Yannakis hatte keine Vorstellung von dem, was die Schliemanns an diesem Hügel taten, aber im Gegensatz zu den übrigen Männern aus Erenkoi hielt er sie nicht für *palavos*, verrückt.

Am nächsten Morgen traf Yannakis vor halb sechs mit einer Gruppe von fünfunddreißig Männern ein, denen er erklärt hatte, es gebe Arbeit bei Hissarlik und bei Sonnenuntergang werde man sie bezahlen. Sophia brachte ein liniertes Notizbuch sowie Federhalter und Tinte mit. Yannakis nahm die Sachen in Empfang, verbeugte sich tief mit dem Fes in der Hand, murmelte *»doulos sas«* und trug die Namen der Männer ein, die mit ihm gekommen waren. Wenige Minuten später schwang er die Spitzhacke und warf den weichen Schutt in hohem Bogen durch die Luft, während er sich mit der Behendigkeit einer Bergziege den Hügel hinaufarbeitete. Vor ihm räumten die Männer aus Erenkoi das Gestrüpp fort und fällten Bäume.
Henry wollte nur knapp einen halben Meter tief graben, bis er die sechzig Meter lange und fünf Meter breite Rinne zum Plateau des Hügels hatte. Als er sich der Zone näherte, wo er glaubte, daß die trojanischen Schutzwälle begannen, sagte er:
»Hier fangen wir an, nach innen zu graben.«
Die Hauptschwierigkeit war, daß ihre acht Schubkarren und das halbe Dutzend Spitzhacken und die hölzernen Schaufeln nicht ausreichten für die fünfunddreißig Männer, die am Hügel arbeiteten. Er stellte fünfzehn von ihnen dazu an, den Schutt in Körben fortzuschaffen, aber es war eine zeitraubende und mühselige Arbeit, denn der Hang war an beiden Seiten des Grabens dicht mit Büschen, Dorngestrüpp, großen Steinen und Bäumen mit herabhängenden Zweigen bedeckt.
»Wäre es nicht eine Zeitersparnis, das Gebüsch an beiden Seiten zu entfernen?«
»Nein, denn sobald der Graben tiefer als zwei Meter ist, wird es zu mühsam,

die Körbe mit Seilen an die Oberfläche zu ziehen. Es ist einfacher, den Schutt dann mit den Schubkarren auf einem Seitengraben fortzuschaffen und ihn am Ende dieses Seitengrabens den Abhang hinunterzuwerfen.«

Während der Frühstückspause um neun erschien Georgios Sarkis. Er hatte am Abend zuvor ein Bett in Ciplak gefunden, aber anscheinend wenig Schlaf. Er war von kleiner Gestalt, mit einer bläßlichen Haut und einem Gesicht, das nur aus zwei großen, dunklen Augen zu bestehen schien. In der Hand trug er ein Notizbuch, ähnlich demjenigen, das Yannakis benutzte, in dem er die täglichen Funde der Schliemanns einzutragen beabsichtigte, damit das Osmanische Museum sicher sein konnte, daß es die ihm zustehende Hälfte bekam. Henry bemerkte:

»Er ist offensichtlich nicht sehr begeistert, daß man ihn aus seinem bequemen Leben in Çanakkale gerissen und in ein gottverlassenes Bauerndorf verbannt hat.«

»Sein Gesichtsausdruck ist köstlich. Er besagt: ›Wie komme ich, ein Armenier, dazu, als türkischer Beamter einen deutsch-russisch-amerikanischen Mann und eine griechische Frau zu überwachen, die ihre Zeit mit einem törichten Vorhaben vergeuden, bei dem nichts herauskommen wird?‹«

Da sie vorläufig noch nichts fanden, stand Sarkis nicht Wache bei ihnen, sondern wanderte ziellos umher, wohl in der Annahme, sagte sich Sophia, daß die Zeit schneller vergeht, wenn man sich bewegt, als wenn man still dasteht. Sophia stellte anhand von Henrys goldener Taschenuhr fest, daß seine Rundgänge ihn etwa alle halbe Stunde zum Graben zurückführten.

»Ich glaube, er wird uns nicht viel zu schaffen machen«, sagte sie zu ihrem Mann, »er hat nichts im Sinn, außer dem sehnlichen Wunsch, daß die schweren Regenfälle bald einsetzen mögen, damit wir mit unserer Arbeit aufhören müssen.«

»Mir ist nicht klar, wozu ich einen Aufseher brauche. Ich rechne nicht damit, etwas anderes zu finden als Paläste aus Stein, den Tempel, die Wachttürme, die Befestigungsmauern. Der Großwesir kann doch wohl schwerlich daran interessiert sein, diese riesigen Steinblöcke nach Konstantinopel zu schaffen?«

»Ich hoffe nicht!« sagte Sophia mit einem grimmigen Lachen. »Gemäß deinem *firman* bist du nämlich verpflichtet, die Transportkosten von hier bis zum Museum zu tragen.«

Henry schlug sich mit der Hand an die Stirn.

»Ich bin doch wirklich ein Idiot! Ich habe dir diese Klausel übersetzt, aber sie nie bewußt aufgenommen.«

»Wie dem auch sei, du hast mir gesagt, daß Steinmauern *in situ* gelassen werden, dort, wo man sie findet.«

Am Spätnachmittag dieses Tages machten sie ihren ersten Fund. Sophia stand am oberen Ende des Grabens, da sah sie plötzlich in einer Schaufelvoll Erde, die einer der Arbeiter gerade in einen fast vollen Korb fallen ließ, einen Metallschimmer. Ihr Herz begann heftig zu klopfen; sie ließ den Arbeiter den

Korb heraufheben, und während die anderen Männer sich, die Körbe auf der Schulter, einen Weg über den steilen Hügel bahnten, fuhr sie mit den Fingern durch die obere Schicht des Schutts. Sie brachte ein halbes Dutzend Münzen zum Vorschein, die mit einer dicken Erdkruste überzogen waren, aber es war genug vom Metall zu sehen, um zu erkennen, daß sie aus Kupfer oder Bronze waren.

»Unser erster Schatz!« rief sie aus. Sie war überwältigt von Freude – und Stolz...

Henry befand sich auf halber Höhe des Grabens und wies die Männer mit den Spitzhacken an, tiefer zu graben – einen Meter, anderthalb Meter, zwei Meter – und diese Tiefe den Hügel hinauf beizubehalten. Als er sah, daß Sophia ihm zuwinkte, ging er ihr entgegen. Sie schien sehr erregt.

»Was ist los, Sophidion? Du siehst aus, als hättest du soeben Troja entdeckt.«

»Ich habe meinen ersten Fund als Archäologin gemacht. Mir ist zumute wie damals, als ich mein Diplom im Arsakeion ausgehändigt bekam.«

Sie ließ die Münzen in seine Hand fallen. Er befühlte sie zwischen Daumen und Zeigefinger, dann ging er zu ihrem Eßplatz auf der kleinen Anhöhe, feuchtete einen Lappen an und säuberte sie. Die erste Münze zeigte die Gestalt der Athene mit Helm, Ägis und Speer, die nächste die Wölfin, die Romulus und Remus säugt; auf der dritten war die Gestalt des Apollo zu sehen, in einen langen Chiton gekleidet und mit einer Lyra in der Hand; die vierte trug ein Bild des Hektor, ein Schwert in der einen Hand, eine Lanze in der anderen.

Sophia hatte ähnliche Münzen in den Museen von Neapel und Rom sowie in der Bibliothek von Athen gesehen, wo Henry sie gezwungen hatte, stundenlang vor den numismatischen Kästen zu stehen, während er ihr erklärte, aus welchem Zeitalter und Gebiet sie stammten und wie die Figuren in den Gußformen gezeichnet oder von Hand geschlagen wurden. Ihre müden Füße hatten sie seine eingehenden Ausführungen nicht immer schätzen lassen, aber jetzt war sie dankbar dafür.

»Henry, zwei von diesen erkenne ich. Dieser Apollo stammt aus Neu-Ilion, nicht wahr? Aus einer griechischen Stadt, die ungefähr zur Zeit Jesu hier auf diesem Hügel gestanden hat?«

»Richtig. Diese Münze mit der Athene ist ebenfalls griechisch, vermutlich aus Alexandria Troas, der Stadt, die Antigonos, ein Feldherr Alexanders des Großen, etwa achtzig Kilometer weiter südlich errichtet hat.«

»Und wie kommt diese Münze von Romulus und Remus hierher?«

»Das ist leicht zu erklären. Die Römer haben Sigeum gegründet, das ich dir auf dem Vorgebirge jenseits der Troas gezeigt habe. Sie haben immer ihr Geld, oder zumindest ihre Gußformen, mitgenommen, wenn sie auszogen, ein Land zu erobern.«

»Wenn wir Münzen von Troja finden, werden wir ihren Wert bestimmen können?«

»Nein. Laut Homer haben sowohl die Trojaner als auch die Achäer Tauschhandel getrieben. Man brauchte zum Beispiel vier Ochsen, um ein junges Mädchen zu kaufen.«

Sophia runzelte die Stirn.

»Wir wissen, daß die Achäer Goldbarren hatten...«

»Und zahlreiche andere Dinge. Als Achilles Preise für die athletischen Kämpfe anläßlich des Begräbnisses seines Freundes Patroklos aussetzte, gab er für die Pferderennen einen Dreifuß aus Gold, für die Wettläufe eine Schüssel aus Silber, für die Boxer einen Napf mit zwei Henkeln, wahrscheinlich aus Gold, für die Bogenschützen dunkles Eisen: zehn einseitige und zehn Doppeläxte. Was die Trojaner betrifft, sie waren reich; der gefangene Adrastos umschlingt die Knie von Menelaos und fleht: ›Schone mich, Atreus' Sohn, und nimm dir würdige Lösung. Viel' der Kleinode hegt der begüterte Vater im Hause, Erz und Goldes genug und schöngeschmiedetes Eisen.‹ Gegen Ende der *Ilias*, ehe Priamos sich aufmacht, den Leichnam Hektors auszulösen, ›stieg er hinab in die lieblich duftende Kammer, hoch, mit Zedern getäfelt, die viel' Kleinode verwahrte...‹«

»Henry, darf ich diese Münzen behalten? Meine ersten. Wir können Sarkis die gleiche Anzahl von anderen geben, die wir später finden.«

»Natürlich. Aber du mußt dir genau aufschreiben, wo und in welcher Tiefe sie gefunden wurden, und dann verwahre sie in einem Kuvert und datiere es.«

Henry hatte Yannakis einen Geldgürtel gegeben, den er in Konstantinopel gekauft hatte. Jeden Nachmittag gab er ihm genügend Geld, die Männer zu bezahlen. Nach einigen Tagen kam Yannakis zu Henry und sagte:

»*Doulos sas*. Morgen kommen mehr Männer. Wie viele ich bringen?«

»So viele gute Arbeiter, wie Sie können, Yannakis. Sagen wir bis zu achtzig. Unsere größte Schwierigkeit besteht darin, den Schutt aus dem Weg zu räumen.«

An diesem Abend sagte Sophia:

»Ich habe den Geldgürtel mehrmals mit dem Buch verglichen. Ihm fehlt nicht ein Piaster. Gestern abend hat er unsere ganze Wäsche in einem großen Korb auf dem Kopf mit nach Hause genommen, damit seine Familie in Erenkoi sie für uns wäscht.«

»Ein seltener Fund«, stimmte Henry ihr bei. »Ich erhöhe morgen seinen Lohn auf dreißig Piaster pro Tag. Das macht ihn zum Krösus von Erenkoi. Gleichzeitig ernenne ich ihn zum Aufseher über die Arbeiter.«

Yannakis lehnte es ab, Aufseher zu werden.

»Herr, ich gebe nie Befehle. Wem? Meinen Eltern? Meinen Brüdern und Schwestern? Meinen Freunden? Männern, mit denen ich arbeite? Unmöglich. Ich habe nie Frau und Kinder gehabt und habe daher nie gelernt, andere Leute tun zu lassen, was ich will.«

Henry stand immer noch um vier Uhr auf und ritt zum Meer, um sein Morgenbad zu nehmen, aber Sophia hielt ihn an sein Versprechen, sie nicht aus dem Bett zu holen. Sie sorgte dafür, daß der Kaffee fertig und die fünf Gran

Chinin abgemessen waren, wenn er um fünf zurückkehrte. Und sie hatte auch das Päckchen für ihr Mittagessen bereit.
Sie hatten das zweite Zimmer im Obergeschoß zu ihrem Wohn- und Arbeitsraum gemacht, mit einem Bücherregal und einem Schreibtisch, die Henry notdürftig aus rohen Planken und Stapeln von ungebrannten Ziegelsteinen zusammengezimmert hatte. Hier schrieben sie bis Mitternacht ihre Briefe, die Berichte über die Arbeit des Tages und über die Fortschritte, die sie gemacht, wobei sie genau vermerkten, wie viele Männer am Hügel gearbeitet hatten und wie viele Piaster bezahlt worden waren.
Sophia tat jeden Abend ein paar Tropfen Kölnisch Wasser auf ihre Kopfkissen, um den Gestank der Tierexkremente unten im Hof nicht so zu riechen. Aber das geschah erst, nachdem sie allabendlich gewissenhaft beide Seiten der Matratze mit Öl und Alkohol abgerieben hatte, um die Wanzen zu beseitigen, die sich während des Tages dort angesammelt hatten.
Sie konnten kaum etwas von den Speisen genießen, die Frau Dramali ihnen vorsetzte. Die Küche der Dramalis mit ihrem festgestampften Erdfußboden und der offenen Feuerstelle war verhältnismäßig sauber, aber die Tiergerüche von Jahrzehnten machten es Sophia unmöglich, irgend etwas am Familientisch zu sich zu nehmen. So beschlossen sie, sich ihr Abendessen in ihr Arbeitszimmer bringen zu lassen. Das Dorf hatte auch nichts außer einem düsteren kleinen Krämerladen, in dem es wenig Nahrungsmittel gab, die sie vertragen konnten. Sophia lebte von dem frischen Obst, dem Käse, dem Brot und den Tomaten, die Yannakis täglich aus Erenkoi brachte. Gelegentlich trieb er irgendwo ein Huhn oder ein junges Lamm auf, das er im Backofen der Dramalis draußen auf dem Hof zubereitete und den Schliemanns mittags noch warm zu ihrem Eßplatz am Hang des Hügels brachte. Diese seltenen Gelegenheiten waren jedesmal ein Fest.
Sophia nahm ab und hatte bald wieder die Figur, die sie vor Andromaches Geburt gehabt hatte. Henry, der von Natur aus schlank und sehnig war, behielt sein Gewicht.
›Es ist nicht Nahrung, woraus er die Kraft schöpft, achtzehn Stunden am Tag zu arbeiten‹, sagte sie sich, ›es ist das innere Feuer, das ihn in Schwung hält.‹

Henry machte den nächsten Fund, als der Graben über zwei Meter tief war: einen römischen Brunnen, mit einem großen Stein bedeckt.
»Woran kannst du sehen, aus welcher Zeit er stammt?« fragte Sophia.
»An dem Mörtel, der die Steine zusammenhält. Aber wir werden keine Zeit damit verlieren, ihn freizulegen.«
Sie machten gute Fortschritte, tasteten sich seitlich in den Hügel hinein, während sie gleichzeitig den Graben weiter hinauf zur Kuppe zogen. Yannakis brachte jeden Tag mehr Arbeiter, bis es insgesamt achtzig waren und der Hang einem riesigen Ameisenhügel glich. Die Geräte, die Henry mitgebracht hatte, reichten nicht aus.
Gegen Ende der ersten Woche stieß Henry plötzlich einen Schrei aus und

winkte Sophia herbei. Er war auf die Ruinen von Gebäuden gestoßen, die aus handgehauenen Steinen mit und ohne Mörtel errichtet worden waren. Henry triumphierte. Er vermutete, daß dies die Ruinen eines Tempels der Athene seien; wenn das der Fall war, bestand die Möglichkeit, daß darunter ein trojanischer Tempel lag. Die Steine waren riesig.

»Wir müssen sie herausbrechen und entfernen«, sagte er nicht sehr beglückt, »sie versperren uns den Weg.«

»Sind sie nichts wert?«

»Sie sind zu neu. Wie dumm von mir, daß ich keine Eisenhebel mitgebracht habe. Wir werden sie von Hand herausholen müssen.«

Die Männer arbeiteten mit der Spitzhacke um das Fundament herum, bis die Steine vollkommen freilagen. Yannakis brachte ein Ochsengespann aus Ciplak. Sie schlangen Seile um die Steine, dann zogen und zerrten die Männer, bis der jeweilige Stein aus dem Hügel herauskam. Die Seile wurden gelöst, und die riesigen Blöcke stürzten den Hang hinunter. Als ein Stein im Begriff war, seinen Abstieg zu beginnen, ertönte ein lauter Schrei, die achtzig Männer ließen alles stehen und liegen und eilten zu der Stelle, wo der Stein mit ziellosen Sprüngen den steilen Hang hinunterpolterte; ihre Ausrufe und ihr gackerndes Gelächter erstickten in dem donnernden Getöse der Blöcke, die bei ihrem Sturz in die Tiefe Sträucher und Bäume mitrissen.

Henry war verärgert über die Unterbrechung der Arbeit.

»Man könnte meinen, sie beobachten den Kampf zwischen Menelaos und Paris, der den Trojanischen Krieg entscheiden soll«, sagte er verdrießlich zu Sophia.

»Für sie ist es etwas Ähnliches.« Sophia hatte auch Spaß an dem Schauspiel. »Es bereitet ihnen das gleiche Vergnügen, das es uns bereitet, die Wachablösung vor dem Königspalast in Athen zu sehen.«

Henry beherrschte sich, bis der Vorgang sich ein drittes Mal wiederholte, dann zählte er die Minuten auf seiner Golduhr. Von der Sekunde, wo der Schrei ertönte, bis zu dem Augenblick, wo der Stein auf der Ebene zu rollen aufhörte und die Männer zu ihrer Arbeit zurückkehrten, vergingen zwölf Minuten. Henry sagte energisch:

»Multipliziere zwölf mit achtzig, dann hast du fast tausend Minuten. Das bedeutet sechzehn Arbeitsstunden, die wir jedesmal verlieren, wenn wir einen großen Stein hinunterrollen lassen. Ich werde dieser Sache ein Ende setzen, sonst kommen wir vor den Regenfällen nicht mehr zum gewachsenen Boden.«

Sophia schwieg. Henry erließ einen strengen Befehl: Niemand durfte außerhalb der regulären Ruhepausen seine Arbeit im Stich lassen. Die Männer nickten zustimmend, stürmten aber auch weiterhin zum Ort der Handlung, sooft sich das Schauspiel wiederholte. Henry war wütend, aber er konnte sie nicht daran hindern, es sei denn, er hätte die ganze Belegschaft entlassen.

4.

Auf der fünf Kilometer langen Strecke zwischen Hissarlik, Ciplak und dem Ägäischen Meer gab es Sümpfe, in denen Millionen von Fröschen lebten. Die Sommerhitze trocknete die Sümpfe aus, und bis Ende September waren die Frösche in der Sonne verwest. Nach Aussage der Bewohner von Troas verursachte dies die Malaria. Henry hatte bei seinen früheren Besuchen davon gehört und hatte in der *Pharmacie Britannique* in Konstantinopel genügend Chinin gekauft, um sich und Sophia während ihres Aufenthalts zu schützen. Sie waren knapp eine Woche bei den Dramalis, da erkrankte die siebzehnjährige Tochter des Hauses an Malaria. Als Henry und Sophia bei Einbruch der Dunkelheit von der Arbeit zurückkehrten, wartete die Mutter an der Tür. Sie sprach zu Henry:

»Tochter ist krank. Schlechte Luft vom Sumpf. Können Sie helfen?«

»Ich werde es versuchen«, erwiderte er. Dann, an Sophia gewandt: »Bitte bring unser Thermometer und den Arzneikasten herunter.«

Das Mädchen lag zusammengekauert auf einem Feldbett im einzigen Schlafzimmer der Familie. Sophia maß ihre Temperatur; sie hatte 38,9.

»Wir geben ihr sechzehn Gran Chinin«, sagte Henry. »Als ich in Nicaragua einmal Sumpffieber hatte und schon beinah im Sterben lag, gab ein durchreisender deutscher Arzt mir vierundsechzig Gran in einer einzigen Dosis. Es hat mich gesund gemacht, aber für ein junges Mädchen könnte es gefährlich sein.«

Er bat um ein Glas Wasser, und das Mädchen schluckte das bitter schmekkende Pulver.

»Wir wiederholen die Dosis morgen früh und morgen abend und dann noch einmal am nächsten Morgen.«

Das Chinin erwies sich als Wundermittel gegen die Malaria. Binnen weniger Tage war die junge Tochter der Dramalis wieder auf den Beinen. Das war der Anfang von Dr. Schliemanns ärztlicher Praxis. Jeden Morgen warteten ein oder zwei Bauern aus Ciplak, Kum Kale oder Yenischehir darauf, von ihm behandelt zu werden. Da es weder einen Arzt noch eine Krankenschwester oder auch nur irgendwelche Medikamente in der Troas gab, wurden Henry und Sophia zum örtlichen Ambulatorium. Sie fanden allmorgendlich bei ihrer Ankunft am Hügel eine Anzahl Kranker, einschließlich Frauen und Kinder, vor. Henry ließ sie viermal hintereinander kommen. Sophia führte Buch. Nach der vierten Dosis Chinin waren die Leute wieder gesund.

»Dr. Schliemann, Sie haben noch nicht einen Patienten verloren.«

»Vielen Dank, Schwester, aber mein Chinin geht zu Ende. Ich glaube, wir sollten lieber an die *Pharmacie Britannique* schreiben und bitten, daß man uns postwendend einen neuen Vorrat sendet.«

Männer, die sich verletzt oder geschnitten hatten, kamen aus sämtlichen Ortschaften der Troas herbei. Sophia stellte abends im Hof der Dramalis einen großen Topf mit kochendem Wasser auf, mit dem sie die Wunden rei-

nigte. Henry trug eine Salbe auf, und Sophia legte den Verband an. Keiner dieser Fremden kehrte je zu einer Nachuntersuchung zurück.
»Ich möchte wissen, ob wir sie geheilt oder getötet haben«, grübelte Henry.
Bald begannen die Dorfbewohner, ihre kranken Kamele, Esel und Schafe anzubringen.
»Jetzt bin ich auch noch Tierarzt geworden!« murrte Henry. »Woher soll ich wissen, wie man Tiere kuriert?«
»Wir haben Arnikatinktur in unserem Arzneikasten.«
»Das kann ich für ihre Wunden und Schnitte benutzen, aber ich habe noch nie gehört, daß man Arnika eingibt. Und du?«
»Kuriere sie äußerlich und überlaß ihr Inneres dem lieben Gott.«
»Selbst diese Hälfte ist mehr, als die Araber zu tun bereit sind. Ich habe einmal auf einem Tiermarkt ein Kamel gesehen, das stark aus der Nase blutete. Als ich den Besitzer darauf aufmerksam machte, lächelte er resigniert und sagte: ›Es ist der Wille Allahs!‹«
Yannakis berichtete, daß viele der Tiere gesund geworden seien.
»Hast du bemerkt, Sophidion, von all den Leuten, die wir behandelt haben, und auch von den Tierbesitzern, ist nicht ein einziger wiedergekommen, um uns zu danken! Dankbarkeit scheint nicht zu den Tugenden des modernen Trojaners zu gehören.«
»Gib dich mit dem Bewußtsein zufrieden, daß man dich in der ganzen Troas als Wundermann ansieht. Das wird uns nächstes Jahr hier die Arbeit erleichtern.«
Sie fanden vereinzelte Medaillen, Gedenkmünzen, die anscheinend zu Ehren von diversen Kaisern oder Königen gegossen worden waren. Sophia nahm sie abends mit nach Hause, reinigte sie und steckte sie in datierte Kuverts. Mit jeder Schicht kam irgendeine andere Art von Gegenstand ans Tageslicht. Sie waren jetzt über zwei Meter tief; der Graben war zwanzig Meter lang, als sie eine größere Anzahl von Terrakottagegenständen, roten, gelben, grauen und schwarzen, fanden. Jedes Stück hatte zwei Löcher am oberen Ende, und sie waren alle unversehrt. Die meisten trugen ein Zeichen, das der Stempel des Töpfers zu sein schien. Sophia, die für all die kleinen Gegenstände, die sie fanden, verantwortlich war, wartete, bis Henry die Tiefe und die Position der Funde aufgezeichnet hatte, dann brachte sie sie zu ihrer Persenning. Georgios Sarkis sah sie sich an, hatte kein Interesse und gestattete Sophia bereitwillig, sie mit nach Hause zu nehmen, um sie zu reinigen und zu klassifizieren. Henry hatte ihr im Arbeitszimmer einen getrennten Tisch aus Planken und Ziegelsteinen aufgestellt. Sie wusch die sieben bis zehn Zentimeter großen Terrakottastücke behutsam mit einem weichen Tuch in kaltem Wasser. Nach und nach kamen herrliche Zeichnungen zum Vorschein. Sophia ging zu Henry hinüber, der in seinem Tagebuch schrieb.
»*Philtate mou*, mein Liebling, unsere ersten Kunstwerke! Sieh dir dies hier mit dem reizenden Vogel an; und dies mit dem tänzelnden Pferd. Das hier sind Rehe, nicht wahr? Und hier ist ein junges Mädchen, das die Hände sitt-

sam über der Brust gekreuzt hält. Wozu hat man sie benutzt? Wie alt sind sie?«

Henry holte sein Vergrößerungsglas heraus und erkannte einen Altar, über dem eine Biene mit ausgebreiteten Flügeln schwebte; einen Stier, einen Schwan, ein Kind. Sie betrachteten mit Staunen die Schönheit der Zeichnungen.

»Ich kann mir einfach nicht erklären, wozu sie benutzt worden sind. Aber diese zwei Löcher am oberen Ende müssen irgend etwas zu bedeuten haben.«

»Es könnten Öffnungen für dünne Lederriemen oder Wollfäden sein. Vielleicht, um diese Stücke zu tragen oder an die Wand zu hängen, wie wir zu Hause unsere Ikonen aufhängen.«

»Vielleicht Weihgeschenke, die sowohl in Tempeln als auch zu Hause aufgehängt wurden? Das wäre denkbar. Was ihr Alter betrifft, diese von Hand gefertigten Formen sind zu primitiv, um römisch zu sein. Die Ägypter haben bereits 4000 v. Chr. das Töpferrad benutzt, und alles, was die Ägypter kannten, haben sich die Römer angeeignet...«

»Nur nicht, wie man Pyramiden baut!«

Henry belohnte sie mit einem leisen Lachen und sagte: »Zieh bei jedem Stück eine Schnur durch eins der Löcher und binde einen Zettel mit dem Datum der Entdeckung und meinem Vermerk über den genauen Fundort daran.«

Nach den ersten Wochen Arbeit – der Graben war mittlerweile vier Meter tief – wachten sie eines Morgens auf und sahen, daß es stark regnete. Die Männer aus Erenkoi kamen nicht. Henry und Sophia waren ans Haus gefesselt. Henry nutzte den Tag, um einen ausführlichen Bericht über seine Funde für die Griechische Philologische Gesellschaft in Konstantinopel zu schreiben, die sich bereit erklärt hatte, alles, was er ihr sandte, in ihrem Journal zu veröffentlichen. Sophia machte Eintragungen in ihr Tagebuch und schrieb Briefe an ihre Familie.

Die Griechen arbeiteten weder sonntags noch an griechischen Feiertagen, von denen es sehr viele gab.

»Selbst wenn ich ihnen tausend Francs pro Stunde zahlte«, bemerkte Henry in seinem Tagebuch, »so arm die Leute sind und so gern sie arbeiten würden, man kann nicht erreichen, daß sie es an Feiertagen tun, und sei es auch nur der Tag irgendeines völlig unbedeutenden Heiligen. ›Der Heilige wird uns bestrafen‹, ist ihre einzige Antwort.«

Yannakis durchsuchte die Gegend und fand fünfundzwanzig türkische Arbeiter. Nachdem Henry sie ein paar Tage beobachtet hatte, sagte er zu Sophia: »Ich würde gern, wenn möglich, mehr anstellen, denn sie sind gewissenhafter und ehrlicher als die asiatischen Griechen, und sie arbeiten sonntags und an den zahlreichen Tagen der Heiligen. Da sie mit unermüdlichem Eifer bei der Sache sind, werde ich ihnen einen höheren Lohn zahlen als den Griechen.«

So arbeiteten jetzt an Sonntagen und griechischen Feiertagen achtzig Türken am Hügel. Yannakis hatte abermals die Umgebung durchkämmt, diesmal, um zu mieten oder zu kaufen, was immer er an verfügbaren Geräten auftreiben konnte: Schaufeln, Spitzhacken, Äxte, lange Messer, Metallstangen. Henry mietete vier Karren mit Ochsengespannen, um die riesigen Mengen von Schutt und Erde fortzuschaffen, denn der Graben war jetzt sieben Meter tief und erstreckte sich bis zur Spitze des Hügels. Er konnte nicht mehr selbst all die Gruppen von Männern überwachen, die an den verschiedenen Abschnitten arbeiteten.

Nachdem sie eines Abends ein leichtes Essen mit Eiern, Brot und Tee zu sich genommen und ihre Schlafröcke angezogen hatte, begann Henry, nervös im Arbeitszimmer auf und ab zu gehen.

»Was hast du, Henry?«

»Wir können nicht noch mehr Zeit verlieren. Wir müssen Stichgräben anlegen, damit wir die Erde vom Hauptgraben fortschaffen und in einiger Entfernung abladen können. Ich brauche einen Aufseher, der die Leute antreibt. Wohin kann ich mich wenden? Vielleicht in Çanakkale...?«

»Du müßtest mehrere Tage fortbleiben, und wir haben so wenig Zeit bis zum Winterregen. Sollten wir uns nicht lieber diese paar Wochen noch so behelfen? Nächstes Jahr können wir geschulte Leute aus Athen mitbringen.«

»Ja, das ist zweifellos besser.« Plötzlich neigte er den Kopf zur Seite, sah sie einen Augenblick prüfend an, dann lachte er leise. »Und im übrigen haben wir ja unseren zweiten Aufseher gleich hier im Schoß der Familie.«

»Henry, doch nicht etwa ich?«

»Du!«

»Du weißt genau, wie gering Frauen in diesem Teil der Welt geachtet werden. Außerdem würden die Männer nie Befehle von jemandem annehmen, der so viel jünger ist...«

»Dir wird schon etwas einfallen.«

Sie schüttelte ungläubig den Kopf.

Henry zeichnete auf seiner Karte die Stichgräben nach beiden Seiten im rechten Winkel zum Hauptgraben ein. Am nächsten Morgen steckte er an Ort und Stelle ihre Größe ab, wählte zehn Männer für jeden der beiden Gräben und sagte:

»*Kyria* Schliemann wird diese Arbeit überwachen. Sie weiß genau, was ich will, und hat Naturwissenschaft am Arsakeion in Athen studiert. Ich möchte, daß Sie ihr bei all ihren Anweisungen den gleichen Respekt entgegenbringen, den Sie mir entgegenbringen würden. Wer das nicht tut, wird entlassen.«

Die Männer sahen ihn mürrisch an. Diese Schmach würde sie das Gesicht verlieren lassen, nicht nur vor den anderen Arbeitern, sondern vor ganz Erenkoi, sobald bekannt wurde, daß man sie der Aufsicht einer Frau unterstellt hatte. Sie würden zum Gespött der Leute werden und möglicherweise sogar die Gewalt über ihre Familie verlieren, weil sie öffentlich gedemütigt worden waren.

Sophia hatte Mitleid mit ihnen. Sie kannte die Stellung des griechischen Mannes innerhalb der Gemeinschaft und wußte, wie wichtig ihm sein Ansehen war. Aber sie konnte nicht zulassen, daß sie die Arbeit aufgaben, wie sie es im Flüsterton zu tun drohten. Henry brauchte jeden Mann. Sie kam zu dem Schluß, daß Tätigkeit, jegliche Art von Tätigkeit, besser war, als einfach müßig herumzustehen. Ohne die Männer anzusehen oder ein Wort zu sagen, nahm sie eine Schaufel zur Hand und begann, mit kraftvollen Bewegungen die Erde innerhalb der von Henry abgesteckten Grenzen zu lockern. Die Arbeiter standen in kleinen Gruppen beisammen und rollten Zigaretten aus dem Tabak, den jeder von ihnen hinter seinem Haus anbaute.

Sophia fuhr fort zu graben und warf jede Schaufelvoll den Hang hinunter. Nach einer Weile spürte sie eine Veränderung der Atmosphäre. Die Männer nahmen allmählich ihre Geräte auf und fingen an, hinter ihr zu arbeiten – aber in einem Tempo, das nicht annähernd demjenigen der Männer am Hauptgraben entsprach.

›Nun gut‹, dachte sie bei sich, ›sie müssen einfach irgendwie protestieren. Ich werde heute nichts sagen. Sollen sie sich abreagieren.‹

Als sie am Abend nach Ciplak zurückkehrten, war Henry wütend über den langsamen Fortschritt der Arbeit.

»Ich werde ihnen morgen früh energisch die Meinung sagen.«

»Nein, Henry, das wirst du bitte nicht tun. Ich bin ihr Aufseher, und ich muß sie mir auf eine Art gewinnen, die von Dauer ist. Laß es mich allein durchkämpfen.«

Am nächsten Morgen war sie sehr erleichtert, als sie sah, daß alle ihre Arbeiter wiedergekommen waren. Sie grüßte jeden einzelnen von ihnen mit einem freundlichen, wenn auch förmlichen »Guten Morgen« auf türkisch. Die Männer arbeiteten auch weiterhin mit betonter Langsamkeit. Sophia ließ sich nichts anmerken. Nach etwa einer Stunde sah sie, daß einer der Leute stark schwitzte. Sie legte die flache Hand an seine Stirn und fühlte das Fieber. Sie beriet sich kurz mit Henry, dann sagte sie zu Yannakis:

»Setzen Sie ihn auf ein Maultier. Wir bringen ihn nach Ciplak.«

Die Familie Dramali war nicht sehr beglückt beim Anblick von Yannakis, der den kranken Mann hinauftrug, aber Frau Dramali sagte nur:

»Wir können den Dr. Schliemanns nichts abschlagen. Sie haben unsere Tochter gesund gemacht.«

Yannakis machte auf dem Boden des Arbeitszimmers ein Bett aus Decken zurecht. Sophia maß sechzehn Gran Chinin ab, dann hielt sie dem Mann das Glas Wasser an die Lippen. Am Abend gab sie ihm eine weitere Dosis und eine dritte am nächsten Morgen. Mehr brauchte er nicht, und er ging nachmittags stillschweigend zum Hügel, um mit seinen Gefährten nach Erenkoi zurückzukehren.

Am Tag darauf nahmen Sophias Arbeiter ihre Geräte und fingen normal zu arbeiten an. Der passive Widerstand war beendet.

Gegen Ende Oktober wurden die Lebensbedingungen in Ciplak fast unerträglich. Es regnete alle paar Tage; die Straßen des Dorfes wurden zu einem knöcheltiefen Sumpf. Der Hof der Dramalis, über den man gehen mußte, um zum Eingang des Hauses zu gelangen, war jetzt angefüllt mit den Tieren der Familie. Nach Einbruch der Dunkelheit, wenn die Schliemanns von der Arbeit zurückkehrten, war es fast unmöglich, den Hof zu überqueren, ohne auf den diversen Exkrementen auszurutschen, deren Gestank zu ihrem Schlafzimmer hinaufdrang. Kälte und Regen sickerten durch die Mauern, und ihre Zimmer waren so feucht, daß das Wasser an den Wänden hinablief und kleine Pfützen auf dem Boden bildete. Ihre Kleidung, so widerstandsfähig sie auch war, wurde modrig und schien nie mehr trocken zu sein. Die körperliche Erschöpfung ließ sie nur vier bis fünf Stunden pro Nacht schlafen.

Doch verbunden mit der Erregung des Tages war es genug.

Das Arbeitstempo steigerte sich. Es gab selten weniger als achtzig griechische oder türkische Arbeiter am Hügel. Henry verstand es, die Leute nutzbringend einzusetzen. Aber es war eine von Sophias Gruppen, die in der Nähe des Hauptgrabens die ersten Töpfe fand, nach denen sie gesucht hatten: kleine irdene Gefäße, grob gearbeitet, manche unversehrt, andere zerbrochen. Es waren zweifellos Küchenutensilien. Sophia wickelte die heilen Töpfe in Sackleinwand, um sie zu schützen, numerierte sie und vermerkte die Fundstelle. Die zerbrochenen Gefäße stellten ein Problem dar: bei einem Massenfund von Dingen, die offenbar zur Küche eines größeren Hauses gehört hatten, war es unmöglich zu bestimmen, welche Scherben zusammengehörten.

»Du mußt sie einfach alle einsammeln«, sagte Henry. »Wir werden die Stücke säubern und auf deinem Arbeitstisch ausbreiten. Dann ordnen wir sie nach Farbe und Form und leimen die passenden Teile zusammen.«

Sie arbeiteten bis spät in die Nacht hinein, säuberten die unversehrten Töpfe und machten Beschreibungen von ihnen. Dann wuschen sie sämtliche Scherben und breiteten sie auf den Planken aus, um sie zusammenzusetzen.

»Eine schöne Arbeit für Regentage«, sagte Henry. »Und den Rest machen wir zu Hause in Athen, wo wir uns Gips besorgen können, um die fehlenden Teile zu ersetzen. Wir werden uns unseren Leim selbst aus Fischhaut kochen müssen.«

Sophia war enttäuscht, daß die Töpfe keinerlei Zeichnungen hatten.

»Für den Gebrauch, nicht zum Schmuck gemacht«, murmelte sie. »Wie kann man ohne Verzierungen feststellen, aus welchem Zeitalter sie stammen?«

»Aus einem sehr primitiven, wenn sie so schmucklos sind. Aber was viel enttäuschender ist, ich kann keine Nahrungsreste auf den Böden finden. Offenbar haben sie sich über die Jahrtausende zersetzt oder aufgelöst.«

»Können wir wirklich Töpfe mit Speiseresten finden, die noch in gutem Zustand sind?«

»Der Hügel wird es uns sagen.«

Ihre nächsten Funde waren noch verwirrender als die »Weihgeschenke«: Terrakottafiguren, hart wie Stein, manche rund wie ein Ball, andere »genau wie die Brummkreisel, mit denen ich als Kind in Ankershagen gespielt habe«, bemerkte Henry.

Sie hatten die Form von Kegeln, Vulkanen, Halbkugeln, etwa zweieinhalb

Zentimeter dick und immer mit einem Loch in der Mitte. Nachdem Sophia eine Schürze angezogen und sich einen Topf mit heißem Wasser aus der Küche hatte heraufbringen lassen, entdeckte sie, daß sie unter der Kruste auf einer Seite wundervolle strichförmige Verzierungen hatten, die sich symmetrisch von dem Loch in der Mitte nach außen zogen.

»Ist es nicht seltsam«, rief sie aus, nachdem sie etwa dreißig Stück ausgebreitet hatte, damit Henry sie sich ansehen konnte, »überhaupt keine Tiere oder Menschen mehr, wie wir sie knapp einen Meter höher gefunden haben. Glaubst du, sie stammen aus einer anderen Kultur?«

Henry hielt ein Stück in der Hand, auf dem ein Kreis von *Swastikas* – den Doppelkreuzen, die in der entgegengesetzten Richtung vom Hakenkreuz laufen – eingeschnitten war.

»Ich kenne diese *Swastika* von der frühen indischen und auch von der chinesischen Kunst her. Ja, sie müssen aus einem anderen Zeitalter stammen. Die Frage ist nur, einem früheren oder einem späteren? Welche Kunst hat der Mensch zuerst ausgeübt? Diese strichförmigen Verzierungen, wundervoll ausgeführt, aber doch recht einfach in der Zeichnung; oder die naturgetreue Wiedergabe von Vögeln, Säugetieren und Menschen? Wir zeigen beide Typen den Professoren der Universität von Athen, sobald wir nach Hause kommen. Sie werden es wissen.«

Unterhalb der Siebenmetertiefe begannen sie, kalzinierte Ruinen von Häusern freizulegen, die anscheinend in Schichten eines über dem anderen gebaut worden waren. Für Sophia war dies die interessanteste Entdeckung: Zum erstenmal stand sie inmitten einer Stadt oder einer Reihe übereinandergelagerter Städte, wo jahrhundertelang Menschen geboren und aufgewachsen waren, geheiratet, Kinder bekommen, ihre Herden gehütet und ihre Felder bebaut hatten. Dann stieß sie auf einige runde Wirbel vom Rückgrat eines riesigen Säugetiers oder Fisches.

Henry musterte die Struktur der Knochen.

»Haifischwirbel, aus denen oft Spazierstöcke gemacht werden. Das Vorhandensein dieser Wirbel scheint zu beweisen, daß es in unserem Ägäischen Meer in der fernen Vorzeit einmal Haie gegeben hat.«

»Du mußt dich vorsehen, wenn du schwimmst.«

Er lachte vergnügt. »Jetzt gibt es keine mehr. Übrigens auch nicht zu Homers Zeiten.«

»Wie um alles in der Welt kommt ein Hai auf dreißig Meter Höhe über dem Meer? Kann das noch von der Zeit her sein, wo die ganze Erde mit Wasser bedeckt war?«

»Vielleicht.« Er lächelte ihr liebevoll zu, während sie mit den Füßen in einem Graben stand, das dunkle Haar zu einem Knoten auf dem Kopf geschlungen und in ein türkisches *feredscheh* gehüllt, damit es nicht staubig wurde. »Oder vielleicht haben die Einheimischen das Fleisch abgezogen und über einem Feuer am Ufer gebraten. Es ist im Grunde ungenießbar, aber wenn Menschen sehr hungrig sind... Sie könnten die Skelette heraufgebracht haben, um

Werkzeuge und Waffen aus den Knochen zu machen. Das Feuer hat sie ausgebrannt. Sieh dir diese kalzinierten Ruinen an, die verschiedenen Schichten, die wir an der Seitenwand des Grabens freigelegt haben. In dieser Tiefe scheinen alle Gebäude von Feuer zerstört worden zu sein. Ich glaube, wir werden nur wenige Trojas mit Häusern aus Stein finden, höchstens drei oder vier. Die übrigen waren aus Holz mit Strohdächern. Ein Funke, und die ganze Stadt ist niedergebrannt.«

Er deutete auf einen Punkt, etwa einen Meter entfernt.

»Aus diesen Schichten von Asche könnte man schließen, daß die Menschen einfach warteten, bis die Glut erloschen und erkaltet war; dann kamen sie zurück, ebneten den Boden, streuten frische Erde darüber und bauten die Stadt wieder auf. Wenn die Brände begannen, nahmen die Familien einfach ihre Vorräte, Werkzeuge, Weihgeschenke und zogen zum Skamander. Es kann kein schwerer Schlag gewesen sein, denn die Menschen hatten so wenig zu verlieren. Die Wälder waren nah, und so gab es ausreichend Holz für ein neues Heim. Und sie konnten in wenigen Tagen neue Küchenutensilien herstellen.«

Am nächsten Tag stießen sie auf ungeheure Mengen von Miesmuschelschalen und eine kleinere Menge von Austernschalen.

»Offenbar haben die Trojaner Schalentiere ebenso gern gemocht wie die Griechen«, sagte Sophia lachend. »Homer berichtet, daß sie Brot aus Weizen gebacken haben und viel Gerste hatten. Wir müssen warten, bis wir Tierknochen finden; erst dann werden wir mit Sicherheit wissen, was für Fleisch sie aßen.«

»Wir wissen aus der *Ilias*, daß sie Lämmer, Ochsen, Gänse, junge Kühe brieten und überdies alles Wild, das sie erwischen konnten: Eber, Hirsche, Rehe, Hasen... Früchte des Meeres und Fleisch aus den Wäldern – unsere vorgeschichtlichen Freunde haben sich nichts entgehen lassen.«

Jeder Tag brachte neue Schätze von überraschender Vielfältigkeit. Weiter den Hügel hinauf, in einer Tiefe von weniger als zwei Metern, entdeckten sie in den Ruinen eines großen Hauses drei Marmorplatten, fünfunddreißig bis fünfundsechzig Zentimeter hoch, jede mit einer langen Inschrift, die mit Hammer und Meißel herausgeschlagen war. Sie säuberten die Platten mit Wasser aus ihrer Trinkkanne, dann musterten sie die Inschrift. Henry wurde blaß.

»Sophia, wie habe ich mir gewünscht, etwas Geschriebenes zu finden! Es wäre eine Entdeckung von unschätzbarem Wert. Vor allem, falls dies ein Tempel war!«

Sophia hatte aufmerksam die Buchstaben betrachtet und einzelne Wörter entziffert. Sie legte ihre Hand liebevoll auf die seine.

»Ich fürchte nein, *philtate mou*. Es ist Altgriechisch und wahrscheinlich nicht aus einem Tempel. Sieh dir diese einzelnen Wörter an: Ratsversammlung, Bürgerrechte, Steuern, Recht auf Landbesitz...«

Henrys Augen waren dunkel vor Enttäuschung.

»... ja ... ich verstehe ... dann muß es ein Rathaus oder Gerichtsgebäude gewesen sein.«
»Da ist Sarkis. Er hat die Platten gesehen. Sag ihm, wir werden sie heute abend säubern und die Inschriften übersetzen.«
Sarkis erklärte sich einverstanden, unter der Bedingung, daß sie ihm die Marmortafeln am nächsten Morgen in ihrem Arbeitszimmer zeigten. Sophia und Henry waren zu aufgeregt, um zu Abend zu essen, und begnügten sich mit frischem Obst und Honig. Sie mußten lange und kräftig bürsten, bis die Schrift auf den drei Platten gereinigt war.
»Nimm du die große, von der du ja bereits einige der Wörter entziffert hast«, schlug Henry vor. »Ich werde auf das vertrauen, was Vimpos mir vom Altgriechischen beigebracht hat, und versuchen, den Text der beiden kleineren zu übertragen.«
Sophia brauchte bis ein Uhr nachts, aber dann hatte sie eine einigermaßen lesbare Übersetzung der dreihundert Pfund schweren Marmortafel, die Yannakis mit einem Ochsenkarren zum Haus gebracht und auf den Schultern heraufgetragen hatte.

> Da Diaphenes Polleos Temnites sich in Gegenwart des Königs auch weiterhin freundlich und wohlwollend dem Volke gegenüber zeigt und bereitwillig jedem zu Diensten ist, der ihn darum ersucht, möge beschlossen werden, daß er, der König, dem Rat und dem Volke empfiehlt, Temnites als Dank für alle Zeit die Einziehung der Steuern des Volkes zu übertragen und ihm Bürgerrechte zu verleihen. Diese Rechte, die ihm gewährt werden sollen, sind auf dieser Tafel einzutragen und aufzuhängen im ...

Henry machte eine etwas gröbere Übersetzung der beiden kleineren Platten; wie sich herausstellte, behandelten sie ein ähnliches Thema: die Verleihung von bürgerlichen oder anderen Rechten an namentlich erwähnte Personen. Sarkis wartete bereits vor dem Haus, als Henry am nächsten Morgen um fünf von seinem Bad zurückkehrte. Er führte den ruhigen, betont desinteresssierten Aufseher in den Arbeitsraum hinauf. Sophia servierte ihnen Kaffee, und Henry las Sarkis in einer gedrängten Übersetzung ins Türkische vor, was auf den Platten stand. Sophia bemerkte, daß er alle drei Texte gleichermaßen wichtig erscheinen ließ. Sarkis nahm bereitwillig auf Henrys Vorschlag hin die beiden kleineren Platten an. Damit blieb die größere und vollständigere im Besitz der Schliemanns. Als Sarkis fort war, bemerkte Sophia schelmisch:
»Irre ich mich, oder hast du unseren guten Sarkis beschummelt?«
Henry grinste.
»Vielleicht ein wenig. Aber wie oft hat ein Amerikaner schon Gelegenheit, einen Armenier bei einem Handel zu übervorteilen?«
Henrys erster Artikel, der aus einer wörtlichen Wiedergabe seiner Tagebuchaufzeichnungen bestand, erschien im *Journal der Griechischen Philologischen Gesellschaft* in Konstantinopel. Er wurde gut aufgenommen. Außer-

dem hatte er einen Bericht an eine Athener Zeitung gesandt. Er hoffte, daß er ebenso wohlwollend beurteilt werden würde. Sophia, die sich gerade die Haare bürstete, beruhigte ihn:
»Ich sehe keinen Grund, weshalb es anders sein sollte. Du hast nur berichtet, was wir gefunden haben, mit wissenschaftlichen Beschreibungen der Gegenstände und der Stellen, wo sie ausgegraben wurden. Du hast dich nicht in Theorien über Troja ergangen...«
»Ich habe die Überzeugung geäußert, daß es existiert.«
Er beschloß, den römischen Brunnen auszuräumen, den sie entdeckt hatten. Der leichteste der Arbeiter wurde an einem Seil hinuntergelassen. Er grub, und die Körbe mit Erde wurden heraufgezogen. Sie enthielten keine interessanten Artefakte. Henry neigte den Kopf über die Brunnenwand und rief hinunter:
»Was glauben Sie, wie weit dieser Brunnen hinuntergeht?«
»Bis zur Hölle!«
»Dann schlingen Sie das Seil um Ihre Brust und kommen Sie herauf. Wir haben nicht vor, die Unterwelt zu entdecken und auszugraben.«
Der nächste Tag war ein Sonntag. Die Griechen wollten nicht arbeiten. Yannakis verkündete, daß die Türken mit der Saat beschäftigt seien. Henry sagte:
»Sophia, wir sind jetzt seit über einem Monat hier. Laß uns die nötigsten Schreibarbeiten erledigen, und dann besuchen wir Frederick Calvert, der in der Nähe von Bunarbaschi lebt. Er hat gesagt, wir können an jedem beliebigen Sonntag kommen. Zum Essen. Er wird dir zeigen, warum sein Haus zweifellos auf Troja steht.«
Sie klatschte vor Freude in die Hände.
»Es ist schön, mal wieder unter Menschen zu gehen. Ich bade mich und ziehe mein bestes Kleid an. Aber zuerst will ich noch einmal die letzten zwei Briefe meiner Familie über Andromache lesen. Wenn ich die Briefe lese, sehe ich sie immer vor mir, und ich weiß, daß es ihr gutgeht.«
Henry musterte seine Frau mit anerkennenden Blicken: ihr weiches, dunkles Haar, in der Mitte gescheitelt und hinter die Ohren gekämmt; das schmale, gleichmäßige Oval ihres Gesichts mit dem charaktervollen Kinn; die edle, leicht gebogene Nase und den vollen Mund, der jetzt so glücklich und entspannt war.
Nach ihrem Bad zog sie eine rote Bluse und ein zweiteiliges grünes Wollkostüm mit goldenen Knöpfen an der langen, streng geschnittenen Jacke an.
»Du bist ein Rätsel, meine kleine Sophidion. In Paris, wo du unsere elegante Wohnung und die Vergnügungen der schönsten und interessantesten Stadt der Welt genießen konntest, warst du unglücklich und oft krank. Hier, in der primitivsten Umgebung, die man sich nur vorstellen kann, ohne jede Abwechslung außer der Arbeit, bist du nicht kleinzukriegen.«
Sie lächelte ihm stahlend zu.
»Sieh dich an!« beharrte er. »Mit wenig Nahrung und noch weniger Schlaf bist du so schön wie die Aphrodite, die Praxiteles in Marmor gemeißelt hat.

Plinius nannte sie das beste Bildwerk, nicht nur von Praxiteles, sondern auf der ganzen Welt. Sie stand in einem offenen Schrein und war von allen vier Seiten zu sehen. Und von allen vier Seiten, sagt Plinius, wurde sie gleichermaßen bewundert. Lukian spricht von dem ›Lächeln, das sanft um ihre leicht geöffneten Lippen spielt‹ und dem ›schmelzenden Blick der Augen mit ihrem strahlenden und freudigen Ausdruck‹.«

»Es ist, weil ich glücklich bin, *Errikaki.*«

Er errötete vor Freude; es war ihr Kosename für ihn, »kleiner Henry«, und sie gebrauchte ihn nur in Augenblicken tiefer Liebe.

Es war ein klarer, kühler Oktobertag mit meilenweiter Sicht über Berge und Meer; hohe weiße Wolkenbänke von der Dichte des Schnees auf dem Ida zogen nach Norden, während Sophia und Henry den Feldweg entlang zur Landstraße ritten und sich dann nach Süden wandten, um die acht Kilometer zu dem eleganten Herrenhaus zurückzulegen, das Frederick Calvert und seine wohlhabende Frau in den sechziger Jahren gebaut hatten. Frederick Calvert war jetzt seit fünfzehn Jahren britischer Generalkonsul im Gebiet der Dardanellen; offensichtlich machte die Regierung Ihrer Majestät ihn nicht für das Tun seines Bruders Frank verantwortlich.

Eine lange Auffahrt, von Pinien und Blumenbeeten gesäumt, führte zum Haus. Ein Reitknecht nahm ihre Pferde in Empfang, sie stiegen die Stufen zur breiten goldfarbenen Haustür empor und wurden von einem Butler hereingelassen. Frederick Calvert und seine Frau waren so formell für ihr Sonntagsessen gekleidet, als wären sie gerade vom Gottesdienst in der Kathedrale von Canterbury zurückgekehrt. Frederick war älter als Frank und kräftiger gebaut, mit roten, aufgedunsenen Wangen, einem Backenbart und blaßblauen Augen. Seine Frau war noch älter als er, weißhaarig, mit der zarten, hellen Haut der Engländerinnen. Sie empfingen die Schliemanns sehr liebenswürdig und führten sie zum Aperitif auf einen Balkon im Obergeschoß, der den Olivenhain überblickte, den Mrs. Calvert auf dem fruchtbaren Akkerboden hatte anpflanzen lassen, und dahinter die römischen Tonnengewölbe, die als Reservoir für das Gebirgswasser dienten.

Später nahmen sie in dem holzgetäfelten Eßzimmer eine typisch englische Mahlzeit ein: Gerstensuppe, halbrohes Roastbeef, Yorkshirepudding und grüne Bohnen; eine Nachspeise aus Biskuitgebäck, in Sherry getaucht, mit Schlagsahne; einen weißen und dann einen roten Wein. Sophia war froh über das Englisch, das sie im letzten Sommer gelernt hatte, denn die Calverts sprachen keine andere Sprache. Die Unterhaltung war anregend: Geschichten über London, Paris und Athen, das die Calverts kannten und liebten; und Verwunderung, daß Sophia und Henry sich so gut an das Leben in den zwei Zimmern der primitiven Behausung der Dramalis in Ciplak und die schwere Arbeit am Hissarlik gewöhnt hatten.

Mrs. Calvert fragte Sophia, wie sie mit dem Essen zurechtkam.

»Wir ernähren uns sehr dürftig«, gestand Sophia.

»Sie haben vor, im nächsten Jahr hier sechs bis acht Monate zu graben?«
»Das ist die Absicht meines Mannes.«
»Dann werden Sie doch sicherlich eine Köchin mitbringen müssen?«
»Mein Mann will uns im kommenden Frühjahr ein Haus am Rand unserer Ausgrabung bauen. Darin wird er eine Küche und einen Vorratsraum einrichten. Wir bringen entweder eine Köchin aus Athen mit oder lassen unseren Zahlmeister, Yannakis, für uns kochen.«
»Ist er Engländer?«
»Turkophone. Ein Monstrum an Größe und Kraft, mit der Seele eines Kindes. Er durchsucht die Gegend nach Nahrung für uns, bringt uns Gemüse, Obst, hin und wieder ein Wildkaninchen – die wilden sind die besten – oder ein Lamm, und er bereitet uns unser Sonntagsessen zu. Er kocht erstaunlich gut. Wenn er das Haus mit den Gerüchen der griechischen Küche erfüllt, sucht die Familie Dramali das Weite.«
Als sie bei einem Likör im Wohnzimmer saßen, erkundigte sich Frederick Calvert bei Henry, was er gefunden habe. Henry berichtete über die riesigen Grundsteine, die Münzen, Medaillen, die Weihgeschenke aus Terrakotta, die verschiedenen verzierten Töpfe, die Haifischwirbel. Calvert hörte mit wohlwollender Nachsicht zu.
»Nichts sehr Außergewöhnliches.« Er wandte sich an Sophia und sagte nicht unfreundlich: »Ich bewundere Ihren Mann, Frau Schliemann, aber Sie wissen natürlich, daß er vollkommen auf dem Holzweg ist, was die Lage von Troja betrifft.«
»Wieso, Mr. Calvert?«
»Weil Troja sich hier auf unserem fünftausend Morgen großen Besitz befindet. Kommen Sie, wir besorgen Ihnen ein Paar Laufschuhe, und ich zeige Ihnen alle Beweise aus der *Ilias*.«
Henry stand auf, blinzelte Sophia zu und sagte:
»Du wolltest doch gerne Bunarbaschi sehen. Frederick Calvert ist der beste Führer, den du dir wünschen kannst.«
Ihr Gastgeber ließ die Familienkutsche herausbringen. Sie fuhren um einen Sumpf herum, der durch verstopfte Quellen entstanden war, und machten an der alten Siedlung Thymbria halt, die Frank Calvert ein paar Jahre zuvor ausgegraben und wo er einen Apollotempel und einige wertvolle Inschriften entdeckt hatte. Dann ließ Frederick Calvert den Kutscher das südliche Ende der Troas durchqueren und den gegenüberliegenden Hang hinauffahren, bis sie zu einer anderen alten Stadt kamen, die an einigen Stellen von Schutzwällen umgeben war; ringsum waren Tonscherben zu sehen.
Als sie aus dem Wagen stiegen, verbeugte sich Calvert tief vor Sophia und sagte:
»Madame Schliemann, Sie befinden sich jetzt auf Bunarbaschi, dem Ort, wo früher einmal das alte Troja gestanden hat.«
»Ich bin entzückt, Mr. Calvert. Aber woran kann man das erkennen?«
»Ich werde es Ihnen zeigen. Kommen Sie, wir gehen ein Stückchen. Da! Die

zwei Quellen, eine heiß, eine kalt, wo die trojanischen Frauen ihre Wäsche gewaschen haben. Bitte fühlen Sie die Temperatur von beiden.«
Sie tat es. Es bestand ein kleiner Temperaturunterschied. Sie richtete sich auf, und während Frederick Calvert weiterging, flüsterte Henry ihr zu:
»Frag ihn nicht nach den anderen zweiundvierzig Quellen hier in der Nähe.«
Calvert wandte sich um; seine Wangen waren gerötet vor Siegesfreude.
»Sie wissen natürlich, daß ich zwei der größten Gelehrten der Welt auf meiner Seite habe. Der erste war Demetrios von Skepsis, der schrieb, daß Bunarbaschi die Stätte Trojas sei. Und das wurde von Strabon bestätigt, der Bunarbaschi ›das Dorf der Trojaner‹ nannte.«
Henry sagte leise neben ihr:
»Strabon war niemals hier! Aber Alexander der Große hat zu Ehren der Trojaner seine Rüstung im Tempel der Athene bei Hissarlik aufgehängt! Und Xerxes hat 480 v. Chr. auf unserem Hügel tausend Ochsen zu Ehren der Athene geopfert. Das hat Herodot bezeugt.«
Als sie über das Gelände gingen und Calvert immer neue Argumente für seine Theorie vorbrachte, wurde Henry schließlich ungeduldig.
»Und wie steht's mit der Entfernung zum Lager der Achäer an der Mündung der Dardanellen? Sie sind hier gute dreizehn Kilometer entfernt. Das achäische Heer hätte einen vollen Tag gebraucht, allein von hier zum Hellespont und zurück zu marschieren, gar nicht zu reden von einer langwierigen Schlacht. Aber Homer erwähnt ausdrücklich, daß die Achäer zweimal am Tag von ihren Schiffen zu den Mauern von Troja gingen, um dort zu kämpfen, und dann zurückkehrten. Wie wollen Sie das erklären?«
»Sehr einfach!« erwiderte Calvert gelassen. »Das ganze Land zwischen hier und dem Hellespont ist alluvial. Es ist durch das Überfließen des alten Flußbettes des Skamander geschaffen worden. Zur Zeit Trojas war der Hellespont nur knapp fünf Kilometer entfernt und ebenso das Lager der Achäer!«
Henry zog es vor, nichts zu erwidern. Er hatte Beweise von Geographen gesammelt, daß kein Teil des Landes zwischen Bunarbaschi oder Troja und dem Hellespont alluvial war. Auf dem Heimweg sagte er zu Sophia:
»Das Land zwischen Troja und Kum Kale, von dem Frederick Calvert mit seiner Alluvialtheorie behauptet, daß es vom Wasser des Hellespont bedeckt gewesen sei, ist uralte Erde, dieselbe wie während des Trojanischen Krieges. Es gibt auf der Ebene von Troja zahlreiche tiefe Weiher, und man findet auf angeschwemmtem Land kein tiefes stehendes Gewässer. Aber es gelingt Frederick Calvert immer noch, die Leute zu überzeugen; selbst die wenigen, die bereit sind einzuräumen, daß es ein Troja gegeben hat, halten sich an die Behauptung von Demetrios und Strabon, daß es sich in Bunarbaschi befunden habe. Gott schütze uns vor den Irrtümern und Fehlurteilen, die in den Fluß der Geschichte gelangen und dort verewigt werden.«
Sie ritten in der Abenddämmerung nach Hissarlik zurück, denn die Calverts hatten darauf bestanden, daß sie zu einem »typisch englischen Tee mit gerösteten Muffins und Marmelade« blieben, ehe sie zu ihrem rauhen Leben in

Ciplak zurückkehrten. Sophia hielt die Zügel in der rechten Hand und griff mit der linken nach Henrys Hand.
»Du brauchst es mir nicht zu beteuern, Henry. Es war lieb von dir, mit mir nach Bunarbaschi zu gehen; es muß nicht sehr erfreulich für dich sein, dir Frederick Calverts Argumente anzuhören.«
»Nein, das ist es wahrhaftig nicht! Aber das Roastbeef und der Yorkshirepudding! Die waren höchst erfreulich, findest du nicht?«

Am Montag, dem 30. Oktober, führten Henrys achtzig Arbeiter den Graben zur Kuppe des Hügels, etwa fünfunddreißig Meter über dem Fuß des Hügels. Er war jetzt durchgehend fünf Meter tief. Oben auf dem höchsten Punkt, wo Henry erwartet hatte, die prächtigsten Gebäude von Troja zu finden, brachten die Arbeiter zu seinem Erstaunen statt dessen eine Reihe von primitiven Gebrauchsgegenständen ans Tageslicht: Lanzen aus Diorit, Steinhammer, Steinäxte, Granitgewichte, Handmühlen aus Lavagestein, eine große Anzahl von Steinmessern, Sägen; Nadeln und Ahlen, aus Knochen gefertigt; schmucklose Terrakottaschiffchen, die wie Salz- und Pfeffergefäße aussahen; Schleifsteine aus grünem und schwarzem Schiefer und dazwischen Tongefäße gröbster Art.
Sophia breitete die Funde auf der Persenning am oberen Ende des Grabens aus. Im Lauf des Tages gruben die Männer noch Hunderte von Steingeräten aus, die Henry zutiefst bestürzten. Er sagte zu Sophia:
»Es ist mir unerklärlich! Ich verstehe nicht, wie es möglich ist, in der gegenwärtigen Schicht Steingeräte zu finden. Ich kann mir einfach nicht erklären, wieso wir Dinge finden, die unzivilisierte Menschen der Steinzeit benutzt haben müssen, die jedoch nicht mit den primitiven Hilfsmitteln hergestellt worden sein können, über die sie verfügten. Warum finden wir Hauer von Ebern, obwohl mir unbegreiflich ist, wie Menschen der Steinzeit mit ihren unvollkommenen, stumpfen Waffen Eber töten konnten?«
Sophia versuchte, ihn ein wenig zu beruhigen, indem sie so gelassen wie möglich sagte:
»Warum nehmen wir nicht einfach heute nachmittag all diese Geräte mit nach Hause? Yannakis kann sie in Körben auf einem Esel nach Ciplak bringen. Wir waschen und sortieren sie; beschreiben sie genau in deinem Tagebuch...«
Er unterbrach sie:
»Ich werde mehr tun als das! Ich werde ganz offen alles darlegen, was mir unerklärlich ist; was mich erstaunt und alle... alle... meine Theorien über die Lage des Wachtturms, des großen Verteidigungswalls, des Palastes des Priamos, des Palastes Hektors... zunichte gemacht hat.«
»Eine Theorie ist nur ein Werkzeug. Wenn ein Werkzeug nicht seinen Zweck erfüllt, muß man sich ein anderes suchen.«
»Ist das ein griechisches Sprichwort?« fragte er spöttisch.
Er ging den größten Teil der Nacht in ihrem Arbeitszimmer auf und ab, nahm

die Geräte, die Sophia gesäubert hatte, eines nach dem anderen in die Hand, musterte sie eingehend und sprach dabei unaufhörlich zu sich selbst. Sie hörte ihn immer wieder murmeln:
»Wie kann die goldene Stadt Troja unter einer Steinzeitkultur liegen? Es ist unmöglich!«
Sie erreichte schließlich, daß er zu Bett ging, indem sie ihre eigene Müdigkeit als Argument anführte, bettete seinen Kopf auf ihre Schulter, wie sie es mit Andromache tat, und lullte ihn in den Schlaf... lag jedoch selbst die ganze Nacht wach und fragte sich besorgt, wie er mit diesem Widerspruch und dieser Niederlage fertigwerden würde.
›Wäre es, Gott behüte, denkbar, daß Henry Homers Troja nicht gefunden hat, wo er es vermutete, *weil es kein Troja gibt?* Zumindest nicht hier, auf diesem Hügel?‹
Sie legte den freien Arm unter ihren Kopf, als ob sie ihn auf diese Art stützen wollte.
›Nein, das kann nicht wahr sein! *Ich muß Vertrauen haben.*‹
Der Rest der Woche war ebenso verwirrend. Regen und Schlamm steigerten Henrys Niedergeschlagenheit. Sie vertieften den Graben auf sieben Meter, dann auf acht. Die Steingeräte verschwanden. Sie fanden ein Stück Silberdraht, Gefäße mit eleganten Zeichnungen und schließlich eine Bleiplatte mit einem erhabenen »J« in der Mitte. Henry war baß erstaunt:
»Steinzeit und hochentwickelte Kultur? Undenkbar!«
»Es könnte sein, Henry. Kriege und Invasionen können den Fortschritt hemmen.«
Seine Augen weiteten sich.
»Natürlich! Eine fortschrittliche Kultur, von Barbaren überrannt und vernichtet! Es ist oft geschehen!«
An diesem Abend saß er, in eine Wolldecke gehüllt, in dem naßkalten Arbeitszimmer und schrieb in sein Tagebuch:

> Meine Erwartungen sind äußerst bescheiden. Das einzige Ziel meiner Ausgrabungen war von Anfang an, Troja zu finden, dessen Lage von hundert Gelehrten in hundert Büchern ausführlich erörtert worden ist, das aber bisher niemand durch Ausgrabungen ans Tageslicht zu bringen versucht hat. Sollte ich hiermit keinen Erfolg haben, werde ich dennoch zufrieden sein, wenn es mir durch meine Arbeit gelingt, das tiefste Dunkel prähistorischer Zeiten zu durchdringen und die Archäologie durch die Entdeckung einiger interessanter Fakten der Geschichte des großen hellenischen Stammes zu bereichern. Die Entdeckung der Steinzeit, statt mich zu entmutigen, hat mich daher nur noch mehr in meinem Wunsch bestärkt, zu der Stelle vorzudringen, wo die ersten Menschen lebten, die hierhergekommen sind, und ich beabsichtige nach wie vor, sie zu erreichen, selbst wenn ich zu diesem Zweck noch zwanzig Meter tiefer graben muß.

»Das klingt schon mehr nach dir, Henry. Du hattest mich erschreckt.«

»Der Kern Trojas müßte hier sein. Er ist es nicht. Wo ist er dann? In welcher Richtung? Er *muß* das Dreieck zwischen den beiden Flüssen und ihrer sich fast vereinigenden Mündungen in die Dardanellen überblicken. Nächstes Jahr bleiben wir auf dieser nördlichen Seite, aber wir fangen fünfzehn Meter weiter unten an und gehen nach Westen zu der Stelle, wo der Hügel in das Dreieck der Troas hineinragt. Von dort aus können wir horizontal weitergraben und aus der ganzen nordwestlichen Zone eine Terrasse machen. Das ist die Stelle, wo die Paläste, die Wachttürme und das skaiische Tor sein müssen.«

Eine neue Entschlußkraft vermischte sich mit der Enttäuschung auf seinen Zügen.

»Es war ein guter erster Versuch, und wir haben eine Menge gelernt. Schließlich gibt es keine Lehrbücher, nach denen wir uns richten könnten.«

Sophia nahm sein Tagebuch in die Hand und klopfte mit dem Finger darauf.

»Du bist dabei, ein Lehrbuch zu schreiben.«

Viertes Buch

EINE GEHEILIGTE STÄTTE

1.

Noch ehe sie sich in die Moussonstraße begaben, fuhren sie nach Kolonos hinaus, um Andromache zu holen. Sie war jetzt mit ihren sieben Monaten ein kräftiges, freundliches Baby mit offenem Gesichtsausdruck, das sich an den Stuhlbeinen emporzog und stundenlang plapperte, ohne ein Wort zu äußern. Ihr Gesicht war fast das Ebenbild von Sophias: dunkles Haar, dunkle Augen, eine leicht gebogene Nase und ein ausgeprägtes Kinn; vielleicht im Augenblick ein wenig zu rund, da Madame Victoria meinte, daß jeder Bissen, den ein Baby zu sich nahm, ein Schutz gegen den Teufel wäre. Die mollige Andromache und die mageren Schliemanns kehrten zufrieden in ihr behagliches Heim in der Moussonstraße zurück. Nach der Kahlheit ihrer zwei Zimmer bei den Dramalis bereitete ihnen der Anblick der leicht überladenen Räume ein sinnliches Vergnügen. Für Henry schien die größte Erlösung ihr *matrimoniale* zu sein, von dem er begeistert erklärte: »Wie herrlich, es nicht jeden Abend mit Öl und Alkohol abwischen zu müssen!« Für Sophia waren es die Küche, der Herd und die Kochgeräte, die reine Luft und die verlockenden Düfte eines Zucchini-Soufflés und eines *kapama* aus Huhn mit Zimt, Tomaten, Zwiebeln, Knoblauch, Makkaroni und Käse.
Sie brachten die Kisten herein, packten ihre Funde aus, hängten neue Regale auf, und binnen einer Woche war es, als wären sie nie fort gewesen.
In der österreichischen Botschaft kauften sie einen eleganten Kronleuchter für ihr Wohnzimmer und Kristall für ihren Tisch. Das Eßzimmer wurde jetzt zum Mittelpunkt ihres beruflichen Lebens. Die Griechen luden nur selten Außenstehende in ihr Haus; sie zogen es vor, gesellige Zusammenkünfte in Cafés zu veranstalten. Aber Henry, der in Europa aufgewachsen war, lud Leute zum Mittagessen ein, die Erfahrung auf den Gebieten hatten, auf denen er Hilfe brauchte: Techniker, die ihnen beibrachten, wie sie schneller graben und den Schutt beseitigen konnten; Gelehrte, die die Gegenstände identifizierten, die sie von Hissarlik mitgebracht hatten; Museumsangestellte, die wußten, wie man Terrakotten reinigte und restaurierte.
Sophia fand Freude daran, Gäste zu empfangen. Sie engagierte eine junge

Helferin aus einer Familie, die die Engastromenos' von früher her kannten. Wenn das Mädchen, von einem kleinen Jungen mit einem Korb auf dem Kopf gefolgt, von seinen Einkäufen auf dem Zentralmarkt zurückkehrte, verbrachte Sophia den Rest des Morgens mit der Zubereitung des Mittagessens. Das Kochen war mehr als ein angenehmer Zeitvertreib: Es war für sie eine Art Selbstbestätigung, ein gebratenes Spanferkel, mit Käse und Petersilie gefüllt, zuzubereiten und saure Äpfel hinzuzufügen; und nach den Entbehrungen bei Hissarlik war das besonders befriedigend. Das Baby schlug mit einem Kochlöffel auf das Brett seines hohen Stuhls, dann wurde es müde und schlief, die Wangen von der Hitze des Kohlenofens gerötet, inmitten der Küchendüfte ein.

Henry ging jeden Morgen mit einem Block Briefpapier in der Hand ins *Schöne Griechenland*, um während zahlloser Kaffees die dort aushängenden europäischen und amerikanischen Zeitungen zu lesen. Hin und wieder unterbrach er die Lektüre und schrieb in einem halben Dutzend Sprachen Briefe an seine Geschäftspartner. Er kehrte früh genug zurück, um ein neues Spielzeug vor den begierigen Fingern seiner Tochter baumeln zu lassen, ehe sie zum Mittagsschlaf in ihr Kinderbett gelegt wurde.

Die Regierung von Ministerpräsident Koumoundouros war gerade gestürzt worden, als Sophia und Henry Athen verließen, und jetzt, bei ihrer Rückkehr, wurde die Regierung von Ministerpräsident Zaimis ebenfalls vorzeitig beendet, das Parlament aufgelöst, und es wurden Neuwahlen für Februar 1872 ausgeschrieben. Trotz dieser politischen Unruhe baute der Bürgermeister von Athen, Panayis Kyriakos, die Stadt, wie Henry vorausgesehen hatte, zu einer Weltmetropole aus. Er hatte ein stattliches Rathaus errichtet, die nächtliche Beleuchtung der Stadt verbessert, mehr Straßen gepflastert und mit dem Bau eines städtischen Theaters auf dem Platz gegenüber der Nationalbank begonnen. Es herrschte wieder ein Gefühl von Optimismus in der Stadt; die Bodenpreise schossen in die Höhe. Henry hätte zwei der Grundstücke, die er erworben hatte, mit beträchtlichem Gewinn verkaufen können. Er lehnte das Angebot ab.

»Man kauft gutes Land«, sagte er zu Sophia; »aber man verkauft es nicht. Statt unrentablen Grundbesitzes haben wir jetzt sehr rentablen Grundbesitz.«

Sophia konnte den diesbezüglichen Gedankengängen ihres Mannes nicht ganz folgen, aber angesichts seines überschäumenden Optimismus setzte sie sein stillschweigendes Einverständnis voraus, das dritte Schlafzimmer für Andromache einzurichten. Sie kaufte ein neues Bett für das Kind, einen Teppich, eine Kommode, Vorhänge und dann ein Bett für das junge Kindermädchen, das sie aus Kolonos mitgebracht hatte. Henry war hocherfreut und schien völlig vergessen zu haben, daß er ihr erst wenige Monate zuvor verboten hatte, das Zimmer einzurichten und ein Kindermädchen zu engagieren.

Henrys Beziehungen zu ihrer Familie waren freundschaftlich. Er hatte Madame Victoria vor seiner Abreise eine beträchtliche Summe ausgehändigt, damit sie alles kaufen konnte, was das Baby brauchte; er hatte Georgios weiter sein Gehalt bezahlt und für einen größeren Kredit für den Laden gebürgt, so daß Alexandros all die ausländischen Waren kaufen konnte, die er brauchte. Die Familie Engastromenos hatte jetzt genügend Geld, um sich Kleidung und andere Dinge zu besorgen, auf die sie während der letzten zwei Jahre hatte verzichten müssen. Madame Victoria äußerte abermals den Wunsch, wieder nach Athen zu ziehen.

Es war eine beglückende Zeit für Sophia. Alle waren versorgt.

Am Silvesterabend 1871 fuhren Sophia und Henry nach Kolonos, um den Beginn des neuen Jahres mit der Familie zu feiern. Um Mitternacht schnitt Georgios den traditionellen Kuchen, in dem eine Münze verborgen war, in zwölf Teile. Derjenige, der die Münze in seinem Stück fand, würde im neuen Jahr vom Glück begünstigt sein. Selbst Madame Victoria, die den Kuchen gebacken hatte, wußte nicht, wo sich die Münze befand.

Panaghiotes bekam sie. Alle waren froh darüber, denn er sollte im Herbst aufs Gymnasium kommen.

Dann tauschten sie Geschenke aus: kleine Zeichen der Zuneigung. Sophia hatte für ihre zwei Schwestern Handschuhe gewählt, Henry hatte für Spyros und Katingos Mann Ioannes Krawatten gekauft, Bücher für Panaghiotes, eine Lederbrieftasche für Alexandros. Er hatte darauf bestanden, daß Sophias Eltern etwas Besonderes bekommen sollten, als Dank dafür, daß sie Andromache gehütet hatten; er und Sophia hatten für Madame Victoria beim Juwelier Stephanou eine goldene Uhr ausgesucht und für Georgios einen Spazierstock mit goldenem Knauf, den er, wie sie wußten, des öfteren sehnsüchtig im Schaufenster von Katsimbali betrachtet hatte. Auf dem Weg nach Kolonos hatte Henry den Wagen vor der Confiserie Lykabettos am Syntagmaplatz halten lassen, um eine große Schachtel Pralinés zu kaufen. Als er sich wieder neben Sophia setzte, sagte er:

»Wußtest du, daß Häuser auch Gefühle haben? Wenn du ein Haus schlecht behandelst, wird dein Leben in ihm sorgenvoll sein. Wenn du ein Haus gut behandelst ...«

»... findest du Glück in ihm!«

Sie schlang die Arme um den Hals ihres Mannes und küßte ihn.

»Mein lieber *Errikaki*, Silvesterabend scheint mir der geeignete Moment, um dir zu sagen, daß ich dich liebe. Meine Eltern haben eine gute Wahl für mich getroffen.«

Er zitterte, als er sie im Dunkel des Wagens an sich gepreßt hielt.

»So wie Bischof Vimpos die bestmögliche Wahl für mich getroffen hat!«

Obwohl Sophia in Paris dem Namen nach die Herrin des Hauses gewesen war, hatte sie in Wirklichkeit kaum mehr als die Rolle eines stummen Gastes am Tisch ihres Mannes gespielt. Hier in der Moussonstraße war das anders. Ihre erste Sonntagsgesellschaft war ein Essen für Stephanos Koumanoudes, Professor für lateinische und griechische Philologie an der Universität von

Athen. Er war bekannt für seine Bemühungen, alles zu sammeln und zu erhalten, was vom griechischen Altertum übriggeblieben war, von Gefäßen und alten Inschriften bis zum Dionysostheater am Südfuß der Akropolis. Außerdem war er Sekretär der Archäologischen Gesellschaft, hatte ihre *Archäologische Zeitung* wieder ins Leben gerufen und hatte Henrys drei Berichte aus Hissarlik gelesen. Obwohl er nur vier Jahre älter war als Henry, hatten seine Erfolge ihn bereits weltberühmt gemacht.

Nachdem sich die beiden Männer nach dem Essen ihre Zigarren angezündet hatten, gingen sie alle drei in Henrys Arbeitszimmer. Sophia hatte unter alle Vasen, Töpfe und Steinwerkzeuge auf den Regalen Etiketten geklebt, auf denen die genaue Fundstelle vermerkt war.

»Ja, ein guter Anfang«, murmelte Professor Koumanoudes mit seiner sanften Stimme, »jetzt lassen Sie uns die Köpfe zusammenstecken und das Alter und die Kultur jedes Stückes bestimmen.«

Henry, der in Gegenwart großer Geister immer sehr bescheiden war, sagte: »Bitte verstehen Sie mich recht, Herr Professor. Wir behaupten nicht, daß irgendwelche dieser Stücke aus prähistorischen Zeiten stammen. Aber wir hoffen sehr, daß wir im nächsten Jahr bis zum gewachsenen Boden des Hügels graben können.«

Am folgenden Sonntag kam Dr. Emile Burnouf zum Essen. Nachdem er seinen Doktor in Paris gemacht hatte, war er 1846 nach Athen gekommen und hatte seine Laufbahn als Assistent am Französischen Archäologischen Institut am Syntagmaplatz begonnen. Bis zu seinem sechsundvierzigsten Lebensjahr hatte er sich zum Direktor emporgearbeitet, ließ jetzt Entwürfe für ein prachtvolles neues Institut am Lykabettos machen und plante Ausgrabungen in Delphi und auf dem Peloponnes. Burnouf war klein von Gestalt, sein Haar hing bis zum Kragen hinab, er trug einen schmalen Backenbart, und seine gesamte Erscheinung zeugte von der wählerischen Aufmerksamkeit, die kleingewachsene Männer jeder Einzelheit ihrer Kleidung widmen: Hemden mit Rüschen, elegante Krawatten, breitschultrige Jacken, die von einem Pariser Schneider für ihn angefertigt wurden. Er brachte seine neunzehnjährige Tochter Louise mit, die in Athen aufgewachsen war. Sie war eine Schönheit nach französischer Art, das genaue Gegenteil von Sophia: langes, seidiges blondes Haar, Augen so blau wie Rittersporn, ein schmales, ovales Gesicht, lieblich geschwungene Lippen und ein Kinn, das gerade groß genug war, um die Unterlippe hochzuhalten.

Henry war begeistert von Louise und sprach während des Essens französisch mit ihr. Sophia sprach griechisch mit Monsieur Burnouf, konnte jedoch nicht herausbekommen, wo Madame Burnouf war oder warum ihr Platz von ihrer Tochter eingenommen wurde.

Burnouf war der Meinung, daß einige Töpfe aus Hissarlik trojanischen Ursprungs sein könnten, vor allem ein rundes Gefäß, dessen Griffe sich wie Arme nach oben streckten; aber es war die große Menge von Scherben, die ihn am meisten interessierte.

»Mein lieber Doktor Schliemann, es wäre durchaus denkbar, daß Sie hier zahlreiche echte trojanische Gefäße in Stücken liegen haben, die uns viel über die Keramik der damaligen Zeit lehren könnten. Sie müssen sie wieder zusammensetzen.«
»Meine Frau und ich warten ungeduldig auf den Augenblick, wo wir damit beginnen können.«
»Zwei meiner Studenten sind sehr geschickt darin. Warum kommen Sie und Frau Schliemann nicht Dienstag morgen ins Institut? Bringen Sie zwei oder drei Körbe mit Scherben mit. Louise und ich werden ebenfalls mithelfen. Es ist ein sehr unterhaltsames Spiel, ein zerbrochenes Gefäß wieder zusammenzusetzen. Ich hoffe, Sie haben einige aus Gräbern. Wenn nicht, sind die aus Küchen oder Lagerhäusern am zweitbesten.«
Als sie am Dienstagmorgen am Syntagmaplatz eintrafen, kamen zwei hochgewachsene, schlanke französische Studenten mit zerzausten blonden Bärten zum Wagen heraus, um die Körbe hineinzutragen. Sie hatten einen langen Tisch in ihrem Arbeitssaal freigemacht, auf dem einige mit kaltem Wasser gefüllte Gummieimer, *zymbyli* genannt, standen. Direktor Burnouf und Louise kamen herein, um die Schliemanns willkommen zu heißen.
»Das Verfahren ist einfach, sogar fast primitiv, aber es funktioniert. Tun wir zunächst einmal alle Scherben in die *zymbyli*.«
Die Studenten legten die mit einer Erdkruste überzogenen Scherben sehr behutsam ins Wasser, um zu verhüten, daß sie noch weiter zerbrachen. Wenn das Wasser schlammig wurde, wechselten sie es. Als es schließlich klar blieb, wurden die Scherben herausgenommen und mit einer Bürste, einem Lappen oder dem Fingernagel gereinigt. Danach wurden sie in langen Reihen zum Trocknen ausgebreitet. Dann kam das Sortieren der Tonsorten; die groben wurden von den feinen getrennt, die mit Figuren und Zeichnungen versehenen von den ungemusterten, und schließlich wurden die verschiedenen Farben noch einmal in Gruppen geteilt.
»Jetzt kommt das Schönste«, rief Louise aus.
Sophia, die sich von der geschmeidigen Schönheit nicht ausstechen lassen wollte, sagte ruhig: »Wir haben bei Hissarlik gelernt, wie man am besten anfängt. Zuerst haben wir die oberen und unteren Teile der Töpfe zusammengesetzt, denn sie sind am leichtesten zu erkennen...«
»...genau«, fiel Burnouf ihr ins Wort. »Danach können wir die Seiten aufbauen.«
Sie verbrachten ein paar unterhaltsame Stunden mit den Dutzenden von Scherben und schrien jedesmal vor Vergnügen, wenn ein Stück sich in ein Muster einpaßte. Alle arbeiteten mit dem gleichen Eifer. Burnouf erklärte: »Je mehr Erfahrung Sie sammeln, um so schneller werden Sie beim Anblick einer Gruppe von passenden Scherben erkennen, welche Form das Stück ursprünglich hatte. Ich glaube, wir haben jetzt genug, um anfangen zu können. Meine Herren, bitte bereiten Sie den Fischleim vor.«
Die Studenten holten ein paar dünne bernsteinfarbene Platten hervor und

legten sie in einen Topf, der auf einer flachen Kohlenpfanne stand. Als das Wasser zu kochen anfing und der Leim sich auflöste, wurde der Raum von dem Gestank nach Fisch durchdrungen.
›Nicht in meiner Küche‹, beschloß Sophia, sich die Nase zuhaltend. ›Henry wird am hinteren Ende des Gartens eine Baracke bauen müssen.‹
Als der Leim die gewünschte Konsistenz hatte, wurde er vom Feuer genommen und auf den langen Tisch gestellt. Die Studenten bepinselten die Bruchstellen und hielten jede Scherbe so lange in der Hand, bis der Leim in die Poren des Tons gedrungen war. Dann wurden die Stücke zusammengefügt und über eine Flamme gehalten, bis sie fest verbunden waren. So bauten sie, sich langsam von unten nach oben arbeitend, eine Vase oder einen Topf, wie man ein Haus aus Ziegelsteinen baut.
Schließlich hatten sie zwei komplette Töpfe und eine Vase, bei der einige Teile fehlten. Burnouf sagte Sophia, sie solle mit Zeichentusche und einer sehr feinen Feder zuerst dem ganzen Topf eine Nummer für ihr Notizbuch geben und dann eine kleine Nummer auf jede der zusammengefügten Scherben schreiben, die mit der Nummer übereinstimmte, unter der sie das jeweilige Stück bereits verzeichnet hatte.
»Jetzt der letzte Schritt«, rief Burnouf aus. »Wir vermischen den Gips mit Wasser und Fischleim und formen die fehlenden Stücke nach. Louise ist ausgebildete Künstlerin; sie eignet sich am besten für diese Arbeit.«
Sobald der grauweiße Gips die richtige Dichte hatte, formte Louise mit ihren langen, spitz zulaufenden Fingern Flickstücke, die genau in die Lücken paßten. Nachdem sie hart geworden waren, bestrichen die Studenten sowohl die Ränder dieser neuen Stücke als auch die der zusammengesetzten Scherben mit Leim, ließen ihn einziehen, setzten die Stücke ein und hielten das Ganze übers Feuer, damit die Nähte verschmolzen.
»Voilà!« rief Burnouf. »Wir haben soeben Ihre erste unvollständige Vase neu erschaffen. Sollten Sie, wenn Sie nach Hissarlik zurückkehren, die fehlenden Teile finden, so nehmen wir die Gipseinsätze heraus und vereinigen das Originalstück wieder mit seinem Muttertopf.«
Henry bestand darauf, die ganze Gesellschaft ins *Eptanesos,* ein ionisches Restaurant in der Ermoustraße, einzuladen. Beim Essen saß er neben der reizenden Louise und ließ eine lange Geschichte auf französisch vom Stapel. Sophia lächelte und sagte sich:
»Ich bin zwar keine ausgebildete Künstlerin, *alimono mou,* aber ich will verdammt sein, wenn ich die Gipseinsätze nicht ebenso gut machen kann wie sie!«
Vor der Geburt Andromaches war Henry für die Familie ein Fremder gewesen, ein exzentrischer Ausländer, mit dem sie wenig gemein hatten. Tausend Jahre vor Christi Geburt hatten die Griechen alle Völker, die eine andere Sprache sprachen, »Barbaren« genannt. Zum Glück hatte Henry Griechisch gesprochen; aber es war nicht seine Muttersprache, und so war immer etwas Verdächtiges an ihm hängengeblieben. Aber dann hatte er sein Blut mit dem

ihren vereint, indem er mit Sophia ein Kind zeugte. Jetzt, Anfang Januar, verkündete Sophia, daß sie wieder schwanger ging... mit einem Kind, das sie in Ciplak empfangen hatte. Henry küßte sie beglückt und rief aus:
»Nach dem Gesetz der Wahrscheinlichkeit muß dies mein griechischer Sohn werden.«
Solange Henry in Hissarlik war, hatte er sich überhaupt nicht um seine geschäftlichen Angelegenheiten gekümmert, hatte Sophias Vater Anweisungen gegeben, alle Schecks zu deponieren, Rechnungen zu zahlen und die Korrespondenz ungeöffnet für ihn aufzubewahren. Er hatte niemals über geschäftliche Dinge gesprochen, während er mit seinen Ausgrabungen beschäftigt war, und hatte auch nicht darüber nachgedacht. Jetzt machte er sich über die Stapel von Briefen und Telegrammen auf seinem Schreibtisch her, sortierte sie in seiner methodischen Art, gab Befehle, machte Bilanz, kaufte und verkaufte Eisenbahnaktien, sandte Geld an seine Brüder, seine Schwestern, seine Kinder in Rußland. Er genoß die Betriebsamkeit.
Aber gleichzeitig bereitete er mit der gleichen Planmäßigkeit einen sechs Monate währenden Großangriff auf Hissarlik vor, der im kommenden April beginnen sollte, und stellte eine Gleichung auf zwischen der größten Zahl von Männern, die er nutzbringend beschäftigen konnte, der Zahl von Vorarbeitern, die benötigt wurden, sie anzuleiten und zu beaufsichtigen, und der Menge von Werkzeugen und Geräten, die er brauchte. Während der letzten Wochen ihrer ersten Ausgrabungen hatten sie durchschnittlich achtzig Arbeiter pro Tag gehabt, wobei er und Sophia die einzigen gewesen waren, die die diversen Gruppen überwachten. Jetzt wollte er zwei erfahrene Vorarbeiter aus Athen mitnehmen.
»Erfahren in was?« fragte Sophia, eine schalkhafte Furche zwischen den Brauen.
»Am liebsten im Bergbau. Aber ich bezweifle, ob ich die in Griechenland finden werde. Die andere Möglichkeit wären Männer, die Eisenbahnlinien gebaut haben.«
»Du hast recht. Sie müssen durch Berge graben. Weißt du, wie du sie ausfindig machen kannst?«
Er grinste. »Indem ich zur Eisenbahn gehe. Dein Essensgast morgen ist ein Engländer, Mr. John Latham aus Folkestone, England. Er war Direktor einer Eisenbahn, die von London nach Dover und Folkestone fährt. Jetzt leitet er, sehr nutzbringend, die Bahn von Athen nach Piräus. Laß dich nicht von seinem förmlichen Äußeren ins Bockshorn jagen; er ist ein warmherziger und humorvoller Mensch.«
Latham kam am Sonntag mit Blumen für Sophia. Er war ein glattrasierter Engländer mittleren Alters, steif wie ein zusammengerollter Regenschirm. Sophia lockerte ihn mit dem Essen, das sie für ihn zubereitet, nachdem sie sich vorher bei der britischen Botschaft erkundigt hatte, welche Speisen ein im Ausland lebender Engländer wohl am meisten genießen würde. Sie hatte noch nie zuvor Roastbeef gebraten, aber sie hielt sich streng an die Regel, daß

es halbroh sein müsse; und versuchte, einen Yorkshirepudding aus dem hauchdünnen Blätterteig zu machen, aus dem sie Käsegebäck machte. Der Pudding war kein großer Erfolg, aber John Latham war belustigt und gerührt über ihre Bemühungen und erzählte ihr sehnsuchtsvolle Geschichten von der Kochkunst seiner Mutter.
»Überall auf dem Kontinent bekomme ich zu hören, daß die Engländer die schlechtesten Köche der Welt sind«, sagte er. »Trotzdem habe ich die Speisen meiner Mutter immer köstlich gefunden.«

Bis sie ins Arbeitszimmer kamen, hatte Mr. Latham sich einverstanden erklärt, ihnen eine Zeitlang zwei seiner besten Arbeiter zu überlassen. Henry verpflichtete sich, ihre Reisekosten zu bestreiten, ihnen eine Unterkunft zu besorgen und ihnen eine Prämie dafür zu zahlen, daß sie ein halbes Jahr in der Troas, fern von ihrer Familie, lebten. Er geriet in Erregung.
»Jetzt können wir bis zu hundertdreißig Arbeiter anstellen und sie ständig unter Aufsicht haben.« Er sah seine Frau an. »Aber weißt du, Sophidion, was wir wirklich brauchen, wenn wir eine Arbeitsplattform über die ganze Breite des Hissarlik anlegen wollen, ist ein Ingenieur. Jemand, der den Berg vermessen kann, so daß wir genaue Zahlen hinsichtlich seiner Breite, Länge und Höhe haben; einen ungefähren Überschlag, wieviel Kubikmeter Erde wir herausholen müssen, und der die Abladeplätze für den Schutt planen könnte.«
Henry wandte sich an seinen neuen Freund. »Ich möchte Ihr Arbeitspersonal nicht über Gebühr in Anspruch nehmen, Mr. Latham, aber hätten Sie wohl einen Ingenieur, den Sie, sagen wir, einen Monat lang entbehren könnten? Ich würde ihm ein sehr hohes Gehalt zahlen.«
Latham versuchte, den hohen, gestärkten Kragen zu lockern, der sich in sein Unterkinn fraß, eine Gebärde, die er, wie er erklärte, ohne jeden Erfolg seit seinem einundzwanzigsten Geburtstag machte.
»Warum kann nicht irgend jemand einen niedrigen, bequemen Hemdkragen erfinden?« murrte er. »Man möchte meinen, daß der Mensch mit all seiner Intelligenz, die ihn befähigt, riesige Pyramiden, die Akropolis und Ozeandampfer zu bauen, doch imstande sein sollte, einen Kragen zu entwerfen, der einen Mann nicht halb zu Tode würgt ... Aber lassen wir das. Ich habe unter meinem Personal keinen Ingenieur, den ich Ihnen ausleihen könnte, aber Eugène Piat, der die Eisenbahnlinie von Athen nach Lamia baut, hat einen.«
Monsieur Piat, in seinem Geburtsland Frankreich ausgebildet, war Verwalter, Ingenieur, Architekt und Wissenschaftler in einer Person. Er hatte, zusammen mit acht jüngeren französischen Ingenieuren, die zweihundert Kilometer lange Eisenbahnlinie von Athen nach Lamia geplant und war jetzt dabei, sie zu bauen. Er beaufsichtigte eine große Zahl von Arbeitern, sorgte dafür, daß die Gleisbettung planmäßig vorankam, und machte gleichzeitig die Entwürfe für das neue Gebäude des Französischen Archäologischen Instituts in Athen. Er war ein kultivierter Mann, der gut Griechisch sprach. Er interes-

sierte sich wenig für Kleidung, verbrachte den größten Teil seines Lebens in der Kluft eines Landvermessers und hohen Stiefeln, während er nach der besten Möglichkeit suchte, eine Bahnlinie um einen Berg herum zu legen oder über einen Abgrund zu führen. Er hatte eine dichte Mähne von grauem Haar, die sich jedem Kamm und jeder Bürste widersetzte.

»Aber was *in* seinem Kopf vorgeht«, bemerkte Henry, »das ist nicht wirr!«

Henry gab ihm eine kurze Übersicht über die Ausgrabungen des vergangenen Jahres.

»Ich muß mich von meiner Vorstellung eines fünf Meter breiten Grabens mit seiner begrenzten Sichtweite und den spärlichen Funden freimachen und mich auf meinen neuen Plan einstellen: eine Horizontalebene, die ich quer durch den Berg, etwa fünfzehn Meter unterhalb seines Plateaus, graben will, wo ich annehme, daß wir uns auf gewachsenem Boden befinden werden. Diese Terrasse wäre mindestens siebzig Meter lang, und ich würde sie etwa siebzehn Meter breit haben wollen. Von dieser Terrasse und dem darüberliegenden Plateau aus werden wir an der nordwestlichen Ecke arbeiten, die sich etwa acht Meter weit nach oben erstreckt und meiner Überzeugung nach die Akropolis enthält. Wir wollen alle Gebäude, Tempel, Paläste, Wachttürme, Tore, die wir finden, frei stehen lassen. Von unserer Terrasse aus werden wir in die Seiten des Hügels graben, und wenn wir Mauern finden, werden wir hinunter und um alle Seiten herum graben, bis das Bauwerk vollkommen freigelegt ist.«

Piat nickte.

»Sie werden nach *unten* graben, um die Bauwerke freizulegen, deren oberen Teil Sie entdeckt haben, und nach *oben*, um freizulegen, was über die Terrasse emporsteigt.«

»Genau. Ich nehme an, daß meine Plattform auf halber Höhe zwischen der Kuppe des Hügels und der Ebene unten liegen wird – dort, wo die Stadt Troja gestanden hat. Wenn ich die Stadt selbst und den höher gelegenen Hügel der Akropolis ausgrabe, auf dem sich die Festung und die Wachttürme befinden müßten, werde ich das ganze Troja Homers haben.«

»Monsieur Piat«, fragte Sophia, »können Sie uns einen Ingenieur zur Verfügung stellen? Einen Mann, der jede Einzelheit der sehr großen Erhebung kartographisch vermessen kann?«

»Ja, Madame Schliemann, Adolphe Laurent ist sehr geeignet für diese Aufgabe und jung genug, das Abenteuer zu genießen.«

Laurent kam einige Tage später zum Mittagessen. Sein Haar war kurz geschnitten wie Stoppeln auf einem Heufeld, ein Augenlid hing kraftlos herab, und seine Züge wirkten seltsam verworren, als wären sie auf gut Glück zusammengestellt worden. Er ging mehrmals zur Anrichte, auf der die Flasche mit dem *ouzo* stand, und leerte während des ganzen Essens jedesmal sehr schnell sein Weinglas. Unbeeinflußt von der großen Menge Alkohol, aß er mit gutem Appetit und erzählte abenteuerliche Geschichten von den Ländern, wo er gearbeitet hatte.

Die beiden Vorarbeiter, die John Latham ausgewählt hatte, kamen an einem Abend nach dem Essen. Theodoros Makres stammte aus Mytilene, der Hauptstadt von Lesbos, einer gebirgigen Insel, die vor der Küste von Kleinasien liegt. Makres hatte dort seit seiner Kindheit gearbeitet, hatte Straßen quer über die Insel und Anlegeplätze für die Schiffe gebaut. Sein Vokabular bestand nur aus zweihundert Wörtern, aber John Latham versicherte Henry, daß er dafür um so besser mit der Schaufel umzugehen verstand.

Spyridon Demetriou war in Athen als Sohn eines Arbeiters geboren. Er hatte schon arbeiten müssen, als er noch kaum imstande war, einen Schubkarren in gerader Linie zu steuern. Er liebe körperliche Arbeit, sagte Latham; sie befriedige ein grundlegendes Bedürfnis in ihm. Henry gab den beiden Männern einen Vorschuß, um sie an ihr Wort zu binden, und teilte ihnen mit, daß sie sich Ende März nach Konstantinopel einschiffen würden.

Ein weiterer Gast an Sophias Tafel war Professor Xavier-Johann Landerer, ein Mann Anfang der Sechzig, der in seiner Geburtsstadt München Medizin und Naturwissenschaft studiert hatte. Als er dreiundzwanzig war, hatte König Otto ihn als seinen persönlichen Apotheker nach Griechenland kommen lassen. Die Universität von Athen ernannte ihn zu ihrem ersten Professor für Chemie und Arzneikunde. Henry bat Professor Landerer, ihm die Wirkung der Oxydation auf Terrakotta und die chemische Zusammensetzung der unterschiedlichen Farben von Ton – schwarz, dunkelbraun, rot, gelb, aschgrau – zu erklären.

Sie gewannen immer mehr Freunde unter den Universitätsprofessoren. Es war der Anfang einer wissenschaftlichen und akademischen Grundlage für ihre Arbeit.

Die Professoren der diversen Wissenszweige erkannten Henry Schliemanns Theorien über Homers Troja nicht an, aber sie spotteten auch nicht über ihn. Sie respektierten seine Einstellung, die Bereitschaft, den Rest seines Lebens und einen großen Teil seines Vermögens der Aufgabe zu widmen, die er sich gesetzt hatte.

Sophia bemerkte, daß Henry, abgesehen von seiner Arbeit bei Hissarlik, am glücklichsten zu sein schien, wenn er mit den Professoren die Fragen erörtern konnte, die ihn interessierten. Die Wissenschaft war sein Idol, so wie Homer sein Gott war. Schon als Kind hatte er, ebenso wie seine Familie, fest damit gerechnet, daß er eines Tages studieren würde. Der Tod seiner Mutter, als er neun Jahre alt war, und die Entlassung seines Vaters 1834 aus dem Pastorat, weil er seine junge Haushälterin geschwängert hatte, setzten diesen Träumen ein Ende und zwangen den jungen Heinrich, vorzeitig die Schule zu verlassen, um sich als Gehilfe in einem Lebensmittelgeschäft seinen Unterhalt zu verdienen. Die achtzehnstündige körperliche Arbeit war schwer zu ertragen gewesen, aber noch schlimmer war für ihn die Tatsache, daß er als Ignorant ins Leben treten würde.

Jetzt, da sie ihre Vorarbeiter und einen Ingenieur engagiert hatten, fingen sie an, sich die erforderlichen Arbeitsgeräte zu beschaffen. Henry beschloß, die Einkäufe durch seine langjährigen Geschäftsfreunde, die Firma Schröder und Co. in London, zu tätigen, für die er als junger Mann in Amsterdam gearbeitet und die ihn später als Agenten nach Rußland gesandt hatte. Er war im Begriff, sechzig besonders robuste Schubkarren von London nach Piräus verschiffen zu lassen, aber Sophia mahnte ihn zur Vorsicht.

»Könntest du sie nicht bitten, dir zuerst ein Muster zu senden? Es wäre nicht sehr angenehm, eine Lieferung von sechzig Schubkarren zu empfangen und feststellen zu müssen, daß sie nicht unseren Zwecken entsprechen.«

»Du hast recht. Und das gleiche gilt für die Eisenschaufeln, Spitzhacken und Brechstangen. Ich schicke sofort ein Kabel nach London und erkläre den Leuten, was wir brauchen.«

Dann besann er sich anders. Er wollte eine kurze Reise durch Deutschland machen, um sich in den großen Museen die Terrakotten und andere frühe Funde anzusehen, und würde dann von dort aus nach London fahren, um die Geräte auszusuchen und zu bestellen.

Er machte sich sofort auf den Weg.

2.

Sophia, die jetzt im dritten Monat war, fühlte sich nicht gut. Sie fing an, Blut zu verlieren, hatte Rückenschmerzen und ein Gefühl der Schwere im Becken. Dann bekam sie Ischiasschmerzen in beiden Beinen. Als Henry von seiner zweiwöchigen Reise zurückkehrte, erschrak er.

»Bei Andromache hast du nie etwas von alledem gespürt?«

»Nein.«

»Dann mußt du liegen. Du mußt die meiste Zeit im Bett verbringen. Das nimmt den Druck von deinem Rücken und den Beinen.«

»Es gibt so viel zu tun. Wie kann ich Monate im Bett verbringen?« Er ließ nicht mit sich reden. Schließlich fragte Sophia: »Könnten wir nicht zu Dr. Venizelos gehen? Er wird uns bestimmt gut beraten.«

Dr. Venizelos hörte sich aufmerksam ihren Bericht an. Er maß den Symptomen kein großes Gewicht bei und meinte, sie solle sich keine Sorgen wegen leichter Schmerzen und Beschwerden machen.

»Aber ich will, daß sie sich Sorgen macht, Herr Doktor«, rief Henry. »Ich will, daß sie ihre ganze Aufmerksamkeit darauf verwendet, sich zu schonen.«

Dr. Venizelos nahm seine Brille ab und reinigte sie gelassen mit einem Taschentuch.

»Mein lieber Schliemann, Ihre Frau soll ihr normales Leben führen. Sie ist jung und gesund. Viel Bewegung, vor allem in der frischen Luft, hält sie bei Kräften.«

»Ich möchte es lieber so machen, Henry«, sagte Sophia. »Du hast selbst gesagt, ein Mensch, der für den Rat eines Fachmanns zahlt und ihn dann nicht befolgt, ist ein Dummkopf.«

Einige Wochen lang hielt sie sich an Dr. Venizelos' Versicherung, daß alles in Ordnung sei. Sie beharrte auf ihrem Entschluß, Anfang April mit Henry in die Troas zu fahren.

»Mein Platz ist an deiner Seite. Ich fühle mich glücklich und wohl in der Troas. Du hast gesagt, du willst ein kleines Haus für uns am Fuß des Hissarlik bauen...«

»Ja. Ich habe Yannakis bereits Geld geschickt und ihm gesagt, er soll das Holz bestellen.«

Aber Anfang März sah sie sich nach dem kleinen Silberkreuz greifen, das sie um den Hals trug. Sie wußte, daß irgend etwas nicht in Ordnung war. Ihr Rücken schmerzte; das Gefühl der Schwere in der Beckengegend nahm zu, und sie verlor sehr viel Blut. Sie legte sich ins Bett. Dr. Venizelos kam jeden Tag vorbei. Umsonst. Mitte März hatte sie eine Fehlgeburt.

Dr. Venizelos kam sofort. Sophia fragte:

»Warum ist es passiert, Herr Doktor?«

»Es ist einer jener Unglücksfälle der Natur, Frau Schliemann.«

»Bin ich irgendwie schuld daran?«

»Ganz gewiß nicht. Und Sie hätten auch nichts tun können, um es zu verhindern. Der Fetus war niemals richtig mit der Gebärmutter verbunden. Das ist wahrscheinlich schon im Augenblick der Empfängnis geschehen. Und da das Kind sich nicht normal in Ihnen entwickeln konnte, hat die Natur es klugerweise abgestoßen. Sobald Sie wieder bei Kräften sind, können Sie neu anfangen und ein normales, gesundes Kind zur Welt bringen.«

»Ich kann also noch Kinder bekommen?«

»Ganz bestimmt.«

»Ich bin nur froh, daß ich nicht schuld daran war.«

Dr. Venizelos strich ihr mit den Fingerspitzen die Haare aus der Stirn.

»Niemand ist schuld. Es ist einfach geschehen. Aber ich kann Ihnen aus Erfahrung sagen, daß diese Art von Unglücksfall selten zweimal vorkommt. Trösten Sie sich mit diesem Gedanken. Und versuchen Sie jetzt, so lange wie möglich zu schlafen. Wenn Sie aufwachen, werden Sie sich besser fühlen.«

Madame Victoria war liebevoll besorgt um ihre Tochter, wusch ihr das Gesicht und die Hände mit kühlem Wasser und glättete ihr Laken. Sophia war nervös und ängstlich. Trotz der tröstenden Worte des Arztes hatte sie das beklemmende Gefühl, ihren Mann enttäuscht zu haben. Sie hoffte, daß Henry ihr keinen Vorwurf machen würde.

Als sie fünfzehn Stunden später aufwachte, sah sie ihn neben ihrem Bett sitzen. In seinen Augen standen Tränen. Tröstend schob sie ihre Hand in die seine. Sie wußte, daß Henry noch mehr unter dem Verlust litt als sie selbst. Er hatte sein Herz an einen griechischen Sohn gehängt; das war ein Teil des Mystizismus, der ihn veranlaßt hatte, sich eine griechische Frau zu suchen. An der Art, wie er ihre Hand küßte und sie dann an seine brennende Wange hielt, erkannte sie, daß er ihr keine Schuld beimaß. Aber sie war bestürzt über die Leidenschaftlichkeit seines Hasses gegen Dr. Venizelos.

»Dieser Venizelos ist der böse Geist unseres Hauses! Nimm ihn nie wieder als Arzt, weder zu meinen Lebzeiten noch nach meinem Tod. Hätte ich doch nur nicht auf diesen verfluchten Mann gehört, der die schönste Hoffnung unseres Lebens zerstört hat.«

»*Agapete mou*, mein Liebster, quäl dich nicht«, bat sie. »Ich möchte auch jemanden finden, dem ich die Schuld an diesem Verlust geben könnte. Aber es war ein Unglück, das die Natur sich ersonnen hat. Der Herr hat's gegeben, der Herr hat's genommen. Dr. Venizelos hat mir lediglich geraten, mein normales Leben zu führen. Er sagt, es wird nicht noch einmal geschehen. Wenn ich dir einen Sohn schenke, wird es vergessen sein.«

Henry war untröstlich. Aber seine erste Sorge gehörte Sophia.

»Ich verschiebe meine Reise in die Troas.«

»Nein, Henry, du brauchst die Tage Anfang April, um mit der Arbeit anzufangen. Du nimmst ja Laurent und die beiden Vorarbeiter mit, also bist du nicht allein. Und sobald ich kann, komme ich nach. Die Calverts werden mich in Çanakkale abholen und mir helfen, einen guten Wagen und Kutscher zu finden, der mich nach Hissarlik bringt. Wenn du bis dahin unser Haus fertig haben könntest ...«

Der erste Schimmer wiedererwachter Hoffnung stieg in seine Augen.

»Auf jeden Fall. Ich lasse Yannakis und die beiden Vorarbeiter gleich nach meiner Ankunft mit dem Bau beginnen. Es wird nichts Großartiges sein, nur ein Schutz gegen die Elemente ...«

Die Geräte, die Henry bestellt hatte, trafen aus London ein: sechzig Schubkarren, vierundzwanzig große Eisenhebel, einhundertacht Spaten, einhundertdrei Spitzhacken, Hebespindeln, Ketten, Förderhaspeln. Etwa eine Woche vor seiner Abfahrt kam er mit einer neuen Idee an.

»Statt all dieses Material nach Konstantinopel zu verschiffen, es dort nach Çanakkale umzuladen und dann mit Lastkarren nach Hissarlik zu befördern, glaubst du, ich könnte den Besitzer und Kapitän eines kleinen Schiffes finden, der bereit wäre, unter Vertrag zwischen Piräus und der Bucht von Besika, ein paar Meilen südlich von Hissarlik, hin- und herzufahren? Dann wäre es eine Angelegenheit von wenigen Stunden, die Sachen auf einen Karren zu laden und zu unserem Arbeitsplatz zu bringen.«

Sophia runzelte die Stirn.

»Es ist aber sehr teuer, für die ganze Zeit ein vollbemanntes Schiff zu mieten.«

»Nein, nur für einen Teil der Zeit, sagen wir, eine Hin- und Rückfahrt pro Monat. Bei gutem Wetter kann das Schiff die Überfahrt in drei Tagen machen. Paris hat das getan, als er Helena und den Schatz des Menelaos aus Sparta entführte, und er hatte keinen Dampf, nur Ruderer und Segel. Das wäre die beste Möglichkeit, uns laufend mit Lebensmitteln und anderen Dingen zu versorgen. Wir würden Listen von allem, was wir brauchen, nach Hause schicken, und dann könnte Spyros die Einkäufe machen und die Sachen zum Schiff bringen.«

»Ich verstehe. Und auf der Rückfahrt können sie unseren Anteil der Funde mitnehmen.«
»Ja, wenn wir erreichen können, daß die Aufseher der türkischen Regierung die Dinge fortlaufend teilen, statt alles bis zum Schluß aufzuheben.«
»Die Aufseher? Werden wir denn mehr als einen haben?«
»Ich habe einen Brief vom Kultusminister erhalten. Er hat gehört, daß ich möglicherweise in diesem Jahr bis zu hundertfünfzig Arbeiter anstellen werde, und er sagt, ein Mann allein kann nicht alles überwachen, was wir ausgraben.«
»Was ist mit Georgios Sarkis?«
»Ich vermute, er ist wieder im Justizministerium. Aber um auf die Idee mit dem Schiff zurückzukommen, ich brauche nur zwei Dinge: ein Boot, das nicht sinkt, und einen Kapitän, der nicht redet. Ich möchte die internen Angelegenheiten unserer Ausgrabungen vollkommen geheimhalten. Was ich bekanntgeben will, sind die Resultate.«
Er brauchte einige Tage, ehe er eine Kombination fand, die ihn befriedigte: das Dampfschiff *Taxiarchis* und Kapitän Andreas Papaliolos mit einer Mannschaft, die nur aus Familienmitgliedern bestand: einem jüngeren Bruder, seinen zwei erwachsenen Söhnen und einem Neffen. Henry mochte den knorrigen alten Mann, der wie so viele Griechen sein Leben lang auf See gewesen war und fünfundzwanzig Jahre seinen Lohn gespart hatte, um sich sein eigenes kleines Schiff zu kaufen und unabhängig zu sein.
Als Henry am dritten Tag zum Mittagessen nach Hause kam, bemerkte Sophia einen nachdenklichen Ausdruck auf seinem Gesicht.
»Du hast unser Schiff mit Kapitän und Mannschaft gefunden.«
»Und ich habe wieder einmal gesehen, wie klein die Welt doch ist. Als ich Kapitän Papaliolos nach einer Referenz fragte, sagte er: ›Herr Doktor Schliemann, die beste Referenz, die ich Ihnen geben kann, ist Ihre ehrenwerte Schwiegermutter, *Kyria* Victoria Engastromenos.‹«
»Mama! Warum Mama?«
»Ich weiß es nicht. Warum fahren wir nicht heute nachmittag nach Kolonos hinaus? Dann werden wir es erfahren.«
»Kapitän Papaliolos?« rief Madame Victoria aus. »Er stammt aus Kreta. Unsere Familien kennen sich seit einem Jahrhundert oder noch länger. Was wollen Sie über ihn wissen?«
»Ist er vertrauenswürdig?«
»Für Sie? Aber natürlich. Sie gehören jetzt zu unserer Familie, und die Papaliolos' halten treu zu den Engastromenos'.«
»Vielen Dank, verehrte Schwiegermutter. Ich werde ihn in meine Dienste nehmen.«
Die Trennung fiel ihnen sehr schwer.
»Es ist ja nur für ein paar Wochen«, sagte Sophia tröstend. »Die Sonne ist warm, und ich kann im Garten arbeiten. Das wird mir wieder Kraft geben.«
Henry wußte, daß Sophia Tauben liebte. Er hatte heimlich in einer Ecke des

Gartens einen Taubenschlag anlegen und einige Vogelpaare hineinsetzen lassen. Als sie nach seiner Abreise zum erstenmal in den Garten kam, entdeckte sie das kleine Haus, vor dem die Tauben auf der Stange saßen. Ihre Augen füllten sich mit Tränen.
Bischof Vimpos kam sie besuchen. Er hatte von ihrer Fehlgeburt gehört und die weite Reise nach Athen unternommen, um sie zu trösten und ihr Vertrauen in den Willen Gottes zu erneuern. Die zwei Jahre in Tripolis hatten ihn verändert. Ein Ausdruck der Erschöpfung lag auf seinen Zügen.
›Eine kulturell so armselige Diözese ist nichts für ihn‹, sagte sie sich zornig. ›Er ist einer der klügsten Köpfe der ganzen Kirche. Man sollte ihn für schöpferische Zwecke verwenden: zum Forschen, Schreiben, Lehren, auf einem Niveau, wo sein Wissen am meisten nützen könnte.‹
Statt dessen hatte man ihn buchstäblich verbannt. Als Sophia ihn nach seinen Aufgaben fragte, sagte er:
»Sehr wenig, abgesehen von den Gottesdiensten. Ich überwache eine Anzahl von Priestern in den umliegenden Dörfern und sorge dafür, daß genügend Geld hereinkommt, um die Ausgaben der Diözese zu decken...«
»Lehrst du?«
»Ja, kleine Kinder. Es gibt zu wenig Schulen für sie. Wenn ich ihnen nicht Lesen und Schreiben beibringe, wachsen sie als Analphabeten auf.«
»Die Kirche muß dich nach Athen zurückholen.«
Er lächelte matt.
»Ich weiß, du bist der Meinung, ich sollte Theologie und Hebräisch an der Universität lehren. Manchmal vermisse ich die Universität sehr schmerzlich: die Bibliothek, die Gelehrten, die aufgeweckten Studenten, deren Werdegang man beobachtet. Manchmal ist es einsam, wenn man niemanden hat, mit dem man reden kann...«
»Aber du hast doch deine Bücher?«
Vimpos schüttelte traurig den Kopf.
»Nein, Sophia. Ehe ich nach Tripolis ging, mußte ich meine Bibliothek verkaufen, um mich von den letzten Schulden zu befreien.«
Ihr Ärger wandelte sich in Kummer.
»Kannst du nichts unternehmen, damit man dich zurückkommen läßt?«
»Mein liebes Kind, ich habe dich gebeten, dich Gottes Willen zu fügen. Wie kann *ich* mich dann weigern, mich Seinem Willen zu fügen? Wenn ich Gott und die Kirche liebe, muß ich bereitwillig jede Aufgabe übernehmen, die man mir stellt.«
Zum erstenmal seit Henrys Abreise fuhr Sophia am nächsten Tag mit dem Wagen in die Stadt. Sie ging geradewegs zu Koromelas, einem Buchladen, den sie seit ihrer Kindheit liebte. Er bestand aus einem einzigen sehr großen Raum mit hohen Regalen auf beiden Seiten, deren einzelne Abteilungen durch handgedruckte Schilder gekennzeichnet waren: Poesie, Geschichte, Literatur, Wissenschaft; außerdem gab es im hinteren Teil des Ladens Abteilungen für französische, deutsche und englische Bücher. Zweimal im Jahr,

zu ihrem Geburtstag und ihrem Namenstag, hatte ein Mitglied der Familie sie hierhergebracht, um sie den Duft von Druck und Einbänden aus aller Welt einatmen zu lassen. Und sie hatte sich jedes Buch aussuchen dürfen, das sie sich wünschte. Jetzt wollte sie einen großen Teil der fünfhundert Drachmen – einhundert Dollar –, die Henry ihr für einen Notfall dagelassen hatte, darauf verwenden, Onkel Vimpos' Bibliothek wieder aufzufüllen. Nicht einen Augenblick zweifelte sie daran, daß ihr Mann ihr beipflichten würde, daß dies ein Notfall war: daß man nicht zulassen durfte, daß Theokletos Vimpos, der sie zusammengebracht und dann ihre Ehe gerettet hatte, sich einsam fühlte, daß er ohne seine Bücher war, die zu ihm sprachen. Sie hatte Henry in Paris gesagt: »Einsamkeit ist schmerzlicher als ein gebrochenes Bein.« Oder war es Heimweh gewesen? Es war beides das gleiche. Theokletos Vimpos hatte Heimweh nach dem intellektuellen Leben in Athen, und er hatte Schmerzen. Auch er hatte eine Fehlgeburt erlitten.

Der April war warm, der Himmel beim Morgengrauen mit einem leuchtenden weißen Puder angefüllt, der nach und nach von einem immer dunkler werdenden Blau verdrängt wurde. Sophia arbeitete an den Blumenbeeten und den blühenden Büschen, fütterte die Tauben und war erstaunt über das anhaltende Gefühl des Verlusts und der Leere, das sie quälte. Sie wartete ungeduldig auf den Tag, wo sie nach Hissarlik zurückkehren konnte, um Henry bei seiner Arbeit zu helfen.

Seine ersten Briefe waren entmutigend.

»Das Leben ist schwer«, schrieb er. »Abgesehen von dem herrlichen Blick ist alles bedrückend.«

Das Haus am Rand der Ausgrabungen war noch nicht fertig. Er schlief in der kleinen Hütte, die er für ihre Geräte gebaut hatte. Es hatte drei Nächte hintereinander stark geregnet, und das Wasser drang durchs Dach. Nach dem Regen war es sehr kalt geworden. Yannakis war da und bemühte sich, eine zuverlässige Arbeitskolonne zusammenzubringen, aber er konnte nicht für Henry kochen, weil sie weder einen Herd noch Küchenutensilien hatten. So mußte er sich mit dem Essen von Ciplak zufriedengeben. Es war so schlammig, dunkel und kalt, daß er nicht einmal seine Berichte schreiben konnte.

»Wenn es Dir möglich ist, bleib in Gottes Namen in Athen und kräftige Deinen kleinen Körper ...«

Aber *wenn* sie kam, sollte sie bitte folgendes auf dem Schiff mitbringen: einen Herd, zehn Teller, Messer, Gabeln, Löffel, eine große und eine kleine Matratze, Decken, Handtücher, ihre älteste Kleidung und dicke Lederschuhe sowie einige Dutzend Weidenkörbe verschiedener Größe, in denen sie ihre Töpfe, Vasen und Scherben nach Hause schicken könnten. Sie machte sich an die Einkäufe; ihr Bruder Spyros begleitete sie im Wagen, um dafür zu sorgen, daß alles in Lattenkisten und großen Körben verpackt wurde, in die sie hinterher ihre archäologischen Funde packen konnten, um sie mit Kapitän Papaliolos auf der *Taxiarchis* nach Athen zu senden.

Henrys nächster Brief machte es ihr unmöglich, noch länger in Athen zu bleiben. Er war voll von seiner Liebe zu ihr und von seiner Einsamkeit:

> Meine liebste Ehefrau Sophia,
> meine Gebieterin, mein kleiner Engel, mein Leben, einziger Gegenstand meiner Gedanken und Träume, wie geht es Dir? Wie unterhältst Du Dich? Wie ißt und schläfst Du? Wie erholst Du Dich? Wie geht es unserer lieben Tochter Andromache? Sie sollte mindestens drei Stunden am Tag in ihrem englischen Wägelchen spazierengefahren werden. Was macht Dein Garten? Ich hoffe, daß Du mit Deinem göttlichen Geist unsere arme Palme wieder zum Leben erweckt hast. Wie geht es Deinen Tauben? Zweifellos ist Dein Garten eine Augenweide.
> Mein Liebling, nimm jeden Tag die Seebäder in Piräus und fahr später, wenn die Eisenbahn in Betrieb genommen wird, nach Phaleron, denn ich möchte, daß Du wieder voll zu Kräften kommst. Sende mir gute Nachrichten, dann scheint für mich wieder die Sonne.

Noch am selben Nachmittag buchte sie für Anfang Mai eine Kabine nach Konstantinopel.
Am Tag vor ihrer Abreise erhielt sie einen fünfzehn Seiten langen Artikel von Henry mit der Bitte, ihn einem ihrer Vettern zu geben, der griechische Grammatik studiert hatte, damit er ihn korrigierte, ehe er einer Athener Zeitschrift zur Veröffentlichung übergeben wurde. Außerdem sollte sie die zwei beiliegenden Zeichnungen – eine von einem Kreuz, das er gefunden hatte, die andere von einer *Swastika* – zu einem Athener Photographen bringen, um Platten für den Artikel machen zu lassen.
Sie bat ihren Vater, die Aufträge auszuführen, quartierte ihre Eltern in der Moussonstraße ein, damit Andromache in ihrer gewohnten Umgebung bleiben konnte, umarmte ihre Tochter und ihre Familie und ließ sich von Spyros nach Piräus begleiten.
Henry erwartete sie im Hafen von Çanakkale. Sie erschrak, als sie ihn am Fuß des Laufgangs stehen sah. Er schien in seinem dunklen Anzug um zwei Nummern eingeschrumpft zu sein. Sein Gesicht war blaß und zerfurcht; selbst während der magersten Zeit in Ciplak war er nicht so dünn gewesen. Offensichtlich hatte er in den letzten Wochen wenig Schlaf bekommen. Ohne ihre Hilfe hatte er zu allem auch noch seine griechischen Berichte für die Zeitungen und gelehrten Gesellschaften dreimal schreiben müssen.
›Armer Mann‹, dachte sie, mehr liebevoll als mitleidig, ›er hat es nicht leicht gehabt. Aber das soll jetzt anders werden.‹
Henry nahm sie in die Arme und murmelte: »Du bist schön.«
Er hatte ihr geschrieben, sie solle ihre ältesten Kleider für die Arbeit mitbringen, aber das bezog sich nicht auf ihr Reisekostüm, das sie sich in der letzten Woche in Athen hatte machen lassen: eine dunkelblaue Köperjacke, deren eingewebtes Rippenmuster dem Stoff einen Glanz verlieh, der ein schmei-

chelhaftes Licht auf ihr schmales Gesicht warf; ein blauer Glockenrock in einem etwas helleren Ton und eine Seidenbluse mit einem weißen Spitzenkragen. Sie hatte es ganz bewußt darauf angelegt, schön vor ihrem Mann zu erscheinen.
Er hielt sie von sich ab.
»In meinem ganzen vergeudeten Leben habe ich mich noch nie so gefreut, jemanden zu sehen. Laß mich dich anschauen. Ich habe seit Wochen nichts anderes als Hacken, Schaufeln und Turkophone gesehen. Du hast zugenommen. Das freut mich. Deine Augen strahlen...«
»...weil sie dich sehen, *Errikaki*. Ja, Mutter hat drei Mahlzeiten am Tag für mich zubereitet, etwas noch nie Dagewesenes in einer griechischen Küche. Aber jetzt bist du derjenige, der Pflege braucht. Hier ist ein Kuß, den Andromache ihrem Vater schickt.«
Sie beugte sich vor und legte ihre Wange an die seine.
»Das war lieb. Ich hoffe, ihre Mutter hat selbst auch einige mitgebracht.«
»O ja. Ist unser Haus fertig?«
»Auch die Küche und das dritte Gebäude. Yannakis wartet begierig darauf, den Herd zu installieren. Du hast doch einen mitgebracht?«
»Natürlich; und genügend Lebensmittel, um dich sechs Monate lang üppig zu ernähren.«
Sie schlenderten den Kai entlang und sahen zu, wie die Kisten aus dem Laderaum kamen. Ein großer Bauernwagen wurde rückwärts an das Schiff herangefahren, damit sie direkt aufgeladen werden konnten.
»Hier ist Demetriou«, sagte Henry. »Du erinnerst dich an ihn, der jüngere der beiden Vorarbeiter. Wenn du ihm deinen Seefrachtbrief gibst, kann er die Lattenkisten und Körbe abhaken, während sie auf den Wagen geladen werden.«
Sie standen Hand in Hand da und blickten über das blaue Wasser der Dardanellen hinweg auf die dahintergelegenen grünen Hügel der Gallipoli-Halbinsel. Der Tag war heiter und warm.
»Sophidion, du hast den Sonnenschein mitgebracht. Wir haben von den letzten zwanzig Tagen sieben wegen Regen und griechischer Feiertage verloren. Aber trotz der großen Kälte haben wir in den ersten siebzehn Tagen des Monats April über achttausend Kubikmeter Erde herausgeholt.«
»Wie macht sich Laurent?«
»Er ist weg. Nach dem Monat, für den ich ihn verpflichtet hatte. Hat ewig getrunken. Kam nur ein oder zwei Stunden am Tag zur Grabung.«
»Und seine technischen Pläne, die Reliefkarten?«
»Gut.« Er gab es widerwillig zu. »Ich habe sie mitgebracht, um sie Frank Calvert zu zeigen. Wenn wir erst einmal unsere Terrasse in den Berg gegraben haben, wird, fürchte ich, nicht viel von seiner Hälfte des Hügels übrigbleiben.«
»Er wird vermutlich lieber einen Teil von Troja besitzen als einen kahlen Hügel, auf dem anderer Leute Schafe grasen.«

Henry hatte mit den Calverts vereinbart, daß sie bei ihnen übernachten würden.
»Ich dachte mir, du könntest eine stürmische Reise gehabt haben und dich ausruhen wollen, ehe wir uns auf den Weg nach Hissarlik machen.«
Sie gingen eingehakt den schmalen Gehsteig der Hauptstraße von Çanakkale entlang. Sophia fühlte sich zu Hause, als sie die Kamelkarawanen sah, die mit Körben beladenen kleinen schwarzen Ponys, die Frauen in ihren *yaschmak*, das Gesicht mit einem kurzen Schleier bedeckt. Das Brauchtum zwang die türkischen Frauen, formlose Bündel aus sich zu machen, wenn sie sich in der Öffentlichkeit zeigten. Über ihren *schalvar*, den langen Hosen, die an den Fesseln zusammengehalten wurden, trugen sie lange Röcke, und über diesen Röcken bunt bedruckte *yelek*, lange, mantelähnliche Kleidungsstücke aus Baumwolle, die oberhalb der Taille eng anlagen und vorne geknöpft waren. Über dem *yelek* trugen sie Mäntel mit langen Ärmeln. Auf dem Kopf hatten sie den *feredscheh*, den langen Schleier, der Kopf und Schultern bedeckte und bis zur Taille reichte. Sophia bemerkte respektlos:
»Nur Gott und der Ehemann wissen, wie die türkische Frau unter diesem klobigen Kleiderzelt aussieht.«
Das Lächeln, die Herzlichkeit und die Liebe, die Wärme von Sophias Gegenwart brachten wieder Farbe in Henrys Wangen. Während sie gemächlich die Straße entlanggingen, straffte er die Schultern, wölbte seine Brust und schien genau wie damals an dem Abend in Kolonos, als sie ihn zum erstenmal gesehen hatte, plötzlich um zwanzig Jahre jünger zu werden. Er blickte sich rasch um, sah, daß niemand sie beobachtete, dann preßte er sie an sich und küßte sie heiß.
»Ich schulde dir noch einen Sohn«, flüsterte er.
Sie erwiderte seinen Kuß, glücklich, daß die Vergangenheit hinter ihnen lag.
Die Calverts begrüßten sie wie alte Freunde, und die matronenhafte Mrs. Calvert küßte Sophia auf beide Wangen, als wäre sie eine ihrer Töchter. Alle vier Kinder der Familie waren zu Hause: Edith, Alice, Laura und der halbwüchsige Sohn. Die Kinder hatten ihren Vater oft begleitet, wenn er die Tumuli ausgrub, die in der Troas so zahlreich waren. Nach dem Essen gingen sie in die Bibliothek und ließen sich in den weichen roten Ledersesseln nieder. Henry breitete Laurents Zeichnungen auf dem runden Tisch aus.
»Lassen Sie mich Ihnen zeigen, wo wir unsere Arbeitsterrasse geplant haben. Sehn Sie, hier, wo ich das A eingezeichnet habe, ist die Stelle, wo wir im vergangenen Jahr unseren fünf Meter breiten Graben den Hügel hinaufgeführt haben. Er war zwölf Meter lang, als wir die Kuppe erreichten. Ich hatte gehofft, auf dem Weg nach oben edle alte Bauwerke zu finden, mußte mich jedoch mit einem einzigen Gebäude zufriedengeben, das, wie wir jetzt annehmen, eine hellenische Ratsstube aus dem 3. Jahrhundert v. Chr. und kein Teil der Akropolis war. Dieses Jahr werden wir viel näher am nordwestlichen Vorsprung beginnen, hier, bei B, wo wir, wie ich mit Sicherheit annehme, die Festungsmauern und den Palast des Priamos finden werden.«

Aus den Zeichnungen ging hervor, daß Henry beabsichtigte, am nördlichen Steilhang zu beginnen und dann von Norden nach Süden quer über die halbe Breite des Hügels eine fast achtzig Meter lange und fünfzehn Meter breite Terrasse zu ebnen. Von hier aus wollten sie in alle Richtungen graben, allen Anhaltspunkten mit Gräben und Terrassen in den restlichen Hügel hinein folgen. Als Frank Calvert die Zahlen sah, pfiff er leise, dann strich er sich über den blonden Schnurrbart, als wolle er sein Erstaunen wegwischen.

»Das ist eine ungeheuerliche Aufgabe, Henry. Schon allein der Gedanke macht mich schwindlig. Wieviel Erde werden Sie herausholen müssen?«

»Laut Laurents Schätzung etwa fünfundsiebzigtausend Kubikmeter. In fünfzehn Meter Tiefe müßte ich auf gewachsenem Boden sein. Der wichtige Teil des Berges wird vollkommen freigelegt, und wir werden die Möglichkeit haben, die großen Bauwerke aus ihrer dreitausend Jahre währenden Gefangenschaft zu befreien.«

Sophia war überwältigt gewesen, als Henry ihr zum erstenmal von diesem kühnen Plan erzählte, aber Frank Calvert war fassungslos.

»Ich könnte es nicht. Ich könnte mir keine Vorstellung davon machen... Ich mag kleine Ausgrabungen wie den Grabhügel des Aias oder den kleinen Tempel in Thymbria, auf dem Besitz meines Bruders Frederick. Das ist etwas, was ich gerne selber mache, vielleicht mit ein oder zwei Gehilfen, eine Arbeit, die ich in wenigen Tagen beenden kann.«

Als Henry schwieg, weil er nicht wußte, was er erwidern sollte, sagte Sophia leise:

»Ich verstehe, Mr. Calvert. Wenn Sie Schriftsteller wären, würden Sie lieber Kurzgeschichten als Romane schreiben. Henry will ein Dostojewskij sein...«

»... und *Schuld und Sühne* schreiben.« Calvert blinzelte ein paarmal. »Ich habe meine Schuld und Sühne gehabt...«

Ein paar Sekunden herrschte verlegenes Schweigen. Dann sagte Henry:

»Frank, meine Ausgrabungen werden sich möglicherweise auf Ihre Hälfte des Hügels ausdehnen. Habe ich Ihre Genehmigung?«

Frank Calvert antwortete ohne zu überlegen.

»Selbstverständlich. Andernfalls hätte ich Ihnen bei unserer ersten Begegnung vor einigen Jahren nicht geraten, den Anfang zu machen, oder mich bemüht, Ihnen den *firman* zu beschaffen. Aber ich möchte Sie bitten, die Artefakten, die Sie auf meinem Grund finden, halb und halb mit mir zu teilen.«

»Das ist nur recht und billig, Frank. Genügt ein Handschlag oder sollen wir eine Vereinbarung aufsetzen?«

»Ihr Wort ist mein Pfand.«

Sie reichten sich die Hand. Frank holte eine Flasche Kognak aus einer versteckten Bar. Selbst Sophia leerte ihr Glas auf Frank Calverts Toast:

»Auf Homers Troja! Lassen Sie mich wissen, wenn Sie Ihre erste große Entdeckung machen, dann komme ich zu Ihnen hinüber, um sie mir anzusehen.«

3.

Sophia war verblüfft über die Veränderung des Hügels: über die neuen Gräben, Terrassen und freigelegten Mauern, über die drei Häuser an der nordwestlichen Ecke, unmittelbar neben den Ausgrabungen, und über eine Reihe anderer kleiner Gebäude am östlichen Fuß des Hanges. Henry hatte ihr stolz geschrieben, daß die drei Häuser ihn nur zweihundert Dollar gekostet hätten, weil die drei Meter langen und fünfundzwanzig Zentimeter breiten Planken sehr preiswert gewesen seien, und so hatte sie damit gerechnet, kaum mehr als notdürftig zusammengezimmerte Hütten vorzufinden. Statt dessen waren die Häuser solide gebaut, die Dächer mit wasserdichten Matten gedeckt, die Fenster und Türen von Schreinern gefertigt und eingehängt.

Ihr eigenes Haus hatte drei Zimmer: ihr Schlafzimmer, ein geräumiges Eßzimmer und einen Arbeitsraum mit zwei hohen Regalen, auf denen die neuen Funde lagen, die gewissenhaft numeriert, aber nicht gesäubert waren; und vor dem Fenster stand ein alter, abgenutzter Schreibtisch, den Henry in Çanakkale aufgetrieben hatte. Trotz seiner pockennarbigen Platte freute sich Sophia über diesen Schreibtisch, denn er bot ausreichend Platz, daß sie beide daran arbeiten konnten. Von den hinteren Fenstern hatte sie einen Blick auf das Ägäische Meer und die Inseln Imbroz und Samothrake.

Sie stellte ihre geliebte Ikone auf das Nachttischchen, das Yannakis für sie gezimmert hatte, und hängte ihre Kleider in eine durch einen Vorhang abgetrennte Ecke, ähnlich derjenigen in ihrem Schlafzimmer in Kolonos. Außerdem hatte sie einen breitrandigen Strohhut mitgebracht, der ihr mehr Schutz gegen die brennende Juli- und Augustsonne bieten würde als das Kopftuch, das sie im letzten Jahr getragen hatte; und zwei Paar feste Schuhe mit Ledersohlen.

Dann führte Henry sie durch die beiden anderen Häuser, eines eine Unterkunft für ihre zwei Vorarbeiter Makres und Demetriou, das andere die Küche. Yannakis hatte bereits den Herd installiert, der am Abend zuvor mit dem Karren eingetroffen war, und schnitt gerade ein Loch für das lange schwarze Abzugsrohr ins Dach. Als er Sophia sah, kam er behutsam von seiner primitiven Leiter herunter, sank vor ihr auf die Knie, küßte ihr die Hand und murmelte:

»*Doulos sas!* Willkommen in Schliemannshausen. Der Herr wird jetzt glücklicher sein.«

»Yannakis«, fragte Henry, »haben Sie ein Mädchen für *Kyria* Schliemann gefunden?«

»Ein Mädchen?« Sophia war überrascht. »Wozu, Henry?«

»Als Gefährtin und Hilfe für dich. Unsere Situation ist nicht die gleiche wie im vergangenen Jahr. Die Männer aus Erenkoi kehren nur sonnabends oder am Vorabend eines religiösen Feiertags nach Hause zurück. Sie haben sich ein Lager errichtet, wo sie in Decken gerollt schlafen. Ich habe Wasserfässer und Klosetts sie sie aufgestellt. Außerdem hat ein Händler sich eine Hütte für einen kleinen Laden gebaut, um sie mit Lebensmitteln zu versorgen, obwohl sie die meisten Dinge am Montag von zu Hause mitbringen. Wir haben die Anfänge eines kleinen Dorfes, das wir Hissarlik nennen werden. Es sind einfach zu viele Männer in der Nähe, als daß ich dich allein im Haus lassen möchte.«

Plötzlich bemerkten sie, daß Yannakis sie mit einem breiten Lächeln anstrahlte.

»Herr, ich habe ein Mädchen gefunden.«

»Gut. Wie lange wird sie bleiben?«

»Solange wie Sie hier sind. Ich habe sie geheiratet, um sicher zu sein.«

Sophia und Henry sahen sich ungläubig an. Yannakis, der Anfang der Vierzig war, hatte im letzten Jahr angedeutet, daß er nicht für die Ehe geschaffen sei: Es läge ihm nicht, Befehle zu erteilen. Wie konnte ein Mann eine Frau haben, wenn er nicht imstande war, sie herumzukommandieren? Vor allem in Kleinasien? Er hatte seinem Herrn dieses Opfer gebracht.

»Wo ist sie jetzt, Yannakis?«

»Ich hole sie.«

Er ging in einen angrenzenden Raum, den er an die Küche angebaut hatte, und kehrte gleich darauf mit seiner jungen Frau an der Hand zurück.

»Herr, dies ist Polyxene. Meine Kusine. Aus Erenkoi.«

Polyxene stand mit niedergeschlagenen Augen da. Sie verbeugte sich tief vor Henry und Sophia, dann murmelte sie in genau dem gleichen Tonfall wie Yannakis:

»Ihre Sklavin.«

Sie war ein hübsches kleines Ding, etwa sechzehn Jahre alt, und reichte Yannakis kaum bis zu den Achseln. Im Gegensatz zu den türkischen Frauen war es den griechischen Mädchen gestattet, mit unverschleiertem Gesicht umherzugehen. Polyxene trug ein weißes Hemd mit langen Ärmeln, einen langen Rock und einen Schal über dem Kopf. Trotz ihrer Schüchternheit war zu erkennen, daß sie eine gewisse innere Sicherheit besaß und daß es angenehm sein würde, sie um sich zu haben.

Yannakis hatte die Hundertpfundsäcke mit Kaffee, Zucker, weißen Bohnen, Limabohnen, gelben und grünen Erbsen, Linsen, Reis, getrockneten Feigen, Rosinen, Nüssen und Mehl längs der beiden freien Wände der Küche aufgestapelt. Georgios Engastromenos hatte sie auf Henrys Anweisungen gekauft und nach Piräus auf Sophias Schiff bringen lassen. Außerdem gab es Pakete mit Makkaroni, Zimt, Muskatnuß, Vanille, Pistazien, Tomatenpüree, geriebenem Käse und Sirup. Und draußen vor der Tür standen Fässer mit Essiggemüse, eingesalzenen Heringen, Oliven, Sardinen. Die dicken Schnüre an den Säcken waren zerschnitten und die Ränder heruntergerollt worden.

»Ein köstliches Aroma«, bemerkte Sophia. »Wie in den großen Lebensmittelgeschäften in Athen, wenn die Behälter offen sind.«

Henry strahlte.

»Ich bin seit sechs Wochen hungrig. Jetzt werden wir endlich gut essen!«

»Das ist der Grund, weshalb du mich hier haben wolltest. Du hast deine Köchin vermißt.«
Noch ehe Henry antworten konnte, rief Yannakis angstvoll:
»Ich koche! Ich der beste Koch in der Troas.«
Polyxene sprach zum erstenmal.
»Männer kochen nicht. Ich koche!«
»Nein!« brüllte Yannakis. »Ich gebe Befehle in der Küche«, und dann erblaßte er vor Schreck über seinen eigenen Mut.
Sophia lachte. »Wir werden alle kochen. Es wird die beste Unterhaltung in Schliemannshausen sein.«
Henry machte mit ihr einen Rundgang durch die Ausgrabungen. Der Berg wimmelte von Arbeitern in blauen Hosen und einem roten Fes auf dem Kopf.
»Es sieht wirklich wie ein Ameisenhügel aus«, sagte Sophia.
»Das soll es wohl. Ich habe hier einhundertdreißig Männer. Die neuen Arbeitsgeräte sind eine große Hilfe, vor allem die massiven Schubkarren und die Eisenschaufeln.«
Er führte sie zur Südseite des Hügels, wo bis zur Mitte des 4. Jahrhunderts n. Chr. eine blühende Stadt, Novum Ilium – Neu-Ilium – gestanden hatte.
»Von jener Zeit bis heute hat es keine Bewohner auf diesem Hügel gegeben.«
Eine Kolonne von fünfundvierzig Männern grub einen tiefen Graben von der Ebene aus den sanft ansteigenden Hang hinan. Die Arbeit wurde von einem Mann überwacht, den Sophia noch nicht gesehen hatte; er trug einen Grubenhelm und kniehohe englische Stulpenstiefel.
»Erinnerst du dich, daß ich in Athen sagte, ich möchte Bergleute als Vorarbeiter finden?« erklärte Henry. »Nun, ein Bergmann hat uns gefunden: Georgios Photides, ein Grieche aus dieser Gegend, der nach Australien gegangen ist und dort sieben Jahre in Minen gearbeitet hat. Bekam Heimweh, kehrte zurück und heiratete ein fünfzehnjähriges Mädchen aus einem benachbarten Dorf. Keine Mitgift und keine Arbeit. Als ich erfuhr, daß er Erfahrung im Tunnelbau hat, habe ich ihn sofort engagiert. Er macht seine Sache sehr gut. Schläft mit den anderen Vorarbeitern in der Hütte.«
Henry nahm sie beim Arm, führte sie den Graben entlang und stellte ihr Photides vor. Photides nahm seinen australischen Grubenhelm ab, legte die Hand aufs Herz und verbeugte sich tief.
»Photides, erklären Sie Frau Schliemann, worin Ihre Aufgabe besteht«, sagte Henry.
»Mit Vergnügen, Herr Dr. Schliemann.« Er sprach ein ausgezeichnetes Griechisch, an dem zu erkennen war, daß er eine gewisse Bildung besaß.
»Frau Schliemann, wir werden von der Ebene aus nach oben graben, bis wir die Höhe von fünfzehn Metern erreicht haben, auf der wir, wie Dr. Schliemann erwartet, auf gewachsenem Boden sein werden. An diesem Punkt durchqueren wir den Hügel, bis wir auf die Kolonnen stoßen, die unter der Aufsicht von Makres und Demetriou von Norden her kommen. Wenn wir uns begegnen, zieht sich unser Graben auf der Höhe des jungfräulichen Bo-

dens durch die ganze Breite Hissarliks. Auf dem Boden von Homers Troja. Das ist's, was der Doktor wünscht.«

»Und das ist's, was der Doktor erreichen wird!« erwiderte Henry energisch. »Komm, Sophia, ich will dir zeigen, was für Fortschritte wir an der nördlichen Seite gemacht haben.«

Sie kamen zu der Stelle, wo eine andere Kolonne die Erdkruste einer neun Meter hohen Erhebung lockerte, in dem sich nach Henrys Überzeugung die Akropolis von Troja befand. Vorsichtig wurde die von den Jahrhunderten angehäufte Erde bis zum natürlichen Boden des Hügels abgetragen.

Ehe sie das Plateau überquerten, bot sich Sophia ein Bild, das ihr einen Schauer über den Rücken laufen ließ. Sie rief aus:

»*Panaghia mou*, heilige Muttergottes, was für ein phantastischer Anblick!«

Henry strahlte.

»Sind sie nicht herrlich? Ich wollte sie nicht aus der Erde nehmen lassen, ehe du sie *in situ* gesehen hattest.«

Es war tatsächlich ein überwältigender Anblick: zehn riesige orangefarbene *pithoi*, Krüge, fast zweieinhalb Meter hoch und an der breitesten Stelle über anderthalb Meter im Durchmesser, die, halb aus ihrem dreitausend Jahre alten Gefängnis befreit, aus dem Boden des Grabens hervortraten.

»Henry, was stellen sie dar? Wozu wurden sie gebraucht? Und warum stehen sie fast in Reih und Glied vier Meter über uns?«

Henry lachte leise.

»Ich weiß, es ist schwer zu glauben, wenn du zu diesem riesigen Erdwall hinaufsiehst, aber du blickst auf eine Straße oder eine Reihe von Straßen und die Reste der Häuser in diesen Straßen. Diese herrlichen *pithoi* dienten als Vorratskrüge für Öl, Wasser, Weizen, Gerste...«

»Aber Henry, die Leute hätten eine Leiter benutzen müssen, um zu ihren Vorräten zu gelangen.«

»Im Gegenteil, Liebling, sie hätten sich hinknien müssen.«

Sie starrte ihn verblüfft an. Dann begriff sie.

»Du willst sagen, sie waren im Boden versenkt?«

»Es ging gar nicht anders. Das übliche Haus bestand nur aus einem Raum. Mit diesen *pithoi* auf dem Boden hätten die Bewohner im Außenhof schlafen müssen. So grub man sie in einer Reihe vor der Feuerstelle ein, an der das Essen zubereitet wurde. Der obere Rand der Krüge war vermutlich auf gleicher Höhe mit dem Erdfußboden.«

Fünfzehn Meter unterhalb des Plateaus, wo Sophia gestanden und bewundernd auf die zehn orangefarbenen *pithoi* geblickt hatte, sah sie etwas ebenso Bemerkenswertes: die Anfänge von Henrys großer Terrasse. Demetrious Kolonne hatte vom Plateau aus abwärts gegraben; die Männer unter Makres' Leitung waren geradewegs den steilen nördlichen Hang heraufgekommen, um sich mit ihm zu vereinigen. Sie hatten fast zwölftausend Kubikmeter Erde ausgehoben. Die Terrasse lag bereits fünfzig Meter tief im Berg. Sie war eine massive Arbeitsbank aus Erde, von der aus Henrys Leute die Erdwälle abtragen konnten, die sich über ihnen erhoben und – nach Henrys Überzeugung – die riesigen Verteidigungsmauern in sich bargen, die die Achäer in zehnjähriger Belagerung nicht hatten durchbrechen können, und innerhalb derer all die wichtigen Gebäude lagen.

»Henry, stehe ich auf dem Boden von Homers Ilion?«

»*Meiner* Meinung nach ja.«

Er strahlte sie an.

»Es ist unser wichtigstes Ziel, die Mauern zu finden. Komm, setz dich mit mir auf diesen kleinen Vorsprung.«

Er holte sein Exemplar der *Ilias* aus der Tasche und las ihr vor. Es war Poseidon, der zu Apollo sprach:

»›... Denkst du, wieviel wir bereits um Ilios Böses erduldet,
Wir von den Göttern allein, als, hergesandt von Kronion,
Wir ein ganzes Jahr dem stolzen Laomedon dienten,
Für bedungenen Lohn, und jener Befehl' uns erteilte.
Ich nun selbst erbaute der Troer Stadt, und die Mauer,
Breit und schön, der Feste zur undurchdringlichen Schutzwehr.‹

Wir suchen auch ein Doppeltor. Hör zu, hier heißt es, ein paar Seiten weiter:

›Dort stand Priamos jetzo, der Greis, auf dem heiligen Turme,
Schauend auf Peleus' Sohn, den gewaltigen, und wie vor jenem
Fliehender Troer Gewühl hertummelte, nirgend auch Abwehr
Noch erschien. Wehklagend vom Turm nun stieg er zur Erde
Und gebot an der Mauer den rühmlichen Hütern des Tores:
Öffnet die Flügel des Tors und haltet sie, bis sich die Völker
All' in die Stadt eindrängen, die fliehenden; denn der Peleide
Tobt dort nahe dem Schwarm! Nun, sorg ich, droht uns ein Unheil!
Aber sobald in die Mauer sie eingekehrt sich erholen,
Schließt dann wieder das Tor mit dicht einfugenden Flügeln;
Denn ich besorg, uns stürmt der verderbliche Mann in die Mauer!‹«

Sie kehrten zum Haus zurück. Yannakis hatte eine Mahlzeit für sie bereit. »Der Herd, er funktioniert«, verkündete er stolz. »Ich koche *moussaka*, Pilaw, Scheiben von Schweinefleisch in Wein. Der Ofen, er funktioniert. Ich backe ersten Laib von griechischem Brot.«

Henry öffnete eine Flasche seines türkischen Lieblingsweins.

»Trinken wir auf großartige und wundervolle Funde!« rief er.

»Ja, gewiß. Dazu sind wir ja hier. Aber laß uns zuerst auf unser Glück in diesem neuen Heim trinken.«

»Wir werden glücklich sein«, erwiderte er trocken, »vorausgesetzt, wir legen die trojanische Akropolis frei, so daß alle sie sehen können. Das wird die Skeptiker zum Schweigen bringen.«

›Es ist wahr‹, dachte sie bei sich, ›das Glück unserer Ehe hängt davon ab, ob wir Troja finden oder nicht. Aber das macht nichts; ich habe die Bedingungen ja von Anfang an gekannt.‹
Nach dem Essen führte er sie ins Arbeitszimmer, um ihr zu zeigen, was sie inzwischen ausgegraben hatten. Die Funde waren nicht nach ihrem Material – Ton, Stein, Knochen, Elfenbein – geordnet, sondern es war alles zusammen, was aus einer bestimmten Zone stammte.
»Wir haben Strebepfeiler aus Muschelkalk gefunden, die offenbar dazu bestimmt waren, die Gebäude auf dem Hügel abzustützen. Der Schutt hinter den Streben war hart wie Stein. Außerdem haben wir dort Ruinen von Häusern entdeckt und diesen ganzen Haufen von Dioritäxten, Schleuderkugeln aus Magneteisenstein, Steinmessern, Handmühlen aus Lava, schön gearbeiteten Marmoridolen mit und ohne Eulenkopf, Tongewichten in Form von Pyramiden, Spinnwirteln aus Terrakotta.«
»Morgen früh fange ich an, die Sachen zu säubern und einzeln zu beschreiben. Ich habe reichlich Fischleim und Gips mitgebracht.«
»Gut. Es gibt hier eine Menge Arbeit für dich.«
»Aber ich möchte auch bei der Grabung mithelfen.«
»Dann laß uns einen Kompromiß schließen. Arbeite morgens mit mir auf der Terrasse und bleib nach dem Essen zu Hause, um die Aufzeichnungen zu machen und meine Artikel für die Londoner *Times* und die *Augsburger Allgemeine Zeitung* abzuschreiben.«
Sie fand auf den Regalen eine silberne Kleidernadel, eine Gußform für Brustnadeln und anderen Schmuck, eine zerbrochene, hübsch verzierte Wasserurne, patinierte Kupfernägel, einen Jagdspeer aus Kupfer; Diorithammer, eine große Anzahl Terrakottagefäße in glänzendem Schwarz, Braun und Gelb; Teller, die auf einem Töpferrand gedreht worden waren, Vasen mit menschlichen Gesichtern, Vasen in Formen, die sie vorher noch nie gesehen hatten; Doppelkelche, die wie Sektgläser geformt waren, einen schwarzen Krug mit einer schnabelförmigen Tülle, die nach hinten gebogen war; leere Graburnen, Körbe mit farbig verzierten Scherben, Terrakottasiegel mit Inschriften und ein dreibeiniges Gefäß, das offenbar eine Frau darstellte, denn es hatte Brüste und einen Nabel.
»Es ist zu viel, um es alles auf einmal aufzunehmen. Ich wünschte, ich wäre während der letzten Wochen hier gewesen, dann hätte ich jedes Stück beim Herausholen aus der Erde einzeln befühlen und betrachten können. Das hätte mir eine bessere Beziehung zu den Dingen gegeben.«
»Sie werden dir noch vertraut genug werden, wenn du erst einmal anfängst, dich mit ihnen zu befassen.«
»Hast du irgendwelche Anhaltspunkte, was ihr Alter betrifft?«
»Sie sind alle durcheinandergewürfelt, ebenso wie die verschiedenen Städte auf unserem Hügel. Wir werden im Lauf unserer Arbeit mehr über sie erfahren und auch in Athen von unseren Freunden an der Universität. Ich finde, wir sollten jetzt zu Bett gehen. Es war ein langer Tag für dich.«

Yannakis hatte die neuen Wolldecken aus den Kisten geholt, und Polyxene hatte sie aufs Bett gelegt.

Sophia lachte fröhlich und schlang die Arme um den Hals ihres Mannes. »Mein liebster *Errikaki*, warte, bis du unter den weichen Lammwolldecken liegst, die ich in Athen gekauft habe. Ich habe sie mit Satin einfassen lassen, um unserem Haus hier einen Hauch von Eleganz zu geben. Du wirst glauben, du seist im Himmel.«

»Das bin ich auch, wenn du neben mir liegst.«

Sie schlief in seinen Armen ein, wachte jedoch nach einer Weile wieder auf, als sie etwas über ihre Wange krabbeln fühlte. Sie schrie, fegte das Tier fort, dann sprang sie aus dem Bett und starrte es entsetzt an.

»Henry, es ist ein Tausendfüßler!«

»Nein, nicht tausend Füße«, erwiderte er verschlafen, »nur vierzig. Das besagt sein griechischer Name.«

»Heißt es nicht, daß sein Biß tödlich sei?«

»Das sind Ammenmärchen.«

»Ich werde in Zukunft mit dem Kopf unter der Decke schlafen.«

Sie griff unwillkürlich nach dem Kreuz, das sie unter ihrem Nachthemd um den Hals trug. »Mögen die Heiligen uns beschützen!«

»Sie könnten zu spät kommen. Ich werde Yannakis jeden Nachmittag, solange es noch hell ist, die Decke abfegen lassen.«

Henry wachte um vier Uhr morgens auf; es war noch dunkel. Sophia begleitete ihn auf dem Ritt zu einer tiefen, ruhigen Stelle des Simois, aber sie schwamm nicht mit ihm. Bei ihrer Rückkehr kam die Sonne hinter dem Idagebirge hervor und erfüllte die Luft mit einem rosigen Schimmer. Sophia drehte ihr Pferd herum, um zu beobachten, wie das Licht die Dardanellen berührte und die Meerenge aus ihrer Dunkelheit hob. Ein paar Minuten später konnte sie über das Ägäische Meer hinweg die hohen Gipfel von Samothrake sehen. Ihr erster Sonnenaufgang im vergangenen Jahr oben auf Hissarlik war atemberaubend gewesen; dieser Morgen war wie eine Rückkehr in ein geliebtes Heimatland.

Yannakis brachte ihnen Kaffee und eine Tasse mit einer giftig aussehenden Flüssigkeit.

»Was ist das?« fragte Sophia. »Doch sicherlich nicht eine neue Form von Chinin?«

»Wir brauchen das Chinin erst im Sommer, wenn die Sümpfe austrocknen«, erwiderte Henry. »Dies ist der Saft von Schlangenwurz. Ich möchte, daß du die Männer überwachst, die Terrassen ausstechen. Dabei werdet ihr unter anderem auch auf Schlangen stoßen: braune Vipern, etwa von der Dicke eines Regenwurms, und auch giftige Schlangen. Die Arbeiter trinken dieses Schlangenwurzgebräu, weil es den Biß unschädlich macht.«

Um fünf Uhr dreißig überließen sie es Polyxene, das Haus in Ordnung zu bringen, und gesellten sich zu Yannakis an einer Stelle auf dem ebenen Gelände östlich der Grabung, wo Henry einen Zaun und ein Tor hatte errichten lassen. Yannakis hielt eine Liste in der Hand und hakte den Namen jedes Arbeiters ab, der durch das Tor hereinkam. Er bezahlte die Leute jetzt nicht mehr jeden Abend, sondern erst, wenn sie nach Hause zurückkehrten. Der Lebensmittelhändler gab ihnen Kredit; alle Schulden wurden am Samstag oder am Vorabend eines religiösen Feiertags beglichen. Henry hielt nur an Zahltagen einen großen Vorrat an Münzen bereit. Sein Agent, ein gewisser Herr Dokos in Çanakkale, schickte ihm das Geld am Tag zuvor.

Als sie zur Terrasse kamen, deutete Henry auf die zwei türkischen Soldaten, die ihnen als Aufseher zugewiesen worden waren. Er stellte sie Sophia nicht vor.

»Im Gegensatz zu unserem früheren Freund, Georgios Sarkis, sind diese beiden uns ständig auf den Fersen. Ich versuche, sie mir soweit wie möglich vom Leibe zu halten. Wir haben die Grenze zwischen der Hälfte des Hügels, die der türkischen Regierung gehört, und der Hälfte, die Frank Calvert gehört, mit Pfählen markiert. Die Aufseher dürfen ihren Teil von dem nehmen, was wir auf dem Grund der Regierung finden, aber ich habe ein neues System eingeführt: Ich erlaube ihnen nicht, unser Haus zu betreten. Sie müssen die Dinge für das Museum wählen, wie sie aus der Erde kommen, entweder während der Mittagspause oder bei Einbruch der Dunkelheit, wenn die Arbeit beendet ist. Wir werden ihnen nicht gestatten, irgend etwas zu sehen, nachdem es gesäubert worden ist.«

»Wie gut ist ihr Urteilsvermögen, Dr. Schliemann?«

»Sie haben keinerlei künstlerische Vorbildung und verstehen nichts von diesen Dingen. Wie sollten sie auch? Sie sind Soldaten. Es macht für ihre Wahl keinen Unterschied, ob die Sachen gewaschen oder ungewaschen sind.«

Er konnte nur eine Kolonne von zehn Männern für sie erübrigen. Einige von ihnen hatten bereits im Jahr zuvor mit ihr gearbeitet. Sie sah keinen Unwillen auf den Gesichtern der neuen Arbeiter. Henry hatte ihr eine Skizze gegeben, aus der zu ersehen war, daß er auf beiden Seiten der großen Terrasse, etwa fünf bis sechs Meter den Hügel hinauf, weitere Terrassen graben lassen wollte. Sie sollten sieben Meter breit und etwa fünfunddreißig Meter lang sein. Außerdem hatte er die zahllosen Stichgräben eingezeichnet, die er in jeder Richtung von diesen Terrassen aus anzulegen beabsichtigte. Sophia rief aus:

»Du hättest ebensogut oben anfangen, den ganzen Hügel, Schubkarren für Schubkarren, abtragen und den Schutt und die Erde an irgendeiner anderen Stelle der Troas wieder aufhäufen können.«

»Nein, nein, Sophidion, das wäre nicht der Sinn der Sache. Wir müssen den Schutt fortschaffen, nachdem wir ihn auf Funde untersucht haben, aber wir müssen alle Mauern, Befestigungen, Tempel, Paläste, Straßen und Tore, die wir ausgraben, frei stehen lassen.«

Photides kam von seinem Graben an der südlichen Seite herüber, um ihnen zu helfen, die Grenzlinie für die zweite Terrasse abzustecken. Sophia war erfreut zu sehen, wieviel schneller die Arbeit jetzt mit den Eisenschaufeln, den guten Spitzhacken und den massiv gebauten englischen Schubkarren voranging. Sie musterte aufmerksam den Schutt, der in die Körbe und Schubkarren geladen wurde, und holte alle Gegenstände heraus, die sie entdeckte. Sie legte sie beiseite, ohne die Erdkruste zu entfernen.

Nachdem die beiden Aufseher während der Mittagspause um elf unter Henrys scharfen Blicken ihren Teil der Funde von Photides, Makres und Demetriou eingesammelt hatten, brachte Henry die beiden zu Sophias Terrasse. Sophia deutete auf ihre Körbe. Sie zeigten keinerlei Interesse für die Scherben, die sie von den anderen Funden getrennt hatte. Henry und Sophia tauschten einen bedeutungsvollen Blick; die Scherben würden, wenn sie erst in Athen zusammengesetzt waren, einige der schönsten Vasen ergeben.

Henry hatte die Essensroutine festgelegt: Die drei Vorarbeiter, Yannakis, Polyxene und die Schliemanns nahmen die gleiche Mahlzeit zu sich, die Yannakis zubereitet hatte. Polyxene servierte Henry und Sophia im Eßzimmer, während die anderen fünf zusammen an einem rohen Brettertisch in der Küche aßen. Yannakis hatte Erfolg gehabt: Nachdem seine morgendliche Arbeit als Kontrolleur beendet war, hatte er die umliegende Gegend durchstreift und vier große Hühner aufgetrieben, die er auf seinem Esel lebend mitgebracht hatte.

4.

Ende März wollte Henry eine Reihe von Mauern errichten, um den Schutt, die Erde und die Steine zurückzuhalten, die die Arbeiter, die drei bis fünf Meter über ihm hockten, in einem ununterbrochenen Strom losbrachen. Er traute der ersten Mauer nicht und befahl seinen Leuten, sich von ihr fernzuhalten. Er holte Photides und ließ ihn aus den größeren Steinen, die sie ausgegraben hatten, eine höhere Mauer bauen. Als das Werk vollendet war, rief Photides aus:

»Diese Mauer wird Jahrhunderte überdauern.«

»Mag sein«, erwiderte Henry, »aber ich glaube, wir sollten sie lieber abstützen.«

Sechs Arbeiter wurden angewiesen, Strebepfeiler zu bauen. Die Mauer stürzte krachend ein. Sophia hörte Henrys entsetzten Schrei und lief zu ihm. Er war außer sich vor Erregung. Die sechs Männer hatten am Fuß der Mauer gearbeitet.

Die ganze Belegschaft, einschließlich der Männer aus der Kolonne von Photides, die vom Südhang herbeigerufen worden waren, zerrte bereits fieberhaft Stein um Stein von dem riesigen Haufen. Henry gesellte sich zu ihnen und bemühte sich verzweifelt, die Steine so schnell wie möglich zu entfernen.

»Photides, sind Sie sicher, daß die Männer drunter sind?« fragte Sophia.

Photides, der wußte, daß er an dem schrecklichen Unfall schuld war, starrte sie mit einem Blick des Entsetzens an.

»Madame Schliemann, als ich sie das letztemal gesehen habe...«
Er brach ab und riß die Augen auf.
»Da! Da sind sie! Arbeiten alle wie der Teufel, um sich zu befreien.«
Er bekreuzigte sich dreimal mit einer raschen Bewegung, als ob er Steinstaub von Gesicht und Brust wischte. Sophia rief zu Henry hinüber, der am anderen Ende der eingestürzten Mauer arbeitete.
»Es ist alles in Ordnung, Henry. Die Männer sind in Sicherheit.«
Kopfschüttelnd und immer noch vor Erregung zitternd kam er herüber. Er reichte jedem der geretteten Männer die Hand.
»Es ist ein Wunder. Nicht weniger als ein Wunder. Sie haben alle am Fuße der Mauer gearbeitet, die Photides errichtet hat. Gott schützt Narren und Kinder. Im Augenblick fühle ich mich für beide Kategorien geeignet. Mein Kleines, ich bin völlig aufgelöst. Laß uns zum Haus gehen. Polyxene wird uns eine Tasse Kaffee machen.«
Als sie zu Hause den starken, süßen Kaffee tranken, beugte sich Henry zu ihr hinüber und nahm ihre beiden Hände in die seinen.
»Sophidion, dies wäre um ein Haar der letzte Tag unserer Suche nach Troja gewesen. Wenn diese sechs Männer von der Mauer zermalmt worden wären, hätten weder Geld noch Versprechungen uns retten können. Das haben die Frauen der Troas mit ihren griechischen Schwestern gemein: Der Ehemann, sei er alt oder jung, reich oder arm, ist alles für sie; Himmel und Erde kommen erst an zweiter Stelle.«
»Das ist auch richtig so.«
Sie ließ sich vor der Ikone der Jungfrau Maria auf die Knie sinken und dankte ihr für die Rettung der Männer.
»Ich werde die Mauer nicht wieder aufbauen«, sagte Henry. »Die Steine, die mit dem frisch ausgegrabenen Schutt hinunterrollen, sind gefährlich; sie können Füße und Beine verletzen. Aber sie sind nicht tödlich. Nichtsdestoweniger sollten wir ein paar Jungen aus Ciplak als Wächter anstellen; wenn ein Stein heruntergerollt kommt, können sie rufen: ›*To nou sas!* Paßt auf!‹ und die Arbeiter springen zur Seite.«
Die folgenden Wochen und Monate brachten andere Krisen, große und kleine, Freuden und Enttäuschungen. Sophia hatte den Eindruck, daß der Hügel, dessen Inneres von hundertfünfzig Arbeitern mit immer neuen Terrassen, Kanälen, Höhlen und tiefen Gräben durchwühlt wurde, alle paar Tage seine Form und seinen Charakter änderte. Sie hatte sich nie klargemacht, daß Berge wachsen oder zusammenschrumpfen können, daß sie nicht unveränderlich sind, sondern anderen Naturkräften unterliegen, von denen eine der mächtigsten die Menschheit ist. Die Vergleiche, die ihr in den Sinn kamen, während sie oben stand und die riesigen Vertiefungen sah, die Henry in die Eingeweide des Berges schnitt, wechselten von Tag zu Tag: Einmal sah sie ihn als ein ungeheures Labyrinth, ähnlich demjenigen unter dem Palast von Knossos auf Kreta, wo Theseus den Minotaurus getötet und mit Hilfe von Ariadnes Garnknäuel den Weg hinaus gefunden hatte. Ein andermal, früh

am Morgen oder spät am Nachmittag, sah sie ihn als eine riesenhafte Bienenwabe. Dann wieder war er das Innere eines längst erloschenen Vulkans, auf dessen Grund noch ein einzelner lebender Baum stand, ein Anachronismus in dem freigelegten Kegel aus Erde und Lava.

Im Juni wurde es sehr heiß. Um seine Arbeiter mit gutem Wasser zu versorgen, stellte Henry den ältesten Dramalisohn dazu an, vierhundert Meter weiter östlich Fässer an einer kühlen Quelle zu füllen. Ein Verwandter der Dramalis hängte jeweils zwei mit Seilen verbundene Fässer über den Rücken eines Esels und brachte sie zum Hügel. Bis Ende Juni waren zehn Fässer ständig unterwegs, aber das Wasser reichte kaum aus, den Durst der Männer zu stillen.

Wenn die Winde mit der Kraft eines Orkans vom Norden herüberfegten, band Polyxene einen durchsichtigen Schal um Sophias Hut und ihr Gesicht, um Augen, Nase und Mund vor dem aufgewirbelten Staub zu schützen. Aber die Schlangen waren verschwunden; sie brauchte nicht mehr jeden Morgen das Gebräu aus Schlangenwurz zu schlucken.

An den warmen Abenden nahmen sie ihr Essen im Freien ein und sahen zu, wie die Sonne im Ägäischen Meer versank und dabei jeden Augenblick ihre Farbe veränderte: Es begann mit einem zarten Rosa, das sich zu Rosenrot vertiefte und schließlich zu einem kräftigen Purpur wurde, ehe das Licht verblaßte und die Sterne hervorkamen. An einem klaren, milden Abend, an dem die Luft angefüllt war vom süßen Duft der blühenden Orangenbäume, bemerkte Sophia:

»Ich habe das Ägäische Meer jede Farbe annehmen sehen, von Schwarz, Aschgrau, tiefem Grün und Himmelblau bis zu jenem Gemisch von Purpur, das wir gerade haben verblassen sehen. Aber ich kann mich nicht erinnern, jemals die Farbe gesehen zu haben, die Homer ihm zuschreibt: ›Das weinrote Meer‹.«

Henry nahm eine Zigarre aus der oberen Westentasche, schnitt mit einem kleinen goldenen Messer, das er an der Uhrkette trug, die Spitze ab, zündete sie an und blies zufrieden den Rauch in die Luft.

»Das ist wie der ›goldene Apfel der Zwietracht‹, den Eris bei der Hochzeit von Achilles' Eltern unter die Götter und Göttinnen warf; oder die drei goldenen Äpfel, die Melanion bei seinem Wettlauf mit Atalante fallen ließ, womit er sie verlockte, stehenzubleiben und sie aufzuheben, und sie zwang, ihn zu heiraten, statt ihn zu töten, wie sie es mit ihren anderen Freiern getan hatte...«

»Du willst irgend etwas damit sagen, *philtate mou;* was ist mit den goldenen Äpfeln?«

»Es waren gar keine Äpfel!« Er rieb sich vergnügt die Hände. »Es hat nie goldene Äpfel in Griechenland gegeben. Aber es gab dort schon von jeher die goldensten Orangen der Welt. Ist es nicht lustig, daß die goldenen Äpfel der Mythologie sich als goldene Orangen der Wirklichkeit entpuppen? Und ich habe auch eine ketzerische Theorie, was den Ausdruck ›weinrotes Meer‹ betrifft. Ich glaube, Homer hat ihn überhaupt nicht auf die Farbe bezogen, sondern vielmehr auf die Konsistenz des Meeres. Aber sag das bitte nicht unseren gelehrten Freunden in Athen; sie würden mich mitsamt meiner Theorie in alle Ewigkeit verbannen.«

Jeder Tag brachte irgend etwas Neues. Auf der Südseite, wo Photides in etwa dreihundert Metern Entfernung von einer alten Mauer grub, die sie im vergangenen Jahr freigelegt hatten, entdeckten sie den Steinbruch für den Muschelkalk, aus dem alle steinernen Anlagen auf dem Hügel, vom Troja des Priamos bis zur letzten Siedlung der christlichen Zeitrechnung, gebaut worden waren. Der Zugang war ein großer Tunnel, der mit Büschen und Dorngestrüpp überwachsen war. Henry und Sophia standen inmitten des ausgehöhlten Steinbruchs.

»Ein weiterer Grund, weshalb die Trojaner hier gebaut haben, statt anderswo in der Troas, wie zum Beispiel in Bunarbaschi«, erklärte Henry; »sie hatten in unmittelbarer Nähe die denkbar besten Baumaterialien.«

Am nächsten Tag legten sie die Mauern eines Hauses frei – behauene Blöcke aus Muschelkalk, mit Lehm verbunden. Die Steine waren alle von gleicher Größe, und die Mauern, die nach Henrys Schätzung etwa aus dem Jahr 1000 v. Chr. stammten, waren von so geschickten Handwerkern errichtet worden, daß ihre Oberfläche immer noch vollkommen glatt war. Direkt unterhalb der Mauern fanden sie Schichten von gelber und brauner Asche, die Reste einer Siedlung aus Holzhäusern mit Strohdächern, auf denen dieses Haus gebaut war.

Zwei Tage später stießen sie von einer der neuen westlichen Terrassen aus vier Meter unterhalb der Grundmauern des Kalksteinhauses auf eine zwei Meter dicke Mauer. Henry geriet in Erregung.

»Ich glaube, wir haben es geschafft! Diese Mauer dürfte auf gewachsenem Boden stehen!«

Sophia sah ihn erwartungsvoll an.

»Rechnen wir es uns einmal aus«, fuhr er fort. »Wir sind hier elf Meter unterhalb des Plateaus des Hügels. Unsere große Terrasse liegt bei fünfzehn Metern, aber wir müssen vielleicht noch ein oder zwei Meter weiter hinunter. Fünfzehn weniger elf macht vier. Unsere Mauer müßte also mindestens vier Meter weit hinunterreichen.«

»Wäre das denkbar?«

»Ich werde dieses schöne Haus abreißen müssen, um es herauszufinden.«

»Oh, das ist ein Jammer. Gibt es keine andere Möglichkeit?«

»Nein. Aber wenn die Mauer bis zum gewachsenen Boden reicht, werde ich sie ehrfurchtsvoll erhalten.«

Sie waren enttäuscht, als die Mauer sich lediglich als Stütze eines weiteren Hauses erwies, noch älter als das mit den glatten Steinen, das jetzt zerstört war.

»Wir haben immer noch keinen Beweis, daß wir auf der Höhe von Troja sind«, brummte er, als sie abends die Funde des Tages mit Etiketten versahen. »Und ich grabe jetzt schon seit mehr als zwei Monaten.«

Er stand auf und ging erregt im Arbeitszimmer auf und ab; er hatte gerechnet und wieder gerechnet, hatte ein ums andre Mal alle verfügbaren Unterlagen gelesen.
»Dieses letzte Fundament, welcher Epoche würdest du es zuordnen?«
»Den unmittelbaren Nachfolgern der alten Trojaner.«
»Warum den Mut verlieren, wenn wir so nah am Ziel sind?«
Er reichte ihr eine fast vollkommen erhaltene Vase mit einem Eulenkopf zum Reinigen und Katalogisieren.
»Du hast recht. Wir müssen Geduld haben.«

Sie erhielten eine Nachricht von Frank Calvert, daß er und seine Frau seinen Bruder Frederick besuchen wollten und am Sonntag um die Mittagszeit bei Hissarlik vorbeikommen würden, um die Schliemanns zu begrüßen und zu sehen, welche Fortschritte sie gemacht hatten. Sophia plante mit Yannakis und Polyxene ein Menü für das Mittagessen, eine rein griechische Mahlzeit, die, wie sie annahm, ihre Gäste erfreuen würde.
Als Henry am Sonnabendnachmittag mit einer Kolonne von siebzig Männern noch eine dritte dreißig Meter lange Terrasse aushob, stieß er auf die Pfähle, die die Hügelhälfte der türkischen Regierung von der Frank Calverts trennte. Am Rand des steilen Nordhangs entdeckte er einen tiefen Einschnitt im Boden. Sein Bandmaß zeigte, daß er über dreißig Meter lang und fünfundzwanzig Meter breit war. Er sandte Yannakis zum Haus, um Sophia zu holen. Als sie kam, erklärte er ihr, daß sie in einen Steinbruch blickte, genau wie das Kolosseum den Römern jahrhundertelang als Steinbruch gedient hatte.
»Erinnerst du dich an die türkischen Friedhöfe in der Troas, die Grabsteine in Form alter Marmorblöcke haben?«
»Ja. Du hast gesagt, sie seien frühgriechisch.«
»Richtig. Die Türken sind vor Hunderten von Jahren auf der Suche nach Säulen und Marmorblöcken hierhergekommen. Was sie mitnahmen, muß sich auf eine ganze Stadt, den Tempel, das Rathaus, die Paläste, belaufen haben. Ein weiterer Beweis, wie viele Städte aus Stein und Marmor in diesem Hügel begraben waren.«
Als die Dunkelheit hereinbrach und die Arbeiter sich anschickten, für den Sonntag nach Erenkoi und in die umliegenden Dörfer zurückzukehren, bemerkte Henry auf der Hügelhälfte der Regierung, inmitten von Ruinen, die er für die Reste eines Tempels hielt, den Lysimachos, ein Feldherr Alexanders des Großen, um 310 v. Chr. erbaut hatte, einen aus der Erde herausragenden Marmorblock, der, wie er sofort erkannte, kunstvoll bearbeitet war. Er berührte Sophias Arm, dann ging er rasch zu den Männern hinüber und rief mit kräftiger Stimme:
»Es ist dunkel. Steine können herunterrollen. Bringt die Geräte in den Lagerschuppen. Yannakis hält euren Lohn bereit.«
Sophia hatte sich nicht vom Fleck gerührt, seit Henry ihr das Zeichen gegeben hatte. Sie grüßte jeden der Arbeiter, als sie an ihr vorübergingen, und

wünschte ihnen einen schönen Sonntag mit ihrer Familie. Sobald der letzte Mann außer Sicht war, ging sie zu Henry hinüber.
»Sophia, bitte hilf mir. Wir müssen genug von dieser Platte freilegen, um zu sehen, was es ist. Ich werde mit einer Schaufel ringsum die Erde auflokkern, und du räumst sie mit den Händen fort. Es besteht keine Gefahr, daß der Block sich bewegt; er sitzt fest im Boden.«
Henry und Sophia entfernten eilig die trockene Erde, um den größten Teil des Blocks freizulegen. Er war aus parischem Marmor, eine gemeißelte Metope zwischen zwei Triglyphen, über zwei Meter lang, einen Meter hoch und fünfundfünfzig Zentimeter dick.
Sie traten einen Schritt von ihrer Entdeckung zurück und faßten sich impulsiv bei der Hand. Henry zitterte vor Erregung. Die Metope trug ein Relief, das Apollo, den Gott des Lichts, darstellte, wie er mit seinen vier Pferden quer über den Himmel zog. Über Apollos Kopf war die Sonnenscheibe zu sehen. Henry rief:
»Wie prachtvoll! Das fließende Gewand Apollos und sein ausdrucksvolles Gesicht sind der besten Skulpturen auf der Akropolis würdig. Und die vier wild schnaubenden Pferde, die mit ungeheurer Kraft das Universum durchqueren – ihre Anatomie ist so exakt wiedergegeben, daß ich offen gestehen muß, ich habe noch nie eine so meisterhafte Arbeit gesehen. Es ist das erste große Kunstwerk, das wir gefunden haben.«
Er strich zärtlich mit der Hand über das Kunstwerk.
»Es ist in tadellosem Zustand. Sieh dir die dorischen Säulen an, und wie jedes Pferd eine andere Haltung hat, die Vorderfüße hoch in der Luft, als sei es im Begriff, nach vorne zu springen.«
Sophia sah sich in der Dämmerung um.
»Sind wir auf Frank Calverts Land oder auf dem der Regierung?«
»Hart an der Grenze. Nicht mehr als ein paar Meter von dem Steinbruch auf Franks Seite. Aber wir befinden uns eindeutig auf dem Boden der türkischen Regierung.«
»Mögen die Heiligen uns verzeihen, aber wie ist es möglich, ein so herrliches Kunstwerk in zwei Hälften zu teilen? Keine der Hälften würde irgendeine Bedeutung haben, mit Apollo auf der einen, den Pferden auf der anderen ...«
»... und sein Wert als Kunstwerk des Altertums wäre verloren. Es ist das gleiche, wie wenn man die Venus von Milo in zwei Stücke teilen oder den David des Michelangelo der Länge nach aufschneiden würde, um jedem der Besitzer ein Bein zu geben. Eine Barbarei!«
Sophias Augen blitzten.
»Ich weiß eine bessere Lösung. Der Block ist fast sechzig Zentimeter dick. Statt ihn in der Mitte durchzuschneiden, wobei die Schnittlinie geradewegs durch den Apollo und das vordere Pferd laufen würde, schneiden wir ihn in der Breite von oben bis unten durch, so daß wir die vordere Hälfte behalten und die türkische Regierung die Rückseite erhält.«

Henry stimmte in Sophias Lachen ein. Er schlang den Arm um ihre Schultern. »Nur eine Griechin kann auf solch eine Lösung kommen.«
Sie fragte vorsichtig: »Im Ernst, meinst du, wir sollten ihn sicherheitshalber mit Erde bedecken?«
»Nein, die Aufseher sind schon fort und werden bis Montagmorgen nicht zurückkehren. Bis dahin kommt niemand hierher. Ich möchte ihn morgen Frank Calvert zeigen.«
Die Calverts kamen gegen elf Uhr. Henry und Sophia gingen sofort mit ihnen zum Hügel, um ihnen zu zeigen, was seit Henrys Ankunft Anfang April vollbracht worden war. Frank war sprachlos vor Staunen über die Massen von Erde, die Henrys Kolonnen abgetragen hatten, und über die große Zahl von Terrassen und Stichgräben, die er auf der Hälfte der türkischen Regierung hatte anlegen lassen.
»Aber Sie haben noch keine Gebäude von Troja gefunden?« fragte er.
»Reste von Gebäuden, aber keine Akropolis, keinen Tempel, keinen Palast ... bis jetzt.«
»Es ist eine gigantische Aufgabe.«
»Wir haben noch nicht viel auf Ihrer Hälfte getan, aber wir wollen bald damit anfangen. Lassen Sie mich Ihnen einen Marmorbruch zeigen, den die Türken auf der Suche nach Grabsteinen vor Hunderten von Jahren auf Ihrer Seite angelegt haben. Und dann habe ich noch etwas wirklich Erstaunliches für Sie.«
Frank blickte auf den rechteckigen Einschnitt hinab und sagte:
»Ich habe mich oft gefragt, wie dieses Loch dorthin gekommen sein mag. Sie haben natürlich recht; jetzt erinnere ich mich, daß ich bis Alexandria Troas, etwa sechzig Kilometer von hier entfernt an der Küste, Marmorsäulen und -blöcke gesehen habe.«
Sophia nahm Mrs. Calvert beim Arm und führte sie zu der Metope des Apollo. Henry und Frank Calvert folgten ihnen. Henry hatte ein weiches Tuch mitgebracht, mit dem er die Vorderseite abwischte. Mrs. Calvert sprach als erste:
»Oh, sie ist wundervoll. Ich habe selbst in den großen Museen keine bessere gesehen. Was glauben Sie, wie alt sie ist?«
Henry und Frank erörterten die Frage eine Weile, dann kamen sie zu dem Schluß, daß sie wahrscheinlich hellenistisch war, also zwischen 300 und 200 v. Chr.
»Wir haben ein Problem«, sagte Sophia mit einem kurzen, etwas gezwungenen Lachen, »was machen wir mit ihr?«
Henry erzählte den Calverts von ihren Überlegungen – sowohl den ernsten als auch den scherzhaften –, wie man den Apollo in zwei Hälften teilen könnte.
»Ich weiß eine bessere Lösung«, sagte Frank. »Warum schaffen Sie ihn nicht einfach heimlich fort? Die Türken brauchen nicht die Hälfte des ersten großen Kunstwerks, das Sie gefunden haben.«

»Aber wie? Wir wagen es nicht, ihn mit einem Karren nach Çanakkale zu befördern...«
»Haben Sie mir nicht gesagt, daß Sie ein kleines Frachtschiff gemietet haben, das Sie regelmäßig mit Lebensmitteln versorgt?«
»Ja«, erwiderte Henry. »Kapitän Papaliolos von der *Taxiarchis* muß in ein oder zwei Tagen in der Bucht von Besika eintreffen.«
»Ausgezeichnet!« Frank Calvert hatte das Problem zu seinem eigenen gemacht, als wäre es ein Spiel, das es zu gewinnen galt. »Wie viele Männer haben Sie hier, denen Sie vertrauen können?«
»Meine drei Vorarbeiter.«
»Und Yannakis«, setzte Sophia hinzu; »er ist der vertrauenswürdigste von allen.«
»Sehr gut«, sagte Frank. »Bedecken Sie heute nachmittag den Marmor mit einer Persenning, verschnüren Sie ihn, leihen Sie sich den widerstandsfähigsten Bauernkarren, den Sie in Ciplak auftreiben können, und bringen Sie den Block zum Strand der Bucht von Besika. Lassen Sie ihn zugedeckt im Sand liegen; niemand wird sich um ihn kümmern. Hat Ihr Kapitän eine Winde auf seinem Schiff?«
»Eine alte Trommel mit dicken Seilen und einer Handkurbel.«
»Das genügt. Die Metope kann an Bord der *Taxiarchis* und auf dem Weg nach Piräus sein, ehe irgend jemand hier etwas davon erfährt.«
Es wurde still. Sie standen alle vier schweigend da. Sophia löste die Spannung.
»Bitte lassen Sie uns jetzt zum Haus zurückkehren. Wir haben ein griechisches Essen für Sie vorbereitet... Toast mit Kaviar, *taramosalata, keftedakia,* mariniertes Lammhirn...«
Als die Calverts fort waren, schickte Henry Yannakis zur Familie Dramali nach Ciplak, um sich ihren großen Bauernwagen und zwei Pferde auszuleihen. Sophia hatte Bedenken.
»Liebling«, sagte sie, »bitte halte mich nicht für zimperlich, aber findest du diese Angelegenheit vollkommen korrekt?«
»Nichts in dieser gottlosen Welt ist vollkommen korrekt. Da wir uns einig sind, daß der Apollo nicht in zwei Hälften geteilt werden kann, wäre die einzige andere Möglichkeit, ihn so, wie er ist, dem Museum auszuhändigen. Bist du bereit, das zu tun?«
»Nein... ich glaube, abgesehen von meinen Gewissensbissen habe ich auch ein bißchen Angst. Verlieren wir unsere Genehmigung, wenn wir erwischt werden?«
»Wir werden nicht erwischt. Überlaß mir die praktische Ausführung. Ich übernehme die volle Verantwortung.«
Sie lachte beklommen.
»Ich hatte an die *moralische* Verantwortung gedacht.«
Henry, Sophia und die drei Vorarbeiter gingen unverzüglich mit einer großen Plane und dicken Seilen zum Apollo. Bis sie den Marmor eingewickelt und fest verschnürt hatten, war Yannakis mit dem Wagen eingetroffen und

fuhr ihn rückwärts dicht an den zwei Tonnen schweren Block heran. Während er die Pferde ruhig hielt, hoben die Vorarbeiter die Marmorplatte mit Hilfe einer Winde auf den Wagen und banden sie fest. Yannakis und Polyxene stiegen auf den Kutschersitz. Henry gab ihnen noch einen letzten Befehl: »Lassen Sie ihn am Strand, genau an der Stelle, wo das Beiboot letztesmal an Land gezogen worden ist und Sie unsere Vorräte in Empfang genommen haben.«

Am Dienstag kam die Nachricht, daß die *Taxiarchis* in der Bucht von Besika Anker geworfen hatte. Kapitän Papaliolos hatte die zwölf langen Eisenhebel mitgebracht, die Henry bestellt hatte. Er ritt sofort zum Strand hinunter. Yannakis lieh sich abermals den Wagen der Dramalis aus und nahm die Winde von der Grabung mit.

Niemand hatte den mit einer Persenning bedeckten Gegenstand angerührt. Die Familie des Kapitäns half Yannakis, den Marmorblock mit der Winde in das kleine Boot zu befördern, und als das Boot längsseits der *Taxiarchis* lag, benutzte Kapitän Papaliolos seine eigene Winde, um ihn auf das Achterdeck zu heben. Unterdessen lud Yannakis Körbe mit Vorräten und die drei Meter langen Eisenhebel auf den Wagen.

Abschiedsrufe ertönten vom Strand und vom Schiff. Der Kapitän hatte einen Brief an Georgios Engastromenos in der Tasche, in dem Henry seinen Schwiegervater bat, den Apollo in Piräus abzuholen und in den Garten der Schliemanns zu bringen.

Der Kapitän fuhr rückwärts aus der Bucht hinaus, drehte sein Frachtschiff langsam herum und steuerte auf das Ägäische Meer zu. In diesem Augenblick tauchte einer der türkischen Aufseher am Rand der Böschung auf und kam auf seinem Esel, den er ungestüm mit den Fersen zur Eile antrieb, zum Strand herunter. Als er den Wagen erreichte, sprang er hastig vom Rücken des Esels und stand Henry gegenüber.

»Was machen Sie?« fragte er barsch.

»Wir bringen unsere Vorräte nach Hause«, erwiderte Henry.

»Das meine ich nicht. Was haben Sie aufs Schiff gebracht, ohne es mich sehen zu lassen? Ich habe in Ciplak gehört, daß Sie am Sonntag irgend etwas Großes befördert haben. Ist es das, was Sie fortschaffen? Ich verlange zu wissen, was es ist.«

»Kein Grund zur Aufregung. Nur große Lattenverschläge mit unserer Hälfte der Funde.«

»Beordern Sie das Schiff zurück! Ich will sehen, was Sie verladen haben.«

»Ich fürchte, es ist schon zu weit weg«, sagte Henry sanft, »aber wenn Sie wollen, können Sie dem Kapitän zurufen, daß er umkehren soll.«

Der Aufseher legte die Hände an den Mund, um seiner Stimme mehr Kraft zu geben, aber niemand auf der *Taxiarchis* hörte auf ihn. Henry tat sein möglichstes, um den Mann zu besänftigen. Sein Zorn legte sich bald. Das Schiff fuhr, eine schwarze Rauchfahne hinter sich zurücklassend, auf den Horizont zu.

An diesem Abend holte Henry zur Feier eine Flasche seines besten französischen Weins heraus. Sophia bemerkte:
»Wir sollten schnell irgend etwas tun, um den Aufseher in ein günstiges Licht zu stellen, damit er keine Schwierigkeiten mit seinen Vorgesetzten bekommt.«
»Eine gute Idee«, erwiderte Henry, während er genüßlich die Blume des Weins einsog. »Was schlägst du vor?«
»Hat das Museum irgendwelche *pithoi* von der Größe der unsrigen?«
»Ich glaube nicht.«
»Du hast gesagt, du wolltest diese riesigen Krüge aus der Wand des Hügels herausnehmen.«
»Ja.«
»Warum tun wir das nicht gleich morgen und übergeben dem Aufseher die Hälfte, die dem Museum zusteht?«
»Ich werde mehr tun als das: Ich werde ihnen sieben schicken und nur drei für uns behalten. Das wird unseren guten Willen zeigen.« Er trank ihr zu.
»Wir müssen uns gut überlegen, wie wir sie verpacken, denn sie müssen mit Wagen nach Çanakkale befördert werden, dann per Schiff nach Konstantinopel und dann wieder auf Wagen vom Hafen zum Museum. Wir müssen uns dicken Stoff besorgen, um sie einzuwickeln, und Halterungen in den Kisten anbringen, damit sie fest stehen. Ihr Wert verdoppelt sich, wenn wir sie in tadellosem Zustand aus der Erde holen.«
Am nächsten Morgen begann eine Kolonne, behutsam die Erde hinter den riesigen *pithoi* zu lockern, um die uralten Gefäße unbeschädigt herausnehmen zu können. Yannakis richtete vor der Küche eine provisorische Werkstatt ein, dann ging er fort, um Bretter zu kaufen, aus denen er Kisten zimmerte, die fast drei Meter hoch und zwei Meter breit waren. Photides und die beiden Vorarbeiter fertigten Halterungen an, die verhinderten, daß die Gefäße sich innerhalb der Kiste bewegten.
Die Freilegung der *pithoi* und die Vorbereitungen für ihre Verschiffung nahmen mehrere Tage in Anspruch, und die damit verbundenen Kosten beliefen sich auf einige hundert Dollar.
»Und wir müssen nicht nur die Seefracht nach Konstantinopel zahlen, sondern auch noch den Transport bis zur Tür des Museums«, murrte Henry.
»Ja, aber diese sieben tadellosen Gefäße werden dir Freunde in Konstantinopel gewinnen«, tröstete Sophia ihn.

5.

Polyxene erwies sich als eine angenehme Hausgenossin. Sie tat eifrig und gewissenhaft ihre Arbeit, desinfizierte allabendlich das Bett der Schliemanns und lüftete jeden Morgen die Laken und Decken; hielt unermüdlich Ausschau nach Skorpionen und Tausendfüßlern, denen es immer noch hin und wieder gelang, unter den Türen und durch die Fensterritzen hereinzukriechen. Sie wusch auch die Wäsche, und Sophia brachte ihr bei, Henrys Hemden zu bügeln und seine Kragen zu stärken. Außerdem gab sie der Sechzehnjährigen jeden Tag eine Stunde Unterricht im Lesen und Schreiben der griechischen Sprache.

Die beiden jungen Frauen verstanden sich gut und schwatzten munter auf Griechisch, während die Männer draußen bei der Arbeit waren. Polyxene erzählte Geschichten aus ihrer Kindheit. Sophia sprach von dem Leben in Athen und las Polyxene Briefe ihrer Familie über Andromache vor. Das Baby schnappte jetzt täglich neue Wörter auf und konnte schon ein paar Schritte laufen. Sophia sorgte sich nicht um ihre Tochter, bis sie von Katingo erfuhr, daß sie sich erkältet hatte.

»Henry, meinst du, ich sollte nach Athen fahren, um mich zu vergewissern, daß mit Andromache alles in Ordnung ist?«

»Du machst dir unnötige Sorgen. Die Erkältungen von Kindern dauern höchstens zwei bis drei Tage. Andromache wäre längst wieder gesund, bis du in Athen ankämst.«

Polyxene sagte, daß sie auch gerne graben würde. Sophia holte Geräte aus dem Lagerschuppen, und die beiden jungen Frauen legten unweit des Hauses einen Graben an. Zu Polyxenes Freude fanden sie dicht unter der Oberfläche Spinnwirteln aus Terrakotta, einige davon mit interessanten linearen Verzierungen. Als sie tiefer gruben und den Graben erweiterten, kamen andere Gegenstände ans Tageslicht: ein Messer, eine Doppelaxt, einige Elfenbeinschnitzereien. Sophia zeigte Polyxene, wie man die Scherben zu Töpfen zusammenfügte. Als Polyxene ihren ersten vollständigen Topf zusammengesetzt hatte, klatschte sie begeistert in die Hände.

»Er gehört dir«, sagte Sophia. »Du darfst ihn mit nach Hause nehmen und behalten.«

Polyxene griff nach Sophias Hand und küßte sie.

Abgesehen von den Skorpionen und den Tausendfüßlern hatten sie auch Probleme mit den Eulen, die im Grabungsgebiet die Nacht verbrachten. Lange vor Mitternacht fingen sie an, mit einem nicht enden wollenden wooo... wooo... wooo... zu »rufen«, wie Henry es nannte, und fuhren bis zum Morgengrauen damit fort. Eine Eule, die in der Nähe des Hauses ihre Eier ausbrütete, hatte einen besonders unheimlichen und durchdringenden Schrei. Sie störte einige Nächte lang ihren Schlaf. Schließlich rief Henry verzweifelt: »Die Eule war das Lieblingstier der Athene. Ich bin nicht abergläubisch, aber ich möchte diese hier trotzdem nicht töten. Warum können wir nicht das Nest zu einem Baum in der Troas bringen?«

Polyxene, die gerade den Abendbrottisch abräumte, sah ihn an und sagte: »Wenn Sie das Nest bewegen, Mutter Eule verläßt die Eier, die jungen Vögel sterben. Aber so viele Eulen. Warum sich Sorgen machen?«

Henry ließ die Eule und das Nest beseitigen. In dieser Nacht schliefen sie alle ungestört.

Das gierige Tier im Menschen kam ebenfalls zum Vorschein. Henry zahlte den Arbeitern eine Prämie von einem viertel Piaster – einem Cent – für jeden Gegenstand, den sie fanden und ihm brachten. An Tagen, wo der Schutt unergiebig war, fingen sie an, Fälschungen zu machen, indem sie Ornamente in glatte Scherben kratzten. Der Trick hatte Erfolg. Henry und Sophia waren zu beschäftigt, um jedes Stück eingehend zu prüfen ... bis zum dritten Abend, als Sophia die Scherben reinigte und sortierte und die frisch eingeritzten Kerben sah. Sie zeigte sie Henry:

»Ich weiß, sie halten uns für verrückt; aber warum halten sie uns auch noch für dumm?«

»Gier, mein Liebes, die tödlichste aller Sünden. Aber ich weiß, wie ich dem ein Ende machen kann: Ich ziehe ihnen jedesmal, wenn sie uns zu täuschen versuchen, zur Strafe zwei Piaster von ihrem Lohn ab.«

Da Henry seine Frau selbst bei dem zunehmend wärmeren Wetter nicht überreden konnte, morgens mit ihm in den Dardanellen zu schwimmen, beschloß er, ihr eine Dusche einzurichten. Makres, der auf seiner Geburtsinsel Hafenanlagen gebaut hatte, schnitt in einer Ecke des Schlafzimmers ein Loch ins Dach, stellte oben eine Tonne mit einer Klapptür auf und baute dann im Schlafzimmer ein kleines Kabinett, so daß Sophia hineingehen, die Tür hinter sich schließen und an einer langen Kette ziehen konnte, die die Klappe der Tonne öffnete. Yannakis füllte die Tonne jeden Morgen mit Wasser, und bis Sophia von ihrer Arbeit am Hügel zurückkehrte, hatte die Sonne es bereits erwärmt.

Ebenso wie das Haus der Dramalis im Jahr zuvor, wurde auch das Haus der Schliemanns zu einer Ambulanz, zu der die Leute aus der Umgebung mit all ihren Beschwerden kamen, oft sogar mit ernsten Leiden, die weder Henry noch Sophia zu behandeln wußte. Henry bestand vor allem darauf, daß die Frauen täglich im Hellespont oder dem Ägäischen Meer badeten. Zuerst weigerten sie sich; es verstieß gegen den Brauch der Türken wie auch der Turkophonen, daß Frauen im Freien badeten. Aber in ihrer Verzweiflung über das zunehmende Leiden und in der Hoffnung, daß die Schliemanns Wunder vollbringen könnten, wie sie es im Jahr zuvor getan hatten, gaben sie schließlich nach, und in vielen Fällen verbesserte das Baden ihren Allgemeinzustand.

Ein siebzehnjähriges Mädchen aus Neochori mit Eiterbeulen am ganzen Körper und einem großen Geschwür über dem linken Auge war zu schwach, um zu gehen oder sich auch nur auf den Beinen zu halten. Ihr Vater hatte sie auf einem Esel gebracht.

»Wie sollen wir ihr nur helfen?« rief Sophia.

Der Priester der Gemeinde hatte das Mädchen während der letzten Monate siebenmal zur Ader gelassen. Sophia gab ihr eine Dosis Rizinusöl. Henry verordnete tägliche Seebäder. Einen Monat später kam das Mädchen zu Fuß die fünf Kilometer von Neochori herüber, um zu danken, fiel auf die Knie und küßte seine Schuhe. Sophia hob sie auf und besah sich das narbige Gewebe, das ihr linkes Auge bedeckte.

»Henry, ein Augenarzt könnte das wegschneiden. Warum schicken wir sie nicht...«

»...der nächste befindet sich in Konstantinopel. Ihre ganze Familie würde sie begleiten müssen. Es gibt keine Möglichkeit. Diese Menschen hier wissen nicht mehr über Heilkunde als die Achäer im Jahr 1200 v. Chr. Oder dein Doktor Venizelos heute in Athen«, setzte er verbittert hinzu. »Vielleicht sogar weniger. Agamemnon sagt zu seinem Bruder Menelaos: ›Aber es prüfe der Arzt die blutende Wunde und lege Linderung drauf, um vielleicht die dunkele Qual zu bezähmen...‹ Als Eurypylos verwundet wurde, bat er Patroklos: ›Aber errette du mich, zum dunkelen Schiffe mich führend; schneid aus der Lende den Pfeil, und rein mit laulichem Wasser wasche das schwärzliche Blut.‹ Patroklos tat es, und dann ›streut er bittere Wurzel drauf, mit den Händen zermalmt, die lindernde, welche die Schmerzen alle bezwang; und es stockte das Blut in erharschender Wunde.‹«

Sophia überhörte seine Anspielung auf Dr. Venizelos; sie hatte geglaubt, seine Bitterkeit sei vorüber. Nach einem Augenblick des Schweigens bemerkte sie: »Die Frauen aus den Dörfern müssen viel über ihre eigenen Wurzeln, Kräuter, Blätter und Beeren wissen, glaubst du nicht auch?«

»Ja. Das tun alle Bauern. Die Kenntnis wird von einer Generation zur anderen weitergegeben. Aber diese Arzneien aus Wurzeln und Kräutern können nur eine begrenzte Anzahl von Krankheiten heilen.«

Bis zur ersten Juliwoche war die Temperatur auf zweiunddreißig Grad angestiegen. Das Arbeitstempo ließ nach. Außerdem verloren sie insgesamt eine Woche durch Regen und Feiertage. Weitere Hunderte von Kubikmetern Schutt hatten sich zu den Tausenden gesellt, die bereits abgetragen worden waren, und es war immer noch keine Spur von den alten Gebäuden zu entdekken, nach denen Henry suchte. Er wurde reizbar.

»Die Männer aus Erenkoi und die anderen Griechen leisten keine volle Tagesarbeit mehr. Ich habe es beobachtet. Der durchschnittliche Arbeiter legt dreimal in der Stunde sein Arbeitsgerät nieder, holt seinen Tabak aus dem Beutel, dreht sich gemächlich eine Zigarette, sucht in den Taschen nach einem Streichholz oder leiht sich eins, zündet langsam die Zigarette an, zieht den Rauch ein und vergeudet damit mindestens zehn Minuten von jeder Stunde. Sie haben um neun eine halbe Stunde zum Ausruhen und Rauchen, und mittags anderthalb Stunden zum Essen und Rauchen. Ich werde dem ein Ende machen.«

»Wird das nicht eine kleine Meuterei verursachen?«

»Soll es. Ich habe mir genug von den Leuten aus Erenkoi gefallen lassen. Sie haben noch nie zuvor für irgend jemanden gearbeitet, immer nur für sich selbst, und sie wissen einfach nicht, was es heißt, einen vollen Tag zu arbeiten.«

In der Mittagspause verkündete er, daß es in Zukunft verboten sei, während der Arbeit zu rauchen. Die siebzig Männer aus Erenkoi pfiffen. Sophia verstand ihre verächtlichen Kommentare und Kraftausdrücke besser als Henry.

Sie erklärte ihm:
»Sie weigern sich, deine Bedingungen zu akzeptieren. Wenn sie nicht rauchen können, soviel sie wollen, arbeiten sie nicht.«
Henry war wütend.
»Sie glauben, weil das Wetter gut ist, werde ich nicht die Stunden opfern. Aber ich werde sie eines Besseren belehren. Yannakis, zahlen Sie denjenigen, die aufhören wollen, einen halben Tageslohn.«
Die Männer aus Erenkoi nahmen das Geld, dann blieben sie am Rand der Grabung stehen und schrien den Arbeitern aus anderen Dörfern, die den Befehl schweigend hingenommen hatten, Verwünschungen zu. Als gotteslästerliche Worte die anderen nicht von der Arbeit abhalten konnten, begannen die Männer aus Erenkoi, sie mit Steinen zu bewerfen. Henry rief Yannakis herbei und sagte:
»Nehmen Sie eins der Pferde und reiten Sie durch die türkischen Dörfer. Bringen Sie mir Arbeiter als Ersatz für die Leute aus Erenkoi.«
Yannakis neigte nur schweigend den Kopf.
Die Männer aus Erenkoi gingen an diesem Abend nicht nach Hause. Sie schliefen in ihrem Lager, entschlossen, am nächsten Morgen bei Beginn der Arbeit zur Stelle zu sein. Sophia, die Angst vor einem Überfall hatte, lag den größten Teil der Nacht schlaflos da und lauschte auf jedes Geräusch. Henry ritt am nächsten Morgen wie üblich zum Schwimmen ans Meer, und als er zurückkehrte, sah er Yannakis die Namen von hundertzwanzig neuen türkischen Arbeitern in sein Buch eintragen. Die Männer aus Erenkoi machten sich zögernd auf den Heimweg. Henry, der noch nie sehr angetan von der türkischen Regierung und ihren Beamten gewesen war, gestand Sophia: »Die Männer sind gewissenhaft und umgänglich. Sie haben mich veranlaßt, meine Meinung zu ändern.«
»Die Leute aus Erenkoi tun mir leid«, sagte Sophia nachdenklich. »Sie hatten nicht erwartet, daß du Ernst machen würdest.«
Makres und Demetriou beklagten, daß die inneren Erd- und Schuttwälle zu hart seien, um noch weiter mit der Spitzhacke abgetragen werden zu können.
»Warum unterhöhlen wir sie nicht?« fragte Photides. »Wir können Tunnels graben. Dann wird man sie einstürzen können.«
Henry war einverstanden, und die Männer beschlossen, die Erdwälle in fünf Meter breite Abschnitte einzuteilen, so daß jeder von ihnen, drei Meter dick, getrennt in Angriff genommen werden konnte. Photides baute einen Unterstand aus massiven Holzblöcken mit einem Bretterdach, damit die Männer sich vor den herabfallenden Steinen in Sicherheit bringen konnten, wenn der Warnruf ertönte.
Ein paar Tage später überwachten Henry und Sophia getrennte Kolonnen, da brach einer der Erdwälle, der stark unterhöhlt war, mit lautem Getöse zusammen. Photides und ein Arbeiter waren gerade im Unterstand, um ihre Werkzeuge zu schärfen. Die Hütte wurde vollkommen unter der herabstür-

zenden Erde begraben. Sophia, die sich am nächsten befand, rannte zur Unglücksstelle. Henry war nur wenige Schritte hinter ihr.
»Ich höre Stöhnen«, rief sie.
Die Arbeiter kamen eilig aus allen Richtungen herbei. Sie nahmen Schaufeln und Hacken zur Hand, um die verschütteten Männer auszugraben. Henry hielt sie zurück.
»Ihr könntet sie treffen und verletzen. Benutzt die Hände.«
Sophia und Henry arbeiteten an der Seite der Männer. Es dauerte eine Weile, aber die dicken Wände und das Dach der Hütte hielten stand, und die Männer drinnen hatten genügend Luft zum Atmen. Sie kamen unverletzt heraus. Selbst der Pantheist Henry bekreuzigte sich dreimal, von rechts nach links. Sophia sagte:
»Ich danke Gott inbrünstig, daß niemand verletzt worden ist.«
Henry trat dicht an sie heran und legte seine Wange an die ihre.
»Es ist deine Hand auf meiner Schulter. Das ist mein Talisman.«
Der Unfall bereitete Henry eine schlaflose Nacht.
»Es ist eine ernste Niederlage, Sophia«, sagte er, während er in Schlafrock und Pantoffeln unruhig im Zimmer auf und ab ging. »Wir müssen den Gedanken aufgeben, eine Arbeitsterrasse quer durch den ganzen Hügel anzulegen. Wir werden weiter nach Süden graben, um uns mit Photides zu vereinigen, aber wir müssen zu der Idee der Gräben vom letzten Jahr zurückkehren.«
»Die große Terrasse ist keineswegs ein Fehlschlag, Henry. Du hast von ihr aus einen beträchtlichen Teil des Hügels freigelegt.«
»Ja, aber sie hat uns nur begrenzt bis zum gewachsenen Boden gelangen lassen. Und was haben wir dort gefunden? Ein paar Urnen, einige Tierknochen, Tongefäße und eine Anzahl von runden Terrakotten.«
Seine Methoden hatten versagt. Er wußte nicht, was er als nächstes tun sollte.
»Ich bin ratlos, Sophia.« Er kratzte sich mit seinen stumpfen Fingernägeln kräftig die Kopfhaut, als könnte er seinem Gehirn damit neue Ideen einflößen. »Alles, was ich suche, ist hier, aber wie soll ich es finden?«
»Es ist wie bei jedem Forschungsunternehmen«, sagte sie ruhig. »Einen Tag ist man, nackt wie ein geschorenes Lamm, im kalten Wind, am nächsten Tag im Paradies.«
Auch der Wind aus Athen war außerordentlich kalt.
Obwohl Henry mit seinen Theorien über die Existenz und die Lage Trojas auf mündlich geäußerte Skepsis und sogar auf Spott gestoßen war und sich hatte sagen lassen müssen, daß es töricht von ihm sei, seine Zeit und sein Geld für eine so fruchtlose Sache zu vergeuden, hatte es bisher noch nie einen schriftlichen Angriff gegen ihn gegeben. Jetzt erhielten sie eine Nummer der Athener *Newspaper of the Debates* – der Zeitung, in der Henry sein Tagebuch veröffentlicht hatte – mit einem scharfen Angriff gegen seine Schriften, seine Theorien und seine Ausgrabungen; der Artikel war von Georgios Nikolaides, einem Mitglied der Archäologischen Gesellschaft und folglich einem einflußreichen, angesehenen Mann, geschrieben. Nikolaides war Kreter,

hatte an der Universität von Pisa seinen Doktor der Rechtswissenschaft gemacht und sich dann in Florenz mit archäologischen Studien befaßt. Durch sein Buch *Die Ilias und ihre Topographie*, das er zuerst in Frankreich veröffentlicht und dann für die griechische Ausgabe erweitert hatte, war er zu einer Autorität auf dem Gebiet der Homerforschung geworden.

Nikolaides erklärte, daß Dr. Schliemann sich »unnötige Mühe« mache, gewissenlos Geld vergeude, daß er unwissenschaftliche und ungelehrte Behauptungen aufstelle, die auf den Enthusiasmus des Dilettanten zurückzuführen seien, der keine akademische Ausbildung genossen hatte und daher nicht qualifiziert sei, etwas zu veröffentlichen. Er täusche die Öffentlichkeit mit seinen Hirngespinsten, ein schlechter Dienst, den alle ausgebildeten Fachleute beklagten; denn nicht ein Wort von alledem, was Dr. Schliemann in der *Newspaper of the Debates*, dem *Levant Herald* oder der Zeitschrift der Griechischen Philologischen Gesellschaft geschrieben hatte, habe auch nur das geringste mit nachweisbaren Tatsachen zu tun. Jeder gebildete und vernünftige Mensch wisse, daß man Troja niemals finden könne, indem man Erde und Schutt ausgrub, weil die Stadt ausschließlich eine Schöpfung von Homers dichterischer Phantasie war. Sie existiere nirgends, außer in den Seiten der *Ilias*. Dr. Schliemann solle daher von seinem Vorhaben ablassen, solle sich eine andere, harmlose Liebhaberei suchen, der er sich hingeben könnte, und das ernste Geschäft der Archäologie qualifizierten Fachleuten überlassen.

Henry starrte auf die Zeitung und knirschte vor Wut mit den Zähnen. Da er außer einigen Artefakten bisher kaum etwas gefunden hatte, wovon er behaupten konnte, daß es trojanisch sei, war er verwundbar.

»Ich glaube nicht, daß Nikolaides jemals in der Troas gewesen ist«, rief er zornig. »Er ergeht sich in Theorien, während ich grabe.«

Sophia wußte nicht, was sie darauf erwidern sollte.

Seine Nerven versagten. Er war kurzangebunden mit den Arbeitern, verfiel in niedergeschlagenes Schweigen, war oft gereizt gegen Sophia. Sie nahm es nicht persönlich, denn sie kannte den Zwiespalt seiner Lage: die absolute Gewißheit, daß Homers Troja hier gestanden hatte, und die Unmöglichkeit, es anhand von greifbaren Tatsachen zu beweisen.

Sie wies ihn darauf hin, daß er ihr zu Anfang gesagt hatte, sie würden fünf Jahre brauchen, um die Arbeit zu beenden.

»Das vergangene Jahr zählt kaum«, sagte sie. »Wir haben spät angefangen und konnten nur sechs Wochen graben, ehe der Regen uns verscheuchte. Dies ist in Wirklichkeit unser erstes Jahr, und wir graben erst seit drei Monaten. Hab Geduld.«

»Ein Urteil auf lebenslänglich!« erwiderte er grimmig. »Manchmal weiß ich nicht, wer in diesem Hügel eingesperrt ist, Troja oder ich.«

Sophia sollte recht behalten. Nach drei Tagen der intensiven Arbeit an einem neuen Graben, der von der Terrasse aus nach Süden lief, entdeckten sie einen Schatz: eine silberne Haarnadel, Kupfernägel, Elfenbeinnadeln, Teller, Messer, Dolche, Elfenbein- und Kupferringe. In einer Tiefe von elf bis siebzehn

Metern unterhalb der Terrasse wurden Armreifen aus Kupfer gefunden. Die Gegenstände, die sie in ihren Körben sammelten – schwarze Schalen, Hämmer, Äxte, Granitgewichte, Keile aus durchsichtigem grünem Stein, herrliche Idole aus Marmor, steinerne Wurfscheiben mit einem Loch in der Mitte –, waren alle alt, schön gearbeitet und, mit Ausnahme der Terrakotten, sehr gut erhalten.

Henry rief triumphierend: »Laß uns den Graben auf beiden Seiten erweitern. Vielleicht stoßen wir auf Häuser und Paläste.«

Seine Augen strahlten, er schaufelte den Schutt aus dem Graben und untersuchte ihn mit der jetzt gefestigten Überzeugung, daß er sich auf gewachsenem Boden befand. Zum erstenmal seit Beginn der Ausgrabungen sah Sophia ihn seine Jacke abwerfen, den Schlips lockern und die Ärmel bis zu den Ellbogen aufkrempeln.

Ihre nächste Entdeckung war ein kleiner Begräbnisplatz. Sie legten zwei dreibeinige Gefäße auf dem gewachsenen Fels frei. Ehe Henry sie entfernte, suchte er innen nach Beweisen, die ihm einen Anhaltspunkt hinsichtlich ihres Alters geben könnten. In einem von ihnen fand er zu seinem Erstaunen die Überreste eines Embryos. Er rief Sophia, die ein paar Meter weiter vorne im Graben arbeitete.

»Schau, die Knochen eines Embryos, etwa sechs Monate alt.«

»... ein Embryo ... aber wie sollte er erhalten geblieben sein? Wir haben noch nie irgendwelche menschlichen Knochen in den Graburnen gefunden.«

»Ich schreibe heute abend gleich an Dr. Aretaios, Professor für Chirurgie an der Universität in Athen, und bitte ihn um seine wissenschaftliche Meinung. Ich kann mir nur denken, daß die Mutter gestorben ist, noch ehe sie das Kind geboren hatte, und verbrannt wurde, daß aber die Knochen des Embryos von der Membrane, die sie umschloß, geschützt worden sind. Ich werde das Skelett von einem geschickten Chirurgen zusammensetzen lassen.«

Sophia stand neben der Urne. Henrys überreizte Nerven hatten sie angesteckt. Als sie die winzigen Knochen des Kindes sah, das niemals gelebt hatte, überkam sie eine starke Erregung; ein buntes Gewirr von Bildern brachte sie nach Athen und zu der Fehlgeburt ihres eigenen Embryos zurück, der annähernd das Alter und die Größe dieses ungeborenen Kindes gehabt hatte. Die ganze Enttäuschung über ihren Verlust vor erst vier Monaten wurde wieder wach. Ihr wurde schwindlig, ihre Knie gaben nach. Ohnmächtig fiel sie Henry zu Füßen.

Sie erwachte zu Hause in ihrem Bett. Auf ihre Frage, wie sie dorthin gekommen sei, erwiderte Henry:

»Yannakis und Photides haben eine Bahre gemacht und dich getragen. Was ist geschehen?«

»Als ich den Embryo sah, erlebte ich noch einmal meine eigene Fehlgeburt.«

Henry wurde blaß. Ein kummervoller Ausdruck überzog sein Gesicht.

»Was für ein gefühlloser Tölpel ich bin! Warum habe ich nicht daran gedacht? Ich hätte diese Knochen vor dir verbergen müssen.«

Sie befeuchtete ihre ausgetrockneten Lippen mit ein paar Tropfen aus dem Wasserglas neben ihrem Bett.
»Du brauchst dir keine Vorwürfe zu machen, Henry. Es ist ohne mein Zutun geschehen; irgend etwas hat mich niedergeworfen.«
Dr. Aretaios' Erklärung der Erhaltung des Embryos war anders als Henrys. Dr. Aretaios schrieb: »Die Erhaltung der Knochen des Embryos ist nur so zu erklären, daß die Mutter das Kind zur Welt gebracht hat und dann gestorben ist; daß ihr Leichnam verbrannt wurde und man den nicht verbrannten Embryo zu ihrer Asche in die Graburne gelegt hat.«
Henry verdoppelte die Zahl der Arbeiter in dem Graben. Bald darauf stießen sie auf ein Haus und dann, gegen Ende desselben Tages, auf ein Gebäude, das ein Palast zu sein schien. Henry jubelte. Er untersuchte die behauenen Steinblöcke, kratzte mit seinem Taschenmesser an den Rändern und schüttete den abgekratzten orangefarbenen Staub in ein Kuvert. Er zeigte ihn Sophia.
»Jetzt kannst du sehen, weshalb die Häuser und Paläste so leicht zu zerstören waren. Die Steine waren nur mit Erde zusammengefügt. Wenn die Mauern einstürzten, wurde alles im Haus zermalmt. Sobald wir diesen Steinhaufen entfernt haben, werden wir vermutlich interessante Dinge darunter finden.«
Es war lange nach Mitternacht, als sie aufhörten, die Silber- und Kupfergegenstände, die Nägel, Dolche und Ringe zu reinigen und die Beschreibungen in ihr Tagebuch einzutragen. Sophia glaubte, daß sie viel zu erregt war, um schlafen zu können, doch von dem Augenblick an, wo sie den Kopf aufs Kissen legte, erinnerte sie sich an nichts mehr, bis Henry sie kurz nach fünf mit einer Tasse Kaffee weckte. Er hatte sein allmorgendliches Bad bereits hinter sich.
An diesem Morgen fingen sie an, die behauenen Steine fortzuschaffen. Bis Mittag hatten die Männer den Schutt aus dem Inneren eines geräumigen Hauses und eines Palastes entfernt. Sie fanden dort Feuerstellen, offene Höfe, Trennwände zwischen den Räumen, Schwellen, Tierknochen, Stoßzähne von Ebern, kleine Muscheln, Hörner von Büffeln, Widdern und Hirschen.
Am Nachmittag entdeckten sie andere Dinge, Hinweise auf das Leben innerhalb dieser Mauern. Nach dem Abendessen sortierten sie die großen, prachtvollen Terrakottascherben. Yannakis wusch die Scherben, Polyxene kochte den Fischleim, und Henry und Sophia machten sich daran, die Töpfe auf dem Küchentisch wieder zusammenzusetzen. Obgleich Stücke fehlten, hatten sie bald die ersten Umrisse von völlig neuartigen Krügen und Vasen: eine große gelbliche Schale, dreiunddreißig Zentimeter hoch und fast dreiundvierzig Zentimeter breit, die mit drei großen, gebogenen Widderhörnern verziert war; eine schwarze Vase mit rundem Boden und kleinen Ringen auf zwei Seiten, anscheinend zum Aufhängen; ein seltsames rotes Gefäß in der Form von zwei Krügen, am Bauch zusammengefügt, mit langen, vollkommen aufrechten Schnäbeln.
Sie erfuhren einiges über die vorgeschichtliche Haushaltsführung. Die Bewohner dieser Schicht zum Beispiel hatten ihre Abfälle auf den Erdboden geworfen. Wenn sie zu hoch wurden, brachten sie Erde herein, bedeckten ihn

mit etwa dreißig Zentimetern neuem Boden, dann zogen sie die Wände entsprechend höher und deckten das Dach neu. Sophia war verdutzt.
»Sie hätten doch alles einfach in die Gosse werfen und vom Regen fortspülen lassen können.«
»Meine liebe Sophidion, in der Troas gibt es sechs Monate im Jahr keinen Regen.«
»Und warum haben sie es nicht verbrannt?«
»Tierknochen, Meermuscheln verbrennen? Hast du das je einmal versucht?«
»Nun gut, ich will nicht über die trojanischen Hausfrauen zu Gericht sitzen.«

6.

Als sie den Graben noch mehr verbreiterten, tauchten vor ihren Augen auf beiden Seiten drei weitere Siedlungen auf: Mauern und Straßen, in verschiedenen Zeitaltern gebaut, mit unterschiedlicher Architektur, verschiedenartigen Entwässerungsanlagen. Die zweite von unten umfaßte den Horizont von elf bis acht Metern, die dritte den von acht bis fünf, die vierte den von fünf bis zwei Metern unterhalb der Oberfläche der Terrasse. Man konnte deutlich sehen, daß die vier Schichten gebaut worden waren, ohne daß die Menschen wußten, was unter ihnen lag: Mauern kreuzten sich in seltsamen Winkeln mit früheren Mauern, große und kleine Steinbauten folgten ihrer eigenen Orientierung. Das gleiche traf auf die Häuser zu: Sie standen eines über dem anderen, manchmal in rechten Winkeln zu denjenigen unter ihnen oder in die entgegengesetzte Richtung blickend: ein vielschichtiger Kuchen von Siedlungen, die den siebzehn Meter hohen, von Menschenhand geschaffenen Hügel bildeten und während einer Zeitspanne von zweitausend Jahren errichtet worden waren. Jetzt war der große Hügel zu einem riesigen Gebäude geworden, dessen Dach von einer Explosion fortgefegt worden war und in dessen Innerem man Zimmer, Wände, Korridore, Türen, Fußböden und Patios sah.
»Man kann es sich kaum vorstellen!« rief Sophia.
»Wir müssen alle vier Schichten ausgraben«, sagte Henry benommen; »aber wie grabe ich die eine Schicht aus, ohne daß die darüber liegenden auf unsere Köpfe herabstürzen?«
Ihre erste bedeutende Entdeckung in der Stadt unmittelbar über ihnen waren Häuser mit Mauern aus Ziegelsteinen. Das Feuer, das die Siedlung zerstört, hatte den Ton gebrannt, so daß sie allen Naturgewalten und Kriegen widerstanden hatten. Und die Gegenstände innerhalb dieser Mauern – Tongefäße mit indogermanischen religiösen Symbolen und leuchtend rote Pokale, die Henry »riesige Sektgläser mit zwei gewaltigen Griffen« nannte – waren fast unversehrt erhalten geblieben. Sophia war außer sich vor Freude.
»Henry, keinen Fischleim! Sieh dir dieses Gefäß an: ein Schwein, vorn mit

dem komischen Kopf und der Nase und hinten mit der Tülle und dem Griff. Es ist ein Juwel, ein Museumsstück!«

»Sprich das Wort nicht aus«, befahl Henry, »sonst landet es noch genau dort... in Konstantinopel. Wir werden es vor den Aufsehern verstecken. Es wird uns doch wohl gestattet sein, uns ein einziges Stück rechtmäßig... oder unrechtmäßig... anzueignen.«

Abgesehen von Vasen, Urnen, Weihgeschenken aus Terrakotta und Küchenutensilien, fanden sie eine große Zahl von Kriegsgeräten: Streitäxte aus Kupfer, Lanzen, Pfeile, Messer. Die Aufseher, die von Beruf Soldaten waren, gerieten beim Anblick dieser leicht erkennbaren Waffen in Erregung, sprangen rasch in die Gräben hinunter und wählten ihre Hälfte der Funde, noch ehe Henry Gelegenheit hatte, die Trennung vorzunehmen, die ihm einen kleinen Vorteil verschaffte.

Als sie an diesem Abend ihre Metalltrophäen polierten, sagte Henry nachdenklich:

»Dies war offensichtlich ebenfalls ein kriegerisches Volk, genau wie die Trojaner. Oder vielleicht war es die ständige Notwendigkeit, sich zu verteidigen...«

Als er sich umdrehte, stieß er aus Versehen ein Bündel aus verbranntem Metall und Draht vom Arbeitstisch; sie hatten es am Nachmittag in der gelben Asche eines vom Feuer zerstörten Hauses gefunden, hatten es gleichgültig zusammen mit anderen Funden in einen Korb geworfen und bei Sonnenuntergang mit nach Hause genommen. Der Draht, der das Bündel zusammenhielt, löste sich, und eine Anzahl von Schmuckstücken fiel heraus. Sprachlos vor Staunen kauerten sie auf dem Boden über ihrem Fund. Henry zog als erster drei silberne Armreifen heraus.

»Sieh dir diesen dreireihigen Armreif an«, rief er aus. »Er ist durch das Feuer mit einem Ohrring verschmolzen.«

Sophia sah im Lampenlicht einen blaßgelben Schimmer. Sie fuhr mit der Hand unter das Bündel und brachte einen glänzenden Gegenstand zum Vorschein.

»Es ist ein goldener Ohrring«, sagte sie leise. »Siehst du diese Reihen kleiner Sterne auf beiden Seiten? Mach die Hand auf. So, jetzt hast du das erste Zeichen vom Schatz des Priamos in deinem Besitz. ›Nimm des Erzes genug und des köstlichen Goldes‹, bittet Hektor den Achilles in der Hoffnung, nicht getötet zu werden, ›zum Geschenk, das der Vater dir beut und die würdige Mutter...‹ Homer erwähnt nichts von einer Goldmine in der Troas.«

»Nein. Und ich bin überzeugt, es hat auch keine gegeben. Aber die Trojaner brachten riesige Mengen Gold von ihren Streifzügen mit und haben von ihren eigenen Goldschmieden den Schmuck entwerfen und anfertigen lassen. Wenn wir *einen* Ohrring finden konnten, können wir hundert finden! Und goldene Armreifen, Pokale, Diademe aus Gold. Es ist alles da, Sophia...«

Im August mußten die griechischen und türkischen Arbeiter ihre Ernte einbringen. Henry hatte nicht mehr genügend Arbeitskräfte. Er schrieb an den deutschen Konsul auf der Gallipoli-Halbinsel, dem er im Jahr zuvor Abschriften seiner Artikel gesandt hatte, und bat ihn, Arbeiter für ihn anzustellen. Er schrieb einen ähnlichen Brief an den englischen Konsul in Konstantinopel und erbot sich, den Leuten die Überfahrt nach Çanakkale zu zahlen. Die beiden Konsuln reagierten positiv, und schon nach kurzer Zeit hatte Henry wieder seine Belegschaft von hundertfünfzig Mann, die in den vier Schichten gruben. Es wurde von Tag zu Tag mühseliger, den Schutt aus dem Weg zu räumen, der sich in immer größeren Mengen ansammelte. Der englische Konsul in Konstantinopel besorgte ihnen zehn Handwagen und zwanzig weitere Schubkarren. Die *Taxiarchis* brachte weitere Arbeitsgeräte.

Eines Abends trug Sophia die Kosten für die Materialien und für die vierzig Arbeiter ein, die der deutsche Konsul ihnen gesandt hatte, und die außer ihren Reisespesen und ihrem Lohn noch eine zusätzliche Summe für Unterkunft und Verpflegung erhielten. Sie war überrascht und dann erschrocken über die Beträge, die Henry täglich ausgab. Sie fragte:

»Hast du jemals das ganze Geld zusammengerechnet, das du für die Ausgrabungen dieses Jahr ausgegeben hast?«

Offensichtlich erstaunt über Sophias Frage, blickte er von seiner Arbeit auf.

»Nicht in den Büchern. Aber ich habe die Summe annähernd im Kopf.«

»Was glaubst du, wie hoch der Betrag für 1872 sein wird?«

»Das interessiert mich nicht. Ich werde zahlen, was gezahlt werden muß.«

Sophia machte einen Überschlag und sah, daß sich die Ausgrabungen des Jahres nach dem gegenwärtigen Kostensatz auf rund fünfzigtausend Dollar belaufen würden. Sie zog erschreckt die Luft ein. Das war ein Vermögen! Mit Ausnahme des Mannes, der Athen das Arsakeion geschenkt, und jenes anderen, für den Eugène Piat den Palast am Syntagmaplatz entworfen hatte, konnten nur wenige der reichen Männer Griechenlands sich den Luxus erlauben, fünfzigtausend Dollar für etwas auszugeben, was ihnen keinen Gewinn einbrachte. Sophia wollte Henry fragen, ob er es sich leisten könne, sagte sich jedoch, daß die Frage nicht ratsam sei. Sie blickte über den Tisch hinweg auf seinen Kopf, der über sein Tagebuch geneigt war, in das er mit seiner kleinen, präzisen Handschrift die Daten der Elfenbeinidole eintrug und sie mit anderen verglich, die er im Orient gesehen hatte. Und sie dachte bei sich:

›Er würde sich zugrunde richten, um Troja zu entdecken.‹

Als Henry seine große Terrasse und seine Gräben durchwanderte, aufmerksam seine Funde musterte und noch einmal seinen Homer las, kam er zu dem Schluß, daß der von Lysimachos erbaute Tempel unmittelbar über dem viel älteren trojanischen Tempel lag, in dem Alexander selbst seine Andacht verrichtet hatte. Er beschloß, zu dem Tempel zurückzukehren, in dem sie die Metope des Apollo gefunden hatten, und durch das Fundament hindurch geradewegs nach unten zu graben.

Die beiden Kolonnen unter Makres und Demetriou fingen beim Morgengrauen mit der Arbeit an der sieben Meter breiten Fläche an, die Henry abgesteckt hatte. Sophia kam vormittags zu Henry herüber, um zu sehen, wie weit sie waren. Plötzlich zog er scharf die Luft ein. Sie schüttelte ihn an der Schulter.

»Henry, ist was?«

Er leckte sich die trockenen Lippen, streckte die Hand aus und deutete auf eine Mauer, auf die die Kolonne gestoßen war. Sie lag ein gutes Stück unterhalb des Tempelfundaments.

»Sie ist zwei Meter dick«, sagte er heiser, »und reicht von ihrem oberen Ende aus mindestens drei bis vier Meter weit hinunter.«

Die Männer gruben wie wild, um sie ganz freizulegen.

»Sieh dir diese Menge gleichartiger Steine an, die am Fuß der Mauer liegen«, rief Henry aus.

»Sie sind riesig.«

»Das läßt darauf schließen, daß die Mauer ursprünglich viel höher war, möglicherweise so hoch, wie Homer behauptet hat. Und sie ist in der zyklopischen Manier gebaut.«

Sophia spürte, daß sie zitterte.

»Henry, hast du es wirklich geschafft? Haben wir die von Poseidon und Apollo errichtete Mauer gefunden?«

»Es besteht kein Zweifel. Dies ist die *erste Mauer*. Ihre Basis liegt fünfzehn Meter unterhalb der jetzigen Oberfläche. Alles, was du von hier siehst, wenn du nach oben blickst, einschließlich des Tempels des Lysimachos, ist auf diese ursprüngliche Mauer gebaut worden.«

Sie standen wie angewurzelt da. Nur das Geräusch der Schaufeln und der dumpfe Ton der Erde, die in die Schubkarren geworfen wurde, durchbrachen die Stille.

»Ich gratuliere dir«, flüsterte Sophia schließlich. »Du hast recht gehabt, und die übrige Welt hat sich geirrt.«

Henry legte die Hand aufs Herz.

»Jetzt, wo wir die Mauer des Priamos haben, sollte alles andere nicht schwer zu finden sein.«

Mitte August holte Yannakis Sophia eines Morgens von ihrer Arbeitsbank. Henry ging auf der Terrasse bei einem tiefen Graben auf und ab.

»Ich bin hier auf ein sehr seltsames Steingebilde gestoßen. Es versperrt der Kolonne den Weg. Ich weiß, daß ich auf einer geraden Linie mit Photides bin, der vom Süden heraufkommt. Sein Graben ist nicht weit entfernt, aber ich kann nicht weitergraben. Sieh dir das hier an. Wir haben um die nördliche Seite herumgegraben.«

Sie blickte auf das große Gemäuer, das quer zum Graben lag.

»Ist es nicht eine Fortsetzung der ersten Mauer?«

»Ja und nein. Es scheint ein Teil des großen Verteidigungswalls zu sein, aber es springt ein gutes Stück nach hinten vor. Ich muß herausfinden, ob es an der Südseite auch nach vorn vorspringt...«

In diesem Augenblick kam Photides mit großen Schritten den Hügel herauf; er hatte den Helm abgenommen und wischte sich den Schweiß von der Stirn. Verwirrt schüttelte er den Kopf.
»Herr Doktor, wir kommen nicht weiter. Ein riesiger Steinhaufen, der größte, auf den wir bisher gestoßen sind, versperrt uns den Weg. Ich kann es mir nicht erklären. Wollen Sie bitte kommen und ihn sich ansehen?«
»Springt er nach Süden über den Verteidigungswall vor?« fragte Sophia.
»Ja, mindestens fünf Meter, vielleicht auch sieben.«
Sophia und Henry sahen sich mit großen Augen an.
»Mein Gott, Sophia!« rief Henry aus. »Wir haben den großen Turm gefunden!«
Die Tränen stiegen ihm in die Augen. Sophia brachte nur mit Mühe die Worte hervor.
»Den trojanischen Turm? Denjenigen, auf dem Priamos Helena bat, die Anführer der achäischen Truppen zu identifizieren, die gegen den Wall vormarschierten?«
Henry wäre ebensowenig ohne sein Exemplar der *Ilias* zur Grabung gegangen wie ohne Hose, Weste und Uhrkette. Er holte die Miniaturausgabe mit ihrem winzigen Druck aus der Jackentasche, setzte seine Brille auf und hatte binnen weniger Augenblicke die Zeilen im Dritten Gesang gefunden, nach denen er suchte:

»›Komm doch näher heran, mein Töchterchen, setze dich zu mir,
Daß du schaust den ersten Gemahl und die Freund' und Verwandten!
Du nicht trägst mir die Schuld; die Unsterblichen sind es mir schuldig,
Welche mir zugesandt den bejammerten Krieg der Achaier!
Daß du auch jenes Mannes, des gewaltigen, Namen mir nennest,
Wer doch dort der Achaier so groß und herrlich hervorprangt!
Zwar es ragen an Haupt noch andere höher denn jener;
Doch so schön ist keiner mir je erschienen vor Augen...‹«

Dann blätterte er zur Bestätigung weiter zum Sechsten Gesang.

»›...sondern den Turm erstieg sie von Ilios, weil sie gehöret,
Daß der Achaier Macht siegreich die Troer bestürme.‹«

Henry und Photides brachten ihre Kolonnen zum Turm und ließen sie in beschleunigtem Tempo graben, um die Nord- und Südseite freizulegen. Henry stellte eilige Berechnungen in seinem Notizbuch an, dann erklärte er Sophia:
»Nach meiner Schätzung ist dies die Mitte des Turms. Wir werden weitere sieben Meter nach unten und vielleicht noch sieben nach oben graben müssen.«
»Das ist eine Menge Erde, die abgetragen werden muß.«

»Wir müssen sie ziemlich weit fortschaffen.« Er wandte sich an Yannakis. »Bitte besorgen Sie mir sofort so viele Pferdewagen, wie Sie auftreiben können.« Und zu Sophia sagte er: »In der Zwischenzeit behelfen wir uns mit Schubkarren und Handwagen.«
Sie arbeiteten tagelang fieberhaft unter der brennenden Augustsonne, bis die Nord- und Südseite des Turms freigelegt waren. Yannakis hatte nur sieben Pferdewagen mieten können, aber sie beschleunigten die Beseitigung der schweren Erde. Sie war von kreideartigem Charakter. An der Nordseite des Turms befand sich ein kleiner Hügel aus kalkhaltiger Erde, zweiundzwanzig Meter breit und etwa fünf Meter hoch, vermutlich die Erde, die die Trojaner hatten ausgraben müssen, um Platz für die Grundmauern des Turms zu schaffen. Nachdem die Männer den kleinen Hügel abgetragen hatten, entdeckte Henry, daß die Nordseite des Turms aus großen übereinandergeschichteten Steinblöcken bestand; nur der obere Teil war aus Mauerwerk gebaut. Auf der Südseite hingegen hatte der Turm eine feste Mauer aus Kalksteinblöcken, mit Lehm verfugt. Sie war *dreizehn Meter* dick.
An diesem Abend sprach Henry nach dem Essen über seine Ideen und Probleme.
»Ich bin sehr enttäuscht, daß unser Turm nur sieben Meter hoch zu sein scheint. Wäre es denkbar, daß der riesige Steinhaufen, den wir am Fuß des Turms gefunden haben, von oben heruntergefallen ist?«
»Natürlich, Henry. Schließlich sind über dem Turm zahllose Siedlungen erbaut worden.«
Henry griff nach seiner Feder und schrieb in sein Tagebuch:

> Die Erhaltung dessen, was geblieben ist, verdanken wir den Ruinen, die den Turm, wie er jetzt steht, vollkommen bedeckt haben. Es ist anzunehmen, daß nach der Zerstörung von Troja viel mehr von ihm stehengeblieben war, und daß der Teil, der sich über die Ruinen der Stadt erhob, von den Nachfolgern der Trojaner zerstört wurde, die weder Mauern noch Befestigungen kannten. Angesichts der ungeheuren Ansammlung von Schutt glaube ich, daß der Turm am westlichen Rand der Akropolis gestanden hat, wo seine Lage von größter Bedeutung gewesen wäre; denn sein oberes Ende hätte einen Ausblick nicht nur über die gesamte Ebene von Troja, sondern auch über das Meer mit den Inseln Tenedos, Imbros und Samothrake gewährt. Es gibt keine hervorragendere Lage im Gebiet von Troja als diese, *und ich nehme daher an, daß dies der »Große Turm von Ilios« ist,* den Andromache erstieg, »weil sie gehöret, daß der Achaier Macht siegreich die Troer bestürme«. Nachdem er einunddreißig Jahrhunderte lang begraben war, und nachdem zahllose Stämme, einer nach dem anderen, über Tausende von Jahren hinweg ihre Häuser und Paläste hoch über ihm errichtet haben, ist dieser Turm wieder ans Tageslicht gebracht worden und bietet eine Aussicht, wenn auch nicht über die ganze Ebene, so doch zumindest über den nördlichen Teil und den Hellespont.

Möge dieses geheiligte und erhabene Monument des griechischen Heldentums für alle Zeiten die Blicke derer auf sich ziehen, die durch den Hellespont fahren! Möge es zu einer Pilgerstätte für die wissensdurstige Jugend aller künftigen Generationen werden und ihren Enthusiasmus für die Kulturen vergangener Zeiten und vor allem für die edle Sprache und Literatur Griechenlands entfachen!

Der nächste Tag brachte in einer Tiefe von vierzehn Metern eine weitere Entdeckung: die Reste eines Hauses auf gewachsenem Fels, mit dem Skelett einer Frau. Der Schädel war besonders gut erhalten. Der Mund stand ein wenig vor und ließ gute, aber erstaunlich kleine Zähne erkennen. Es war das erste Skelett eines erwachsenen Menschen, das sie bisher gefunden hatten. Henry war außer sich vor Freude.

»Endlich haben wir einen Trojaner gefunden!«

Seine Begeisterung war ansteckend.

»Wenn diese Knochen sprechen könnten, wie viel hätten sie zu erzählen!«

»Warum sind sie so gelb?« fragte Sophia.

»Die Dame ist vom Feuer überrascht worden und bei lebendigem Leibe verbrannt. Wir nehmen sie mit nach Athen und lassen sie konservieren.«

»Welche Hälfte gibst du dem Museum?«

»Die Aufseher sind abergläubisch. Sie wollen keine Skelette. Es gehört ganz und gar uns.«

Als Sophia mit den Fingerspitzen die Asche von den Knochen wischte, entdeckte sie noch andere Dinge: einen Fingerring, drei Ohrringe und eine Kleidernadel aus Gold. Zwei der Ohrringe bestanden aus einfachem Golddraht, während der dritte kunstvoller war und in einem Blatt endete, das sich aus sechs gleich dicken Golddrähten zusammensetzte. Der Fingerring war aus drei Golddrähten gefertigt.

Henry hielt den Schmuck in der Hand und musterte ihn aufmerksam; sein Gesicht war gerötet vor Freude.

»Wenn die Trojaner doch nur wie die Ägypter Gräber gebaut und die Könige mit ihrem ganzen kostbaren Besitz begraben hätten. Was für Schätze könnten wir freilegen, um sie der Welt zu zeigen!«

»Wir müssen uns mit dem begnügen, was wir haben, Henry. Der große Turm und der Verteidigungswall sind wichtiger.«

Mitte August brach das Sumpffieber aus; es war in diesem Jahr besonders bösartig. Die Arbeiter erkrankten in zunehmender Zahl: zuerst zehn, dann zwanzig, dann dreißig. Henry hatte nicht genügend Chinin, um sie alle zu verarzten. Er erhöhte seine eigene und Sophias Dosis und gab Yannakis und Polyxene sowie den drei unentbehrlichen Vorarbeitern die übliche Dosis von vier Gran. Polyxene wurde krank, dann Yannakis, dann alle drei Vorarbeiter. Nach drei Wochen hatte Henry nur noch die Reste einer Kolonne am Hügel. Dann bekamen er und Sophia Schüttelfrost. Ihre Beschwerden waren gering im Vergleich zu denen der anderen. Polyxene litt an Krämpfen und die Vorarbeiter konnten nicht aus dem Bett aufstehen, ohne von einem unbezähmbaren Zittern erfaßt zu werden. Henry gab allen große Dosen Chinin, bis er überhaupt keins mehr hatte.

»Mein Liebes, ich fürchte, wir müssen Schluß machen mit der Arbeit. Ich hatte gehofft, noch einen Monat weiterarbeiten zu können, denn jeder Tag müßte uns jetzt wichtige Entdeckungen bringen. Aber ich halte es für klüger, die Troas zu verlassen. Diese Malaria wird eher schlimmer als besser. Ich muß noch einmal kurz nach Çanakkale. Es gibt dort einen Fotografen, den ich hierherbringen möchte, damit wir Bilder von den Ausgrabungen nach Athen mitnehmen können. Der Landmesser, dem ich nach Konstantinopel geschrieben habe, müßte mittlerweile auch in Çanakkale sein. Er hat sich bereit erklärt, herauszukommen und genaue technische Pläne von der Ausgrabungsstätte zu machen.«

Henry kehrte nach zwei Tagen mit dem deutschen Fotografen Siebrecht und einem griechischen Landvermesser namens Sisilas zurück. Er verbrachte einige Tage mit ihnen am Hügel und ließ sich all die Bilder und Karten anfertigen, die er haben wollte.

»Ich weiß, was mein Auge gesehen hat und worauf die Kamera gerichtet war«, sagte er zu Sophia. »Jetzt können wir nur hoffen, daß die Negative gut ausfallen. Siebrecht hat mir leid getan, daß er den ganzen Tag in der glühenden Sonne mit dem Kopf unter einem schwarzen Tuch arbeiten mußte.«

Sophia hatte bereits den größten Teil ihrer Sachen eingepackt.

»Wann fahren wir ab?«

Sie sahen sich an; trotz des neuen Hauses und der reichlichen Vorräte waren sie wieder abgemagert und erschöpft.

»In fünf Tagen fährt ein Schiff von Konstantinopel nach Piräus. Ich habe eine Kabine für uns und Plätze für Makres und Demetriou reservieren lassen. Frank Calvert hat sich sehr über seine Hälfte der Funde gefreut, obwohl er nicht alles haben wollte. Er, seine Frau und die Kinder haben sich jeder ein Stück ausgesucht, das ihnen besonders gut gefiel. Den Rest nehmen wir nach Athen mit.«

Henry engagierte einen Verwalter. Yannakis verstaute die Arbeitsgeräte im Wert von Tausenden von Dollars in der Küche und dem Quartier der Vorarbeiter. Henry wies seine Bank in Çanakkale an, Yannakis ein monatliches Gehalt zu zahlen; dafür sollte er einmal in der Woche die Ausgrabungsstätte inspizieren, die Geräte kontrollieren und die nötigen Reparaturen vornehmen. Außerdem würde er alles für die Rückkehr der Schliemanns zum Jahresende vorbereiten. Er versprach, die Troas nach den besten hundertfünfzig Männern abzusuchen, die er finden konnte.

Vier Tage später standen Henry und Sophia am Tor zur Grabung, während Henry die Leute auszahlte, ihnen dankte und sie bat, im Januar wiederzukommen. Kaum waren sie zum Haus zurückgekehrt, da ertönte ein dröhnen-

der Donnerschlag, und dann fing es nach vier Monaten Trockenheit wolkenbruchartig zu regnen an.
Sie hatten ihre Arbeit genau im richtigen Augenblick beendet. Die Gräben würden jetzt wochenlang mit Schlamm gefüllt sein.
Henry weckte Sophia am nächsten Morgen bei Tagesanbruch und bat sie, ihn zum Turm zu begleiten. Sie sollte sein Tagebuch, Federhalter und Tinte sowie eine Flasche französischen Wein mitnehmen. Bis sie zum Verteidigungswall kamen, stand die Sonne flammend über dem Idagebirge und erhellte das schnell dahinfließende Wasser der Dardanellen. Henry nahm Sophia bei der Hand und führte sie den Erdhügel neben dem Turm hinauf, so daß sie auf dem oberen Ende des Turms selbst stehen konnten. Er richtete sich zu seiner vollen Größe auf, öffnete sein Tagebuch, begann zu schreiben und erklärte gleichzeitig Sophia und der ganzen Welt mit lauter Stimme:
»Ich gebe mich der Hoffnung hin, daß die zivilisierte Welt mir als Lohn für meine ungeheuren Ausgaben und all meine Entbehrungen, Ärgernisse und Leiden, aber vor allem für meine bedeutenden Entdeckungen das Recht zusprechen wird, diese geheiligte Stätte neu zu benennen. Im Andenken an den göttlichen Homer taufe ich sie mit jenem Namen von unsterblichem Ruhm, der das Herz eines jeden mit Freude und Begeisterung erfüllt. Ich gebe ihr den Namen ›TROJA‹, und ich nenne die Akropolis, auf der ich diese Zeilen schreibe, ›Pergamus von Troja‹.«
Sophia legte ihre Hand in die seine und lächelte ihn an; ihre roten Lippen waren leicht geöffnet, und ihre dunklen Augen glänzten vor Liebe und Erfüllung.
»Amen«, flüsterte sie.

Fünftes Buch

TROJA?

1.

September ist ein herrlicher Monat in Athen. Eine leichte Brise weht vom Ägäischen Meer herüber und bringt die Verheißung von herbstlicher Kühle unter einer wohltuenden Sonne, die wärmt, ohne zu brennen, und die wie Apollo in seinem zweirädrigen Wagen quer über den wolkenlosen, blauen Himmel zieht.

Das Dienstmädchen, das kleine Kindermädchen und Andromache waren im Haus, um die Schliemanns willkommen zu heißen. Alles war geschrubbt und blitzblank für ihre Rückkehr. Es dauerte nur wenige Tage, bis Sophia und Henry die letzten Spuren der Malaria abgeschüttelt hatten: Zuhause ist der Ort, wo der Körper gesundet. Andromache, jetzt siebzehn Monate alt, konnte laufen und allein auf ihren rundlichen, leicht gebogenen Beinen stehen. Sie begrüßte ihre Eltern mit einem glucksenden Monolog.

Sie verbrachten einen großen Teil des Tages im Garten; die Bäume waren gewachsen, die Palmen wieder aufgeblüht, Glyzinien bedeckten das Gitterwerk der hinteren Mauer mit leuchtendem Grün; das Wasserbecken war frisch gefüllt und verlieh dem Garten eine leichte Kühle; die Tauben gurrten leise in ihrem Schlag. Die Kletterreben, die sie um drei Seiten des achteckigen Teehäuschens gezogen hatten, schützten sie vor der Mittagssonne, wenn Sophia ihnen das Essen im Freien servieren ließ.

Henry ließ einen Sockel für ihre schöne, heimlich entwendete Apollo-Metope bauen und stellte sie neben dem Wasserbecken auf, so daß Sophia sie sehen konnte, wenn sie im Teehaus mit Andromache spielte oder las. Da es im Haus wenig Platz zum Arbeiten gab, baute er außerdem am anderen Ende des Gartens einen überdachten Schuppen und stellte dort lange Arbeitstische auf, auf denen sie die Hunderte von Töpfen, Vasen, Idolen, Kelchen, Hämmern, Äxten, die sie mitgebracht hatten, reinigten und wieder instand setzten.

Während der kühlen frühmorgendlichen Stunden arbeiteten sie im Schuppen an den Funden, die sie ihren Athener Freunden zeigen wollten. Um zehn ging Henry zum *Schönen Griechenland*, um über etlichen Tassen Kaffee die ausländischen Zeitungen zu lesen. Sophia begab sich in die Küche, um das Essen vorzubereiten; die Lebensmittel, die sie dazu brauchte, hatte sie zum größten Teil bei Morgengrauen von den Straßenhändlern gekauft, und was sie nicht bekam, kaufte das Mädchen auf dem Zentralmarkt ein. Es war schön, sich wieder an das alte Sprichwort halten zu können: »Die Kochkunst ist ebenso wichtig wie jede andere Kunst und eine stets gleichbleibende Quelle des Vergnügens.«

Henry kehrte pünktlich um halb zwei zum Essen zurück. Während dieser ersten Wochen waren keine Engastromenos' zugegen. Nach der Wiedersehensfeier an ihrem ersten Sonntag zu Hause, zu der die ganze Sippe geladen worden war, hatte Sophia höflich angedeutet, daß Henry Ruhe brauchte, um seine vernachlässigten Geschäftsangelegenheiten zu ordnen. Nach ihrer Siesta, während derer ganz Athen schläfrig unter ihnen lag, fuhren sie quer durch die Stadt zu den neuen Bädern in der Bucht von Phaleron. Henry hatte ihren Lieblingskutscher, Ioannes Maltezos, und seinen Zweispänner jetzt ganztägig engagiert. Er bestand darauf, daß Andromache sie begleitete.

»Ich werde ihr Schwimmen beibringen. Dies ist der richtige Zeitpunkt, um damit anzufangen.«

Zu Sophias Überraschung liebte die Kleine das Wasser und hatte sichtlich Freude daran, sich von ihrem Vater zeigen zu lassen, wie sie ihre Arme und Beine bewegen mußte.

Um acht Uhr abends saßen sie an ihrem gewohnten Tisch in einem der Dardanellen-Cafés, dem *Yannakis* oder dem *Dore*. Während Sophia Andromache auf dem Schoß hielt und sie mit Eis fütterte, begrüßten sie und Henry ihre Freunde und Verwandten und luden sie ein, sich zu ihnen zu setzen. Um neun waren sie wieder zu Hause, nahmen ein leichtes Abendessen zu sich, dann verbrachten sie eine ruhige Stunde im Garten und sahen zu, wie der goldene Mond langsam über den dunklen Athener Himmel zog. Sie gingen früh zu Bett, denn sie standen beim Morgengrauen auf.

Henry schrieb für die griechischen, deutschen, französischen und englischen Zeitungen Berichte über den Fortgang seiner Arbeit an dem Ort, den er jetzt beharrlich Troja statt den Hügel Hissarlik nannte. Die griechischen Gelehrten waren höflich; die französischen Akademiker bissig; die deutschen Philologen geringschätzig; die Engländer waren begeistert; und die Amerikaner, die ihre Geschichten der Londoner *Times* entnahmen, betrachteten die Abenteuer von Henry und Sophia Schliemann in der Wildnis Kleinasiens als eine amüsante Unterhaltung.

Einen Tag ehe Sophia im Mai zu Henry gefahren war, hatte sie von ihm einen Artikel erhalten, den er für die Athener *Newspaper of the Debates* geschrieben hatte. Er hatte sie gebeten, ihn ihrem Vetter zur Korrektur der Grammatik zu übergeben, und Abzüge des Kreuzes und der *svastika* machen zu lassen, die dann als Illustrationen für den Artikel dienen sollten. Georgios Engastromenos hatte versprochen, die Sache zu erledigen. Als der Artikel erschien, wurde Henry kreidebleich. Er war nicht korrigiert worden, und zu den ursprünglichen Fehlern kamen noch diejenigen der Zeitung hinzu. Es waren nicht nur grammatikalische Fehler, sondern auch orthographische, die zum Teil den Sinn der Wörter vollkommen veränderten. Sophia brauchte nur ein paar Absätze zu lesen, um zu erkennen, daß der Text völlig entstellt war, daß die Zeichnungen des Kreuzes und der *svastika* falsch gedruckt waren, und daß Henry allen Grund hatte, wütend zu sein.

»Die Fehler sind so zahlreich und absurd, daß die Leute mich auslachen werden«, hatte er geklagt. »Ich möchte mir lieber die rechte Hand abschneiden, als meinen Namen unter solch einem Unsinn zu sehen.«

Der mit Fehlern überladene Artikel und der Angriff von Georgios Nikolaides gegen ihn, der in der gleichen Zeitung erschien, hatte ihn der Universität von Athen gegenüber in Mißkredit gebracht.

Aber nicht ihren Freunden gegenüber. Emile Burnouf stellte Sophia und Henry die zwei Assistenten zur Verfügung, die ihnen zu Anfang geholfen hatten, ihre Scherben zusammenzusetzen. Henry zahlte ihnen ein großzügiges Gehalt. Außerdem vereinbarte er mit Louise Burnouf, daß sie jeden Morgen in den Arbeitsschuppen im Garten kommen sollte, um Zeichnungen von ihren Funden zu machen, während diese gereinigt, klassifiziert, numeriert und auf dem Tisch am anderen Ende des Raumes ausgebreitet wurden. Louise saß auf einem hohen Schemel, das seidige blonde Haar fiel ihr über die Schultern bis zur Taille hinab, und ihre tiefblauen Augen glänzten vor Erregung über die anspruchsvolle Aufgabe, die Henry ihr gestellt hatte:

»Machen Sie Ihre Zeichnungen vollkommen exakt, denn ich will sie in meinem Buch über Troja benutzen.«

Sophia mißgönnte ihm nicht die Kameradschaft des jungen Mädchens während der Arbeitsstunden; da Henry jedoch einen Photographen engagiert hatte, der mehrmals in der Woche kam, um Bilder von sämtlichen Funden zu machen, fand sie Louises Betätigung überflüssig. Madame Victoria, die Louise und Henry einmal Kopf an Kopf über einer von Louises Zeichnungen antraf, war nicht so tolerant.

»Wer ist das?« fragte sie Sophia.

»Louise Burnouf, die Tochter des Direktors des Französischen Archäologischen Instituts. Heny hat sie als Zeichnerin engagiert.«

»Es schickt sich nicht für Henry, täglich bei der Arbeit ein so junges und schönes Mädchen neben sich zu haben. Und außerdem ist es gefährlich.«

»Gefährlich?«

»... Männer sind leicht zu beeindrucken... Schließlich ist Henry wohlhabend, einflußreich... er wäre ein guter Fang.«

»Für einen Fischer?«

»... für ein ehrgeiziges junges Mädchen, das skrupellos genug wäre, auf so etwas auszugehen. Es gibt zahlreiche junge Männer in Athen, die gute Künstler sind.«

Sophias Lippen schlossen sich fest über ihrem energischen Kinn. Sie erinnerte sich, daß Henry sechs Jahre lang mit keiner Frau zusammengewesen war, nachdem er sich von Ekaterina getrennt hatte; und daß er diese Fastenzeit

erst beendete, als er den Plan faßte, wieder zu heiraten, und sich vergewissern mußte, daß er nicht impotent geworden war und seine ehelichen Pflichten erfüllen konnte.
»Mutter, ich verbiete dir, jemals wieder dieses Thema anzuschneiden.«

Nach einer Abwesenheit von fast sechs Monaten, während derer sie nur hin und wieder eine Nummer der *Newspaper of the Debates* erhalten hatten, dürstete Henry nach Nachrichten. Die wenigen Stunden, die er täglich im *Schönen Griechenland* verbrachte, genügten ihm nicht, und so ließ er sich die Athener Zeitungen ins Haus bringen. Unter seinem Einfluß hatte Sophia angefangen, sich für das Weltgeschehen zu interessieren, und auch sie nahm trotz ihrer begrenzten Zeit die Gewohnheit an, die Zeitungen zu lesen. Henry bestand darauf, daß sie in einer Sprachenschule einen Deutschkurs für Fortgeschrittene nahm und *Kyria* N. Kontopoulos, eine ausgezeichnete Lehrerin, mehrmals in der Woche vormittags zu sich nach Hause kommen ließ, um sich im Französischen und Englischen zu üben. Henry forderte von ihr nicht weniger als von sich selbst: Er widmete täglich mehrere Stunden der Lektüre seltener Bücher über antike Kunst, Sprachen, Mythologie und religiöse Symbole, die er sich in der Nationalbibliothek auslieh.
Es war eine Zeit der schöpferischen Gärung und intensiven kulturellen Aktivität.
Henry abonnierte nun jede neue Zeitschrift, die erschien: das *Athenaion*, das sich mit Naturwissenschaft befaßte; *Parthenon*, ein literarisches Blatt; *Penelope*, eine Zeitschrift für Damenmoden. Das Nationalmuseum gab den ersten Band eines umfassenden Katalogs seiner antiken Münzen heraus. Henry brachte Sophia ein Exemplar:
»Du bist die Numismatikerin der Familie.«
Sie musterte aufmerksam die Illustrationen, um zu sehen, ob das Museum irgendwelche Münzen wie diejenigen besaß, die sie in Troja gefunden hatten. Henry erklärte, daß sie anfangen müßten, eine Rolle im Athener Gesellschaftsleben zu spielen, und Sophia schloß daraus, daß er Griechenland als seine endgültige Heimat betrachtete. Nachdem kürzlich in Athen die erste Wasserleitung gelegt worden war, gingen sie mit Professor Koumanoudes und Xavier-Johann Landerer zum Syntagmaplatz, um der offiziellen Einweihung der Fontäne in den Parkanlagen beizuwohnen – für die ausgedörrten Athener ein Ereignis, das man gesehen haben mußte. Als die Universität von Athen ihr Herbstsemester begann, hörten sie sich die Eröffnungsrede des Rektors im Großen Festsaal an. Die Burnoufs luden sie zur Grundsteinlegung für das Französische Archäologische Institut am Fuß des Lykabettos ein. Der französische Botschafter Ferry gab ein Festessen, zu dem die Schliemanns gebeten wurden. Henry überredete Sophia, der »Vereinigung der Damen« beizutreten, die gerade dabei war, eine »Arbeitsgemeinschaft für arme Frauen« zu gründen. Die Frauen lernten dort Schneidern, Weben und Sticken; ihre Arbeiten sollten auf Basaren unter der Schirmherrschaft der Königin Olga

verkauft werden, und die Frauen würden dafür erhalten, was das von ihnen gefertigte Stück einbrachte.
»Es ist Zeit, daß du den dir zustehenden Platz in der griechischen Gesellschaft einnimmst«, erklärte Henry.
Sophia war einverstanden und gab zweimal in der Woche Unterricht im Stikken, das ihre Mutter ihr beigebracht hatte. Die Damen der Vereinigung waren viel älter als Sophia, aber sie nahmen sie freundlich auf und waren fasziniert von ihren Erzählungen über das Leben in Ciplak und auf Hissarlik.
Als einer der wenigen Amerikaner, die ständig in Athen lebten, wurde Dr. Henry Schliemann mit seiner Frau zur Hochzeit der Tochter des amerikanischen Gesandten eingeladen. Bei dem Diner, das der kirchlichen Trauung folgte, lernten sie George Boker kennen, der über zwei Jahre lang Ministerresident der Vereinigten Staaten in der Türkei gewesen war. Er interessierte sich sehr für Archäologie und hatte die meisten von Henrys Artikeln gelesen. Er fragte, ob er zu ihnen nach Hause mitkommen dürfe, um ihre Funde zu besichtigen, blieb zum Abendbrot, bewunderte die Terrakotten der Schliemanns, teilte ihnen mit, daß er keinen einzigen von den Gegenständen gesehen habe, die Henry an das Museum in Konstantinopel gesandt hatte, und war hingerissen von dem Apollo-Relief mit den vier sich bäumenden Pferden.
Henry hatte Verträge mit F. A. Brockhaus in Leipzig und Maisonneuve et Cie. in Paris für die Veröffentlichung seiner trojanischen Tagebücher geschlossen. Beide Verleger hatten sich verpflichtet, je zweihundert Exemplare eines kleinen Bandes mit seinem Text und eines viel größeren mit Zeichnungen und Photographien sämtlicher Funde herauszugeben. Henry sollte selbst die Zeichnungen und Photographien liefern und sie auf einheitlich große Seiten aufziehen lassen, die entweder gebunden oder in einer Mappe mit losen Blättern herausgebracht werden sollten. Er durchsuchte zu diesem Zweck ganz Athen nach dem stärksten weißen Papier und fand schließlich einen Posten von fast pergamentähnlicher Beschaffenheit. Ganz erfüllt von seinem Vorhaben sagte er zu Sophia:
»Ich möchte das Buch bis Ende 1873 herausbringen. Es wird uns Ansehen in der akademischen Welt verschaffen.«
Sie fuhren in ihrem offenen Wagen ins Theater, um *Saoul* und die Tragödie *Timoleon* zu sehen; um ein Konzert der Leipziger Pianistin Olga Dubois zu hören. Sie wurden zur Eröffnung eines neuen Hotels und Restaurants in der Nähe des Cafés *Schönes Griechenland* eingeladen, wo Sophia zu ihrer Überraschung von einer neuen Dienstleistung erfuhr, die den Bewohnern von Athen geboten wurde: Das Hotel hatte eigens geschultes Personal, das in Privathäuser ging, um Diners zuzubereiten und zu servieren.
»Es wird nie so weit kommen, daß ich nicht das Essen für meine eigenen Gäste kochen kann!« schwor Sophia.
»Sei nicht so sicher. Angenommen, ich wollte fünfzig oder hundert Personen einladen. Wäre es dir dann nicht ganz angenehm, ein paar Köche zur Seite zu haben?«

»Laß uns unsere Gäste in kleineren Dosen genießen. Das ist viel gemütlicher.«
Die Stadt entwickelte sich noch schneller, als Henry vorausgesagt hatte. Es gab immer mehr gepflasterte Straßen, mehr Beleuchtung, neue Gebäude, und man erwog sogar die Anlage einer Straßenbahnlinie. Noch ein weiteres neues Hotel, das *New York*, wurde eröffnet, um die große Zahl der Touristen vom europäischen Kontinent sowie aus England und dem fernen Amerika aufzunehmen. Henrys Grundstücke stiegen auf das Vierfache ihres ursprünglichen Wertes.
In der zweiten Hälfte des Jahres gab es abermals eine schwere innenpolitische Krise. Die Minister der Mehrheitspartei traten zurück. König Georg I. löste das Parlament auf. Neue Wahlen wurden für Ende Januar 1873 anberaumt.
»Schade!« sagte Henry. »Unsere Familie kann nicht wählen. Ich bin amerikanischer Staatsbürger, und du bist eine Frau.«
»Ich kann mein Geschlecht nicht ändern, aber du könntest deine Nationalität wechseln. Du liebst doch Griechenland; möchtest du nicht griechischer Staatsbürger werden?«
»Nein... ich glaube, ich bleibe lieber Amerikaner. Das ist manchmal ganz vorteilhaft für uns, wie du in Konstantinopel gesehen hast. Und im übrigen wäre es meinem Ruf vermutlich nicht sehr zuträglich, wenn ich noch ein viertes Mal meine Nationalität wechselte.«

Ihre Arbeit an den Funden, die sie mitgebracht hatten, ging schnell voran. Dr. Aretaios setzte Henrys »trojanisches« Frauenskelett und den Embryo wieder zusammen. Er schlug vor, sie durch Glaskästen zu schützen, die Henry sofort in einem Laden in der Plaka anfertigen ließ.
Nachdem die Artefakte gereinigt, numeriert und katalogisiert waren, ließ Henry ein Schutzdach von der hinteren Gartenmauer zweieinhalb Meter in den Garten hinein ziehen und baute Tische, auf denen er einige ihrer großen Stücke zur Schau stellte: die über zwei Meter hohen *pithoi*, ein irdenes Gefäß mit einem Griff, das als Glocke gedient hatte, doppelseitige Streitäxte. Sie nahmen auch einige Möbelstücke aus dem Wohnzimmer, um mehr Platz für Tische zu schaffen, auf die sie ihre Krüge mit den schnabelförmigen Tüllen, die schwarzen Vasen und die glänzenden roten Kelche stellten, die wie Sektgläser aussahen. Henry war hocherfreut über die Atmosphäre des Hauses und des Gartens mit all diesen herrlichen alten Schaustücken.
»Dies ist unser kleines Schliemann-Museum«, sagte Sophia.
»Das war auch meine Absicht. Eines Tages werden wir ein großes Schliemann-Museum haben. Ich habe vor, es für die Stadt auf einem meiner Grundstücke zu bauen. Wenn wir unsere Ausgrabungen beendet haben, werden wir alles unserem geliebten Athen schenken.«
Ende Oktober, als alles fertig war, luden sie Professor Stephanos Koumanoudes zum Essen ein, um ihm ihre archäologische Ausbeute zu zeigen. Professor Koumanoudes, Sekretär der Griechischen Archäologischen Gesellschaft, war

sichtlich beeindruckt. Er hatte sich sein Leben lang mit griechischen Altertümern befaßt und konnte das Alter der meisten Stücke bestimmen, die aus den späteren griechischen Siedlungen stammten.

»Ich muß sagen, Sie haben eine Vielzahl von Formen und Ornamenten, die unserem Lexikon der antiken Töpferwaren ein neues Kapitel hinzufügen werden. Viele von diesen Dingen habe ich noch nie gesehen. Und ich beglückwünsche Sie, daß Sie bis zum gewachsenen Boden gelangt sind, wie Sie es im letzten Januar versprochen hatten. Der große Turm und der Verteidigungswall auf dieser Photographie, sind sie ein Teil von Homers Troja?«

»Ich nehme es an, aber ich kann es noch nicht beweisen.«

»Versuchen Sie es weiter.«

Ein paar Tage später kam Professor Xavier-Johann Landerer zum Essen. Auch er war beeindruckt von den Artefakten.

»Soviel ich weiß, ist dies nur die Hälfte von dem, was Sie gefunden haben?«

»Ja«, erwiderte Henry. Dann setzte er leicht errötend hinzu: »Vielleicht die etwas bessere Hälfte.«

Landerer fragte, ob er einige der Scherben aus den verschiedenen Schichten des Hissarlik in sein Laboratorium in der Universität mitnehmen dürfe.

»Verzeihen Sie, wenn ich nicht das Wort Troja gebrauche. Ich bin kein Zyniker, nur skeptisch. Lassen Sie mich diese Terrakotten prüfen und die chemische Zusammensetzung der verschiedenen Tonfarben feststellen. Dann werde ich Ihnen vielleicht etwas Näheres über ihr Alter sagen können.«

Am folgenden Sonntag luden sie den englischen Eisenbahndirektor John Latham, Eugène Piat und Ingenieur Laurent ein, der trotz seiner Vorliebe für den Alkohol hervorragende Arbeit bei der Vermessung und kartographischen Aufnahme des Hügels geleistet hatte. Diese drei Männer interessierten sich mehr für die Photographien von den Grabungen und die Zeichnungen des Landmessers als für die archäologischen Funde. Sie besprachen, wie Henry, vom technischen Standpunkt aus, bei seinen weiteren Ausgrabungen vorgehen sollte.

Sie schickten Einladungen an die Fakultät der Universität von Athen und ans Polytechnikum und forderten die Mitglieder auf, sich die Funde anzusehen, um sich ein Urteil über ihre Schönheit und ihren Wert zu bilden.

»Bitte laß mich auch die Lehrer des Arsakeion einladen«, bat Sophia. »Ich will, daß sie stolz auf mich sind.«

»Sie haben allen Grund dazu, Sophidion.«

Die Akademiker kamen, zuerst einzeln, dann in Gruppen. Henry war liebenswürdig und geduldig, machte mit jedem von ihnen einen vollständigen Rundgang und gab Auskunft über die Schicht, in der jeder einzelne Gegenstand gefunden worden war. Nicht alle, die kamen, waren ihm freundlich gesonnen. Manche waren argwöhnisch, andere glaubten nicht an seine Theorien. Einige wenige zeigten offene Feindseligkeit. Sophia war froh über Henrys Gelassenheit. Er war entschlossen, sich nicht gekränkt zu zeigen, sondern alle Fragen, so geringschätzig sie auch sein mochten, mit Illustrationen und Zitaten aus den Büchern in seiner Bibliothek zu beantworten, Büchern über andere Länder und andere Religionen, die seine Ansichten bestätigten.

Sophia konnte nicht sagen, ob es ihrem Mann gelang, irgendeinen dieser Skeptiker zu überzeugen; aber sie bemerkte eine kaum wahrnehmbare Veränderung in der Haltung der Menschen, denen sie begegneten. Während viele von ihnen Henry Schliemann ursprünglich für einen närrischen Millionär gehalten hatten, der sein Geld an eine lächerliche Liebhaberei verschwendete, mußten sie jetzt angesichts der Funde, der Photographien und der Zeichnungen von den zahlreichen Schichten des Hügels zugeben, daß Dr. Schliemann tatsächlich eine sehr alte und aus vielerlei Teilen bestehende Siedlung ausgrub. Nicht Troja natürlich, denn Troja war ja nur eine Schöpfung Homers; aber zweifellos ein archäologischer Fund, der diesen großen Aufwand an Geld, Zeit und Kraft rechtfertigte. Als Sophia Henry von ihren Beobachtungen erzählte, erwiderte er mit einem leichten Lächeln:

»Das ist für den Augenblick genügend Anerkennung. Bis Ende nächsten Jahres werden sie anfangen zu sagen: ›Es ist tatsächlich Troja, wenn auch natürlich nicht das Troja Homers.‹ Dann, nach ein oder zwei weiteren Jahren, wenn wir unsere Ausgrabungen beendet haben, werden sie einsehen, daß ich recht hatte.«

2.

Als das Meerwasser zu kühl zum Baden wurde, ließ Sophia Picknickkörbe packen, und sie fuhren mit Andromache ein Stück den Hymettos hinauf zum Kloster Kaisariane, das im 10. Jahrhundert an dem Platz erbaut worden war, wo vorher eine Basilika aus dem 5. Jahrhundert gestanden hatte. Sie breiteten ihre Decke unter den jahrhundertealten Bäumen aus. Ein andermal fuhren sie zum Kloster Daphni mit seiner von Lorbeerhainen umgebenen Kirche, deren Mosaiken aus dem 11. Jahrhundert zu den schönsten Werken der byzantinischen Kunst gehören. Henrys Lieblingsplatz für ihre Picknicks war Eleusis, wo die berühmten Mysterien, über die niemand je zu sprechen oder zu schreiben gewagt hatte, zu Ehren der Göttin Demeter begangen worden waren.

Auf all ihren Ausflügen trug Henry stets ein Geschichtsbuch in der Tasche; während Andromache nach dem Essen ihren Mittagsschlaf hielt, las Henry seiner Frau Geschichten vom Ursprung und der Entwicklung dieser alten, geheiligten Stätten vor.

»Es tut mir leid, daß Andromache noch zu klein ist, um diese Dinge zu verstehen«, bemerkte Sophia.

»Ich habe vor, ihr alles genauso beizubringen, wie ich es dir beigebracht habe. Ich will damit anfangen, wenn sie vier oder fünf Jahre alt ist.«

Als im November der Regen einsetzte, beschloß Henry, eine Reise durch

Deutschland zu machen, um einige geschäftliche Angelegenheiten zu regeln und sich nach neuen, verbesserten Arbeitsgeräten für die Grabungen des nächsten Jahres umzusehen. Kaum war er fort, bekam Andromache hohes Fieber. Sophia rief Dr. Venizelos, aber er konnte nicht feststellen, woran sie litt. Madame Victoria versuchte, ihre Tochter zu trösten, indem sie ihr versicherte, daß Kinder häufig Fieber bekamen, das ebenso schnell wieder verschwand, wie es gekommen war.

»Ihr alle habt es gehabt.«

Andromache war zehn Tage lang krank. Sie zeigte keinerlei Symptome, aus denen man auf die Art der Krankheit hätte schließen können. Da Henry abwesend war, trug Sophia die volle Verantwortung für das Kind. Henry würde ihr nie verzeihen, wenn irgend etwas passierte. Sie erinnerte sich an seinen Kummer in Paris über den Tod seiner Tochter Natalia und die Vorwürfe, die er sich und anderen gemacht hatte. Sie hielt Andromache fast die ganzen zehn Tage in den Armen, wachte nachts jede Stunde auf, betete und wischte dem Kind die heiße Stirn und die Hände mit einem kühlen Tuch ab. Ihr Bruder Spyros wich kaum von ihrer Seite.

Der 21. November war der Tag von Mariä Opfer. Sophia bat ihre Mutter, bei Andromache zu bleiben und fuhr den Hügel hinunter zur St.-Panaghitsa-Kirche am Romvisplatz. Die Kirche duftete nach Weihrauch und war angefüllt mit Dutzenden von Mädchen, die Maria hießen. Dies war ihr Namenstag. Sophia nahm eine Kerze zur Hand, zündete sie an und ging zu einem niedrigen Schrein, der mit einem roten Seidentuch mit einem eingestickten goldenen Kreuz bedeckt war und in dem ein Bild der Jungfrau Maria hing. Sie küßte das Bild und betete um die Genesung ihrer Tochter.

Als sie nach Hause zurückkehrte, wurde sie von einer strahlenden Madame Victoria empfangen.

»Es ist ein Wunder!« rief sie. »Während du in der Kirche gebetet hast, hat Andromaches Fieber nachgelassen. Es sinkt jetzt sehr schnell.«

Sophias Niedergeschlagenheit verschwand. Sie sank vor ihrer Ikone auf die Knie und murmelte: »Ich danke dir, liebe Muttergottes.«

Henry, der zwei Tage später zurückkehrte, war bestürzt, als er erfuhr, daß seine Tochter fast die ganze Zeit krank gewesen war. Nachdem er sie auf beide Wangen geküßt hatte, wandte er sich an Sophia und sagte streng:

»Ich bedaure, daß Andromache krank war, aber ich mache mir mehr Sorgen über das, was du gelitten hast. Zehn Tage lang hast du unsere Tochter in den Armen gehalten! Wenn es eine Infektionskrankheit gewesen wäre, hättest du dich angesteckt. Glaubst du, daß Andromache genesen ist, weil du dich für sie geopfert hast? Ich bin glücklich, daß sie wieder gesund ist, aber ich sorge mich um dich.«

Sophia ließ den Vorwurf nicht gelten. Sie ging dicht an ihn heran und hob den Mund, um geküßt zu werden.

»Du hast abgenommen«, erklärte er. »Wenn du dich ein paar Tage ausruhst, mache ich mit dir die Fahrt zum Olymp, die ich dir versprochen habe.«

Ihre Augen strahlten vor Freude.
Am Donnerstag darauf bestiegen sie in Piräus ein österreichisches Schiff nach Thessalonike, eine angenehme Fahrt von anderthalb Tagen, die Sophia größtenteils in ihrer geräumigen Kabine verbrachte, wo sie stickte und die neue griechische Übersetzung von Molière las, die Henry ihr geschenkt hatte. In Thessalonike mieteten sie einen Kajik, der sie zu dem kleinen Hafen Skala Litochorou brachte. Sophia hielt ängstlich die Luft an, während sie zusah, wie Schwärme von Fischen an ihrem Boot vorbeischossen. Zum Glück blieb die See ruhig. Von Skala Litochorou war es noch ein dreistündiger Ritt zu dem Dorf am Fuß des Olymp, wo es einen ländlichen Gasthof gab. Henry nahm die Zimmer im Obergeschoß, die den Blick auf den Berg freigaben. Er zog die dicken Vorhänge zurück und öffnete die Läden. Vor ihnen lag in seiner ganzen Majestät der Olymp, der Berg der Götter. Sie hatten ihn flüchtig zu sehen bekommen, während sie zum Dorf hinaufritten, aber er war zum größten Teil in Nebel gehüllt gewesen. Jetzt aber bot er sich voll ihren Blicken dar.
»*Panaghia mou!*« rief Sophia.
Henry lachte. »Du verwechselst die Religionen.«
Aber auch er war beeindruckt von der Pracht des Berges, der nicht nur zum Himmel aufragte, sondern sich über ihn hinaus in die blaue Unendlichkeit dehnte. Der Berg war von riesigen Ausmaßen, ein Koloß aus Stein, der alles andere im Universum winzig erscheinen ließ. Sie konnten nicht bis zum Gipfel sehen oder gar seine Breite erfassen. Er war mehr als ein Berg, ja sogar mehr als ein Gebirgszug. Er war ein undurchdringlicher Grenzblock, den eine überirdische Macht am Rand der Welt aufgeworfen hatte.
»Er macht mich schwindlig«, gestand Sophia.
Henry nickte verständnisvoll. »Jetzt weißt du, warum Zeus und Hera, Apollo, Hermes, Hephaistos, Athene, Aphrodite, Ares, Hestia und Artemis ihre großen Paläste auf seinem Gipfel errichtet haben. Von dort aus konnten sie die Welt überblicken und beherrschen.«
Ihr Wohnzimmer lag über der Küche, und an den Rauchfang, der von unten heraufkam, war ein Kamin angeschlossen. Henry rief den Besitzer, der Holzkloben brachte, ein Feuer anzündete und dann eine Flasche *retsina* und einen Teller mit *mezethakia*, einer appetitanregenden kleinen Vorspeise, heraufschickte. Vor den Kamin wurde ein Tisch mit einem frischen Tischtuch und buntem irdenem Geschirr gestellt, und dann servierte die Wirtin ihnen ein goldgelbes, lockeres Omelett und dazu ein Brot mit dicker Kruste, das der Länge nach durchgeschnitten und mit heißer Butter und Knoblauch bestrichen war.
Als sie nach dem Abendessen warm und behaglich in ihrem Bett lagen und auf die Unermeßlichkeit des Olymp blickten, bevölkerte Henry für sie den unsterblichen Gipfel.
»Der herrlichste Palast, schöner noch als derjenige des Zeus, ist der des Hephaistos, des verkrüppelten Gottes des Feuers und der Schmiedekunst, Sohn

des Zeus und der Hera. Wir finden dieses Bild in der *Ilias*, als Thetis zum Olymp kommt, um Hephaistos zu bitten, er möge eine neue Rüstung für ihren Sohn Achilles schmieden, da Patroklos mit der von Menschenhand geschaffenen Rüstung des Achilles in den Kampf gezogen und getötet worden war, wobei die Rüstung verlorenging.

›Aber Hephaistos' Palast erreichte die Herrscherin Thetis,
Sternenhell, unvergänglich, in strahlender Pracht vor den Göttern,
Welchen aus Erz er selbst sich gebaut, der hinkende Künstler.
Ihn dort fand sie voll Schweiß um die Blasebälge beschäftigt,
Eiferig: denn Dreifüße bereitet' er, zwanzig in allem,
Rings zu stehn an der Wand der wohlgegründeten Wohnung.
Goldene Räder befestigt er jeglichem unter dem Boden,
Daß sie von selbst annahten zur Schar der unsterblichen Götter,
Dann zu ihrem Gemach heimkehreten, Wunder dem Anblick.
...Und die feinumschleierte Charis setzte sie dann
Auf den silbergebuckelten Sessel...‹«

»Schön!« murmelte sie. »Ich sehe den Palast vor mir, wie er hoch oben auf jenem schneebedeckten Gipfel in der Dunkelheit schimmert.«
Henry fuhr fort:
»Der Palast des Zeus hatte einen Eingang aus Bronze, Hephaistos hatte für seine Mutter Hera ›künstliche Pfort' an die Pfosten gefüget mit verborgenem Schloß, das kein anderer Gott noch geöffnet. Dort ging jene hinein und verschloß die glänzenden Flügel...‹«
Wenn Henry aus der klassischen griechischen Literatur vorlas, wurde seine sonst etwas dünne, hohe Stimme tief und melodisch wie diejenige der Schauspieler in den antiken Tragödien des Euripides und Sophokles, die vor Tausenden von Zuschauern im Herodes-Atticus-Theater aufgeführt wurden.
Sophia schmiegte sich in die Arme ihres Mannes und sagte leise:
»Mir ist, als schliefe auch ich in einem Gemach auf dem Olymp ein.«
Als sie am nächsten Morgen erwachte, schien die Sonne auf das steinerne, unergründliche Antlitz des Olymp. Henry hatte sich um vier Uhr morgens mit einem Führer auf den Weg gemacht und war zum Fuß des Berges geritten, wo der gewundene Pfad begann. Von dort aus würde er Stunde um Stunde den steilen Hang hinaufsteigen. Er konnte an einem Tag eine beträchtliche Strecke zurücklegen, aber nicht den Gipfel erreichen. Dafür hätte er in der Rasthütte hoch oben zwischen den Klippen und riesigen Bäumen übernachten müssen, um erst am folgenden Abend zurückzukehren. Aber er hatte Sophia gesagt, daß er sie nicht allein lassen wolle und zum Abendessen wieder bei ihr sein werde.
»Symbolisch gesehen hat der Olymp keinen Gipfel«, hatte er erklärt. »Es gibt nur Spitzen über Spitzen, die sich bis in die Unendlichkeit erstrecken. Ein Mensch könnte sein Leben lang emporsteigen und würde doch nie die Paläste

der Götter erreichen. Natürlich existieren sie noch; und die Götter sind ebenfalls da, trinken Wein, spielen die Leier, singen, sind eifersüchtig, versuchen, einander zu überlisten, und kämpfen um die Macht. Aber der höchste Gipfel ist unerreichbar. Die Götter gelangen dorthin, indem sie, sagen wir, vom Idagebirge aus herüberfliegen. Der Mensch kann nicht fliegen. Leonardo da Vinci hat es auf einem Hügel, ein paar Meilen außerhalb von Settignano, wo Michelangelo lebte, versucht. Das einzige, was seine Bemühungen ihm einbrachten, war ein gebrochenes Bein. Zweifellos war das eine Warnung: Götter fliegen, der Mensch geht.«

Die Wirtin brachte ihr Kaffee. Während sie, den Band mit den Werken Molières im Schoß, bequem auf dem Sofa saß, wanderten ihre Gedanken umher. ›Wir graben in Troja nicht nur, um die unsterbliche Stadt des Priamos zu finden, sondern auch, um als Archäologen das tägliche Leben der Trojaner zu rekonstruieren. Können wir das auch mit dem Leben der alten Götter tun?‹ Sie nahm Henrys Ausgabe der *Ilias* zur Hand und stieß im Ersten Gesang auf einen verblüffenden Absatz:

»...da lächelte sanft die lilienarmige Here,
Lächelnd darauf entnahm sie der Hand des Sohnes den Becher.
Jener schenkte nunmehr auch der übrigen Götterversammlung
Rechts herum, dem Kruge den süßen Nektar entschöpfend.
Doch unermeßliches Lachen erscholl den seligen Göttern,
Als sie sahn, wie Hephaistos in emsiger Eil' umherging.
Also den ganzen Tag bis spät zur sinkenden Sonne
Schmausten sie, und nicht mangelt' ihr Herz des gemeinsamen Mahles,
Nicht des Saitengetöns von der lieblichen Leier Apollons,
Noch des Gesangs der Musen mit hold antwortender Stimme.
Aber nachdem sich gesenkt des Helios leuchtende Fackel,
Gingen sie auszuruhn, zur eigenen Wohnung ein jeder.«

Als sie den Absatz beendet hatte, schlug sie die Rückseite des Buches auf; dort hatte Henry einige Seiten seiner Notizen eingeklebt, auf denen vermerkt war, wo die verschiedenen Themen zu finden waren: Kleidung, Bestattungsbräuche, Waffen. Das Thema, das sie am meisten fesselte, trug den Titel: Einmischung der Götter in den Trojanischen Krieg.

Mit Hilfe von Henrys Themenverzeichnis las sie abermals die Geschichte, wie Achilles, tödlich gekränkt, weil Agamemnon ihm seine schöne Gefangene, Briseis, genommen hat, seine Mutter bittet, sich bei Zeus dafür einzusetzen, daß die Achäer besiegt werden. Hera, die die Achäer schützt, streitet mit ihrem Bruder und Ehemann Zeus, bis ihr Sohn Hephaistos die beiden beschwichtigt. Sie sendet Athene zu Odysseus hinunter, ihn zu überzeugen, daß sie noch ein Jahr bleiben müssen, um Troja zu zerstören. Aphrodite, Tochter des Zeus, hüllt Paris in einen dichten Nebel, um ihn vor Menelaos zu schützen...

›Wir führen ein seltsames Leben, Henry und ich‹, überlegte sich Sophia. ›Einerseits gehören wir zur heutigen Zeit. Wir interessieren uns für die Fragen der Politik und beten, daß es keinen Krieg geben möge. Henry schickt Spenden an die Schule für arme Kinder. Wenn wir an König Georg und Königin Olga vorbeikommen, die ohne Begleitung durch die Straßen Athens gehen, bemerkt Henry jedesmal: ›Das könnte nirgendwo sonst in Europa geschehen. Griechenland ist eine echte Demokratie.‹ Wenn der Patriarch bei der Eröffnung der neuen Sitzungsperiode der Heiligen Synode betont, wie wichtig es ist, die Geistlichkeit zu unterrichten, möchte ich zornig ausrufen: ›Warum holt ihr dann nicht Bischof Vimpos aus Tripolis zurück?‹
Aber wir leben auch in der Zeit Homers, etwa zwischen 1000 und 900 v.Chr. Henry hat in Deutschland, Frankreich, Skandinavien und England Daueraufträge für sämtliche Bücher erteilt, die von der Vorgeschichte handeln, um herauszufinden, ob der Dichter das Material aus seiner eigenen Zeit bezogen, oder ob er die Jahre des Trojanisch-Achäischen Krieges, etwa zwei Jahrhunderte zuvor, nach seiner eigenen Kenntnis der Troas und mündlich überlieferten Berichten geschildert hat. Es gibt genügend Anhaltspunkte, deren man sich bedienen kann: die Unterschiede, falls es welche gab, zwischen den Religionen, den Idolen, die Verehrung der Götter; die Waffen, die Rüstungen, die Macht der Stammeshäuptlinge; die Nahrung, die angebaut wurde, die Häuser, in denen die Menschen lebten, die Kleidung, die sie trugen; die Ikonographie, die Zeichen und Symbole auf den Terrakotten, die Henry als ›die beste Enzyklopädie der Zeit vor der Entwicklung der Schriftsprache‹ bezeichnet. Henry hat Homer nicht oft bei einem Fehler ertappt.‹
Dies war die Sphäre, in der sie am intensivsten lebten. Die Monate der Ausgrabungen in Troja, die Monate in Athen, in denen sie sich auf die Arbeit des kommenden Jahres vorbereiteten oder die kostbaren Schätze restaurierten, die sie mitgebracht hatten ... all diese Monate brachten sie in einem Zeitalter zu, das dreitausend Jahre zurücklag! Dies war für sie beide eine Zeit der Verzauberung, während derer sie auf der Höhe ihrer Tatkraft, ihres Vorstellungsvermögens, ihrer Begabung und ihres Glücks lebten.
Sophia trat durch die Flügeltür auf die Veranda, von der aus man den Olymp überblickte. Sie konnte einen Teil des nach oben führenden Pfades sehen und suchte nach Henry, der weniger einen Berg als ein längst vergangenes Zeitalter der Mythologie erstieg.

Nach ihrer Heimkehr hatte Henry Geschäftsbriefe zu beantworten, Artikel für die archäologischen Zeitschriften zu schreiben und Vorbereitungen für ihre Abfahrt im Januar zu treffen. Außerdem suchte er nach einem befähigten Künstler, der bereit war, in der Troas zu leben. Sophia fuhr mit Andromache nach Kolonos, um ihre Familie zu besuchen. Ihr Vater verlor von Tag zu Tag mehr von dem umfangreichen Bauch, der über seinem Gürtel hing.
»Vater, was ist los?« fragte sie. »Ich habe dich noch nie so wenig essen sehen. Und dein Lachen dröhnt auch nicht mehr wie früher durchs Haus.«

Georgios Engastromenos weigerte sich, seinen Zustand ernst zu nehmen. »Es ist nichts, Sophidion, nur eine vorübergehende Magenverstimmung. In meinem Alter noch schlank zu werden! Fast mein ganzes Leben lang habe ich das Gerücht Lügen gestraft, daß es keine dicken Griechen gibt. Mein Umfang war mein typisches Merkmal. Jeder Mensch in der Ermou grüßte mich, wenn ich vorüberging. Pfund um Pfund ist meine Identität dahingeschmolzen. Es ist schlimmer, als mein Geld verloren zu haben.«
»Beides kann man wiedererlangen, Vater«, entgegnete Sophia. »Du gehst morgen zu Dr. Skiadaresses. Vielleicht verordnet er dir irgendeine Diät.«
Sie war auch beunruhigt über Alexandros. Er hatte immer mehr die Leitung des Geschäfts an sich gerissen. Der Laden ging gut, denn er verstand es, preiswert einzukaufen, und hatte eine feine Nase für die kommende Mode sowohl in griechischen als auch in europäischen Stoffen. Jetzt, da Georgios sich nicht gut fühlte und ohnedies täglich nur ein bis zwei Stunden in den Laden kam, redete Alexandros ihm zu, sich ganz zurückzuziehen. Und er versuchte auch, seinen Bruder Spyros aus dem Geschäft zu drängen. Spyros sagte im Vertrauen zu Sophia:
»Ich werde wahrscheinlich bald ausscheiden müssen. Alexandros behandelt mich wie einen Laufburschen. Ich muß mich nach einer anderen Arbeit umsehen. Aber wozu eigne ich mich? Ich habe weder Neigung noch Verstand für geschäftliche Dinge.«
Sophia hatte Mitleid mit ihrem Bruder; er war klein von Gestalt, sein Ausdruck vage. Wenn sie ihn manchmal schweigend dasitzen sah und fragte: »Woran denkst du?« antwortete er: »An gar nichts. Ich warte nur ab, was als nächstes geschieht.«
Henry beruhigte sie.
»Wenn Spyros nicht mehr im Geschäft der Familie bleiben kann, werde ich etwas anderes für ihn finden.«
Am Tag vor Neujahr waren die Straßen von Athen voller Menschen, die Geschenke für ihre Angehörigen kauften. Die Juweliergeschäfte waren ausverkauft, die Spielzeugläden so voller Kunden, daß man nicht hinein konnte. Sophia, die mit Henry Besorgungen gemacht hatte, ließ ihn allein weitergehen und kehrte in die Buchhandlung von Koromelas zurück. Sie kaufte ein Märchenbuch, aus dem sie Andromache vorlesen wollte, und für Henry die kürzlich erschienene *Geschichte Griechenlands seit der Eroberung Konstantinopels.*
Am nächsten Morgen wurden sie in aller Frühe von einer Kanonade geweckt, die das neue Jahr ankündigte. Um zehn gingen sie in die Kathedrale zur Doxologie, bei der auch König Georg und Königin Olga zugegen waren. Um elf empfing der König im großen Audienzsaal des Palastes seine Minister und eine lange Reihe von geehrten männlichen Gästen. Henry war stolz auf die Einladung, seine erste in den königlichen Palast. Um zwölf empfing die Königin die Vereinigung der Damen. Am selben Abend kehrten sie in den Palast zurück. Henry im Frack, Sophia in einem kostbaren Kleid aus feinem Musse-

lin, dessen Ausschnitt und Schleppe mit breiter französischer Spitze besetzt waren. Jede Dame bekam bei ihrer Ankunft eine kleine, elegante Tanzkarte. Sophias war voll, als um zehn der Ball mit einer Quadrille eröffnet wurde, die dreißig Minuten dauerte. Ihr folgten eine Polka, eine Mazurka und ein Walzer von je fünfzehn Minuten, dann kamen die Lanciers, die aus sechs Tänzen bestanden und bis zum Diner um Mitternacht dauerten. Um vier Uhr morgens endete der Ball mit einem Kotillon.
Auf dem Heimweg sagte Henry:
»Ich bin auf dem Tanzboden nicht so geschickt wie in einem archäologischen Graben. Aber ich habe Ausdauer. Wenn es darauf ankommt, halte ich länger durch als all diese gutaussehenden jungen britischen Marineoffiziere.«
Sophia lachte leise.
»Du hast gesagt, wir müssen den uns gebührenden Platz in der griechischen Gesellschaft einnehmen. Ich glaube, man kann von heute ab sagen, daß es uns gelungen ist.«
Er runzelte die Stirn.
»Versteh mich nicht falsch, *chryse mou*, ich bin kein gesellschaftlicher Streber. Nur glaube ich, wir brauchen diese Stellung, um zu erreichen, daß man unsere Arbeit anerkennt.«
Zur Feier des Dreikönigstages fuhren die Schliemanns früh am Morgen nach Kolonos, um mit Sophias Eltern und Geschwistern am Gottesdienst in der St.-Meletios-Kirche teilzunehmen. Mittags versammelte sich die Familie vollzählig bei Madame Victorias traditionellem Truthahn, den sie mit Kastanien gefüllt hatte. Dr. Skiadaresses' Diät schien die Krankheit von Sophias Vater zum Stillstand gebracht zu haben. Später am Nachmittag fuhren beide Familien nach Piräus, wo sich eine große Menschenmenge versammelt hatte. Auf ein verabredetes Signal hin warf der Priester ein Kreuz ins Hafenbecken, um das Wasser zu segnen. Wer das Kreuz fand und es zurückbrachte, erntete die Bewunderung von ganz Athen. Vier junge Männer sprangen voll bekleidet ins Meer. Der erste, der mit dem Kreuz in der Hand triumphierend wieder auftauchte, war Alexandros.
»Er war schon immer vom Ehrgeiz besessen«, flüsterte Sophia ihrem Mann zu.
Ein paar Tage später kam Bischof Theokletos Vimpos zu einer Kirchenkonferenz nach Athen. Er interessierte sich sehr für Henrys Photographien und Zeichnungen der Ausgrabungen und war hingerissen von den zahllosen alten Artefakten.
»Glaube ist das vorherrschende Element meines Charakters«, versicherte er ihnen. »Ich glaube, daß Sie den großen Turm und den großen Verteidigungswall gefunden haben. Ich glaube, daß diese Lanzen, Äxte und Pfeile den Trojanern dazu gedient haben, sich gegen die Achäer zu verteidigen. Henry, man sagt von Ihnen an der Universität, Ihre größte Schwäche sei Ihr Enthusiasmus. Man beschuldigt Sie, daß Sie Ihrer Arbeit gegenüber keine bedächtige, objektive wissenschaftliche Haltung einnehmen. Man wirft Ihnen vor, daß

Sie sich zu übereilten Entschlüssen hinreißen lassen. Daß Ihre Phantasie bei jedem kleinsten Anlaß außer Rand und Band gerät und Sie aus den spärlichsten Fäden ein ganzes Gewebe fabrizieren. So sagen diejenigen, die Ihre Theorien ablehnen.«

»Das sind noch die mildesten Anklagen, die ich von meinen Gegnern gehört habe«, erwiderte Henry mit einem freudlosen Lächeln.

»Aber Glaube ist ansteckend«, fuhr Theokletos Vimpos nachdenklich fort, »wenn man imstande ist, die Begeisterungsfähigkeit anderer gelten zu lassen. Ich habe Ihnen geglaubt, als Sie sagten, daß Sie eines Tages als Archäologe arbeiten würden. Ich habe Ihnen geglaubt, als Sie mir erklärten, daß Sie sich eine griechische Frau wünschten. Ich habe Ihnen geglaubt, als Sie versicherten, daß Sie sich in Sophias Bild verliebt hätten und daß sie die Frau sei, die Sie heiraten würden. Warum sollte ich also jetzt an Ihnen zweifeln?«

Über das lange, schmale Gesicht von Bischof Vimpos, das von Tag zu Tag mehr einem Gemälde del Grecos ähnelte, zog ein warmes Lächeln, als er sich Sophia zuwandte.

»Du wirst schöner mit jedem Spatenvoll Erde, den du ausgräbst.«

Madame Victoria war weniger schwärmerisch. Sie nahm Sophia beiseite.

»Liebes Kind, Henry sagt, ihr werdet Ende des Monats wieder fortgehen.«

»Ja.«

»Die Frage ist nicht unfreundlich gemeint. Wie lange gedenkst du noch, deine Tochter und dein Heim auf Monate hinaus zu verlassen?«

»Bis wir Troja ausgegraben haben!«

Am nächsten Morgen fand Henry auf seinem Schreibtisch den üblichen Haufen Post vor. Er warf rasch einen Blick auf die Kuverts und öffnete eines, das den Poststempel von Çanakkale trug. Es war ein zorniger Brief von Frank Calvert. Er habe gehört, daß Henry die Metope des Apollo für eine beträchtliche Summe in Europa verkauft habe. Calvert behauptete, daß der Apollo nicht auf dem Gelände der türkischen Regierung, sondern in Wirklichkeit wenige Meter innerhalb der Grenzen seines eigenen Teils des Hügels gefunden worden sei. Er bezichtigte Henry nicht der Unehrlichkeit, was seine Angaben über den Fundort des Apollo betraf, sondern erklärte lediglich, daß er sich geirrt habe. Er ersuchte Henry, ihm umgehend seine Hälfte des Verkaufspreises zukommen zu lassen.

Es war ein milder, klarer Tag, und sie saßen im Garten. Sophia blickte auf den Apollo, dessen reiner, weißer Marmor sich gegen den blauen Himmel abhob.

»Wo könnte Frank solch eine Geschichte gehört haben?«

»Ich weiß es nicht, aber Gerüchte fliegen wie Fledermäuse: bei Nacht und blind.«

»Man kann verstehen, weshalb er aufgeregt ist. Er weiß, der Apollo befand sich nicht auf seinem Grund und Boden, aber er hat dir den *modus operandi* geliefert, ihn aus der Troas verschwinden zu lassen.«

»Ich schreibe ihm sofort und sage ihm, daß ich die Metope nicht fortgeschafft habe, um sie in London oder Paris zu verkaufen; daß ich sie niemals verkaufen werde. Daß ich sie hierhergebracht habe, damit sie ein schöner Schmuck für unseren Garten ist.«

Frank Calvert war nicht zu besänftigen. Aber es war in Wirklichkeit etwas ganz anderes, was seinem ersten Brief zugrunde lag. Sein Zorn galt nicht so sehr dem angeblichen Verkauf des Apollo, sondern hatte einen viel tieferen Grund; einen Grund, der sich jetzt in den Fahnenabzügen eines Artikels offenbarte, den Calvert im *Levant Herald* veröffentlichen wollte und der ein einziger scharfer Angriff gegen Henry und seine Arbeit auf Hissarlik war. Die Beschuldigungen waren so erbittert, daß Henry und Sophia sich verblüfft ansahen.

Es dauerte nicht lange, bis sie die Ursache erkannten. Frank Calvert hatte nicht geglaubt, daß Henry auf Hissarlik Troja finden würde. Aber jetzt war etwas Unerwartetes geschehen: Henry machte sich einen Namen durch seine Berichte in den Zeitungen Europas und vor allem in der Londoner *Times*, die ihn zu seiner archäologischen Initiative beglückwünscht hatte. Schliemann wurde ein Held in Großbritannien, während er, Frank Calvert, unbekannt war, außer in den Kreisen, die ihn immer noch als einen Landesverräter betrachteten. Das mußte ihn verbittern. Er hatte einen Artikel geschrieben, in dem er behauptete, daß er und nicht Henry Schliemann derjenige sei, der Troja entdeckt habe.

»Tatsächlich«, gab Henry zu, »hat Frank mit drei flachen Gräben auf seinem Teil des Hügels begonnen; aber in seiner gewohnten Art hat er sich nur ein paar Tage damit befaßt und es dann aufgegeben.«

Calvert versuchte, Henrys Glaubwürdigkeit zu untergraben. Wenn es in Troja Geräte aus Stein gegeben hätte, erklärte er, so hätte Homer sie erwähnt. Deshalb könne keine der von Henry freigelegten Schichten, die Geräte aus Stein enthielten, zu Homers Troja gehören. Und Homer habe auch niemals Steinsägen oder -messer erwähnt. Ferner behauptete Calvert, daß Henry sich in der Beschreibung der Hausmauern irre, die er im Hügel gefunden hatte; daß seine Angaben über ihre Höhe und das Material, aus dem sie gebaut waren, falsch seien. Er bezeichnete Henrys Beschreibung der Größe und des Verwendungszwecks seiner Terrakotten als irrtümlich und bemühte sich, Henrys Unterscheidung zwischen der prähistorischen Zeit und den späteren griechischen Siedlungen auf dem Ruinenhügel zu diskreditieren.

»Ich bin erschüttert«, rief Henry. »Ich habe diesen Mann als Freund betrachtet und geglaubt, daß er uns Sympathie entgegenbringt.«

»Das tut er auch«, sagte Sophia nachdenklich, »aber er ist bekümmert. Neid verursacht Kummer. Nur kann ich seine Argumentation nicht verstehen. Zuerst behauptet er, daß er derjenige sei, der Troja entdeckt habe, und dann versucht er mit allen Mitteln, zu beweisen, daß es gar nicht Homers Troja ist. Wird der Artikel uns schaden?«

Henry schüttelte betrübt den Kopf.

»Diejenigen, die uns im Unrecht sehen wollen, werden seine Anklagen für bare Münze nehmen.«
Er ging langsam, niedergeschlagen im Garten auf und ab.
»Man bemüht sich um wissenschaftliche Genauigkeit, und dann kommt irgend jemand und wirft einem alles über den Haufen. Ich werde ihm natürlich in einem offenen Brief antworten müssen, aber laß uns warten, bis wir wieder in der Troas sind.«
»Wird er uns die Erlaubnis entziehen, auf seiner Hälfte des Hügels zu graben?«
»Ich glaube nicht. Er ist kein rachsüchtiger Mensch. Im Grunde ist er bestimmt nicht sehr glücklich über diesen Ausbruch.«
Bis Mitte Januar hatte Henry seine Vorbereitungen für die Arbeiten des Jahres 1873 so gut wie beendet. Er hatte einen netten jungen Künstler, Polychronios Lempesses, gefunden, der fasziniert war von der Aufgabe, die Ausgrabungen und die historischen Funde, die dabei ans Tageslicht kommen würden, mit Tusche auf dem Papier festzuhalten. Er war unverheiratet und hatte keinerlei Verpflichtungen in Athen.
Yannakis, Polyxene und Photides waren bereit, nach Troja zurückzukehren, sobald die Schliemanns eintrafen. Demetriou, der jüngere und bessere der beiden Vorarbeiter vom vergangenen Jahr, konnte zu seinem großen Bedauern wegen Familienschwierigkeiten nicht mitkommen. Der zweite Vorarbeiter, Theodoros Makres, hatte eine Arbeit außerhalb von Athen angenommen und war nicht aufzufinden. Schließlich engagierte Henry einen gewissen Kapitän Georgios Tsirogiannes.
»Seeleute verstehen es am besten, Befehle zu geben«, erklärte er Sophia. »Apropos Seeleute, wir haben unseren Kapitän Papaliolos und seine *Taxiarchis* verloren. Er hat sich vertraglich verpflichtet, das ganze Jahr zwischen Kreta und Alexandrien zu fahren. Aber er hat mir einen alten Freund, Kapitän Theodorou, empfohlen. Ich habe sein Schiff, die *Omonoia*, gesehen. Er wird einmal im Monat in die Bucht von Besika kommen, um uns Vorräte zu bringen und unsere Funde mitzunehmen.«

3.

Ihr Schiff machte nachmittags am Kai in Çanakkale fest. Yannakis war mit einem Bauernwagen gekommen, um ihre Kisten mit Vorräten in Empfang zu nehmen. Die beiden Vorarbeiter, die Henry aus Athen mitgebracht hatte, Kapitän Tsirogiannes und ein Albaner aus Salamis, halfen Yannakis beim Aufladen der Kisten und fuhren mit ihm nach Hissarlik.
Henry nahm ein Zimmer im Hotel *Nikolaides*, wo sie vor zwei Jahren ihr Gepäck abgegeben hatten, ehe Frank Calvert sie einlud, wieder bei ihm zu wohnen.
»Um sicherzugehen«, erklärte er Sophia. »Ich bezweifle, daß Frank uns zum

Bleiben auffordern wird. Aber ich möchte mit ihm in aller Freundschaft Punkt für Punkt seinen Artikel durchgehen, ehe ich darauf antworte.«

Es war ein kalter, stürmischer Wintertag. Sie gingen die Hauptstraße entlang. Die Villa der Calverts lag knapp hundert Meter entfernt. Henry schüttelte verwirrt den Kopf.

»So etwas kann man einem Freund einfach nicht antun. Er braucht nichts von dem zu glauben, was ich über Troja sage, aber mich der Kritik und der Lächerlichkeit auszusetzen...«

Frank Calvert schien weder überrascht noch unangenehm berührt, als sein Butler sie in die Bibliothek führte. Er ließ Sessel vor das knisternde Kaminfeuer rücken und bot ihnen einen Kognak an. Henry fragte ruhig, weshalb Frank sich entschlossen habe, seine Kritik öffentlich zum Ausdruck zu bringen. Frank wechselte das Thema.

Aber Henry ließ sich nicht abweisen.

»Frank, Sie haben in Ihrem Artikel gesagt, die kleinen Steinsägen und -messer, die ich gefunden habe, seien ein Beweis, daß der Hissarlik nicht die Stätte von Troja sein kann, weil Homer sie nicht erwähnt...«

Frank stand auf und schenkte sich bedächtig einen weiteren Kognak ein. Mrs. Calvert kam herein, begrüßte Henry liebenswürdig und umarmte Sophia. Sie wollte nicht teilhaben an dieser männlichen Torheit.

»Meine Liebe, warum kommen Sie nicht ins Wohnzimmer und trinken eine Tasse Tee mit mir? Wir haben uns viel zu erzählen.«

Sophia war glücklich, der Auseinandersetzung zu entgehen, die, wie sie wußte, unvermeidlich war. Sie und Mrs. Calvert tauschten Neuigkeiten über ihre Kinder und ihre Pläne für das Jahr aus. Etwa eine Stunde später holte Henry sie ab. Er war allein und sichtlich bemüht, sich seine Gemütsverfassung nicht anmerken zu lassen. Er dankte Mrs. Calvert, daß sie sich Sophias angenommen hatte, und lehnte höflich die angebotene Tasse Tee ab. Frank kam nicht, sich zu verabschieden. Sie gingen rasch durch die abendliche Kälte zu ihrem Hotel. Sobald sie in ihrem Zimmer waren, brach es aus Henry hervor:

»Frank ist wütend. Ihm ist nicht mit Vernunft oder Tatsachen beizukommen. Er beharrt darauf, daß alles, was er in seinem Artikel sagt, den Tatsachen entspricht und notwendig ist, um die Dinge ins rechte Licht zu rücken. Er behauptet steif und fest, daß er Troja vor mir entdeckt habe, erklärt aber gleichzeitig, daß es nicht Homers Troja sein könne, weil wir keine byzantinischen Gegenstände finden und es noch bis zum vierzehnten Jahrhundert ununterbrochene Besiedlung auf Hissarlik gegeben habe. Er hat keine Artefakten, dies zu beweisen. Er verwechselt Hissarlik mit Alexandria Troas.«

Sophia sagte mit einem leicht betrübten Lächeln:

»Und auf dieses Argument hin hat man dich höflich hinauskomplimentiert, nicht wahr? Hat er uns das Recht entzogen, auf seiner Hälfte des Hügels zu graben?«

»Nein, noch nicht. Aber je mehr Entdeckungen wir machen, um so größer wird die Gefahr, daß er es tut. Ich hatte gewußt, daß wir dieses Hotelzimmer brauchen würden. Ich gehe hinunter und bitte den Wirt, uns das Abendessen heraufzuschicken.«

»Es würde uns vollkommen lähmen, wenn Frank uns seine Hälfte des Hügels versperrte.«

»Deshalb werden wir mehr Leute anstellen und schneller arbeiten müssen. Wir müssen vom Wachtturm aus strahlenförmig in alle Richtungen graben...«

Am nächsten Morgen gingen sie zum Gouverneursgebäude.

»Ich glaube, es wäre ratsam, einen Anstandsbesuch zu machen«, sagte Henry. Gouverneur Achmed Pasha war ein mürrischer, aber wohlerzogener Mann. Er hieß sie in der Troas willkommen und ließ ihnen den traditionellen süßen schwarzen Kaffee servieren. Dann sagte er in beiläufigem Ton:

»Sie haben natürlich von dem neuen Gesetz gehört, das in Konstantinopel verabschiedet werden soll?«

Henry sah ihn überrascht an.

»Ein neues Gesetz? Nein, ich habe nichts gehört. Worauf bezieht es sich?«

»Auf alle archäologischen Ausgrabungen. Auf die Schätze der Türkei.«

Sophia sah, daß Henry totenblaß geworden war. Er fragte:

»Haben Sie eine Abschrift des Gesetzes?«

»Nein, es ist noch nicht verabschiedet worden. Es wird erörtert.«

»Kennen Sie seine Bestimmungen?«

»Ja, und sie gelten für Sie. Erstens: Es muß eine komplette Liste aller bei den Ausgrabungen gefundenen Gegenstände angelegt und dem Kultusminister übersandt werden. Zweitens: Nichts darf ohne offizielle Genehmigung aus irgendeinem Teil des Territoriums Seiner Majestät des Sultans in ein fremdes Land ausgeführt werden. Drittens: Wenn irgendwelche von den oben erwähnten Gegenständen als für das Museum notwendig erachtet werden und dieses sie zu erwerben wünscht, so sind besagte Gegenstände dem Museum gegen eine Summe zu überlassen, die es für angemessen hält. Viertens: Für diejenigen Funde, die das Museum nicht zu behalten wünscht, wird eine Ausfuhrerlaubnis erteilt. Es dürfen jedoch nur Dinge aus dem Territorium Seiner Majestät in ein fremdes Land ausgeführt werden, für die nach Erhalt der Genehmigung ein Ausfuhrzoll bezahlt worden ist. Und letztens: Falls irgend jemand bei dem Versuch ertappt wird, archäologische Funde heimlich außer Landes zu schaffen, so werden diese Funde konfisziert.«

»Das widerspricht vollkommen unserem *firman*!« rief Sophia. »Wie kann die Regierung eine rechtskräftige Genehmigung erteilen und sie dann rückgängig machen?«

Der Gouverneur war nicht feindselig. Er erwiderte ruhig:

»Regierungen haben das Recht, ihre Gesetze zu ändern. Wenn das Gesetz geändert wird, so setzt es jede vorhergehende Verfügung oder Genehmigung außer Kraft, die nicht seinen Bestimmungen entspricht.«

»Aber ich habe Zehntausende von Dollars in diese Ausgrabungen investiert«, rief Henry. »Und ich bin im Begriff, weitere Tausende auszugeben. Dies ist ein Gesetz, mit dem ich nicht leben kann.«

Der Gouverneur lächelte schwach.

»Das brauchen Sie auch nicht, Dr. Schliemann, zumindest nicht für den Augenblick. Diese Erörterungen können Monate dauern. Das Gesetz kann entworfen und noch ein dutzendmal geändert werden, ehe es veröffentlicht wird. Ich würde Ihnen raten, sich keine Sorgen zu machen, bis ich eine offizielle Abschrift auf dem Schreibtisch habe.«

Sie verließen das Gouverneursgebäude, Henry mit glasigen Augen und zitternd, Sophia mit Schmerzen in der Magengrube.

»Dieses neue Gesetz läuft auf eine totale Beschlagnahme hinaus«, sagte Henry. »Das Museum wird alles zurückbehalten, was irgendeinen Wert hat, und uns ein paar Piaster dafür zahlen. Und uns bleiben nur die Scherben.«

Yannakis hatte ihnen zusammen mit zwei Facharbeitern aus Erenkoi das Haus gebaut, das Sophia vor ihrer Abfahrt im vergangenen Jahr entworfen hatte. Sie hatten Steinblöcke herbeigeschafft, die bei den Ausgrabungen ans Tageslicht gekommen waren, und die beiden Arbeiter hatten sie zurechtgehauen. Sophia hatte ihr Schlaf- und Eßzimmer nach den Maßen ihres Holzhauses ausgerichtet, jedoch den Arbeitsraum beträchtlich vergrößert, damit sie mehr Platz für Tische hatten. Sie blickte durch eines der Fenster, die auf die Dardanellen und das Ägäische Meer hinausgingen, dann wandte sie sich an Yannakis, der, den Hut in der Hand, mit erwartungsvoller Miene dastand.

»Sie haben gute Arbeit geleistet, Yannakis. Vielen Dank. Wir werden uns hier sehr wohl fühlen.«

Er hatte ihre Möbel aufgestellt, Polyxene hatte das Bett gemacht; im Kamin brannte ein Feuer, und auf dem Herd in der Küche wartete bereits das fertige Essen auf sie. Photides kam herein, sie zu begrüßen. Er, Kapitän Tsirogiannes und der Albaner waren in dem Holzhaus untergebracht worden, das die Schliemanns im Jahr zuvor bewohnt hatten.

Sophia stellte ihre Ikone auf den Nachttisch. Henry lächelte beifällig.

»Es ist erstaunlich, wie du durch das bloße Aufstellen dieser Ikone ein fremdes Haus in ein Heim verwandelst.«

»Das ist der Hauptunterschied zwischen deinen Griechen des Altertums, die ihre Götter fürchteten, und uns Christen, die wir die unsrigen lieben. Die Griechen und die Achäer stimmten ihre Götter wohlwollend, indem sie Wein auf die Erde schütteten und die fetten Hinterviertel von Stieren, Lämmern und Ziegen verbrannten, damit der wohlriechende Rauch zum Ida oder Olymp hinaufzog. Wir bringen keine Opfer dar...«

»O doch, das tut ihr! Alle orthodoxen Kirchen sind voll von goldenen und silbernen Armreifen, Halsketten, Ringen, Kreuzen...«

Sophia konnte nichts darauf erwidern.

Sie machten eine kurze Runde durch die Grabung, dann servierte Polyxene ihnen ein warmes Abendessen in ihrem neuen Eßzimmer. Sie gingen früh zu Bett. Henry weckte Sophia um fünf.

»Die Arbeiter müssen bald kommen«, sagte er.
Yannakis hatte die Werkzeuge gereinigt, die Schubkarren geölt, die Schaufeln und Spitzhacken geschärft, so daß alles bereit war. Um sechs kamen die Männer aus den umliegenden Dörfern herbei. Bald waren einhundertfünfzig Griechen und Türken versammelt. Henry teilte sie in fünf Arbeitskolonnen ein, von denen jede in einer anderen Zone oder in eine andere Richtung grub: Sie legten Gräben und Terrassen an, entfernten die Erde längs des Verteidigungswalls, legten das Fundament des Wachtturms frei, der auf festem Fels stand; sie drangen tiefer unter den großen Tempel, um den ursprünglichen kleineren trojanischen Tempel zu finden, von dem Henry überzeugt war, daß er unter dem anderen lag. Jeder der drei Vorarbeiter hatte seine eigene Kolonne; Henry übernahm die Aufsicht über die größte, die die südwestliche Seite des Turms freilegte. Sophia beaufsichtigte die fünfte Gruppe.
Die türkische Regierung hatte ihnen nur einen Aufseher, Amin Effendi, geschickt. Er hatte die hoffnungslose Aufgabe, fünf verstreute Kolonnen zu überwachen, von denen jede interessante Gegenstände ans Tageslicht brachte: ein glänzendes rotes Nilpferd aus gebranntem Ton, Vasen und Kelche, große, flache Teller, Marmoridole der Göttin Athene mit dem Eulenkopf; und drunten in einer Tiefe von dreieinhalb Metern riesige Marmorblöcke mit dorischen Ornamenten, die nach Henrys Meinung zum Tempel des Lysimachos gehörten. Da sie keine Inschriften trugen, ließ er sie den steilen Hang hinunter auf die trojanische Ebene werfen.
Amin Effendi war ein aufgeweckter junger Mann aus dem Büro des Gouverneurs, gutaussehend und wohlerzogen. Er hatte sich offensichtlich vorgenommen, gewissenhafte Arbeit zu leisten. Obgleich von Natur aus nicht aggressiv, stellte er sich den Schliemanns von Anfang an entgegen. Als sie ihre ersten Funde machten, sagte er:
»Ich brauche am Ende jedes Arbeitstages vollständige Listen, damit wir sie bereit haben, wenn das neue Gesetz in Kraft tritt.«
»Mein *firman* erwähnt nichts davon. Niemand kann gezwungen werden, ein Gesetz zu befolgen, das nicht existiert.«
»Der Gouverneur hat mir mitgeteilt, daß es bald verabschiedet wird. Ist es nicht einfacher für Sie, täglich eine Liste zu machen? Wir können sie zusammen anlegen, um Irrtümer zu vermeiden, und ich sende meine Abschrift ans Museum in Konstantinopel.«
Sophia tat ihr möglichstes, sich aus den Diskussionen herauszuhalten, aber manchmal konnte sie sich nicht beherrschen.
»Amin Effendi, das Museum will diese Listen noch gar nicht haben. Es ist Ihr gutes Recht, Buch zu führen, wenn Sie es wünschen, aber wir haben eine andere Arbeitsmethode. Wir warten, bis wir die Funde gesäubert haben, dann beschreiben und numerieren wir sie in unserem Tagebuch und versehen die Gegenstände mit der entsprechenden Nummer. Falls das neue Gesetz verabschiedet werden sollte, kann ich jederzeit anhand unserer Eintragungen eine vollständige und exakte Liste aufstellen.«

Der junge Aufseher schien besänftigt.
»Sie können das halten, wie Sie wollen, *Kyria* Schliemann; ich betrachte es jedoch als meine Pflicht, selbst jeden Tag eine Liste anzulegen.«
Henry erwiderte ruhig: »Wenn Sie darauf bestehen, werden wir es Ihnen ermöglichen. Ich lasse die Funde der fünf Kolonnen bei Einbruch der Dunkelheit auf die Veranda unseres Hauses bringen. Dann können Sie dort daran arbeiten.«
»Vielen Dank, Herr Dr. Schliemann, aber ich ziehe es vor, meine Eintragungen zu machen, während die Funde ausgegraben werden.«
Sophia dachte bei sich: ›Du wirst ein Rennpferd brauchen, um ununterbrochen diesen Hügel zu umkreisen.‹
Henry hatte mit Kapitän Tsirogiannes eine glückliche Wahl getroffen. Seine Leute kamen besser voran als alle anderen, einschließlich Henrys eigener. Der Albaner aus Salamis hingegen hatte offensichtlich Schwierigkeiten; seine Kolonne machte einen mürrischen Eindruck. Henry bat Sophia, in ihrer Nähe zu arbeiten und zu sehen, ob sie aus den in ihrer Mundart geäußerten Bemerkungen den Grund ihres passiven Widerstandes entnehmen konnte. Sehr bald berichtete sie:
»Sie wollen nicht unter einem Albaner arbeiten. Offenbar sind sie der Meinung, er sei zu geringen Standes und es stünde ihm daher nicht zu, Befehle zu erteilen.«
»Da ich ihn nicht mit einem Zauberstab in einen Griechen verwandeln kann, ist es wohl besser, ihn zu entlassen. Ich werde Demetriou telegraphieren und ihm eine Summe anbieten, die groß genug ist, daß er seine Familienprobleme lösen kann. Ein guter Vorarbeiter ist mir nützlicher als zehn Arbeiter.«
Demetriou kam binnen einer Woche.
Die Anwesenheit von Polychronios Lempesses trug dazu bei, ihre Abende geselliger zu gestalten. Er war ein lebhafter kleiner Bursche, gescheit und amüsant und überdies ein geschickter Zeichner, dessen Hand genau wiedergab, was sein Auge sah. Während der ersten Tage machte er naturgetreue Zeichnungen von der Ausgrabungsstätte und den Arbeitern, dann durchstreifte er mit seinem Zeichenblock die Troas, um die Atmosphäre der Gegend einzufangen. Er bat, beim Reinigen der Terrakotten, Steingeräte und Waffen helfen zu dürfen und stellte die Gegenstände hinterher in einer Reihe vor sich auf den Tisch, um sie zu zeichnen. Sophia und Henry waren sehr angetan von seiner Arbeit.
Der Schiffskapitän, Georgios Tsirogiannes, war ein schweigsamer Mann, der es vorzog, allein zu sein, nachdem er den ganzen Tag vierzig Arbeiter beaufsichtigt hatte. Er ging bald nach dem Abendessen zu Bett. Photides hingegen beklagte sich, daß er niemanden habe, mit dem er sprechen könne. Als er sah, daß Polychronios Lempesses die Stunden von Einbruch der Dunkelheit bis Mitternacht mit Henry und Sophia im Arbeitsraum verbrachte, bat er um die Erlaubnis, sich ihnen anschließen zu dürfen. Henry war nicht sehr begeistert von dem Gedanken, aber Sophia sagte:

»Er fühlt sich einsam und braucht Gesellschaft. Du sagst, er sei dir sehr nützlich bei der Anlage von Tunnels und Terrassen. Du willst ihn doch bestimmt behalten.«

»Auf jeden Fall. Er ist der einzige Techniker, den wir haben.«

Photides war hocherfreut. Er wurde sehr bald Henrys Sekretär und schrieb gewissenhaft die Berichte ab, die Henry an die griechischen Zeitungen sandte. Aber am liebsten half er Sophia beim Waschen und Zusammensetzen der Scherben, für die er den Fischleim in der Küche kochte.

»Du hast eine Eroberung gemacht«, bemerkte Henry. »Er läßt dich kaum aus den Augen.«

Nach einigen Wochen der bitteren Kälte war das Wetter jetzt warm und heiter. Die Arbeitstage wurden länger. Henry erhöhte den Lohn der Männer. Er freute sich über die mehr als achttausend Kubikmeter Schutt und Erde, die seine eigene Kolonne um den Tempel herum abgetragen hatte. Die übrigen vier Kolonnen leisteten ebenso gute Arbeit an anderen Stellen des Hügels. Stunde um Stunde kamen neue, erregende Dinge zum Vorschein: eine Kupfersichel, fast fünfzehn Zentimeter lang – ihr erstes landwirtschaftliches Gerät; Kupferwaffen, Lanzen und Pfeilspitzen, lange, dünne Kupfernägel mit runden Köpfen. Henrys Kolonne, die jetzt einen Graben in nordwestlicher Richtung aushob, um den großen Turm auf dieser Seite freizulegen, stieß auf zwei Mauern, je drei Meter dick, die, in abweichendem Winkel, übereinander standen. Als die obere Mauer tief genug ausgegraben war, rief er Sophia, um ihr zu zeigen, daß sie zum Teil aus korinthischen Säulen bestand. In die massiven Blöcke der unteren Mauer waren die Initialen des Steinmetzen oder des Erbauers – ein Sigma, ein Delta und ein Ypsilon – eingeritzt.

Da die Arbeit gut und schnell voranging, konnte sich Sophia das Leben jetzt ein wenig leichter machen. Sie frühstückte mit Henry, wenn er bei Sonnenaufgang vom Baden zurückkehrte, dann blieb sie bis zur Mittagspause bei ihrer Kolonne am Hügel. Alle Funde des Morgens wurden in den Arbeitsraum des Hauses gebracht. Sie sah, daß Amin Effendi sich ständig Notizen machte, aber sie wußte, es gab Gegenstände, die er nicht zu sehen bekam, weil er nicht in fünf Gräben auf einmal sein konnte. Er nahm sich nicht die Mühe, die Hälfte der Schätze auszuwählen, die der türkischen Regierung zustand, denn er war überzeugt, daß das Gesetz binnen weniger Wochen in Kraft treten würde; dann mußten die Schliemanns ohnedies alles nach Konstantinopel senden, wo der Museumsdirektor selbst entscheiden würde, welche Gegenstände er behalten wollte.

Obwohl Sophia bei bester Gesundheit war, braungebrannt und mit roten Wangen von den Stunden der Arbeit in der Sonne, bestand Henry darauf, daß sie sich nach dem Mittagessen ausruhte und erst zum Hügel zurückkehrte, wenn es kühler geworden war. Während dieser Stunden übernahm er zusätzlich zu seiner eigenen Arbeit die Aufsicht über ihre Kolonne. Wenn Sophia von ihrem Mittagsschlaf erwachte, ging sie zu Polyxene in die Küche. Sie planten das Menü für den nächsten Tag, tranken Kaffee, plauderten und

lachten, bis es für Sophia an der Zeit war, zu ihrer Arbeit zurückzukehren. Henry beschäftigte jetzt im Durchschnitt einhundertsechzig Mann am Hügel. Er war glücklich über den Fortschritt der Ausgrabungen am Wachtturm, Verteidigungswall und Tempel. Er hatte damit gerechnet, nur auf der Hügelhälfte von Frank Calvert mit größter Geschwindigkeit graben zu müssen. Aber jetzt hing das bevorstehende neue Gesetz wie ein Damoklesschwert ebenfalls über seinem Kopf. Er legte nach allen Seiten Gräben, Kanäle und Terrassen an. Seine eigene Gruppe, die den östlichen Teil des Turms freilegte, kam schnell voran, denn sie befanden sich dicht beim südlichen Hang des Hügels, und der Schutt mußte nicht weit fortgekarrt werden.
Bei den Grabungen am großen Tempel machte er einige überraschende Entdeckungen. Er fand vier irdene Rohre, je fünfundfünfzig Zentimeter lang und dreißig Zentimeter im Durchmesser, die zusammengefügt worden waren, um Wasser vom Fluß Thymbrios zum Tempel zu bringen; und außerdem drei Marmorplatten, mit griechischen Inschriften bedeckt, in denen mehrmals »der Tempel« erwähnt wurde. Henry war außer sich vor Freude. Für ihn konnte »der Tempel« nur »der Tempel der Athene« bedeuten. Es wäre keiner anderen geweihten Stätte gestattet worden, sich »der Tempel« zu nennen. Hinzu kam, daß das Bauwerk der aufgehenden Sonne zugewandt war und genau der Lage des Parthenon in Athen entsprach. Henry ließ die drei Tafeln in den Arbeitsraum bringen, wo er sie mit warmem Wasser abwusch; dann übersetzte Sophia den Text der Inschriften, aus denen hervorging, daß die Tafeln aus dem dritten Jahrhundert v. Chr. stammten.
Als Sophia mit der Übersetzung fertig war, blickte sie zu Henry hinüber; ein Ausdruck von Verwirrung lag in ihren großen, dunklen Augen.
»Mein Lieber, ich will deine Freude nicht trüben, aber es wird nirgends etwas von religiösen Dingen erwähnt. Die Texte sprechen von der Verleihung von Grundbesitz durch den König an gewisse Personen. Sie ähneln mehr oder minder den Tafeln, die wir bei unserer ersten Grabung gefunden haben.«
Henrys Begeisterung war nicht so leicht zu dämpfen.
Er erwiderte:
»Das ist unwichtig. Die ersten Tafeln haben nichts von einem Tempel erwähnt. Aber auf diesen steht doch ausdrücklich, daß sie ›im Tempel‹ aufgehängt werden sollen, nicht wahr?«
»Ja.«
Enttäuschend war, daß er keine unversehrten Skulpturen im Tempel fand. Der Boden bestand aus großen Sandsteinplatten. Henry nahm an, daß die Standbilder aus Glaubenseifer oder Mutwillen zerstört worden waren. Hätte der Tempel einen Boden aus Erde gehabt, so wären die Statuen im Lauf der Jahrhunderte eingesunken und erhalten geblieben. Der Sandstein hatte das verhindert, und so waren sie der Zerstörung durch Menschenhand preisgegeben.
Direkt unterhalb des Tempels fand er sehr schön gearbeitete Streitäxte, und er fragte sich erstaunt, wie die Handwerker jener alten Zeiten mit ihren pri-

mitiven Werkzeugen so kunstvoll gefertigte Gegenstände hatten herstellen können.

Ihr Arbeitsraum war voller schöner Dinge: Terrakottavasen ohne das Eulengesicht, aber mit weiblichen Brüsten, einem großen Nabel und zwei nach oben gerichteten Griffen, die wie Arme geformt waren. Jeden Tag brachten die Männer Körbe mit Wurfscheiben aus Granit, Dioritsägen, -hämmern und -messern. In einem der Gräben stießen sie auf eine große Anzahl von zwei Meter hohen Weinkrügen. Es war inzwischen März geworden, und die Tage wurden länger. Polychronios Lempesses und Photides verbrachten die Stunden bis Mitternacht damit, die Funde zu säubern, wieder instand zu setzen und zu sortieren. Sophia nahm jetzt nicht mehr an diesen Arbeiten teil: Sie brauchte bis zu sechs Stunden pro Abend, um all die Gegenstände zu beschreiben, die sie tagsüber gefunden hatten. Henry hatte einen Teil des Arbeitstisches zu seinem Schreibtisch gemacht und schrieb allabendlich, manchmal auf Griechisch, oft auf Französisch oder Deutsch, einen ausführlichen Bericht über die Arbeit des Tages. Er trug stets einen Taschenkompaß bei sich, so daß er genau die Richtung notieren konnte, wenn er neue Mauern entdeckte.

»Wir müssen anfangen, unsere Hälfte der Funde fortzuschaffen«, sagte er eines Abends zu Sophia, als sie erschöpft ins Bett fielen.

Es war Sophias Kolonne, die das erste Gold dieses Jahres entdeckte: zwei Kupfernägel mit goldenen Ornamenten. Als sie, die Nägel in der Hand, zu Henry gelaufen kam, blitzten seine Augen triumphierend: »Gutgemacht!«

Aber sein größter Stolz war der große Wachtturm. Er schrieb in sein Tagebuch:

> Es lohnt sich, eine Reise um die Welt zu machen, um diesen Turm zu sehen, der auf alle Fälle so hoch gelegen hat, daß er einen Ausblick nicht nur auf die Ebene, sondern auch auf das Plateau südlich davon gewährte.

Die Männer, die an der Westseite des Turms arbeiteten, stießen auf die Ruinen eines sehr großen Hauses, das nach Henrys Überzeugung einem reichen Mann gehört haben mußte, denn die Fußböden einiger Räume waren mit prachtvoll polierten roten Steinplatten belegt. Henry blickte zum Himmel hinauf und sagte, ohne jemand im besonderen anzusprechen: »Dies ist das größte Wohnhaus, das wir bisher entdeckt haben. Jetzt kann es nicht mehr weit bis zum Palast des Priamos sein.«

4.

Der Frühling kam zeitig. Mitte März war die Troas mit wilden Blumen, Krokussen und purpurfarbenen Knoblauchblüten übersät. Die Bäume trieben neue Blätter, und die Temperatur stieg so rapide, daß die nahe gelegenen

Sümpfe, die wegen des spärlichen Winterregens ohnedies nur wenig Wasser hatten, auszutrocknen begannen und Sophia das Quaken der sterbenden Frösche hören konnte. Die Arbeiter erkrankten an Sumpffieber. Diesmal hatte Henry einen ausreichenden Vorrat an Chinin mitgebracht. Er steigerte die Dosis, die sowohl er und Sophia als auch die Vorarbeiter und Lempesses nahmen. Angesichts der längeren Arbeitstage mußte er abermals die Löhne erhöhen, diesmal auf zehn Piaster, vierzig Cent, pro Tag.
Es war Henry, der in diesen Wochen der intensiven Arbeit den bemerkenswertesten Fund machte: einen großen Knauf – eines Szepters? – aus reinstem Kristall in Form eines herrlichen Löwenkopfes. Als er Sophia während der Frühstückspause seine Beute zeigte, rief er aus:
»Das ist das erste Kristall, auf das wir gestoßen sind. Es gab viele Löwen in den Bergen oberhalb der Troas. Homer spricht von ihnen. Er hätte die charakteristischen Merkmale dieser Tiere nicht so hervorragend beschreiben können, wenn er nicht häufig Gelegenheit gehabt hätte, sie zu beobachten.«
Es war der Anfang einer Reihe von überraschenden Funden, die sie stets von neuem in Staunen versetzten. Dicht beim Löwenkopf fanden sie ein herrlich geschliffenes Hexagon aus reinem Kristall; dann eine Pyramide aus schwarz, weiß und blau gestreiftem Marmor, die erste ihrer Art, die sie entdeckten. Dann kam ein Gegenstand, der wie eine Trense aussah. Und auf dem Turm fanden sie ein verziertes Stück Elfenbein, fast von der Form einer Flöte, und einen flachen Knochen mit einem Loch an einem Ende und drei am anderen – anscheinend Musikinstrumente.
»Wenn wir noch mehr Funde wie diese machen«, triumphierte Henry, »wird es uns tatsächlich gelingen, ein Familienbild des Trojaners zusammenzustellen.«
Henry änderte seinen Plan und machte, wie er es nannte, einen großen Einschnitt direkt vor der Tür ihres neuen Hauses. Bis die Arbeiter bei drei Meter Tiefe angelangt waren, hatten sie mehrere große, wundervoll gearbeitete Gefäße gefunden, unter anderem eine elegante schwarze Vase in der Form einer Suppenterrine, die Sophia besonders gut gefiel. Sie bat Henry, sie für sich behalten zu dürfen.
»Ich werde dir am ersten Abend nach unserer Heimkehr *arni vrasto*, Lammbrühe mit Gemüse, in dieser Terrine servieren.«
Ein wenig tiefer im Graben fanden sie eine Anzahl irdener Schüsseln, manche mit vier Griffen und bis zu sechzig Zentimeter hoch.
»Du befindest dich offensichtlich in einer Küche«, bemerkte Sophia an diesem Abend. »Wir brauchen jetzt nur noch ein Lamm am Spieß zu finden.«
Sie überredete Henry, Storchennester auf den Dächern der beiden Häuser bauen zu lassen. Es gab sehr viele Störche in den türkischen Dörfern, und manchmal nistete ein volles Dutzend auf einem einzigen Dach; ein herrlicher Anblick. Henry war einverstanden.
»Während meiner Kindheit in Deutschland wurden Störche auf dem Dach als glückverheißendes Omen betrachtet.«

»Ganz zu schweigen davon, daß sie alle Insekten und Frösche in der Umgebung fressen. Ich hoffe nur, daß sie auch die Tausendfüßler mögen, die uns immer noch zu schaffen machen.«
Henry beauftragte den besten der türkischen Schreiner, Mastro-Yannes, die Nester so zu bauen, wie die Störche sie gerne hatten. Aber nicht ein einziger Storch nistete je auf ihren Dächern. »Das könnte bedeuten, daß uns kein Glück beschieden sein wird«, sagte Henry grimmig.
»Unsinn«, entgegnete Sophia. »Es bedeutet lediglich, daß der Wind hier oben auf der Anhöhe zu stark ist und die Störche fürchten, ihre Nester könnten fortgeweht werden.«
Ende März kehrten die Arbeiter nach Hause zurück, um ihre Weingärten in Ordnung zu bringen. Die Arbeit am Hügel war praktisch lahmgelegt. Bei den wenigen Grabungen, die sie noch vornehmen konnten, fanden sie eine Platte aus reinem Gold in der Form einer Pfeilspitze; einen weiblichen Schädel in einer unversehrten Terrakotta-Urne, gut erhalten, mit regelmäßigen kleinen Zähnen; und in derselben Urne menschliche Asche, kleine Knochenstücke und eine kupferne Haarnadel.
Nach einigen Tagen mit eisigem Nordwind und Kälte, während derer Henry nicht einmal abends seine Berichte für die Zeitungen schreiben konnte, weil seine Finger am Federhalter erstarrten, wurde es Anfang April wieder sonnig und warm. Einhundertfünfzig Männer kehrten mit ihren Schubkarren und Schaufeln zum Hügel zurück. Henry legte oberhalb des Turms ein Haus mit acht Räumen frei, in dem sie einen Schmelztiegel mit Resten von Kupfer fanden; außerdem Formen zum Gießen von Kupferbarren und eine Unmenge von schwarzen, roten und braunen Scherben. Ein Zimmer des Hauses hatte einen glatten Kalksteinboden. Angesichts der schwarzen Flecken an den Wänden anderer Räume bemerkte Henry:
»Hier waren die Fußböden aus Holz. Als sie verbrannten, haben sie den unteren Teil der Mauern geschwärzt.«
Dann kam Ostern. Die Turkophonen kehrten über die Feiertage in ihre Dörfer zurück. Am Gründonnerstag stand Sophia beim Morgengrauen auf und hängte ein rotes Tuch aus dem Fenster ihres nach Osten blickenden Schlafzimmers, damit es die ersten Sonnenstrahlen auffing. Polyxene kochte ein Dutzend Eier und färbte sie rot. Sophia backte die Osterbrötchen aus Mehl, Olivenöl und Mandeln. An diesem Abend schlug sie ihre Bibel auf und las, vor ihrer Ikone kniend, die zwölf Abschnitte aus dem Evangelium, in denen die Leiden Christi beschrieben werden. Sie fastete am Karfreitag. Am Sonnabend ging sie frühmorgens hinaus, um wilde Blumen zu pflücken, die sie vor die Muttergottes stellte. Später backte sie das Osterbrot, während Yannakis das Osterlamm schlachtete, das er in einem Verschlag hinter der Küche gemästet hatte. Am Sonntag zündete sie eine Kerze vor ihrer Ikone an und überredete Yannakis, sie und Polyxene das traditionelle Osteressen zubereiten zu lassen.
Nach den Feiertagen machte Sophias Kolonne einen bedeutsamen Fund: ei-

nen über anderthalb Meter hohen Altar aus schiefergrauem Granit mit einem kleinen halbmondförmigen Aufbau, auf den der Kopf und der Hals des Opfertieres gelegt wurde; darunter befand sich eine Platte aus grünem Schiefer, die offenbar dazu gedient hatte, das Blut aufzufangen. Der Altar war in tadellosem Zustand.

»Wir lassen ihn *in situ*«, erklärte Henry, »damit jeder, der nach Troja kommt, ihn sehen kann.«

Da diese Zone recht ergiebig zu sein schien, stellte er Sophias Kolonne noch mehr Leute zur Verfügung. Sie arbeiteten jetzt zusammen. Schon nach kurzer Zeit wurden sie mit zwei vollständigen Skeletten belohnt, die offensichtlich von Kriegern stammten: Bei jedem lag ein kupferner Helm mit einem *phalos* oder Wulst, in dem der Helmbusch aus Roßhaar gesteckt hatte, den die Trojaner trugen. Neben einem der Skelette lag eine lange Kupferlanze. Henry las aus der *Ilias:*

»›Erst nun erschlug den Troern Antilochos einen der Kämpfer,
Mutig im Vordergewühl, des Thalysios Sohn Echepolos.
Diesem traf er zuerst den umflatterten Kegel des Helmes,
Daß er die Stirne durchbohrt'; hinein drang tief in den Schädel
Jenem die eherne Spitz', und Nacht umhüllte ihm die Augen...‹«

In diesem Augenblick erschien der Aufseher. Er erklärte sich einverstanden, den Altar zu lassen, wo er war.

»Wollen Sie eines dieser Skelette haben?« fragte Sophia in einem Ton, der durchblicken ließ, daß sie es nicht erwartete.

»Keine Knochen.«

»Vielen Dank«, erwiderte sie. »Wir nehmen sie mit nach Athen.«

Henry ließ den Schreiner kommen und beauftragte ihn, eine Holzpritsche anzufertigen, die Platz für die zwei Skelette bot. Später wurden sie behutsam auf die Planken gelegt und in den Arbeitsraum gebracht. Als Lempesses abends Zeichnungen von den Kriegern machte, bemerkte er:

»Die Köpfe sind groß, aber auffallend schmal. Tatsächlich habe ich noch nie einen so schmalen Kopf gezeichnet. Wäre es denkbar, daß diese schweren Kupferhelme ihnen den Schädel zusammengepreßt haben?«

»Das bezweifle ich. Sie trugen ihre Helme nur in der Schlacht. Es könnte einfach ein weiteres typisches Merkmal des frühen Trojaners sein, ähnlich wie die außergewöhnlich kleinen Zähne, die wir in dem weiblichen Schädel beobachtet haben.«

Später, als Lempesses und Photides fort waren, sprach Henry halb zu Sophia, halb zu sich selbst.

»...wir haben die Krieger knapp oberhalb des Turms gefunden. Wir wissen, daß der Palast des Priamos dicht beim Turm lag und daß vom Palast die große, gepflasterte Straße ausging, die zu dem doppelten skaiischen Tor, der Ebene und dem Schlachtfeld führte... Der Altar und die Skelette befanden sich öst-

lich des Turms. Die gepflasterte Straße und das skaiische Tor müßten auf der *West*seite liegen, die zur Troas hinaus führt... Von morgen ab lassen wir die Kolonne auf der *West*seite arbeiten.«
Vier Tage später, am 9. April, stießen sie in einer Tiefe von zehn Metern auf eine mit Kopfsteinen gepflasterte Straße. Als sie von einer Seite zur anderen gruben, sahen sie, daß die Straße fast sechs Meter breit war. Henry war außer sich vor Erregung.
Verblüfft und überrascht über die intuitive Genauigkeit, mit der er auf sein Ziel losgesteuert war, saß Sophia auf einer Mauer und sah zu, wie die Erde und der Schutt in die Schubkarren flogen.
»In welcher Richtung legst du die Straße frei, Henry?« fragte sie. »Zur Ebene hinunter oder hinauf zum Palast des Priamos?«
»In beiden Richtungen. Wir lassen Photides mit sechzig Mann bis zum unteren Ende graben, denn die Straße muß zum skaiischen Tor am Fuß des Hügels führen. Ich nehme die übrigen hundert Mann und grabe nach oben. Am oberen Ende dieser wundervoll gepflasterten Straße muß ein großartiges Gebäude stehen.«
Photides' Kolonne brauchte fast eine Woche, um die elf Meter bis zu der Stelle freizulegen, wo die Straße am Rand der Ebene endete. Sie fanden nicht die geringste Spur von Toren! Die Tore selbst, aus massivem Holz gefertigt, wären in jedem Fall vom Feuer zerstört worden, aber die Löcher, in denen sie verankert waren, konnten nicht verschwunden sein.
An diesem Abend gesellten sich Henry und Sophia zur Essenszeit zu den Männern, die um den Küchentisch saßen.
»Es gab keine Tore. Warum?« fragte Henry. »Wenn ich an der Spitze eines Heeres stünde, würde ich meine doppelten Tore, durch die der Feind nicht eindringen kann, am Fuß des Hügels anlegen, wo sich meine Soldaten mit ihren Pferden und Streitwagen so schnell wie möglich in Sicherheit bringen können.«
Am nächsten Morgen berechnete Henry, wie weit bergauf er graben mußte, bis er zum vermutlichen oberen Ende der Straße kam; dort oben müßte sich auch sein »großartiges Gebäude« befinden, das er in Gedanken den Palast des Priamos nannte. Er steckte die von ihm errechnete Fläche ab, und sie fingen an zu graben.
Sie hoben über fünftausend Kubikmeter Erde aus und fanden die Ruinen von zwei großen Häusern, das jüngere oben, das ältere darunter. Beide waren vom Feuer zerstört worden. Beide waren voller Holzasche und verbranntem Schutt. Die Mauern des unteren Hauses waren dicker und stabiler gebaut als die des oberen; es schien auf gleicher Höhe mit der gepflasterten Straße zu stehen.
»Die Straße kann nur benutzt worden sein, als dieses alte Haus noch bewohnt war.«
»Wenn sie direkt vom Palast des Priamos ausging...« setzte Sophia hinzu, »kann man dann sagen...«

»Noch nicht! Wo ist das doppelte skaiische Tor? Es hätte am Fuß des Hügels sein müssen.«
»Vielleicht auch nicht! Wir haben noch nicht die ganze Straße nach oben freigelegt«, sagte Sophia tröstend.
Ein Ausdruck der Mutlosigkeit lag in seinen Augen.
»Selbst wenn wir es fänden«, sagte er heiser, »wäre es an der falschen Stelle.«
»Nur nach dem Bericht, den Homer zweihundert Jahre nach dem Krieg geschrieben hat. Das ganze Gebiet war inzwischen neu bebaut worden. Er kann das Tor nicht mit eigenen Augen gesehen haben. Die Überlieferung kann es um fünfzehn oder zwanzig Meter verlegen, ohne damit einen schweren historischen Irrtum zu begehen.«
»Das stimmt. Der Name war nur aus mündlichen Berichten bekannt...«
Es dauerte einige Tage, bis die Mauern des jüngeren Hauses abgetragen waren. Als Henry danach das alte Gebäude freilegte, das auf einer Anhöhe errichtet war, die ihm eine beherrschende Lage verlieh, stieß er auf Mauervorsprünge, in denen das obere und untere Ende eines riesigen Tors verankert gewesen war. Zwei sehr große Kupferriegel lagen in der Mitte der Öffnung, wo die Flügel des stabilen hölzernen Tors sich geschlossen hatten. Henry ließ Sophia rufen, die weiter unten grub. Ihre Kolonne hatte Mühe, die Straße freizulegen, denn auch hier gab es eine Reihe von Mauern, die über der Straße standen und abgerissen werden mußten.
Als sie den Hügel heraufgestürmt kam und ihn dort stehen sah, in einer Hand die beiden Kupferriegel, mit der anderen auf die Einschnitte in der Mauer deutend, wo die Torflügel eingehängt gewesen waren, brach sie in Tränen aus:
»*Panaghia mou!* Du hast tatsächlich das doppelte skaiische Tor Homers gefunden!«
»Eines davon. Wir brauchen das zweite.«
Seine Stimme zitterte vor Erregung.
Den Mauern in einem sechs Meter breiten Korridor nach oben folgend fanden Henry und Sophia gemeinsam die Stelle, wo das zweite Tor in etwa sieben Meter Entfernung vom unteren in Steinmauern verankert gewesen war.
»Aber warum ist es auf beiden Seiten von der Mauer eingeschlossen, die in das alte Gebäude führt?« fragte Sophia. »Die Kampftruppen, Wagen und Pferde konnten doch nicht durch das Gebäude in die Stadt gelangen.«
Henry hatte seine Ruhe wiedergewonnen. »Dieses zweite Tor hat vermutlich auf einen großen Hof geführt. Von dort aus konnten sie sich auf mehreren Straßen, die aus dem Hof in die Stadt führten, in ihre Häuser, Ställe und Kasernen begeben. Homer sagt:

›...schnell aus der Wohnung
Eilt' Hektor den Weg zurück durch die wohlbebauten Gassen.
Als er das skaiische Tor, die gewaltige Festung durchwandelnd,
Jetze erreicht, wo hinaus sein Weg ihn führt' ins Gefilde,

Kam die reiche Gemahlin Andromache eilenden Laufes
gegen ihn her...‹«

An diesem Abend ging Henry, erschöpft, aber triumphierend, im Schlafzimmer auf und ab.

»Die Lage dieses Gebäudes unmittelbar oberhalb des Tors und seine stabile Bauart sind ein eindeutiger Beweis, daß es das prächtigste Gebäude in Troja war; mit anderen Worten, daß es der Palast des Priamos gewesen sein muß!«

»Wenn es der Palast des Priamos ist, sollte man annehmen, daß es einen Schatz unter dem Schutt und den Steinen gibt.«

»Ich muß nach Çanakkale, um Siebrecht zu holen, damit er die Straße und die Halterungen der Tore photographiert. Und außerdem werde ich ein Telegramm an Monsieur Piat senden und ihn bitten, uns Laurent zu schicken; er soll eine Karte von unseren Ausgrabungen machen und einen Plan für die Freilegung der Reste der Akropolis ausarbeiten.«

Sophia war beunruhigt. »Ich weiß, wir graben vorläufig noch auf dem Gelände der türkischen Regierung; aber wird uns der Rest der Akropolis nicht auf Frank Calverts Hälfte führen?«

Er drehte sich um, sah sie einen Augenblick starr an und runzelte die Stirn. »Ich werde versuchen, eine Versöhnung herbeizuführen. Kannst du ein oder zwei Tage allein bleiben?«

»Ich werde Yannakis bitten, mir Polyxene zur Gesellschaft zu überlassen.«

Henry machte sich vor Sonnenaufgang auf den langen Ritt nach Çanakkale. Sophia stand früh auf und überwachte den ganzen Tag die Grabungen innerhalb der Palastmauern. Sie aß allein im Eßzimmer zu Mittag, während Polyxene neben ihr stand, um mit ihr zu plaudern. Abends aß sie mit Yannakis, Polyxene, Photides, dem Künstler und den beiden Vorarbeitern am Küchentisch. Sie wartete, bis Polyxene das Geschirr gespült hatte, dann gingen sie zusammen ins Haus hinüber, wo Sophia Briefe an ihre Familie schrieb und Aufzeichnungen über die Funde des Tages machte. Yannakis gesellte sich zu ihnen, aber um elf fing er zu gähnen an.

»Es ist Zeit für Sie, schlafen zu gehen«, sagte Sophia.

Polyxene fragte:

»Möchten Sie, daß ich heute nacht hier bei Ihnen schlafe, weil der Herr nicht da ist?«

»Vielen Dank, das ist nicht nötig. Geh mit Yannakis.«

Sophia ging um Mitternacht zu Bett und schlief sofort ein. Sie wußte nicht, wie lange sie geschlafen hatte, als sie aus dem Schlaf aufschreckte. Irgend jemand war bei ihr im Bett. Sie konnte in der Dunkelheit nicht sehen, wer es war. Dann nahm sie den starken Geruch von Photides wahr, der es haßte, Wasser an seine Haut zu bringen. Im ersten Augenblick war sie wie gelähmt vor Schreck, dann begann sie, sich zu wehren, denn Photides hatte den Arm um sie gelegt und versuchte, sie dichter an sich heranzuziehen. Er fing an, sie zu küssen. Sie zerkratzte ihm mit ihrer freien Hand die Wangen und

spürte das Blut an ihren Fingern. Photides wandte mit einem Fluch das Gesicht ab. Sophia schrie:
»Yannakis! Yannakis! Hilfe! Schnell!«
Photides legte ihr die knochige Hand über den Mund, um sie zum Schweigen zu bringen. Statt sie zu küssen, versuchte er jetzt mit linkischen Bewegungen, auf sie zu steigen. Sie grub ihm die Finger in die Augen, so daß er laut aufschrie vor Schmerz. Auch sie schrie:
»Yannakis! Yannakis! Hilfe! Wacht auf! Hilfe!«
Photides änderte seine Taktik und versuchte, Sophia unter sich zu schieben. Sie wehrte sich mit jedem Funken ihrer Wut und Kraft. In panischem Schrekken sagte sie sich:
»Mein Gott, dieser Wahnsinnige wird mich vergewaltigen!«
In diesem Augenblick flog die Tür auf. Yannakis kam, von Polyxene gefolgt, im Nachthemd hereingestürzt. Er sah Photides, hob ihn aus Sophias Bett, als wäre er ein Sack Mehl, schwang ihn mit seinen mächtigen Armen hoch in die Luft und schleuderte ihn mit erschreckender Kraft zu Boden.
Photides blieb bewußtlos liegen. Yannakis hob ihn wieder auf und befahl Polyxene:
»Bleib bei *Kyria* Schliemann. Kümmere dich um sie.« Zu Sophia sagte er:
»Ich bring diese Bestie in mein Zimmer. Ich setz mich auf ihn und schlag ihn, bis der Herr nach Hause kommt. Wenn der Herr es wünscht, ich töte ihn!«
Er ging mit dem bewußtlosen Photides hinaus. Polyxene zog einen Stuhl ans Bett, nahm Sophias Hand in die ihre und murmelte liebevolle, beruhigende Worte.
Sophia fing an, fassungslos zu schluchzen. Ihr schlanker Körper wurde von einem heftigen Schüttelfrost ergriffen, und sie weinte die ganze Nacht. Polyxene wusch ihr das Gesicht und die Hände, dann nahm sie eine Bürste und strich ihr sanft übers Haar. Aber auch das konnte den dumpfen Schmerz in Sophias Kopf nicht lindern. Ihr war übel. Am frühen Morgen fing sie an zu würgen.
»Versuchen Sie zu schlafen«, sagte Polyxene leise. »Ich bleibe hier.«
Nach einer Weile verfiel sie in eine Art Dämmerschlaf, aber der Alptraum kehrte zurück, und sie sprang schreiend aus dem Bett.
Henry war vor dem Morgengrauen von Çanakkale aufgebrochen und kam gegen Mittag zu Hause an. Er stieß einen erschreckten Schrei aus, als er Sophia sah.
»Was ist geschehen?«
Polyxene ging leise hinaus. Sophia warf sich ihrem Mann in die Arme und weinte bitterlich. Es dauerte lange, ehe er etwas aus ihr herausbekommen konnte. Nachdem sie ihm stotternd berichtet hatte, was geschehen war, rief er:
»Wo ist der Kerl? Ich bring ihn um!«
»Nicht nötig«, flüsterte sie matt. »Yannakis ist bereits dabei. Sie sind beide in seinem Zimmer.«

Ein paar Minuten später kehrte er zitternd vor Zorn zurück.
»Yannakis hockt immer noch auf der Bestie. Er sagte: ›Jedesmal, wenn er versucht aufzustehen, ich schlag ihn noch mehr.‹ Ich habe nach dem Wagen der Dramalis geschickt. Yannakis fesselt den Kerl mit einem Seil. Wir bringen ihn nach Çanakkale ins Gefängnis. Soll er dort die nächsten zehn Jahre in einer dreckigen Zelle schmachten – er hat es nicht anders verdient.«
Sophia, die allmählich ihre Beherrschung wiedergewann, sagte leise:
»Nein, Henry. Das würde zuviel Aufsehen erregen. Ich schäme mich ohnedies schon genug.«
»Du schämst dich? Weswegen?«
»Ich möchte nicht, daß die Leute über mich ... über das, was geschehen ist, zu reden anfangen. Ich könnte es nicht ertragen.«
»Niemand wird reden! Dafür sorge ich.«
Sie legte ihre Wange an die seine und flehte:
»*Errikaki*, bitte. Schick ihn einfach fort.«
Er schwieg einen Augenblick, dann sagte er widerwillig:
»Gut. Wenn du es möchtest. Soll er woanders gehängt werden.«
Henry war eine unerschütterliche Quelle des Trostes. Er ließ sie so wenig wie möglich allein, und wenn er kurz zum Hügel ging, blieb Polyxene bei ihr. Yannakis stand wie ein Felsblock vor der Tür und hielt Wache. Abends im Bett nahm Henry sie in die Arme und streichelte ihre Haare und ihre Wangen, bis sie einschlief. Sie weinte nicht mehr, zuckte aber immer noch hin und wieder erschreckt zusammen und fing heftig zu zittern an.
»Die Zeit ist wie ein Schwamm, *agapete mou*. Sie saugt unangenehme Erinnerungen auf, als ob sie Seewasser wären. Dann wirft man den Schwamm fort, und die bösen Erinnerungen sind verschwunden.«
»In ein paar Tagen ist alles gut. Ich will wieder mit der Arbeit anfangen. Sie fehlt mir.«
Statt dessen kam an diesem Nachmittag ein Bote von Dokos, Henrys Bevollmächtigten in Çanakkale. Er brachte ein Telegramm von Madame Victoria an Sophia:

VATER HOFFNUNGSLOS KRANK. BITTE KOMM SOFORT.

Sophia dachte nicht mehr an ihre eigenen Leiden. Sie kniete vor der Muttergottes nieder und betete inbrünstig, daß ihr Vater gerettet werden möge. Dann sandte sie Yannakis zu Henry, dessen Kolonne oben auf der Akropolis arbeitete. Sie fing sofort zu packen an. Henry war binnen weniger Minuten bei ihr. Nachdem er das Telegramm gelesen hatte, küßte er Sophia sanft auf beide Wangen, dann schickte er durch den Boten ein Telegramm an seinen Freund George Boker vom amerikanischen Konsulat und bat ihn, ihnen eine Kabine auf dem ersten Schiff zu reservieren, das von Konstantinopel nach Piräus fuhr.
»In fünf Tagen sind wir zu Hause«, versicherte er Sophia. »Wenn wir Glück

haben, sogar schon eher. Dein Vater ist ein kräftiger Mann. Wir werden bald bei ihm sein, um ihn mit Arzneien und Liebe gesundzupflegen.«
»Nein, *philtate mou*, komm nur mit mir nach Çanakkale und bring mich aufs Schiff nach Konstantinopel. Bei all den Schwierigkeiten, die uns von Frank Calvert und der türkischen Regierung drohen, darfst du jetzt auf keinen Fall deine Arbeit unterbrechen.«
»Nur du bist mir wichtig.«
»Mir wird viel wohler zumute sein, wenn ich weiß, daß du vorankommst. Wenn du mich nicht allein fahren lassen willst, könnte ich vielleicht Polyxene mitnehmen?«
Henry wandte sich an Yannakis und bat ihn um sein Einverständnis. Yannakis blähte sich auf vor Stolz, als ob Henry ihm einen Orden verliehen hätte. »Polyxene, sorge gut für *Kyria* Schliemann... und lerne Athen kennen.«

Als sie sich auf halber Höhe des Laufsteges befand, erblickte sie Spyros, der aufmerksam die aussteigenden Passagiere musterte. Und sie wußte sofort, was geschehen war: denn ihr sonst so gelassener Bruder war bleich, angespannt, und ein kummervoller Ausdruck, den sie noch nie an ihm wahrgenommen hatte, lag auf seinem Gesicht.
Sie grub die Fingernägel in die Handflächen. Spyros nahm sie in die Arme.
»Es tut mir leid, liebe Sophidion.«
»Vater ist tot, nicht wahr?«
»Ja. Er ist gestern abend gestorben.«
»Und ich habe mich nicht einmal von ihm verabschieden können.«
»Er wußte, daß du auf dem Weg hierher warst, und hat versucht, auf dich zu warten. Seine letzten Worte waren: ›Gebt meiner kleinen Sophia einen Kuß von mir und sagt ihr, daß ich sie immer geliebt habe.‹«
Sie legte den Kopf an Spyros' Schulter und weinte leise. Nach einer Weile sagte sie flüsternd:
»Wie lebt man ohne Vater? Papa war immer da, jeden Tag unseres Lebens, mit seinem lauten Lachen und seinen großen Umarmungen, um unsere Freuden zu teilen und uns zu trösten.«
»Ich weiß. Es ist für uns, als ob wir eines Morgens aufwachten und sähen, daß die Akropolis in die Erde gesunken und verschwunden ist.«
»Wie geht es Mutter?«
»Sie macht sich krank. Es wird für sie ein Trost sein, dich zu Hause zu haben. Da kommen die Gepäckträger mit den Koffern.«
»Was ist geschehen, Spyros?«
»Er ist einfach dahingesiecht. Ein Gewächs im Magen, sagt der Arzt.«
Als sie in Athen eintrafen, schickte Sophia Polyxene in die Moussonstraße und fuhr mit Spyros nach Kolonos. Marigo öffnete die Haustür, noch ehe Sophia nach dem Klopfer greifen konnte. Dann fielen sie und ihre Mutter sich weinend in die Arme. Ihre Schwester Katingo hatte Andromache nach Georgios' Tod mit nach Hause genommen.

Madame Victoria führte Sophia ins Wohnzimmer, wo Georgios auf einem schmalen, niedrigen Bett aufgebahrt war. Die Familie hatte ihm seinen besten Anzug angezogen. Sein Kopf ruhte ein wenig erhöht auf einem Kissen, und er lag mit dem Gesicht nach Osten. Am Kopf- und Fußende brannten Kerzen. Neben dem Bett stand eine brennende Lampe, die seinen Geist geleiten sollte, falls er nach Hause zurückkehrte.

Sophia küßte jedes Mitglied der Familie. Sie waren alle schwarz gekleidet. Immer neue Verwandte und Freunde kamen herein. Der Priester traf ein, legte seine Stola um, zündete Weihrauch an und sprach ein kurzes Gebet. Sophia, ihre Mutter, ihre Schwestern und die übrigen weiblichen Verwandten saßen weinend um den Toten herum. Die Männer hielten sich im Nebenzimmer auf. Alle paar Minuten pries eine der Frauen mit einem Aufschrei die Tugenden des Verstorbenen.

Sophia hielt schweigend die Hand ihrer Mutter. Zwei Männer brachten einen Sarg. Georgios wurde hineingelegt und der Sarg mit Blumen bedeckt. Dunkelheit brach herein. Eine »immerfort wachende Lampe« wurde angezündet; sie würde vierzig Tage brennen. Sophia und ihre Familie waren ebenfalls »wachende Lampen«. Sie blieben beim Sarg und erzählten sich mit leiser Stimme Geschichten von der Güte und Freundlichkeit des Toten.

Als es am nächsten Morgen Zeit für die Beerdigung war, kamen zwei Priester in Begleitung des Diakons zum Haus. Vier junge Vettern luden den Sarg auf die Schultern. Die Priester gingen mit brennenden Kerzen voran. Ihnen folgte der Diakon mit dem Weihrauchfaß. Dann kam der Sarg, von Madame Victoria und ihren Kindern gefolgt. In den Straßen, durch die sich der Zug auf dem Weg zur Kirche bewegte, schlossen die Hausfrauen ihre Fenster und die Kaufleute die Türen ihrer Läden.

Der Sarg wurde nach Osten zu in der Kirche aufgebahrt. Die Familie saß auf Stühlen zu beiden Seiten. Nach Beendigung des einstündigen Trauergottesdienstes forderte einer der Priester die Angehörigen auf, dem Toten »den letzten Kuß« zu geben. Sophia küßte die Ikone auf dem Sarg. Sie und ihre Familie schoben ihre Stühle an die offene Tür. Freunde und Verwandte zogen, ihr Beileid murmelnd, an ihnen vorüber.

Der Sarg wurde auf einen Leichenwagen gehoben. Die Leidtragenden und ihre Freunde unternahmen zu Fuß die lange, herzzerbrechende Pilgerfahrt zum großen Friedhof von Athen. Für Sophia war es ein Gang vom Leben zum Tod, denn sie hatte das Gefühl, daß mit dem Hinscheiden ihres Vaters auch in ihr etwas gestorben war, ihre Jugend oder vielleicht eine gewisse Unschuld.

Auf dem Friedhof sah sie zu, wie der Sarg ins Grab gesenkt wurde. Der Priester nahm eine Schaufel Erde und warf sie, gesegnet mit Olivenöl vom *lampion* der Kirche und dem Weihrauch aus dem Weihrauchfaß, kreuzförmig ins Grab. Nachdem Sophia und ihre Familie ebenfalls etwas Erde hineingeworfen hatten, wurde der Sarg zugedeckt. Freunde und Verwandte hatten eine Vielzahl von Nahrungsmitteln zum Friedhof gebracht. Georgios würde vierzig Tage lang auf Erden bleiben, ehe er in den Himmel kam, und diese

Nahrung würde, nachdem sie gesegnet worden war, für seine leiblichen Bedürfnisse sorgen.
Nach dem Begräbnis fuhr Sophia mit Katingo nach Hause, um Andromache zu holen. Unterwegs sagte sie zu ihrer älteren Schwester:
»Mir ist unsagbar schwer ums Herz. Aber ich darf Andromache nichts davon spüren lassen. Sie würde es nicht verstehen, und es würde ihr nur weh tun.«
Morgens spielten Sophia und Polyxene mit Andromache. Das Kind war vergnügt und übermütig wie immer. Nachmittags fuhr Sophia nach Kolonos, um bei ihrer Mutter zu sein. Sie schrieb täglich an Henry und erzählte ihm von ihrem Schmerz und Madame Victorias unaufhörlichen Tränen. Ihre Mutter konnte sich nicht mit Georgios' Tod abfinden. Am dritten und neunten Tag wurden Requiems abgehalten. Nach dem Gottesdienst aß jeder Angehörige der Familie ein Stück *kollyva* – Weizenkuchen, mit Puderzucker bestreut und mit Mandeln, Rosinen und Granatäpfeln verziert; damit nahmen sie symbolisch an der Mahlzeit des Toten teil. Sophia war sich bewußt, daß ein großer Teil dieses Ritus, vom griechischen Altertum her überliefert und mit der christlichen Religion verschmolzen, heidnisch war; und wieder hatte sie, ebenso wie damals am Fuß des Olymp, das unheimliche Gefühl, auf zeitlichen Ebenen zu leben, die durch Jahrtausende voneinander getrennt waren.
Ebenso wie die Nächte ihr endlos erschienen, waren auch die Tage unerträglich lang. Sie wurde wieder einmal hin- und hergerissen zwischen ihrer Loyalität gegenüber ihrer Familie und ihrer Liebe zu Henry, der sie jetzt dringend brauchte. Sie wollte zurückkehren zu ihrem Mann, zur Troas, zu ihrem durchlöcherten Hügel. Wie lange konnte sie bleiben? Wie lange *mußte* sie bleiben?
Henry löste ihr Problem.

Troja, 14. Mai 1873.

Meine geliebte Frau,
tröste Dich mit dem Gedanken, mein Liebstes, daß wir alle einmal den Weg gehen müssen, den Dein Vater gegangen ist. Tröste Dich um unserer kleinen Tochter willen, die ihre Mutter so dringend braucht. Tröste Dich mit dem Bewußtsein, daß all Deine Tränen Deinen geliebten Vater nicht ins Leben zurückrufen werden. Und tröste Dich auch damit, daß er als guter und frommer Mensch dahingegangen ist, fort von den ständigen schrecklichen Kämpfen, Schmerzen und Sorgen dieses Lebens in ein Leben jenseits dieser Welt, wo ihm das wahre Glück beschieden ist.
Wenn jedoch Dein Schmerz nicht gelindert werden kann, dann nimm das nächste Schiff und komm zu mir. Ich werde alles tun, was ich nur irgend kann, um Dir das Herz zu erleichtern und Deine schönen Augen wieder strahlen zu lassen.

Sie brachte Andromache zu ihrer Schwester Katingo und bat Spyros, sie und Polyxene wieder nach Piräus zu bringen.

5.

Henry holte sie in Çanakkale ab. Sie machten keinen Besuch bei den Calverts. Henry erzählte ihr, wie bedrückend sein letzter Aufenthalt in Çanakkale gewesen war. Frank Calvert hatte gehört, daß Henry das skaiische Tor und den Palast des Priamos gefunden hatte. Er verweigerte ihm jetzt kategorisch das Recht, noch weiter auf seinem Grund und Boden zu graben. Und Henrys Besuch beim neuen Gouverneur, einem Mann namens Ibrahim Pascha, war ebenso unerfreulich gewesen: Das geplante Gesetz, das alle Funde auf türkischem Gebiet unter staatliche Kontrolle stellte, hatte mittlerweile endgültige Form angenommen und sollte in kürzester Zeit vom Sultan oder dem Kultusminister unterzeichnet werden.

Als Sophia ihr Haus betrat, das jetzt am Rand von Henrys neuestem Graben stand, fürchtete sie im ersten Augenblick, daß die Erinnerung an den Zwischenfall mit Photides zurückkehren könnte. Aber der Tod ihres Vaters hatte dieses schreckliche Erlebnis ausgelöscht. Und ihr blieb ohnedies wenig Zeit zum Nachdenken. Den Arm um ihre Taille gelegt, führte Henry sie in den Arbeitsraum, um ihr die schönen Idole aus Elfenbein und Knochen, die Kriegsgeräte und Gefäße zu zeigen, die er im Palast des Priamos gefunden hatte.

Sophia war besonders angetan von einer glänzenden braunen Vase der Athene mit dem Eulenkopf und einer Kette um den Hals; und von einem kleinen Gefäß in Form einer weiblichen Gestalt mit Haaren, die, zu einem Zopf geflochten, über den Rücken fast bis zu den Knöcheln herabfielen. Henry bemerkte, daß die Figur ihn an die Karyatiden auf der Akropolis in Athen erinnerte. Dann zeigte er ihr eine Vase mit Schriftzeichen um den sich erweiternden Körper unterhalb des Halses.

»O Henry, endlich! Genügend Schriftzeichen, daß man sie entziffern kann. Könnten sie trojanisch sein? Hast du ein Beispiel der trojanischen Sprache entdeckt?«

Henry hob die Vase auf und hielt sie liebevoll zwischen den Händen, um sie genau zu betrachten.

»Es kann kaum etwas anderes sein! Wir haben die Vase auf dem Grund des Palastes, von schützenden Steinen umschlossen, gefunden. Ich bringe sie selbst nach Athen.« Dann wurde ihm klar, daß er sich zu einem voreiligen, nicht wissenschaftlich belegbaren Schluß hatte hinreißen lassen, und er setzte voll Bedauern hinzu: »Natürlich besteht die Möglichkeit, daß sie von Händlern aus einem anderen Gebiet nach Troja gebracht worden ist...«

Da sie jetzt einen Vorarbeiter weniger hatten, verbrachte Sophia den ganzen Tag am Hügel. Henry begann mit einem neuen, tiefen Graben an der Nordwestseite Hissarliks, wo er weitere Gebäude der Akropolis zu finden hoffte. Statt dessen stieß er auf eine riesige Mauer, viereinhalb Meter hoch und über drei Meter dick, die ihm den Weg in die Stadt versperrte. Er brauchte mehrere Tage, sie zu durchbrechen.

Am Sonnabend, dem 31. Mai, gab es keine Morgendämmerung. Die Sonne erschien so plötzlich am Horizont, als wäre sie aus einer hinter dem Ida-Gebirge versteckten Kanone abgeschossen worden. Sophia hatte gerade ein weites blaues Baumwollkleid angezogen und die Haare zu einem Knoten auf dem Kopf geschlungen, als sie die vertrauten Hufschläge von Henrys Pferd hörte, das ihn von seinem täglichen Bad im Ägäischen Meer zurückbrachte. Sie setzte ihren großen Strohhut auf und ging in die Küche, um mit ihm zu frühstücken. Henry, dessen Wangen von Bad und Ritt gerötet waren, wünschte ihr lächelnd einen guten Morgen. Es war Viertel vor fünf; durch das Fenster sahen sie die Arbeiter mit ihren Schaufeln, Spitzhacken und Eisenstangen zum Hügel strömen.

Henry bat Sophia, ihre Kolonne zu dem neuen Gebiet unmittelbar neben dem Palast des Priamos zu bringen und von dort aus soweit wie möglich nach Süden zu graben.

»Wir kommen dort unten in zehn Meter Tiefe nur sehr langsam voran, Henry. Die Schicht von roten verbrannten Ruinen ist fast zwei Meter dick und steinhart.«

»Sieh zu, was du schaffen kannst. Am Morgen gebe ich dir mehr Spitzhakken.«

Nach zwei Stunden waren Sophias Leute bei weicherem Schutt angelangt, und die Arbeit ging rascher voran. Als Henry auf einer seiner häufigen Inspektionsrunden vorbeikam, fragte er, ob sie irgendwelche interessanten Funde gemacht habe.

»Noch nichts. Der Schutt war zu hart. Aber diese weichere Aschenschicht sieht vielversprechend aus. Ich werde anfangen, sie mit dem Rechen zu untersuchen.«

Henry nahm ebenfalls einen Rechen zur Hand, den er mit langsamen, sanften Bewegungen durch die Asche gleiten ließ, um nicht zu heftig gegen irgendwelche verborgenen Töpfe oder Vasen zu schlagen. Sophia stand neben ihm und wartete gespannt, ob ihre Vorhersage sich als richtig erweisen würde. Henry hatte erst wenige Minuten geharkt, als er einen großen ovalen Kupferschild ans Tageslicht brachte. Er ging in die Knie, wischte den Staub vom Schild, hob ein Ende hoch, dann ließ er es rasch wieder sinken. Er stand auf und sah Sophia mit weit geöffneten Augen an.

»Mein Gott, Sophia, ich habe unter diesem Schild den Schimmer von Gold gesehen, von einem ganzen Haufen Gold!«

Sophia blickte über die Schulter, um sich zu vergewissern, daß ihre Kolonne, die in einiger Entfernung grub, nichts gesehen und gehört hatte. Sie fragte leise:

»Was machen wir?«

»Ruf *paidos* aus.«

»Ruhepause um sieben Uhr morgens?«

»Sag ihnen, ich hätte Geburtstag. Es sei mir gerade eben eingefallen. Yannakis wird jedem einen vollen Tageslohn auszahlen, und sie können übers Wo-

chenende in ihre Dörfer zurückkehren, um zu feiern. Vergewissere dich, daß der Aufseher dich hört und mit den übrigen fortgeht.«
Sophia ging zu ihrer Kolonne und rief *paidos* aus, wie sie es seit Monaten zur Frühstücks- und Mittagspause getan hatte. Die Leute waren so erfreut über die gute Nachricht, daß sie kaum auf ihre Erklärung von »Dr. Schliemanns Geburtstag« achteten. Nachdem sie ihre Geräte eingesammelt hatten und fortgegangen waren, ging sie zu den Kolonnen, die unter Kapitän Tsirogiannes und Spyridon Demetriou arbeiteten, und rief:
»*Paidos!* Ein schönes Wochenende. Jeder bekommt den vollen Tag bezahlt. Wir sehen uns Montag beim Morgengrauen wieder.«
Yannakis hatte das Geld in seinem Gürtel. Sophia sah zu, wie er die Männer auszahlte und ihre Namen in seinem kleinen Buch abhakte. Nachdem sich alle, einschließlich des Aufsehers, auf den Weg gemacht hatten, sagte sie:
»Vielen Dank, Yannakis. Dr. Schliemann möchte, daß Sie und Polyxene sich ebenfalls den Tag frei nehmen. Möchten Sie nicht Ihre Verwandten in Erenkoi besuchen?«
Ein breites Lächeln zog über Yannakis' bärtiges Gesicht.
»*Kyria* Schliemann eine gute Herrin. Polyxene möchte ihre Mutter sehen. Wir gleich gehen?«
»Ja. Nehmen Sie Kapitän Tsirogiannes, Lempesses und Demetriou mit. Geben Sie jedem von ihnen fünfzig Piaster für ihre Ausgaben in Erenkoi. Und nehmen Sie die gleiche Summe für sich.«
Der Riese fiel auf die Knie. Noch ehe Sophia bis hundert zählen konnte, ritten die fünf beglückten Urlauber auf Eseln in Richtung Erenkoi.
Der Hügel lag still und verlassen da. Sie waren allein.
Sophia kehrte zu Henry zurück. Als sie ihm berichtete, wie gründlich sie den Hissarlik entvölkert hatte, umarmte er sie stürmisch und rief:
»Du bist ein Genie!«
»Jetzt laß uns sehen, was du gefunden hast.«
Henry zog seine Jacke und Weste aus, lockerte den Kragen, dann entfernte er den Kupferschild. Zuoberst auf dem Haufen Metall lag ein Kupferkessel. Darunter, in ihrer ganzen ursprünglichen Schönheit schimmernd, eine runde Flasche, fünfzehn Zentimeter hoch und zwölf im Durchmesser. Sophia stieß einen leisen Schrei aus. Henry nahm die kleine Flasche aus ihrem Versteck und legte sie in Sophias ausgestreckte Hände.
»Sie ist aus reinem Gold«, murmelte er ehrfurchtsvoll.
Als nächstes brachte er eine goldene Schale zum Vorschein, dann ein längliches goldenes Gefäß mit zwei großen, elegant geformten Griffen. Sophia saß auf einem Felsblock und wischte jedes der Stücke mit ihrem Unterrock ab.
»Diese hier sind ebenfalls aus reinem Gold«, sagte sie.
»Zweifellos.« Seine Stimme bebte. »Jetzt komme ich zu einer Schicht Silber: drei Vasen, ein Pokal, ein Teller, alle wundervoll gearbeitet.«
»Was haben wir entdeckt, Henry?« fragte sie atemlos. »Einen Schatz, das steht außer Frage, aber warum liegt das alles hier auf einem Haufen?«

»Sieh dir dieses lange Kupferband an. Es endet in zwei runden Nagelköpfen. Ich könnte mir denken, daß es das Schließband einer Truhe war.«
Es folgten Kupferdolche, Messer ... und dann richtete sich Henry mit einem Triumphschrei auf. Er hielt einen zehn Zentimeter langen Kupferschlüssel in der Hand.
»Der Schlüssel zur Truhe!« rief er. »Die hölzerne Truhe ist verbrannt. Das Metall ist erhalten geblieben.«
»Laß mich auch mal sehen«, bat sie.
Er rückte ein Stück zur Seite. Sophia beugte sich vor und holte ein großes silbernes Gefäß heraus. Sie spähten Wange an Wange hinein und erstarrten vor Ehrfurcht über das, was sie sahen: Es war bis zum Rand mit unvorstellbar schönem Goldschmuck gefüllt.
»Heilige Muttergottes!« murmelte Sophia leise.
Sie saß eine Weile regungslos da, dann schob sie zwei weitere Goldkelche beiseite und sah wie geblendet auf eine Fülle von goldenen Ohrringen, goldenen Ringen, goldenen Knöpfen, goldenen Armbändern ...
Henry ergriff die Initiative.
»Geh so schnell du kannst ins Haus und hol deinen roten Schal. Wenn auch niemand in der Nähe ist, wir dürfen nicht riskieren, daß dieses Gold gesehen wird.«
Es waren nur knapp siebzig Meter bis zum Haus. Sophia war schnell wieder da. Henry wickelte die goldene Flasche und die Kelche behutsam in ihren Schal. Sophia brachte sie ins Haus und versteckte sie unter ihrem Bett. Als sie zurückkehrte, wickelte er die silbernen Gegenstände und eine Handvoll Goldschmuck in seine Jacke und überließ es ihr, den kostbaren Schatz zu hüten.
Als nächstes hüllte er die mit Schmuck gefüllte Silbervase in den Schal und bat Sophia, sie ins Haus zu bringen und unter einem Kissen zu verstecken. Dann brachte er die Kupferäxte und den Schild fort; Sophia folgte ihm mit dem Rest des Goldschmucks, dem kupfernen Schließband und dem Schlüssel.
Als sie im Haus waren, schob Henry einen schweren Sessel gegen die Tür, schloß die Vorhänge und zog die Decken vom Bett. Dann leerte er die Silbervase über dem weißen Laken aus. Was sie herausfallen sahen, benahm ihnen buchstäblich den Atem: zuerst einen goldenen Stirnreifen; dann zwei große goldene Diademe, eins davon mit einem fünfundfünfzig Zentimeter langen goldenen Reifen, an dem auf beiden Seiten je sieben goldene Ketten hingen; jede der Ketten hatte elf quadratische Goldblätter; sie waren durch vier goldene Querketten miteinander verbunden, und am Ende jeder dieser Ketten hing ein glitzerndes Idol der Athene. An dem Teil des Reifens, der die Stirn bedeckte, hingen siebenundvierzig kleine goldene Anhänger, mit Goldblättern geschmückt.
Das zweite Diadem war fünfzig Zentimeter lang und bestand aus einer Kette, von der auf beiden Seiten acht weitere, dicht mit Goldblättern bedeckte Ketten hingen. Am Ende jeder dieser sechzehn Ketten hing ein Idol mit dem Eu-

lenkopf der Athene. Am Stirnteil des Diadems hingen weitere Goldidole und Blätter.

Henry hob das erste Diadem auf und legte es liebevoll um Sophias Kopf. Es paßte genau.

»*Vassilissa* Schliemann. Königin Sophia. Du bist Helena von Troja!« rief er begeistert aus.

Sie ging zum Spiegel über ihrem Waschtisch und blickte auf die zahllosen goldenen Ketten, die durch goldene Blätter liefen und in glitzernden goldenen Idolen endeten.

»Ich habe noch in keinem Museum etwas Derartiges gesehen«, sagte sie.

»Es gibt nichts Derartiges auf der ganzen Welt. Es ist rein trojanisch!«

Sophia kehrte zum Bett zurück, wo Henry jetzt einen Strom von goldenen Ohrgehängen, Armbändern, Ringen und buchstäblich Tausenden von goldenen Knöpfen und Beschlagnägeln als Schmuck für Ledergürtel, Schilde und Messergriffe ausschüttete.

Henry setzte sie auf den Rand des Bettes und tat Armbänder an ihre Handgelenke, Ohrringe an ihre Ohren, Ringe an ihre Finger. Sie war zu benommen, um zu protestieren.

Er kniete vor ihr nieder und küßte sie auf die Lippen. Sie konnte nicht mit Sicherheit sagen, ob Sterne oder Tränen in seinen Augen standen. Er war verzückt wie ein Mensch, der das Antlitz Gottes erblickt hat.

»Weißt du, was wir hier haben, *chryse mou?* Den endgültigen Beweis, daß wir Homers Troja entdeckt haben. Dies ist der Schatz des Priamos! Niemand kann sich diesem Beweis widersetzen! Unser Kampf ist gewonnen. Wir haben den Schatz des Priamos in unseren Händen. Dieser goldene Stirnreif ist genau derjenige, den Andromache sich vom Kopf reißt, als sie von Hektors Tod erfährt.«

Sie schüttelte den Kopf und hörte, wie die Ketten des Diadems mit einem leisen Geklingel aneinanderschlugen.

»Henry, wieso haben wir die Schatztruhe des Priamos *außerhalb* des Verteidigungswalls gefunden? Wir hätten sie in den Ruinen des Palastes finden müssen.«

Er lachte leise.

»Das hätten wir auch, wenn nicht irgend jemand die Truhe herausgeholt und versucht hätte, sie in Sicherheit zu bringen. Das geschah vermutlich zu der Zeit, als die Truppen der Achäer durch die Tore Trojas strömten. Die Truhe war zu schwer, als daß eine Frau sie hätte tragen können. Es muß ein Mann gewesen sein. Als er sich von den achäischen Soldaten verfolgt sah, ließ er die Truhe fallen, um seine Flucht zu beschleunigen. Sie fiel auf weichen Boden, wurde mit Erde bedeckt, und niemand hat sie gesehen... bis unser Rechen heute morgen den Kupferschild berührte.«

Sie nickte zustimmend.

Das Gold war verhältnismäßig sauber, denn durch den Schild und die schützende Schicht der Silber- und Kupfergegenstände war wenig Staub und

Schutt gedrungen. Sophia nahm ein Handtuch und fuhr damit über die große runde Vase und die längliche Schale. Dann brachte sie die Stücke in ihren Arbeitsraum und stellte sie auf den Tisch. Henry, der ihr gefolgt war, rief begeistert aus:

»Sie sind prachtvoll! Was für ausgezeichnete Goldschmiede müssen die Trojaner gehabt haben. Wußtest du, daß der Steinmetz und der Goldschmied die ältesten Berufe der Menschheit ausüben?«

»Sie sind zweifellos beide hier in Troja sehr gut vertreten. Henry, was sollen wir tun? Auf unserem Bett liegen zahllose Schmuckstücke aus Gold, ganz abgesehen von den Tausenden von goldenen Knöpfen und Perlen. Sollen wir sie in Kategorien einteilen und versuchen, sie gruppenweise im Tagebuch aufzuführen...?«

Plötzlich hielt sie inne. Sie sahen sich an, als ihnen jetzt zum erstenmal ihre Lage zu Bewußtsein kam.

»Nein, nein! Wir dürfen nichts sagen. Nichts schreiben!« rief Henry. »Wir müssen unser ganzes Denken darauf konzentrieren, wie wir diesen unwahrscheinlichen Schatz hier herausbekommen.«

»Wir werden nichts von dem Fund verlauten lassen?«

»Wir dürfen es nicht. Vielleicht ist das neue türkische Gesetz bereits unterzeichnet. Dann würde die Regierung den gesamten Schatz beschlagnahmen.«

Er war jetzt sehr erregt, und seine Augen glühten. Es war riskant, ihm in solch einem Augenblick Widerstand zu leisten, aber Sophia hielt es für notwendig, die Sache gründlich zu durchdenken.

»Wärst du bereit, dem Museum seine Hälfte zu geben, wenn das alte Gesetz noch in Kraft wäre?«

Er runzelte die Stirn und schwieg.

»Wir könnten die schönsten Stücke für uns beiseite tun: die runde Flasche, die Diademe...« fuhr sie fort.

»Und die Einheit zerstören! Es würde uns den Beweis rauben, daß wir tatsächlich in Homers Troja sind und den oft erwähnten Schatz des Priamos gefunden haben. Wir müssen ihn als Ganzes mitnehmen! Wir müssen die Sammlung in Ordnung bringen und in allen großen Städten der Welt ausstellen: in Athen, Berlin, Paris, Rom, London, New York. Diese Sammlung ist nicht nur die Belohnung für unsere Arbeit und Opferbereitschaft, sie ist der lebende, funkelnde Beweis, daß wir den Königspalast freigelegt haben!«

Ein beträchtlicher Teil von Henrys Zukunft lag in diesem Schatzfund.

»Wie willst du ihn hier herausbekommen?«

»Auf die gleiche Art wie die Apollo-Metope.«

»Wann soll Kapitän Theodorou in der Bucht von Besika einlaufen?«

»Frühestens in einer Woche.«

»Wie bewahren wir die Sachen bis dahin auf?«

»Wir reinigen sie, teilen die Stücke annähernd in Kategorien ein und wickeln sie in deine alten Kleider; dann packen wir alles in deinen Koffer und verschließen ihn. Als nächstes kündigen wir den Vorarbeitern an, daß wir in zwei

Wochen, also am 14. Juni, die Arbeit beenden. Das gibt uns einen Grund, mit dem Packen unserer persönlichen Habseligkeiten zu beginnen. Wir werden weiter graben, werden aber jeden Tag mehr von unseren Geräten aus dem Verkehr ziehen und für die Verschiffung fertigmachen, denn ich habe vor, alles mit nach Hause zu nehmen. Mein Liebes, unsere Ausgrabungen hier sind beendet. Wir haben unser Ziel erreicht. Mit einem Schatz und dem großen Wachtturm, dem skaiischen Tor, der gepflasterten Straße und dem Palast des Priamos haben wir bewiesen, daß Troja existiert!«

Sophia nahm das Diadem ab und fing an, die Goldgegenstände auf dem Bett zu sortieren.

»Wenn Adolphe Laurent kommt, werde ich ihn technische Pläne von allem anfertigen lassen, was wir hier erreicht haben, damit keiner in Europa mehr zweifeln kann. Dann werde ich ihn für spätere Zwecke Skizzen für die Ausgrabungen des restlichen Teils des Berges, einschließlich Frank Calverts Hälfte, machen lassen. Ich bin sicher, daß die Calverts und die Schliemanns eines Tages wieder Freunde sein werden.«

Sie arbeiteten die Nacht hindurch, reinigten und sortierten die Funde, wikkelten sie in Sophias alte Röcke und Kleider und schichteten sie behutsam in ihrem Koffer auf. Es fing bereits an hell zu werden, als sie fertig waren. Henry holte sein Tagebuch aus dem Arbeitsraum und begann zu schreiben. Er schrieb so hastig, daß er immer wieder etwas ausstreichen oder verbessern mußte, was sonst nie in seinen Tagebüchern geschah. Er war nervös, ja sogar verwirrt. Der Versuch, zu sagen, daß er einen großen Schatz gefunden hatte und wo, ohne von dem Gold zu sprechen, überstieg seine Kräfte. Sophia, die ihm über die Schulter sah, strich ihm leise über den Kopf und sagte:

»Jeder, der in Zukunft dieses Tagebuch liest, wird genau wissen, wo und wann du den Schatz des Priamos gefunden hast! Komm jetzt zu Bett, wir brauchen Ruhe. Ich habe den Koffer zugeschlossen und in eine Ecke unter meine Kleider geschoben.«

Er klappte das Tagebuch zu und brachte es in den Arbeitsraum.

»Es ist Sonntag«, murmelte sie müde. »Wir können schlafen, solange wir wollen.«

6.

Es war die Zeit der Ernte. Henry hatte nur noch sechzig Mann.

»Das kommt mir sehr gelegen«, sagte er vertraulich zu Sophia. »Ich will jetzt nur noch den Rest des Verteidigungswalls nach Süden bis zu den skaiischen Toren freilegen. Und da nach der Veröffentlichung meiner Artikel und dem Erscheinen meines Buches immer mehr Besucher nach Troja kommen werden, möchte ich auch noch weitere Ausgrabungen im Palast machen, vor allem in dem sieben Meter langen Raum, auf dem keine Bauwerke späterer Zeiten stehen.«

Um die riesige Erdscholle abzutragen, die seine westlichen und nordwestlichen Gräben vom großen Wachtturm trennten, mußte er das Holzhaus niederreißen, in dem sie im Jahr zuvor gewohnt hatten.
»Es macht mich traurig, es verschwinden zu sehen«, sagte Sophia; »es ist, als ob ein Teil meines Heims verlorenginge. Wir waren glücklich dort.«
»Wir werden glücklich sein, solange wir aktive Archäologen sind«, erwiderte Henry. »Und ich bin fest entschlossen, daß wir das für den Rest unseres Lebens sein werden.«
Sie hielten es für ausgeschlossen, daß irgend jemand etwas erfahren haben konnte. Zuerst glaubten sie, es sei die Tatsache, daß Henry allmählich die Arbeit einschränkte, daß er Yannakis die Schubkarren reinigen und ölen und für die Verschiffung vorbereiten ließ; daß die Männer jetzt wußten, daß keiner von ihnen nach der Ernte zurückkehren würde und ihnen nur noch eine begrenzte Zeit blieb für diese seltsame Betätigung, einen Berg abzutragen. Denn in der Atmosphäre der Grabungen und im Verhalten der Arbeiter selbst war eine fast unmerkliche Veränderung eingetreten. Henry und Sophia fingen verstohlene Blicke von seiten der Griechen auf, wenn sie auf ihren Inspektionsrunden an ihnen vorübergingen. Die türkischen Arbeiter flüsterten untereinander und verstummen jäh, wenn die Schliemanns sich näherten. Henry bemerkte einige Verdrießlichkeiten. Der Aufseher, Amin Effendi, war jetzt schweigsam in seiner Gegenwart, selbst wenn er die Hälfte der wertvolleren Funde auswählte, die dem Museum zustand. Es wurde nicht direkt gesagt, niemand versuchte, in die Nähe des Hauses zu kommen, niemand tat irgend etwas Ungehöriges. Es war einfach eine bisher nie dagewesene Unterströmung von Argwohn oder Mißtrauen.
»Wäre es denkbar, daß sie über unseren Schatz Bescheid wissen?« fragte Sophia ihren Mann spätabends im Schlafzimmer, wo niemand sie hören konnte. »Es war keine Menschenseele mit uns auf dem Hügel.«
»Ich halte es für ausgeschlossen«, erwiderte er, »aber sie vermuten offenbar, daß wir etwas Wichtiges gefunden haben, das wir vor ihnen verbergen. Sie wissen nicht, was es ist, oder welchen Wert es hat. Es ist einfach das instinktive Gefühl, von etwas ausgeschlossen worden zu sein.«
»Vielleicht fangen sie an, sich zu fragen, weshalb wir ihnen am letzten Sonnabend frei gegeben haben; sie könnten irgendwie erfahren haben, daß es gar nicht dein Geburtstag war. Vielleicht hat unser eigenes Verhalten sich geändert, ohne daß wir uns dessen bewußt sind. Vielleicht ist es nur eine allgemeine Traurigkeit, die am Ende eines Abschnitts eintritt...«
»All das wäre denkbar«, gab er zu, »aber eines ist sicher: Wir müssen sehen, daß wir so schnell wie möglich von hier fortkommen.«
»Wie lange dauert es noch, bis die *Omonoia* eintrifft?«
»Fünf oder sechs Tage, schätze ich. Wir müssen Yannakis und Mastro-Yannes veranlassen, sofort Kisten und Lattenverschläge für unsere Hälfte der Funde zu zimmern.«
Die Schreinerarbeiten begannen am frühen Morgen. Adolphe Laurent und

der Photograph Siebrecht trafen zusammen ein und machten sich sofort daran, die Ausgrabungen in Karten und Bildern festzuhalten. Sophia blieb im Arbeitsraum und sortierte die Terrakotten, Elfenbeinfiguren und Tongefäße, die in Kisten verpackt werden sollten. Yannakis brachte einige Dutzend Weidenkörbe herbei, die Sophia mit der in den letzten drei Jahren erworbenen Geschicklichkeit packte. Amin Effendi wich ihr kaum von der Seite. Er kontrollierte jedes Stück, das in die Körbe und Kisten gepackt wurde, schrieb alles auf und verglich die Besitztümer der Schliemanns mit den Listen der Funde, die er einmal in der Woche nach Konstantinopel gesandt hatte. Er brachte keine Beschuldigungen vor und versuchte auch nicht, die Arbeit zu unterbrechen, aber er wußte, daß er irgendwie übervorteilt worden war. Und er wußte auch, daß er nichts dagegen tun konnte.

Die *Omonoia* traf am 13. Juni ein. Yannakis mietete den Erntewagen der Dramalis und brachte ihn vors Haus. Unter den wachsamen Blicken des Aufsehers luden die beiden Vorarbeiter die Lattenverschläge, Kisten und Körbe auf den Wagen. Jedes Stück trug Amin Effendis Zeichen, das angebracht worden war, ehe er erlaubt hatte, daß irgend etwas verschlossen wurde.

Im letzten Augenblick brachte Yannakis zwei von Henrys Handkoffern, einen kleineren von Sophia und schließlich ihren Kabinenkoffer heraus. Der Aufseher machte nicht den Versuch, das Gepäck öffnen zu lassen. Schließlich enthielt es ja nur das persönliche Hab und Gut, das die Schliemanns vor fünf Monaten aus Athen mitgebracht hatten.

Henry fuhr mit Yannakis zur Bucht hinunter und sah zu, wie all seine Kisten, Körbe und Koffer von dem kleinen Boot auf die *Omonoia* umgeladen wurden. Am Abend zuvor hatte Sophia einen Brief an ihre Mutter geschrieben, den Henry dem Kapitän mit der Bitte aushändigen sollte, ihn sofort nach seiner Ankunft bei den Engastromenos' in Kolonos abzugeben.

> Wir haben einige interessante Dinge gefunden, die auf Kapitän Theodorous Schiff eintreffen werden. Bitte veranlasse Alexandros und Spyros sofort nach Erhalt dieser Zeilen, zwei in Hintergärten gelegene Lagerräume zu mieten, wo die Kisten und Koffer bis zu unserer Rückkehr sicher aufbewahrt werden können. Sie sollten möglichst in getrennten Stadtteilen liegen, verschließbar sein, und Spyros oder Alexandros sollten die Schlüssel an sich nehmen. Die Räume dürfen keinen anderen Zugang haben...«

Außerdem hatte Henry sie gebeten:

»Sag deinen Brüdern, daß nichts von dem, was sie in Piräus in Empfang nehmen, vom Zoll geöffnet werden darf. Falls die Beamten unsere Bitte ablehnen, sollen sie alles versiegeln und bis zu meiner Ankunft im Zollschuppen aufbewahren. Aber auf keinen Fall darf der Zoll irgend etwas öffnen!«

Henry verabschiedete sich vom Kapitän und gab ihm Sophias Brief mit der Bitte, ihn persönlich Madame Victoria auszuhändigen. Der Kapitän nickte zustimmend, sagte »Auf Wiedersehen in Athen«, und kurz darauf dampfte

das kleine Schiff mit einer schwarzen Rauchfahne über das Ägäische Meer in Richtung der Sporaden.
Noch am selben Tag mietete Henry in Kum Kale zwei Fischerkajiks. Yannakis behielt den Erntewagen für den Rest des Tages und brachte alle Arbeitsgeräte zu den kleinen Booten, die sie direkt nach Piräus bringen würden, wo sie in Lagerhäusern aufbewahrt werden sollten, bis Henry einen geeigneten Platz für sie fand.
Yannakis entlohnte die letzten Arbeiter kurz vor Einbruch der Dunkelheit und bat sie, in der Nähe des Hauses zu bleiben, das den durchlöcherten Hügel überblickte. Auf Sophias Vorschlag hin hatte Henry den Priester von Yenischehir kommen lassen, damit er die Stätte der Ausgrabungen segnete. Der Priester tat es mit ziemlich vagen und wirren Worten. Er schien entsetzt über den Anblick des Hissarlik mit seinen riesigen Gräben, Terrassen, Tunnels, den freigelegten Mauern und den Ruinen von Häusern aus einer heidnischen Zeit. Schließlich bekam er jedoch Auftrieb und flehte, der Grabung entschlossen den Rücken zuwendend, um himmlischen Segen für seine eigene Gemeinde. Dann las er die Messe. Als er geendet hatte, sprach Henry zu den versammelten Männern:
»Es ist einfach ein beglückendes Gefühl, daß trotz dieser riesigen Ausgrabungen niemand ums Leben gekommen ist. Daß trotz der großen Gefahren niemand irgendwelche ernsten Verletzungen davongetragen hat. Auch hierfür danke ich Gott. *Kyria* Schliemann und ich sagen Ihnen allen Lebewohl und wünschen Ihnen ein gutes Jahr.«
Die Messe und Henrys freundliche Worte schienen den Argwohn und die Feindseligkeit der letzten Tage verscheucht zu haben. Die Arbeiter gingen an Henry und Sophia vorbei, und jeder von ihnen murmelte gute Wünsche und Lebewohl. Bald saßen sie auf ihren Eseln und lenkten die kleinen Tiere heimwärts in ihre Dörfer. Laurent und Siebrecht, der Maler und die Vorarbeiter machten sich auf den Weg nach Çanakkale.
Nur Yannakis und Polyxene blieben. Henry sagte ihnen, daß sie weiter ihr Gehalt beziehen würden und daß sie die restlichen Terrakotten und Scherben, die sie aus Zeitmangel nicht für die *Omonoia* hatten fertigmachen können, in Kisten verpacken und verschiffen sollten. Sophia umarmte Polyxene, dann sagte sie zu Yannakis:
»Bitte fangen Sie die drei wilden Katzen ein, die wir gefüttert und die uns die Feldmäuse vom Leib gehalten haben. Außerdem hätte ich gerne zwei Störche. Glauben Sie, daß Sie alle diese Tiere fangen und heil nach Piräus schicken können?«
Yannakis kratzte sich ratlos den Kopf.
»*Kyria* Schliemann, ich habe noch nie einen Storch gefangen. Hab noch nie jemand anderen einen fangen sehen. Aber ich versuche es.«

Sie schliefen zum letztenmal in ihrem Haus über dem skaiischen Tor, dem Palast des Priamos, dem Verteidigungswall und der gepflasterten Straße. Sie waren allein bei ihrem Abschied von Troja. Beim Morgengrauen kam der Kutscher des Wagens, der am Abend zuvor aus Çanakkale eingetroffen war und in Ciplak übernachtet hatte. Er trug ihre letzten Koffer zum Wagen. Dann fuhren sie in Richtung der Landstraße, die Smyrna mit Çanakkale verband. Sophia wandte den Kopf, um einen letzten Blick auf Hissarlik, die Troas und die Dardanellen zu werfen, die wie die silbern schimmernden Bänder des Skamander und des Simois ins Ägäische Meer flossen. Es war ein so klarer Junimorgen, daß sie meinte, die Inseln Imbros und Samothrake mit der Hand berühren zu können.

Mit einem Gefühl der Wehmut wurde ihr klar, daß sie ihr wichtigstes Heim verlor, das Heim, in dem sowohl sie als auch ihre Ehe volljährig geworden war. Es war jetzt fast vier Jahre her, seit sie aus der St.-Meletios-Kirche in den Garten ihres Elternhauses in Kolonos gerufen worden war, um einem Fremden zu begegnen, mit dem ihr Onkel Vimpos und ihre Eltern die Möglichkeit einer Ehe erwogen hatten. Sie erinnerte sich an ihre Enttäuschung, als sie Henry Schliemann vorgestellt worden war, einem kleinen, farblosen, halb kahlköpfigen Mann mittleren Alters, dessen einzige Tugend darin zu bestehen schien, daß er drei Vermögen in Rußland und Kalifornien angesammelt hatte.

Sie erinnerte sich auch an die Verwandlung, die mit ihm vorgegangen war, als er über Homer und Troja zu reden begann; an seine unerschütterliche Gewißheit, wo die »unsterbliche Stadt« des Priamos lag, hier auf Hissarlik, an der Mündung der Dardanellen; wie er erklärt hatte, daß er die Bergfestung freilegen werde, bis er zu den Verteidigungswällen, dem Palast des Königs, dem Wachtturm und der gepflasterten Straße gelangte, die vom Palast aus durch das doppelte skaiische Tor bis zum Schlachtfeld auf der Troas führte. Sie sah ihren Mann von der Seite an und dachte bei sich: ›Er ist ein Genie. Ein geborenes Genie. Und einer der heldenhaften Kämpfer der Welt. Er hat sich den Gelehrten, den Historikern, den Philologen widersetzt, von denen keiner glauben wollte, daß es jemals ein Troja gegeben habe, und er hat bewiesen, daß sie sich alle geirrt haben.‹ Angesichts seiner greifbaren und unwiderlegbaren Beweise würden sie jetzt zugeben müssen, daß er der tiefgründigste und wagemutigste Gelehrte von allen war.

Es war nicht leicht gewesen! Sie war in Paris krank geworden; sie hatten sich wegen ihres Heimwehs gestritten und wegen der finanziellen Hilfe, die ihre Familie so dringend brauchte. Sie hatte sich an sein unberechenbares Temperament, seine abwechselnden Anfälle von Geiz und Großzügigkeit gewöhnen müssen. Er war ein Opportunist, der fast alles sagen und versprechen würde, um sein Ziel zu erreichen. Sie selbst war jung und unreif gewesen. Es hatte eine Zeit gegeben, wo sie nicht glaubte, daß sie ihn je lieben oder daß ihre Ehe fortdauern könnte.

Aber all das hatte aufgehört, als sie den ersten Spaten und Schubkarren nach Hissarlik brachten. Sie hatten bei eisigem Wind, brennendem Sonnenschein, erstickendem Staub und Malariaanfällen unermüdlich Seite an Seite gearbei-

tet. Die Mühsal hatte ihre Liebe zueinander aber nun noch mehr gefestigt.
Sie wandte sich ihrem Mann zu, um zu sehen, ob der Abschied auch ihn traurig stimmte. Aber sie erkannte sofort, daß Henry nicht zurück, sondern vorwärts dachte. Die lange Straße, auf der sie fuhren, war nicht die, die er sah. Statt dessen fuhr er den längeren Weg von Athen zum Peloponnes: Olympia ... Tiryns ... Mykene, wo er als nächstes graben würde. Wie er, die Augen nach vorn gerichtet, auf dem Ledersitz des Wagens saß, lag ein Ausdruck auf seinem Gesicht, der zu besagen schien:
›Wir fangen eben erst an.‹

Sechstes Buch

EINE BRÜCKE AUS TAGEN

1.

Spyros erwartete sie am Kai in Piräus.
»Keine Schwierigkeiten mit dem Zoll. Sie haben alles durchgelassen, ohne auch nur einen Korb zu öffnen. Ich habe den Koffer in einem nach hinten gelegenen Lagerraum in der letzten Straße oben auf dem Lykabettos untergebracht. Hier ist der Schlüssel und eine Quittung vom Hausbesitzer, K. R. Papadopoulos, über einhundertsiebzig Drachmen. Ich habe nur einen Monat im voraus bezahlt, weil ich nicht wußte, wie lange Sie den Raum brauchen. Alexandros ist in die entgegengesetzte Richtung gegangen und hat in Monastiraki hinter einem alten türkischen Haus einen Lagerraum gemietet, der wie eine Festung ummauert ist.«
Henry sah Sophia an und lächelte anerkennend.
»Du hast recht gehabt, *Vassilissa* Sophia: Kretisches Blut spricht eine Sprache für sich.«
Er wandte sich an Spyros. »Sie haben Ihre Sache sehr gut gemacht. Dort ist Ioannes Maltezos mit seinem Wagen. Nachdem wir Sophia in der Moussonstraße abgesetzt haben, fahren wir zu Herrn Papadopoulos. Um kein Aufsehen zu erregen, werden wir den Wagen ein paar Ecken entfernt stehenlassen.«
»Das müssen wir sowieso; der Hügel ist zu steil für Pferde. Dort oben stehen nur ganz wenige Häuser.«
Sophia traf gegen zehn Uhr zu Hause ein. Madame Victoria war da, sie zu begrüßen, ebenso Marigo und Katingo. Aber Andromache war diejenige, die ihr den schönsten Empfang bereitete; sie warf sich ihr in die Arme und rief entzückt:
»Mama, Mama zu Hause!«
Das Kind war rundlich und gesund. Sophia küßte ihre Mutter und murmelte: »Du bist gut für Andromache.«
Auf ihrem Rundgang durch die Räume sah Sophia, daß Madame Victoria auch gut für das Haus war.
»Mutter, du bist eine bessere Hausfrau, als ich es je sein werde.«

Henry kehrte zurück, ein zufriedenes Lächeln auf dem mageren Gesicht.
»Es ist alles in Ordnung. Niemand hat das Schloß an deinem Koffer zu öffnen versucht. Das Gold sieht eher noch schöner aus als zuvor.«
Während Madame Victoria und das Mädchen das Essen vorbereiteten, ging Sophia mit Henry in den Garten.
»Ich habe mir den Garten vom Fenster aus angesehen, aber ich wollte nicht ohne dich hinausgehen.«
Es war ein herrlicher Junitag. Die üppig blühenden Büsche versperrten ihnen beinahe den Weg. Die Zitronenbäume, die in einer Reihe an einer der Mauern standen, hatten ihre Blüten bereits abgeworfen, und die kleinen grünen Früchte kamen hervor. Der Maulbeerbaum war eine einzige Masse dunkelgrünen Laubs.
»Ist es nicht ein zauberhafter Anblick?« rief Sophia aus. »Ich weiß, es klingt albern, aber ich kann unseren Garten nicht nur sehen und riechen, sondern ich schmecke ihn auch.«
Nachdem sie ihre Tochter an diesem Abend ins Bett gebracht hatten, zogen sie ihre Schlafröcke an und setzten sich gemütlich auf die Veranda, von der aus sie einen Blick auf die Akropolis hatten. Es war schön, wieder den Mondschein auf dem Parthenon zu sehen. Henry plante die Monate, die vor ihnen lagen.
»Vor allem müssen wir dafür sorgen, daß kein Mensch erfährt, wo sich unser Schatz befindet. Niemand außer Ministerresident Boker in Konstantinopel weiß etwas von seiner Existenz; er hat so viel für uns getan, daß ich fand, er hat ein Recht, darüber Bescheid zu wissen.«
»Wirst du die Sachen nicht hierherbringen?«
»Nur jeweils ein paar Stücke auf einmal, um sie für unser Buch zu photographieren.«
Spyros sollte alle paar Tage mit einem kleinen Handkoffer in den Lagerraum auf dem Lykabettos gehen, um die Goldsachen zurückzubringen, die photographiert worden waren, und weitere Ringe oder Armbänder zu holen. An anderen Tagen würde er mit Ioannes Maltezos im Wagen nach Monastiraki fahren und einen Korb mit Terrakotten und anderen Altertümern in die Moussonstraße bringen, damit sie gesäubert, instand gesetzt und photographiert werden konnten. Derselbe Photograph, der schon monatelang für sie gearbeitet und Aufnahmen von sämtlichen Funden der Jahre 1871 und 72 gemacht hatte, kam jetzt, wann immer er gerufen wurde, und stellte seine Kamera in Henrys Arbeitszimmer auf. Niemand, weder Familienangehörige noch Dienstboten, durfte den Raum betreten, solange das Gold da war. Dem schweigsamen Spyros brauchte man nicht zu sagen, daß er nicht reden sollte; und auch dem Photographen konnten sie vertrauen.
»Dank Bestechung«, gestand Henry. »Ich habe ihm eine hohe Belohnung versprochen, wenn er kein Wort von dem Gold verlauten läßt.«
Sie arbeiteten mit fieberhafter Geschwindigkeit. Sophias Hauptaufgabe bestand darin, die achttausend kleinen Goldperlen zu zwei Halsketten, eine mit

elf Schnüren, die andere mit dreizehn, aufzureihen. Henry wollte eine ganzseitige Photographie von den reichverzierten goldenen Diademen und den beiden Halsketten haben. Sophias nächste Aufgabe war, die langen goldenen Ohrgehänge, die kleineren Ohrringe, die Fingerringe sowie die goldenen Verzierungen für Ledergürtel, Messergriffe und Schwertscheiden möglichst übersichtlich auf einem Brett anzuordnen. Sie fügte der Sammlung noch den breiten goldenen Stirnreifen hinzu, und Henry legte den Kupferschlüssel für die Truhe ans obere Ende des Bretts.

Als nächstes stellte sie auf einem Regal die vierzehn schön gearbeiteten Schalen, Krüge und Vasen aus Gold und Silber auf. Henry reinigte die Kupferdolche und -messer, die großen Gefäße, die Schwerter und schließlich den Kupferkessel und den Schild, der das kostbare Metall über die Jahrtausende hinweg bedeckt und geschützt hatte. Nachdem alle Goldgegenstände einzeln photographiert worden waren, beschloß Henry, daß er den gesamten Schatz, einschließlich der Silberfunde, des Schilds und des Kupferkessels, zusammen photographiert haben wollte. Der Leser sollte die Möglichkeit haben, die komplette Sammlung auf einem Bild zu überblicken. Dazu mußten sie für mindestens ein paar Stunden den ganzen Schatz bei sich zu Hause haben.

»Wann wäre das am sichersten?« fragte er Sophia.

»An einem religiösen oder nationalen Feiertag, wenn alle Behörden und Läden geschlossen sind und die Leute feiern. Niemand wird auf den Kabinenkoffer im Wagen achten.«

Peter und Paul fiel auf den 29. Juni. Alles, mit Ausnahme der Kirchen und Cafés, würde geschlossen, die Moussonstraße menschenleer sein.

Der Photograph kam kurz nach Sonnenaufgang. Henry und Sophia gruppierten ihre achttausend Goldgegenstände auf vier langen Borden im Gartenschuppen, wo die Beleuchtung am günstigsten war. Der Kessel und der Schild wurden auf den Boden gestellt, das Gold dicht zusammengerückt. Es dauerte einige Stunden, bis der Photograph sicher war, daß er genügend Aufnahmen hatte, um gute Bilder liefern zu können. Nachdem dies erledigt war, sagte Henry:

»Jetzt möchte ich, daß Sie einige Aufnahmen von *Kyria* Schliemann machen.«

Sophia trug ein hochgeschlossenes schwarzes Kleid, und ihr glänzendes dunkles Haar war bauschig nach oben gekämmt. Sie hatte ein Schönheitspflaster auf die linke Wange geklebt. Henry setzte ihr zuerst ein Diadem auf, dessen lange Seitenstücke ihr bis auf die Schultern fielen. Dann bat er sie, die aus je sechs Goldketten bestehenden Ohrringe anzulegen, an deren Enden goldene Idole hingen, während er gleichzeitig zwei lange Ohrgehänge am Stehkragen ihres Kleides befestigte. Er wies den Photographen an, eine Nahaufnahme zu machen, damit der Schmuck bis ins kleinste Detail zu sehen war. Der Photograph legte das schwarze Tuch über die Kamera und seinen Kopf und drückte auf den Ballonauslöser. Er machte Aufnahmen, bis Sophia vollkommen erschöpft und ihr Gesicht gerötet war.

»Helena von Troja war nicht schöner als du!« rief Henry, dessen eigenes Gesicht vor Stolz glühte.
»Ich kann nur hoffen, daß ihr auch nie unbehaglicher zumute war als mir in diesem Augenblick. Können wir jetzt Schluß machen?«
»Gut, nimm die Sachen vorsichtig ab. Wir legen sie wieder in den Koffer, und Spyros kann ihn gleich zum Lykabettos zurückbringen. Jetzt kann nichts mehr geschehen, es ist alles für die Geschichte aufgezeichnet.«
Diese Feststellung sollte sich als der größte Irrtum seines Lebens erweisen.

Die Körbe mit den Terrakotten und ihren anderen Funden wurden einer nach dem anderen aus dem Lagerraum in Monastiraki in die Moussonstraße gebracht. Die zwei jungen Archäologen von Émile Burnouf halfen, sie wieder instand zu setzen. Henry und Sophia befaßten sich mit den Gegenständen aus Kupfer, Elfenbein, Stein und Marmor. Sophia besaß geschickte Finger, und sie hatte im Lauf der letzten Jahre gelernt, mit den alten Artefakten umzugehen. Henry engagierte einen Schreiber, um zwei Abschriften von seinen trojanischen Tagebüchern machen zu lassen; der deutsche Text sollte nach Leipzig gehen, der andere an Alexander R. Rangabé, den griechischen Gesandten in Berlin, der sich bereit erklärt hatte, die französische Übersetzung zu machen. Ferner mußte Henry auf eigene Kosten für jedes Buch über zweihundert Photographien von den wichtigsten Funden kopieren lassen.
»Das ist eine ungeheuerliche Aufgabe«, rief Sophia aus. Ihre dunklen Augen wirkten riesenhaft, als sie ihren Mann ansah, dessen Fähigkeit, sie in Staunen zu versetzen, unerschöpflich schien. »Du hast vor, je zweihundert Exemplare vom Text- und Bildband sowohl in Deutschland als auch in Frankreich herauszugeben? Das sind insgesamt achtzigtausend Seiten mit Photographien!«
Henry lachte. »Etwas weniger vielleicht.«
»Wie willst du das schaffen?«
»Ich habe einen Vertrauensmann namens Chrysikopoulos engagiert, der mit dem Photographen arbeiten wird. Ich bekomme jeden Tag die Abzüge, die gemacht werden, und kontrolliere sie, damit wir gleich die fehlerhaften ausscheiden können. Das Aufziehen besorgt Brockhaus in Leipzig.«
Henry stand von seinem Schreibtischstuhl auf und ging eine Weile in Gedanken versunken vor den Fenstern seines Arbeitszimmers auf und ab. Dann hockte er sich plötzlich vor Sophia nieder und nahm ihre Hände fest in die seinen.
»Sophidion, ich möchte dir sagen, was ich in den letzten Tagen getan habe. Ich habe mit einer Reihe von Abgeordneten gesprochen und habe der Regierung eines unserer großen Eckgrundstücke plus zweihunderttausend Francs angeboten, damit sie ein schönes Museum baut, das unsere ganze trojanische Sammlung beherbergen soll.«
Sophia schlang die Arme um seinen Hals.
»Oh, mein liebster Henry, ich bin so stolz auf dich.«
»Ich stelle jedoch gewisse Bedingungen: Obwohl das Museum als solches

dem griechischen Staat gehören wird, muß die Sammlung bis zu meinem Tod mein Eigentum bleiben.«
»Aber wozu?« fragte sie. »Hast du die Absicht, sie zeitweise woandershin zu bringen... in andere Museen?«
»Nein, nein, ich behalte mir nicht das Recht vor, irgend etwas herauszunehmen. Es ist lediglich eine Frage des Stolzes. Das Gebäude wird Schliemann-Museum heißen. Aber die Welt soll wissen, daß die Sammlung mir gehört, solange ich am Leben bin.«
Er war außerstande, sein ungeheures Gefühl des Stolzes auf das, was er geleistet hatte, zu unterdrücken. Das war schon von jeher die treibende Kraft seines Lebens gewesen. Er war großzügig gegen diejenigen, die ihm nahestanden. Er hatte seine eigene Familie und später auch die von Sophia unterstützt. Er hatte gerade Spyros versichert, daß er eine lebenslange Anstellung bei ihm haben werde. Er behandelte seine Angestellten gut und zahlte ihnen überdurchschnittlich hohe Gehälter. Er konnte manchmal skrupellos sein, wie zum Beispiel damals, als er in New York einen Freund überredet hatte, meineidig zu werden, damit er, Henry Schliemann, die amerikanische Staatsbürgerschaft erwerben konnte; oder als er in Indianapolis, wo er seine Scheidung eingereicht hatte, eigens ein Haus und eine kleine Firma kaufte, um zu beweisen, daß er dort ortsansässig zu werden beabsichtigte. Sowohl seine Stärke als auch seine gelegentliche moralische Schwäche war, daß er unbedingt haben mußte, was er wollte, und zwar genau zu dem Zeitpunkt, wo er es wollte; der Zweck heiligte die Mittel... Er rechtfertigte diese moralischen Entgleisungen mit der Begründung, daß er ein gewisses Resultat erzielen mußte, um einen wichtigen Beitrag zur kulturellen Entwicklung der Welt zu leisten. Er konnte sich nicht an seine erschreckenden Wutausbrüche erinnern, geschweige denn sie bezähmen oder gar verstehen.
Er wandte sich wieder an Sophia.
»Als Gegenleistung für das Museum und unsere Sammlung will ich von der griechischen Regierung die Erlaubnis haben, Ausgrabungen in Olympia und Mykene vorzunehmen.«
Die *Newspaper of the Debates* fing an, die letzten Teile des Tagebuchs aus Troja zu veröffentlichen. Andere Athener Zeitungen brachten Artikel über die Arbeiten dort und berichteten ausführlich über Henrys Absicht, seine Funde aus Troja – und später aus seinen griechischen Grabungen – der Regierung zu übergeben, damit sie in einem Museum untergebracht würden, für das er zweihunderttausend Francs stiften wollte.

Anfang Juli wurden sie eines Morgens von einem Glockenläuten geweckt, das über Athen erklang, um den Tod des Erzbischofs Theophilos zu verkünden.
»Man wird einen neuen Erzbischof wählen«, sagte Sophia.
»Hat Bischof Vimpos Aussicht, gewählt zu werden?« fragte Henry.
Sie saßen beim Morgenkaffee in der kleinen Eßnische neben der Küche. Sophia trug ein loses rosa Negligé, das sie aus Paris mitgebracht hatte.

»Es ist nicht unmöglich. Wäre das nicht wundervoll?«

Am nächsten Nachmittag nahmen sie an der Totenfeier für den Erzbischof teil. Der Leichnam war in seine schönsten liturgischen Gewänder gekleidet und saß, die Hand wie zum Segen erhoben, auf einem goldenen Thron. Am 11. Juli kam Theokletos Vimpos zur Wahl nach Athen. Viele waren der Meinung, daß er gute Aussichten hatte, der neue Erzbischof zu werden. Seine hervorragende Ausbildung prädestinierte ihn zum Nachfolger.

Als er die Schliemanns besuchte, sah Sophia, daß er sich wieder sehr verändert hatte. Bei seinem letzten Besuch war er mit Staub bedeckt und niedergeschlagen gewesen; seine Augen waren trübe, und sein Bart und sein Gewand fadenscheinig. Jetzt trug er ein neues Gewand; seine Stimme klang hell.

»Meine herzlichsten Glückwünsche zur Entdeckung von Priamos' Troja!« rief er. »Henry hat schon immer gesagt, daß er es finden werde.«

In Sophias dunklen Augen lag der Ausdruck eines inneren Konflikts.

»Hast du etwas zu beichten, mein Kind?«

»Ja. Wir haben etwas getan, Henry und ich, was vielleicht moralisch nicht ganz einwandfrei war.«

Sie erzählte ihm von ihrer Entdeckung des Schatzes und wie sie ihn aus der Türkei herausgeschmuggelt hatten, ungeachtet der Klausel in ihrem *firman*, die besagte, daß die Hälfte von allem, was sie fanden, dem Museum von Konstantinopel übergeben werden mußte. Gleichzeitig erwähnte sie als mildernden Umstand das neue Gesetz, das die türkische Regierung zu verabschieden im Begriff gewesen war.

»Bittest du mich als Bischof deiner Kirche um Absolution? Oder bittest du mich als Blutsverwandten, eure Handlungsweise zu billigen?«

Sophia senkte den Kopf. »Ich glaube, beides.«

»Als Priester kann ich dir sagen, daß Gott euch vergeben wird. Aber verlange bitte nicht von mir, daß ich ein moralisches Urteil fälle. Wenn ich billige, was ihr getan habt, muß ich einen Teil der moralischen Schuld auf mich nehmen. Wenn ich es nicht tue, kränke ich eine meiner liebsten jungen Verwandten. Ich schlage vor, daß du deinem Mann vertraust und ihn die volle Verantwortung für die Familie übernehmen läßt.«

Sophia blickte auf und sah, daß der Bischof vergnügt mit den Augen zwinkerte. Sie sagte mit einem leisen Lachen: »Gesprochen wie das Orakel von Delphi.« Und dann: »Man sagt, daß die Universität von Athen dich gern als Nachfolger sehen würde.«

Seine dunklen Augen, die so sehr den ihren ähnelten, leuchteten vor Freude. »Noch nicht. Ich bin zu jung. In der orthodoxen Kirche ist Autorität gleichbedeutend mit Alter. Ein weißer Bart ist einem schwarzen vorzuziehen. Wie du siehst, befinde ich mich in einer Mittellage: Mein schwarzer Bart ist lediglich mit Grau durchsetzt.« Er lachte vergnügt. »Der Wunsch nach Beförderung würde bei einem Priester als Sünde angesehen werden... Obwohl mir natürlich der Gedanke hin und wieder durch den Kopf gegangen ist.«

Der Erzbischof von Korfu, Antonios Chariates, wurde gewählt. Als Bischof

Vimpos in die Moussonstraße kam, um sich zu verabschieden, bemerkte er: »Ich glaube nicht, daß die Wahl rechtmäßig war. Sie ist ohne Quorum der Heiligen Synode abgehalten worden; und ohne daß man das Ministerium für kirchliche Angelegenheiten benachrichtigt hat. Wenn meine Annahme stimmt, werde ich zur nächsten Wahl wiederkommen. Vielleicht hat sich bis dahin das Grau in meinem Bart in Weiß verwandelt.«
Bischof Vimpos hatte nicht nur die Theologie seiner Kirche studiert, sondern auch die Gesetze Griechenlands hinsichtlich der Kirche. Er sollte recht behalten. Das Ministerium für kirchliche Angelegenheiten erklärte die Wahl des Erzbischofs von Korfu für ungültig.

Ihre Schwierigkeiten begannen mit einem Brief von Yannakis. Das stumme Mißtrauen, das sie während der letzten zwei Wochen in Troja umgeben hatte, trat jetzt unverhüllt zutage.

> Sehr geehrter Mossiou H. Schliemann,
> Ich muß nach Athen kommen und dort ein paar Tage bleiben und aus den Schwierigkeiten und Quälereien der Regierung herauskommen. Jetzt haben sie mich zum zweitenmal mit der *zaptie* [Polizei] zu den Dardanellen geholt. Die Leute glauben, ich habe jemand ermordet, und meine Mutter und Polyxene in Tränen, und meine Schwestern auch. Sie haben mich ausgefragt. »Ich weiß von nichts«, habe ich geantwortet. Jedenfalls habe ich Ihren Freund Mr. Dokos gebeten, wenn ich es brauche, vielleicht kann er uns helfen.
>
> Ihr Diener Yannakis

»Armer Yannakis«, rief Sophia.
»Sie versuchen, ihm Angst einzujagen«, sagte Henry, »weil sie glauben, sie können etwas aus ihm herausbekommen. Jetzt siehst du, wie klug es war, ihn über das Wochenende nach Hause zu schicken.«
Wenn Sophia bestürzt war über den Angriff gegen Yannakis, so war sie entsetzt über Henrys nächsten Schritt. Er schrieb einen langen Artikel für die *Augsburger Allgemeine Zeitung*, in dem er über seine Entdeckung während ihres letzten Monats in Troja berichtete und den gesamten Schatz des Priamos anschaulich in allen Einzelheiten beschrieb.
»Henry, was bezweckst du damit? Kein Mensch, außer Boker in Konstantinopel, ahnt etwas von diesem Schatz. Sobald dieser Artikel erscheint, wissen die Türken genau, was wir herausgeschmuggelt haben.«
Henry nahm den Ausbruch gelassen hin und streichelte ihre ausgestreckte, bittende Hand.
»In sechs Monaten, wenn unser Buch erscheint, wird es sowieso jeder wissen. Ich habe bereits das Vorwort für die Bildermappe geschrieben und genau berichtet, wie wir den Schatz gefunden haben. Die Leute werden unsere Photographien all der herrlichen Goldsachen sehen.«

»Ein Buch ist etwas anderes als eine Zeitung, Henry. Brockhaus in Leipzig und Maisonneuve et Cie. in Paris sind anerkannte Verlagshäuser...«

»Die *Augsburger Allgemeine Zeitung*«, unterbrach er sie, »ist ebenfalls ein anerkanntes Blatt, das wissenschaftliche Aufsätze bringt.«

»Wird dein Artikel der türkischen Regierung nicht ein Mittel bieten, den Schatz zurückzufordern? Wird es deinem Ruf nicht schaden, wenn man sagt, du hättest deine Vereinbarung verletzt? Warum hast du es so eilig? Bis dein Buch erscheint, ist die Sache mit deinem Athener Museum unter Dach und Fach; dann hast du die griechische Regierung hinter dir.«

»Sophidion, ich kann den Augenblick nicht erwarten, die Öffentlichkeit zu unterrichten, damit niemand mehr bestreiten kann, daß unser Troja tatsächlich existiert. Aber die türkische Regierung soll nicht durch den Artikel von dem Gold erfahren. Ich schreibe an Dr. Philip Déthier, den Direktor des Museums von Konstantinopel, und erkläre ihm ganz offen, daß wir das Gold fortgeschafft haben, weil seine Regierung im Begriff war, durch die Verabschiedung eines neuen Gesetzes die mir erteilte Genehmigung zu widerrufen. Ich werde vorschlagen, daß wir drei Monate lang gemeinsam in Troja graben, um die Arbeit dort zu beenden. Ich werde alle Kosten tragen, und *alles*, was wir finden, geht nach Konstantinopel. Alle sind sich einig, daß das Museum völlig verwahrlost ist und kaum irgend etwas von Wert besitzt. Ich werde ihnen vierzigtausend Francs anbieten, damit sie das Museum modernisieren und alles ausstellen können, was wir ihnen bereits geschickt haben und was wir noch finden werden. Das dürfte sie besänftigen.«

Sophia erkannte, daß es aussichtslos war, ihn zurückhalten zu wollen. Er hatte sich seinen Feldzug zurechtgelegt und war überzeugt, daß er gelingen würde. ›Sobald wir zu graben aufhören, bin ich nicht mehr seine Partnerin‹, dachte sie bei sich. ›Ich bin jetzt nichts weiter als seine Ehefrau, und als Ehefrau habe ich kein Recht, mich einzumischen oder ihm zu widersprechen. So werde ich als gute Ehefrau genau das tun, was alle guten griechischen Ehefrauen zu tun pflegen: nachgeben und ihm beipflichten.‹

Die Woche nach der Veröffentlichung des Artikels in der *Augsburger Allgemeinen Zeitung* vom 26. Juli waren grauenvoll. Der türkische Gesandte in Berlin unterrichtete den Kultusminister in Konstantinopel telegraphisch vom Inhalt des Artikels, und dieser seinerseits telegraphierte sofort an Essad Bey, den türkischen Gesandten in Athen. Der Gesandte legte Protest beim griechischen Kultusminister Kalliphronas ein. Die griechische Regierung wünschte keine Schwierigkeiten mit den Türken; erst kürzlich hatte man dem Sultan als Beweis der Freundschaft das Große Kreuz verliehen, und man wollte nicht riskieren, daß die Beziehungen sich wieder verschlechterten. Und zu allem wurde Henry jetzt in einer Athener Zeitung beschuldigt, daß er die gesamten Goldgegenstände in Athen habe anfertigen lassen!

Kalliphronas unternahm sofort Schritte gegen Henry Schliemann. Als erstes lehnte er Henrys Angebot ab, ein Museum zu bauen, in dem die trojanische Sammlung untergebracht werden sollte. Dann verweigerte er ihm die Genehmigung, in Olympia zu graben, und gewährte dieses Recht statt dessen der Preußischen Archäologischen Gesellschaft, die ebenfalls darum ersucht hatte.

Die Schliemanns wurden die unpopulärsten Leute von ganz Athen. Man ging ihnen aus dem Weg, als hätten sie sich plötzlich eine ansteckende Krankheit zugezogen. Ihre Freunde von der Universität ließen sie nicht völlig im Stich. Sie warteten schweigend ab, wie die Dinge sich entwickeln würden, verzichteten aber im Augenblick vorsichtshalber darauf, das Haus in der Moussonstraße aufzusuchen.

Ungeachtet der Tatsache, daß Sophia ihm dringend von der Veröffentlichung des Artikels abgeraten hatte, folgte Henry ihr von einem Zimmer ins andere, um seinem Zorn Luft zu machen.

»Sie können mich nicht so behandeln! Schließlich habe ich Troja entdeckt, und dafür müßte die ganze zivilisierte Welt mir dankbar sein. Vor allem Griechenland!«

Um sich ein wenig von dem fast unerträglichen Druck zu befreien, schrieb Henry an den amerikanischen Ministerresidenten Boker und fügte seinen Zeilen einen versöhnlichen Brief an den türkischen Kultusminister Safvet Pascha bei, in dem er den Vorschlag wiederholte, den er Déthier gemacht hatte: daß er die Kosten für eine gemeinsame dreimonatige Ausgrabung tragen und dabei der türkischen Regierung sämtliche Funde überlassen wolle und daß er ferner bereit sei, eine Summe für die Instandsetzung des Museums zu stiften. Der Minister antwortete nicht; statt dessen erhielt Henry einen kühlen Brief von Boker:

> Die Schwierigkeit Ihres Falles scheint in den Augen der osmanischen Behörden nicht sosehr darin zu liegen, daß Sie ein Gesetz übertreten haben, sondern vielmehr in der Tatsache, daß Sie einen schriftlichen, freiwillig von Ihnen unterzeichneten Vertrag gebrochen haben, in dem Sie sich verpflichteten, alle Funde mit dem Museum von Konstantinopel zu teilen. Obgleich es im Interesse der Wissenschaft begrüßenswert sein mag, daß es Ihnen gelungen ist, das, was Sie den ›Schatz des Priamos‹ nennen, heil aus der Türkei herauszubringen, wird sich dies, fürchte ich, äußerst nachteilig auf künftige Forschungsarbeiten auswirken; denn es trägt dazu bei, das Mißtrauen der Regierung derart zu steigern. daß man möglicherweise Ausländern künftig überhaupt nicht mehr gestatten wird, Ausgrabungen auf türkischem Boden vorzunehmen.

2.

Im August wurde es drückend heiß. Henry und Sophia fuhren nachmittags mit Andromache nach Phaleron hinaus, um sich im Meer zu erfrischen. In ihrem Haus gab es, wie in vielen anderen auch, um diese Jahreszeit nur wenig

Wasser, weil der größte Teil des Reservoirs der Stadt dazu verwendet wurde, die staubigen Straßen zu sprengen. Vormittags schloß sich Henry in sein Arbeitszimmer ein und schrieb Geschäftsbriefe, um die Gedanken von seinen Schwierigkeiten abzulenken. Er war so beschäftigt, daß er sogar vergaß, seiner Frau zu ihrem vierten Hochzeitstag zu gratulieren oder ihr ein Geschenk zu machen.

Sie gingen so wenig wie möglich in die Stadt. »Ich glaube, wir sollten uns lieber in einer Höhle verkriechen, bis der Sturm vorüber ist«, schlug Henry vor.

Während er seine Probleme einfach beiseite schob und sich mit anderen Dingen befaßte, verbrachte Sophia bedrückende Tage und Wochen. Fern von Troja und der freudigen Erregung über die ständig neuen Entdeckungen, wurde sie jetzt von Schuldgefühlen gequält. Sie war ebenso schuldig wie Henry. Sie hatte geholfen, das Gold in ihr Haus zu bringen, hatte geholfen, es in ihrem Koffer zu verstecken, hatte es bewacht, bis der Koffer zur Bucht von Besika gebracht und auf der *Omonoia* verladen wurde. Wenn Henry auch ihren Rat als Partnerin nicht akzeptiert hatte, so gab er doch offen zu, daß sie den Fund weitgehend ihr verdankten; er hatte in dem Artikel für die *Augsburger Allgemeine Zeitung*, der jetzt in ganz Europa wiedergegeben wurde, ausführlich über ihre Tätigkeit berichtet. Es wurde gemunkelt, daß das Osmanische Reich die Schliemanns beim griechischen Gericht verklagen werde.

Erst im Oktober brachte Sophia den Mut auf, Henry zu bitten, daß er die Hälfte des Goldes preisgeben solle.

»Warum?«

»Um unserem Kummer ein Ende zu machen.«

»Ich habe keinen Kummer.«

»Aber ich. Ich würde ihnen die Hälfte des Goldes geben, um mein Gewissen zu entlasten.«

»Déthier schreibt, ich soll alles zurückgeben. Er verspricht, es in einem renovierten Museum unterzubringen.«

»Hast du ihnen die Hälfte angeboten?«

»Nein.«

»Warum nicht?«

»Weil sie die neue Verfügung zum Gesetz erhoben haben. Wenn ich ihnen den Schatz zeige, behalten sie alles.«

Während der Weihnachtsfeiertage kam der bekannte Kustos der Griechischen und Römischen Altertümer des Britischen Museums in London, Charles T. Newton, als Henrys Gast nach Athen. Sie hatten mehrere Jahre lang miteinander korrespondiert. Sein Besuch galt den trojanischen Funden. Er war begeistert von der Schönheit und dem historischen Wert der alten Terrakotten, Elfenbeinfiguren, Steinidole und Waffen, von denen er erklärte, daß sie eindeutig mit den homerischen Beschreibungen übereinstimmten. Am dritten Tag fragte er behutsam:

»Wäre es wohl möglich, daß ich den Goldschatz zu sehen bekomme? Sie können auf meine Diskretion vertrauen.«

Henry zerbrach sich den Kopf über diese Frage. Er wünschte sich sehnlichst, Newton die Sachen zeigen zu können, aber es waren gewisse Gefahren damit verbunden. Er konnte nicht mit Newton zum Lagerraum auf dem Lykabettos gehen; das Erscheinen von zwei Ausländern in diesem Teil der Stadt würde Verdacht erregen. Schließlich schickte er Spyros am ersten Weihnachtstag, als ganz Athen in der Kirche war, zum Lagerraum mit der Anweisung, die beiden Diademe, die zwei Halsketten mit je viertausend Goldperlen sowie einige Ohrringe und Armbänder in die Moussonstraße zu bringen.

Henry schloß sorgfältig alle Türen und Fenster des Wohnzimmers, dann öffnete er den Handkoffer. Newtons Augen weiteten sich.

»Mein Gott«, rief er aus, »sie sind wundervoll. Darf ich sie in die Hand nehmen?«

Nachdem Newton die Stücke eingehend gemustert hatte, sagte er:

»Dies ist einer der bedeutendsten archäologischen Funde aller Zeiten. Aber, meine lieben Freunde, sollten diese Dinge verborgen in einem Koffer ruhen? Sollten sie nicht in einem großen Museum sein, wo alle Welt sie sehen kann?«

Henry lächelte. »Sie wollen sagen, im Britischen Museum?«

»Ihre Sammlung würde dort zu einer der besten kommen, die es überhaupt gibt.«

»Das stimmt, Mr. Newton«, erwiderte Sophia liebenswürdig, »aber die Sammlung ist Athen versprochen worden.«

»Oh, ich habe nicht gemeint, daß Sie sie uns umsonst geben sollen. Dafür ist sie viel zu wertvoll.«

»Sprechen Sie von einem Verkauf?« fragte Henry.

»Ja. Zu einem Preis, den Sie für angemessen halten. Ich würde einige Zeit brauchen, eine so große Summe zusammenzubringen...«

»Mein lieber Mr. Newton«, sagte Sophia streng, »wir haben nicht die Absicht, die Sammlung zu verkaufen. Wir werden sie Griechenland schenken, sobald unsere Schwierigkeiten mit der Türkei behoben sind.«

Newton sah Henry mit einem fragenden Blick an. Henry zögerte ein paar Sekunden, dann sagte er:

»Meine Frau hat recht. Wir werden sie nicht verkaufen. Aber wir wissen Ihr Interesse zu schätzen.«

Kurz nachdem Charles Newton nach London abgereist war, erschien ein erstaunlicher Artikel im *Levant Herald*. Nassif Pascha hatte eine Razzia in den Häusern von Henrys früheren Arbeitern in Kalifatli und Yenischehir gemacht und »einen kostbaren Schatz von Halsketten, Armbändern und Ohrringen sowie Stäbe aus massivem Gold« gefunden. Er hatte die von den Arbeitern gestohlenen Funde beschlagnahmt und die Schuldigen ins Gefängnis gesteckt.

Die Schliemanns sahen sich verblüfft an. Henry befand sich in einem Zwie-

spalt der Gefühle: Einerseits war er wütend, daß seine Leute ihn betrogen hatten, und andererseits freute er sich über den Beweis, daß so viel Gold in Troja begraben gewesen war, denn jetzt konnte ihn niemand mehr verdächtigen, daß er seinen Schatz in Athen hatte anfertigen lassen. Sophia rief:
»Henry, jetzt hat das Museum in Konstantinopel sein Gold aus Troja! Vier *okas* Gold ergeben etwa elf Pfund. Das ist ein ansehnlicher Schatz fürs Museum. Damit dürften die Türken zufrieden sein.«
»Glaub das nicht, liebes Herz. Es bringt sie erst richtig auf den Geschmack.«
Sophia fuhr sich nachdenklich mit der Hand übers Haar.
»Warum fordern wir nicht die Hälfte des Goldes, das sie beschlagnahmt haben? Wir haben nach unserem *firman* ein Anrecht darauf.«
Henry, der noch einmal den Artikel gelesen hatte, hob ruckartig den Kopf. Sie lächelte nachdenklich.
»Es könnte einen gewissen Ausgleich schaffen.«

Am 21. Januar 1874 trat die Heilige Synode abermals zusammen, um den Erzbischof von Athen zu wählen. Bischof Vimpos kam aus Tripolis. Am Nachmittag seiner Ankunft versammelte sich eine Gruppe von etwa fünfzig Personen, größtenteils Studenten, vor dem Sitzungssaal und rief:
»Theo Vimpos als Erzbischof! Theo Vimpos als Erzbischof!«
Acht Polizisten wurden entsandt, die Demonstration aufzulösen. Die Nachricht ging wie ein Lauffeuer durch Athen. So etwas hatte es noch nie gegeben. Die Synode verfiel in Streitigkeiten. Niemand wurde gewählt.
Trojanische Alterthümer erschien Ende Januar 1874. Es war ein großer, schöner Band. Henry, der vor Ungeduld brannte, hatte seine Zeit damit verbracht, Freunde für das Buch zu gewinnen. Er hatte Professor Kastorches von der Archäologischen Abteilung der Universität von Athen aufgesucht und ihm einen kompletten Satz Photographien und Fahnenabzüge gebracht. Ethymios Kastorches, neunundfünfzig Jahre alt, hatte in Deutschland Geschichte und Archäologie studiert. Er wurde 1858 ordentlicher Professor an der Universität und war der Mann, der 1850 den Kultusminister überredet hatte, die Archäologische Gesellschaft, der er jetzt immer noch angehörte, wieder ins Leben zu rufen. Kastorches war so beeindruckt von dem, was er sah, daß er Henry bat, die Funde besichtigen zu dürfen. Henry lud ihn für den folgenden Sonntag zum Essen ein. Kastorches verbrachte Stunden mit dem Versuch, das Alter der Funde zu bestimmen.
»Ich vermute, ich werde das Gold nicht zu sehen bekommen, ehe dieser ganze Aufruhr sich gelegt hat.«
»Sobald wie möglich«, versprach Henry.
William Gladstone, Premierminister von England, hatte einige Jahre zuvor *Studies on Homer and the Homeric Age* geschrieben und war zu einer Autorität auf diesem Gebiet geworden. Henry sandte ihm ein Exemplar von *Ithaka, der Peloponnes und Troja* sowie den Artikel aus der *Augsburger Allgemeinen Zeitung*. Gladstone war der festen Überzeugung, daß die Trojaner

Griechisch gesprochen hatten, und Henry stimmte ihm bei. Er erhielt eine liebenswürdige und ermutigende Antwort:

> Die Tatsachen, die Sie bewiesen zu haben scheinen, sind von größter Bedeutung für die Urgeschichte, und ich könnte sogar eine eigennützige Freude an ihnen finden, wenn ich sie mit meinen eigenen Auslegungen des homerischen Textes vergleiche.

Dem entgegen stand ein Artikel des Oxforder Gelehrten Max Müller in der angesehenen britischen Zeitschrift *Academy*, der auf Henrys Bericht in der *Augsburger Allgemeinen Zeitung* basierte. Der größte Teil von Müllers wohlgezieltem Angriff galt Henrys Behauptung, daß die Tausende von Idolen mit Eulengesicht, die er gefunden hatte, Darstellungen der griechischen Göttin Athene seien. Müller war der Ansicht, daß es nicht genügend Beweise für diese Theorie gäbe. Ferner schrieb er, daß Henry Schliemann unmöglich in Troja den Schatz des Priamos gefunden haben könne, da dieser, wenn er tatsächlich existiert hätte, von den Achäern als Beute mitgenommen worden wäre.

Die Aufnahme des Buches *Trojanische Alterthümer* folgte, wie sie sehr bald merkten, ziemlich dem gleichen Schema. Die französische Akademie erkannte Henrys Entdeckungen an, und Émile Burnouf schrieb einen hervorragenden Aufsatz für die *Revue des Deux Mondes*. Die deutschen Gelehrten waren »mörderisch«, wie Henry es nannte. Er wurde beschuldigt, unverzeihliche Sünden gegen die Archäologie begangen zu haben, indem er Mauern, Häuser, Tempel niederriß ... in einem Kapitel Vermutungen geäußert und absurde Theorien aufgestellt zu haben, die er im nächsten verwarf ... wirr und inkonsequent zu sein ... und, schlimmer noch, er sei ein Schwindler: Die gesamten Goldgegenstände, die in seinem Buch abgebildet waren, habe er in den Basaren von Konstantinopel und anderen nahöstlichen Städten gekauft!

Henry war nicht der Mensch, solche Beleidigungen schweigend hinzunehmen. Stundenlang saß er an seinem Schreibtisch und schrieb Erwiderungen an alle Zeitungen und gelehrten Journale, die ihn wegen »phantasievoller Behauptungen« oder »Sprüngen in die Stratosphäre der Mutmaßungen« angriffen. Er beauftragte Vertrauenspersonen in allen größeren Städten Europas, ihm sämtliche Artikel über sein Buch, die guten und die schlechten, zu schicken, damit er sie selbst beantworten und sein eigenes Porträt und das von Troja, wie er es kannte und liebte, malen konnte.

›Unermüdlich‹, sagte sich Sophia, während sie ihn, genau wie in Troja, zwanzig Stunden am Tag arbeiten sah.

Und arbeitete sie nicht tatsächlich auch weiterhin an seiner Seite, unter den primitivsten Bedingungen des akademischen Krieges? Beißender Kälte, eisigen Nordwinden, brennender Hitze, tödlichen Skorpionen ausgesetzt ... bis Henrys Entdeckungen als das anerkannt wurden, was sie wirklich waren, und man ihn nicht mehr als einen Schwindler bezeichnete, der versuchte, ein steinzeitliches Dorf an der Mündung der Dardanellen als Homers Troja hinzustellen, sondern als einen achtbaren Wissenschaftler und Archäologen, ja tatsächlich als den Vater der modernen Archäologie schätzte!

Der türkische Gesandte Essad Bey beauftragte drei griechische Rechtsanwälte, ein Gerichtsverfahren im Namen des Museums von Konstantinopel einzuleiten. Die Anwälte beantragten die Beschlagnahme des gesamten Besitzes der Schliemanns als Garantie für den Fall eines Urteils zugunsten des Museums. Henry engagierte zwei der bekanntesten Anwälte Athens, Lucas Halkokondyles und Leonidas Delegeorges, ihn zu verteidigen.

Als sie am Lichtmeßtag vom Gottesdienst zurückkehrten, fanden sie ihr Haus in wüster Unordnung mit geöffneten Schränken und Schubläden vor.

»Irgend jemand hat unsere Habe durchsucht!« rief Henry erbittert. »Sie haben Wache gehalten und einen Zeitpunkt abgepaßt, wo niemand zu Hause war!«

»Henry, hat irgend jemand ein Recht, das zu tun?«

»Ganz gewiß nicht. Es ist ein Delikt. Ich werde es dem Justizminister und dem Polizeichef melden. Wir werden herausfinden, wer das getan hat!«

Genau wie es den Eindringlingen nicht gelungen war, das Gold zu finden, gelang es auch Henry nicht, sie aufzuspüren. Der Polizeichef wies den Gedanken von sich, daß irgendeiner seiner Leute in ein Privathaus einbrechen würde. Der Justizminister sagte, es sei kein Gerichtsbefehl erlassen worden, und demnach würde kein Angehöriger der griechischen Regierung sich mit solch einem Gedanken tragen. Die Anwälte des türkischen Gesandten leugneten kategorisch jede derartige Verletzung des internationalen Rechts von seiten der Türken.

»Ich werde die Zollbehörde in Piräus um Genehmigung bitten, all meine Altertümer aus Griechenland herauszubringen«, sagte Henry streng.

Es war, als hätte er ihr einen Schlag ins Gesicht versetzt.

»Du hast mir versprochen, daß du alles hier behalten und der griechischen Regierung schenken willst!«

»Ich werde nichts fortbringen. Ich will nur das offizielle Recht haben, es zu tun, falls ich sehe, daß die Türken die gerichtliche Bewilligung erhalten, die Sachen zu beschlagnahmen.«

Es dauerte eine Weile, aber die Zollbeamten erhielten Anweisungen aus Athen, ihm keine Hindernisse in den Weg zu legen. Henry bewahrte die offizielle Ausfuhrgenehmigung sorgfältig auf.

Yannakis wurde in der Türkei abermals verhaftet und als Landesverräter ins Gefängnis gebracht. Der Regierungsaufseher, Amin Effendi, wurde entlassen und mit einer Strafe bedroht. Henry schrieb einen energischen Brief an den türkischen Kultusminister, in dem er erklärte: »Nie hat jemand unnachsichtiger meine Ausgrabungen überwacht.« Amin Effendi wurde nicht wieder in den Regierungsdienst aufgenommen, aber er wurde auch nicht verhaftet oder wegen »schwerer Pflichtverletzung« vor Gericht gestellt.

Henry wurde unruhig. Er hatte das Gefühl, selbst ein Gefangener zu sein. Sophia hatte gelernt, die Anzeichen zu erkennen: Wenn er eine Situation nicht mehr beherrschen konnte, entzog er sich ihr, indem er auf Reisen ging. Sie fragte sich, welches Ziel er wohl diesmal wählen würde: London, Berlin, Paris? Er überraschte sie, indem er sagte:

»Laß uns nach Mykene fahren. Montag morgen um sechs geht ein Schiff von Piräus nach Nauplion.«

Sie musterte sein Gesicht. Er hatte in den letzten Monaten abgenommen und sah hager aus, mit hervorstehenden Backenknochen und hohlen Wangen. Aber seine Spannkraft war immer noch die gleiche.

»Ich möchte das Terrain prüfen und dir zeigen. Ich suche um Genehmigung nach, dort zu graben.«

»Hat man uns nicht bereits abgewiesen?«

»Nein. Man hat uns Olympia fortgenommen und es den Preußen gegeben. Über Mykene ist nichts entschieden worden. Kalliphronas ist vor zwei Tagen von seinem Amt als Kultusminister zurückgetreten; er ist neunundsechzig. Damit ist möglicherweise ein Hindernis aus dem Weg geräumt. Ich suche heute nachmittag den neuen Minister auf und lege ihm meinen Antrag vor.«

Als er zurückkehrte, fragte Sophia, wie es ihm ergangen sei.

Ioannes Valassopoulos hatte den Platz von Kalliphronas eingenommen. Henry war ihm noch nie zuvor begegnet.

»Er hat meinen Antrag zu den Akten getan, weiter nichts. Ich fragte ihn, ob er nichts dagegen hätte, wenn wir für einige Tage nach Mykene führen, um das Gebiet zu besichtigen und ein paar allgemeine Beobachtungen anzustellen... Er sagte, Besucher seien willkommen, aber ich dürfe nicht graben.« Er zuckte die Achseln. »Die Gegend um die Bucht von Argos ist landschaftlich sehr schön. Sie wird dir gefallen.«

Sie schifften sich am nächsten Montag in Piräus ein. Abgesehen von Pausanias' *Beschreibung Griechenlands* und der *Orestie* des Aischylos hatten sie wenig Gepäck. Sophia hatte den Eindruck, daß Henry in Eile war.

»Gibt es einen Grund dafür? Drohen die Türken, dich vor Gericht zu laden?«

»Noch nicht.« Er lächelte schwach. »Ich möchte einfach wegkommen, ehe der neue Minister mein Gesuch abweist. Das gibt mir mehr Bewegungsfreiheit.«

Da es Mitte Februar war, fürchtete Sophia das Schlimmste vom Meer... und mit Recht. Dann ließ der Wellengang nach und sie erholte sich, so daß sie den Anblick der Inseln Hydra und Spetsai mit ihren kleinen, geschützten Häfen und den steil aufragenden Bergen genießen konnte. Kurz danach bog der Dampfer in die Bucht von Argos ein und steuerte nach Norden auf das juwelengleiche Nauplion mit seiner vorgelagerten kleinen Inselfestung zu.

Nauplion war ein beliebter Ferienort der Athener. Henry und Sophia stiegen im »Olympia« ab, einem komfortablen Hotel mit Zimmern, die aufs Meer hinausgingen, und einem Restaurant, das sich auf *plaki*, ein typisch griechisches Fischgericht, spezialisierte: Seebarsch, Heilbutt und Schellfisch, beim Morgengrauen gefangen und in Stücken gebraten. Es war ein kühler Abend.

Sie ließen sich weitere Wolldecken und eine zweite Lampe bringen. Sophias Ikone auf dem Tisch neben dem Bett verlieh dem fremden Zimmer sofort eine vertraute Atmosphäre. Henry las ihr aus den Büchern über Mykene vor, die er im Lauf der Jahre in London gekauft hatte. Er erklärte, wie seltsam es sei, daß seit Pausanias, der im 2. Jahrhundert n.Chr. in seiner *Beschreibung Griechenlands* ausführlich über Mykene berichtet hatte, bis zur ersten Hälfte des 19. Jahrhunderts so gut wie nichts über dieses Thema geschrieben worden war. Dann waren zwischen 1810 und 1834 vier englische Weltenbummler nach Argos gekommen, und jeder von ihnen hatte die uneinnehmbare Festung von Mykene und die Schwesterfestung von Tiryns beschrieben. In den seither vergangenen vierzig Jahren hatte sich niemand die Mühe genommen, etwas über die frühere Hauptstadt und die überwältigende mykenische Zivilisation zu schreiben.
»Wenn wir erst einmal unsere Genehmigung haben und zu graben anfangen, werden unsere Aufzeichnungen ein interessantes Buch ergeben. Hör zu, was Dodwell in seiner 1819 erschienenen *Tour Through Greece* schreibt: ›Es gibt keine Stätte in Griechenland, wo ein systematisches und umfassendes Ausgrabungsprojekt mit größerem voraussichtlichem Nutzen durchgeführt werden könnte oder wo mit interessanteren und älteren Funden zu rechnen ist...‹«
»Er hat zu mir gesprochen«, sagte er wie zu sich selbst. »Ich habe zweiundfünfzig Jahre gebraucht, die Botschaft zu begreifen.«
»Ich hoffe nur, der neue Minister begreift die Botschaft«, murmelte sie.

3.

Henry hatte für sechs Uhr am nächsten Morgen einen Wagen bestellt. Er hatte, wie es seine Gewohnheit war, bereits vor Sonnenaufgang sein Bad im Meer genommen. Der erste Teil ihrer gemächlichen Fahrt nach Mykene führte durch eine grüne Landschaft, die allerdings um diese Jahreszeit infolge der winterlichen Regenfälle recht sumpfig war. Dieser fruchtbare Teil der Ebene bringt das beste Gras hervor, das in Griechenland zu finden ist, und schon Homer hat in seiner *Ilias* immer wieder das Lob des »Pferde züchtenden« und »Pferde nährenden« Argos gesungen. Anderthalb Kilometer außerhalb von Nauplion kamen sie an den zyklopischen Mauern des mächtigen Tiryns vorbei, das auf einer Anhöhe errichtet worden war, um die Bucht von Argos zu beherrschen und jegliche Invasion vom Meer her zurückzuschlagen. Tiryns war von Diomedes regiert worden, der eine wichtige Rolle bei der Belagerung Trojas gespielt hatte, bis er im Kampf verwundet wurde. Die Nachbarschaft von zwei so mächtigen Festungen hatte sowohl die alten als auch die modernen Historiker verwirrt, bis sie zu dem Schluß gelangten, daß Tiryns mit Mykene verbündet gewesen sein mußte, eine kleinere Siedlung und Festung, die Agamemnon Untertanentreue schuldete.

Während die Pferde an den riesigen Steinblöcken vorbeitrabten, die die äußeren Mauern bildeten, fragte sich Sophia laut, wie Menschen solch ungeheuerliche Blöcke ohne moderne Winden oder Kräne aufeinandergehäuft haben konnten.
»Auf die gleiche Art und Weise, wie die Ägypter es gemacht haben, als sie ihre Pyramiden bauten. Aber wie, das weiß ich auch nicht.«
Auf den Ruinenhügel zurückblickend, der, ähnlich wie früher der Hissarlik, mit Erde und Schutt bedeckt war, fragte Sophia:
»Hat irgend jemand versucht, Tiryns auszugraben?«
»Nur unser französischer Übersetzer, der griechische Gesandte in Berlin. Einen Tag lang, dann hat er es aufgegeben. Ich habe vor, hier zu graben ... aber es steht weit unten auf meiner Liste.«
Dann kamen sie in das blühende Argos, Hauptstadt und größter Marktplatz des Gebiets. Sie suchten den Präfekt auf, der sie mit der üblichen formellen Höflichkeit empfing.
»Wir möchten lediglich zu Protokoll geben, daß wir auf dem Weg nach Mykene sind, wo wir uns etwa eine Woche aufhalten werden.«
»Haben Sie vor, irgendwelche Ausgrabungen zu machen, Herr Doktor Schliemann?«
»Nein. Ich bin gekommen, Sondierungen vorzunehmen, um mich zu vergewissern, wie groß die Anhäufungen von Schutt in den verschiedenen Zonen sind.«
»Wenn Sie sich auf Sondierungen beschränken, dürfte es wohl keine Beanstandungen geben, um so mehr, als Sie mich von Ihren Absichten unterrichtet haben.«
Sie fuhren durch den nördlichen Teil der Ebene von Argos. Hier bot sich ihnen ein völlig anderes Bild, denn in dieser Gegend war das Land trocken und kahl; im Hintergrund erhob sich eine hohe, steinige Gebirgskette, die den Regen abhielt. Anders wieder das Gebiet ein gutes Stück weiter oben, zu dem sie über eine schmale Bergstraße gelangten; denn die Häuser von Charvati, der kleinen Siedlung am Fuß von Mykene, waren von grünen Feldern, Obstgärten und Weinbergen umgeben; eine kleine Oase. Die acht Häuser waren so dicht zusammengedrängt wie Nachbarn, die sich über den Gartenzaun hinweg die neuesten Klatschgeschichten erzählen.
Der Kutscher hielt vor dem stattlichsten Haus der Gruppe, zwei Stockwerke mit einem schräg abfallenden Schieferdach, zwei großen Fenstern im Erdgeschoß, den unentbehrlichen Flügeltüren und einem Balkon mit schmiedeeisernem Gitter. Zu beiden Seiten des Hauses standen hohe Mastixbäume, rechts der männliche, links der weibliche. Auf dem Gelände hinter dem Haus sah Sophia Truthähne, Hühner, einen Taubenschlag und einen kleinen Teich mit Enten.
Henry klopfte an die Haustür, wurde hineingelassen, blieb nur ein paar Augenblicke, dann kam er mit einem breiten Lächeln auf dem Gesicht wieder heraus.

»Unser Ruf ist uns vorangegangen. Sie wissen über unsere Ausgrabungen in Troja Bescheid und waren hocherfreut zu erfahren, daß wir vielleicht hier graben werden. Sie machen die beiden oberen Zimmer für uns zurecht; wir haben das Stockwerk ganz für uns. Der Name der Familie ist Dases.«

Sophia und Henry fühlten sich sehr wohl. Sie hatten nicht nur zwei Zimmer voller Licht und Sonne, sondern lebten mit einer Familie von vier Generationen, munter und gastfreundlich. Das Haus und das Land, auf dem die Dases' Heu, Trauben, Feigen, Mandeln, Orangen und in einem kleinen Gemüsegarten Melonen, Tomaten, grüne Bohnen, Zwiebeln und Kopfsalat zogen, stammten von ihren Urgroßeltern. Sie züchteten auch Schafe, hatten eine Ziegenherde, diverse Pferde, Esel, Hunde...

Sophia und Henry wurden zuerst den Großeltern Dases vorgestellt. Die Eltern, Demetrios und Ioanna Dases, die das Haus und den Hof bewirtschafteten, waren etwa Mitte Vierzig. Sie hatten ein halbes Dutzend Kinder mit Namen aus der *Ilias:* Ajax, Diomedes, Agamemnon. Zwei der Töchter hatten selbst schon wieder Kinder. In Charvati verließen wenige Söhne jemals ihr Elternhaus; sie brachten ihre Frauen in die Familie, zogen ihre Kinder dort auf, und wenn die Eltern alt wurden, löste die nächste Generation sie ab.

Schüsseln mit warmem Wasser wurden heraufgebracht, damit Sophia und Henry sich frischmachen konnten. Sophia inspizierte die Zimmer; das breite Doppelbett war aus Zypressenholz, die Matratze mit Schaf- und Ziegenwolle gefüllt. Das zweite Zimmer hatte zwei schmale Feldbetten, Stühle und einen Tisch, der, wie Henry sagte, für ihre Bücher und das Tagebuch genügen würde.

Die Küche war der Gemeinschaftsraum der Familie, der einzige Platz, abgesehen von einer Veranda, wo man zusammensaß. Alle Frauen der Familie nahmen an der Zubereitung der Mahlzeiten teil, wenn auch Ioanna ganz offensichtlich diejenige war, die das Kommando führte. Hier fühlte Sophia sich zu Hause; es erinnerte sie an die Jahre ihrer Mädchenzeit, als Madame Victoria in der Küche der Wohnung am Romvisplatz ihren drei Töchtern das Kochen beigebracht hatte. Ioanna forderte Sophia auf, sich ihnen anzuschließen; eine der Töchter band ihr eine Schürze über den weiten Wollrock, und sie machte sich lachend daran, die Tomaten zu füllen, die Ioanna ihr reichte.

Die Männer saßen, die Rohrstühle gegen die Wand gekippt, rauchend und schwatzend da. Demetrios fragte:

»Dr. Schliemann, werden Sie in Mykene graben, wie Sie es in Troja getan haben?«

»Ich habe noch nicht die Genehmigung der Regierung.«

Der Mann warf in einer verächtlichen Geste die Hände hoch, als wollte er sagen: »Die Regierung! Wer kümmert sich schon um die.«

»Ich muß Hand in Hand mit den Behörden arbeiten. Alles, was ich finde, wird Griechenland gehören.«

»Wenn Sie dieses... Dokument... haben, was hoffen Sie zu finden?«

»Den Palast des Agamemnon.«

»Einverstanden. Er existiert. Irgendwo oben auf dem Berg.«
»Und auch die Königsgräber.«
Demetrios war so überrascht, daß er beinah vom Stuhl fiel.
»Von wem?«
»Von all denjenigen, die aus Troja zurückkehrten und von Klytaimnestra und Aigisthos ermordet wurden: Agamemnon, sein Wagenlenker Eurymedon, Kassandra, ihre Zwillinge...«
»Danach haben schon viele gesucht«, sagte Demetrios, »selbst der letzte türkische Gouverneur des Peloponnes, Veli Pascha, der gegen Ende der türkischen Besatzung in das Grab beim Löwentor eingebrochen ist. Jahrhundertelang haben Leute danach gesucht, sogar mein Urgroßvater! Das Grab Agamemnons und auch die übrigen Gräber müßten mit Gold angefüllt sein. Niemand in dieser Gegend glaubt, daß sie existieren.«
»Doch, bestimmt. Pausanias sagt es in seiner *Beschreibung Griechenlands.*«
Dases zuckte die Achseln. »Dr. Schliemann, Sie sind ein Finder. Eine Zeitung hat gesagt, Sie hätten eine Wünschelrute, die Wasser unter einer trockenen Oberfläche entdeckt. Was es in Mykene zu finden gibt, werden Sie finden. Die Königsgräber... niemals.«
Henry bat, daß man zwei Pferde für sie satteln möge. Er und Sophia ritten die steinige Straße entlang an den anderen Häusern vorbei; dann kamen sie zu einem schmalen Pfad, der durch die Felder lief. Eine Kette von drei riesigen Bergen, von Norden nach Süden verlaufend, ragte vor ihnen empor. Der höchste der drei war der Euboia, mit felsigen Zacken, die ihrerseits wieder kleine Berge bildeten. Gegen diesen Koloß gesehen wirkte die Zitadelle von Mykene wie ein bescheidener Hügel, kaum größer als Hissarlik. Aber wenn man an ihren Grundmauern stand, war sie eine ehrfurchtgebietende Festung. Der Pfad bog scharf nach links und ging jetzt steiler bergan. Plötzlich rief Sophia: »Was ist das?«
»Das Schatzhaus oder Grab des Atreus.«
Mit Staunen betrachtete sie das Bauwerk. Der *dromos*, der Zugang, war mit Steinen angefüllt gewesen, aber der Türke Veli Pascha, der in diesem Grab Schätze zu finden hoffte, hatte ihn so weit freigelegt, daß Sophia das schön behauene Steintor, den fast fünf Meter langen Doppelsturz und darüber das tiefe, offene Dreieck sehen konnte, das für große Skulpturen benutzt worden war und gleichzeitig dazu gedient hatte, vom Sturz Gewicht zu nehmen. Die Mauern aus Steinblöcken beiderseits des Dreiecks sowie diejenigen des *dromos*, der zum Tor führte, waren von eindrucksvoller Größe und gut erhalten.
»Dieses Grab ist in den Hügel hineingebaut, nicht wahr?« fragte sie.
»Besser gesagt, aus dem Hügel gegraben. Nachdem die Architekten den Platz geschaffen hatten, den sie brauchten, bauten sie Steingräber, die wegen ihrer konischen Form ›Bienenstöcke‹ genannt wurden. Dieses Schatzhaus des Atreus gilt als ein ebenso großartiges Bauwerk wie die Pyramiden von Ägypten.«
Weitere hundert Meter den Pfad hinauf brachte Henry beide Pferde zum Ste-

hen. Zum erstenmal sahen sie die gesamte Burg von Mykene. Sie befanden sich über einer Schlucht, durch die ein von Winterregen und geschmolzenem Schnee angeschwollener Wildbach toste. Jenseits der Schlucht lag eine offene, steinige Fläche, über der sich die westliche zyklopische Verteidigungsmauer emportürmte.

»*Panaghia mou!*« murmelte Sophia im Flüsterton. »Diese Steinblöcke sind noch größer als die von Tiryns, die wir heute morgen gesehen haben.«

»Ja. Es sind die größten in diesem Teil der Welt. Sie sind nach den Zyklopen benannt, den einäugigen Riesen, die in der Werkstatt des Hephaistos dem Zeus die Donnerkeile schmiedeten.«

»Auf dem Gipfel des Olymp. Ich sehe die Zyklopen vor mir, wie sie Hephaistos' Blasebalg treten.«

»Es gibt noch ein paar andere Dinge, von denen ich möchte, daß du sie ebenso deutlich siehst. Dann wirst du mir helfen können, die Königsgräber zu finden. Zur Zeit Agamemnons führte eine Brücke über diese Schlucht. Direkt dahinter lag die Stadt, deren Häuser sich bis zum Fuß der großen Verteidigungsmauer hinaufzogen. Ich weiß nicht, wie viele, es gibt keine Aufzeichnungen darüber, aber es war eine stattliche Siedlung, die sich bis zu der Hügelkette hinter uns erstreckte. Deshalb die Brücke. Das Gemeinwesen war von einer Mauer eingeschlossen, die allerdings nicht sehr hoch zu sein brauchte, denn beim ersten Anzeichen einer Gefahr konnten sich die Bewohner durch eines der beiden Tore in die Burg flüchten. Innerhalb der zyklopischen Mauer waren sie in Sicherheit; sie hatten ihr eigenes Wasser, die Quelle Perseia, und hinter der Akropolis lag, für die Angreifer unerreichbar, ein fruchtbares Tal, das sie mit Nahrung versorgte.«

»Die gleiche Lage wie in Troja.«

Er klopfte ihr leicht die Schulter.

»Ähnlich, aber uneinnehmbar. Der Haupteingang liegt gleich hinter dieser Kurve.«

Während sie den Hang hinaufritten, ließ Sophia den Blick über ganz Mykene schweifen. Die Jahrtausende hatten es zum größten Teil mit Erde bedeckt, aber sie konnte immer noch jenseits der freigelegten hohen Verteidigungsmauer die Andeutung von Terrassen und Einschnitten sehen, die ursprünglich Straßen oder Pfade zum Gipfel gewesen sein mochten, auf dem, wie Henry sagte, ein Tempel und der prunkvolle Palast des Atreus und seines Sohnes Agamemnon gestanden hatten. Als der junge Orestes nach jahrelanger Abwesenheit zurückgekehrt war, um seinen Vater zu rächen, indem er seine Mutter und ihren Liebhaber tötete, hatte er als rechtmäßiger Herrscher über Mykene ebenfalls den Palast bezogen, und nach ihm sein Sohn. Aber das mächtige Königreich war durch den Trojanischen Krieg geschwächt worden und wurde schließlich von den Dorern vernichtet, die gegen Ende des zwölften Jahrhunderts v.Chr. aus dem Norden kommend, aus Epiros und Makedonien, im Verlauf ihrer Wanderung den ganzen Peloponnes und einen großen Teil des griechischen Festlandes eroberten. Die Familie, der Atreus,

Agamemnon und Orestes entstammten, hatte jahrhundertelang über Mykene geherrscht. Laut Thukydides fiel Mykene knapp achtzig Jahre nach der Zerstörung Trojas. Das war das Ende der mykenischen Kultur.
Sie folgten der Biegung des schmalen Pfades und blieben plötzlich wie gebannt stehen, denn vor ihren Augen lag das Löwentor. Es war schön, ein so packender Anblick, wie Sophia ihn noch nie erlebt hatte. Riesige Säulen standen, drei Meter voneinander entfernt, aufrecht zu beiden Seiten. Sie trugen einen wuchtigen Sturz, der aus einem einzigen großen Block gehauen war. Über dem Sturz, eingefaßt von zyklopischen Steinen, standen auf einem eigenen Sockel zwei Löwen ohne Kopf, die Vorderpfoten auf einem erhöhten Altar mit einer Säule, von der man sagt, daß sie die geheiligte Säule des Hauses des Atreus sei.
»Henry, sie sind so naturgetreu. Aber hat irgend jemand die Köpfe gestohlen?«
»Erst als einige der riesigen Steinblöcke herunterfielen. Vermutlich ein Erdbeben. Sie haben die Köpfe mitgerissen.«
Die Straße, die zum Tor führte, und das Tor selbst hatten sich während der Jahrhunderte mit Steinen und Erde aufgefüllt. Der Sturz stand jetzt nur einen Meter über dem Boden.
»Wie hoch war das Tor ursprünglich?« fragte Sophia.
»Schätzungsweise etwa vier Meter, vielleicht auch höher. Es mußte ja die Könige in ihren Triumphwagen durchlassen.«
Sie krochen auf Händen und Knien durch eine kleine Öffnung und befanden sich innerhalb der Burg, jetzt ein freier Platz, auf dem Ziegen grasten. Geradeaus und zu ihrer Rechten erstreckte sich ebenes Gelände bis zur Verteidigungsmauer. Zu ihrer Linken und hoch über ihnen war der Berg zu einer Festung gehauen.
»Laß uns von hier hinaufgehen«, schlug Henry vor. »Wir suchen uns einen Weg durch die Felsen und Sträucher.«
Es war ein langer, mühseliger Aufstieg, aber der Blick von oben war wundervoll. Sie konnten die ganze Ebene von Argos überblicken, hinter der in etwa vierzehn Kilometern Entfernung das Meer bei Nauplion grünlichblau am Horizont blitzte. Henry führte Sophia zum Rand eines Felsens, der in eine tiefe, dunkle Schlucht blickte, die Mykene von dem benachbarten Berg trennte. Neben dem Felsen waren Teile von Schutzwällen zu sehen. Henry deutete mit ausgestrecktem Arm über die untere Stadt und die Schlucht auf die Straße, die sie heraufgestiegen waren.
»Blick geradeaus zu dem Punkt, auf den ich deute, die Anhöhe über der Straße. Siehst du das Schatzhaus des Atreus? Atreus hat es dort errichtet, um im Außenhof seines Palasts sitzen und es betrachten zu können.«
»Willst du damit sagen, daß wir tatsächlich auf Atreus' äußerem Hof stehen?«
Er lächelte. »Das wäre zu einfach. Aber er befindet sich irgendwo auf diesem Vorsprung. Ebenso wie die Badewanne, in der nach Aussage eines Ge-

schichtsschreibers der Antike Klytaimnestra und Aigisthos den soeben heimgekehrten Agamemnon ermordet haben, indem sie ihn in ein großes Fischnetz hüllten, das Klytaimnestra zu diesem Zweck zehn Jahre lang geknüpft hatte. Pausanias dagegen sagt, er wurde bei einem Bankett getötet.«
Sie stiegen im Zickzack den Berg hinunter; Henry ging dicht vor Sophia her, um zu verhindern, daß sie stolperte. Als sie wieder beim Löwentor angelangt waren, fragte Sophia:
»Wo wirst du mit deinen Sondierungen beginnen?«
»Etwa hundert Meter in gerader Linie nach Süden zu.«
Er holte ein abgegriffenes Exemplar von Pausanias aus der Jackentasche und fing an, laut zu lesen:

»Trotzdem stehen noch Reste der Stadtmauer und vor allem das Tor. Über ihm stehen Löwen, und auch diese Mauern sollen ein Werk der Kyklopen sein, die dem Proitos die Mauer in Tiryns bauten. In den Trümmern von Mykenai befindet sich die Perseia genannte Quelle und die unterirdischen Gebäude des Atreus und seiner Söhne, in denen sich ihre Goldschätze befanden. Und das Grab des Atreus ist da und auch derer, die, mit Agamemnon aus Ilion zurückgekehrt, Aigisthos bewirtete und tötete... Und ein anderes Grab ist das des Agamemnon und eins für seinen Wagenlenker Eurymedon und eins für Elektra. Teledamos und Pelops wurden in einem Grab beerdigt; denn diese habe Kassandra als Zwillinge geboren, sagt man, und Aigisthos tötete sie noch als kleine Kinder mit ihren Eltern. Klytaimnestra und Aigisthos wurden etwas entfernt von der Mauer begraben, innerhalb verwehrte man es ihnen, wo Agamemnon selbst lag und die mit ihm Ermordeten.«

»Das ist doch sehr klar. Warum hat man die Gräber nicht gefunden?«
»Weil die Leser jahrhundertelang geglaubt haben, Pausanias meinte die Mauer, die die untere Stadt umschloß. Aber die war, bis er im zweiten Jahrhundert n.Chr. hierherkam, bereits zerbröckelt und verschwunden. Also kann er sich nicht auf die untere Mauer bezogen haben. Er hat diese zyklopischen Mauern gemeint, die den Kern der Zitadelle einschließen. Deshalb werden wir innerhalb dieser Mauern suchen, wo noch niemand gegraben hat.«
All die Schwierigkeiten und Sorgen, die sie in Athen bedrängten, waren vergessen. Es war beinahe, als ob sie im Begriff wären, ein neues Leben zu beginnen und sich mit frischem Mut der gleichen anspornenden Herausforderung zu stellen, mit der sie ihre Ehe hoch oben auf Hissarlik begonnen hatten. Sie standen mit blitzenden Augen da, die Wangen von den Anstrengungen des Abstiegs gerötet.
›Menschen, die sich mit Leib und Seele einer Aufgabe hingeben, lassen die Zeit stillstehen, so wie Josua die Sonne hat stillstehen lassen‹, dachte Sophia bei sich. Laut sagte sie:

»Du hast Homer richtig gedeutet. Vielleicht deutest du auch Pausanias richtig.«

Sie kehrten früh genug ins Haus der Dases' zurück, so daß Henry mit den Männern der Familie vor dem Abendessen noch einen *ouzo* trinken konnte. Fünfzehn Mann hoch saßen sie um den runden Tisch, Henry und Sophia mit den Großeltern auf dem Ehrenplatz. Die Unterhaltung war angeregt und freundlich. Henry fragte Demetrios:

»Wissen Sie zwei Männer, die mir in den nächsten Tagen beim Graben helfen könnten?«

»Natürlich. Ich und einer meiner Söhne.«

»Wir fangen beim Morgengrauen an.«

»Dann wollen Sie also doch ausgraben?«

»Nein. Nur ein paar Sondierungen vornehmen.«

Offenbar waren die hundert Bewohner von Charvati alle miteinander verwandt, denn nach und nach kamen die Leute aus den anderen Häusern herbei, um die Gäste der Dases' kennenzulernen. Die Kinder waren zu Hause geblieben, aber die meisten Erwachsenen kamen und murmelten:

»*Kalos orisate,* wir heißen Sie willkommen.«

Ebenso wie die Bewohner von Aulis trugen sie alle zu Ehren der Gäste ihren Sonntagsstaat.

Um acht Uhr wandte sich Henry an seine Wirtsleute.

»Wenn Sie uns entschuldigen wollen, Madame Schliemann und ich möchten uns zurückziehen. Es war ein langer Tag, und ich will ihr noch den *Agamemnon* des Aischylos vorlesen.«

Ioanna Dases sagte bittend:

»Dr. Schliemann, wollen Sie ihn nicht uns allen vorlesen? Wir Frauen können nicht lesen. Wir kennen die Geschichte; sie wird vom Vater an den Sohn weitergegeben, aber niemand von uns hat je den Wortlaut des Dramas gehört.«

Henry las im Schein des Kaminfeuers. Die Leute saßen auf Bänken, die von der Veranda hereingebracht worden waren. Während Sophia die ruhigen, aufmerksamen Gesichter musterte, wanderten ihre Gedanken zurück zu dem Abend in Aulis, als Henry vor einem ähnlichen Kamin *Iphigenie in Aulis* gelesen hatte. Auch Henry erinnerte sich offenbar daran, denn er legte das geöffnete Buch umgekehrt auf den Schoß.

»Ehe wir zur Ermordung Agamemnons kommen, müssen Sie sich vergegenwärtigen, daß Klytaimnestra einen Grund hatte. Agamemnon hatte bei einem Überfall ihren ersten Mann und ihren kleinen Sohn getötet. Als Eroberer zwang er darauf Klytaimnestra, ihn zu heiraten, und veranlaßte sie später, ihrer beider Tochter Iphigenie nach Aulis zu bringen, unter dem Vorwand, daß sie Achilles heiraten sollte. In Wirklichkeit wollte er das Mädchen der Göttin Artemis opfern, damit diese seiner Flotte günstige Winde für die Weiterfahrt nach Troja sandte. Trotz Klytaimnestras und Iphigenies flehentlicher

Bitte schnitt Agamemnon seiner Tochter mit einem Messer die Kehle durch.«
Tränen standen in den Augen der Frauen, ob alt oder jung. Henry fuhr fort: »Von diesem Augenblick an plante Klytaimnestra seine Ermordung. Kurz nachdem sich Agamemnon mit seiner Flotte auf den Weg nach Troja gemacht hatte, machte sie seinen Vetter Aigisthos zu ihrem Liebhaber und Mitregenten. Auch Aigisthos hatte ein Motiv für seine Tat: Seine älteren Brüder waren von Agamemnons Vater Atreus ermordet worden.
Um rechtzeitig zu erfahren, wann Agamemnon aus Troja zurückkehren würde, ließ Klytaimnestra durch ihre Soldaten eine Kette von Leuchtfeuern errichten, die sich vom Ida-Gebirge über Lemnos, Athos, Messapion, Asopos und den Saronischen Golf bis Mykene zog. Als Klytaimnestra und Aigisthos durch diese Leuchtfeuer erfuhren, daß Troja gefallen war, bereiteten sie sich auf Agamemnons Ankunft vor.«
Henry fuhr fort zu lesen. Die Menschen in der Küche lauschten gebannt. Als er zum Höhepunkt des Dramas kam, stieg seine Stimme an.

Von manchem Worte, das ich sonst dem Augenblick
mich fügend aussprach, sag' ich jetzt das Gegenteil.
Das tu' ich ohn' Erröten; denn wer einem Feind,
der scheinbar Freund ist, Feindliches bereiten will,
wie kann er anders seine Netze hoch genug
ausspannen, daß das Wild sie nimmer überspringt?
Schon lange hab' ich diesen Kampf vorausbedacht,
vollkommen ist, doch spät erschienen der Triumph.
Hier seht mich stehen, wo ich schlug. Es ist vollbracht.
Hört, wie ich's tat. Dies widerruf' ich nimmermehr.
Ein ungeheuer tückisch weites Prachtgewand
gleich eines Fischers Zugnetz werf' ich über ihn,
dem er sich nicht entwinden noch sich wehren kann.
Zwei Streiche führ' ich wider ihn, und zweimal schreit
er auf und bricht zusammen, und den dritten Streich
geb' ich ihm, wie er daliegt, als den Dankeszoll
dem Zeus, der drunten in dem Totenreich regiert.

Einer nach dem anderen kamen die Angehörigen der Familie Dases und ihre Verwandten zu Henry, um ihm zu danken. Dann stiegen die Schliemanns die Treppe hinauf und schlossen die Tür ihres Schlafzimmers hinter sich.
Es war früh am Morgen, und die Sonne war noch blaß und kraftlos, als Henry, Sophia, Demetrios und sein Sohn Ajax den Pfad zum Löwentor hinauffuhren. Demetrios machte an der großen Ostmauer halt, die zu den Löwen führte, und Ajax legte Steine hinter die Wagenräder, ehe sie die Arbeitsgeräte ausluden. Henry hatte den Schubkarren der Familie mit der Begründung abgelehnt:
»Ich darf keine Ausgrabungen machen, und deshalb kann ich auch keine Erde

fortschaffen. Wir wollen lediglich ein paar Suchschächte graben; nicht breit oder tief, nur gerade genug, um Proben von den verschiedenen Erd- oder Gesteinssorten zu entnehmen, auf die wir stoßen werden.«
Sie krochen durch das Löwentor in die sagenumwobene Akropolis von Mykene, von der aus das achäische Königreich regiert worden war. Henry holte seinen Kompaß hervor.
»Wir fangen südlich vom Löwentor an. Lassen Sie uns hier auf der ersten westlichen und südwestlichen Terrasse ein halbes Dutzend Schächte graben.«
Demetrios und Ajax begannen, in sieben Meter Entfernung voneinander zu graben, wobei sie gewissenhaft Henrys Anweisung befolgten, die Schächte so schmal wie möglich zu halten. Er selbst ging zwischen den beiden Männern hin und her, prüfte die Erde und machte sich Notizen über ihre Zusammensetzung. Manche Löcher ließ er nur ein bis zwei Meter tief graben, andere drei bis vier.
Sie gruben während des Vormittags drei Schächte aus und füllten sie wieder. Es gab wenig Funde. Um elf kam einer der jüngeren Söhne der Dases' auf einem Esel herauf und brachte ihnen einen Korb mit Brot, Käse, Oliven, hartgekochten Eiern und Wein. Am Spätnachmittag stießen sie, etwa hundert Meter vom Löwentor entfernt, auf zwei zyklopische Mauern. Henry war hocherfreut.
»Das ist sehr ermutigend. Schluß für heute. Bitte füllen Sie die restlichen Schächte auf.«
Als sie den Hügel hinunterfuhren und die untergehende Sonne die Akropolis in feurig rotes Licht tauchte, rief Sophia aus:
»Stellt euch vor, wie schön und eindrucksvoll es hier während der Herrschaft des Atreus und Agamemnon gewesen sein muß. Silberne Triumphwagen, kraftvolle Pferde aus der Argolis, die mykenischen Soldaten in ihren kupfernen Rüstungen, mit wallenden Federbüschen auf dem Helm, Schwertern im Gürtel, Lanzen unter dem Arm, Goldschmuck an den Handgelenken...«
»Verschwunden«, sagte Demetrios betrübt, »jetzt gibt es nichts als Steine, Terrassen und Hirten, die hier ihre Schafe weiden lassen.«
Am Tag darauf gruben sie nach Süden zu ein weiteres Dutzend Schächte und fanden nichts außer einer glatten, unverzierten Platte, die Henry für einen ehemaligen Grabstein hielt. Die nächsten beiden Tage, in denen sie insgesamt vierunddreißig Löcher aushoben, gaben ihnen Auskunft über die verschiedenen Schichten Erde unter ihnen; sie hatte sich zum größten Teil nachträglich angesammelt und enthielt nur einige Scherben von weiblichen Figuren und Terrakotta-Kühen sowie kleine Stücke von runden, nicht weiter bearbeiteten Steinen.
Es war noch stockdunkel, als sie am Morgen des fünften Tages vom Lärm eines Wagens geweckt wurden, der den Hügel heraufkam; irgend jemand klopfte laut an die Haustür, dann hörten sie erregte Stimmen.
»Wir sollten uns lieber rasch anziehen«, sagte Henry. »Es ist irgend etwas geschehen.«

Er hatte recht: Als sie die Treppe herunterkamen, sahen sie inmitten der Familie einen jungen Mann mit geröteten Augen, der beim Sprechen aufgeregt mit den Armen fuchtelte.
»Was ist los, Demetrios?« fragte Henry.
»Dies ist Ioannes, mein Neffe aus Argos. Er arbeitet in der Präfektur. Gestern nachmittag hat der Präfekt ein Telegramm vom Kultusminister erhalten, in dem steht, daß Dr. Schliemann in Mykene gräbt und daß der Präfekt ihn daran hindern muß, einen Spaten in die Erde zu stechen. Ioannes nahm an, Sie würden vielleicht darüber Bescheid wissen wollen, ehe der Präfekt seine Leute schickt...«
Henry nahm den Mann beim Arm.
»Sie haben gut daran getan, mich zu warnen und den Wagen mitzubringen. Wir fahren sofort ab.«
Er hinterließ eine großzügige Summe auf dem Küchentisch. Ioannes lud die Handkoffer auf den Wagen.
»Wenn Sie mit der Genehmigung zurückkehren, um länger hierzubleiben, werden Sie dann wieder bei uns wohnen?« fragte Demetrios.
»Natürlich. Und Sie sollen mein Vorarbeiter sein.«
»Einverstanden. Gehen Sie jetzt. Wenn die Beamten kommen, wissen wir von nichts.«
Ioannes brachte sie in ihr Hotel in Nauplion und versicherte ihnen, daß er selbst ungesehen nach Argos zurückkehren werde. Henry gab ihm zum Abschied ein reichliches Trinkgeld, dann machten er und Sophia es sich wieder in der Suite bequem, die sie bewohnt hatten, ehe sie nach Mykene gingen. Sie machten einen Spaziergang am Meer entlang und ließen sich das Abendessen aufs Zimmer bringen. Als sie gerade zu Bett gehen wollten, klopfte es an der Tür. Henry machte auf. Draußen stand ein Offizier. In voller Uniform.
»Dr. Schliemann?«
»Ja.«
»Ich bin der Polizeichef von Nauplion, Leonidas Leonardos. Bitte lassen Sie sich sagen, daß ich als Besucher komme. Ich weiß, Sie sind amerikanischer Staatsbürger, und ich möchte keinen internationalen Zwischenfall verursachen.«
»Sie sind mir sehr willkommen.«
In diesem Augenblick kam Sophia herein. Der Polizeichef starrte sie verblüfft an, dann rief er:
»Sophia Engastromenos! Sie sind Frau Schliemann?«
»Ja. Ich erinnere mich an Sie. Sie haben uns am Romvisplatz besucht.«
»Gewiß. Ich kannte Ihren Vater.«
»Bitte setzen Sie sich. Es ist nett, Sie wiederzusehen. Darf ich Ihnen eine Tasse Kaffee und *glyko* anbieten?«
Der Polizeioffizier nahm den Teller mit kandierten Kirschen entgegen. Er war sichtlich verlegen.
»Möchten Sie sehen, was wir aus Mykene mitgebracht haben?«

»...ja. Ich habe ein Telegramm erhalten mit dem Befehl, Ihr Gepäck zu durchsuchen.«
Sophia holte einen kleinen Weidenkorb aus dem Nebenzimmer, nahm den Deckel ab und zeigte ihm die wenigen Scherben von den Terrakottafiguren und die runden Steinstücke.
Der Offizier wandte sich an Henry.
»Diese Bruchstücke sind ohne jede Bedeutung. Ich werde auf dieser Karte einen kurzen Bericht abfassen. Dann können wir ihn beide unterschreiben.«
Er schrieb:

> Da derartige Objekte an allen antiken Stätten zu finden sind, und da es sich bei dem Material um Stein und nicht um Marmor handelt und die Stücke nicht von Interesse sind, habe ich sie alle Herrn Schliemann ausgehändigt, der auf diesem Dokument seine Unterschrift der meinen hinzufügt.

Der Polizeichef unterschrieb den kurzen Bericht und reichte ihn Henry zur Unterschrift. Dann sagte er Sophia, wie sehr er sich gefreut habe, sie wiederzusehen.

4.

Bei ihrer Rückkehr nach Athen suchten sie sofort den Kultusminister auf. Er weigerte sich, sie zu empfangen, und ließ ihnen sagen, sie sollten sich bei Panaghiotes Eustratiades, dem Oberinspektor für Altertümer, melden. Eustratiades hatte zahlreiche Artikel in *Archaeological Newspaper* veröffentlicht und war kürzlich zum Mitglied der Preußischen Akademie der Wissenschaften und des Archäologischen Instituts in Rom gewählt worden. Er war derjenige, der den Vertrag mit den Deutschen für die Ausgrabungen in Olympia unterzeichnet hatte.
Er begrüßte die Schliemanns außerordentlich kühl. Henry kam sofort zur Sache.
»Herr Kurator, ich habe mich auf dem Weg nach Mykene beim Präfekt von Argos gemeldet und ihm erklärt, daß ich noch keine Genehmigung hätte und lediglich Sondierungen vornehmen wollte...«
Der Kurator unterbrach ihn zornig.
»Offenbar sind Sie der Meinung, daß die Griechen ihre Gesetze nicht achten und Sie sich über sie lustig machen können.«
»Ich versichere Ihnen, derartige Gedanken liegen mir fern. Wer immer Ihnen berichtet hat, daß ich in Mykene gegraben hätte, hat sich geirrt. Ich habe lediglich das Terrain geprüft... ein paar kleine Löcher, um über die Beschaffenheit des Bodens dort Bescheid zu wissen, wenn ich meine Genehmigung erhalte.«

»Das wird lange dauern!«
Henry wurde blaß und verstummte vor dem Zorn des Kurators. Sophia sagte leise: »Wenn Sie mir ein Wort gestatten wollen, Herr Kurator, unsere Sondierungen waren wenig mehr als ein Experiment. Wir haben keinen Schaden angerichtet.«
»Haben Sie einen Spaten in die Erde gesteckt?«
»Ja.«
»Dann haben Sie das Gesetz übertreten.«
Henry hatte seine Stimme wiedergefunden.
»Wir sind gekommen, um uns zu entschuldigen, daß wir etwas getan haben, was Ihnen Schwierigkeiten verursacht hat. Ich bedaure es. Ich werde keinen Spaten mehr in griechischen Boden stechen, bis Sie mir die offizielle Genehmigung erteilen. Bitte haben Sie die Güte, meine Entschuldigung zu akzeptieren. Sie ist aufrichtig und ehrlich.«
Henrys Bitte um Entschuldigung milderte ein wenig den Zorn des Kurators.
»Gut. Zumindest waren Sie einsichtig genug, sofort nach Ihrer Ankunft hierherzukommen und meine Autorität anzuerkennen.«
»Ich habe den kleinen Korb mit Tonscherben im Wagen. Wünschen Sie, daß mein Kutscher ihn bei Ihrem Sekretär abgibt?«
»Nein! Wir können nicht rechtmäßig annehmen, was unrechtmäßig unserem Boden entnommen wurde. Machen Sie damit, was Sie wollen.«
Sophia und Henry dankten ihm, daß er sie empfangen hatte. Er nahm Henrys dargebotene Hand, wobei seine kalten Finger mit der Bewegung eines Vogels im Flug von Henrys abschnellten. Sie gingen in ein nahe gelegenes Café. Sophia sagte über ihrer Tasse Tee:
»Ich fürchte, wir haben eine Dummheit gemacht.«
»Ich weiß«, entgegnete er reumütig. »Es war ein Fehler. Ich hätte mich von Mykene fernhalten sollen, bis man mir die Genehmigung erteilt. Aber du weißt, wie ruhelos ich werde, wie... besessen... wenn ich nicht graben kann.«
»Es hat keinen Sinn, sich Vorwürfe zu machen. Was geschehen ist, ist geschehen.«
Nach seiner Begegnung mit Kurator Eustratiades wußte Henry, daß es schwer sein würde, die Genehmigung für Mykene zu erhalten, und so verdoppelte er seine Bemühungen, die türkische Regierung zu überreden, daß man ihm gestatten möge, seine Ausgrabungen in Troja zu Ende zu führen. Dr. Philip Déthier, Direktor des Museums von Konstantinopel, beantwortete sein Gesuch mit einem Brief vom 21. März 1874, in dem er ihm einen Vergleich vorschlug:

> Ich mache Ihnen einen Vorschlag: Vergessen Sie, was gewesen ist, geben Sie uns Ihre Sammlung wieder, und ich verspreche Ihnen, wir bringen sie in einem nagelneuen *Schliemann-Museum* in Konstantinopel unter, das wir eigens für Sie bauen werden. So wird ›Fortuna‹ für alle Zeiten mit Ih-

rem Ruhm verbunden sein, man wird sich stets mit Dankbarkeit Ihrer erinnern, und Ihre Arbeit wird einen glücklichen Abschluß finden.

»Wir streiten uns förmlich darum, wer die Kosten für ein neues Museum tragen darf«, bemerkte Henry mit einem freudlosen Lachen, »das zeigt dir, wie kostbar unser trojanischer Schatz ist.«

»Henry, ich habe Angst. Denke an die Anklagen, die man gegen dich erheben wird, die Monate der Gerichtsverhandlungen, das Gerede in Athen. Wäre es nicht klüger, ihnen einfach durch unseren griechischen Botschafter ihre Hälfte zu senden?«

Er trat auf den großen Sessel zu, in dem sie saß, nahm ihr die Stickerei aus der Hand und kniete sich vor sie.

»Mein Herz, ich weiß, es wäre leichter für dich. Aber ich bitte dich, mir zu glauben, daß die Sammlung nicht geteilt werden darf, wenn ihr Wert und ihre Bedeutung erhalten bleiben sollen. Die griechischen Justizbehörden werden uns den Schatz nicht fortnehmen, um ihn den Türken zu geben, ganz gleich, wieviel Druck man auf sie ausübt.«

Émile Burnouf und seine Tochter kamen an einem Sonntagnachmittag, um sie zu besuchen und die Scherben aus Mykene zusammenzusetzen. Als sie mit der Arbeit fertig waren, ließ Sophia draußen im Teehaus heiße Schokolade und Mandeltörtchen servieren. Burnouf erkundigte sich nach Henrys Schwierigkeiten mit der türkischen Regierung.

»Man will Dr. Déthier, den Direktor des Museums von Konstantinopel, nach Athen senden, damit er mich überredet, den Schatz herzugeben. Wenn ihm das nicht gelingt, sollen die drei vom türkischen Botschafter beauftragten Anwälte das Gericht erster Instanz ersuchen, ein Urteil gegen mich zu fällen.«

»Das klingt erschreckend«, sagte Burnouf.

»Falls die Lage bedenklich wird, wäre es wohl möglich, alles ins Französische Archäologische Institut zu schaffen? Das Institut ist der französischen Botschaft angegliedert und demnach exterritorial. Die Polizei könnte dort nicht hinein, selbst wenn das Gericht gegen mich entscheidet.«

»Sie können den Schatz jederzeit ins Institut bringen. Wir werden ihn für Sie verwahren, solange Sie wollen.«

Louise neigte den Kopf zur Seite und sagte mit ihrem hinreißendsten Lächeln:

»Dr. Schliemann, wenn Sie schon diesen ersten Schritt tun und den Schatz, symbolisch gesprochen, auf französischen Boden bringen, warum bringen Sie ihn nicht in Wirklichkeit auf französischen Boden?«

Henry schwieg.

»Vater und ich haben darüber gesprochen. Wo wäre der Schatz sicherer und besser aufgehoben als im Louvre? Geben Sie meinem Vater Vollmacht; er wird dafür sorgen, daß der Direktor des Louvre sich einverstanden erklärt, und der Schatz wird im schönsten Museum der Welt zur Schau gestellt.«

Sophia fixierte Louise mit einem strengen Blick.
»Schluß mit diesem Unsinn, Louise. Mein Mann hat versprochen, den Schatz Athen zu überlassen. Und da wird er bleiben, solange ich ein Wort in dieser Sache mitzureden habe.«
Ende März traf Philip Déthier ein. Er sandte Henry einen kurzen Brief, in dem er ihn mit »Mein lieber Freund« anredete und fragte, ob er ihn besuchen dürfe. Er kam, von Monsieur Mishaak, dem ersten Sekretär der türkischen Botschaft, begleitet, am nächsten Tag um die Mittagszeit. Déthier hatte ein krankes Bein und hinkte stark, aber er war bei bester Laune, strich sich mit beiden Händen sein vor Pomade glänzendes Haar zurück und ließ eine lange Rede vom Stapel, in der er Henry ausführlich den Standpunkt der türkischen Regierung darlegte. Mishaak saß auf dem Rand seines Stuhls in einer Ecke des Wohnzimmers.
Déthier war ein gebildeter Mann, der es liebte, moralische Gebote aus der Bibel in seine Reden einzuflechten. Er kam mit einem verlockenden Angebot: Die türkische Regierung würde nicht nur auf ihre eigenen Kosten ein Schliemann-Museum bauen, sondern Henry würde auch seinen *firman* erneuert bekommen und könnte im Reich des Sultans graben, wann und wo immer er wollte.
Henry fragte:
»Ist das neue Gesetz bereits in Kraft getreten, nach dem jeder, der in der Türkei Ausgrabungen macht, seine Funde dem Museum zur Prüfung vorlegen muß?«
»Ja. Es ist Anfang des Jahres verabschiedet worden.«
»Es ermächtigt die Regierung, jeglichen Teil der dem Ausgräber zustehenden Hälfte zu einem festzusetzenden Preis zu erwerben?«
»Ja. Aber wir werden fair sein.«
»Dann wird die türkische Regierung in den kommenden Jahren wohl alle ihre Ausgrabungen selbst vornehmen müssen.«
Déthier erwiderte nichts; statt dessen stand er auf und begann, sich die Terrakotten im Wohnzimmer anzusehen; die Krüge mit der schnabelförmigen Schnauze, die schwarzen Vasen, die wie Sanduhren geformt waren, die glänzenden roten Pokale, die Champagnergläsern glichen. Als er mit seiner Besichtigung fertig war, blieb er vor Henry stehen.
»Sie haben sich von allem das Beste genommen.«
»Nein, nur unsere Hälfte. Ihre Aufseher hatten sehr oft die erste Wahl.«
»Aber Sie haben sie überlistet.«
»Niemand von uns ist völlig frei von Selbstsucht, Dr. Déthier. Aber wenn Ihnen unsere Stücke besser gefallen als die Ihren, so liegt die Schuld einzig und allein bei Ihnen. Sie haben uns Aufseher geschickt, die wenig oder gar keine Sachkenntnis besaßen...«
Sophia wollte einen Streit vermeiden.
»Meine Herren, nehmen wir den Kaffee im Garten ein? Die Blumen sind in diesem Jahr sehr früh erblüht. Es ist eine wahre Farbenpracht.«

Sie waren kaum aus dem Haus getreten, da entdeckte Déthier die Marmormetope des Apollo mit seinen vier feurigen Pferden. Er ging hinkend auf die großartige Skulptur zu und betrachtete sie mit Kennerblick.
»Türkisch?«
»Griechisch.«
»Natürlich. Aber auf türkischem Boden gefunden?«
»Ja.«
»Welche Hälfte haben wir erhalten?«
»Es war unmöglich. Das Bildwerk wäre zerstört worden.«
»Das war die riesige Kiste, die Sie in der Bucht von Besika auf Ihren griechischen Frachter verladen haben; diejenige, die unserem Aufseher um wenige Minuten entwischt ist.«
»Wir haben sofort dafür Ersatz geleistet«, warf Sophia ein, »indem wir Ihnen sieben von unseren zehn riesigen *pithoi* sandten.«
»Zugegeben. Und sie sind dank Ihrer fachmännischen Verpackung in tadellosem Zustand eingetroffen.« Er wandte sich an Henry. »Wir wissen auch Ihre Geschicklichkeit und Ausdauer bei den Ausgrabungen zu schätzen. In der letzten Nummer der *Quaterly Review* habe ich anerkannt, daß Hissarlik die Stätte Trojas ist.«
»Dafür bin ich Ihnen sehr verbunden.«
»Ich hatte bereits in Ihrem Buch von diesem Apollo gelesen. Aber das ist nicht wichtig. Wichtig ist jetzt nur das Gold. Wir müssen die uns zustehende Hälfte bekommen. Angesichts Ihres Buches fühlt die türkische Regierung sich vor der ganzen Welt blamiert. Ihre Würde muß wiederhergestellt werden.«
»Ich bin bereit, sehr viel zu tun, um das zu erreichen. Ich habe mich bereits erboten, in diesem Sommer drei Monate für Sie zu graben. In diesen drei Monaten, die mich fünfzigtausend Dollar kosten, werden wir genügend großartige Gegenstände zutage fördern, um Ihr Museum zu füllen ... das ich vorher auf meine Kosten Ihren Bedürfnissen entsprechend umbauen und renovieren lassen werde. Haben Sie jemals von einem großzügigeren Angebot gehört?«
»Noch nie. Und wenn der Schatz nicht wäre, würde ich es mit Begeisterung annehmen. Aber der Sultan will seinen Teil von dem Goldschmuck haben. Mir sind die Hände gebunden.«
»Das Gold des Priamos darf nicht geteilt werden. Außerdem haben Sie ja bereits eine ganze Menge trojanisches Gold von meinen Arbeitern zurückerhalten.«
»Ist das Ihr letztes Wort?«
»Ja. Nur eines noch: Ich möchte, daß wir Freunde bleiben.«
»Das ist nicht möglich. Nächstesmal sehen wir uns vor Gericht, und dort werden wir Gegner sein. Guten Tag, Herr Dr. Schliemann. Guten Tag, Madame Schliemann.«
Er verließ, vom ersten Sekretär gefolgt, hinkend den Garten. Henry war nicht beunruhigt. Sophia hingegen sehr. Streitigkeiten verursachten ihr Magenschmerzen.

›Für eine ruhige, friedliche Existenz habe ich den falschen Mann geheiratet. Henry wird stets im Mittelpunkt eines Sturmes leben. Wenn er ihn nicht selbst erzeugt, zieht er ihn an, wie Blütenstaub die Bienen anzieht.‹

Philip Déthier übersetzte Henrys Bericht über seine trojanischen Funde ins Griechische. Die von der osmanischen Regierung beauftragten Anwälte setzten ein Gesuch an den Präsidenten des griechischen Gerichts erster Instanz auf, dem sie die Liste der Goldgegenstände beifügten mit der Bitte, der Präsident möge den Schatz beschlagnahmen lassen. Einer von Henrys Anwälten, Halkokondyles, besorgte sich eine Kopie des Schriftsatzes und brachte sie in die Moussonstraße. Henry war erstaunt über die Bitte um Beschlagnahme.
»Was bedeutet das?« fragte er seinen Anwalt.
Halkokondyles war ein stiller, aber kluger und scharfsichtiger Mann.
»Sie ersuchen um ›eine gerichtliche Verfügung für die Beschlagnahme von Gütern, um deren Verkauf oder Vernichtung zu verhindern‹, wie es in einem Vertrag zwischen der Türkei und Griechenland vorgesehen ist.«
Das Gesuch wurde am 3. April eingereicht. Am 6. April hörte der aus drei Richtern bestehende Gerichtshof die Anwälte beider Parteien an. Henry wurde nicht vorgeladen. Eine Athener Zeitung schrieb:
»Der Präsident hätte die Vorladung von Herrn Schliemann anordnen sollen, um ihm Gelegenheit zu geben, seinen Fall selbst dem Gericht vorzutragen. Dies ist eine Ungerechtigkeit gegen Herrn Schliemann.«
Zwei Tage später wurden Henry und Sophia benachrichtigt, daß das Gerichtsurteil um fünf Uhr nachmittags verlesen würde. Sie zogen sich an, fuhren zum Gericht und setzten sich auf eine der hinteren Bänke des Saales. Der Präsident faßte das Urteil zusammen:
»Das Gericht erster Instanz weist das Gesuch der Anwälte der osmanischen Regierung mit der Begründung zurück, daß es zu vage gehalten ist. Wenn jemand ein Gesuch einreicht, das sich auf Dinge bezieht, von denen er behauptet, daß sie sein Eigentum seien, so muß er diese gemäß der zivilen Rechtsordnung einzeln beschreiben oder zumindest aufzählen; anderenfalls ist das Gesuch vage und unannehmbar. Im vorliegenden Fall haben sich die Bittsteller auf die deutsche Ausgabe eines Buches bezogen, in dem Herr Schliemann seine Entdeckungen beschreibt. Das Gericht sieht diese Beschreibung als unvollständig an. Es würde jedoch eine komplettere Liste berücksichtigen, falls die Anwälte eine solche vorzulegen wünschen.«
»Vage und unannehmbar!« rief Henry, während er eine Flasche Kognak öffnete, um das Urteil zu feiern. »Sophidion, hast du schon jemals schönere Worte gehört?«
»Zumindest nicht in letzter Zeit. Ist damit alles erledigt?«
»Wie ich Déthier kenne, nein. Seine Anwälte werden jetzt versuchen, eine komplette Liste der Goldgegenstände zusammenzustellen. Wenn das Gericht erster Instanz nächstesmal gegen uns entscheidet, bekommen wir Schwierigkeiten. Wir haben dann keine Möglichkeit, uns zu schützen. Unser Versteck

könnte entdeckt werden. Ich meine, wir sollten den Koffer lieber ins Französische Archäologische Institut bringen.«
Sophia fühlte, wie ihr das Blut zu Kopf stieg.
»Die Idee gefällt mir nicht, Henry. Das Gold ist dort, wo es sich jetzt befindet, vollkommen sicher. Wenn Burnouf und seine Tochter es erst einmal in den Händen haben, werden wir es vielleicht nie wiederbekommen.«
»Aber ich bitte dich, Sophia! Ich werde das Schloß versiegeln, um sicher zu sein, daß sich niemand daran zu schaffen macht.«
»Das ist es nicht, wovor ich Angst habe. Die Burnoufs werden alles tun, was in ihrer Macht steht, um das Gold für den Louvre zu bekommen.«
»Vielleicht hat Émile gar nicht so unrecht damit, daß man den Schatz komplett, wie er ist, in einem großen Museum in der ›Stadt der Städte‹ unterbringen sollte. Dort werden ihn viel mehr Menschen sehen...«
Ihre Augen blitzten.
»Du hast kein Recht, dich von ihm überreden zu lassen. Hast du mir nicht dein Wort gegeben, daß der Schatz dem griechischen Volk gehören soll?«
Er legte den Arm um sie und versuchte, sie zu beruhigen.
»Du machst dir unnötige Sorgen. Ich will doch im Augenblick nur den Fund irgendwohin bringen, wo ihn niemand anrühren kann. Und das werde ich gleich heute nachmittag tun.«

Am folgenden Sonntag, dem 14. April 1874, heiratete Marigo Demetrios Georgiades, der Mathematiklehrer an einer höheren Mädchenschule war. Henry fungierte als Brautführer. Sophia hob die viertausend Dollar ab, die Henry als Mitgift für ihre Schwester in der Nationalbank von Griechenland deponiert hatte, und händigte dem jungen Paar das Geld aus. Es war ein Freudentag für die Familie; Sophia vergaß für ein paar Stunden all ihre Sorgen.
Einige Tage später verkündete Henry:
»Die Burnoufs haben uns für morgen zum Essen eingeladen.«
»Ich will nicht hingehn.«
»Warum nicht? Sie sind gute Freunde.«
»Sie haben Hintergedanken.«
»Bitte mach keine Schwierigkeiten.«
Sie konnte sich nicht weigern. Mit einem Gefühl der inneren Unruhe zog sie sich am nächsten Morgen an. Ihr Instinkt sagte ihr, daß es Streit geben würde. Sie sollte recht behalten. Als sie beim Aperitif im Wohnzimmer saßen, sagte Émile Burnouf in vertraulichem Ton:
»Ich habe dem Direktor des Louvre geschrieben und ihm von unseren Gesprächen berichtet. Gestern erhielt ich ein Telegramm von ihm; er ist hocherfreut über den Gedanken, daß der Schatz des Priamos möglicherweise in den Louvre kommen wird, und will heute bei unserem Minister Fortou vorsprechen und ihn um seine Genehmigung bitten, die Sammlung anzunehmen.«
Sophia zitterte vor Zorn.

»Sie hatten kein Recht, das zu tun!« rief sie.
Burnouf erwiderte sanft: »Ich hatte alles Recht, meine liebe Madame Schliemann.«
»Wer hat Ihnen dieses Recht gegeben?«
»Ihr verehrter Gatte. Wer sonst?«
Sie wandte sich an Henry; ihre dunklen Augen blitzten.
»Hast du all das hinter meinem Rücken arrangiert...?«
»Du ziehst voreilige Schlüsse, *philtate mou*. Ich habe dem Louvre kein Angebot gemacht. Ich habe lediglich mit Émile darüber gesprochen, ob der Schatz hier sicher ist, oder ob es besser wäre, ihn aus Griechenland fortzuschaffen.«
Sie richtete ihren Zorn wieder gegen Burnouf.
»Wie können Sie es dann wagen, dem Direktor zu sagen, daß der Schatz des Priamos ihm zur Verfügung stehe?«
Louise trat neben Sophia.
»Das hat Vater nicht gesagt, Frau Schliemann. Es war lediglich eine Erkundigung; denn ehe uns jemand ein Angebot macht, müssen wir offiziell wissen, daß es angenommen wird.«
»Wir? Wer ist ›wir‹? Frankreich? Der Direktor des Louvre? Der Premierminister?«
Louises blaue Augen blieben kühl und ruhig.
»Ich betrachte mich als eine gute und treue Freundin. Was wir getan haben, ist in Ihrem Interesse...«
Sophia wußte, daß sie zu zornig war, um mit höflichen Worten zu sprechen. Was sie erregte, war weniger die Aggressivität der Burnoufs als vielmehr ihr sehnlicher Wunsch, den Schatz in ihrer Heimat zu behalten. Fast ein Jahr lang hatte sie jetzt in der Angst gelebt, daß das Gold aus dem Lagerraum am Lykabettos gestohlen werden könnte, oder daß die osmanische Regierung es irgendwie in ihren Besitz bringen würde. Und jetzt ließ Henry durchblicken, daß er es eventuell nach Frankreich schicken wollte.
»Ich kann sehr gut selbst meine Interessen wahren.«
»Madame Schliemann, ich meine, Sie sollten nicht so schroff mit Louise sprechen«, sagte Burnouf, zwischen sie tretend. »Ich trage die Verantwortung.«
»Sie!« Ihre Stimme war jetzt eiskalt. »Sie tun alles, was Sie können, um uns den Schatz zu entlocken. Und aus reiner Selbstsucht. Sie waren unbeliebt als Direktor. Und jetzt glauben Sie, wenn Ihnen dieser Coup gelingt, wird Ihr Ansehen in Paris wieder steigen. Aber ich werde es nicht zulassen. Henry, bitte bring mich nach Hause.«
Sie zitterte auf dem ganzen Weg den Hügel hinauf. Henry sprach kein Wort. Zu Hause angelangt, folgte er ihr nach oben, bat sie, in das kleine Wohnzimmer zu kommen, und schloß die Tür hinter ihr.
»Sophia, so hast du dich noch nie benommen. Es mag stimmen, daß Émile im eigenen Interesse handelt. Die Sache bringt für ihn gewisse Vorteile mit sich. Aber ebenso bringt sie auch für uns Vorteile mit sich.«

»Nenne mir einen!«
»Das Gold wäre ein für allemal in Sicherheit. Die Türken werden niemals den Versuch aufgeben, es an sich zu bringen. Und eines Tages finden sie bestimmt ein Gericht, das ihrem Antrag stattgibt.«
»Das glaube ich nicht – und deine Anwälte glauben es auch nicht.«
»Sophia, du machst mich traurig. Warum benimmst du dich, als wärest du meine Feindin, statt meine Freundin?«
»... Feindin! Weil ich versuche, für Athen zu bewahren, was ihm von Rechts wegen gehört?«
»Nein, Sophidion. Es gehört ihm nicht von Rechts wegen. Es gehört uns – und der Welt... Zu spät. Ich habe mich entschlossen.«
Sie sah ihn eine Weile starr an.
»Was zu tun?«
»Den Schatz des Priamos dem Louvre zu geben. Ich schreibe noch heute an Minister Fortou und sage ihm, daß ich meine trojanische Sammlung dem Museum schenken will. Der französische Botschafter, Marquis de Gabriac, erhält eine Abschrift des Briefes. Ich habe seine Zusage, daß ich binnen einer Woche ein Telegramm aus Paris erhalten werde. Dann kann der Botschafter im Namen Frankreichs die Sammlung in Empfang nehmen.«
Die Tränen traten ihr in die Augen. Sie hatte den Kampf verloren. Sie stand auf und ging hinaus.

Es war eine seltsame Woche. Sophia erwähnte nichts mehr von dem Gold, den Burnoufs oder dem Louvre. Auch Henry vermied es, das Thema zu berühren. Sie sprachen nur wenn nötig miteinander, ruhig, fast förmlich. Wenn Henrys Anwälte kamen, nahm sie nicht an den Besprechungen teil. Sie begleitete ihn auch nicht nach Neu-Phaleron, wo er immer noch täglich im Meer badete. Sie widmete sich ihren hausfraulichen Pflichten. Sie hatte nicht das Gefühl, daß es einen Streit zwischen ihr und ihrem Mann gab, sondern vielmehr, daß sie von der Stellung der gleichberechtigten Partnerin zu der einer normalen griechischen Ehefrau degradiert worden war, die in den äußeren Angelegenheiten der Familie nichts zu sagen hatte. Wie schon bei früheren Gelegenheiten, wurde sie auch jetzt wieder hin- und hergerissen zwischen der Loyalität gegen ihre Familie, denn Athen war ihre Familie, genau wie Griechenland und die alten Achäer es waren.
Auch für Henry war es eine schlimme Woche; er hatte es noch nie ertragen können, auf etwas warten zu müssen, und jetzt wurde dieser Zustand noch verschlimmert durch die Ungewißheit, was seine nächste Zukunft betraf. Eine intuitive innere Ruhe sagte Sophia, daß Henry bis zum Ende der Woche nicht das erwartete Telegramm aus Paris erhalten hatte, in dem man ihm mitteilte, daß der Louvre seine Sammlung annehmen würde. Und auch am achten, neunten und zehnten Tag machte er keinen glücklicheren Eindruck. Er zog sich immer mehr in sich zurück, trug seine Brille, auch wenn er nicht las oder schrieb. Sie sprachen nicht über die Tatsache, daß die Anwälte der

türkischen Regierung einen überarbeiteten, ausführlicheren Schriftsatz eingereicht hatten.
Nach zwölf Tagen des Wartens konnte Henry es nicht mehr ertragen. Er kam wie immer pünktlich um halb zwei zum Essen nach Hause, aber mit einem anderen Ausdruck auf dem Gesicht. Selbst die Art, wie er ging und seine Schultern straffte, war anders als zuvor. Er brachte Sophia einen großen Blumenstrauß und beugte sich vor, um sie auf die Wange zu küssen, was er seit dem Essen bei den Burnoufs nicht mehr zu tun gewagt hatte.
»Sophidion, können wir sprechen?«
»Es ist das Privileg eines Ehemannes, mit seiner Frau zu sprechen.«
»Ich habe nicht die Absicht, von meinen Privilegien Gebrauch zu machen.«
Sie bat das Mädchen, den Tisch im Eßzimmer statt in der Eßnische der Familie neben der Küche zu decken. Henry fing nicht sofort zu sprechen an, sondern verschlang gierig seine Fleischbrühe mit Nudeln. Sophia saß, die Hände im Schoß gefaltet, schweigend da, ohne etwas zu essen. Als Henry fertig war, blickte er auf und lächelte.
»Köstlich! Ich war völlig ausgehungert. Das erstemal seit zwölf Tagen, daß ich Appetit hatte.«
»Wenn man viel auf dem Herzen hat, ist es schwer, viel in den Magen zu stopfen.«
»Ein altes kretisches Sprichwort, das ist unverkennbar. *Chryse mou*, als erstes will ich dir sagen, was ich heute morgen getan habe. Ich habe an Minister Fortou in Paris telegraphiert, daß ich mein Angebot zurückziehe. Dann habe ich Botschafter de Gabriac einen Brief gesandt, in dem ich ihm mitteile, daß der Goldschatz nicht mehr für den Louvre verfügbar sei, da er, Gabriac, unser Abkommen nicht eingehalten habe. Und als letztes habe ich Burnouf unterrichtet, daß ich unseren Goldschatz aus dem Französischen Archäologischen Institut entfernen werde...«
Sophia zeigte keinerlei Gemütsbewegung.
»Mein Liebes, ich habe dir ein Unrecht zugefügt. Nicht mit dem, was ich zu tun versucht habe, denn der Schatz *muß* beschützt werden, sondern damit, daß ich die Unterhaltungen mit Burnouf und de Gabriac ohne dein Wissen geführt und ohne dein Einverständnis den Entschluß gefaßt habe, den Schatz dem Louvre zu überlassen, obwohl ich wußte, wie enttäuscht du sein würdest. So behandelt man nicht seinen Arbeitsgenossen, seinen gleichberechtigten Partner! Das Gold gehört zur Hälfte dir. Du hast geholfen, es zu finden, hast geholfen, es nach Hause zu bringen.«
Nachdem er sich das alles von der Seele geredet hatte, kam er zum Kern des Dilemmas. »Ich hätte wissen müssen, daß Frankreich nicht ein Geschenk annehmen würde, auf das die türkische Regierung einen Anspruch geltend macht. Die Franzosen wollen keinen Streit zwischen Frankreich und der Türkei heraufbeschwören.«
»Was wirst du jetzt tun?«
»Den Schaden wiedergutmachen. Zunächst gegenüber meiner langmütigen

griechischen Frau, die ich über alles liebe... Ich habe zweihunderttausend Francs für das Museum hinterlegt, das wir uns erboten haben, in Athen zu bauen, um dort unsere ganze Sammlung unterzubringen. Ich weiß, man hat uns einmal abgewiesen, aber die Zeiten ändern sich und mit ihnen auch die Minister und Kuratoren. Ich werde öffentlich bekanntgeben, daß ich es für eine Ehrensache halte, die Sammlung Griechenland zu überlassen, und daß ich ein Museum bauen werde, um sie dort auszustellen.«
Ein leises Lächeln spielte um Sophias Lippen. Sie gab zu, daß weder die griechische Regierung noch die Abteilung für Altertümer sich ihnen gegenüber sehr zuvorkommend gezeigt hatte. Sie unterhielten sich eine Stunde lang angeregt, als ob Henry auf Reisen gewesen wäre. Hinterher hielten sie eng umschlungen ihren Mittagsschlaf, dann fuhren sie mit Andromache nach Neu-Phaleron, wo sie alle zusammen im Meer badeten und sich des Lebens freuten wie eine Familie, die nach einer langen Trennung endlich wieder glücklich vereint ist.

5.

Am 1. Mai gingen Henry und Sophia wieder zum Gericht, um den Verhandlungen über den türkischen Antrag beizuwohnen.
»Ich kann mir nicht erklären«, flüsterte Sophia, »woher sie weiteres Material für ihre Liste bekommen haben wollen. Sie haben nichts, woran sie sich halten können, außer dem Buch, und das haben sie bereits für ihren ersten Schriftsatz benutzt.«
Die Richter waren offenbar der gleichen Meinung. Der Antrag des Museums von Konstantinopel wurde abermals abgewiesen. Dr. Philip Déthier wurde nach Konstantinopel zurückgerufen. Botschafter Essad Bey schrieb an den griechischen Außenminister, verwies ihn auf Artikel 24 des Vertrages von 1855 zwischen Griechenland und der Türkei und fragte, welche Garantien seine Regierung der Türkei gegen derartige Beschlüsse der griechischen Gerichtshöfe geben könne.
Am 11. Mai legten die osmanischen Anwälte gegen das Urteil des Gerichts erster Instanz Berufung ein. Am 16. Mai wurde der Fall vor fünf Richtern des Appellationsgerichts verhandelt. Sophia und Henry spürten vom ersten Augenblick an, daß die Atmosphäre in diesem Gerichtssaal eine andere war als beim Gericht erster Instanz. Die Anwälte der osmanischen Regierung hatten sich Abschriften von Henrys Telegrammen und Briefen an den französischen Botschafter de Gabriac und an Minister Fortou in Paris verschafft. Außerdem legten sie eine Nummer der Londoner *Times* vor, in der berichtet wurde, das britische Parlament habe die Möglichkeit erörtert, einen Teil des trojanischen Schatzes von Dr. Schliemann zu erwerben. Sie erklärten, gemäß dem Vertrag mit der Türkei hätten die griechischen Justizbehörden das Recht und die Pflicht, »Güter zu beschlagnahmen, um ihren Verkauf oder ihre Ver-

nichtung zu verhindern«. Ausländer seien von dieser Bestimmung nicht ausgenommen.
Während der Nachmittagssitzung wurden Henrys Anwälte gehört, die geschickt und energisch sein Eigentumsrecht auf den trojanischen Schatz verteidigten. Sie fügten ihrem Beweismaterial einen Artikel der *Newspaper of the Debates* bei, in dem erklärt wurde, das Museum von Konstantinopel habe bereits eine beträchtliche Menge trojanisches Gold, von dem eine Hälfte den Schliemanns zustünde, da es von ihren eigenen Arbeitern gestohlen worden sei. Sie widerlegten den Artikel in der Londoner *Times* mit Henrys eidesstattlicher Erklärung, daß er Mr. Newton vom Britischen Museum auf dessen Frage anläßlich seines Besuchs in Athen ausdrücklich erklärt habe, daß der Schatz für alle Zeiten unverkäuflich sei. Sie konnten nicht leugnen, daß Henry den Schatz dem Louvre angeboten hatte, erklärten jedoch, daß dies nicht als »Verkauf oder Vernichtung« der Güter angesehen werden könne. Abschließend ersuchten sie das Berufungsgericht unter Hinweis auf Henrys amerikanische Staatsbürgerschaft, die beiden Beschlüsse des Gerichts erster Instanz aufrechtzuerhalten.
Später am Nachmittag verkündete der Gerichtspräsident, daß er und die anderen vier Richter über die beiden Schriftsätze beraten würden. Man werde innerhalb einer Woche eine Entscheidung treffen.

Am nächsten Tag überging die Heilige Synode Theokletos Vimpos, indem sie Prokopios, den Erzbischof von Messenia, zum Erzbischof von Athen wählte.
Bischof Vimpos kam auf einen letzten Besuch in die Moussonstraße. Es war eine traurige Begegnung. In dem Jahr, das vergangen war, seit Athen seinen Erzbischof verloren hatte, war Bischof Vimpos allmählich immer mehr zu der Überzeugung gelangt, daß er der Nachfolger werden könnte. Auch bei den Schliemanns war die freudige Erregung über die Ausgrabungen, die Funde und die starke Anteilnahme, die Henrys Entdeckung des homerischen Troja in der ganzen Welt gefunden hatte, einer tiefen Niedergeschlagenheit gewichen. Die Freude, den Schatz gefunden zu haben, verlor sich in dem Kampf, ihn zu behalten.
Nach einer Woche waren sie wieder mit ihren Anwälten im Saal des Berufungsgerichts. Der Präsident verlas das Urteil. Der Schlußsatz kam wie ein Donnerschlag:
»Das Berufungsgericht ordnet die Beschlagnahme des gesamten Goldschatzes im Besitz von Herrn Henry Schliemann an; und seine Rückgabe an das Museum von Konstantinopel.«
Die Schliemanns waren wie betäubt.
Der gesamte Goldschatz sollte beschlagnahmt und an die Türkei zurückgegeben werden!
Schweigend und zutiefst bestürzt saßen sie auf dem Rücksitz ihres Wagens. Nie war ihnen die Möglichkeit solch einer Katastrophe in den Sinn gekom-

men. Die Anwälte des Museums von Konstantinopel hatten einen Erfolg erzielt, der ihre kühnsten Hoffnungen überstieg.
Sie würden natürlich von ihrem Berufungsrecht Gebrauch machen. Ihre Anwälte, mutlos, aber bemüht, sich entrüstet zu zeigen, erklärten beharrlich, daß der Beschluß des Appellationsgerichts widerrechtlich sei, daß der Areopag, der oberste Gerichtshof Griechenlands, ihn verwerfen werde und daß gute Aussichten auf eine Annullierung des Urteils bestünden.
»Sie haben auch geglaubt, daß unsere Aussichten beim Berufungsgericht ausgezeichnet seien«, brummte Henry. »Und sieh dir an, was geschehen ist. Es ist dieser verfluchte Artikel in der Londoner *Times*. Er war unser Verderben.«
Sophia murmelte kaum hörbar: »... oder das Angebot an den Louvre ...«
Zu Hause angekommen, sagte sie: »Warum ziehst du nicht deine Jacke aus und erholst dich ein wenig im Garten? Ich werde Kalypso sagen, sie soll uns Limonade bringen. Ist es nicht großartig, daß Athen jetzt eine Eisfabrik hat? Ich habe heute morgen welches von ihrem Straßenwagen gekauft.«
Während die Eisstückchen in den Limonadegläsern klirrten, stellte Sophia die Frage, die sie beide am meisten beschäftigte.
»Was tun wir, wenn der Areopag sich weigert, den Fall für ein Wiederaufnahmeverfahren an einen unteren Gerichtshof zurückzuverweisen?«
»Ich werde dir sagen, was wir *nicht* tun werden! Wir werden den Schatz nicht abtreten – an niemanden. Wir werden es irgendwie fertigbringen, ihn nach England oder in die Vereinigten Staaten zu schaffen, wie Ministerresident Boker es mir von Anfang an geraten hat.«
Sophias Augen füllten sich mit Tränen.
Am nächsten Morgen erschienen zwei Gerichtsvollzieher mit einem vom Präsidenten des Appellationsgerichts unterschriebenen »Durchsuchungs- und Beschlagnahmebefehl«. Sie durchsuchten zuerst das Haus und dann die Gartenschuppen. Henry blieb ihnen beharrlich auf den Fersen. Er sagte kein Wort, aber seine unausgesprochenen Verwünschungen waren ihm vom Gesicht abzulesen. Als die Männer kein Gold finden konnten, gingen sie ebenso schweigend fort, wie sie gekommen waren. Henry warf krachend die Tür hinter ihnen zu.
Sie wurden von ständiger Angst und Besorgnis gequält. Ihr einziger Trost war die Tatsache, daß die Athener Presse schrieb, das Appellationsgericht habe mehr eine politische als eine juristische Entscheidung getroffen.
Das Wetter wurde warm, und so fuhren sie, um sich abzulenken, täglich mit Andromache ans Meer.
Innerhalb von fünf Tagen hatten die Anwälte ihre Bitte um Revision eingereicht. Der Areopag teilte mit, daß er den Fall überprüfen werde, daß jedoch seine Prozeßliste für den Rest der Sitzungsperiode voll sei. Man werde daher das Beweisverfahren erst im Herbst einleiten können.
»Ich hatte gehofft, daß wir einen sorgenfreien Sommer verbringen könnten«, sagte Sophia trübselig.

»Aber jetzt, da der Areopag unserer Bitte um Revision stattgegeben hat, wird man den Türken nicht gestatten, den Schatz zu beschlagnahmen. Ich habe vor, im August eine kurze Fahrt durch Nordgriechenland und den Peloponnes zu machen. Du kannst für die Zeit das Haus in Kiphissia mieten, das dir so gut gefällt, und deine Familie einladen, dort mit dir ihre Ferien zu verbringen.«

Es war für Sophia ein warmer, träge dahinziehender Sommer ohne Kalender oder Uhr. Sie fuhren oft ans Meer und nahmen einen Picknickkorb mit, um am Strand zu Mittag zu essen. Die neuen Badekostüme waren wadenlang, und eine Tageszeitung beklagte sich über »den abscheulichen Anblick einiger Frauen der niedersten Klasse, die sich nicht schämen, halbnackt zu baden, während die Männer sie von allen Seiten mustern«.

Ende Juli begleiteten Sophia und Andromache Henry nach Piräus, wo er an Bord der *Byzantinium* ging. Er hatte das Haus in Kiphissia gemietet, das Sophia jedesmal, wenn sie daran vorbeifuhren, bewundert hatte. Im vorderen Teil des Gartens, der auf einer Seite von dem still dahinziehenden Fluß begrenzt wurde, standen hohe, schattenspendende Bäume. Das Haus selbst hatte zwei Schlafzimmer in dem einen Flügel, ein Schlafzimmer, Wasserklosett und Küche in dem anderen und in der Mitte einen großen Raum, der Wohn- und Eßzimmer in einem war. Er ging vorn auf eine überdachte Veranda hinaus, während man hinten durch große Glastüren direkt in den rückwärtigen Garten gelangte, der voller Blumen und blühender Büsche war. Sophia zog mit ihrem Gefolge – ihrer Mutter, ihren Brüdern und den Dienstboten aus der Moussonstraße – in das reizende Dorf. Madame Victoria füllte sehr bald das Haus mit dem Duft köstlicher Gerichte. Sie war am glücklichsten, wenn sie Sophia für sich hatte und den gestrengen Dr. Schliemann in sicherer Entfernung wußte. Katingo brachte ihre Kinder heraus, damit sie mit Andromache spielten. Sophia sagte zu ihrer Schwester:

»Es ist wundervoll, wie abgeschlossen von der Welt ich mich hier fühle, wenn ich nachts den Wind in den Bäumen höre, und das leise Rauschen des Flusses, der an mir vorüberzieht, aber doch immer da ist. Hier kann ich all unsere Schwierigkeiten und Sorgen vergessen. Ich lebe für den Augenblick und denke nicht an die Zukunft.«

Sie erhielt fast täglich Karten und Briefe von Henry. Er war wieder in Aulis gewesen; fuhr nach Lamia, der Endstation der neuen Eisenbahnlinie; verbrachte ein paar Tage im Tal der Thermopylen, wo er Herodot las; dann fuhr er weiter nach Delphi und beschrieb Sophia den ehrfurchtgebietenden Berg, mit dessen Namen tausend Jahre religiöser Geschichte verbunden waren. Er erstieg den Parnaß, wanderte in den Ruinen von Orchomenos umher, wo er eines Tages graben wollte...

Der August ging schnell vorüber. Am zweiundzwanzigsten feierte die kleine Stadt den dreiundzwanzigsten Geburtstag der Königin, Sophia war jetzt zweiundzwanzig.

Henry kam Anfang September zurück. Sophia und Andromache zogen wieder in die Moussonstraße.
Sie berieten sich fast zwei Wochen lang täglich mit ihren Anwälten, ehe am 15. September der Areopag zusammentrat. Die Richter hörten beide Parteien an, dann vertagten sie die Verhandlung.
»Wie lange werden wir auf eine Entscheidung warten müssen?« fragte Henry.
»Nicht lange«, war die Antwort. »Denken Sie nicht mehr an die Sache.«
Der Frühherbst brachte wieder eine Reihe bissiger Angriffe. Déthier, von einer Reise in die Troas zurückgekehrt, erklärte, daß es sich bei dem von Henry entdeckten Bauwerk nicht um den Palast des Priamos handle, sondern um die Gebäude eines trojanischen Bauernhofs. Der grausamste und zynischste Angriff kam von einem Athener, Spyridon Komnos, einem ehemaligen Angestellten der Staatsbibliothek. Komnos warf Henry vor, er habe seine trojanischen Altertümer gefälscht, habe an verschiedenen Orten Töpferwaren ausgegraben und dann behauptet, daß seine ganze Sammlung vom Hissarlik stamme. Der Artikel erschien in der griechischen Zeitung *Athenaion*, und zwar gerade zu der Zeit, als Henry und Sophia auf das Urteil des Areopag warteten, das entscheiden würde, ob der trojanische Schatz den Türken zurückgegeben werden mußte! Das Französische Institut in Paris schloß sich in seinem offiziellen Journal ebenfalls den Angriffen an. Eine Kölner Zeitung brachte einen herabsetzenden Artikel. Virlet d'Aoust, »ehrwürdiges Mitglied« der Expedition von 1830 zum Peloponnes, veröffentlichte einen Aufsatz, in dem er Henrys Funde und Theorien rundweg verwarf. Frank Calvert, der in Çanakkale den Posten seines Bruders als Konsul der Vereinigten Staaten übernommen hatte, schmälerte die Funde im englischen *Athenaeum*.
Neben diesen widersprüchlichen Anklagen von seiten der Fachleute wurde Henry auch von Journalisten angegriffen, die zwar zugaben, daß die Schliemanns »ein Troja« oder zumindest eine faszinierende Kultur aus prähistorischer Zeit entdeckt hätten, aber gleichzeitig erklärten, dies sei nichts weiter als ein »glücklicher Zufall« gewesen. Herr Schliemann sei mit dem Glück des Anfängers und Dilettanten auf die Schätze gestoßen. Selbst wenn er tausend Jahre lebte, werde ihm das nicht noch einmal begegnen! Jedesmal, wenn Henry die Worte »blindes Glück« sah, geriet er in Wut.
»... Glück ... Glück!« rief er. »Das Lieblingswort aller neidischen und gehässigen Menschen ... und all derer, die nichts zuwege bringen. Es erklärt, warum irgend jemand etwas geleistet hat und sie nicht. Damit rechtfertigen sie die Tatsache, daß sie nichts Vernünftiges mit ihrem Leben angefangen haben. Es bringt alle anderen auf ihr eigenes Niveau von Lässigkeit ... Glück ...«
Sophia legte ihm sanft die Hand über den Mund.
Es war Krieg!
Er war auf der Hut, war Tag und Nacht mit Gegenangriffen beschäftigt. Sophia wußte nicht, wann er schlief. Er beantwortete den Kölner Artikel auf deutsch, die Angriffe im *Journal Officiel* auf französisch, die türkischen An-

klagen auf türkisch und hatte vor, Calverts zweiten Angriff englisch zu beantworten.
Nur für die Engländer war er ein Held. Sein Buch *Trojanische Alterthümer* wurde ins Englische übersetzt und sollte bei John Murray erscheinen. Murray hatte ihm einen anderen Titel gegeben – es hieß in der englischen Ausgabe *Troy and Its Remains* –, hatte eine gute Übersetzerin, Dora Schmitz, gefunden und sich für die notwendigen Korrekturen die Mitarbeit des hervorragenden Gelehrten Professor Philip Smith gesichert. Philip Smith schrieb ein großmütiges Vorwort, das folgendermaßen endete:

> Man darf den »prachtvollen Ruinen« der großen und wohlhabenden Stadt, die auf ihrem traditionellen Platz gestanden hat, einer Stadt, die von Feinden geplündert und von Feuer zerstört worden ist, nicht mehr den Namen Troja vorenthalten.

Aber am besten von allem war eine Einladung der angesehenen *Royal Society of Antiquaries*, am 24. Juni 1875 einen Vortrag vor ihren Mitgliedern zu halten; Premierminister William Gladstone hatte sich großzügigerweise erboten, Henry vorzustellen; das sicherte ihm einen respektvollen Empfang. Um die gleiche Zeit sollte *Troy and Its Remains* erscheinen. Henry war in bester Stimmung.
»Sophia, wir sollten unseren Aufenthalt in England dazu benutzen, hinterher eine Rundreise auf dem Kontinent zu machen: Holland, Ungarn, Dänemark, Schweden, Österreich und Deutschland, wo du meine Familie kennenlernen wirst. Die Museen werden dich faszinieren; es ist interessant, festzustellen, wie weit die dort ausgestellten Stücke mit dem Charakter unserer eigenen Funde übereinstimmen.«
Ihre Augen strahlten vor Freude.
»Ich möchte Andromache mitnehmen. Und Kalypso, damit sie auf sie aufpaßt, während wir beschäftigt sind.«
Henry war in Geberlaune.
»Einverstanden. Und wir werden Spyros einladen, eine Woche mit uns in Paris zu verbringen.«
Gegen Ende September fällten die sieben Richter des Areopags ihr Urteil. Sie hatten sich weniger mit dem Fall selbst befaßt als mit den Justizirrtümern, die begangen worden waren, und annullierten daher den Beschluß des Appellationsgerichts.
Die Anwälte des Museums von Konstantinopel reichten beim Gericht erster Instanz neue Schriftsätze ein. Diesmal entschied das Gericht, daß Henry Schliemann eine der Klauseln seines Vertrags gebrochen habe, ordnete eine Taxierung des trojanischen Schatzes durch drei Experten an und befahl Henry Schliemann, der osmanischen Regierung die Hälfte des geschätzten Wertes zu zahlen.
Die osmanische Regierung weigerte sich, die Entscheidung anzuerkennen.

Sie wandte sich wieder ans Berufungsgericht und forderte die totale Beschlagnahme des Goldes.
Am 10. Oktober wies das Berufungsgericht den osmanischen Antrag ab, und am 21. November nahmen die vom Gericht erster Instanz ernannten drei Experten an Hand von Henrys Aufzeichnungen eine Schätzung vor, da Henry ihnen die Genehmigung verweigert hatte, das Gold selbst zu sehen. Sie setzten eine Summe für das Gold und eine Summe für den Apollo fest – insgesamt etwas über viertausend Dollar.
Henry erklärte sich sofort einverstanden, der türkischen Regierung die ihr zustehende Hälfte zu zahlen. Das machte den Prozessen ein Ende.
Es war vorüber!

6.

Es wurde Winter; auf den Straßen boten die Verkäufer unter dem Licht kleiner Laternen heiße Kastanien feil; der Himmel war grau, und es gab kurze, wolkenbruchartige Regengüsse. Aber im Haus der Schliemanns herrschte Jubel. Sophia veranstaltete ein Diner, zu dem sie alle diejenigen einlud, die Henry während seines Prozesses treu geblieben waren, wenn sie es auch nicht für ratsam gehalten hatten, die Moussonstraße aufzusuchen. Sie war so glücklich, endlich von der Last befreit zu sein, daß sie selbst Louise Burnouf einlud.
Obgleich der Gerichtsbeschluß von der türkischen Regierung ohne ernste Kritik hingenommen wurde, betrachtete sie ihn lediglich als eine versöhnliche Geste von seiten des Gerichts dem Sultan gegenüber. Offensichtlich war sie nicht gewillt, sich mit den ihr zugesprochenen zweitausend Dollar zufriedenzugeben. Der erste Sekretär der türkischen Botschaft teilte Henry mit, daß seine Regierung Photiades Bey als neuen Botschafter nach Athen entsandte, mit dem Auftrag, eine gerechtere, freundschaftliche Vereinbarung auszuarbeiten.
»Die Türken wissen, was ich will«, sagte Henry zu Sophia; »eine Erneuerung meines *firman*. Sie wissen, wie viel mir daran liegt, meine Grabungen in Troja zu Ende zu führen, und sie wissen, daß ich bereit bin, viel dafür zu geben, daß man mir den *firman* erneuert. Ich habe ihnen achttausend Dollar für die Renovierung des Museums geboten. Ich hoffe, sie werden sich damit zufriedengeben.«
»Wenn sie die Absicht hätten«, erwiderte Sophia, »warum würden sie uns dann Photiades Bey schicken? Sie brauchten dich doch nur an dein Versprechen zu erinnern.«
»Dieses Versprechen wurde gegeben, als der Fall dem Gericht vorlag und der ganze Schatz auf dem Spiel stand. Jetzt brauchte ich von Rechts wegen nur die zweitausend Dollar zu zahlen, die das Gericht erster Instanz von mir verlangt.«

Sophia legte die Hände auf die Schultern ihres Mannes und sah ihm in die Augen.

»Laß uns Photiades Bey in unserem Haus als Freund empfangen. Es wird uns helfen, das Gesicht zu wahren.«

Zu ihrer beider Überraschung und Henrys Bestürzung gelang es ihnen erst im April 1875, ihre Angelegenheiten mit der türkischen Regierung endgültig zu regeln. Daran war nicht Photiades Bey schuld und auch nicht der Kultusminister Safvet Pascha, der mit Henrys Angebot von achttausend Dollar zuzüglich der Strafsumme von zweitausend Dollar sehr zufrieden war. Das Problem wurde von Dr. Philip Déthier verursacht, dessen Stellung in der Türkei durch seine Rückberufung nach Konstantinopel sehr geschwächt worden war.

Henry traf die Vorkehrungen für ihre Europareise. Ihre Zimmer im Charing-Cross-Hotel in London waren komfortabel; Freunde hatten Blumen gesandt, die das Mädchen in großen Vasen ins Wohnzimmer stellte. Sophia mochte London. Das Maiwetter war kühl, aber angenehm. Sie sprach Englisch mit einem leichten Akzent.

»Schließlich tun das die meisten Engländer auch!« bemerkte sie.

Henry und seine langjährigen Freunde von der Firma Schröder machten mit Sophia eine Rundfahrt durch die Stadt und zeigten ihr die Westminster Abbey, Buckingham Palace, den Tower, den Basar in der Petticoat Lane, die Themsebrücken. Wie jung und wenig bebaut war Athen im Vergleich dazu. Sie war überrascht über die vielen Menschen auf der Straße, die triste Kleidung, die Regenmäntel und Schirme, die alle mit sich trugen, und das Fehlen von Cafés im Freien.

Charles Newton erwiderte ihre Gastfreundschaft, indem er ihnen die Schätze des Museums zeigte und dann zu ihren Ehren ein Essen gab.

Sophia war während der letzten Tage in Athen und an Bord des Schiffes hin und wieder von Fieber befallen worden, aber in der Begeisterung über ihren ersten Besuch in England hatte sie nichts mehr davon bemerkt. Jetzt erwachte sie am Morgen des fünften Tages mit heftigem Schüttelfrost. Ihr Kopf schmerzte und ihre Haut war gereizt. Henry ließ Dr. Farré kommen, der ihm als »der beste Arzt Englands« empfohlen wurde. Dr. Farré nannte es *febricula* und erklärte auf Henrys Frage: »Remittierendes Fieber. Man muß es einfach seinen Lauf nehmen lassen.«

»Gibt es denn nichts, was man dagegen tun kann?«

»Ich schlage vor, Sie bringen Mrs. Schliemann nach Brighton. Die warmen Bäder dort sind sehr entspannend. Das Meer, die Sonne und die Ruhe... etwas Besseres gibt es kaum.«

Mit Unterstützung seines Freundes Schröder fand Henry ein hübsches Haus in der King's Road in Brighton. Er brachte Sophia, Andromache und Kalypso dorthin, sorgte dafür, daß sie alles hatten, was sie brauchten, und bestellte sechs Londoner Zeitungen, die Sophia täglich ins Haus geliefert werden sollten, damit sie alles sammeln konnte, was über ihn geschrieben wurde. Als

er sich von ihr verabschiedete, um nach London zurückzukehren, sagte sie liebevoll:
»Ich weiß, daß Frauen bei diesen Vorträgen nicht zugelassen sind; also hätte ich dich auch nicht hören können, wenn ich in London gewesen wäre. Zu der Zeit, wo du sprichst, werde ich den Göttern ein Trankopfer darbringen, wie Priamos es getan hat, als er sich auf den Weg zu Achilles machte, um den Leichnam Hektors auszulösen.«
Die heißen Dampfbäder taten ihr sehr gut. Schon nach kurzer Zeit konnte sie Andromache und Kalypso zum Strand begleiten und auch im Meer baden. Henrys Vortrag vor der *Royal Society of Antiquaries* war ein großer Erfolg. Sechs Journalisten waren zugegen. Sophia schnitt die Berichte für Henry aus. Am besten gefiel ihr das Bild in den *Illustrated London News*. Es zeigte Dr. Schliemann im Gehrock mit weißer Krawatte und Pincenez vor einem Pult, auf dem zwei große Lampen standen; und rings um ihn herum waren die Gesichter der bedeutendsten Wissenschaftler und Gelehrten Englands zu sehen. Sie wußte, daß dies der befriedigendste Augenblick in Henrys Leben gewesen sein mußte.
Während sie sich in Brighton erholte, schloß Henry Freundschaft mit den Gelehrten von Oxford und Cambridge. Der Mann, den er am meisten bewunderte, war Max Müller, sein ehemaliger Gegner, der seine Meinung inzwischen grundlegend geändert hatte und jetzt Henrys Arbeit eifrig unterstützte. Sie wurden gute Freunde. Zum Wochenende kam Henry nach Brighton, um zu schwimmen und sich zu entspannen, während sie einen neuen Reiseplan aufstellten, der die Termine von diversen Vorträgen berücksichtigte, um die man Henry angesichts seines großen Erfolgs in London gebeten hatte.
In der zweiten Julihälfte begaben sie sich nach Paris, wo sie im Hotel *Louvois* mit Spyros zusammentrafen. Kurz darauf kehrte Sophias Fieber zurück. Als sie sich eines Morgens zu schwach fühlte, um aufzustehen, bekam Henry es mit der Angst und bat Spyros, den griechischen Arzt zu holen, der Sophia vor fünf Jahren wegen ihrer Magenbeschwerden behandelt und Henry geraten hatte, seine Frau nach Griechenland zurückzubringen.
»Bei dieser Art von Fieber gibt es ein Problem«, sagte der Arzt. »Es kehrt periodisch wieder. Niemand weiß, warum. Es ist nicht ernst. Ein paar Wochen, und es verschwindet mit der Zeit endgültig.«
»Ein paar Wochen!« Henry holte seinen Reiseplan heraus und zeigte dem Arzt das gedrängte Programm, das sie durch sechs Länder führte.
Der Arzt bemerkte trocken: »Dann werden Sie entweder Ihre Abfahrt verschieben oder *Kyria* Schliemann in Paris lassen müssen. Sie ist nicht in der Verfassung, eine Rundreise durch Europa zu machen.«
Henry war niedergeschlagen, Sophia verzweifelt.
»Du hast dich auf diese Reise gefreut«, sagte sie, »und jetzt hast du noch dazu Termine für wichtige Vorträge. Fahr allein. Ich bin hier unter Spyros' und Kalypsos Obhut sehr gut aufgehoben.«

»Bist du sicher, daß es dir nichts ausmacht?«

»... es macht mir sehr viel aus. Aber ich möchte nicht, daß du meinetwegen auf deine Reise verzichtest. Begrenze sie auf fünf Wochen. Länger will ich nicht ohne meinen Mann in Paris sein.«

»In genau fünf Wochen komme ich zurück. Hier, ich lasse dir zweitausendfünfhundert Francs da. Du wirst vermutlich kaum die Hälfte davon brauchen, aber ich will, daß du für den Notfall eine Reserve hast.«

Binnen einer Woche war das Fieber verschwunden, und sie war wieder auf den Beinen. Spyros mietete einen Wagen und fuhr mit ihr jeden Nachmittag in den Bois de Boulogne, wo sie an einem schattigen Platz halt machten, um Andromache im Gras spielen zu lassen. Sie ging ein paarmal in den Zirkus, der ihr schon bei ihrem ersten Aufenthalt soviel Freude gemacht hatte. Eugène Piat war in Paris; er lud sie in die Opéra Comique ein. Sie lag stundenlang auf der Chaiselongue und las. Wenn sie an Henry schrieb, wechselte sie zwischen Französisch und Englisch ab, was ihn zu der Bemerkung veranlaßte: »Du schreibst viel besser englisch als französisch.«

Henry schrieb sehr oft. In Leyden hatte er Stunden in einem Museum verbracht. Aus Den Haag berichtete er von einem Essen, zu dem Königin Sophia von Holland ihn eingeladen hatte. Dann kam ein Brief, der Sophia derart aus der Fassung brachte, daß sie ihn ein paarmal las, um sicher zu sein, daß ihre Augen sie nicht täuschten. Henry hatte sie gebeten, ihm jede Woche die Hotelrechnung zu schicken, damit er sie genau prüfen konnte. Nachdem er ihren Brief mit der ersten Rechnung erhalten hatte, schrieb er auf Altgriechisch:

> Mein Liebes, aus der beigefügten Rechnung ersiehst Du, daß man Dir für jedes Mittagessen sieben Francs und nie weniger als fünfeinhalb Francs berechnet hat. Bitte *vermeide* solch eine Schande und nimm Dein Mittagessen *außerhalb des Hotels* ein, denn dort kannst Du ohne Schwierigkeiten ein ausgezeichnetes Essen für eineinhalb oder zwei Francs bekommen. Überlaß es Dummköpfen und Irren, ein Mittagessen für sieben Francs einzunehmen, und iß Du das Deine für eineinhalb oder zwei Francs. Nimm Deinen Morgenkaffee im Hotel ein, denn er ist nicht teuer, und Du wirst auch immer dort zu Abend essen, aber vermeide um jeden Preis dieses ruinöse Mittagessen, das ein unerhörter Betrug ist. Ich hoffe, bald gute Nachrichten von Dir zu bekommen und umarme Dich, meine geliebte kleine Frau,
>
> Schliemann

Sie saß sprachlos vor Staunen da. Und verbrachte die nächste Stunde mit dem Versuch, diesen seltsamen Mann zu ergründen.

›Er bietet der griechischen Regierung ein Grundstück und ein Museum an, das ihn mindestens fünfzigtausend Dollar kostet. Er erbietet sich, die Kosten für eine gemeinsame Ausgrabung in der Türkei zu tragen, die sich auf weitere fünfzigtausend Dollar belaufen würden. Er gibt der türkischen Regierung

freiwillig achttausend Dollar, damit sie das Museum renovieren kann. Nichtsdestoweniger protestiert er, wenn seine Frau ihr Mittagessen im Speisesaal des Hotels *Louvois* einnimmt, weil es zwischen fünf und sieben Francs kostet, während sie draußen für eineinhalb oder zwei Francs essen könnte.‹
Welch seltsame Wege ging der menschliche Geist!
›Ist es für ihn ein Unterschied, ob ich als Partnerin an seiner Seite arbeite oder nur ein Anhängsel bin, wenn wir getrennt sind? Ist es der Unterschied zwischen dem, was er als wichtig oder unwichtig ansieht? Oder ist es einfach Geiz in kleinen Dingen? Auf jeden Fall werde ich mein Mittagessen auch weiterhin hier im Hotel einnehmen. Die Küche ist ausgezeichnet, und wir werden aufmerksam bedient.‹
Sie gingen alle zum Gare du Nord, um ihn abzuholen, als er Anfang September von seiner Reise zurückkehrte.
Mit keinem Wort erwähnte er die Tatsache, daß Sophia, wie aus ihren Rechnungen zu ersehen war, während der ganzen fünf Wochen ihr Mittagessen im Hotel *Louvois* eingenommen hatte, oder daß die zweitausendfünfhundert Francs, die er ihr dagelassen, verschwunden waren und er ihr mehr Geld hatte senden müssen.
Sophia fragte sich: ›Ist er zu klug, das Thema anzuschneiden, oder hat er seine damalige Aufregung einfach vergessen?‹
Sie wußte es nach sechsjähriger Ehe immer noch nicht; aber sie hatte ihren eigenen kleinen Unabhängigkeitskrieg gewonnen.
Henry war bitterlich enttäuscht, daß immer noch keine Genehmigung aus Griechenland oder der Türkei eingetroffen war. Er litt unter der Verzögerung.
»Ich bin einfach nur ein halber Mensch, wenn ich nicht ausgraben kann«, erklärte er beim Abendessen im Salon ihrer Suite. »Du hältst mich für besessen. Nun gut, vielleicht bin ich es. Aber ich muß unbedingt bald wieder zu graben anfangen.«
»Aber wo, Henry?«
»Ich habe einen Brief von Signor Fiorelli, dem Generaldirektor eines Museums in Rom, erhalten. Er bittet mich, in Albano, südlich von Rom, zu graben. Um zu sehen, ob ich unter einer dicken Schicht von vulkanischem Gestein Töpferwaren oder andere von Menschenhand geschaffene Gegenstände finde.«
Sophia wußte, daß dies nur eine Notlösung war. Und als sie merkte, daß Henrys Euphorie über seinen Erfolg in Europa nachzulassen begann, kam sie zu dem Schluß, daß es besser wäre, nach Athen zurückzukehren, wo sie den türkischen Botschafter um seine Vermittlung bitten und sich persönlich an Georgios Milesses, den neuen Kultusminister, wenden konnte, der mit ihrer Familie bekannt war.
Sie schifften sich in Marseille ein. Henry stieg in Neapel aus. Aus seinen ersten Briefen ersah Sophia, wie enttäuscht und bekümmert er war. Der Bauer in Albano, von dem er einen Weinberg gepachtet hatte, in dem er graben

wollte, betrog ihn, indem er ihm etruskische und römische Vasen zeigte, die angeblich unter der Lava gefunden worden waren. Als Henry zum gewachsenen Boden kam, fand er keinerlei Spuren menschlichen Lebens. Man hatte ihn zum besten gehalten.
Mitte Oktober war er in Palermo. Ein italienischer Beamter riet ihm, auf der kleinen Insel Pantelleria zu graben, die auf halbem Weg zwischen Sizilien und Nordafrika liegt. Sophia erhielt ein Telegramm:

ICH LEBE HIER INMITTEN VON SOVIEL SCHMUTZ UND ELEND, DASS ICH DICH NICHT BITTEN KANN, ZU MIR ZU KOMMEN.

Auf Pantelleria fand er eine dünne Erdkruste mit nichts darunter. Er ging nach Segesta, dann nach Taormina, Syrakus... Verzweifelt. Er mußte irgendwo graben... ganz gleich wo.
Die tiefe Niedergeschlagenheit, die aus seinen Briefen sprach, spornte Sophia an, ihre Bemühungen in Athen zu verdoppeln. Sie suchte ihren Anwalt Delegeorges auf. Er riet ihr davon ab, noch einmal an die Türken heranzutreten. Es sei nicht der richtige Zeitpunkt, denn die Türkei habe innere Schwierigkeiten. Sie suchte ihre und Henrys Freunde an der Universität und im Ministerium auf und bat sie inständig, ihren Einfluß auf Georgios Milesses geltend zu machen.
Henry klagte: »Es ist unmöglich, hier irgendwelche Altertümer zu finden, die die Museen nicht bereits besitzen. Ich will in der prähistorischen Epoche bleiben.« Da wurde ihm im November ein Brief von Raschid Pascha, dem türkischen Außenminister, nachgesandt, der ihm einen neuen *firman* in Aussicht stellte. Henry packte seine Koffer und nahm das erste Schiff, das von Neapel nach Piräus fuhr.

Kurz vor Weihnachten erhielt er einen zweiten Brief von Raschid Pascha, der durchblicken ließ, daß alle Widerstände überwunden seien und daß Henry, wenn er nach Konstantinopel käme, seinen *firman* erhalten würde. Sophia ließ ihn nicht gern vor dem Fest gehen, aber er war zu erregt, als daß sie ihn hätte zurückhalten können. Henry wußte, daß die Feiertage ihr heilig waren, und schlug daher nicht vor, daß sie ihn begleiten solle, bat sie jedoch, sich auf jeden Fall darauf vorzubereiten, auf drei Monate nach Troja zu kommen, sobald er die Genehmigung in den Händen hätte. Sophia war einverstanden. Er kaufte Weihnachtsgeschenke für die ganze Familie und fuhr ab.
Seine Briefe aus Konstantinopel waren verbittert:

> Ich stoße immer noch auf die größten Schwierigkeiten. Nur das allgemeine Interesse, das die Entdeckung Trojas erregt hat, und die große Begeisterung, die die ausländischen Botschafter in Konstantinopel für Homer und sein Ilium an den Tag legen, lassen mich hoffen, daß es mir gelingen wird, die Hindernisse zu überwinden...

So ging es noch einige Wochen, dann bat er sie, nach Konstantinopel zu kommen und alte Sachen mitzubringen, weil sie sich sofort nach Troja begeben wollten, um dort drei Monate zu graben. Sophia beschloß, Anfang Februar zu fahren, und buchte eine Kabine für die Überfahrt. Henry war beglückt. Er schrieb ihr, daß die neuen Freunde, die er unter den »gelehrten und vornehmen Ausländern« in Konstantinopel gewonnen habe, begierig darauf seien, sie kennenzulernen, und daß sie dort »mehr geistige Anregung und mehr Vergnügen« finden werde als je zuvor.
Dann erhielt sie ihrerseits einen Wink vom griechischen Kultusminister, aus dem sie schloß, daß sie ebenso nahe daran war, die griechische Genehmigung zu erhalten, wie Henry die türkische. Sie telegraphierte ihm, daß sie vorläufig nicht kommen könne. Henry war enttäuscht, aber er konnte nicht viel dazu sagen, weil er den *firman* immer noch nicht erhalten hatte.
Henry hatte bei seiner Abfahrt bereits einen Teil der Arbeitsgeräte auf dem Schiff mitgenommen. Spyros sollte den Rest nachschicken, sobald Henry die Sachen brauchte. Henry und seine Freunde bemühten sich unablässig, aber es wurde Mai, ehe er den langersehnten *firman* endlich in den Händen hielt. Sophia lächelte, als sie das Telegramm las, in dem er ihr die Nachricht übermittelte.

ODYSSEUS HAT WÄHREND SEINER ZEHNJÄHRIGEN IRRFAHRTEN AUF DEM HEIMWEG AUS TROJA NICHT SO VIEL GELITTEN WIE ICH WÄHREND DIESER MONATE IN KONSTANTINOPEL.

Sie solle jedoch vorläufig nicht nach Troja kommen, schrieb er, denn Yannakis habe ihm mitgeteilt, daß ihr Haus nicht mehr bewohnbar sei. Die Bauern hätten die Türen und Fenster zerbrochen und die Ziegel vom Dach genommen, so daß der Regen eingedrungen sei und alles ruiniert habe. Die Gräben selbst müßten instand gesetzt werden; die Wände seien eingestürzt, der Boden sei mit drei Meter tiefem Schlamm bedeckt. Selbst mit guten Arbeitern werde es Wochen dauern, ein neues Steinhaus anstelle des alten zu bauen und die hölzernen Nebengebäude zu errichten. Er werde sie benachrichtigen, sobald Troja wieder bewohnbar sei.
Doch diese Nachricht kam nie. Als er am Hissarlik eintraf, gab es dort nichts wie Ärger und Verzögerungen. Yannakis durfte nicht in Troja arbeiten; der arme Mann zitterte buchstäblich um sein Leben. Der Gouverneur des Bezirks war immer noch der gleiche, aber sein Verhalten Henry gegenüber hatte sich drastisch geändert. Henry konnte jetzt nur Türken, keine Turkophonen beschäftigen. Dadurch verfügte er über weit weniger Arbeitskräfte. Man sandte ihm einen neuen Aufseher, Isset Effendi, der strenge Anweisungen erhalten hatte. Er blieb Henry Tag und Nacht auf den Fersen und ließ ihn keinen Augenblick in Ruhe. Als Henry schließlich mühselig den Schlamm aus den Gräben entfernt hatte und einige interessante Gegenstände im Palast des Priamos zu finden begann, verweigerte man ihm die Erlaubnis, sie zu photographie-

ren. Und es wurde ihm auch nicht gestattet, Zeichnungen der Mauern oder der mit Kopfsteinen gepflasterten Straßen zu machen.
Dann kam Gouverneur Ibrahim Pascha aus Çanakkale, um zu kontrollieren, was Henry tat. Henrys *firman* stellte ihm ein Gebiet von sechshundert Morgen Land neben der Ausgrabung zur Verfügung, wo er jede Art von Häusern und Schuppen errichten konnte, die er für sich, seine Leute und die Arbeitsgeräte brauchte. Ibrahim Pascha musterte die schlichten Gebäude auf dem Gelände, holte eine Abschrift des *firman* aus der Tasche, suchte nach einem bestimmten Abschnitt und sagte schroff:
»Dr. Schliemann, Sie verletzen die Bedingungen Ihres *firman.*«
»Was wollen Sie damit sagen? Ich habe nichts getan, nichts fortgeschafft...«
»Sie sind verpflichtet, diese sechshundert Morgen mit Häusern und Lagerräumen aus Holz und Stein zu bebauen.«
»Die gesamten sechshundert Morgen? Wozu um alles in der Welt? Das wäre eine ganze Stadt. Ich brauche keine weiteren Gebäude.«
»Die Genehmigung spricht nicht von dem, was Sie brauchen. Sie erwähnt ausdrücklich, daß Sie die gesamte Fläche von sechshundert Morgen bebauen müssen.«
»Gouverneur Ibrahim Pascha, diese Auslegung ist absurd. Wie soll ich ganze Felder bebauen? Und warum sollte irgend jemand von der Regierung des Sultans so töricht sein, solch eine Bedingung zu stellen?«
»Das kann ich nicht beurteilen. Ich muß dieses Abkommen genau nach seinem Wortlaut auslegen, sonst kriege ich Schwierigkeiten mit Konstantinopel. Sie dürfen keine Ausgrabungen mehr vornehmen, ehe Sie die sechshundert Morgen mit Holz- und Steinhäusern bebaut haben.«
Henry wußte, daß er den Kampf verloren hatte. Natürlich konnte er nach Konstantinopel zurückkehren und den Kultusminister um ein Schreiben bitten, in dem ausdrücklich erklärt wurde, daß er nicht die gesamten sechshundert Morgen oder irgendeine bestimmte Anzahl Morgen zu bebauen brauchte. Aber er wußte, wie langsam die Mühlen der türkischen Regierung mahlten. Und zu allem Unglück war sein einziger guter Freund, der Außenminister Raschid Pascha, ermordet worden. Man hatte den bisherigen Kultusminister Safvet Pascha zu seinem Nachfolger ernannt; im Kultusministerium saß ein neuer Mann, vielleicht ein fremder oder einer, der Henry feindlich gesonnen war. Henry war sicher, daß es ihm gelingen würde, diese lächerliche Klausel aus dem *firman* streichen zu lassen, aber wie viele Wochen oder Monate würde das wieder dauern? Und was würde er bei seiner Rückkehr hier vorfinden? Widerstand, Obstruktion, Mangel an Arbeitskräften, Verweigerung des Rechts, wissenschaftliche Aufzeichnungen über seine Funde zu machen.
Es war aussichtslos. Er hatte sich geirrt, als er annahm, daß er nach Troja zurückkehren könne, um seine Arbeit zu vollenden. Er hatte Monate damit vergeudet, von seiner Frau und Tochter getrennt im Hotel in Konstantinopel auf den *firman* zu warten. Er hatte zwei Monate bei der Grabung vergeudet, wo

er fast ausschließlich damit beschäftigt gewesen war, den Schlamm zu beseitigen, der sich während der vergangenen drei Jahre in seinen Gräben angesammelt hatte.
Er ließ die Arbeitsgeräte in Lattenkisten verpacken und sandte sie nach Piräus zurück; dann telegraphierte er Sophia, daß er endgültig heimkehre. Niedergeschlagen bestieg er das Schiff nach Griechenland.
Sophia erwartete ihn in Piräus. Sie stand am Kai, schwenkte triumphierend ein Blatt Papier in der Luft, und auf ihrem Gesicht lag das strahlendste Lächeln, das er je gesehen hatte.
»Die Genehmigung, in Mykene zu graben!« rief sie, sobald er in Hörweite war. »Wir können dort sofort mit den Ausgrabungen beginnen.«

Siebentes Buch

MYKENE!

1.

Leonidas Leonardos, der Polizeichef von Nauplion, erwartete sie am Kai. Er trug seine beste Uniform, und seine Orden glänzten farbenfroh im Schein der untergehenden Julisonne.

»Zwei lange Jahre haben wir auf diesen Augenblick gewartet!« rief Henry. »Darf ich Ihnen meine drei gelehrten Freunde vorstellen: Dr. Euthymios Kastorches ist hier auf dem Peloponnes geboren und ist jetzt Professor für Griechische Archäologie an der Universität in Athen. Dr. Spyridon Phindikles ist Professor für Philologie an der Universität und Vizepräsident der Archäologischen Gesellschaft. Dr. Ioannes Papadakes ist Professor für Mathematik und Astronomie an der Universität und war jahrelang ihr Rektor. Die Herren waren so liebenswürdig, für eine Woche mitzukommen, um sich Tiryns und Mykene anzusehen.«

Leonidas Leonardos verbeugte sich tief vor den angesehenen Gelehrten.

»Ich habe die Zimmer inspiziert, die Sie im Hotel *Olympus* bestellt haben. Sie wohnen wieder in derselben Suite, wo ich 1874 das Vergnügen hatte, Sie zu besuchen.«

Sie gingen, von den Gepäckträgern gefolgt, zu Fuß den kurzen Weg zum Hotel. Der Direktor hatte im Garten einen Tisch für sie decken lassen, wo sie unter einer riesigen Platane zu Abend aßen. Die Anwesenheit der Professoren in der Argolis bedeutete für Henry eine große Befriedigung, denn sie war ein Beweis für das Interesse der Universität von Athen an seinen Ausgrabungen.

Er weckte Sophia, als er beim Morgengrauen von seinem Bad im Meer zurückkehrte. »Zeit aufzustehen, Liebling. Die Wagen warten, und man hat uns in der Küche Picknickkörbe fürs Mittagessen vorbereitet.«

Sie zog aus Aberglauben das einteilige Kleid mit langen Ärmeln und weitem Rock an, das sie während der letzten so erfolgreichen Wochen in Troja getragen hatte, und nahm einen breitrandigen Hut gegen die heiße Sonne mit. Kurz vor sechs machte sich die kleine Gesellschaft auf den Weg. Es waren nur anderthalb Kilometer von Nauplion nach Tiryns. Bald standen sie alle unter den zyklopischen Mauern – ein schwindelerregender Anblick. Die

Steinblöcke sind so ungeheuerlich, die Mauern selbst so unmöglich zu bauen, daß man kaum glauben kann, daß sie tatsächlich dort stehen.
»Ich sehe die Mauern«, murmelte Sophia, »aber ich kann es nicht fassen.«
Sie bogen von der Landstraße ab und gingen zu Fuß ein Stück weit am unteren Ende des Felsplateaus von Tiryns entlang. Sie betraten die Burg von Osten her über eine breite Rampe, die von zyklopischem Mauerwerk gestützt wurde. Zur Rechten des majestätischen Tors stand ein Turm, dessen Höhe Henry auf dreizehn Meter schätzte und der, wie die Professoren sagten, vermutlich der älteste in Griechenland war.
Demetrios Dases war aus Charvati herübergekommen und wartete bereits auf sie. Schon Wochen zuvor hatte Henry die Arbeitsgeräte aus Troja an ihn gesandt. Die Hunderte von Spitzhacken, Schaufeln und Brecheisen befanden sich jetzt in Mykene, und sie hatten nur das notwendigste Arbeitsmaterial für die Versuchsgrabungen bei sich, die sie während der nächsten vier Tage hier in Tiryns durchführen wollten. Demetrios hatte zehn Arbeiter aus Charvati mitgebracht, und Henry teilte jedem seiner Begleiter wie auch Sophia zwei Männer zu. Dann suchte sich jeder die Stelle aus, an der er graben wollte. Professor Kastorches und Sophia wählten den höher gelegenen Teil der Burg; die anderen beiden Professoren den tieferen. Henry machte sich mit Demetrios und den restlichen zwei Arbeitern daran, die Grenzen eines breiten Grabens schräg über den höchsten Punkt der Burg abzustecken.
Sophia und Professor Kastorches fanden zwei Hausmauern, die aus kleinen, mit Erde verfugten Steinen gebaut waren. Die zwei Gruppen auf der unteren Akropolis fanden ein großes Bruchstück eines bemalten Hera-Idols mit Brüsten und erhobenen Armen, die Kuhhörnern glichen. Außerdem fanden sie beim Durchsieben der Erde große Mengen bemalter Tonscherben.
Die Sonne brannte glühend heiß vom tiefblauen Himmel herab, aber es war kühl in dem überwölbten Durchgang, in dem sie ihr Mittagessen zu sich nahmen. In den dreizehn Schächten des höher gelegenen Teils fanden sie die Terrakotten, nach denen sie suchten.
Abends nach der Arbeit gingen die Professoren und Henry zum Baden ans Meer, und hinterher versammelten sie sich alle im Salon der Suite, wo Sophia die Funde des Tages ausgebreitet hatte: Dreifüße, große Vasen mit durchbrochenen Henkeln, kleine Krüge, Töpfe, Teller und Schalen, manche mit der Töpferscheibe gefertigt, andere von Hand.
Nach fünf Tagen fuhren sie nach Mykene. Henry ließ die Tonscherben in Körbe packen, um sie mit demselben Schiff, das die drei Professoren nahmen, an die Archäologische Gesellschaft zu schicken. Demetrios teilte ihm mit, daß er sechzig Arbeiter für ihn bereithielt, die jederzeit zu graben anfangen konnten. Henry steckte die Grabung ab, wobei er sich genau an Pausanias' Angaben über die Lage der Königsgräber hielt. Die drei Professoren wünschten ihm Glück und machten sich auf den Heimweg.
Als sie fort waren, sagte Henry betrübt: »Ich wünschte, ich hätte einen von ihnen überreden können, als Vertreter der Archäologischen Gesellschaft an-

stelle dieses jungen Herrn Stamatakes hierzubleiben, den man uns als Aufseher schickt. Ich hatte zwei Unterredungen mit ihm in Athen, und er hat nur einmal gelächelt. Das finde ich erschreckend.«
Die Familie Dases begrüßte sie herzlich. Zweieinhalb Jahre lang hatte man hier auf die Rückkehr der Schliemanns gewartet. Ihre Zimmer waren fertig; die Männer der Familie hatten neue Fensterläden zum Schutz gegen die glühend heiße Sommersonne angebracht, und alles blitzte vor Sauberkeit. Sophia hatte eine Kiste mit ihren eigenen Laken, Kopfkissen, Handtüchern sowie Wolldecken mitgebracht, für den Fall, daß es im Herbst kalt würde. Sie wollten graben, bis die schweren Regenfälle im November sie vertrieben. Henry hatte von seiner Athener Bank Geld an ihre Zweigstelle in Argos überweisen lassen, damit die Familie Dases genügend Bargeld in der Hand hatte, um alles Notwendige zu besorgen. Er hatte Demetrios eine Zeichnung von Sophias Dusche auf Hissarlik gesandt und gebeten, daß man eine ähnliche im Freien hinter dem Haus anlegen möge. So hatten sie zwar alles, was sie brauchten – aber wo sollte er einen zweiten Yannakis finden? Die Frage der Lohnzahlungen war hier weniger kompliziert, denn Demetrios würde jeden Sonnabend eine Summe erhalten, deren Höhe sich nach der Anzahl abgetragener Kubikmeter Erde richtete, und die er dann unter der jeweiligen Kolonne aufteilte. Sie würden jedoch eine Anwesenheitsliste für die Männer aus anderen Dörfern brauchen, die, genau wie die Leute aus Erenkoi, allabendlich entlohnt werden mußten.
Henry entschied sich für Nikolaos, den mittleren Sohn der Dases', einen schlaksigen sechzehnjährigen Jungen mit goldbrauner Haut und großen, klugen Augen, der während einiger Jahre die Schule in Argos besucht hatte und sich selbst weiterzubilden suchte, indem er jedes Buch las, das ihm unter die Finger kam. Henry gab ihm ein Notizbuch und erklärte ihm Yannakis' Methode, die Namen abzuhaken.
Die Arbeiter verdienten zweieinhalb Drachmen pro Tag, der Vorarbeiter fünf Drachmen. Henry zahlte Nikolaos einen Dollar pro Tag. Die Familie Dases war beglückt; jetzt würde Nikolaos genügend Geld haben, um im kommenden Jahr nach Nauplion zu gehen und dort eine bessere Schule zu besuchen. Die Löhne waren höher als in der Troas, aber die Bewohner der Argolis hatten auch einen höheren Lebensstandard.
Einige Tage später wurde den Schliemanns berichtet, daß Panaghiotes Stamatakes, der Zerberus der Archäologischen Gesellschaft, in ein Haus auf der gegenüberliegenden Seite gezogen war; er hatte es gewählt, weil es als einziges hinten einen abgeschlossenen Lagerraum hatte. Er hatte ein Schloß an der Tür anbringen lassen, für das nur er einen Schlüssel besaß. Der Lagerraum sollte als Aufbewahrungsort für alle Funde dienen, die sie bei der Ausgrabung zutage förderten. Sophia und Henry luden Stamatakes zum Essen ein. Er lehnte ab. Der nächste Tag, der 8. August, war ein religiöser Feiertag. Die Dorfbewohner versammelten sich in ihrer winzigen Kapelle, wo der Priester eines Nachbardorfes die Messe las. Die Schliemanns nahmen mit der Fa-

milie Dases am Gottesdienst teil; Stamatakes kam nicht. Die Dorfbewohner waren gekränkt.

»Er glaubt, er sei zu gut für eine Dorfkapelle und einen Landpriester«, bemerkten sie.

Die Familie, bei der er wohnte, sagte: »Er lebt ganz zurückgezogen. Nimmt die Mahlzeiten in seinem Zimmer ein.«

»Vielleicht ist er einfach schüchtern«, meinte Henry. »Nicht an Fremde gewöhnt. Ich finde, wir sollten es noch einmal versuchen.«

Sie luden ihn abermals zum Essen ein. Stamatakes lehnte abermals ab.

Als es kühler geworden war, stiegen sie zum Schatzhaus des Atreus hinauf. Beim Anblick seiner schönen, harmonischen Architektur überkam Sophia ein tiefes Gefühl des Friedens – eine Wirkung, die jedes große Kunstwerk auf das menschliche Gemüt ausübt.

Stamatakes war den ganzen Feiertag über in seinem Zimmer geblieben. Bei Einbruch der Dunkelheit fragte Henry: »Meinst du, ich sollte ihm einen Höflichkeitsbesuch abstatten? Schließlich werden wir monatelang zusammen arbeiten, und ich möchte, daß wir Freunde sind.«

»Auf keinen Fall!« erwiderte Sophia streng. »Er ist der jüngere, und es wäre seine Pflicht, dir seine Aufwartung zu machen. Er hat bereits Anzeichen von Arroganz erkennen lassen. Griechische Männer sind auch so schon stolz genug ... auf das, was ihre Vorfahren geleistet haben. Es ist nicht nötig, unseren Herrn Stamatakes noch aufgeblasener zu machen.«

»Gut, du kennst deine Landsleute besser als ich«, erwiderte Henry mit einem belustigten Lächeln.

Am nächsten Tag waren sie vor dem Morgengrauen auf den Beinen, tranken eine Tasse Kaffee, bestiegen ihre Maultiere und ritten zum Löwentor hinauf. Demetrios hatte zwei Tage zuvor Henrys schwere Arbeitsgeräte – die Spitzhacken, Schaufeln und Brecheisen – auf das Plateau der Akropolis bringen lassen, wo einst die Agora gestanden hatte. Durch eine schmale Öffnung in der Mauer führte von der Straße her ein Hirtenpfad nach oben. Demetrios' Leute benutzten diesen schmalen Pfad, um die Geräte heraufzubringen. Die sechzig Männer boten einen ebenso farbenprächtigen Anblick wie die Türken und Turkophonen auf Hissarlik. Über ihren roten oder blauen Hosen trugen sie einen dicken Rock, *kelembia* genannt, weiß oder beige und an der Taille in Falten gelegt; ihre ganze Kleidung war aus *drili* gemacht, einem Stoff, den die Frauen selbst webten und färbten.

Henry teilte die Kolonnen ein, dann steckte er, in dreizehn Metern Entfernung vom Löwentor beginnend, nach Süden zu einen Graben ab, mit dem er ein Gebiet von etwa fünfunddreißig Metern im Quadrat freilegen wollte. Er gab Demetrios vierzig Mann und nahm sich zehn für die Arbeit am Löwentor. Nachdem er seiner Kolonne Anweisungen gegeben hatte, den Schutt vom Eingang zu entfernen, bat Sophia:

»Könnten wir bitte zu diesem anderen Schatzhaus hinübergehen? Zu dem, dessen Decke eingesunken ist?«

Bei ihrem letzten Besuch hatten sie trotz des dichten Gestrüpps in die Dunkelheit hinunterspähen können.

»Warum interessierst du dich ausgerechnet für dieses Schatzhaus? Es liegt mindestens hundertdreißig Meter außerhalb der zyklopischen Mauern und kann keines der Königsgräber sein, nach denen wir suchen.«

»Ich sage es dir, sobald wir dort sind.«

Sie kletterten den mit Steinen und trockenem Laub bedeckten Hang hinunter, dann stiegen sie den gegenüberliegenden Hügel hinauf. Auf dem Bauch liegend schoben sie das Unkraut und Gestrüpp beiseite, das sich in den Felsritzen festgesetzt hatte, und krochen langsam auf die Öffnung zu. In dem Sonnenlicht, das in das pechschwarze Innere drang, konnten sie annähernd die Tiefe des bienenstockähnlichen Bauwerks schätzen.

»Es wird mühsam sein, diesen Bau aus seinem dreitausend Jahre alten Grab zu befreien«, bemerkte Henry; »und sein *dromos,* sein Zugang, wird noch schwerer zu finden und freizulegen sein. Aber es wäre ein großer Gewinn für die Archäologie.«

Sophia lächelte; ihre dunklen Augen blitzten vor Unternehmungslust.

»Ich möchte diese Grabung selbst durchführen. Ich meine, unabhängig von deiner Arbeit auf der Akropolis. Wenn ich dieses Schatzhaus freilegen könnte und sich herausstellen würde, daß es auch nur halb so schön wie das Schatzhaus des Atreus ist, hätte ich das Gefühl, wirklich etwas Sinnvolles geleistet zu haben.«

»...und ohne die Hilfe deines alternden Ehemannes.«

»Nur dieses eine. Komm morgen früh mit mir hier herauf und hilf mir, die Vermessungen zu machen. Ich werde mich zufriedengeben mit dem, was du an Arbeitern und Geräten für mich erübrigen kannst.«

Als sie zum Löwentor zurückkehrten, sahen sie, daß Stamatakes eingetroffen war. Er diskutierte mit Henrys Kolonne und befahl den Männern, die Arbeit einzustellen. Genau wie Henry trug er die gleiche Kleidung wie an seinem Schreibtisch in Athen: weißes Hemd, dunklen Schlips, dunklen Anzug mit Weste. Er war schlank, mit vollkommenen, blendend weißen Zähnen und einer stolzen Haltung. Er hielt den Kopf erhoben, als blickte er über die schmutzige, staubige Arbeit der Grabung hinweg auf die wohlgeordnete Schönheit der Staatsbibliothek in Athen, wo die menschliche Weisheit in Büchern enthalten war... ohne daß man mit einer Spitzhacke und Schaufel im Schutt wühlen mußte.

Die Schliemanns begrüßten ihn freundlich.

»Guten Morgen, Herr Stamatakes.«

Stamatakes verbeugte sich förmlich und erwiderte nichts.

»Ich hoffe, Sie fühlen sich wohl in Ihrer neuen Behausung«, sagte Sophia.

»Primitiv.«

»Oh, das tut mir leid. Wir haben Sie an beiden Tagen eingeladen, zu uns zum Essen zu kommen. Die Familie Dases hätte sich gefreut, Sie zu Gast zu haben. Die Frauen kochen ausgezeichnet.«

Stamatakes sah sie an, wie sie dort Seite an Seite neben dem Löwentor standen.
»Ich glaube, ich sollte Ihnen von vornherein sagen«, erklärte er kalt, »daß ich nicht die Absicht habe, gesellschaftliche Beziehungen mit Ihnen zu pflegen. Ich bin als Regierungsaufseher für Altertümer und Vertreter der Griechischen Archäologischen Gesellschaft hier; es wird keinerlei Unterhaltung zwischen uns geben, außer über Dinge, die mit der Ausgrabung zu tun haben. Auf diese Art kann ich mich streng an die Buchstaben meiner Anweisungen halten.«
Sophia und Henry sahen sich mit hochgezogenen Augenbrauen an. Dieser Stamatakes war ein Abklatsch von Georgios Sarkis, ihrem ersten Aufseher auf Hissarlik; ein Mann, dem der Posten, den man ihm zugewiesen hatte, nicht behagte und der seine Verbitterung an ihnen ausließ.
Henry sagte schroff: »In Ordnung, aber kommen Sie uns nicht in die Quere, sonst wird es Ihnen übel ergehen.«
Stamatakes schob die Unterlippe vor und sagte gedehnt: »Unsere Unterhaltung wird sich von jetzt ab auf die Befehle beschränken, die ich Ihnen erteile.«
»Sie erteilen weder mir noch sonst jemandem irgendwelche Befehle! Ihre Aufgabe besteht ausschließlich darin, unsere Funde einzusammeln und nach Athen zu schicken, weiter nichts.«
Stamatakes straffte die Lippen. »Sie haben mir jeden bedeutsamen Fund *in situ* zu zeigen, ehe Sie ihn herausholen. Sie dürfen nicht an mehr als zwei Plätzen auf einmal graben; und diese Plätze müssen so dicht beieinander liegen, daß ich alles beobachten kann, was vor sich geht. Sie dürfen nur an gewissen Stellen graben, die ich für Sie abgrenzen werde...«
»Leck dich am Arsch!« schrie Henry auf deutsch; er wußte, daß Sophia die Worte nicht verstehen würde.
»Das ist physisch unmöglich«, entgegnete Stamatakes.
Henrys Leute hatten wieder angefangen, mit ihren Spitzhacken und Schaufeln die kompakte Masse von Steinen, Erde und Schutt zu bearbeiten, die sich in drei Jahrtausenden am Löwentor angesammelt hatte. Stamatakes wandte sich ihnen zu und rief:
»Nein, nein! Sie dürfen diese Zufahrtsstraße nicht anrühren!«
»Warum nicht?« wollte Henry wissen.
»Weil wir diese Höhe bewahren müssen – wir wissen nicht, wie hoch wir über der ursprünglichen Straße sind –, um die zyklopischen Steine ohne allzu große Schwierigkeiten wieder in die Mauern einfügen zu können, die zum Tor führen.«
»Ich habe vor, in der Mitte der Straße einen Zugangsweg freizulegen, der nur so breit ist wie das Tor selbst. Der Schutt und die Steine zu beiden Seiten werden an Ort und Stelle gelassen; damit gewinnen wir eine höhere Terrasse, von der aus wir die riesigen Blöcke hochheben können.«
Stamatakes schien besänftigt. »Gut ausgedacht«, murmelte er.
»Vielen Dank.« Henry wandte sich an die Arbeiter und sagte: »Bitte grabt

weiter. Wenn eure Körbe voll sind, bringt sie zum Pferdewagen und leert sie aus.«

Am nächsten Morgen kamen dreiundsechzig Arbeiter. Henry ließ zwölf am Löwentor graben; Demetrios nahm dreiundvierzig, und so blieb die Kolonne von acht für Sophia übrig. Sie und Henry führten die acht Männer zu dem in der Nähe gelegenen Schatzhaus.

»Komm, wir stellen uns auf die Kuppe neben dem Einsturz. Was glaubst du, aus welcher Richtung wohl der *dromos* in den Bienenstock führt?«

Henry musterte das Terrain, holte seinen Kompaß heraus und stellte einige Berechnungen in seinem Notizbuch an.

»Hast du vor, einen Graben quer über den Zugang zu ziehen?«

»Ja. So dicht an dem Dreieck über dem Türsturz, wie ich nur irgend kann. Wenn ich erst einmal die Spitze des Dreiecks gefunden habe, weiß ich vom Schatzhaus des Atreus ungefähr, wie weit ich bis zum Türsturz hinuntergraben muß, und dann, wie weit es von der unteren Seite des Sturzes bis zur Schwelle zum Grab ist.«

»Gut, fang mit deinem Graben an der Südseite des Hügels an.«

»Ich werde es tun. Aber warum?«

»Sieh dir die topographische Beschaffenheit der Umgebung an. Zwei der Richtungen würden bergauf führen. Die dritte wäre am weitesten von der Akropolis entfernt. Ein Zugang von der Südseite wäre strategisch gut.«

»Ich verstehe. Du kennst die Dimensionen des Schatzhauses des Atreus; kannst du danach schätzen, wie weit ich mich von dieser eingestürzten Kuppel entfernen muß, um auf den *dromos* zu stoßen?«

»Ungefähr. Fang etwa dreizehn Meter von hier mit deinem Graben an. Ich gebe ein bißchen zu, um sicher zu sein, daß du nicht auf die Seite des Zugangs selber stößt. Dein Graben dürfte, wenn du die richtige Tiefe erreicht hast, nicht mehr als höchstens einen Meter vom Dreieck entfernt sein. Wenn du glaubst, weit genug vorgedrungen zu sein, ändere deine Richtung und geh im rechten Winkel auf das Schatzhaus zu.«

Während Sophias Kolonne auf Hissarlik beinahe in Streik getreten wäre, weil die Männer keine Befehle von einer Frau entgegennehmen wollten, hatte sie in Mykene keinerlei Schwierigkeiten. Ihre Arbeiter stammten aus Charvati, sie waren am ersten Abend ins Haus der Dases' gekommen, um die Schliemanns in ihrem Dorf willkommen zu heißen, und hatten mit Freude zugehört, als Henry den *Agamemnon* vorlas. Jetzt hatte Henry ihnen gesagt:

»Dieses Schatzhaus wird *Kyria* Schliemann ausgraben. Sie wird die Arbeiten leiten. Bitte helfen Sie ihr, so gut Sie können.«

Sie maß die Entfernung, die Henry ihr angegeben hatte, und sagte ihren acht Arbeitern, wo sie zu graben anfangen sollten. Sie legte die Breite des Grabens fest, indem sie auf beiden Seiten des unter den Erd- und Schuttmassen liegenden *dromos* kleine Steine aufhäufte. Um die Richtung zu bestimmen, legte sie statt der Pfähle und Seile, die Henry auf Hissarlik benutzt hatte, eine Reihe kleiner Steinhaufen an.

Aber wenn sie gehofft hatte, schnell voranzukommen, so wurde sie enttäuscht. Der Boden war hart und voller großer Steine. Während des ganzen langen Arbeitstages konnten die Männer nur wenige Zoll tief in den acht Meter langen Graben eindringen, den sie brauchte, um den *dromos* und die Quadermauern, die den Zugang zum Grab säumten, anzuschneiden.
Sie war noch nicht lange bei der Arbeit, da kam Stamatakes im Galopp vom Löwentor herüber.
»Sie dürfen dieses Schatzhaus nicht ausgraben!« rief er.
»Warum nicht?«
»Niemand, weder Sie noch irgend jemand anderes, darf diese schwere Erdhülle entfernen. Sie ist die Kraft, die die Steine des Bienenstocks zusammenhält. Wenn man sie entfernt, besteht die Gefahr, daß das ganze Steingefüge in sich zusammenfällt.«
»Wie kommen Sie darauf, daß ich den ganzen Hügel abtragen will? Ich habe lediglich vor, den *dromos* zu finden, ihn freizulegen, den Eingang zu suchen und dann das Innere des Schatzhauses selbst auszuräumen, damit es, ebenso wie das Schatzhaus des Atreus, für alle zugänglich ist. Ist es nicht das, womit die Archäologie sich befaßt?«
»*Kyria* Schliemann, ich habe Jahre an der Universität zugebracht, um Fachkenntnisse zu erwerben. Warum lassen Sie nicht mich hier den Sachverständigen in Archäologie sein?«
»Das werde ich tun... sobald ich an Ihren Händen die ersten Schwielen vom Gebrauch einer Spitzhacke oder Schaufel sehe.«
»Oh, Ressentiments gegen den Akademiker! Sie bilden sich etwas ein, weil Sie zufällig auf Hissarlik gegraben haben.«
»›Zufällig gegraben‹! Wir haben Ausgrabungen auf Hissarlik gemacht, weil mein Mann so genial war, zu wissen, daß sich dort Homers Troja befand.«
Stamatakes tat dies mit einer geringschätzigen Handbewegung ab. »Ich habe keine Lust, mich mit Ihnen zu streiten, *Kyria* Schliemann. Ich werde eine formelle Eintragung in mein Notizbuch machen, daß ich Ihnen kategorisch verboten habe, dieses Schatzhaus anzurühren. Außerdem werde ich heute abend Athen telegraphisch davon in Kenntnis setzen.«
»Ich bin sicher, der Ritt nach Argos wird Ihnen guttun. Inzwischen werde ich versuchen, den *dromos* zu finden und freizulegen. Sie glauben doch nicht, daß die Freilegung des Zugangs das Schatzhaus gefährdet?«
Er wandte sich ab und ging wieder zum Löwentor. Sophia ließ Henry rufen. Er sagte:
»Es gibt nur eine Möglichkeit, Stamatakes in Schach zu halten, wenn wir ihn nicht durch diese Öffnung in die Gruft werfen wollen. Ich werde heute abend ein Telegramm an die Gesellschaft senden und bitten, daß man mir auf meine Kosten einen Ingenieur schickt, der die diversen Bauwerke untersucht und uns jeweils offiziell bestätigt, daß wir ohne großes Risiko dort arbeiten können.«
Sie fanden an diesem Tag nichts außer ein paar verstreuter Scherben. Stama-

takes sammelte eifrig jedes kleinste Stückchen ein und brachte es in seinen Lagerraum in Charvati.
Der dritte Tag war lohnender. Die Kolonne von Demetrios, die auf der Innenseite des Tors grub, stieß auf die ausgebrannten Reste eines großen Wohnhauses. Als Henry die Ruinen inspizierte, sah er, daß das Haus von einem so gewaltigen Feuer zerstört worden war, daß selbst die zyklopische Mauer, die die Rückseite des Hauses bildete, schwarz geworden war. Unter dem Schutt fanden die Arbeiter Topfscherben, die mit archaischen Mustern in Rot, Gelb und Braun verziert waren; einen tönernen Kuhkopf mit Hörnern; und, am erstaunlichsten von allem, einen riesigen Eisenschlüssel.
»Es könnte der Schlüssel zum Löwentor sein!« rief Henry aus.
Stamatakes, der die Artefakten gierig an sich riß, sobald sie aus der Erde kamen, murmelte leise: »Typisch für unseren Schwärmer. Ein beliebiger Schlüssel, und schon öffnet er die schweren Holztüren des Tors.«
Henry war zu beschäftigt, um sich von dieser Bemerkung stören zu lassen. Er fand im Schutt diverse Münzen, hellenische und mazedonische Terrakotten und geriffelte Vasen.
»Herr Stamatakes«, sagte er. »Sie haben klassische Geschichte studiert. Wann hat Mykene nach Ansicht der Historiker aufgehört, bewohnt zu sein?«
»Im Jahr 468 v.Chr., als die Argiver die Bastion eroberten.«
»Aber sehen Sie her, wir haben gerade hellenische Vasen und mazedonische Münzen ausgegraben, die etwa zweihundert Jahre jünger sind.«
Stamatakes starrte auf die Münzen und Artefakte. Henry fuhr fort:
»Es muß spätere Siedlungen gegeben haben. Ich möchte annehmen, hellenische und danach mazedonische, ungefähr von 300 bis 100 v.Chr. Wir wissen, daß der Ort verlassen war, als Pausanias 170 n.Chr. hierherkam. Aber diese Überreste lassen darauf schließen, daß dieser Fels noch weitere zweihundert Jahre besiedelt war.«
Ein leiser Anflug von Respekt lag in Stamatakes' Blick.
»Hellenische Siedlungen, ja. Sie haben genügend Töpferwaren gefunden, die das bezeugen. Aber mazedonische hat es hier nicht gegeben.«
Henry schwieg. Er war der Ansicht, daß die geriffelten Vasen und Terrakottafiguren mit Stücken aus dem mazedonischen Zeitalter, die er in Museen gesehen hatte, übereinstimmten. Aber er wollte Stamatakes nicht unnötig reizen.

2.

Die Sonne war glühend heiß. Es gab Staub, Schmutz, grellen Glanz und nicht einen einzigen Grashalm. Die Bucht von Nauplion war zu weit entfernt für Henrys frühmorgendliches Bad. Es fehlte ihm sehr. Erst um neun Uhr abends wurde es dunkel. Da sie frühmorgens um fünf mit der Arbeit begannen, bedeutete das einen sechzehnstündigen Arbeitstag, länger als jemals in Troja.

Aber Sophia, die jede Minute ihrer Arbeit genoß, schien nichts von der Anstrengung zu spüren.
Sie und Henry fühlten sich bei den Dases' vom ersten Tag an wie zu Hause. Da sie jedem männlichen Wesen über sechzehn in Charvati und den benachbarten Dörfern Arbeit gaben, wurden sie als Wohltäter geschätzt, denen man die Aussicht auf ein sorgloses Jahr verdankte. Aber unter der Dankbarkeit, die selten Zuneigung erzeugt, lag ein Gefühl gegenseitigen Respekts, das Zuneigung erzeugt. Henry und Sophia waren gute Arbeitgeber; sie gaben ihre Anweisungen in höflichem Ton. Die Arbeiter, unabhängige Dorfbewohner und Bauern, hätten keine kurzangebundenen Befehle gemocht.
Weniger gut erging es Stamatakes. Er hatte kein Hehl daraus gemacht, daß er sowohl mit seiner Unterkunft als auch mit der Verpflegung unzufrieden war. Es hieß, er fühle sich den Leuten der Argolis überlegen. Die Arbeiter hörten seine täglichen Streitigkeiten mit Henry und Sophia, beobachteten seine Versuche, die Arbeit am Löwentor und an Sophias Schatzhaus zu unterbinden. Sie sagten, er sei ein Querkopf, dessen Hauptziel es zu sein schien, die Ausgrabung – und damit ihre neue Einkommensquelle – zu hemmen. Das machte ihn nicht nur unbeliebt, sondern praktisch zu einem Geächteten. Wenn er den Arbeitern Befehle gab, stellten sie sich taub. Stamatakes rächte sich auf seine Weise, indem er den ganzen Tag an Henry und Sophia herumnörgelte und jeden Aspekt ihrer Arbeit als unwissenschaftlich bezeichnete.
Es dauerte eine Woche, bis sie irgendwelche bedeutsamen Entdeckungen machten. Als erster fand Henry in unmittelbarer Nähe des Löwentors eine kleine Kammer innerhalb der Akropolis. Es war ein alter Torhüterposten, anderthalb Meter hoch, dessen Decke aus einer einzigen großen Steinplatte bestand. Die Männer legten den Raum binnen weniger Stunden frei, und Henry zeigte ihn Sophia während der Mittagspause.
Als nächstes entdeckte die Kolonne von Demetrios mehrere Steinplatten, ein Meter siebzig hoch und einen Meter breit, die wie ein Steinzaun eine neben der anderen senkrecht in der Erde standen. Sie waren schwer und saßen fest im Boden, so daß es mühsam war, sie herauszuholen, und wenn man sie herausgeholt hatte, was sollte man mit ihnen anfangen? Henry hatte nichts Ähnliches in Troja gefunden; was war ihr Zweck, wozu dienten sie?
Als er sie Sophia zeigte, sagte er:
»Wahrscheinlich sind sie nicht weiter wichtig. Ich bezweifle, daß Stamatakes diese unverzierten Platten in seinen Lagerraum gebracht haben will. Besser, sie an Ort und Stelle zu lassen, bis die ganze Akropolis ausgegraben ist. Dann werden wir vielleicht erkennen, was sie zu bedeuten haben.«
Sophia machte am nächsten Tag ihre Entdeckung. Die Männer ihrer Kolonne arbeiteten von den beiden Enden des Grabens aus auf die Mitte zu; nachdem sie etwa einen Meter tief gegraben hatten, ließ Sophia sie mit einer Drehung von neunzig Grad in Richtung des Schatzhauses graben, wo sie die Spitze des Dreiecks zu finden hoffte. Plötzlich ertönte ein Ruf: »*Kyria* Schliemann, es ist hier! Wir haben es gefunden.«

Sie ließ sich in den Graben gleiten, lief auf die Mitte zu, hob den Arm und fuhr mit den Fingern über die Spitze des steinernen Dreiecks, das bei allen Bienenstockbauten dazu bestimmt war, den Druck auf den Türsturz zu verringern, und gleichzeitig als Nische für dekorative oder religiöse Skulpturen, wie zum Beispiel die Löwen im Löwentor, diente. Henrys Vermutung hinsichtlich der Lage des Haupteingangs zum Schatzhaus hatte sich als richtig erwiesen. Sophia staunte über seine Intuition, jene Wünschelrute, die ihn zum Palast des Priamos, dem Schatz, dem skaiischen Tor und der gepflasterten Straße auf die Troas hinaus geführt hatte.

›Es ist eine besondere Gabe‹, sagte sie sich.

Henry unterdrückte jeglichen Drang, sich seiner Allwissenheit zu rühmen. »Gutgemacht, Sophidion. Du hast nur acht Tage gebraucht, dich durch diese mit Steinen durchsetzte Erde hindurchzuarbeiten.. Ich schicke dir noch ein paar Männer von Demetrios' Kolonne. Grab jetzt in gerader Linie nach unten und lege soviel wie möglich von dem Dreieck frei. Dann dreh dich um und geh auf dem Eingangspfad nach hinten. Dabei wirst du noch mehr von den Seitenmauern des *dromos* freilegen. Wirf die Erde über die nach unten zu gelegene Seite, bis du zum Ende der Mauern kommst und den gewachsenen Boden des langen Gangs erreichst.«

»*Doule sas*, deine Sklavin!«

Während der nächsten Tage fand die Kolonne, die auf der Akropolis arbeitete, eine Dioritaxt, Köpfe von Hera-Idolen, zahllose Bruchstücke von bemalten archaischen Vasen mit Blumen und Tieren in seltsamen Kombinationen: ein Pferd mit dem Kopf eines Storches und den Hörnern einer Gazelle. Sie fanden Pokale aus weißem Ton, ähnlich denjenigen, die Henry in einer Tiefe von siebzehn Metern in Troja gefunden hatte; andere, die den Sektkelchen von Troja glichen.

Stamatakes ließ alles in Körben verstauen, die unter seinen scharfen Blicken zum Löwentor hinaufgetragen, auf Pferdewagen geladen, nach Charvati befördert und dort in seinem Lagerraum eingeschlossen wurden.

»Ich habe genug von diesem Unsinn«, sagte Henry abends nach dem Essen zu Sophia. »Es ist mein Recht, diese Gegenstände zu sehen und in meinem Tagebuch zu beschreiben. Ich gehe jetzt gleich zu ihm hinüber...«

Sophia gab ihm einen leichten Kuß auf die Wange. Er küßte ihre Augenlider. »Geh schlafen. Du hast seit heute morgen um fünf unentwegt an deinem *dromos* gegraben.«

Sie ging auf die Treppe zu, dann blieb sie stehen und sah ihn an.

»Tu mir einen Gefallen. Bringt euch nicht gegenseitig um.«

Sie hörte Henry nicht hereinkommen und wachte erst auf, als er ihr um halb fünf auf die Schulter klopfte.

»Wann bist du nach Hause gekommen?« fragte sie gähnend.

»Um zwei.«

»Und wie ist es dir ergangen?«

»Zuerst schlecht. Er behauptete, ich hätte kein Recht, die Funde zu besichtigen oder zu beschreiben, ehe sie der Archäologischen Gesellschaft übergeben worden seien. Ich zeigte ihm meine Genehmigung, die besagt, daß ich berechtigt bin, alle Gegenstände, die ich zutage fördere, zu untersuchen und zu beschreiben. Er beharrte darauf, daß diese Klausel bedeute, ›in Athen zu untersuchen und zu beschreiben‹. Ich blieb standhaft, und schließlich gab er nach. Wir haben vier Stunden gearbeitet. Tatsächlich hat er mir am Ende sogar geholfen, die Gegenstände zu reinigen, wenn ich sie nicht deutlich genug sehen konnte, um sie zu beschreiben.«

»Es geschehen immer noch Wunder und Zeichen! Aber du hast nur zweieinhalb Stunden geschlafen. Es geht nicht, daß du die halbe Nacht aufbleibst und dann sechzehn Stunden in der glühenden Sonne arbeitest.«

»Ich schlaf mich im Winter zu Hause aus. Ich habe Stamatakes gesagt, daß wir jeden Abend arbeiten müssen, bis wir das Versäumte nachgeholt haben. Er erwiderte: ›Das wird auf Kosten meiner Gesundheit gehen!‹«

Sophia empfand Mitleid mit Stamatakes.

»Er erfüllt eine Aufgabe, die ihm nicht gefällt, an einem Ort, wo er nicht sein will«, sagte sie ruhig. »Du kannst nicht erwarten, daß er mit einem Mann Schritt hält, der Mykene so gründlich ausgraben wird, daß sein Name in Zukunft mit Atreus, Agamemnon, Klytaimnestra und Aigisthos identifiziert werden wird. Stamatakes arbeitet im August 1876. Du arbeitest im Jahr 1200 v.Chr. Bedenke, wie sehr du im Vorteil bist!«

Henry legte weitere senkrecht stehende Platten aus unpoliertem weißem Stein frei. Er vermutete jetzt, daß es Grabsteine waren. Noch hatte er nicht tief genug gegraben, um zu wissen, was die Gräber enthielten, oder ob überhaupt Gräber vorhanden waren. Am 19. August machte er seine erste wichtige Entdeckung, obgleich er zunächst nicht recht wußte, was er davon halten sollte: Etwa zehn Meter südlich des zyklopischen Hauses legten seine Leute zwei große, in Basrelief gemeißelte Platten frei, die zweifellos Grabsteine waren. Sie standen dreißig Zentimeter voneinander entfernt auf einer Linie, die von Norden nach Süden lief. Henry rief Sophia, wie er es jedesmal in Troja getan hatte, wenn er auf einen wichtigen Fund gestoßen war. Stamatakes stand in einiger Entfernung mit einer Miene, die zu sagen schien: ›Ich mache mir keine Sorgen. Diese Steine sind zu groß, als daß du sie stehlen könntest.‹

»Was hast du entdeckt, Henry, eine Grabanlage?« fragte Sophia.

»Vielleicht. Aber ist es diejenige, die wir suchen...?«

Der nördliche Grabstein war aus weichem Kalkstein, ein Meter dreißig hoch und fünfzehn Zentimeter dick. Das obere Ende war gesprungen und abgebröckelt, aber die untere Hälfte war so gut erhalten, daß Henry auf dem Basrelief deutlich eine Jagdszene erkennen konnte. Er zeigte sie Sophia.

»Siehst du, wie die ausgestreckten Beine des Pferdes seine Geschwindigkeit erkennen lassen? Hier ist ein Hund, der ein flüchtendes Reh verfolgt. Diese Verzierungen müssen eine symbolische Bedeutung haben: die Ovale, Spiralen, diese Reihe von Buchstaben hinter dem Wagen...«

»... Buchstaben? Haben wir die ersten Spuren der mykenischen Sprache gefunden?«
»Es ist noch zu früh, um etwas Endgültiges darüber zu sagen. Vielleicht sind es lediglich Verzierungen.«
Die zweite der »Grabstelen«, wie Henry die Steine nannte, war zwei Meter hoch und viel besser erhalten. Die obere Hälfte war mit einem geometrischen Muster verziert; die untere zeigte einen Krieger in sitzender Haltung. In der linken Hand hielt er ein gezogenes Schwert, in der rechten eine Lanze, so lang, daß sie bis zum Kopf des Hengstes reichte. Neben dem Pferd stand ein zweiter Krieger, nackt, mit einem doppelschneidigen Schwert in der Hand.
»Mein Liebes, dieser Stein vermittelt uns ein einzigartiges Bild des homerischen Triumphwagens. Er bildet keinen Halbkreis, wie man nach den Skulpturen des klassischen Altertums annehmen möchte. Er ist viereckig, und der Wagenkasten ist auf ihm befestigt, genau wie die *Ilias* sagt: ›Also sprach und entflog die windschnell eilende Iris. Aber Priamos hieß die Söhn', ihm den rollenden Wagen rüsten mit Mäulergespann und den Korb auf den Wagen ihm binden.‹ Diese Stelen sind die ersten Anzeichen, daß wir uns dem Mykene Agamemnons nähern. Sie dürften aus derselben Epoche stammen wie die Löwen über dem Tor.«

Panaghiotes Stamatakes war vollkommen unberechenbar. Als Henry ihn um Erlaubnis bat, gewisse interessante Funde ins Haus der Dases' mitzunehmen, war er sofort damit einverstanden, verlangte allerdings von Henry eine Quittung über jedes einzelne Stück, das er mitnahm. Als er jedoch am Tag darauf sah, daß Sophia ihre Kolonne geteilt hatte und die eine Hälfte den Türsturz unterhalb des Dreiecks freilegen ließ, während die andere die Erde aus dem *dromos* entfernte, wobei allmählich die herrliche Fassade des Schatzhauses zum Vorschein kam, geriet er in Zorn und rief:
»Halt! Aufhören mit der Arbeit!«
Die Arbeiter stützten sich auf ihre Schaufeln.
»Weshalb schreien Sie so, Herr Stamatakes?« fragte Sophia.
»Ich schreie nicht. Ich sage nur mit schlichten Worten, daß keine Erde mehr von dieser Fassade entfernt werden darf. Ich muß darauf bestehen, daß die Männer die Erde zurückholen, die sie fortgeschafft haben, und diese Steine wieder zudecken.«
Sophia war empört.
Sie vergaß, daß sie noch vor wenigen Tagen Mitleid mit diesem unseligen jungen Mann gehabt hatte.
»Herr Stamatakes, haben Sie einen Sonnenstich? Sie wissen doch genausogut wie ich, daß es die Arbeit eines Archäologen ist, Altertümer freizulegen, nicht, sie zuzudecken.«
Stamatakes schrie so laut, daß selbst Henrys Kolonne auf der Akropolis ihn hören konnte:
»*Sie* eine Archäologin? Daß ich nicht lache. Sie sind nichts weiter als eine

kleine griechische Hausfrau, die die Orientierung verloren und vergessen hat, welches ihr Platz im Leben ist.«

»Und Sie sind ein vollkommener griechischer Kavalier und Gelehrter.«

»Ihre Beleidigungen können mir nichts anhaben. Sehen Sie sich die Mauersteine an, die Sie freigelegt haben; sie können diese plötzliche Bloßlegung nicht vertragen, nachdem sie Jahrtausende unter feuchter Erde begraben waren. Sie werden zerbröckeln und auseinanderfallen.«

»Ach was, Stamatakes«, sagte sie, ärgerlich den Kopf schüttelnd, »sehen Sie sich doch die Fassade vom Schatzhaus des Atreus an. Sie ist nicht zerbröckelt, seit Veli Pascha sie vor über fünfzig Jahren freigelegt hat.«

Stamatakes erblaßte unter seiner Sonnenbräune.

»*Kyria* Schliemann«, sagte er kalt, »ich habe mich bemüht, höflich zu Ihnen zu sein. Ich befehle Ihnen, diese Mauer bis obenhin mit Erde zu bedecken. Ich werde einen Ingenieur kommen lassen, damit er das Material untersucht, das die Steine zusammenhält.«

»Ich habe es bereits untersucht. Es ist hart wie Zement, obwohl es nur Erde ist.«

»*Sie* haben das Material untersucht! Was für eine Anmaßung...«

Er hatte jetzt völlig die Fassung verloren. Sophia konnte dem, was er sagte, nicht mehr folgen. Der Wortschwall dauerte zehn Minuten. Henry, der Stamatakes' schreiende Stimme gehört hatte, kam herüber, um zu sehen, was los war.

Sophia wandte sich an ihren Mann und sagte so laut, daß Stamatakes sie hören konnte:

»Ich glaube, ich geh' lieber nach Hause und schreibe einen Brief an die Archäologische Gesellschaft, mit der Bitte, daß man diesen Mann zurückruft. Seine Unverschämtheit und die Hindernisse, die er uns in den Weg legt, sind wirklich unerträglich.«

»Einverstanden«, sagte Henry ruhig. »Ich nehme deine Kolonne mit zur Akropolis und lasse die Männer dort arbeiten. Am Tor steht ein Pferdewagen, der gerade nicht gebraucht wird. Der Kutscher bringt dich nach Hause. Wir unterbrechen die Arbeit am Schatzhaus, bis der Ingenieur eingetroffen ist, den ich angefordert habe, oder wir Antwort von der Gesellschaft haben.«

Dann wandte er sich an Stamatakes und sagte in drohendem Ton: »Wenn Sie es noch einmal wagen, in die Nähe meiner Frau zu kommen, schlag ich Ihnen den Schädel ein.«

3.

Henry setzte seine Arbeit auf der Akropolis fort und grub ein weiteres Dutzend aufrecht stehender Steinplatten aus, die in einem weiten Bogen angeordnet waren. Die Planmäßigkeit der Anlage wurde jetzt sichtbar. In etwa einem Meter Abstand vom äußeren Bogen stand eine innere Reihe. Um die hohen, aufrecht stehenden Platten lagen einen Meter lange Steintafeln verstreut, die ebenfalls schmucklos waren und offenbar zu den großen Platten gehörten.

»Hier war eine ringförmige Anlage«, sagte Henry. »Wenn wir in den nächsten Wochen noch weitere Platten finden, wird sich, glaube ich, ein geschlossener Kreis ergeben.«

Am selben Tag legte er wieder zwei mit Reliefs geschmückte Stelen frei, die so eindeutig als Grabsteine zu erkennen waren, daß er Zweifel über die in einem Bogen angeordneten Steinplatten bekam. Die beiden neuen Grabsteine lagen genau auf einer Linie mit den beiden, die er früher gefunden hatte. Er stellte fest, daß sie etwa einen Meter zwanzig breit und über einen Meter zwanzig hoch waren. In den ersten war ein Mann gemeißelt, der auf einem Wagen stand. Er hielt die Zügel in der Hand. Ein zweiter Mann stand vor dem Pferd, als wolle er es aufhalten. In einer Hand hielt er eine lange Lanze, mit der er offenbar den Mann auf dem Wagen durchbohren wollte. Beide Männer waren nackt.

Den zweiten Stein fand man etwa drei Meter südlich. Er hatte rechts und links eine breite Einfassung. Die verbleibende Fläche war in drei gleich große Abschnitte eingeteilt, die bis über die Mitte des Steins hinunterreichten. Die seitlichen Teile waren mit einem breiten Wellenmuster geschmückt.

Am nächsten Tag, einem Sonntag, entschuldigte sich Henry vom Kirchgang und ritt beim Morgengrauen nach Nauplion. Er hatte sich einen Bandwurm zugezogen. Das behauptete zumindest die Familie Dases, als ihr die Symptome geschildert wurden: Schmerzen im Bauch, die an eine akute Blinddarmentzündung erinnerten, Krämpfe, Appetitlosigkeit und leichte Übelkeit. Was Krankheiten betraf, lebte Henry nach dem Prinzip: »Beachte sie nicht, und sie verschwinden von selbst«. Diesmal hoffte er, in einer Apotheke in Nauplion ein Mittel zu finden, das den Parasiten vertreiben würde.

Außerdem wollte er einen Maler besuchen, dessen Adresse er sich beschafft hatte, und der, wie er hoffte, bereit sein würde, in Mykene das zu tun, was Polychronios Lempesses in Troja getan hatte. Perikles Komnenos und Henry einigten sich rasch über die Bezahlung. Sollte man ihn brauchen, würde Komnenos mindestens einen Monat bei den Ausgrabungen zugegen sein. Er packte Materialien in seinen Malkoffer, stopfte ein paar Kleidungsstücke in einen Leinensack und kehrte mit Henry nach Charvati zurück. Henry hatte jedoch kein Mittel gegen seinen Bandwurm auftreiben können.

Am Montagmorgen nahm Perikles Komnenos sein Malzeug mit zur Ausgrabung und fing an, die vier Grabsteine abzumalen. Er kopierte nicht nur die Wagen, Pferde, Jäger und Krieger, sondern auch die Ornamente.

Sophia erhielt Antwort auf ihren Brief nach Athen. Sie kam von ihrem Freund Professor Euthymios Kastorches, der die Woche in Tiryns ihr Begleiter gewesen war. Er hatte ihren Brief mit großem Bedauern gelesen und konnte aus der Ferne nicht beurteilen, ob Stamatakes recht hatte oder nicht. Da er aber schließlich der Vertreter der Regierung war und man keinen anderen hatte, den man ihnen hätte senden können, bat Kastorches »die verehrte Sophia, der Wissenschaft und Griechenland zuliebe geduldig zu sein und dem Mann seinen Willen zu lassen. Er ist ein unvermeidliches Übel.« Kastorches hatte auch an Stamatakes geschrieben.

Sie hoffte, dieser Brief würde Stamatakes dazu bringen, den Schliemanns bei ihrer Arbeit mehr Spielraum zu lassen. Mit Henrys Zustimmung führte sie ihre Mannschaft zur Eingangsmauer des Schatzhauses. Als sie Schutt und Erde fortschaffte, fand sie alte Tongefäße, mit geometrischen Mustern bemalt, und grobe Terrakotta-Figuren der Göttin Hera in Menschen- und Kuhgestalt.

Stamatakes hielt sie nicht auf. Er überwachte aber ihre Leute genau und sammelte die Terrakotten in seine Körbe. Sophia verfügte jetzt über dreißig Arbeiter. Das ermöglichte es ihr, sowohl das Dreieck und die Fassade des Schatzhauses bis zum steinernen Türsturz hinunter freizulegen als auch die ungeheure Erdmenge fortzuschaffen, die den vierzig Meter langen *dromos* bedeckte.

Henry nahm die Arbeit am Löwentor nicht wieder auf. Statt dessen setzte er seine Mannschaft an einer neu entdeckten Mauer ein, die aus kleinen Steinen bestand und anscheinend recht weit in die Tiefe reichte. Sie war kreisförmig und entsprach dem Bogen der Steinplatten, von denen er inzwischen fast fünfzig ausgegraben hatte. Es war unverständlich, wie die gekrümmte Mauer mit den bogenförmig angeordneten Steinplatten zusammenhing, ungeachtet der Tatsache, daß ein Teil der Steinplatten auf der gekrümmten Mauer gefunden worden war. Dieser machte anscheinend ein Drittel eines vollen Kreises aus.

Als Perikles Komnenos die Grabsteine abgemalt hatte, wandte er sich den Vasen, Terrakotten, Idolen, Waffen und Tierfiguren zu. Um die Arbeitszeit von Stamatakes zu verkürzen, überließen Henry und Sophia die Grabungen etwa zwei Stunden vor Ende der Arbeitszeit der Aufsicht ihrer Vorarbeiter und gingen mit Stamatakes zu seinem Lagerhaus im Dorf. Dabei nahmen sie Komnenos mit. Für eine kurze Zeit konnten sie die glücklichen Abende auf Hissarlik wiederaufleben lassen, wo sie für Henrys Tagebuch jedes Stück gereinigt, gezeichnet, beschrieben und numeriert hatten. Zum Abendessen kehrten sie in das Haus der Dases' zurück. Nach dem Essen gingen sie in ihr Arbeitszimmer hinauf, und Henry begann, seine Artikel für die Londoner *Times* zu schreiben. Wenn Henry eine Seite fertig hatte, schrieb Sophia sie sofort ab, damit sie jederzeit einen zusammenhängenden Bericht zur Verfügung hatten. Sie selbst begann eine Artikelreihe für die Athener Tageszeitung *Ephimeris*, die sich dafür interessiert hatte. Henry schickte ebenfalls Telegramme an die *Ephimeris*.

Dann grub Henry am Fuß des ersten mit einem Relief geschmückten Grabsteins schwarze Asche aus. In ihr fand er einen großen hölzernen Knauf, der dick mit Blattgold belegt war, in das ein Kreis, ein Dreieck und ein Messer geritzt waren. Er rief Sophia zu: »Unser erstes Gold von Mykene...«

Sophia besah sich den Knauf von allen Seiten, und er fuhr fort: »Erinnerst du dich, wie wir das erste Gold in Troja gefunden haben, den goldenen Ohrring inmitten des vom Feuer beschädigten Metalls? Wir waren so aufgeregt, daß wir die ganze Nacht kaum ein Auge zumachten. Ich hätte Lust, diesen Goldknauf einzustecken, aber ich werde es lieber bleiben lassen.«
Als er unter den Grabsteinen weitergrub, stieß er auf graue Asche. Zuerst nahm er an, es seien dort menschliche Leichen verbrannt worden, fand jedoch nur Tierknochen in ihr und gelangte zu dem Schluß, daß es sich um die Überbleibsel religiöser Opfer handele.
Er legte noch weitere mit Reliefs verzierte Stelen frei. Die interessanteste zeigte einen nackten Knaben, der offenbar auf einem Wagen gestanden hatte, aber dieser Teil des Steins war abgebrochen. Der Knabe hielt die Zügel in der Linken, während die Rechte gerade nach vorn gestreckt war. Henry war freudig erregt und beunruhigt zugleich. Er hatte unter den griechischen Skulpturen noch nie solche Figuren und Ornamente gesehen.
»Ich glaube, sie sind einmalig«, sagte er zu Sophia. »Aber diesmal lasse ich mir keinen dilettantischen Enthusiasmus vorwerfen. Wir überlassen es der Archäologischen Gesellschaft, zu einem Schluß zu kommen.«
In dem großen zyklopischen Haus im Norden seines zweiten Grabens, wo er sechs Meter unterhalb des Plateaus grub, erzielte er ähnlich gute Ergebnisse. Er fand Asche, die von Holz und Tieren stammte, dazwischen Knochen (vor allem von Schweinen) und unzählige Bruchstücke von frühzeitlichen bemalten Vasen, Gußformen für Schmuck, eine Menge Bronzegegenstände, darunter Messer, Lanzen, Doppeläxte und Haarspangen. Er fand Gemmen aus Steatit, Onyx und Achat mit vertieften Bildern von Tieren. Die schönste war aus rotem Onyx und zeigte eine Antilope, die ganz nach der Natur gezeichnet war.
Die Mauer aus kleinen Steinen und weitere aufrecht stehende Steinplatten waren jetzt so weit freigelegt, daß Henry mit Sicherheit annehmen konnte, sie würden einen vollen Kreis bilden. Außerdem war ihm jetzt klar, daß man die kreisförmige Mauer aufgeführt und das ganze Gebiet mit Erde gefüllt haben mußte, da die Akropolis ursprünglich vom Löwentor aus steil abfiel. Damit hatte man unter anderem erreicht, daß die glatten Steinplatten aufrecht und auf gleicher Höhe standen.
Sophia saß in ihrem Arbeitszimmer im Obergeschoß und trug die Ausgaben ein. Dabei stellte sie fest, daß sie bereits zwanzigtausend Dollar in die Grabungen gesteckt hatten. Sie legte den Bleistift aus der Hand und wandte sich an Henry.
»Henry, was diese Grabanlage betrifft... können die Königsgräber unter der Stelle liegen, wo du gräbst? So nah am Löwentor?«
»Ich verstehe Pausanias so, daß er die Königsgräber tatsächlich gesehen hat«, erwiderte er nachdenklich. »Die Grabsteine, die wir ausgegraben haben, kann er nicht gesehen haben, weil sie vermutlich schon von drei bis vier Metern Erde und Gestein bedeckt waren, die vom Hang heruntergeschwemmt wor-

den sind. Wenn Pausanias unsere Grabsteine nicht gesehen hat, können sie demnach auch nicht zu den Königsgräbern gehört haben.«

Im ersten Septemberdrittel legten Sophia und ihre Kolonne die ganze Front des Schatzhauses bis hinunter zum Türsturz frei. Die Arbeit wurde durch die beiden Pferdewagen beschleunigt, die Henry ihr gegeben hatte und mit deren Hilfe sie den Schutt schneller aus dem *dromos* fortschaffen konnten. Ihre Aufgabe war jetzt, geradewegs bis zum gewachsenen Boden hinunter zu graben, um die Schwelle zu finden. Sie hatten inzwischen genügend Schutt weggeräumt, um sehen zu können, daß ihr Schatzhaus fast ebenso groß wie das Schatzhaus des Atreus war und der Zugang ebenso lang und breit.

Henry sah sich den Fortschritt ihrer Arbeit an.

»Solange in den Schatzhäusern die Reichtümer der frühen Könige aufbewahrt wurden, müssen die Eingänge für die königliche Familie zugänglich gewesen sein. Damit erhebt sich die Frage: Wann verschwanden der *dromos* und das Tor unter diesen riesigen Schuttmassen? Wenn ein König starb, wurde er mit seinem ganzen Schatz begraben? Waren es Grabschatzkammern?«

»Wenn wir wüßten, wessen Grab es war, dann wäre uns geholfen«, erwiderte Sophia. »Einige der geometrischen Muster, die ich finde, ähneln den attischen Vasen, die man für die ältesten Gefäße Griechenlands hält. Bedeutet das nicht, daß der *dromos* im fernen Altertum aufgefüllt und versteckt worden sein muß?«

Als Sophia den Türsturz vollständig freigelegt und das Dreieck gemessen hatte, das an der Grundlinie mehr als zwei Meter breit und über drei Meter hoch war, entdeckte sie am Türsturz und dem Kragstein darüber Hinweise auf Verzierungen. Sie hoffte, diese alten Skulpturen zu finden, sobald die Männer den Eingang frei hatten und sie in den Bienenkorb vordringen konnte.

Es wurde Mitte September, und die Sonne brannte unbarmherzig. Ein Sturm blies ihnen Staub in die Augen, und sie bekamen beide eine schwere Bindehautentzündung. Sophia legte den türkischen *yashmak* an, der ihrem Gesicht einen gewissen Schutz bot. Henry, der von Tag zu Tag mehr unter dem Bandwurm litt, nahm seine Zuflucht zu Übertreibungen. In den Aufzeichnungen für sein geplantes Buch über Mykene schrieb er:

»Trotz dieser Widrigkeiten kann man sich nichts Interessanteres als die Ausgrabung einer prähistorischen Stadt von unsterblichem Ruhm vorstellen, wo fast jeder Gegenstand bis hin zu den Tonscherben eine neue Seite der Geschichte enthüllt.«

Der segensreiche Waffenstillstand mit Stamatakes, der seit dem Briefwechsel herrschte, fand ein Ende, als Sophia auf drei Reihen von Steinstufen stieß, die sich über die ganze Breite ihres *dromos* erstreckten. Henry nahm an, es seien die Stufen einer hellenischen Villa.

»Henry, ich werde diese Stufen entfernen müssen, wenn wir den Eingang freilegen wollen.«

»Selbstverständlich. Laß die Steine sorgfältig aufstapeln, damit wir ihr Alter und die Art der Bearbeitung feststellen können.«
Stamatakes kam mit dem altbekannten wütenden Gesicht herbeigeeilt. Er schrie: »Leute! Hört sofort zu graben auf! Weg von diesen Stufen! Es handelt sich um Altertümer, die erhalten werden müssen.«
Sophia hatte keine Lust, sich wieder auf einen lautstarken Streit einzulassen. Sie sagte ruhig: »Herr Stamatakes, was schlagen Sie vor? Wie sollen wir die Stufen erhalten? Sie müssen entfernt werden, wenn wir den *dromos* freilegen wollen.«
Mit blitzenden Augen sagte er: »*Ich* werde sie herausnehmen. *Ich* werde sie erhalten. Ich werde einen Tunnel unter ihnen durchführen und sie im geeigneten Augenblick unversehrt entfernen, damit wir sie an einer anderen Stelle aufstellen können.«
»Stamatakes, unter diesen Steinreihen kann man keinen Tunnel durchführen. Sie werden auf Sie niederstürzen. Warum lassen Sie sie nicht durch *Kyria* Schliemann entfernen? Dann können die Arbeiter sie woanders in der richtigen Ordnung wieder aufbauen.«
»Auf keinen Fall! Wenn *Kyria* Schliemanns Männer diese Steine wegschaffen wollen, dann müssen sie sie losbrechen. Damit werden sie wertlos. Ich werde sie im ganzen entfernen. Sie haben meine Anweisungen gesehen. Ich muß alle antiken Monumente erhalten.«
Er ging. Nach einer nachdenklichen Pause fragte Sophia: »Was machen wir jetzt?«
»Deine Mutter hat gestern geschrieben, daß Andromache erkältet ist. Du hast gesagt, du würdest gern nach Athen fahren, um dich ein paar Tage um das Kind zu kümmern...«
»Ich habe gesagt, mir wäre wohler, wenn ich bei Andromache sein könnte...«
»... ich werde dich heute nachmittag nach Nauplion bringen. Du kannst morgen das Schiff nach Piräus nehmen. Und nimm dir bitte in Athen die Zeit, den Kultusminister und unseren Freund Kastorches in der Archäologischen Gesellschaft aufzusuchen. Laß Stamatakes ablösen, da er sich hier ohnedies in einem Gefängnis wähnt. Und bring sie um Gottes willen dazu, uns einen Ingenieur zu schicken!«

Während Sophia den Hügel unterhalb des Parthenon hinauffuhr, atmete sie die frische, süß duftende Herbstluft ein. Was für ein Genuß nach der Gluthitze in Mykene! Als sie in die Moussonstraße einbog, mußte sie unwillkürlich daran denken, wie oft sie schon auf diese gleiche Art aus Troja zurückgekehrt war. Würde ihr Leben immer nach diesem Schema verlaufen? Nach Troja Mykene; nach Mykene Tiryns; nach Tiryns Orchomenos; nach Orchomenos... wohin?
Madame Victoria war wegen rheumatischer Schmerzen ein wenig schwerfälliger geworden, aber sie hatte liebevoll über Andromache gewacht. Das fünfjährige Kind litt noch unter den Nachwirkungen des Fiebers. Nachdem sich

alle beglückt umarmt hatten, nahm Spyros seine Schwester beiseite und sagte:
»Es ist nicht die Erkältung, die ihr zu schaffen macht. Andromache war unglücklich, weil sie Sehnsucht nach dir hatte.«
Sophia war bestürzt über die Erkenntnis, daß ihre Familie offenbar der Meinung war, sie hätte ihre Tochter vernachlässigt. Aber mußte eine Frau nicht manchmal wählen zwischen ihrem Mann und ihrem Kind? Nachdem sich die Erkältung ganz gelegt hatte, ließ sie Andromache nachts bei sich im Bett schlafen, was die Kleine wundervoll fand.
»Mama, du gehst doch nicht wieder nach Mykene, nicht wahr?«
»Doch, Liebling, ich muß, aber nur für ein paar Wochen, bis der Regen kommt. Nächstes Jahr nehmen wir dich mit. Die Familie Dases hat eine Menge Kinder, mit denen du spielen kannst.«
Andromache klatschte vor Freude in die Hände.
Sophia suchte bei der ersten Gelegenheit Dr. Skiadaresses auf, der Henry gegen den Bandwurm Schildfarn und danach Rizinusöl verordnete. Sie besorgte die Arzneien und schickte Spyros nach Piräus, damit sie mit dem nächsten Schiff nach Nauplion gingen. Ein paar Tage später erhielt sie ein Telegramm.

BANDWURM FORT. DIE GANZEN ZEHN METER. FÜHLE MICH VIEL BESSER.

Sophia wurde über den neuesten Stand der Dinge im Leben der Familie unterrichtet und erfuhr, daß Panaghiotes sich zum Studium der Archäologie entschlossen hatte, um mit seinem Schwager arbeiten zu können. Spyros ging Henrys Geschäftsbücher mit ihr durch, und sie übermittelte ihm Henrys Einladung, mit ihr nach Mykene zu kommen und dort die Aufsicht über eine der Kolonnen zu übernehmen.
Sie erfuhr, daß ihre Artikel in der *Ephimeris* gut aufgenommen worden waren. Sie schrieb mit mehr Zurückhaltung als Henry und stellte keine Theorien auf, die von Gelehrten angegriffen werden konnten. Zum erstenmal hatte eine Frau über eine archäologische Ausgrabung berichtet. Die griechischen Männer vergaben ihr das nur, weil sie mit Dr. Henry Schliemann verheiratet war. Sie schickte eine Nachricht an den Kultusminister, Georgios Milesses, der mit der Familie Engastromenos bekannt war. Milesses antwortete ihr umgehend und sagte, er werde sich glücklich schätzen, sie am nächsten Morgen um zehn Uhr zu empfangen.
Sie kleidete sich mit besonderer Sorgfalt.
Georgios Milesses war ein freimütig wirkender, freimütig sprechender Mann. Er stammte vom Peloponnes, hatte Mykene ein paarmal besucht und konnte sich an das Löwentor, die Burg mit den zyklopischen Mauern und den Berg dahinter genau erinnern.
»Wie ich höre, haben Sie Schwierigkeiten mit dem Ephor Stamatakes«, sagte er mit unvoreingenommener Stimme.

»Ja. Ich möchte über den Ephor Stamatakes nichts Schlechtes sagen, möchte aber gleichzeitig betonen, daß in Mykene eine Krise auf die andere folgt. Die sehr ergiebige Arbeit am Löwentor und am Schatzhaus...«
»...ich hatte mir schon lange gewünscht, sie ausgegraben zu sehen!«
»...ist zum Stillstand gekommen. Wenn wir nur einen älteren und erfahreneren Mann hätten, der nicht ständig in der Angst lebte, daß wir einen Fehler machen, der ihn seine Stellung kosten könnte.«
Georgios Milesses drehte sich in seinem Stuhl herum und kehrte seinem Gast den Rücken zu. Als er Sophia wieder ansah, lag ein Ausdruck von Autorität auf seinen Zügen.
»Ephor Stamatakes hat beim Bau des Museums in Sparta gute Arbeit geleistet. Als einer unserer drei neuen Aufsichtsbeamten für die Archäologie hat er die Ausgrabungen auf Delos zu unserer Zufriedenheit überwacht. Anscheinend war er zu eifrig, ebenso wie Ihr Gatte oft zu ungestüm war.«
»Es besteht also keine Aussicht, daß er abgelöst wird?« fragte sie bekümmert.
»Ich glaube, Sie würden es später bedauern, der Karriere dieses gewissenhaften jungen Mannes geschadet zu haben. Wenn Sie mich aber ein paar Augenblicke entschuldigen, werde ich dem Ephor Stamatakes schreiben und ihn ersuchen, sich im Umgang mit Ihnen mehr Zurückhaltung aufzuerlegen. Ich werde ihn auch bitten, mehr Vertrauen in Dr. Schliemanns archäologisches Urteil zu setzen.«
Am nächsten Morgen besuchte sie Euthymios Kastorches, der Mitglied des Vorstands der Archäologischen Gesellschaft war.
Hier ging sie anders vor. Sie sprach nur kurz über die Schwierigkeiten mit Stamatakes und betonte, wie notwendig es sei, einen Ingenieur zur Seite zu haben, der ihnen als Fachmann sagen konnte, was ohne Risiko ausgegraben werden konnte und was nicht.
»*Kyria* Schliemann, ich bin völlig Ihrer Meinung. Das ist die beste Lösung. Einer meiner Freunde, Charilaos Souïdas, ist Ingenieur und gerade von seinem Sommersitz auf Korfu zurückgekehrt. Ich werde ihn überreden, das nächste Schiff nach Nauplion zu nehmen.«
Ein paar Tage später erhielt sie ein Telegramm von Henry.

ZU MEINER FREUDE FAND INGENIEUR CHARILAOS SOUIDAS DIE MAUERN DES SCHATZHAUSES STABIL GENUG UND MEINT DAS LÖWENTOR KANN FREIGELEGT WERDEN. EIN BRAVO VON DEINEM DICH ANBETENDEN MANN.

Zwei Tage später erreichte sie ein zweites Telegramm:

ARGOS, 30. SEPT. 1876

KEINE WEITERE AUSGRABUNG OHNE DEINE AUFSICHT. ICH ERWARTE DICH AM MONTAG UNBEDINGT IN NAUPLION ODER ICH STERBE. SCHLIEMANN

Sophia las es noch einmal und brach in Lachen aus.
Sie bereitete die Abreise nach Nauplion vor, nahm sich jedoch Zeit, weil sie sich nicht gern so schnell von Andromache trennte. Wie sich herausstellte, war es ein Glück, daß sie so lange gezögert hatte, denn sie erhielt ein weiteres Telegramm:

BLEIB IN ATHEN. DIE TÜRKISCHE REGIERUNG BITTET MICH NACH TROJA ZURÜCKZUKEHREN UM SEINER MAJESTÄT DOM PEDRO VON BRASILIEN DIE AUSGRABUNGEN ZU ERKLÄREN.

Henrys Reise nach Troja gab Sophia Gelegenheit, weitere drei Wochen mit ihrer Tochter zusammen zu sein. Henry war am 21. Oktober wieder in Athen, um mit ihr zusammen nach Mykene zurückzukehren. Seit seinen letzten enttäuschenden Versuchen, die Gräben und Terrassen freizuräumen, war die Ausgrabungsstelle in Troja völlig vernachlässigt worden. Trotzdem war Seine Majestät Dom Pedro sehr angetan von den Ausgrabungen gewesen. Er war Henrys Führung mit einem Exemplar von Homer in der Hand gefolgt. Die türkische Regierung hatte sich dankbar gezeigt.
Sophia versicherte Andromache, daß sie und Henry bald wieder zu Hause sein würden. Spyros packte seine Sachen, um mit ihnen nach Mykene zu fahren.

4.

Am Tag nach ihrer Ankunft setzte der Regen ein. Henry führte Sophia zum Haus von Stamatakes, um ihr zu zeigen, was er während der Wochen ihrer Abwesenheit gefunden hatte. Stamatakes hatte die dreiwöchige Atempause gut getan. Er ging ihnen durch den Hinterhof voran und öffnete die verschlossene Tür. Drinnen war es dunkel und muffig.
Am stolzesten war Henry auf das Bruchstück einer Vase, auf dem sechs vollbewaffnete Krieger zu sehen waren. Ihre Körper waren vom Hals bis unterhalb der Hüften gepanzert.
»Das müßte eine genaue Darstellung der Kämpfer sein, die Agamemnon mit nach Troja genommen hat.«
Als sie aus dem Lagerhaus traten, hatte der morgendliche Regenguß nachgelassen. Henry schlug vor, sie sollten feste Stiefel anziehen und sich von einem der Jungen der Familie Dases mit deren Wagen zu den Ausgrabungen hinauffahren lassen.
Unterwegs hielten sie an und gingen über das Feld zum Schatzhaus. Henry führte Sophia zum Anfang des *dromos*. Sie sah sofort, daß er einen Weg gebahnt hatte, der so breit wie der Eingang selber war, und daß er fast drei Meter tief gegraben hatte.
»Wie ich sehe, hat dir Stamatakes gestattet, die Stufen zu entfernen.«

»Keineswegs. Er war sicher, daß es ihm gelingen würde, sie zu untertunneln, aber sobald er den Tunnel fertig hatte, stürzten sie ein. Ich habe sie zur Seite räumen lassen.«
Er schätzte, daß es bis zum Boden des *dromos* noch einmal drei Meter waren. Außerdem hatte er einen Teil des vier Meter tiefen Eingangstunnels freigelegt.
»Ich wollte, daß du selbst den Durchstich in den Bienenkorb machst. Schließlich ist das hier deine Spezialausgrabung. Spyros kann dir helfen, den Rest freizulegen. Du solltest die erste sein, die das Schatzhaus betritt.«
»Das wird ein aufregender Augenblick für mich«, gestand sie. »Hat irgend jemand es betreten, seit es zugeschüttet wurde?«
»Nur, wenn sich Veli Pascha oder ein früherer Grabräuber an einem Seil heruntergelassen hat«, erwiderte Henry.
Sie gingen über das Feld zurück, bestiegen den Wagen und fuhren hinauf zum Löwentor. Henry hatte den Weg tiefer gelegt und im Tor eine zwei Meter breite Öffnung geschaffen. Die Torschwelle hatte er jedoch noch nicht erreicht. Zu beiden Seiten des Tores stand je ein riesiger Schuttblock unberührt *in situ*.
Als Sophia fragte, warum Henry nicht mehr von dem Schutt abgetragen habe, erwiderte er verärgert:
»Die Griechische Archäologische Gesellschaft hat mich gezwungen, ihn liegenzulassen. Man hat mir einen zweiten Ingenieur versprochen, der die beiden Löwen mit Eisenklammern sichern wird.«
Er hakte sich bei ihr ein, und zum ersten Mal gingen sie zusammen durch das Tor in die Burg, zu dem flachen freien Platz, den er für die Agora hielt, nicht so sehr im Sinn eines Marktplatzes, sondern eher eines Versammlungsplatzes, der auf einer alten Gräberstätte angelegt worden war.
»Pausanias schreibt, daß man ihn in Megara so angelegt habe, ›um die Gräber der Helden im Bereich des Platzes für Ratsversammlungen zu haben‹.«
An Stellen, die vielversprechend aussahen, hatte er auf dieser Agora etwa drei Meter tief graben lassen. Er hatte auch schon den ersten Hinweis auf den Zweck der aufrechten Steinplatten gefunden.
»Aus *König Ödipus* des Sophokles weiß ich, daß manche Agora kreisförmig war. ›Schirmerin Artemis, die auf dem strahlenden Rundsitz der Agora thront‹. Euripides spricht in seinem *Orestes* vom ›Rund der Agora‹. Ich habe zahlreiche Steinblöcke gefunden, einer vor dem anderen, und zwischen ihnen jeweils eine Querplatte. Das läßt mich vermuten, daß sie der Ratsversammlung als Bänke gedient haben könnten.«
Er führte sie dichter an die vier Stellen heran, wo er gegraben hatte. Zwei waren durch bearbeitete Grabsteine gekennzeichnet, die anderen beiden durch glatte Steinplatten.
»Unter diesen Steinen müßten sich Gräber befinden. Ich werde mich hier an die Arbeit machen.«
Er zeigte ihr das, was er jetzt für den königlichen Palast hielt – sieben freige-

legte Gemächer, von denen das größte vier mal sechs Meter maß. Sophia bezweifelte, daß diese Ansammlung von Räumen der Palast des Atreus oder Agamemnon war, da sie bei ihrem ersten Besuch in Mykene mit Henry auf dem Berggipfel gewesen war und sie dort im Geist den Außenhof gesehen hatten, in dem Atreus zu sitzen und zu seinem Schatzhaus hinüberzublicken pflegte. Aber sie sagte nichts. Sie hatte es schon erlebt, daß Henry manchmal mitten in einer Tagebucheintragung seine Meinung änderte. Schließlich suchte er im Dunkel der Vorgeschichte nach Erkenntnissen, um die sich erst wenige bemüht hatten.

Sie kehrten zum Haus der Dases' zurück, um sich trockene Sachen anzuziehen. Dort wartete ein Telegramm auf sie. Kaiser Dom Pedro und seine Begleitung würden am Sonntagmorgen eintreffen, um die Ausgrabungen zu besichtigen. Sie wollten von Korinth herüberkommen.

»Wenn die königliche Gesellschaft den Sonntag über hierbleiben will, sollten wir uns anstandshalber um ein Essen für sie kümmern«, meinte Sophia.

»Aber es gibt in Charvati keinen Raum, der Platz für so viele Leute bietet«, sagte Henry. »Warum machen wir nicht etwas noch nie Dagewesenes ... säubern das Schatzhaus des Atreus, stellen dort Tische auf und servieren das Essen bei Kerzenlicht?«

Sophia klatschte vor Freude in die Hände, wie Andromache es tat.

»Phantastisch! So wie du mir den Kaiser geschildert hast, wird es ein unvergeßliches Erlebnis für ihn sein. Du kannst das Schatzhaus ausräumen, ich werde mich um die Speisenfolge kümmern und die Frauen der Dases' bitten, das Essen zuzubereiten.«

Henry schickte sofort einen der Jungen der Familie nach Argos, um ein Telegramm an Bischof Theokletos Vimpos aufzugeben, in dem er ihn einlud, nach Mykene zu kommen, dort eine Messe zu lesen und mit Kaiser Dom Pedro zu speisen. Es war ein Ritt von einem halben Tag, aber Henry war so sicher, daß Vimpos kommen würde, daß er ihm im Haus des Bürgermeisters von Charvati Quartier besorgte.

Bischof Vimpos traf am Sonnabend ein. Henry und Sophia gingen mit ihm den Hügel hinauf zum Schatzhaus des Atreus. Er war begeistert von der Bauart, dem fast sieben Meter breiten Zugang zur Öffnung, die sechs Meter hoch und oben von zwei riesigen, kunstvoll behauenen und geglätteten Steinplatten begrenzt war. Sie führten ihn in die Hauptkammer, die sechzehn Meter hoch und sechzehn Meter breit war. Licht drang nur durch das offene Tor herein.

Henry erklärte: »Diese Kuppel ist aus gut behauenen Steinblöcken gebaut, die in regelmäßigen Schichten liegen und ohne jedes Bindemittel mit höchster Präzision zusammengefügt sind. Von der vierten Steinreihe an aufwärts sehen Sie in jedem Stein zwei Löcher und in vielen von ihnen Reste von Bronzenägeln. Diese Nägel hatten breite, flache Köpfe und können keinen anderen Zweck gehabt haben, als die Bronzeplatten zu halten, mit denen das ganze Innere einst ausgekleidet war. Homer sagt:

›Denn wie von der Sonne oder von dem Mond ging ein Glanz durch das hochbedachte Haus des großherzigen Alkinoos. Eherne Wände zogen sich hüben und drüben von der Schwelle bis hinein in das Innere, und ringsum war ein Gesims von blauem Glasfluß.‹ «

Vimpos holte tief Luft, dann rief er aus:
»Es ist herrlich! Aber warum zeigen Sie mir dies, ehe Sie mir Ihre eigenen Funde vorführen?«
Henry lachte leise. »Das hat Zeit. Ich habe Sie aus zwei Gründen hierhergebracht. Erstens, um Ihnen zu sagen, daß dies der Ort ist, wo Sie morgen mit Kaiser Dom Pedro von Brasilien zu Mittag essen werden. Und zweitens, um Sie zu fragen, ob es Ihnen möglich wäre, hier morgen vormittag nach Ankunft des Kaisers die Messe zu lesen. Das gesamte Dorf will natürlich dabeisein, und unsere Kapelle in Charvati ist dafür nicht groß genug.«
Bischof Vimpos ließ die Augen zu einer dunklen Kammer wandern, die in den blanken Fels gehöhlt war. Henry, der dort durch die über einen Meter hohe Schicht von Fledermauskot gegraben hatte, war auf eine große, tiefe Schale und daneben eine Statue aus Kalkstein gestoßen. Er vermutete, daß diese Kammer für religiöse Opfer benutzt worden war. Aber davon erwähnte er nichts.
»Sie möchten, daß ich die Messe in einem Schatzhaus oder Grab halte, in dem antike Götter hausen?«
»Wenn es möglich ist.«
»Oh, möglich ist es schon. Ich habe ein Altartuch, spezielle Kerzen, einen Weinkelch, ein Räucherfaß und eine Schale für das Weihwasser bei mir. Aber wäre es richtig?«
Henry und Sophia schwiegen.
»Welche Religion hatte man in Mykene?«
»Polytheismus.«
»Nachdem ich Ihre *Trojanischen Alterthümer* gelesen hatte, habe ich Ihnen einen Brief geschrieben, in dem ich Sie dringend bat, den heidnischen Göttern weniger Aufmerksamkeit zu schenken und sich mehr ans Christentum zu halten.«
»Ich habe mich entschlossen, diesen Brief zu vergessen; er war unserer Freundschaft nicht würdig.«
Vimpos errötete.
»Ich nehme diesen Tadel an. Ich werde es wiedergutmachen, indem ich hier morgen früh die Messe lese. Christus ist mächtiger als Zeus. Morgen werde ich dieses heidnische Grab weihen und segnen und es in einen Dom verwandeln.«
Am Vormittag traf der Kaiser mit seinem Gefolge ein. Kurz darauf kamen der Präfekt von Argos und der Polizeichef von Nauplion. Die Schliemanns freuten sich, als offiziellen Führer des Kaisers ihren alten Freund Stephanos Koumanoudes begrüßen zu können, der Philologe an der Universität und Se-

kretär der Archäologischen Gesellschaft war, und der so viele Altertümer Athens gerettet hatte: das Theater des Dionysos und die Stoa des Attalos. Dom Pedro hatte den eindrucksvollen Kopf und die gewaltige Brust eines römischen Senators. Sein dichter weißer Vollbart war seidenweich. Sein volles Haupthaar war einen Ton dunkler. Er hatte weit auseinanderstehende, ausdrucksvolle Augen, die seinem Gesicht ein aristokratisches Aussehen verliehen.

Dom Pedro, jetzt fünfzig, war bereits im Alter von fünfzehn Jahren zum Kaiser von Brasilien gekrönt worden. In Südamerika kannte man ihn als gewissenhaften und aufgeklärten Herrscher. 1850 hatte er den Sklavenhandel verboten, nachdem er fünf Jahre zuvor alle Sklaven in Brasilien freigelassen hatte. Er unterschätzte den öffentlichen Fortschritt, förderte die Erziehung und war ein eifriger Schirmherr der Künste und der Wissenschaft. Henry hatte ihn vor allem ins Herz geschlossen, weil er Homer auswendig kannte, Henrys Buch über Troja gelesen und von sich aus die türkische Regierung ersucht hatte, daß Dr. Schliemann persönlich ihm seine Ausgrabungen dort zeigen sollte. Er war, ebenso wie Henry, ein Enthusiast und liebte es, Einfälle, Meinungen, Theorien von sich zu geben... vor allem über Fragen der Archäologie. Dom Pedro und seine Freunde wurden in Kutschen zum Schatzhaus des Atreus gebracht, die Henry aus Argos hatte kommen lassen. Das ganze Dorf kam zu Fuß hinterher und zog wie auf einer Pilgerfahrt die kurvenreiche Straße hinauf. Bischof Vimpos stand hinter einem behelfsmäßigen Altar. Auf dem purpurnen Altartuch leuchteten zwei Kerzen. Das Schatzhaus sah in dem flackernden Licht wie verzaubert aus. Henry geleitete die Brasilianer zu einem Platz direkt vor dem Altar. Die Schliemanns, Spyros, Stamatakes und Koumanoudes stellten sich mit dem Präfekten von Argos und dem Polizeichef Leonardos hinter sie. Dann kamen der Bürgermeister und die Familie Dases. Bald war der Kuppelraum mit den Leuten aus Charvati und den Nachbardörfern gefüllt. Wer drinnen keinen Platz fand, blieb draußen im *dromos*.

Mit ernstem Gesicht las Bischof Vimpos die Messe. Der Duft von othodoxem Räucherwerk füllte langsam das Schatzhaus. Die Leute standen so gedrängt, daß sie nicht niederknien konnten, aber Vimpos nahm keine Notiz davon. Er war eifrig damit beschäftigt, den heidnischen Tempel in ein griechisch-orthodoxes Heiligtum zu verwandeln. Seine Predigt war glücklicherweise sehr kurz:

»Es gibt nur einen Gott, und Jesus ist sein Sohn.«

Der Bischof segnete die Gemeinde so inbrünstig, als wolle er alle Zweifel zerstreuen, ob es ihm tatsächlich gelungen war, Zeus, Hera und Apollo zu bannen. Dann traten er und seine Gemeinde ins Freie. Während Henry und Sophia Dom Pedro zu Sophias Schatzhaus, zum Löwentor, den Platten und reliefverzierten Grabstelen der Agora führten, legte die Familie Dases in der Mitte des Kuppelbaus lange Bretter auf Holzböcke und deckte sie mit den besten Tischtüchern, Silberbestecken und Gläsern, die im Dorf aufzutreiben waren. Dann wurden die Tische mit Kerzen und Herbstblumen geschmückt. Um zwei Uhr bat Sophia ihre Gäste, Platz zu nehmen. Sie hatte am Abend zuvor eine streng protokollgerechte Sitzordnung aufgestellt und kleine Platzkarten geschrieben. Die Kerzen wurden angezündet. Kaiser Dom Pedro wandte sich an Sophia und murmelte:

»Mir ist, als wäre ich im Begriff, mit der Ewigkeit zu speisen!«

Bischof Vimpos segnete die Gruppe und sprach ein Tischgebet. Den Männern wurde *ouzo* gebracht, Wein aus Argos wurde geöffnet, Gläser vollgeschenkt. Die Frauen von Charvati hatten griechische Leckerbissen zubereitet: *dolmadakia*, gefüllte Muscheln, sauer eingelegten Tintenfisch, getrocknete und gepökelte Stinte, Auberginensoße mit *keftedakia*. Es gab geröstetes Lamm, gekochtes Huhn, geschmorte Leber, *macaronada* mit frischem Schinken und *moussaka*. Zum Nachtisch gab es *baklava* und *trigona* mit Mandeln und dazu starken schwarzen Kaffee.

Kaiser Dom Pedro erhob sich, brachte einen Toast auf König Georg und Königin Olga, auf Bischof Vimpos, seinen Reiseführer Professor Koumanoudes, die Frauen von Charvati, die das Essen bereitet hatten, und auf seine Gastgeber Doktor und *Kyria* Schliemann aus: »Die mir einen der denkwürdigsten Tage meines Lebens bereitet haben.«

Henry drückte unter dem Tisch Sophias Hand. Sie blickten auf und sahen, daß Stamatakes sie mit verwunderten Augen anstarrte.

Es blieben nur noch wenige Wochen bis zum Herbstregen. Henry wollte die Grabungen Mitte November einstellen. Da ihm knapp drei Wochen blieben und er nur siebenundsiebzig Arbeiter hatte, teilte er eine kleine Kolonne für das Löwentor ein, wo er bis zur Schwelle vorzustoßen hoffte, gab Sophia und Spyros ein paar Leute und zwei Pferdekarren für das Schatzhaus und setzte den Rest der Mannschaft innerhalb der Doppelreihe aufrecht stehender Platten in der Agora ein. Er war nicht überzeugt, daß die Königsgräber hier lagen, aber eine bessere Stelle hatte er nicht. Er fand auch eine Gelegenheit, einige Scherben verschwinden zu lassen, die er Max Müller in London schicken wollte.

Da Henry an dieser Stelle ausgiebig graben wollte, waren er und Stamatakes übereingekommen, die vier Grabsteine nach Charvati zu schaffen. Henry hatte bisher um sie herum gegraben; jetzt, da sie fort waren, konnte er das Grabungsgebiet erweitern.

Auf seinen ersten wichtigen Fund stieß er einen Meter unterhalb des Horizontes, auf dem die Grabsteine gestanden hatten: zwei Steinplatten, die aufeinander lagen, und eine dritte, die in einem spitzen Winkel herausragte. Auf der waagrechten Platte lag ein Teil eines menschlichen Kiefers mit drei intakten Zähnen.

In der nächsten Woche hielt der Regen sie oft auf, obwohl Henry darauf bestand, durch den Schlamm vorzudringen, bis er den natürlichen Felsboden erreicht hatte. Dann machte er eine erstaunliche, aber ermutigende Entdekkung: Ein Teil des großen, massiven Felsens war drei Meter in der Breite und sechs Meter in der Länge ausgehöhlt worden. Sicherlich hatte man das nur getan, um ein Grab zu gewinnen. Es war schwer, an dieser Stelle zu graben, weil sich Regenwasser in ihr sammelte. Trotzdem kam er, wenn auch mühsam, voran und stieß auf weitere Steinplatten, die flach aufeinander lagen.

Zur gleichen Zeit feierte Sophia einen eigenen kleinen Triumph. Ihre Leute, die zur Schwelle des Eingangs zum Schatzhaus gelangt waren, entfernten rasch die Erde, die unter dem Türsturz und im Torweg lose aufgehäuft lag. Nachdem eine große Menge dieses Schutts auf die Pferdekarren geschaufelt worden war, hörte ihre gesamte Kolonne zu arbeiten auf und bildete einen Halbkreis um sie, als sie zum erstenmal das Schatzhaus selbst betrat. Durch die Öffnung oben fiel sanftes Licht herein. Es war für Sophia ein erregender Augenblick. Sie glaubte nicht, daß Veli Pascha sich an einem Seil in das Gewölbe heruntergelassen hatte, und so war sie vermutlich der erste Mensch, der sich im Schatzhaus aufhielt, seit es verschlossen worden war. Ein einzigartiges Erlebnis.

Sie winkte ihrer Kolonne, die mit Pickeln und Schaufeln hereinkam und die Mitte freizulegen begann. Wenn das Schatzhaus nicht geplündert worden war, müßten hier wichtige Artefakte zu finden sein. Sie kämmte die Erde auf den flachen Schaufeln durch, ehe sie in die Körbe geworfen wurde. Die Funde, unter ihnen ein Stück blauer Marmor mit Fischgrätenmuster, waren zwar nicht aufregend, aber doch ermutigend.

Einer der Brüder Romaïdes kam aus seinem photographischen Atelier in Athen und begann, Aufnahmen von den Arbeiten und den Funden zu machen. Henry fand, daß er außerdem einen Techniker brauchte, der imstande war, archäologische Pläne der Grabung zu zeichnen. Polizeichef Leonardos empfahl ihm einen Leutnant der Armee, der über freie Zeit verfügte. Henry ritt am 3. November nach Nauplion, um mit ihm zu sprechen. Auf dem Ritt in die Stadt nieselte es. Die beiden Männer verstanden sich auf Anhieb. Vasilios Drosinos war gescheit und offensichtlich ein versierter Techniker. Er hatte viele von Henrys Artikeln in der *Newspaper of the Debates* gelesen und war begeistert von seinen Entdeckungen in Troja. Er ging sofort auf Henrys Vorschlag ein.

Am folgenden Tag, einem Sonnabend, arbeiteten sich Henrys Leute bis zur Schwelle des Löwentors vor. Seine Kolonne zählte jetzt hundert Mann. Gleich hinter der Schwelle fanden sie einen Siegelring aus Bronze oder Kupfer, in den zwei Frauenfiguren geschnitten waren, von denen Sophia erklärte, sie seien von »zauberhafter Schönheit«.

»Was mir gefällt«, fügte Henry hinzu, »sind ihre einfachen und schönen Frisuren. Und ihre Gebärden ... sie sitzen eng beieinander und blicken in entgegengesetzte Richtungen. ...«

In der Nähe des Löwentors legten sie noch durchsichtige rote Steine frei, die durchbohrt waren, um zu einer Halskette aufgefädelt zu werden; Idole in den verschiedensten Formen, einen herrlich bemalten Dreifuß, einen kleinen Sil-

berring, ein walzenförmiges Stück Blei, das Henry für ein Gewicht hielt, und einen goldenen Ohrring, der aus dicken Golddrähten gefertigt war und den Ohrringen glich, die sie aus Troja mit nach Hause gebracht hatten.
In der drei Meter breiten Schwelle sahen sie Vertiefungen, die von den Rädern der Wagen stammten, die zur Akropolis gefahren waren.
»Ich bin nicht überzeugt, daß dies Spuren von Wagenrädern sind. Natürlich paßten Wagen durch das Löwentor. Aber wohin sind sie dann gefahren? Der Berg ist zu steil für sie und ich bezweifle, daß zwischen dem Rand der Agora und der inneren zyklopischen Mauer genügend Platz für sie war.«
Am Montag traf Vasilios Drosinos ein. Der Leutnant machte sich sofort mit seinen Vermessungsgeräten an die Arbeit.
Die Sonne brach durch die Wolken, der Schlamm trocknete, und das Graben ging schneller voran. Henry kehrte zu der Stelle mit dem Felsengrab zurück. Sechs Meter tief im Schutt fanden sie einen zweiten Holzknauf, der mit Blattgold bedeckt war. Sie stießen auf Töpferwaren, handgemacht und einfarbig rot oder schwarz. Die glänzende Oberfläche war so glatt wie die der besten Stücke, die sie in Troja gefunden hatten.
Während der nächsten zwei Tage fand Henry zwölf weitere Goldknäufe; einige goldene Blätter, viele Knochen von Menschen und Schweinen, eine große Axt und weitere einfarbige Vasen. An der Nordseite des Grabes mußte er die Arbeiten einstellen, weil dort mehrere senkrechte Steinplatten der Doppelreihe über das Grab gebaut worden waren.
»Ich kann nicht unter ihnen graben, ohne sie zu zerstören«, sagte er zu Drosinos.
»Sie haben recht. Am besten lassen Sie sie an Ort und Stelle.«
»Ich habe das Gefühl, das Grab ist ausgeraubt worden, und man hat die weniger wertvollen Dinge in wildem Durcheinander wieder hineingeworfen. Das ist wahrscheinlich der Grund, weshalb wir handgemachte und mit der Töpferscheibe gefertigte Tonwaren auf einem Haufen finden. Oder man hat, als diese Plattenwand über dem Grab errichtet wurde, alles herausgeholt und später wieder hineingetan.«
Es fing wieder an zu regnen. Henry schickte Sophia zum Haus der Dases' zurück, während er selbst sich einen Weg zu der zuerst entdeckten unterirdischen Gruft bahnte. Auf dem Boden sammelte sich bereits Wasser. Bald würde dort ein regelrechter Sumpf sein. Henry war enttäuscht. Er war überzeugt, daß es sich um ein Grab handelte und daß unten Leichname lagen. Sobald der Regen aufhörte, fing er an, über dem Fels an einer neuen Stelle zu graben, die durch glatte, fast zwei Meter hohe Grabsteine gekennzeichnet war. Diese Stelle lag sieben Meter östlich vom ersten Grab. Bis zum nächsten Tag, einem Sonnabend, waren sie bei den Steinmauern eines zweiten Grabes angelangt, das mit Erde gefüllt war. Über ihnen wälzten sich die dunklen Regenwolken, und die Männer stapften durch den Schlamm.
Henry sagte zu Sophia: »Es hat keinen Sinn, weiterzumachen. Wir beenden morgen die Ausgrabung und fahren am Montag früh nach Nauplion.«

»Das scheint mir sehr vernünftig. Wir können zu Beginn des Frühlings wieder anfangen.«
Um die Arbeit für das kommende Jahr schon jetzt vorzubereiten, wollte Henry zwei weitere Grabstätten oder große, in den Fels gehöhlte Öffnungen angehen. Er ließ ein halbes Dutzend Männer an einer Stelle graben, an der er ebenfalls glatte Grabsteine entdeckt hatte. Eine zweite Kolonne umgrenzte das Gebiet mit der dunklen Erde, die offenbar von anderswo herbeigeschafft worden war. Henry war voller Hoffnung, daß er schließlich noch auf ein viertes Grab stoßen würde, und daß diese weite, felsige Fläche, von Steinplatten umgeben, tatsächlich eine Nekropole war.
Er spornte seine Leute an, schneller zu graben, und bot ihnen eine Prämie für die Sonntagsarbeit. Die Männer gingen darauf ein; während der nächsten Stunden förderten sie Bruchstücke von Grabsteinen und bemalte Keramiken zutage. Am Spätnachmittag befanden sie sich vier Meter unterhalb der Kuppe des Felsens und insgesamt acht Meter unter dem Plateau der Agora. Das Problem war, wie man den Schutt hinaufbefördern sollte. Leutnant Drosinos zimmerte rasch behelfsmäßige Leitern mit Sprossen aus Zweigen zusammen und versah die Körbe mit Schulterriemen, so daß die Männer sie hinauftragen und den Schutt, nachdem er nach Funden durchsucht worden war, auf die Pferdekarren laden konnten.
In dieser zweiten Grabstätte stießen sie sechzig Zentimeter tiefer auf ein neues Phänomen: eine Schicht Kieselsteine, die nicht von hier waren. Henry befahl den Männern, die Spitzhacken und Schaufeln beiseite zu legen und mit den Händen behutsam die Erde zu entfernen, um die Ausdehnung der Kieselschicht zu bestimmen. Sie war, wie sich herausstellte, anderthalb Meter lang und einen Meter breit. Sophia kam herunter, um zu sehen, was die Aufregung zu bedeuten hatte.
Leutnant Drosinos fragte: »Was glauben Sie, wozu diese Schicht von Kieselsteinen dienen sollte? Sie ist offensichtlich von Hand angelegt.«
Henry dachte eine Weile nach.
»Schwer zu sagen, ehe wir sie entfernt haben.« Er wandte sich an seine Arbeiter. »Leute, tragt diese Kieselschicht ab, aber nur mit euren Händen, ganz langsam und vorsichtig.«
Als die Kiesel mit den Fingern zur Seite geharkt waren, erschien eine dünne Lage schwarze Asche. Sophia sah ein Aufblitzen von hellem Metall. Mit einer instinktiven Bewegung bedeckte sie es mit Asche, stand auf und sagte leise zu Henry:
»*Paidos.* Es ist spät, und es wird bald dunkel. Schick die Männer nach Hause...«
Er bemerkte das Drängen in ihrer Stimme.
»Sollen sie morgen wiederkommen?«
»Ja.«
»Gut. Sollen wir Stamatakes holen lassen?«
»Das wäre ratsam.«

»Leutnant Drosinos, würden Sie so freundlich sein, Herrn Stamatakes herzubitten?«
Als sie allein auf der Sohle des Grabes, neun Meter unterhalb des Plateaus der Agora waren, murmelte Henry:
»Was gibt's?«
Sie bedeutete ihm mit einer Handbewegung, daß er sich neben sie knien solle. Langsam und vorsichtig schoben sie die Asche fort; und vor ihren erstaunten Augen lag ein riesiges Goldblatt. Während sie weiter die Asche mit den Fingerspitzen entfernten, legten sie eine große Anzahl von Goldblättern frei. Sie nahmen ein Blatt nach dem anderen fort und sahen, daß der Brustkasten eines Leichnams damit bedeckt gewesen war. Schwer atmend und ohne ein Wort zu sagen, entfernten sie das Goldblatt am oberen Ende der Leiche und entdeckten die Reste eines Schädels. Als sie die Asche vom Schädel streiften, fanden sie weitere Goldblätter, dicker als die anderen und mit einem Silberdraht zusammengehalten. Der Leichnam lag mit dem Kopf nach Osten, den Füßen nach Westen. Sophia erinnerte sich plötzlich: So hatte man auch ihren Vater aufgebahrt.
Mit einer Stimme, die so heiser war, daß Sophia sie kaum erkannte, sagte Henry:
»Wir haben unser erstes Königsgrab gefunden! Den ersten Leichnam eines Königs!«
Sophia zitterte. In diesem Grab gab es genügend Raum, daß sie noch weitere Leichname finden konnten...
In diesem Augenblick kam Stamatakes die Leiter heruntergestolpert, warf einen Blick auf die Goldblätter und den Leichnam und stieß einen Pfiff aus. Henry blieb Herr der Lage.
»Wir müssen noch heute abend das ganze Gold wegschaffen.«
Stamatakes pflichtete ihm bei.
»Dazu brauchen wir ein weiches Tuch, in dem wir es tragen können. Leutnant Drosinos, würden Sie uns bitte eins holen?«
Es war schon fast dunkel, bis Leutnant Drosinos mit einem Stück Wollstoff zurückkehrte. Als alle Blätter eingesammelt waren, bat Henry den Leutnant, das Tuch mit einer Schnur zusammenzubinden, und übergab Stamatakes das formlose Bündel.
»Fahren wir zusammen zu Ihrem Lagerraum. Ich möchte, daß jedes Blatt numeriert wird. Und dann möchte ich eine Quittung für das Ganze.«
Stamatakes war einverstanden. Henry bat, daß man während der Nacht einen Wachtposten am Grab aufstellen möge.
»Ich habe keinen.«
»Dann werde ich Demetrios und Ajax bitten, Wache zu halten.«
Als sie zum Haus der Dases' kamen, war das Abendessen vorüber. Ioanna hatte zwei Töpfe für sie auf dem Herd warmgestellt. Sie brachten kaum einen Bissen hinunter. Demetrios und Ajax stellten keine Fragen, nahmen ihre Schrotflinten und ritten auf ihren Eseln davon. Henry hatte ihnen nicht ge-

sagt, was sie bewachen würden, aber sie ahnten, daß es sich um etwas Wichtiges handeln mußte. Beide hatten Decken mitgenommen, um sich gegen die Novemberkälte zu schützen.
Henry und Sophia sprachen bis tief in die Nacht. Ihre Hoffnungen und Erwartungen waren so hoch gespannt, daß sie keinen Schlaf finden konnten. Es fing bereits zu dämmern an, als Sophia einschlummerte. Henry schien überhaupt nicht zu schlafen.
Bei Anbruch des Tages waren sie wieder am Grab. Stamatakes war bereits vor ihnen da. Sie stießen sofort auf weiteres Gold, das sie in der Dunkelheit nicht hatten sehen können: fünf herrliche Kreuze, die aus je vier Goldblättern zusammengesetzt waren; vier runde Goldstränge und eine große Anzahl weiterer Goldblätter. Sophia und Stamatakes beschrieben jedes einzelne Stück in ihren Notizbüchern. Stamatakes nahm alles an sich und gab Sophia eine Quittung.
Henry ließ seine Kolonne nach allen vier Seiten auf die natürlichen Felswände der Gruft zu graben. Gegen elf Uhr morgens hatten sie eine Fläche von vier mal sieben Metern freigelegt. Die Wände waren bis zu einer Höhe von über drei Metern mit kleinen Quadersteinen verkleidet, die leicht rußgeschwärzt waren. Mehr konnten sie nicht erkunden, weil ein Regenguß sie aus der Gruft trieb. Sophia nähte fast den ganzen Tag mit den Frauen der Familie Dases Stücke aus Persenning zusammen, um einen Regenschutz für das Grab zu schaffen. Demetrios und Ajax brachten ihn in der Abenddämmerung zur Akropolis hinauf und machten ihn an allen vier Seiten mit schweren Steinbrocken fest.
Es regnete den ganzen Dienstag. Henry lief wie ein gefangener Tiger im Zimmer auf und ab und stieß in acht Sprachen alle nur denkbaren Verwünschungen gegen den Regengott aus. Sophia versuchte, ihn zu beruhigen, aber er konnte seine Ungeduld nur schwer bezähmen.
Am Mittwoch kam die Sonne hervor und trocknete die Erde. Die Persenning hatte einen großen Teil des Wassers von der Grabung abgehalten. Henry ließ seine Leute an den Seiten der Kieselschicht graben, unter dem sie den ersten Leichnam gefunden hatten. Bis zu einer Tiefe von etwa einem halben Meter gestattete er den Männern, behutsam mit Pickeln und Schaufeln zu arbeiten. Als sie auf zwei weitere Kieselschichten stießen, die auf gleicher Höhe nebeneinander lagen, schickte Henry die Arbeiter nach oben, damit sie an anderen Stellen weitergruben. Die Schliemanns und Leutnant Drosinos entfernten behutsam den Kies. Sophia und Henry knieten am Boden und kämmten die Asche durch, bis sie zwei weitere Skelette, halb verbrannt und mit Gold bedeckt, freilegten. Henry atmete schwer. Sophia war unheimlich zumute. Sie hockte in dem dunklen, naßkalten Grab, erschreckt über den Anblick der Könige, die vor dreitausend Jahren in dieser Felsengruft beigesetzt worden waren. Hatte sie ein Recht, sie nach all diesen Jahrtausenden freizulegen? War sie ein Eindringling, ein Grabräuber? Es hieß, daß ein Fluch auf denjenigen lag, die den Frieden der Toten störten.

Um jeden Schädel lagen fünf Diademe aus massivem Gold. Sie waren fünfundvierzig Zentimeter lang und in der Mitte zehn Zentimeter breit. Ein innen angebrachter Kupferrahmen gab ihnen Festigkeit. Sie waren anders geformt als die beiden mit Ketten geschmückten Diademe, die sie in Troja gefunden hatten. Als sie die Asche durchsuchten, stießen sie auf neun weitere Goldkreuze. Dann fanden sie Gegenstände ähnlich denjenigen, auf die sie in Troja gestoßen waren: Waffen in Form von Obsidian- und Bronzemessern, Bruchstücke einer großen Silbervase mit einem Kupferrand, der dick mit Gold überzogen und mit eingravierten Figuren verziert war, einen Silberbecher, viele Bruchstücke kunstvoll verzierter Tongefäße, von denen manche von Hand, andere mit der Töpferscheibe gefertigt waren, große Mengen von Dreifüßen aus Terrakotta. Am wichtigsten waren für Henry zwei Figuren der Hera, die je zwei Hörner hatten.

Er rief aus: »Das beweist, daß die Göttin bereits in den alten Zeiten, aus denen das Grab stammt, in dieser Form verehrt wurde.«

Sophia hörte, wie Stamatakes leise murmelte: »Das beweist nichts dergleichen. Warum halten Sie sich nicht an Ihre Artefakte und überlassen das Theoretisieren denen, die wissen, in welchen Grenzen man theoretisieren kann?«

Henry war mit etwas anderem beschäftigt und hatte die herablassende Bemerkung nicht gehört. Sophia warf Stamatakes einen vernichtenden Blick zu. Die Gebeine und Schädel der zwei Körper waren erhalten. Das Fleisch war von dem kleinen Feuer verbrannt worden, das auf einer zweiten Schicht ähnlicher Kieselsteine angezündet worden war. Aber als Henry die Skelette entfernen wollte, zerfielen sie ihm unter den Händen, so sehr hatten sie unter der Feuchtigkeit gelitten. Er holte so viele Knochen heraus, wie er konnte, genau wie er es mit den drei Skeletten in Troja getan hatte.

Auf der Rückfahrt nach Charvati sagte Henry nachdenklich: »In Troja hat man Hektor und Patroklos verbrannt und nur ihre Knochen aus der Asche zusammengelesen. Hier in Mykene scheint man die Leichen der Könige zwischen zwei Kieselschichten gelegt und nur so viel Holz verbrannt zu haben, wie nötig war, um – vielleicht als Akt der Läuterung – die Gewänder und das Fleisch zu verbrennen.«

Stamatakes hatte nicht zugehört. Er erklärte: »Ich werde heute abend nach Athen telegraphieren, daß man Regierungsbeamte schickt, die bei der Katalogisierung der Funde helfen können. Außerdem werde ich um einen Trupp Soldaten zur Bewachung der Schätze bitten. Wir dürfen nicht riskieren, daß etwas gestohlen wird.«

Henry erwiderte freundlich: »Ich denke doch, daß Sie dabei nicht *Kyria* Schliemann und mich im Sinne hatten, Herr Stamatakes.«

5.

Sie waren in einem Zustand höchster Erregung. Henry brachte fast die ganze Nacht damit zu, Artikel für die Londoner *Times* zu schreiben. Sophia setzte ihre Reihe für die *Ephimeris* fort. Als sie schließlich zu Bett ging, wurde sie von Alpträumen geplagt: Sie war auf dem Grund eines dumpfen Grabes gefangen und kam nicht heraus. Die Schädelteile längst verstorbener Könige bedeckten sich wieder mit Fleisch und stierten sie an.

»Wer bist du? Warum hast du meine Ruhe gestört?«

Im Haus der Familie Dases herrschte Unruhe. Obwohl niemand in Charvati etwas von dem Gold gesehen hatte, wußten doch alle, daß alte Skelette aus dem Grab geholt worden waren. Die Überlieferung berichtete, daß die Gräber der mykenischen Könige die reichsten Goldschätze der Welt enthielten. Man hatte gesehen, wie Stamatakes, einen Beutel an die Brust gepreßt, ins Dorf gekommen war. Ebenso wie die Leute der Troas, nachdem Henry und Sophia den Schatz des Priamos entdeckt hatten, wußten auch die Leute von Charvati, daß ihre Gäste, Doktor und *Kyria* Schliemann, das erste Gold von Mykene gefunden hatten.

Nachdem Spyros den mittleren Teil des Schatzhauses ausgeräumt hatte, der, wie Henry und Sophia annehmen mußten, tatsächlich geplündert worden war, machte der Photograph Romaïdes dort Aufnahmen von Sophia und ihrer Kolonne. Kaum war das Bild veröffentlicht, nannte man den Bienenkorb »das Schatzhaus der Frau Schliemann«. Später erhielt er den offiziellen Namen »Grab der Klytaimnestra.«

Trotz des andauernd schlechten Wetters wollte Henry nicht aufhören.

Eine Kolonne mußte ein drittes Grab freilegen. Das erwies sich als schwierig, weil die beiden glatten Grabsteine darüber tief im Boden von zwei riesigen Steinblöcken gehalten wurden. Einen Meter unter ihnen stieß Henry auf zwei große, flach liegende Platten. Anderthalb Meter tiefer folgten drei weitere Platten, von denen Henry annahm, daß sie dazu gedient hatten, das Grab abzudecken... oder zu kennzeichnen.

»Das zeigt, welche Verehrung man all diesen Gräbern entgegenbrachte. Obwohl die ursprünglichen Grabsteine mit Erde bedeckt worden waren, kannte man den Ort der Gräber so genau, daß man sie mit neuen Steinplatten kennzeichnen konnte.«

Die Männer gruben durch riesige Schuttmassen in Richtung auf die von Felsen eingeschlossene Öffnung. Eine zehn Meter dicke Erdschicht wurde in Körbe gefüllt und an die Oberfläche gebracht. Sie stießen auf zahlreiche menschliche Skelette ohne jeden Schmuck. Sie lagen in einer Schuttschicht, in der sich viele Messer und Bruchstücke von Vasen befanden, und waren so verfault, daß man sie nicht herausnehmen konnte.

»Vielleicht waren das die Leibwachen des Königs«, bemerkte Henry. »Wir wissen, daß in manchen Mittelmeerländern die Leibwachen des Königs sowie sein Gefolge und seine Diener mit ihm begraben wurden.«

Am nächsten Morgen stießen sie auf einen überhängenden Felsen. Henry hatte den Männern für jeden Gegenstand, den sie fanden, und sei er auch noch so nebensächlich, ein Trinkgeld versprochen. Da unter dem Felsen, der einen gefährlichen Riß hatte, zahlreiche Artefakte lagen, kehrten zwei der Arbeiter immer wieder zu der Stelle zurück, um weitere Funde zu holen. Henry, der sie beobachtete, sah plötzlich, daß der Riß breiter wurde. Er sprang auf die Männer zu, zog sie ein Stück mit sich fort, und fast im gleichen Augenblick stürzte der Felsblock krachend herab. Felssplitter und die Gewalt des Aufpralls warfen sie alle drei zu Boden. Sophia lief zu Henry, half ihm auf und klopfte den Staub von seiner Kleidung.

»Schon gut, Liebes. Ich bin unverletzt. Die Männer auch. Gespenster von Troja!«

Dann kamen zwei ärgerliche Tage, an denen es so stark regnete, daß sie nicht zur Grabung gehen konnten. Henry bat Stamatakes um die Erlaubnis, die mit Gold verzierten Stücke für sein Tagebuch photographieren, zeichnen und beschreiben zu dürfen. Stamatakes war unerbittlich.

»Ich habe Tag und Nacht einen Posten bei dem Vorhängeschloß. Er ist angewiesen, niemand hineinzulassen, nicht einmal, wenn ich es ihm sage.«

Am nächsten trockenen Tag fand Henry die Öffnung des dritten Grabes drei Meter unter den verrotteten Skeletten. Erst eine volle Woche nachdem er das zweite Grab freigelegt hatte, stieß er auf die Schicht Flußkiesel und darunter auf eine Lage feinen Lehms. Wie bei den anderen Gräbern waren in den Fels drei bis fünf Meter lange Vertiefungen eingehauen, und die Seiten waren mit kleinen Quadersteinen verkleidet. Sophia, Spyros und Leutnant Drosinos halfen ihm, die beiden Schichten zu entfernen. Ihre Augen weiteten sich, als sie auf drei Leichname stießen, die »ganz und gar mit Gold bedeckt« waren. Das Gold war zum Teil von Feuer und Rauch geschwärzt, zum Teil geschmolzen.

Henry kniete sich auf den Boden und untersuchte behutsam die Skelette. Er sah zu Sophia hinüber, die auf der anderen Seite hockte, und sagte: »Ich glaube, es sind weibliche Skelette. Die Knochen und Zähne sind kleiner als bei den anderen. Dies hier muß eine alte Frau gewesen sein, ihre Zähne sind abgenutzt und unregelmäßig. Man könnte diese Stelle wahrhaftig einen Scheiterhaufen nennen, denn die drei Leichen sind verbrannt worden. Du siehst an den Seitenwänden noch Spuren von Feuer und Rauch.«

Sie sammelten zuerst Dutzende, dann Hunderte von dicken runden Goldplatten mit getriebenen Verzierungen ein, die einen Durchmesser von sechs bis acht Zentimetern hatten. Nachdem sie alle Platten eingesammelt hatten, stellten sie zu ihrem Erstaunen fest, daß es insgesamt siebenhundert waren.

Henry rief: »Ein guter Teil davon muß auf den Boden des Grabes gestreut worden sein, ehe man die Scheiterhaufen aufbaute. Den Rest hat man vermutlich auf die Leichen gelegt, nachdem das Feuer erloschen war.«

Die Gruft war nicht tief. Sie reichte nur einen Meter zwanzig in den Fels. Sie hatten die ganze Stelle ausgegraben, und von oben schien das Licht der kühlen Novembersonne herein. Als sie ein Goldplättchen nach dem anderen von der Asche befreiten, waren sie überwältigt von der Vielfalt der Verzierungen: Blumen, Schmetterlinge, Blattmuster, ein Tintenfisch mit acht spiralförmigen Armen, breite Wellenlinien, die an einen der Grabsteine erinnerten.

Sophia machte den nächsten Fund: drei Teile einer Halskette, die auseinandergefallen war. Alle drei hatten eingravierte Bilder. Der erste zeigte Herakles, wie er den nemeischen Löwen tötet, der zweite zwei kämpfende Krieger, der dritte einen liegenden Löwen, dessen Vorderpfoten auf Felsen ruhten. Sie waren anscheinend älter als die Goldschmiedearbeiten, die Henry und Sophia in Troja gefunden hatten.

»Ich habe noch nie gehört, daß in der Argolis nach Gold geschürft wurde«, sagte Sophia. »Woher stammen diese unglaublichen Mengen von Gold?«

»Vielleicht von der gleichen Quelle, von der auch Troja es bezog: von den Händlern der Ägäis und des Mittelmeers. Dieser Schmuck könnte schon verziert hierhergekommen sein, oder die Mykener, die zweifellos ihre eigenen Goldschmiede hatten, haben Goldbarren gekauft. Schau, was ich eben gefunden habe: zehn goldene Heuschrecken oder Grillen an Goldketten.«

Stundenlang gruben und siebten sie, arbeiteten auf Händen und Knien neben den Scheiterhaufen und wurden dabei mit kalten Augen von Stamatakes beobachtet. Alle paar Minuten ertönte ein Ausruf der Freude oder Überraschung, während sie goldene Greifen, Herzen, geduckte Löwen, Hirsche mit gegabelten Geweihen, runde Ornamente, zierlich gearbeitete Spangen, Tintenfische und einen Greifen aus Gold hervorholten.

Sophia rief: »Henry, die meisten dieser Ornamente sind durchbohrt, so daß man sie entweder auf eine Kette aufziehen oder an der Kleidung befestigen konnte.«

Henry atmete so schwer, daß er sie nicht hörte. Er hatte eben am Kopf eines der drei Skelette eine prachtvolle goldene Krone ausgegraben. Sie war vom Feuer geschwärzt, war jedoch das herrlichste Stück, das sie bisher gefunden hatten. Sie war über einen halben Meter lang, trug sechsunddreißig goldene Blätter und war mit schildartigen Ornamenten bedeckt, die plastisch hervortraten.

»Eines der herrlichsten Exemplare der Goldschmiedekunst, die ich je gesehen habe«, flüsterte Henry ihr zu. »Komm her zu mir. An jedem Ende der Krone hängt ein Stück Golddraht, mit dem sie festgebunden wurde. Laß mich sehen, wie du damit aussiehst, bevor Stamatakes sie an sich nimmt.«

Sophia kniete sich neben ihn, und er legte ihr die Krone auf den Kopf, so daß die sechsunddreißig Blätter in die Höhe standen.

»Sie ist noch schöner als die Diademe, die wir in Troja gefunden haben. Wenn wir zum Lagerhaus kommen, werde ich darauf bestehen, dich mit dieser Krone photographieren zu dürfen.«

Stamatakes hatte ihn gehört. Er sagte: »Bis wir diesen Schatz nach Athen gebracht haben, werden keine Photographien gemacht.«

Henry warf ihm einen mörderischen Blick zu, und Sophia fing wieder an, mit den Fingern zu graben. Sie machte den nächsten Fund, ein zweites goldenes Diadem.
»Henry, es steckt noch ein Teil des Schädels drin«, rief sie. »Soll ich es vom Schädel lösen?«
»Lassen Sie es, wie es ist«, befahl Stamatakes. »Es ist Sache des Archäologischen Instituts, das zu entscheiden.«
Sie verbrachten den ganzen Tag in dem, was Henry »das größte versteckte Goldlager der Welt« nannte. Eines nach dem anderen fanden sie fünf weitere Diademe. Sie mußten die feine schwarze Asche abwischen, die noch am Gold klebte. Ein paar Minuten später grub Sophia zwei weitere aus, die mit senkrechten Reihen von Spiralen verziert waren. Das machte insgesamt neun.
»In diesem Grab müssen Königinnen liegen«, flüsterte Sophia wie benommen von dem, was sie fanden.
»Eine Königin. Diese Leichen wurden alle zur gleichen Zeit beigesetzt. Die anderen waren ohne Zweifel Prinzessinnen. Und es war nicht Klytaimnestra. Sie wurde außerhalb der Mauern begraben, weil sie es nicht verdiente, in der Akropolis begraben zu werden. Wie tief sind wir demnach in die Vergangenheit vorgedrungen? Bis zu Atreus? Zu Pelops?«
Als nächstes fand Henry in der Asche zwei große Goldsterne, Doppelkreuze, die mit einer Nadel zusammengehalten wurden. Er suchte seitlich von einem der Körper weiter und stieß auf eine goldene Spange, auf der eine stehende Frau mit ausgebreiteten Armen abgebildet war. Das Gesicht war im Profil zu sehen. Er wischte die Spange ab und reichte sie Sophia, die sie eingehend musterte.
»Eine Griechin, das steht außer Zweifel. Sieh dir diese lange Nase an, die in einer Linie mit der Stirn verläuft. Diese großen Augen...«
»...fast so groß wie deine«, sagte Henry lächelnd.
Sophia blickte rasch auf und sah, daß Stamatakes die Funde sorgfältig in einem Stoffbeutel verstaute und sie nicht beobachtete. Sie flüsterte Henry zu:
»Sie hat auch einen höchst stattlichen Busen... zieh nur keinen Vergleich!«
Sie durchsuchten die Asche in ständig wachsender Erregung über den ungeheuren Umfang des Schatzes: goldene Ohrringe, Ketten, sechs Armreifen, zwei Waagen, eine Kindermaske mit Löchern für die Augen. Die Maske war zerknittert. Als Henry sie mit einer Hand hochhielt, bemerkte er:
»Das bedeutet, daß hier im Grab ein Kind eingeäschert worden sein muß. Pausanias sagt, daß das damals so üblich war. Vielleicht war es ein Kind, das kurz nach seiner Mutter starb. Aber ich sehe nirgends eine Spur von dem kleinen Skelett.«
Sophia grub zwei Zepter aus, erneute Hinweise, daß es sich um ein Königsgrab handelte. Die Silberschäfte waren mit Gold belegt, die Griffe aus Bergkristall. Dann fand sie in rascher Folge einen goldenen Kamm mit Knochenzinken, Gold- und Bernsteinperlen, goldene Fibeln, einen Goldpokal, der mit Fischen verziert war, eine goldene Dose, deren Deckel noch genau paßte. Zur

gleichen Zeit fand Henry in der Asche eine hübsche runde Goldvase mit zwei Henkeln und drei weitere Goldgefäße mit Deckeln, eine unverzierte Silbervase, dann ein Silbergefäß und einen Pokal.
Der letzte Fund des Tages verwirrte sie: In der Nähe der Köpfe fanden sie je eine mit Kupfer überzogene Schachtel, zehn mal fünfundzwanzig Zentimeter groß, in der ein Holzblock lag.
Henry sagte: »Ich könnte mir denken, daß es Kopfkissen für die Toten waren. So wie die Alabasterkissen der Ägypter.«
Stamatakes, überwältigt vom Umfang des Schatzes, bekam es wegen seiner Verantwortung mit der Angst zu tun. Wenn das Gold nun verschwand? Ihn und nur ihn allein würde man zur Rechenschaft ziehen. Das würde seiner Laufbahn einen tödlichen Schlag versetzen. Schwer atmend lehnte er sich gegen die Wand des dritten Grabes und traf eine Entscheidung.
Er kniete sich neben Henry und erklärte: »Dr. Schliemann, Ihre ganze Arbeit in diesem Grab muß aufhören.«
Henry sah ihn erstaunt an.
»Aufhören? Wie können wir daran denken, aufzuhören, wenn dieses ganze antike Gold zum Vorschein kommt?«
»Eben deshalb. Was wir hier vor uns sehen, ist von unschätzbarem Wert. Wir müssen diesem Gold jeden nur denkbaren Schutz zukommen lassen. Ich kann nicht weitermachen, solange nicht der Gouverneur der Provinz zugegen ist.«
»Das ist Unsinn! Wir können doch zusammen jedes Goldstäubchen schützen und bewahren. In meiner Genehmigung steht nichts davon, daß ein Gouverneur zugegen sein muß.«
»Das weiß ich. Es ist ein Befehl, den ich Ihnen als Ephor für die Altertümer erteile.«
»Wir müssen keine Befehle von Ihnen entgegennehmen. Wenn Sie für Ihre eigene Sicherheit den Gouverneur brauchen, dann holen Sie ihn!«
Stamatakes kletterte die Leiter hinauf und verließ unwillig die Ausgrabungsstelle, um Telegramme nach Nauplion und Athen zu schicken, in denen er wieder um Soldaten bat.

Man konnte den Bewohnern von Charvati nicht länger verheimlichen, daß in den Gräbern Goldschmuck von großem Wert gefunden worden war. Es gab zu viele Arbeiter, die etwas sahen oder Gesprächsfetzen aufschnappten. Außerdem brauchten sie sich nur die Mienen der Schliemanns anzusehen, den Ausdruck von Stolz und Befriedigung auf ihren Gesichtern. Die Leute von Charvati bewunderten und verehrten die beiden, weil sie erreicht hatten, was noch niemandem gelungen war. Demetrios Dases, ein stolzer und freier Mann, verneigte sich wie vor seinem Meister und sagte:
»Ich habe mich geirrt. Wir alle haben uns geirrt. Wir haben gesagt, es gibt keine Königsgräber auf der Akropolis. Das hätte Sie entmutigen können...«
»Nein, Demetrios, Sie hatten recht. Sie sagten: ›Was dort zu finden ist, wird Dr. Schliemann finden.‹«

Am nächsten Tag gingen sie eine vierte Stelle an. Sie war nicht durch Grabsteine gekennzeichnet, hatte aber dunklere Erde als die übrige Agora. Sophias Kolonne hatte hier schon vorher sieben Meter unter der Oberfläche des Hügels einen runden Altar aus zyklopischen Steinen ausgegraben. Henry hatte sie nicht weitermachen lassen wollen, bis er nicht seine Arbeit am dritten Grab beendet hatte. Jetzt brachte er eine große Kolonne zu dieser Stelle und baute sorgfältig den Altar ab, damit man ihn in Athen wieder zusammenfügen konnte. Sobald die Arbeiter die Blöcke beiseite geschafft hatten, ließ Henry sie die dunklere Erde abtragen.
Der Kalender zeigte den 25. November. Wie durch ein Wunder hatten die ständigen Regenfälle noch nicht eingesetzt. Henry trieb seine Leute zu rascher Arbeit an und stieß schon zwei Meter unter der Stelle von Sophias Altar auf sein viertes Grab. Als er die vier Steinmauern freilegte, sah er, daß es sich um das bisher größte Grab handelte, acht Meter lang und sechs Meter breit. Der Altar hatte genau in der Mitte gestanden.
Die ersten anderthalb Meter ging das Ausgraben schnell voran. Als Henry annahm, daß sie sich der oberen Kieselschicht näherten, machten er, Sophia und Spyros sich allein mit ihren Messern an die Arbeit. Es war eine mühselige Aufgabe, denn sie mußten dabei auf der feuchten, kalten Erde knien.
Ihre Geduld wurde belohnt. Sie stießen auf die acht Zentimeter dicke Lage von Kieselsteinen, die leicht abzuräumen war. Dann kam eine zehn Zentimeter dicke Schicht von weißem Lehm. Die Felswände des Grabes zeigten wieder Vertiefungen und waren mit Mauerwerk verkleidet. Als sie den weißen Lehm mühsam entfernt hatten, fanden sie zwei Leichname. Wieder gab es Hinweise auf ein kleines Feuer, Asche von Gewändern und Holz, aber mit einem entscheidenden Unterschied: Jedes Gesicht war mit einer großen Goldmaske bedeckt. Eine Maske war schwer beschädigt vom Feuer und dem Gewicht der Steine und des Schutts. Henry reinigte sie mit seinem Taschentuch, aber ein großer Teil der Asche blieb auf dem Gold haften. Dann hielt er sie in die Höhe, um sie von Sophia begutachten zu lassen.
»Schau sie dir einen Augenblick an, Sophidion, dann kannst du dir die Gesichtszüge einigermaßen vorstellen. Sieh her, das große ovale, jugendliche Gesicht mit der hohen Stirn, der langen griechischen Nase, dem kleinen Mund und den schmalen Lippen. Die Augen sind geschlossen, aber sieh, wie fein die Wimpern und die Brauen gezeichnet sind.«
Die zweite Maske zeigte einen anderen Gesichtsausdruck, was Henry und Sophia veranlaßte, sich zu fragen, ob die Masken nicht tatsächlich Porträts der Könige waren, die die Goldschmiede nach dem Tod des Herrschers angefertigt hatten. Sophia neigte zu dieser Ansicht, weil die zweite Maske ein rundes Gesicht mit aufgeblähten Backen, eine niedrige Stirn und eine hervorspringende Nase hatte. Dieser Herrscher hatte einen kleinen Mund mit übermäßig dicken Lippen. Seine Augen waren wie die der ersten Maske geschlossen und die Augenbrauen und Wimpern deutlich zu sehen.
Sie legten die beiden Masken behutsam zur Seite. Im Nu hatte Stamatakes

sie aufgenommen und in seinem Wollbeutel verstaut. Henry, Sophia und Spyros arbeiteten angespannt weiter, entfernten mit ihren Messern den Schmutz und die Asche von den Leichen und legten fünf große Bronzegefäße frei, von denen vier mit Erde und Asche gefüllt waren. Das fünfte war buchstäblich eine Goldgrube. Sie holten einhundert Knöpfe mit graviertem Goldbelag aus ihm heraus. Nach einem Augenblick des Jubels machten sie sich wieder an die Arbeit und legten sehr schnell einen außergewöhnlich großen Kuhkopf aus Silber frei, der zwei geschwungene goldbelegte Hörner hatte, in deren Innerem sich halbverfaultes Holz befand. Auf seiner Stirn prangte eine verzierte goldene Sonne von fünf Zentimetern Durchmesser.

Hochrot vor Freude sagte Henry: »Kein Zweifel, daß dieser Kuhkopf Hera, die Schutzgöttin von Mykene, darstellen soll.«

Sie legten mittags nur eine kurze Essenspause ein. Als sie wieder die elf Meter zum Boden des Grabes hinabgestiegen waren, entdeckten sie zwanzig Bronzeschwerter und zahlreiche Lanzen. Das Gold, mit dem die hölzernen Scheiden der Schwerter eingelegt gewesen waren, lag auf dem Boden. Mitten unter den Schwertern fanden sie einige runde Goldplatten, ähnlich denjenigen, die sie im zweiten Grab gefunden hatten.

Im Lauf des Nachmittags gruben sie Bronzegefäße sowie silberne und goldene Vasen aus. Zwischen ihnen fanden sich riesige Mengen kleiner Goldblätter. Spyros war außer sich vor Freude, als er etwas völlig Neues entdeckte: einen Gürtel aus massivem Gold.

An diesem Abend fanden sie im Haus der Familie Dases ein Telegramm der Archäologischen Gesellschaft von Athen vor, in dem ihnen mitgeteilt wurde, daß Professor Spyridon Phindikles sich am nächsten Tag auf den Weg nach Mykene machen werde, und daß sie bis zu seiner Ankunft die Arbeit an der Ausgrabungsstätte einstellen sollten. Der Kummer, so spät im Jahr zwei Tage zu verlieren, wurde durch die Tatsache gemildert, daß Professor Phindikles Henrys Freund war, der die erste Woche dieser Expedition mit den Schliemanns in Tiryns verbracht und auch Mykene besichtigt hatte.

Stamatakes war sehr beruhigt über die Nachricht, daß sein Vorgesetzter kommen und alle Verantwortung übernehmen würde. Gleichzeitig versprach man ihm auch, Soldaten für die Bewachung der Gräber und des Goldes zu schicken.

Nachdem sich somit seine Furcht ein wenig gelegt hatte, erlaubte er Henry und Sophia, den ganzen Sonntag und Montag im Lagerraum zu arbeiten. Sie faßten einen Teil der Beschreibungen ab, die sie für Henrys Buch über Mykene brauchten.

Ehe sie am Montagmorgen zur Arbeit in den Lagerraum gingen, schrieb Henry einen Artikel für die Londoner *Times*, in dem er sagte, ungeachtet der Tatsache, daß er bisher im vierten Grab nur zwei Leichname entdeckt habe, sei dies zweifellos »das Grab, das die Überlieferung der Alten als Grab Agamemnons, des Königs der Menschen, Kassandras, Eurymedons und ihrer Gefährten bezeichnete«.

6.

Professor Spyridon Phindikles traf am Dienstagmorgen in aller Frühe ein. Henry führte ihn sofort zum Lagerhaus und zeigte ihm den Schatz, der bis jetzt zusammengetragen worden war. Phindikles war wie benommen und seine Augen glänzten, als er die zahllosen goldenen Schmuckstücke, Masken und Diademe in die Hand nahm.
»Sie haben tatsächlich die Königsgräber gefunden«, murmelte er.
Zutiefst befriedigt über die Reaktion des Professors, erwiderte Henry: »Lassen Sie uns gleich zur Ausgrabung gehen. Ich bin überzeugt, daß sich in diesem vierten Grab noch weitere Leichname befinden. Ich möchte, daß Sie sehen, wie sie von Kopf bis Fuß mit Gold bedeckt sind. Ein unglaubliches Erlebnis!«
Während sie den Hügel hinauffuhren, sah Henry seinen Freund verstohlen an und dachte über seine Laufbahn nach. Phindikles hatte an der Athener Universität studiert, hatte seine Studien in Deutschland fortgesetzt und war dann in Griechenland Gymnasiallehrer geworden. Später wurde er als Professor für Griechische Philologie an die Universität berufen und war lange Jahre Vizepräsident der Griechischen Archäologischen Gesellschaft. Die beiden Männer mochten und schätzten sich, obwohl sie, was ihre Einstellung zur Wissenschaft betraf, völlig verschieden waren. Man warf Henry vor, daß er zu rasch seine Meinung bekanntgab und dann hinterher gezwungen war, sie zu widerrufen. Phindikles hingegen, obwohl sonst im Leben ein mutiger Mann, war zu ängstlich, um das wissenschaftliche Material, das er angesammelt hatte, zu veröffentlichen. Er war jetzt sechsundfünfzig, und es war noch nicht ein einziger Bericht von ihm erschienen, mehr noch, er hatte sogar bereits einen Kollegen gebeten, im Falle seines Todes all seine Aufzeichnungen zu vernichten. Er bewunderte Henry Schliemann wegen seines Wagemuts, wenn er auch persönlich der Ansicht war, daß man es nicht wagen durfte, Ansichten, Theorien oder auch nur Mutmaßungen zu veröffentlichen, ehe die wissenschaftlichen Fakten gründlich überprüft worden waren.
Auf dem Weg zu den Gräbern sah sich Professor Phindikles Sophias *dromos* und das Schatzhaus an, das bei seinem letzten Besuch im August nur ein Erdhügel gewesen war. Er gratulierte ihr herzlich zu ihrem Erfolg. Im August war auch der Weg zum Löwentor noch mit Erde, Steinen und zyklopischen Felsblöcken bedeckt gewesen. Er beglückwünschte Henry, daß er das herrliche Monument freigelegt hatte.
Sie stiegen zum Grund des vierten Grabes hinab. Professor Phindikles musterte die beiden Skelette, die Henry nicht herauszuholen gewagt hatte.
»Sie stammen aus vorgeschichtlicher Zeit, das scheint gewiß«, bemerkte er.
»Was veranlaßt Sie zu der Annahme, daß noch weitere Leichen in diesem Grab liegen?«
»Wie Sie sehen, haben wir den Boden erst auf einem Drittel der Fläche erreicht.«

Henry ließ Demetrios und Ajax und zwei weitere Angehörige der Familie Dases kommen. Sie stiegen mit ihren Schaufeln und Körben die Leiter hinab. Henry schärfte ihnen ein, die Erde mit größter Behutsamkeit zu entfernen. Er zog eine Linie, die ihnen annähernd zeigte, wo sie vermutlich auf die nächste obere Lage von Kieselsteinen stoßen würden. Sie gruben zwei Stunden lang. Als die ersten Kiesel auf den Schaufeln lagen, entließ Henry die Männer. Professor Phindikles half mit, die letzte Erde über den Kieseln wegzuräumen.

»Die Leichname, falls hier welche sein sollten, liegen zwischen zwei Kieselschichten. Ich hatte von dieser Art der Einäscherung noch nie gehört, aber die beiden Kieselschichten sorgen offensichtlich für genügend Luft, so daß Kleidung und Fleisch verbrennen können, während die Knochen und das Gold zum größten Teil unverbrannt bleiben.«

Es handelte sich um drei weitere getrennte Scheiterhaufen. Als von jedem die obere Kieselschicht entfernt war, fanden sie drei Skelette, die mit dem Kopf nach Osten lagen. Als Phindikles die drei Köpfe mit den Goldmasken erblickte, stieß er einen erstaunten Ruf aus. Dann sahen sie, daß die Brustkästen mit großen goldenen Platten bedeckt waren, fanden eine herrliche Goldkrone, mit Rosetten und Reihen von schildähnlichen Kreisen verziert, und einen massiven goldenen Armreif mit aufgelöteten Blumen.

»Groß genug, um einem gewöhnlichen Mann um die Hüften zu passen«, sagte Henry ehrfurchtsvoll.

Phindikles hielt ihn ungläubig in den Händen. Außerdem fanden sie zwei große Siegelringe, einen mit dem Bild eines Jägers, dessen Wagen von zwei Hengsten gezogen wurde, während der andere eine Schlachtszene zeigte, bei der ein Krieger anscheinend die drei anderen bezwang.

Sophia, Spyros, Henry und Dr. Phindikles kauerten sich neben die eben entdeckten Skelette. Sie hatten wenig Platz zum Arbeiten, weil die schräge Quadermauer, die hier drei Meter hoch war, den Grund des Grabes beträchtlich einengte. Mittags bat Sophia einen der Dases-Söhne, ihnen das Essen ins Grab zu bringen und dazu eine Schüssel Wasser und ein Handtuch, damit sie sich die Hände waschen konnten. Sie überredete die Männer, die Arbeit kurz zu unterbrechen. Den Rücken gegen die Wand gelehnt, saßen sie auf dem Boden des Grabes, tranken Wein, aßen Brot, Käse und Oliven, während sie die Masken, Diademe, Armreifen von Hand zu Hand gehen ließen und sich über die Ausführung und das annähernde Alter der Stücke unterhielten.

Henry besah sich die dritte Maske und bemerkte:

»Die Falten um die schmalen Lippen und der Ausdruck des Mundes lassen darauf schließen, daß wir es mit dem Bild eines Mannes in fortgeschrittenem Alter zu tun haben.«

Phindikles stellte fest, daß die Gesichter der Masken sich grundlegend von den Standbildern der Götter und Heroen unterschieden.

Henry legte seinen Arm liebevoll um Sophias Schultern und erwiderte zufrieden:

»*Kyria* Schliemann war diejenige, die als erste auf den Gedanken kam, daß diese Masken Porträts der Toten sind, deren Gesicht sie bedecken.«
»Es kann wohl kaum anders sein«, pflichtete Phindikles ihm bei.
Sie arbeiteten noch Stunden und legten neun goldene Gefäße frei. Das erste war ein riesiger Pokal mit zwei Henkeln, dann folgten zwei mit neun parallelen Rinnen verzierte Goldkelche, eine bauchige Weinflasche, die über und über mit einem Netz ineinander verwobener Linien geschmückt war. Die anderen waren mit breiten Streifen verziert, die Messerklingen darstellten. Ein Pokal hatte einen Henkel, der mit Goldnieten befestigt war. Henry hielt ihn zur Begutachtung in die Höhe.
»Ich habe in Troja in der ältesten der vier vorgeschichtlichen Städte einen Pokal von genau der gleichen Form gefunden, aber er war aus Terrakotta.«
Sophia, die in der Nähe der Mauer unter dem dritten Skelett grub, stieß bei Durchsicht der Asche auf einen reich geschmückten Pokal aus massivem Gold. Phindikles hob ihn hoch, wog ihn in den Händen und schätzte ihn auf fast vier Pfund. »Eines der herrlichsten Stücke unseres mykenischen Schatzes«, rief er freudestrahlend.
Henry, der jetzt durch die untere Kieselschicht auf das mittlere Skelett zu grub, fand als nächstes einen weiteren großen Pokal mit zwei waagrechten Henkeln, auf dem zwei Tauben zu sehen waren. Er wandte sich mit bleichem Gesicht an Phindikles.
»Finden Sie nicht, daß auf diesen Pokal beinahe die Beschreibung paßt, die in der *Ilias* von Nestors Pokal gegeben wird:

»Auch ein stattlicher Kelch, den der Greis mitbrachte
Von Pylos, welchen goldene Buckeln umschimmerten;
Aber der Henkel waren vier, und umher zwo pickende
Tauben an jedem, schön aus Golde geformt...«

Sie arbeiteten den ganzen Nachmittag, und jeder von ihnen fand etwas. Spyros zum Beispiel grub eine herrliche Silberflasche mit einem langen Henkel aus. Einer nach dem anderen hielten sie Trophäen in die Höhe: drei goldene Schultergürtel, mit Rosetten verziert, hundert große und kleine Bernsteinperlen. Während Henry einige der Perlen herumreichte, bemerkte er:
»All diese Perlen müssen zu Ketten aufgereiht gewesen sein, genau wie die Tausende von Goldperlen, die wir unter dem Schatz des Priamos gefunden haben. Professor Phindikles, glauben Sie nicht auch, daß ihre Anwesenheit unter all dem Goldschmuck ein Beweis dafür ist, daß Bernstein zur Zeit der mykenischen Könige als sehr kostbar galt?«
Spyridon Phindikles sagte vorsichtig:
»Es scheint so. Lassen Sie uns in den Büchern der Nationalbibliothek nachsehen, sobald wir wieder in Athen sind.«
Früh am nächsten Morgen setzten sie die Arbeit fort. Henry fand zu seinem Erstaunen drei Miniaturbauwerke aus getriebenem Gold. Er untersuchte sie

und gab sie an Sophia weiter, die sie Professor Phindikles reichte. Die Stimmen der drei schwirrten durcheinander.
»...zu klein für ein Wohnhaus. Glaubst du, daß sie Tempel darstellen?«
»...schau, dieses Gebäude hat zwei Tauben auf dem Dach.«
»...es hat Säulen, ähnlich der zwischen den beiden Löwen am Löwentor!«
Zum erstenmal ließ sich auch Stamatakes auf die Knie nieder und grub durch die Asche, die Kiesel und die darunterliegende Erde. Jetzt waren es fünf, die in fieberhafter Erregung eine Entdeckung nach der anderen machten: vier goldene Diademe, ein kleiner, fein verzierter Gürtel, schwere Goldnadeln, die an die Brust oder ins Haar gesteckt worden waren, ein Löwenjunges aus massivem Gold, ein Goldstern aus drei doppelten Goldblättern, die in der Mitte zusammengelötet waren, goldene Ringe, zwei kleine Streitäxte aus dünnem Goldblech, eine Kupfergabel mit drei geschweiften Zinken, Alabastervasen, hübsch gefertigte Knochendeckel für Krüge, ein hohles Tier mit Büffelfüßen, das offenbar als Gefäß benutzt worden war...
Die Zeit verging wie im Flug, während sie Kiesel und Erde mit den Fingern durchkämmten. Als es bereits zu dämmern anfing, stießen sie auf Holzknöpfe in Kreuzform, mit Gold belegt; auf hundert kleine Goldblumen; mehr als hundert runde Goldplättchen; auf weitere hundert schildähnliche Stücke verzierten Goldes. Vor ihren erstaunten und ungläubigen Augen tauchten Silberpokale, Schüsseln und goldene Tintenfische auf, die offensichtlich alle in derselben Form gegossen worden waren; Pfeilspitzen aus Obsidian; siebzig Eberhauer, die die Helme der Herrscher geschmückt hatten.
Diesmal war es Professor Phindikles, der aus der *Ilias* zitierte:

»...und bedeckte des Königes Haupt mit dem Helme,
Auch aus Leder geformt: inwendig mit häufigen Riemen
Wölbt' er sich, straff durchspannt, und auswärts
Schienen die Hauer vom weißzahnigen Schwein und
Starrten hiehin und dorthin, schön und künstlich
Gereiht...«

Zuletzt stießen sie auf Bronzeschwerter, Lanzen, lange Messer und einen Schwertgriff aus Alabaster, der mit großen flachköpfigen Goldnägeln verziert war. Henry bemerkte, daß sie in Troja ähnliche Alabasterknäufe gefunden hätten; er habe jedoch nicht gewußt, daß es Schwertgriffe waren.
Sophia setzte hinzu: »Ich erinnere mich, Henry. Du hast geglaubt, es seien Griffe von Haustüren oder Spazierstöcken.«
Und schließlich legten sie dreißig Kupfergefäße frei, dazu Kupferdreifüße, wie sie in der *Ilias* und der *Odyssee* als Preise in den Wettspielen beschrieben wurden, und als die Dunkelheit hereinbrach, fanden sie noch eine große Menge Austernmuscheln, die nie geöffnet worden waren.
Henry sagte: »Ebenso wie bei den Totenriten der Ägypter wurden die Verstorbenen mit Speisen versorgt. Und all diese zerbrochenen Keramiken

könnten auf die auch heute noch in Griechenland übliche Sitte deuten, Vasen, mit Wasser gefüllt, an den Gräbern verstorbener Freunde zu zerbrechen.«
Bei der Freilegung des dritten Grabes hatte Stamatakes gesagt, manche Goldgegenstände seien so dünn, daß die Ränder brechen könnten, wenn man sie in Beutel steckte. Er hatte sich von einem Zimmermann in Charvati flache Kisten bauen lassen. Den ganzen Tag über hatte er die Masken-Diademe, Armreifen und Schmuckstücke in die Kisten gelegt, diese verschlossen und durch einen seiner Gehilfen hinauf zum Pferdewagen bringen lassen, den vier aus Athen entsandte Soldaten bewachten.
Jetzt, da das Tagewerk beendet war, schafften sie selbst die letzten Kisten die Leiter hinauf. Sie schritten gemeinsam hinter dem Karren her. Als sie beim Lagerhaus ankamen, halfen die Soldaten ihnen beim Hineintragen der Kisten. Dann schloß Stamatakes die Tür hinter ihnen und zündete zwei Lampen an. Sie alle waren erschöpft und freudig erregt zugleich, als sie die Kistendeckel abnahmen. Dann faßten sie sich bei den Händen, hingerissen von der Schönheit der antiken Schmuckstücke, die im Lampenschein aufglänzten.
Es gab hier so viel zu tun! Jedes Stück mußte photographiert, katalogisiert und beschrieben werden. Doch dazu war keine Zeit. Man konnte nur die vielen herrlichen Stücke in die Hand nehmen und sie betrachten. Es klopfte an der Tür. Stamatakes ließ Ionna Dases und ihre älteste Tochter herein, die warmes Essen und eine Flasche *Ouzo* brachten. Mit Heißhunger machten sich die Männer und Sophia darüber her. Als sie fertig waren, wurde Kriegsrat gehalten. Wie konnte man das Gold schützen, wie es sicher nach Athen bringen? Stamatakes, der bei Professor Phindikles studiert hatte und dessen Feindseligkeit in Unterwürfigkeit umgeschlagen war, sagte höflich:
»Professor Phindikles, finden Sie nicht auch, daß Sie das ganze Gold mitnehmen sollten, wenn Sie zurückfahren? Ich werde jede Kiste fest verschließen, und Sie können die Soldaten als Wache mitnehmen.«
»Einverstanden. Ich werde die Gesellschaft benachrichtigen, daß man eine Wache nach Piräus schickt, die den Schatz zur Nationalbank begleitet.«
Sophia sah, wie Henry schwer schluckte und sich sein Mund zu einem halb enttäuschten Lächeln verzog. Sie konnte seine Gedanken lesen!
›Ich bin derjenige, der die Gräber entdeckt hat. Ich habe sie ausgegraben und die Überreste der antiken Könige gefunden. Ich habe den vermutlich herrlichsten Schatz aus der Erde geholt, der je gefunden wurde. Aber plötzlich bin ich niemand mehr. Ich werde nicht einmal in die Diskussion einbezogen. Sie werden mit der riesigen Sammlung machen, was sie wollen, werden mich auch in Athen nicht um Rat fragen. Ich habe all diese Dinge gefunden. Ich habe meinen Geist, meine Energie, mein Geld eingesetzt. Und dennoch bin ich schon jetzt ein Außenseiter. Man braucht mich nicht mehr.‹
Als sie zum Haus der Familie Dases gingen, sahen sie einige Feuer, die die Soldaten auf der Akropolis angezündet hatten, um sich während der Nacht zu wärmen.
Henrys Gedanken wanderten zurück in die Vergangenheit, und er sagte wie

zu sich selbst: ›Zum erstenmal, seit die Akropolis von Mykene im Jahr 468 v.Chr. von den Argivern erobert wurde, also zum erstenmal seit 2344 Jahren, stehen auf ihr Wachen, deren Feuer auf der ganzen Ebene von Argos zu sehen sind und an die Signalfeuer erinnern, die Klytaimnestra und ihrem Liebhaber Agamemnons Rückkehr ankündigten.‹

Man sagte sich gute Nacht. Sophia ging zu Bett, aber Henry holte Papier und Tinte hervor, nahm den schmalen Nachttisch zwischen die Knie und setzte ein Telegramm an König Georg I. auf:

> Mit größter Freude gebe ich Eurer Majestät bekannt, daß ich die Gräber entdeckt habe, die der Überlieferung nach, wie bei Pausanias zu lesen steht, diejenigen Agamemnons, Kassandras, Eurymedons und ihrer Gefährten sind, die bei einem Festessen von Klytaimnestra und ihrem Geliebten Aigisthos getötet wurden. Die Grabanlage war von einem doppelten Ring von Steinplatten umgeben... Ich habe dort ungeheure Schätze und archaische Gegenstände aus purem Gold gefunden.
>
> Diese Schätze reichen allein schon aus, ein großes Museum zu füllen, das das wunderbarste der Welt sein und jahrhundertelang Tausende von Fremden aus aller Herren Ländern nach Griechenland ziehen wird.
>
> Da ich aus reiner Liebe zur Wissenschaft arbeite, erhebe ich natürlich keinen Anspruch auf diese Schätze. Mit größter Freude übergebe ich sie Griechenland. Gebe Gott, daß diese Schätze zum Eckstein unermeßlichen nationalen Wohlstands werden.

Henry faßte Sophia sanft an der Schulter. Sie war eben in traumlosen Schlaf gesunken. Er gab ihr das Telegramm und bat sie, es zu lesen.

»Ich finde einfach, wir sollten nicht anonym bleiben. Zur Seite gedrängt. Wir werden Schwierigkeiten genug haben, wenn wir nach Athen zurückkehren und versuchen, die Geschichtlichkeit unserer Gräber nachzuweisen. Da wird es wieder die gleichen Angriffe hageln, die wir immer noch wegen Troja und dem Schatz des Priamos zu erdulden haben. Deshalb sollten wir, meine ich, einen Frontalangriff machen.«

Sophia rieb sich die Augen und las das Telegramm. Sie nickte zustimmend und gab Henry das Blatt zurück.

»Ich bin ganz deiner Meinung. In Kreta sagt man: ›Kehre deinem Gegner nie den Rücken zu.‹«

7.

Am nächsten Morgen, dem 30. November, ging Henry die fünfte Stelle im Felsen an, die durch den Grabstein mit dem Schlangenmuster gekennzeichnet war. Sophias Kolonne hatte dort schon über sechs Meter tief gegraben und zwei unverzierte Stelen gefunden. Einen Meter darunter stießen die Männer

auf die Öffnung des Felsgrabes selbst. Am darauffolgenden Morgen legten Henry, Sophia, Spyros, Phindikles und Stamatakes mit einigen der schnelleren Arbeiter die ganze Grabstelle frei, die vier Meter lang und drei Meter breit war. Zu ihrer Überraschung war die Aushöhlung im Fels nur sechzig Zentimeter tief – bei weitem das flachste Grab, das sie bisher gefunden hatten. Als sie die obere Kieselschicht weggeräumt hatten, fanden sie unter einer Menge Asche nur die Überreste eines einzigen Skeletts. Henry löste ein goldenes Diadem vom Schädel. Sie betrachteten die schildförmigen Kreise, die Blumen und Räder und dazwischen die eingeritzten Spiralen. Als Henry den Schädel hochheben wollte, zerfiel er ihm zwischen den Händen. Neben dem Körper gruben sie eine Lanzenspitze, zwei kleine Bronzeschwerter und zwei Bronzemesser aus. Sophia arbeitete an der anderen Seite und fand einen goldenen Trinkbecher, der mit waagrechten Bändern und einer Art Fischgrätenmuster verziert war. Abgesehen von vielen Tonscherben fanden sie als letztes Bruchstücke einer grünen Vase aus ägyptischem Porzellan. Weitere Stunden des Suchens förderten nichts mehr zutage.
»Eine Enttäuschung nach dem vierten Grab und seinen Schätzen«, sagte Henry nachdenklich. »Wir müssen jetzt zu dem ersten Grab zurückgehen, das wir verlassen haben, als es sich mit Regenwasser füllte.«
Spyros' Kolonne hatte dort am Nachmittag zuvor zu graben angefangen. Henry arbeitete jetzt mit zwanzig von Demetrios ausgewählten Männern weiter. Sie waren bereits bis zu einer Tiefe von über sechs Metern unterhalb der Agora vorgedrungen. Aufgrund der Erfahrungen mit den anderen Gräbern nahm Henry an, daß er noch weitere drei Meter graben mußte. Die Luft war klar und das Regenwasser war verdunstet. Seine Kolonne kam rasch voran. Sie gruben die feuchte Erde in einem Geviert von vier mal sieben Metern aus und schafften sie in Körben fort. Eine Stunde vor der Mittagspause fanden sie die Seiten des Grabes, das von zyklopischen Mauern begrenzt war. Während sie weiter in die Tiefe vordrangen, wurde es immer enger, bis sie auf eine zweite Mauer aus Schiefer stießen, die durch Lehm verstärkt war und an allen vier Seiten ins Grab vorsprang.
Als sie die Kieselschicht entfernten, fanden sie das erste Skelett, das mit den Füßen nach Westen an der Südseite lag. Es handelte sich offensichtlich um einen Mann, der recht groß gewesen war. Der Körper war in einen Raum von nur einem Meter fünfundsechzig gezwängt worden. Aber als sie den Kopf sahen, hielten sie alle ehrfurchtsvoll die Luft an. Sie blickten auf die schönste Maske, die sie bisher gefunden hatten. Das Gesicht war griechisch, die Nase gerade und schmal, die Augen groß, mit naturgetreuen Lidern, der dichte Bart ließ das Kinn frei, die Augenbrauen waren schön geschwungen, und der Schnurrbart bog sich an den Enden in die Höhe.
»Das Gesicht eines Herrschers!« rief Henry. »Des größten von allen...«
Spyridon Phindikles sah ihn lächelnd an.
»Das muß Agamemnon sein! Da kann es keinen Zweifel geben!« rief Henry aus. »Sehen Sie die Autorität, die Kraft, die großartige Gabe, zu befehlen.

Ich bin sicher, daß wir endlich auf den Leichnam Agamemnons gestoßen sind.«
Professor Phindikles enthielt sich der Meinung.
Sophia sagte ruhig: »Mein lieber Henry, du hast der Londoner *Times* und König Georg bereits berichtet, daß das vierte Grab die Skelette Agamemnons und seiner Gefährten enthielt.«
»So geht's in der Archäologie nun einmal zu. Jeder Tag des Grabens bringt neue Funde und wirft die Theorien des Vortags um«, erwiderte er gelassen.
Auf Grund des engen Grabes wies Professor Phindikles Henry in sanftem Ton zurecht, als ob er einer seiner Studenten wäre.
»Mein lieber Dr. Schliemann, die erste Regel der Wissenschaft ist, mit dem Urteil zu warten, bis alle Beweise vorliegen.«
Henry war weder beleidigt, noch kam er sich gemaßregelt vor.
»Vollkommen richtig, Professor Phindikles. Aber das ist nicht meine Art. Es ist auch nicht die Art, wie ich arbeite. Ich möchte, daß die Welt unsere Ausgrabungen und Entdeckungen so erlebt, wie sie vor sich gehen, Stunde um Stunde und Tag für Tag. Wenn ich im Laufe meiner Arbeit Vermutungen äußere, so tue ich das, weil ich diese Methode in unserem Fall für die richtige halte. Zeigt sich dann später, daß ich mich geirrt habe, so gebe ich das ganz offen zu und äußere die nächste Vermutung, von der ich überzeugt bin, daß sie stimmt. Auf diese Art sehen die Leute nicht nur alle unsere Funde, sondern lernen auch alle unsere Gedanken kennen. Nur so kann ich die Öffentlichkeit voll und ganz an unseren Ausgrabungen teilnehmen lassen.«
Professor Phindikles klopfte Henry väterlich auf die Schulter.
»Gut gesagt, Dr. Schliemann. Jeder von uns muß sich so ausdrücken, wie es seinem Charakter entspricht.«
Sie machten sich wieder an die Arbeit. Leider zerfiel der Schädel »Agamemnons«, sobald er der Luft ausgesetzt wurde. Henry stieß leise Verwünschungen aus. In der Zwischenzeit sahen sich Sophia und Phindikles die bemerkenswerte Brustplatte des »Agamemnon« an, die fast sechzig Zentimeter lang und über dreißig breit war. Sie war aus purem Gold. Zwei schildartige Buckel stellten die Brüste »Agamemnons« dar. Der Rest der Platte war reich mit getriebenen Spiralmustern geschmückt. Als die beiden Männer die Brustplatte behutsam entfernten, sahen sie, daß nur wenig vom Skelett übriggeblieben war. An einem der Knochen, die zum Arm gehört haben mochten, hing ein reich verziertes goldenes Band. Zu beiden Seiten des Körpers und zu seinen Füßen lagen Bronzeschwerter, Bronzemesser und Lanzen. Manche der Schwerter waren von eindrucksvoller Größe, wie es sich für den »König der Menschen« geziemte. Henry, Sophia und Phindikles suchten rasch weiter und fanden in dem engen Grab einen wahren Schatz von Bernsteinperlen, vergoldeten Zylindern, Goldblättern, zerbrochenen Silbervasen und silbernen Zangen, eine Alabastervase mit einer vergoldeten Bronzetülle und in der Vase Hunderte von runden Goldknöpfen.
Sie nahmen sich jetzt den an diese Bestattung anschließenden, etwas nördli-

cher gelegenen Scheiterhaufen vor und mußten zu ihrem Bedauern feststellen, daß dieses Grab geplündert worden war. Es hatte keine Kiesel- oder Lehmschicht, und die Asche war durchwühlt. An der Leiche war keinerlei Goldschmuck zu entdecken.

»Jetzt weiß ich, warum ich die zwölf goldenen Knöpfe und Blätter gefunden habe, als wir vor ein paar Wochen hier gruben«, sagte Henry. »Grabräuber haben einen engen Schacht ausgehoben, sind auf dieses mittlere Skelett gestoßen, haben alles Gold eingesammelt, das sie finden konnten, und sind eilig geflohen.«

»Wann ist das geschehen?« fragte Sophia.

Da der Schacht den gleichen Schutt wie die übrige Grabanlage enthielt, kamen die Männer zu dem Schluß, daß der Grabraub vor der Eroberung von Mykene durch die Argiver stattgefunden haben mußte.

Am nächsten Tag, dem 1. Dezember, machten sie am nördlichen Ende der Grube einen höchst außergewöhnlichen Fund. Die kleine Kolonne begann, die restliche Erde zu entfernen und stieß nach kurzer Zeit auf die erste Kieselschicht. Henry schickte die Arbeiter nach oben, und dann räumten er, Sophia und Professor Phindikles die mit Asche vermischten und vom Feuer geschwärzten Kiesel mit den Händen fort. Hier fanden sie das dritte Skelett. Die Maske über dem Gesicht war so zerdrückt, daß kein klares Abbild zu erkennen war. Aber als Henry die Maske abnahm und die Brustplatte entfernte, stießen sie alle drei einen überraschten Schrei aus: Kopf und Leib waren tadellos erhalten, und das Gesicht wirkte fast fühlbar lebendig, wie es mit seinen hohlen Augen dort vor ihnen lag. Sie sahen die breite, kahle Stirn, die leere Stelle, wo die kurze Nase gewesen war, und einen geschlossenen Mund mit zweiunddreißig weißen, tadellosen Zähnen. Der Körper war in einen so engen Raum gezwängt worden, daß die Schultern bis zum Kinn und Hinterkopf hinaufreichten. Der Brustkasten war in gutem Zustand, obwohl alles Fleisch zwischen den Rippen und dem Rückgrat verschwunden und das Rückgrat gegen die Rippen gepreßt war. Die Hüftknochen lagen an ihrem richtigen Platz, aber vom restlichen Leib, von den Leisten abwärts, war nichts übriggeblieben.

Es war ein kräftiges, charaktervolles Gesicht, das zu Lebzeiten sicher gut ausgesehen hatte. Als Henry die Sprache wiederfand, sagte er leise zu Sophia: »Genau so habe ich mir immer Agamemnon vorgestellt.«

»Aber Henry«, mahnte ihn Sophia streng, »du kannst doch nicht drei Agamemnons haben. Du mußt dich entscheiden, welches der Anführer der Achäer war.«

»Ich weiß«, sagte er trübselig. »Die großartige Maske auf dem ersten Skelett ist sicher das Porträt Agamemnons. Nur haben wir kein Gesicht unter der Maske gefunden. Jetzt habe ich die Maske *eines* Mannes, von dem ich geträumt habe, und das Gesicht eines zweiten. Das ist das Problem, mit dem ich mich noch auseinandersetzen muß.«

Sie untersuchten die Schicht Gold, die den Körper umgab. Die Brustplatte war gewaltig, aber schlicht, vierzig Zentimeter lang und fünfundzwanzig breit. Rechts vom Körper legten sie zwei Bronzeschwerter frei. Der Griff eines der Schwerter war dick mit Gold belegt. Henry mußte nur einen halben Meter vorrücken, um elf weitere Bronzeschwerter, Goldplatten und mehr als hundert Goldknöpfe zu finden. Sophia legte in ihrem Abschnitt zwölf weitere Goldplatten frei. Auf einem war ein Löwe dargestellt, der einen Hirsch verfolgte. Kurz darauf kam ein riesengroßer goldener Trinkbecher zum Vorschein.

Henry wandte sich an Professor Phindikles: »Es ist einfach ein Wunder, daß dieser sterbliche Körper seit der Antike fast unversehrt geblieben ist. Ich habe Angst, ihn anzufassen, weil ich befürchte, er könnte wie die anderen zerfallen. Wissen Sie vielleicht zufällig über Einbalsamierung Bescheid?«

»Um diesen Leichnam zu konservieren? Leider nein. Und ich bezweifle auch, daß sich sonst irgend jemand in der Argolis damit auskennt.«

»Nun, zumindest kann ich eines tun«, sagte Henry. »Ich kann sofort unseren Maler aus Nauplion holen lassen, damit er ein Porträt anfertigt. Damit halten wir das Bild für die Nachwelt fest.«

Henry kletterte aus dem Grab, zog einen Notizblock aus der Tasche und setzte ein Telegramm an Perikles Komnenos auf, in dem er ihn bat, sofort zu kommen.

Als Henry wieder in das Grab hinunterstieg, wurde es bereits dunkel.

»Glauben Sie nicht, es wäre besser, bis morgen zu warten, ehe wir hier weitersuchen?« fragte Professor Phindikles. »Wir dürfen nicht riskieren, die sterblichen Überreste aus Versehen zu beschädigen.«

»Können wir denn das Grab in diesem Zustand zurücklassen?« fragte Sophia. »Unter der Asche und der Erde müssen riesige Goldschätze liegen.«

Henry pflichtete ihr bei. Er schlug vor, bei Kerzenlicht weiterzuarbeiten.

Professor Phindikles machte in sanftem Ton seine Autorität geltend: »Die Soldaten werden niemanden heranlassen.«

Henry und Sophia gaben nach. Henry rief Stamatakes herbei, damit er die letzten Kisten mit den wertvollen Gegenständen in Empfang nahm. Man ließ Seile herab, befestigte die Kisten und zog sie herauf. Stamatakes wartete oben, bedeckte die Kisten mit grober Sackleinwand, stellte sie zu den anderen auf den Karren und legte über alles eine Decke. Man hatte als ständigen Wachtposten für den Karren den Soldaten gewählt, der am bedrohlichsten aussah, obwohl diese Maßnahme unnötig war: Die Leute der Argolis hätten es nicht gewagt, etwas zu stehlen, was aus einem über dreitausend Jahre alten Grab stammte; das hätte einen Fluch auf sie herabbeschworen – ebenso wie die Leute der Troas glaubten, der Heilige werde sie strafen, wenn sie an einem religiösen Feiertag arbeiteten.

Am nächsten Morgen fuhren sie mit dem Pferdewagen der Familie Dases zur Akropolis hinauf. Sie kämmten die Erde im Grab durch und wurden bald durch die Entdeckung eines dickwandigen Goldpokals belohnt, der mit drei dahinjagenden Löwen verziert war. Sie fanden zwei weitere Pokale und einen

kleineren Trinkbecher. Im Schutt verstreut und anscheinend zu keinem Skelett gehörig lagen Silberpokale und eine große Silbervase. Sophia durchsuchte die Erde mit einem kleinen Taschenmesser und stieß auf ein Trinkgefäß aus Alabaster. Phindikles entdeckte zahlreiche Goldplatten, manche mit Doppeladlern verziert, die sich aneinanderlehnten und in entgegengesetzte Richtungen blickten.
Am späten Vormittag traf Perikles Komnenos ein. Seine Satteltaschen waren mit Skizzenbuch, Leinwand, Pinseln und Ölfarben gefüllt. Henry führte ihn sofort ins Grab hinunter. Als Komnenos sagte, er wolle zuerst Kreideskizzen machen, erwiderte Henry:
»Sie sind der Künstler, nicht ich. Tun Sie alles, um ein getreues Porträt zustande zu bringen. In ein oder zwei Tagen werden wir diesen Leichnam hier herausholen müssen.«
Die anderen stiegen aus dem Grab und setzten sich zum Essen auf die nichtverzierten Stelen. Sie waren nicht allein: Am Vortag hatten einige Arbeiter einen Blick auf die sterblichen Überreste geworfen und waren fasziniert gewesen von dem, was sie sahen. Es hatte sich rasch unter den anderen Arbeitern herumgesprochen, die sich alle um die Öffnung des Grabes versammelt hatten. Beim Anblick ihrer verblüfften Gesichter hatte Henry zu Sophia gesagt:
»Die ganze Argolis wird von dieser Entdeckung erfahren. Wie ein Lauffeuer wird sich die Nachricht verbreiten.«
Bereits am Vormittag strömten die Menschen aus den umliegenden Dörfern zu Fuß, auf Pferden, Eseln und Wagen herbei. Sie spähten in das Grab hinunter, um einen Blick auf den Mann aus der Vorzeit zu werfen, der noch so lebendig und gegenwärtig aussah. Am Nachmittag trafen Kutschen aus Argos ein. Demetrios und Spyros blieben unten im Grab. Die Soldaten sperrten die Stelle mit einem Seil ab, um die Leute in einiger Entfernung zu halten und zu verhindern, daß sie in das Loch stürzten.
Jede Gruppe von Neuankömmlingen verfiel vor Ehrfurcht und Staunen in tiefes Schweigen; dann mischten sich ihre Rufe und Fragen unter das Stimmengewirr der vielen hundert Menschen, die sich jetzt auf der Akropolis befanden.
Henry, Sophia und Professor Phindikles gingen durch die Menge und fragten, ob sich jemand auf Einbalsamierung verstünde, oder ob man jemanden wisse, der sich damit auskannte.
Für Sophia war es ein unheimliches Erlebnis, den ganzen Tag in der Gegenwart des so lebendig wirkenden Mannes zu arbeiten. Dieser vor langer Zeit verstorbene Herrscher, wie auch immer er geheißen haben mochte, schien sie anzublicken, auch wenn sie mit dem Rücken zu ihm arbeitete. Wenn sie in seine Richtung sah, konnte sie den Blick nicht von seinen ausdrucksvollen Zügen abwenden. Sie hatte jedoch keine Angst vor dem Gesicht. Es war stark, aber nicht bedrohlich.
Die Abenddämmerung brach früh herein. Die Menge verlief sich. Henry

blieb mit seiner kleinen Gruppe am Grab, bis die Soldaten ein paar Wachfeuer angezündet und versprochen hatten, das Grab die ganze Nacht über nicht aus den Augen zu lassen.
Am nächsten Tag versammelten sich mindestens tausend Menschen aus der ganzen Argolis auf der Akropolis, um den uralten Ahnen zu sehen, der zu ihnen zurückgekehrt war. Die Soldaten sorgten dafür, daß niemand in das Grab hinunterstieg. Während sich Henry auf der Agora mit dem Polizeichef von Nauplion und dem Präfekten von Argos unterhielt, trat ein kahlköpfiger Mann mittleren Alters auf sie zu. Er hatte einen blauen, halblangen Kittel an und trug ein gut verschnürtes Bündel bei sich.
»Herr Präfekt, würden Sie mich bitte Dr. Schliemann vorstellen? Ich habe ihm einen Vorschlag zu machen.«
Der Präfekt wandte sich an Henry und sagte: »Das hier ist unser Apotheker aus Argos, Spyridon Nikolaou.«
Henrys Augen begannen zu glänzen.
»Ich hoffe, Ihr Vorschlag ist der, auf den ich schon gewartet habe.«
»Ich glaube ja. Ein paar Freunde sind zu mir in die Apotheke gekommen und haben mir gesagt, daß Sie jemanden suchen, der sich auf Einbalsamierung versteht. Ich habe Berichte über die ägyptischen Einbalsamierer gelesen. Sie balsamierten mit Würzstoffen. Ich bin schon zweimal nach Nauplion gerufen worden, um die Leichen von Seeleuten zu konservieren, damit man sie in ihre Heimat überführen konnte. Ich habe sie mit Sandarakharz behandelt, das ich in Alkohol aufgelöst hatte. Das ergibt eine Art Firnis. Offenbar funktioniert das Verfahren, denn ich bekam Dankesbriefe von den Angehörigen der Seeleute.«
»Sie sind mir sehr willkommen«, rief Henry aus. »Darauf habe ich gewartet. Kommen Sie.«
Henry stieg mit dem Apotheker die Leiter hinab. Nikolaou sah sich den Leichnam genau an, dann holte er die Chemikalien aus seinem Bündel.
»Sie werden verstehen, daß ich die Lösung nur auf die Teile auftragen kann, die freiliegen.«
»Konservieren Sie alles, was Ihr Pinsel erreichen kann. Dann schieben wir ein Eisenblech oder Brett unter ihn und heben ihn heraus.«
Der Apotheker schüttete etwas Alkohol in eine Schüssel und vermischte ihn mit Sandarak. Er sah Schliemann mit dem ganzen Stolz eines versierten Fachmanns an.
»Dr. Schliemann, ich schlage vor, ich fange mit der breiten Stirn an und gehe dann über das Gesicht, den Mund, die Zähne, das Kinn, den Brustkasten...«
»Jaja«, sagte Henry ungeduldig, »Sie sind der Experte.«
Der Maler Komnenos war ärgerlich über die Störung, und Henry sagte besänftigend zu ihm:
»Sie haben Ihre Sache sehr gut gemacht. Ein genaues Porträt, was Form und Farbe angeht...«
»Aber ich bin noch nicht fertig!«

»Ich weiß. Ein gewissenhafter Künstler wird nie fertig. Aber lassen Sie Spyridon Nikolaou etwas Zeit, die Überreste zu balsamieren. Dann können Sie weitermachen, während wir uns überlegen, wie wir unseren antiken Freund in einem Stück herausbekommen.«

Die Menschenmenge drängte sich gegen die Absperrung und wollte sich das Verfahren ansehen. Sophia hatte Angst, die Leute könnten die Absperrung durchbrechen und in die Tiefe stürzen. Sie bat Leonidas Leonardos und den Präfekten, sie zu warnen, aber es half nicht viel.

Spyridon Nikolaou machte sich mit einem schmalen Pinsel langsam an die Arbeit und war zwei Stunden beschäftigt. Als er fertig war, richtete er sich auf und versuchte, die Flecken von seinem Kittel zu wischen.

»Gut, Dr. Schliemann, ich glaube, Ihr Freund wird unversehrt bleiben. Er ist nicht einbalsamiert, aber doch einigermaßen konserviert. Sie haben mein Wort, daß sie ihn mit nach Athen nehmen können.«

Professor Phindikles beglückwünschte den Apotheker im Namen der Griechischen Archäologischen Gesellschaft. Zu Henrys Verblüffung zückte er seine Brieftasche, fragte den Mann, was er ihm schulde, und bezahlte sofort.

Henry sagte: »Herr Professor! Sie überraschen mich! Dies ist das erste Mal in all den Jahren meines Grabens, daß jemand einen Teil meiner Kosten übernimmt.«

Professor Phindikles sagte strahlend: »Die Gesellschaft hat mich zu Ausgaben dieser Art ermächtigt. Ich werde auch den Abtransport unseres Herrschers und die Überführung nach Athen bezahlen.«

Der Apotheker verabschiedete sich von den Umstehenden, stieg die Leiter hinauf und nahm oben den Applaus der Menge entgegen. Sophia gesellte sich wieder zu den Männern auf dem Grund des Grabes.

»Ich habe den Leichnam gemessen«, sagte Henry. »Ich fahre jetzt mit dem Präfekten nach Argos und besorge eine Eisenplatte, die groß genug ist, daß man sie unter ihn schieben kann.«

Sie setzten Sophia am Haus der Dases' ab. Henry begleitete den Präfekten nach Argos. Sie gingen zum Schmied der Stadt und ließen ein paar schmale Eisenplatten zusammenschweißen. Bei Einbruch der Dunkelheit war die Bahre fertig. Henry ließ sie hinten am Wagen festbinden und kehrte nach Charvati zurück. Demetrios und Ajax luden die Platte ab und lehnten sie an den Pferdekarren, der sie am nächsten Tag zur Akropolis bringen sollte.

Wieder eine schlaflose Nacht. Henry redete bis in die Morgendämmerung hinein. Als es anfing hell zu werden, zogen sie sich an. Die Familie Dases war schon auf. Auf dem Küchentisch dampfte der Kaffee. Demetrios und Ajax hatten die Platte bereits auf den Karren geladen. Henry, Sophia und Professor Phindikles ritten auf Eseln zum Löwentor hinauf.

Man brauchte ein halbes Dutzend Arbeiter, um die Platte vorsichtig in das Grab hinabzulassen. Sie versuchten, die Kieselschicht unter dem Skelett wegzugraben, aber sie war durch den Druck der Schuttmassen in den weichen Fels gepreßt worden. Henry und der Professor überwachten die Arbeit auf

beiden Seiten der jetzt hart gewordenen Mumie. Aber jeder Versuch, die Platte unter den Leichnam zu schieben, schlug fehl. Nachdem sie sich einige Stunden abgemüht hatten, sagte Professor Phindikles: »Dr. Schliemann, wir müssen uns einfach etwas anderes einfallen lassen.«
Henry schüttelte verzweifelt den Kopf. »Ich weiß. Ich versuche schon die ganze Zeit, mir eine andere Methode auszudenken. Und wenn wir um den ganzen Körper herum eine kleine Vertiefung in den Fels graben und dann einen waagrechten Schnitt machen? Wir könnten eine etwa fünf Zentimeter dicke Felsplatte herausschneiden und dann Platte, Kiesel und Leichnam zusammen anheben.«
»Und die Eisenplatte einfügen?«
»Nein. Wir brauchen dann eine Holzkiste, die ihn schützt, wenn wir ihn herausheben. Wir müssen ein paar zusammengenagelte Bretter unter die Felsplatte legen und dann eine Kiste um die Gestalt herum zimmern.«
Zwei Männer der Familie Dases eilten ins Dorf, um die Bretter zu besorgen. In der Zwischenzeit fing Henrys Kolonne an, mühselig mit Schaufeln und Messern unterhalb der Kieselschicht in den Fels zu schneiden. Die Arbeit dauerte mehrere Stunden. Demetrios kam zurück, und die Männer ließen die Bretter auf den Grund des Grabes hinab. Sie wurden eins nach dem anderen unter den Fels gelegt, und dann wurden die senkrechten Bretter an den Bodenbrettern festgenagelt, bis eine Kiste mit vier Wänden entstanden war. Eine Menschenmenge so groß wie die gestrige sah zu, wie Henrys Mannschaft starke Seile hinabließ. Sie wurden unter der Kiste durchgezogen und festgezurrt. Henry, Sophia und Professor Phindikles kletterten die Leiter hinauf. Man benötigte über ein Dutzend Männer, um den schweren Schatz zu heben. Henry umklammerte Sophias Hand so fest, daß sie jeden Knochen spürte. Schließlich hatte die Kiste die Oberfläche erreicht und wurde ehrerbietig auf den Boden der Agora gesetzt.
Die Menge war jetzt nicht mehr zu halten. Jeder wollte das Gesicht sehen. Es bestand keine Gefahr: Die Leute waren geduldig und zogen langsam, schweigend an dem Leichnam vorüber.
Schließlich hatten sie alle den toten Herrscher gesehen. Henry wollte den improvisierten Sarg auf den Pferdekarren laden lassen. Aber die Menge protestierte und rief: »Dr. Schliemann, erlauben Sie uns, ihn auf den Schultern nach Charvati zu tragen.«
Zwölf Männer – sechs an jeder Seite – hoben die Kiste auf die Schultern. Henry und Sophia gingen direkt hinter dem Sarg. Ihnen folgten Professor Phindikles und Spyros. Dann kamen Stamatakes, Leonidas Leonardos und der Präfekt von Argos.
Es war ein königlicher Zug. Die Nacht senkte sich hernieder, als die Träger durch das Löwentor und die gewundene Straße hinunter nach Charvati gingen. Als sie im Dorf ankamen, war es dunkel. Das Dorf selbst war jedoch von Fackeln erleuchtet, die die Bauern aus der Umgebung in die Höhe hielten, während sie den Zug zum Lagerhaus geleiteten.

Als die Tür zum Lagerhaus geöffnet wurde, hängte sich Ioanna Dases bei Sophia ein. Sophia war erstaunt, Tränen in den Augen der älteren Frau zu sehen. Sie fragte: »Ioanna, warum weinen Sie?«

»Der arme Mann tut mir so leid. Tausende von Jahren hat er in Frieden geruht. Dort unten im Grab konnte ihm niemand etwas anhaben. Was wird jetzt mit ihm geschehen?«

Sophia legte ihrer Freundin den Arm um die Schultern und sagte tröstend: »Aber Ioanna! Man wird ihn unsterblich machen. Er wird für immer in einem großen archäologischen Museum in Athen leben. Aus aller Welt werden Leute kommen, werden vor ihm niederknien und ihm den Treueid leisten!«

Achtes Buch

ALLES BRAUCHT SEINE ZEIT

1.

Die Zeitungen hatten über die Ankunft der Schliemanns aus Mykene berichtet und einige ihrer interessantesten Funde beschrieben. Ein paar Freunde hatten sich zur Begrüßung am Kai eingefunden. Alle sahen zu, wie die Kisten mit dem Gold vom Schiff gebracht wurden, um dann zu einem unterirdischen Tresor in der Nationalbank von Griechenland, nicht weit vom Omonoiaplatz, überführt zu werden.

Sophia und Henry betraten das Haus in der Moussonstraße mit einem Gefühl des Triumphes. Sophia übernahm wieder ihre Rolle als Hausfrau und Mutter. Begeistert über die Aussicht, im Frühling nach Mykene zu reisen, wich Andromache ihr den ganzen Tag nicht von der Seite. Henry inspizierte in den Lagerräumen am hinteren Ende des Gartens seine Koffer mit den trojanischen Schätzen und stellte fest, daß alles in Ordnung war. Alle waren bester Laune... bis Henry, der die Goldschätze photographieren lassen wollte, um von den Bildern in London Druckplatten für John Murray machen zu lassen, auf etwas stieß, was er »geplante Obstruktionspolitik« nannte.

Er wandte sich wegen der Genehmigung zunächst an den Präsidenten der Griechischen Archäologischen Gesellschaft, Philippos Ioannou. Dieser verweigerte sie ihm zwar nicht, vertröstete ihn jedoch auf einen späteren Zeitpunkt. Als nächstes suchte Henry den Kultusminister Georgios Milesses auf, der ihm riet:

»Haben Sie Geduld. Wir müssen warten, bis Stamatakes zurück ist.«

Das Blut schoß Henry in den Kopf, und er sagte mit einem Anflug von Sarkasmus:

»Wieviel Macht besitzt ein Wächter, wenn es um die Schätze geht, die er bewacht?«

»Die Archäologische Gesellschaft besteht darauf.«

Dann suchte Henry seinen Freund Stephanos Koumanoudes auf, der Kaiser Dom Pedro nach Mykene begleitet hatte. Er erklärte ihm, wieviel Zeit erforderlich wäre, um die zweihundert Aufnahmen zu machen, die er brauchte, und daß sie von ausgesuchter Qualität sein müßten, da *Mykene* in New York,

Paris und Leipzig erscheinen sollte und die Verlage alle die gleichen Druckplatten benutzen würden.

»Mein lieber Freund, ich verstehe Ihre Ungeduld. Aber die Archäologische Gesellschaft hat entschieden, daß sie vollzählig versammelt sein will, wenn die Kisten zum erstenmal geöffnet werden.«

Henry wußte nicht, an wen er sich sonst noch hätte wenden können. Er hatte keine Nachricht von König Georg I. erhalten, was bedeutete, daß er sich ihm auch nicht aufdrängen durfte.

Da er seinem Zorn nicht öffentlich Luft machen konnte, hallte das Haus von seinen schweren Schritten und seinen Schimpftiraden auf die Behörden wider.

»*Ich* war es, der die Schätze entdeckt hat! *Ich* war es, der für die Kosten aufgekommen ist! *Ich* war es, der dem griechischen Volk dieses Geschenk von unschätzbarem Wert gemacht hat!«

Sophias Bemühungen, ihn zu besänftigen, waren zwar bis zu einem gewissen Grad erfolgreich, kosteten sie aber viel Nerven. Eines Morgens zog sie ein schwarzweißes, mit dunkelgrauen Spitzen besetztes Wollkleid an und suchte Euthymios Kastorches auf.

»Ich bitte Sie nur darum, den Termin für die Zusammenkunft der Gesellschaft so früh wie möglich anzusetzen. Sie würden mir damit einen großen Gefallen erweisen.«

Kastorches dachte einen Augenblick nach.

»Die Archäologische Gesellschaft hat dafür gestimmt, die Nationalbank erst Anfang nächsten Jahres aufzusuchen. Ich werde alles tun, daß es möglichst bald geschieht, denn ich weiß, daß es für Ihren explosiven Gatten unerträglich sein muß, noch weitere drei Wochen zu warten. Aber ich kann inzwischen Schritte unternehmen, die ihn darüber hinwegtrösten werden.«

Am nächsten Tag erhielt Henry ein Schreiben, in dem die Schliemanns aufgefordert wurden, am 14. Dezember ins Büro des Kultusministers zu kommen, wo eine Kiste geöffnet werden sollte, in der sich einige der wertvollsten Hera-Figuren, der Schlüssel zum Löwentor, der gravierte Siegelring mit den beiden kunstvoll frisierten Frauen und Bruchstücke der Kriegervase befanden.

Als sie von dieser Zusammenkunft heimkehrten, fanden sie eine Einladung König Georgs vor, ihn am nächsten Tag im Palast aufzusuchen. Professor Phindikles hatte dem König versichert, daß Henry Schliemann nicht übertrieben hatte und daß der Goldschatz wahrscheinlich die größte Einzelsammlung darstellte, die jemals gefunden worden war.

Am nächsten Tag zogen sie die gleiche gutgeschnittene, aber konservative Kleidung an wie im Jahr zuvor, als Mr. Gladstone sie zum Tee auf der Terrasse des Unterhauses gebeten hatte. Sie ließen den Wagen vor dem Palasttor stehen, gingen durch die große Halle und wurden in das Büro des Kammerherrn geleitet. Dieser führte sie durch einen Gang in den Audienzsaal neben dem privaten Arbeitszimmer des Königs. Der Kammerherr kündigte formell

Herrn und Frau Dr. Schliemann an. Der König begrüßte sie herzlich. Er trug seine dunkelblaue Admiralsuniform mit goldenen Knöpfen und einem hohen goldbestickten Kragen. Georg I., gewählter Nachfolger König Ottos, den die Militärs abgesetzt hatten, war erst einunddreißig Jahre alt, aber schon seit dreizehn Jahren König.

Henry und Sophia wurden gebeten, in Lehnsesseln Platz zu nehmen. Sophia schwieg, während Henry anschaulich von ihren Abenteuern beim Auffinden der Gräber und beim Bergen der Schätze berichtete. Als er geendet hatte, sagte König Georg:

»Ich gratuliere Ihnen. Sie können sicher sein, daß ich sehr interessiert daran bin, das Gold zu sehen. Wie ich gehört habe, wird die Archäologische Gesellschaft die Kisten am 1. Januar öffnen lassen.«

Strahlend vor Freude über die Begeisterung des Königs sagte Sophia, als sie die Palasttreppe hinuntergingen:

»Jetzt haben sie also den Termin gleich für den 1. Januar angesetzt. Das verdanken wir unserem Freund Kastorches.«

Dankbar und erleichtert lächelte Henry ihr zu.

»Das hast du gutgemacht, Sophidion.«

»Du solltest die nächsten zwei Wochen dazu benutzen, den geplanten Schlußartikel für die Londoner *Times* zu schreiben, und die Abschnitte deines Tagebuchs, die du erweitern wolltest, neu abzufassen.«

Er warf ihr einen belustigten Blick zu.

»Und endlich Ruhe geben, meinst du doch, nicht wahr? Damit wieder Frieden in die Moussonstraße einkehrt. Das soll geschehen.«

Henry stand beim Morgengrauen auf, um den Artikel für die *Times* zu schreiben und aus seinen flüchtig hingeworfenen Tagebucheintragungen ein Buchmanuskript vorzubereiten. Um zehn Uhr ging er ins *Schöne Griechenland*, trank dort Kaffee und las dazu die europäischen Tageszeitungen. Pünktlich um halb zwei war er wieder zu Hause. Nach ihrem Mittagsschlaf fuhr er mit Sophia und Andromache aufs Land hinaus. Er hatte sich bereit erklärt, Yannakis, Polyxene und ihrem Sohn Hektor zu helfen, die mittellos und ständig von den türkischen Behörden bedroht in Erenkoi lebten, und schickte ihnen Geld für ihre Schiffspassage nach Piräus. Sophia richtete das Untergeschoß als Wohnung ein, damit die Familie dort ungestört leben konnte. Die Turkophonen waren überglücklich, wieder frei und mit den Schliemanns vereint zu sein. Dem Riesen standen Tränen in den Augen, als er auf die Knie fiel, Sophia die Hand küßte und ehrerbietig murmelte:

»Doulos sas.«

Polyxene umarmte Sophia wie eine verloren geglaubte Schwester. Henry beauftragte Yannakis, sich des Gartens anzunehmen und alle im Haus anfallenden Reparaturen auszuführen. Yannakis bat Henry, seinen Lohn jeden Monat bei einer Bank zu hinterlegen, denn es gab außerhalb von Erenkoi einen Bauernhof, den er kaufen wollte.

Der 1. Januar war ein sonniger, aber kalter Tag. Sie fuhren zum Gottesdienst in die St.-Panaghitsa-Kirche und anschließend zur Nationalbank. Im Büro des Direktors hatten sich bereits mehrere Mitglieder der Archäologischen Gesellschaft eingefunden. Einige der Frauen der Mitglieder gehörten der »Vereinigung der Damen« an. Sie begrüßten Sophia herzlich und sprachen voller Bewunderung von den Artikeln, die sie für die *Ephimeris* geschrieben, aber vor allem von ihrer Ausgrabung, mit der sie das imposante »Schatzhaus der Frau Schliemann« freigelegt hatte. Präsident Philippos Ioannou führte die Gruppe zum Tresor hinunter, vor dem ein bewaffneter Wachtposten stand. Der Bankdirektor und der Präsident der Gesellschaft steckten ihre Schlüssel in die Schlösser. Die schwere Tür ging auf.

Ephor Stamatakes trat als letzter ein. Vier Tage nachdem Henry und Sophia den König aufgesucht hatten, war er mit weiteren dreizehn Koffern voller Funde nach Athen zurückgekehrt. Auch sie waren im Tresor der Bank verwahrt worden. Die Kisten mit dem Gold wogen nur dreißig Pfund; die anderen Funde, einschließlich der Grabsteine, der verzierten Stelen und steinernen Pfeilspitzen, sechstausend.

Der Tresor aus Stein und Zement war geräumig, kühl und einbruchsicher; ein Wächter zündete die Gaslampen an. Präsident Ioannou fragte Henry, welche von seinen Kisten er als erste geöffnet haben wollte. Henry deutete auf diejenige, die, wie er wußte, die prächtigsten Kronen, Masken, Brustplatten und Pokale enthielt. Stamatakes, der die Kiste in Charvati versiegelt hatte, trat vor, ›als hätte er selbst die Königsgräber entdeckt‹, dachte Sophia bei sich. Er übersah die Schliemanns, die er seit seiner Rückkehr weder gesehen noch gesprochen hatte, und brach den Kistendeckel auf. Er wollte die erste Goldmaske herausnehmen, da trat Henry vor.

»Herr Stamatakes, *ich* habe diese Schätze in die Kiste getan, und *ich* werde sie herausnehmen.«

Stamatakes zog sich ans andere Ende des Raums zurück. Henry brachte als erstes einige der goldenen Diademe zum Vorschein, die er zwischen den Schädeln des zweiten Grabes gefunden hatte. Es herrschte ehrfürchtiges Schweigen, irgend jemand zog hörbar die Luft ein, und mehrere Anwesende riefen gleichzeitig: »... großartig!« ... »Das Schönste, was ich je gesehen habe.« ... »Unglaublich!« ... »So etwas kann heute niemand mehr machen.«

Henry beschrieb die einzelnen Grabanlagen, die Kiesschichten, die Skelette und schließlich das königliche Gold selbst. Er zeigte die zahllosen Goldteller mit den gehämmerten Verzierungen, die goldene Krone mit den sechsunddreißig Blättern, die zwei großen Goldmasken aus dem vierten Grab, den mit zwei goldenen Tauben geschmückten »Pokal des Nestor« ... die unvorstellbar schöne Maske Agamemnons mit der kräftigen Nase, dem gestutzten Schnurrbart, dem schmalen Gesicht und dem Kinnbart.

Alle waren sprachlos vor Staunen. Dann ertönte stürmischer Applaus. Rufe wurden laut: »Bravo! Bravo!« Präsident Ioannou, der niemandem, nicht einmal sich selbst, gestattet hatte, das Gold zu berühren, sagte:

»Herr Dr. Schliemann, ich beglückwünsche Sie von ganzem Herzen. Aber nicht nur Sie und *Kyria* Schliemann, sondern auch uns, das griechische Volk; und die ganze Welt, die diesen herrlichen Schatz mit uns teilen wird. Selbst in den berühmtesten Museen habe ich nichts gesehen, was mit Ihren Funden vergleichbar wäre. Sie haben die ganze Menschheit bereichert.«
Er wandte sich den Mitgliedern seiner Gesellschaft zu und sah die Zustimmung in ihren Blicken.
»Sie können morgen mit dem Photographieren beginnen.«

2.

Der Januar 1877 war ein arbeitsreicher Monat. Henry verbrachte fast den ganzen Tag in der Bank, um die goldenen Funde so vorteilhaft wie möglich aufzustellen, wobei er die kleineren Stücke – Ohrringe, verzierte Blätter, Armbänder und Halsketten – zu geschmackvollen Arrangements gruppierte. Die Brüder Romaïdes brachten Henry jeden Morgen die Negative der Aufnahmen vom Tag zuvor. Wenn auf irgendeinem Film die Einzelheiten nicht so deutlich herauskamen, wie Henry es wünschte, wiederholten sie die Aufnahme.
Es gab jedoch ein Problem bei der Arbeit im Tresor, das nicht so leicht zu lösen war: Henry ärgerte sich, daß er unter der strengen Aufsicht eines Komitees arbeiten mußte, das sich aus Stamatakes, zwei Mitgliedern der Archäologischen Gesellschaft, dem Generalinspektor für Altertümer und dem Vizepräsidenten der Nationalbank zusammensetzte. Nicht alle waren während Henrys zehnstündigem Arbeitstag ständig zugegen. Der Vizepräsident wurde ab und zu in die Bank hinauf gerufen, und die anderen hatten in der Stadt zu tun. Aber sie schienen ein Abkommen getroffen zu haben, daß mindestens drei von ihnen stets anwesend sein sollten. Sie führten genau Buch über alle Gegenstände, die Henry aus den Kisten nahm, und vergewisserten sich am Ende des Tages, daß alles wieder an seinem Platz war.
»Sie glauben offenbar, ich will einen Teil des Schatzes stehlen«, sagte Henry verärgert zu Sophia. »Wäre das meine Absicht gewesen, so hätte ich es viel leichter in Mykene tun können.«
»Es ist, weil wir den Schatz des Priamos aus der Türkei geschmuggelt haben«, entgegnete sie niedergeschlagen. »Das haben sie nicht vergessen.«
Sophia stellte fest, daß etwas Positives immer etwas Unangenehmes mit sich bringt. Henry wurde von der ständigen Gegenwart seines ärgsten Widersachers befreit, als die Gesellschaft Stamatakes nach Mykene entsandte, mit dem Auftrag, Untersuchungen für weitere Ausgrabungen vorzunehmen und auf der Akropolis ein Wächterhaus errichten zu lassen. Gleichzeitig teilte man ihm jedoch mit, daß er während Stamatakes' Abwesenheit nur die Artefakte aus Ton, Bronze und Stein photographieren dürfe.
Am 20. Januar erhielt Henry ein Telegramm von Leutnant Drosinos, der sich

in Mykene aufhielt, um einige zusätzliche Pläne für Henry anzufertigen. Drosinos glaubte, außerhalb der kleinen Stützmauer der Agora auf eine neue Grabanlage gestoßen zu sein. Er schlug Henry vor, sofort zu kommen.
»Das ist unmöglich«, erklärte Henry. »Ich kann nicht einfach alles stehen und liegen lassen und nach Mykene stürzen.«
Am 26. Januar kamen König Georg und Königin Olga in Begleitung des Herzogs und der Herzogin von Edinburgh in den Kellerraum. Henry zeigte ihnen die schönsten Goldmasken und Diademe. Das königliche Paar war begeistert. Am selben Abend erwartete ihn zu Hause die Nachricht, daß Ephor Stamatakes die in Drosinos' Telegramm erwähnte Grabanlage freigelegt und eine Anzahl goldener Gegenstände gefunden hatte: vier Vasen, jede mit einem Hundekopf geschmückt, Flaschen, Ringe mit eingravierten Palmen und luxuriös gekleideten Frauen, Stierköpfe, Halsketten...
Henry wurde leichenblaß. Er begann am ganzen Leib zu zittern, machte ein paar wankende Schritte und ließ sich in einen Sessel fallen.
»Wie konnte ich das nur zulassen?« sagte er verzweifelt. Er beugte sich vornüber und barg das Gesicht in den Händen. »Ich hätte nach Ankunft von Drosinos' Telegramm sofort nach Mykene fahren sollen. Keinem hätte ich es weniger gegönnt, auf ein Grab zu stoßen, als Stamatakes. Mykene hat uns gehört. Jetzt müssen wir es teilen mit diesem unausstehlichen...«
Sophia suchte nach tröstenden Worten.
»Liebling, du übertreibst. Mykene gehört uns – das Löwentor, das Schatzhaus, die Königsgräber... sie gehören uns, uns allein. Dein Buch wird es beweisen.«
Henry hob den Kopf. Seine Augen waren blutunterlaufen. Er wirkte um zwanzig Jahre gealtert.
»Bis jetzt war er unleidlich, aber von nun an wird er unerträglich sein.«
»Nur eines kann er nicht tun«, rief sie aus. »Er kann nichts über seine Funde veröffentlichen! Deine Genehmigung gibt dir das ausschließliche Recht auf alles, was in Mykene gefunden wird.«
Das Zucken an seinem linken Unterkiefer ließ nach.
»Ja, wir können ihn daran hindern, etwas darüber zu schreiben; aber er kann auch uns daran hindern, seine Fundstücke in unserem Buch zu beschreiben. Was für ein Narr bin ich gewesen! Nur ein paar Fuß war ich von dieser Stelle entfernt, als ich neben dem großen Haus außerhalb der Grabanlage grub. Warum habe ich nicht noch ein wenig weitergemacht?«
»*Errikaki*, hör auf, dich zu quälen.«
Als er das Haus verließ, war ihre Nervenkraft erschöpft; zum erstenmal seit fast zwei Jahren war sie innerlich vollkommen aufgewühlt.
Einige Tage später erhielten sie einen Brief von Drosinos, in dem er ihnen berichtete, was geschehen war. Als er am 20. Januar in Mykene eingetroffen war, um für Henry die zusätzlichen Pläne anzufertigen, hatte er bemerkt, daß ein Stück Boden außerhalb der Grabanlage demjenigen glich, auf dem sie bereits Gräber gefunden hatten. Er hatte dem wachhabenden Soldaten einge-

schärft, alle Besucher fernzuhalten, und Henry seine Beobachtungen mitgeteilt. Als er nach Nauplion zurückkehrte, wartete Stamatakes dort auf ihn. Er sagte Stamatakes, daß er mit dem Wachsoldaten über seine Vermutung gesprochen und Henry telegraphisch benachrichtigt habe. Stamatakes hatte sich sofort nach Mykene begeben und unverzüglich mit der Ausgrabung begonnen. Leutnant Drosinos sandte eine Kopie seines Briefes an die Zeitung *Stoa*.

Ende Januar, am selben Tag, als Drosinos' Brief in der *Stoa* erschien, kehrte Stamatakes aus Mykene zurück und brachte den neuen Schatz in den Tresor der Nationalbank. Empört über die Veröffentlichung von Drosinos' Brief, schrieb er eine Gegendarstellung, die am 2. Februar in der *Ephimeris* erschien. Er erklärte darin, daß er Drosinos in seinem Haus aufgesucht habe, um sich die neuesten Pläne von Mykene anzusehen, und bei dieser Gelegenheit habe Drosinos von Anzeichen für das Vorhandensein eines weiteren Grabes außerhalb der Grabanlage gesprochen. Er, Stamatakes, habe ihm gesagt, daß es unmöglich sei, außerhalb der kleinen Mauer ein Grab zu finden. Das sei alles. Drosinos habe ihn keineswegs auf eine bestimmte Stelle hingewiesen. Er, Stamatakes, habe den Goldschatz in den Ruinen eines Gebäudes entdeckt. Er habe dort Knochen von Tieren, nicht von Menschen gefunden, und daher könne es sich nicht um ein Grab handeln. Die Entdeckung des Schatzes sei allein sein Verdienst.

Henry und Sophia verfolgten den Streit in der Presse. Am 7. Februar unternahm Drosinos einen Gegenangriff, indem er kategorisch erklärte, nichts von alledem, was Stamatakes in seinem Artikel sagte, sei wahr. Zwei Tage später schlug Stamatakes mit einer infamen Notiz zurück:

> Es ist nicht wahr, daß Drosinos mich auf irgend etwas aufmerksam gemacht hat. Er hat dies alles nur geschrieben, um Henry Schliemann gefällig zu sein und Geld aus ihm herauszuholen. Henry Schliemann befürchtet, daß meine jüngsten Funde von jemand anderem veröffentlicht werden könnten, während er selbst darauf erpicht ist, sie seinem Buch einzuverleiben, von dem er sich einen großen materiellen Erfolg verspricht.

Die Archäologische Gesellschaft und die Regierungsbeamten, mit denen Stamatakes zusammenarbeitete, glaubten seine Version. Leutnant Drosinos befand sich in einer äußerst mißlichen Lage. Wie sich herausstellte, hatte er seinen Vorgesetzten nicht um Erlaubnis gebeten, sich nach Mykene zu begeben, um dort für Henry zu arbeiten. Auf Anweisung von Athen wurde er degradiert und mit dem Entzug eines Monatssolds bestraft.

»Es ist meine Pflicht, dafür zu sorgen, daß diese strenge Strafe aufgehoben wird«, beharrte Henry. »Schließlich war Drosinos nicht im Einsatz und hatte genügend freie Zeit.«

»Jeder, der für uns arbeitet, handelt sich eine Strafe ein«, sagte Sophia bedrückt.

Es kostete Henry viel Mühe, aber er war beharrlich und vertrat Drosinos' Sache beim Kultusminister, bei den Vorstandsmitgliedern der Archäologischen Gesellschaft und bei jedem, der irgendwelche Beziehungen zur griechischen Regierung hatte. Er erreichte, daß Drosinos den Rang eines Leutnants behielt, aber es gelang ihm nicht, durchzusetzen, daß ihm die Geldstrafe erlassen wurde. Er überwies ihm einen entsprechenden Betrag.
Kaum hatte Henry Drosinos erfolgreich geholfen, da wurde ein anderer seiner Freunde, der Polizeichef von Nauplion, seines Amtes enthoben und mit einer Gefängnisstrafe bedroht. Man warf Leonidas Leonardos vor, er habe von Kaiser Dom Pedro für dessen Bewachung während seines Aufenthalts in Nauplion eine Summe von tausend Francs angenommen und seine Untergebenen belogen, indem er behauptete, der Kaiser habe ihm nur die vierzig Francs gegeben, die er mit seinen Offizieren geteilt hatte. Leonardos schrieb einen Brief an Henry, in dem er schwor, tatsächlich nur vierzig Francs, also acht Dollar, erhalten zu haben. Henry schrieb sofort an den Premierminister und bat ihn, Leonardos zu begnadigen. Der Premierminister antwortete nicht. Henry schrieb noch einmal und versicherte dem Minister, daß Leonardos ein grundehrlicher Mann sei, der seine Leute auf keinen Fall betrügen würde. Wie sich später herausstellen sollte, hatten Leonardos und der Bürgermeister von Nauplion einen Streit gehabt, und der Bürgermeister hatte die Geschichte verbreitet. Als der Premierminister weiterhin schwieg, schrieb Henry an Kaiser Dom Pedro, der sich gerade in Kairo aufhielt, und fragte ihn »im Namen der heiligen Wahrheit und der Menschlichkeit«, wieviel Geld Leonardos erhalten habe, vierzig Francs oder mehr?
Der Kaiser telegraphierte sofort zurück, daß er Leonardos vierzig Francs und nicht mehr gegeben habe. Der Premierminister las das Telegramm mehrere Male, dann entschuldigte er sich bei Henry, daß er seine Briefe nicht beantwortet habe und erteilte Anweisung, Leonardos wieder in sein Amt einzusetzen.

Henry wollte sobald wie möglich die neuen Goldgegenstände sehen. Nach der kurzen Aufzählung in Stamatakes' Telegramm an die Archäologische Gesellschaft zu schließen, gleichen sie nicht seinen eigenen Funden. Da Stamatakes beharrlich versicherte, daß er sie in den Ruinen eines Hauses und nicht in einem Grab entdeckt habe, war Henry überzeugt, daß das Gold aus Privatbesitz stammte. Dies verringerte die Bedeutung des Fundes. Trotzdem würde er der Vollständigkeit halber in seinem Mykene-Buch Abbildungen davon bringen müssen.
Ephor Stamatakes hatte ein einfaches Büro in einem der von der Regierung in der Innenstadt gemieteten Gebäude. Als Henry eintrat, musterte Stamatakes ihn herablassend. Henry fragte, ob sie zusammen zur Nationalbank gehen könnten, um das Gold und die anderen Artefakte zu besichtigen, die Stamatakes mitgebracht hatte. Stamatakes erwiderte gleichgültig:
»Ich bin noch nicht bereit, die Kisten zu öffnen.«

»Darf ich fragen, wann Sie es zu tun beabsichtigen?«
»Das weiß ich nicht. Jedenfalls noch nicht so bald. Ich muß erst Berichte schreiben. Ich werde die Kisten öffnen, sobald Mitglieder der Griechischen Archäologischen Gesellschaft und der Universität zugegen sein können.«
»Aber Sie wissen doch, daß ich diesen Fund in mein Buch über Mykene aufnehmen muß?«
Stamatakes sah ihn an.
»Sie gehören nicht zu meinen Freunden, Herr Schliemann. Sie haben sich für Leutnant Drosinos eingesetzt, der mich in der Presse einen Lügner genannt hat.«
»Er ist ein guter Ingenieur. Wozu wäre es gut gewesen, seine Offizierslaufbahn zu ruinieren?«
»Um der Wahrheit zu dienen!« entgegnete Stamatakes schroff. »Aber Ihnen hat ja nie etwas an der Wahrheit gelegen. Sie sind nur an sich selbst interessiert, an dem Ruhm und dem Geld, die Ihnen die beiden glücklichen Zufälle auf Hissarlik und in Mykene einbringen werden.«
Wieder machte sich Henry auf den Weg von einer Regierungsstelle zur anderen. Niemand verweigerte ihm rundheraus die Erlaubnis, Stamatakes' Funde zu sehen, aber jeder erklärte ihm, daß er mit Verzögerungen rechnen müsse. Gegenüber den einflußreichen Leuten, die er um Unterstützung bat, zeigte er sich höflich, aber zu Hause ließ er seinem Haß auf Stamatakes, »diesen kleinen Regierungsbeamten«, wie er ihn nannte, freien Lauf. Er war wütend und verzweifelt, daß er von einem Büro zum anderen, von Freund zu Freund weitergereicht wurde, ohne jemanden zu finden, der ihm half.
Der Generalinspektor für Altertümer, Eustradiades, hegte keine große Sympathie für Henry; er war derjenige, dem Henry und Sophia nach ihrer ersten Erkundungsfahrt nach Mykene vor drei Jahren hatten Rechenschaft ablegen müssen, weil man Henry vorgeworfen hatte, daß er die griechischen Gesetze mißachte. Nichtsdestoweniger war es Eustradiades, der jetzt Stamatakes aufforderte, sich mit ihm und den Schliemanns am 18. Februar nachmittags in der Nationalbank zu treffen, damit Dr. Schliemann dort die Funde photographieren konnte. Das besänftigte ein wenig Henrys erregbares Gemüt.
»*Jähzornig* wäre das richtige Wort«, sagte Sophia.
Selbst während er noch mit den Aufnahmen beschäftigt war, fing Henry bereits an, Pläne für die dauernde Unterbringung seiner Sammlungen aus Troja und Mykene zu schmieden. Später, beim Abendessen, sagte er zu Sophia: »Ich komme auf meinen ursprünglichen Plan zurück, der seinerzeit verworfen wurde, als die gerichtlichen Auseinandersetzungen begannen. Ich werde ein großes Grundstück in der Nähe der Universität zur Verfügung stellen und, wie schon damals geplant, vierzigtausend Dollar für den Bau eines Museums spenden, das der Architekt Ziller zu entwerfen versprochen hat.«
»Nur eine Sammlung gehört dir, Henry. Die Funde von Mykene gehören Griechenland.«
»Sei nicht so spitzfindig! Kannst du dir nicht vorstellen, wie atemberaubend

das Schliemann-Museum sein wird, mit unserem Gold, dem Schmuck, den Vasen und Stelen? Aus aller Welt werden die Menschen herbeiströmen!«
Sie schwieg. Henry war immer noch nicht mit der griechischen Mentalität vertraut. Nur einmal, als Phindikles und Stamatakes in Charvati berieten, was mit dem Schatz geschehen sollte, und ihn von ihrem Gespräch ausschlossen, war ihm einen Augenblick lang zum Bewußtsein gekommen, daß man ihn nicht mehr brauchte. Die Mitglieder der Archäologischen Gesellschaft und die Beamten der Regierungsstelle für Altertümer hatten alle an der Universität von Athen studiert, hatten die gleiche Erziehung genossen und waren durch die gleichen Wertvorstellungen geprägt. Sie bildeten eine einheitliche Gruppe, in die Henry nicht hineinpaßte. Er war ein Außenseiter, Exzentriker, ein »Schwärmer«. Sie würden ihn zurückweisen.
Und so geschah es. Der Premierminister, der Kultusminister, der Präsident der Archäologischen Gesellschaft, alle dankten ihm für sein großzügiges Angebot, erklärten jedoch, sie hätten bereits mit dem Bau ihres eigenen großen Nationalmuseums begonnen, in dem alle in Griechenland gefundenen Altertümer untergebracht werden sollten, die bereits verfügbaren, wie auch diejenigen, die noch ausgegraben würden, in Olympia, in Delphi...
Henry fühlte sich gedemütigt, wurde mürrisch. Doch nach einigen Tagen kam ihm eine andere Idee. Er suchte die zuständigen Beamten auf und fragte, ob er Glasvitrinen und Regale für eine erste Ausstellung der Schätze von Mykene entwerfen und anfertigen lassen könne. Die Antwort darauf war, man dächte vorläufig nicht daran, irgend etwas auszustellen; es seien noch umfangreiche Vorbereitungen zu treffen, eine Anzahl von Stücken zu restaurieren, Scherben zusammenzusetzen und ein Katalog zu erstellen.
Sophia erschrak, als er ihr all dies berichtete. Schon als er ihr von seinem Plan erzählt hatte, die Archäologische Gesellschaft zu einer möglichst baldigen Ausstellung zu überreden, war ihr klar gewesen, daß man ihn wieder einmal vor den Kopf stoßen würde.
Henrys Spannkraft war unerschöpflich.
»Ich bin sicher, daß sie gar nicht daran denken können, dieses Jahr eine Ausstellung zu organisieren, denn sie haben keine passenden Räume dafür. Ich werde die Stadt absuchen und den besten Saal ausfindig machen.«
Er brauchte mehrere Tage, um festzustellen, daß es weder in der Universität noch in irgendeinem Regierungsgebäude genügend Platz für eine Ausstellung gab. Dann stieß er auf ein hübsches Gebäude, das zu dem noch unvollendeten Polytechnikum gehörte. Er sprach mit dem Rektor, bot ihm eine beträchtliche Miete an und erhielt die Erlaubnis, um die er gebeten hatte. Als er der Archäologischen Gesellschaft die Nachricht überbrachte, zeigte man sich in keiner Weise beeindruckt.
»Herr Dr. Schliemann, wir haben Ihnen bereits erklärt, daß wir an einer Ausstellung in diesem Jahr nicht interessiert sind, und wahrscheinlich auch nicht im kommenden Jahr. Wir wollen vorher alles genau durchdenken, um eine einwandfreie Ausstellung zu gewährleisten.«

Enttäuscht beklagte er sich bei Sophia, die sich bemühte, ihre eigene Enttäuschung zu verbergen.
»Henry, es fällt mir schwer, dies von meinen Landsleuten zu sagen. Es klingt vielleicht grausam, aber sie werden einige Jahre warten, bis man dich nicht mehr mit der Ausgrabung in Verbindung bringt, so daß es in jeder Hinsicht eine Athener Ausstellung sein wird, *ihre* Ausstellung, die Dr. Schliemann nichts zu verdanken hat.«
Henry blickte sie lange schweigend an, als hätte sie ihm einen Schlag ins Gesicht versetzt. Tränen stiegen ihm in die Augen.
»Also gut. Da ich hier unerwünscht bin, werde ich mit dem South Kensington Museum in London verhandeln, um dort den Schatz des Priamos zu zeigen. Premierminister Gladstone hat mich ermutigt, es zu tun, und teilt mir mit, daß man sich freuen wird, die Ausstellung zu veranstalten.«
Diese Entscheidung half ihm, sein seelisches Gleichgewicht wiederzufinden. Sophia freute sich für ihren Mann, aber sie selbst war traurig. Wenn der Schatz einmal Athen verließ, würde er vielleicht nie mehr zurückkehren!
Ein Telegramm aus London versetzte Henry in Hochstimmung. Er las es ihr mehrere Male vor, damit sie seine Freude teilte. Man hatte ihn aufgefordert, im Mai am Royal Archaeological Institute of Great Britain and Ireland Vorträge zu halten. Bei dieser Gelegenheit wollte man ihnen beiden Diplome verleihen und sie zu Ehrenmitgliedern ernennen.
»Zwei Diplome!« sagte Sophia lächelnd. »Henry, es wird sein, als ob wir zusammen promovierten.«
Henry ließ verlauten, daß er kein Interesse daran hätte, noch weiter in Mykene zu graben.
»Nach den Königsgräbern würde für mich die Freilegung des Palastes einen Abstieg bedeuten. Ich möchte auch nicht mehr in Griechenland graben. Ich möchte, daß wir unsere Arbeit in Troja wieder aufnehmen.«
»Troja! Was hoffst du denn dort noch zu finden?«
»Ich möchte den Rest des Palastes des Priamos ausgraben. Wir haben die Arbeit nicht beendet, weil wir das Gold herausbringen mußten. Ich möchte die ganze dritte oder verbrannte Stadt freilegen und auch den gesamten Verteidigungswall. Vielleicht gibt es in Troja mehr Schichten, als wir uns träumen lassen, vielleicht sogar sieben. Ich möchte sie alle ausgraben. Wir werden jahrelang damit beschäftigt sein, und jetzt, da ich mehr Erfahrung habe, kann ich wissenschaftlichere Methoden anwenden.«
Sophia seufzte. Sie würde Andromache nicht nach Troja mitnehmen können, denn dort gab es weder Schulen noch Ärzte. Henry hatte zwar seinen *firman*, aber dieser war nur noch für ein weiteres Jahr, bis 5. Mai 1878, gültig, und er hatte bereits die Einladung des Royal Archaeological Institute angenommen!

3.

Deutschlands Gelehrte, die geachtetsten der Welt, warteten nicht erst, bis sein Buch über Mykene erschien, um die Königsgräber und den Goldschatz abzuwerten. Sie nahmen seine Artikel in der Londoner *Times* zum Anlaß, ihn weiterhin aufs schärfste anzugreifen.

Dr. Ernst Curtius, ehemaliger Professor der Universität Berlin und Autor eines berühmten Buches über den Peloponnes und die Geschichte Griechenlands, war der Archäologe, dem es gelungen war, Olympia für die preußische Regierung zu gewinnen, und er leitete dort die Ausgrabungen. Henry hatte ihn 1871 in Berlin kennengelernt. Die beiden Männer hatten miteinander korrespondiert, und obwohl Curtius der Ansicht war, daß Troja in Bunarbaschi gelegen hatte, standen sie in freundschaftlicher Beziehung zueinander. Man hatte Dr. Curtius gestattet, das Gold aus Mykene in der Nationalbank zu besichtigen. Er schrieb seiner Frau:

> Das Gold ist so unglaublich dünn, daß der Held Agamemnon ein bettelarmer Fürst gewesen sein muß. Diese Gräber auf der Akropolis halten keinem Vergleich mit etwas anderem aus dem klassischen Altertum stand.

Auf der Grundlage dieses Briefes verfaßte Frau Curtius einen Artikel für eine deutsche Zeitung. Es war ein Angriff auf Henrys Theorien über Mykene und auch auf die Bedeutung seiner Funde. Curtius' Meinung wurde in allen deutschsprachigen Ländern akzeptiert, und es lag nahe, daß die Presse anderer Länder sie übernehmen würde.

Henry war wütend über den Angriff. Er schlug zurück, indem er erklärte: »Die deutsche Regierung hat auch die Ausgrabungen in Olympia enttäuschend gefunden. Wenn die Deutschen in Olympia nichts Nennenswertes finden, so liegt es daran, daß sie ziel- und planlos wie unwissende Narren drauflos graben und den ganzen Schutt in einem Umkreis von fünfzig Metern vom Ort der Grabung abladen. Mit einem Drittel des Geldes, das sie dort ausgegeben haben, hätte ich Wunder vollbracht... Sie sind zu *gelehrt*, um Ausgrabungen zu machen.«

Ein zweiter Angriff kam von Ernst Boetticher, einem deutschen Hauptmann, der Gelehrter geworden war. Nach der ersten Ausgrabung der Schliemanns auf Hissarlik hatte Hauptmann Boetticher bei einer Tagung in Berlin eine Rede gehalten, in der er behauptete, daß Troja nie existiert habe und Homer ein Sammelname für Poeten und Barden mehrerer Jahrhunderte gewesen sei. Henry war aufgesprungen und hatte den Anwesenden erklärt, Hauptmann Boetticher habe keine Ahnung von der Beweiskraft der *Ilias* und der *Odyssee*, die eindeutig bezeugten, daß Homer tatsächlich ein einziger Mann, der erste unsterbliche Dichter, war. Diese Unbesonnenheit trug ihm eine lebenslängliche Feindschaft ein. Boetticher veröffentlichte mehrere Artikel und schließlich ein Buch, in dem er erklärte, daß der Hissarlik nur eine Feuernekropole, ein Begräbnishügel, gewesen sei, auf dem man die Toten verbrannt habe. Außerdem beschuldigte er Henry, die Quermauern der Öfen zerstört und in seinem Buch über Troja gefälschte Pläne veröffentlicht zu haben.

Jetzt konnte sich Boetticher mit dem Material über Mykene befassen. Er warf Henry Betrug vor, sagte, er habe Löcher in das Gestein gegraben, zitierte Professor Curtius' Beschreibung von dem »unglaublich dünnen« Gold und schloß daraus, daß Henry es so dünn habe machen lassen, um Geld zu sparen! In einem dritten Angriff wurde Henry Schliemann als Verschwender und verantwortungsloser Narr bezeichnet, der sein Vermögen vergeude, um berühmt zu werden. Dies zwang Henry, zu beweisen, daß er die fünfzigtausend Dollar, die er jährlich für seine Grabungen ausgab, aus seinen Einkünften und nicht von seinem Vermögen nahm, und daß ihm noch genügend Einkünfte verblieben, seine Familie zu ernähren.

»Offenbar habe ich mich in falscher Sicherheit gewiegt«, sagte Sophia, bemüht, ihre Magenschmerzen zu unterdrücken. »Daß es Menschen gibt, die nicht glauben, daß Troja tatsächlich existiert hat, und sich deshalb trotz unzähliger Beweise weigern, deine Behauptungen zu akzeptieren – *das* kann ich allenfalls noch verstehen. Aber der Geschichtswissenschaft war von jeher bekannt, daß es in Mykene Königsgräber gab, und daß die Königsgräber jener Zeit mit Schätzen gefüllt waren. Man weiß, daß unsere griechische Regierung die Grabungen überwacht hat. Was mag Curtius wohl bewogen haben, die herrlichen Goldmasken, Diademe, Pokale und alles andere so herabzuwürdigen?«

Henrys Zorn war einer tiefen Erbitterung gewichen.

»Ich hätte nie gedacht, daß Curtius so niederträchtig sein könnte, seine Frau zu veranlassen, unsere Funde anzugreifen. Das ist Neid und Bosheit. Jetzt wird die Griechische Archäologische Gesellschaft erklären: ›Schliemann bringt uns einen dreißig Pfund schweren Goldschatz und gleichzeitig doppelt soviel Ärger und Verdruß.‹«

Sophia hielt sich nicht für ein schwaches, im Winde schwankendes Schilfrohr. Sie besaß einen kräftigen Körper, dem das ungesunde Wetter in der Troas und die primitiven Lebensbedingungen in Ciplak und auf Hissarlik nichts hatten anhaben können. Selbst dem fünfzehnstündigen Arbeitstag in Mykene, manchmal bei eiskaltem Wind und Regen, dann wieder unter sengender Sonne, hatte sie standgehalten. Sie glaubte auch nicht, willensschwach zu sein. Sie konnte erfüllen, was von ihr verlangt wurde, und gegen alles kämpfen, was sie für falsch hielt.

»Ein starker Körper und ein starker Wille«, sagte sie niedergeschlagen. »Aber leider keine starken Nerven.«

Polemische, lächerliche, wütende Angriffe auf Henrys oder ihre eigene Lauterkeit, abschätzige Anspielungen auf ihre »mangelnden Fähigkeiten«, »... fehlende Ausbildung«, auf »Täuschungen und Fälschungen auf Schritt und Tritt«, Bezeichnungen wie »Schmarotzer am Boden des großen Schiffs der Wissenschaft«, »Hochstapler, Prahler, unqualifiziert für den Umgang mit Akademikern« ... All diese Angriffe, die gegen sie beide verbreitet wurden, trafen Sophia mit der Wucht riesiger Wellen, die über einen kleinen griechischen Frachter hereinbrechen. Die heftigen Gegenangriffe, die Henry veröffentlichte, bedeuteten für ihn eine Katharsis. Diese Art von innerer Befreiung entsprach nicht ihrem Charakter. Sie konnte nicht vor die Öffentlichkeit treten und kämpfen. Henry war eifrig dabei, die unzähligen Photographien für das Buch über Mykene zu vervollständigen und ein abschließendes Kapitel über die Funde »eines kleinen Regierungsbeamten namens Stamatakes« zu schreiben. Sie hatte kaum etwas zu tun. Yannakis kümmerte sich um das Haus, Polyxene war für Andromache da, die junge Köchin aus der Plaka war hervorragend.

Sie verfiel in einen Zustand der Apathie. Sie hatte keinen Appetit und war unfähig, Henrys liebevollen Ermahnungen, »ordentlich zu essen und ein Glas Wein zu trinken«, Folge zu leisten.

Sie schlief schlecht und nahm ab. Als Henry eines Tages zur Mittagszeit nach Hause kam und sie im Bett vorfand, war er ernstlich besorgt. Er zog einen Stuhl ans Bett, nahm ihre Hand in die seine und küßte sie.

»Mein liebes Kind, du darfst dich von unseren augenblicklichen Schwierigkeiten nicht unterkriegen lassen. In ein paar Wochen sind wir in England, wo man uns schätzt und bewundert. Diese jämmerlichen Angriffe werden sich in Nichts auflösen. Es ist das Werk der neidischen Gelehrten, der unnahbaren, fest begründeten Clique! Für die Öffentlichkeit sind wir in allen Ländern Helden, die ein aufregendes, abenteuerliches Leben führen. Du bist berühmt, *Kyria* Schliemann! Das sollte dir Trost und Genugtuung sein.«

Sie brachte ein schwaches Lächeln zustande.

»Ich weiß, *Errikaki*. Ich will ja nicht, daß mich das alles so mitnimmt. Laß mir etwas Zeit. Bald werde ich wieder obenauf sein ... und in Troja graben.«

Henry beschloß, sich am 18. März in Piräus einzuschiffen, um nach London zu reisen, aber Sophia wußte bereits einige Tage vorher, daß sie ihn nicht begleiten konnte. Heftige Gallenkoliken fesselten sie ans Bett. Sie zwang sich aufzustehen und ein paar Stunden mit Katingo zu verbringen, die noch unter den Nachwirkungen der Geburt ihres vierten Kindes litt und sehr schwach war. Die jetzt fast sechsjährige Andromache verlor ihre ersten Zähne und hatte Schmerzen und Fieber, als die neuen den Kiefer durchstießen. Viel ernster war Madame Victorias Gesundheitszustand, denn sie hatte, wie Dr. Skiadaresses es nannte, »einen leichten Herzanfall« erlitten. Er riet Sophia, es ihrer Mutter nicht zu sagen, und nur dafür zu sorgen, daß sie sich einige Wochen schonte. Sophia brachte ihre Mutter im Schlafzimmer neben dem ihren unter.

Ende März stattete ihr Charles Newton vom British Museum einen überraschenden Besuch ab. Sein gestutzter Schnurrbart und das kurze Haar wurden allmählich grau, aber seine hellblauen Augen besaßen immer noch den gleichen jugendlichen und fröhlichen Ausdruck. Sophia freute sich sehr, ihn wiederzusehen.

»Madame Schliemann, ich habe soeben das Gold gesehen. Wundervoll! Unglaublich! Ernst Curtius hat völlig unrecht. Dies sind uralte Stücke, ungefähr aus der Zeit Agamemnons. Ich werde morgen mit Curtius zur Nationalbank gehen.«

Sophia dankte ihm und sagte leise: »Den Deutschen kann Henry nie etwas recht machen. Für die Engländer macht er nie etwas falsch.«

Er streichelte ihr väterlich die Hand.

»Meine liebe Madame Schliemann, wir alle werden mit Vorurteilen geboren: Wir lieben unser Land, aber es ärgert uns, wenn einer unserer Landsleute mehr erreicht als wir selbst.«

Zwei Tage danach kam Professor Curtius zu Besuch. Curtius, dem Sophia noch nie begegnet war, hatte einen Löwenkopf und dichtes weißes Haar, das mehr in Büscheln zu sprießen schien als in einzelnen Strähnen, und ihm über Ohren und Nacken reichte. Er hatte sehr weit auseinanderstehende Augen und einen durchdringenden Blick.

»*Kyria* Schliemann, mir liegt sehr viel daran, daß über den Artikel mit den Angriffen auf die Funde Ihres Mannes in Mykene, den meine Frau aufgrund einer Bemerkung in einem meiner Briefe an sie geschrieben hat, kein Mißverständnis besteht. In den Jahren, in denen ich durch Griechenland gereist bin, um Unterlagen für meine *Geschichte Griechenlands* zu sammeln, habe ich meine Frau oft gebeten, solche Artikel zu schreiben. Aber dieser Artikel war ein Irrtum.«

Sie fragte ein wenig scharf: »Der Artikel selbst oder Ihr Urteil?«

»Beides. Ich habe vorschnell über den Schatz geurteilt und, wie ich jetzt erkenne, mit einem Anflug von Neid. Ihr guter Freund Charles Newton hat gestern morgen drei Stunden mit mir in der Nationalbank verbracht, und wir haben die Goldmasken, die Diademe und die Brustplatten eingehend besichtigt. Ich habe mich geirrt. Sie sind tatsächlich sehr alt. Keineswegs dünn, wie ich annahm, sondern so massiv und hervorragend gearbeitet, wie ich es nur je gesehen habe. Da ich nicht möchte, daß zwischen Ihrem Mann und mir auch nur der Schatten einer Feindschaft besteht, bitte ich Sie, ihm dieses Schreiben mit meiner Entschuldigung und mit meinem Widerruf zu senden.«

Sophia nahm den dünnen Briefumschlag entgegen und sagte ruhig:

»Könnten Sie den Widerruf nicht auch in der Zeitung veröffentlichen, die Frau Curtius' Angriff abgedruckt hat?«

»Nein, *Kyria* Schliemann, das kann ich nicht. Das würde ein schlechtes Licht auf meine Frau werfen und sie der Kritik aussetzen. Wie ich gehört habe, wird Dr. Schliemanns Buch über Mykene bald erscheinen. Ich werde es in den deutschen archäologischen Zeitschriften besprechen. Damit kann ich Ihrem Mann einen sehr viel besseren Dienst erweisen.«

Sophia fühlte sich wie von einer schweren Last befreit.

Sie dankte Curtius, bot ihm Tee an und sagte: »Ich möchte Ihnen gern ein wenig von unseren Ausgrabungen der Königsgräber erzählen...«

Es gab noch mehr erfreuliche Dinge. Ein paar Tage später las Sophia morgens, als sie erwachte, in einigen Athener Zeitungen Berichte über die begeisterte Aufnahme, die eine Rede Henrys vor der Royal Society of Antiquaries in London gefunden hatte. Eine der griechischen Zeitungen schrieb:

»Wir müssen zugeben, daß die Griechen die Bedeutung dieses Mannes unterschätzt haben.«

Kurz darauf erhielt sie ein Exemplar der *London Illustrated News* mit einem Artikel über das »Schatzhaus der Frau Schliemann« und ihre Freilegungsarbeiten.

> Da die Kuppel dieses Bauwerks schon seit langem zerbrochen war, kannte man es bereits; aber dank Frau Schliemann wurde es jetzt vollständig ausgegraben und sichtbar gemacht. Während ihr Mann innerhalb der Mauern der Akropolis arbeitete, unternahm sie es, den Zeugen der Vergangenheit zu erforschen...

Sophia war zutiefst ergriffen. Wenn das nervenaufreibende Leben an Henrys Seite sie auch manchmal krank machte, so wurde sie doch auf wunderbare Weise dafür entschädigt. Sie wünschte sich sehnlichst, ihn jetzt bei sich zu haben.

Eines Nachts Anfang Mai, als sie nicht schlafen konnte und sich einsam fühlte, stand sie auf, setzte sich an Henrys Schreibtisch in seinem Arbeitszimmer und schrieb ihm ein Gedicht in Altgriechisch:

> O höheres Wesen, dein Streben wird dich vernichten;
> Bedauerst du nicht deine kleine Tochter und dein
> armes Weib, die bei dir sein möchten?
> Sind die Lobpreisungen der Briten mir vorzuziehen?

Am Morgen las sie ihr Gedicht im unbestechlichen Sonnenlicht und stellte fest, daß die Antwort, zumindest teilweise, »Ja« lautete. Henry hatte jetzt bereits zehn Einladungen für Vorträge vor den gelehrten Gesellschaften Englands erhalten. Er hatte noch für mindestens einen Monat Arbeit mit seinem Verleger, John Murray, und mit Cooper und Whymper, den besten Kunststechern Englands, die die Druckplatten für das Buch über Mykene vorbereiteten.

Andromaches Zähne waren endlich durchgebrochen, und sie hatte kein Fieber mehr. Katingo hatte sich von den Nachwirkungen der Entbindung erholt. Madame Victoria war wieder wohlauf und wußte nicht, daß sie einen Herzanfall gehabt hatte. Sophia bat Dr. Skiadaresses, eine Krankenschwester zu suchen, die ihre Mutter betreuen sollte. Nachdem dies geschehen war, zog sie ihre »Amalia«, die griechische Nationaltracht, an; sie bestand aus einem bodenlangen blauen Seidenrock mit roten Tupfen, einer dünnen, weißen Baumwollbluse, einer kurzen Jacke und einem roten Samtfez. Dann bestieg sie mit ihrem kleinen Gefolge, bestehend aus Andromache, Polyxene und Spyros, ein Schiff nach Marseille und nahm dort den Zug nach Paris, wo Henry sie abholte, um mit ihnen über den Ärmelkanal nach England zu fahren.

Sie feierten ein glückliches Wiedersehen im Hotel *Louvois*. Einige Tage später betraten sie das Haus, das Henry in der Keppel Street 15, nahe dem British Museum, gemietet hatte, und fanden dort ein offizielles Schreiben vor. Der Präsident des Royal Archaeological Institute of Great Britain and Ireland, Lord Talbot de Malahide, hatte den einstimmigen Beschluß der Mitglieder erwirkt, der wie folgt lautete:

> Frau Schliemann ist eingeladen, das Institut in Kürze anläßlich einer Sondersitzung in seinen Räumen um 5 Uhr nachmittags mit ihrer Anwesenheit zu beehren und wird gebeten, einen Vortrag über ein ihr genehmes Thema zu halten.

Bei dieser Gelegenheit würde man ihr das Diplom überreichen und sie zum Ehrenmitglied des Royal Archaeological Institute, eines der angesehensten Englands, ernennen. Henry war hocherfreut. Sophia war überwältigt.

»Henry, ich habe noch nie einen Vortrag gehalten. Worüber soll ich sprechen?«

Lachend versuchte er, ihr das Lampenfieber auszureden.

»Über was du willst; dein griechisches Erbe, deine Ausgrabungen in Troja und Mykene...«

»Auf Griechisch oder auf Englisch?«

»Auf Englisch. Dann werden dich alle verstehen. Warum schreibst du es nicht zuerst auf Griechisch nieder? Wenn der Text dann so ist, wie du ihn haben möchtest, übersetzen wir ihn zusammen ins Englische. Max Müller wird ihn für dich ausfeilen. Du hast drei volle Wochen Zeit. Der Vortrag braucht nur zwanzig Minuten zu dauern.«

Das Haus, das Henry gemietet hatte, war zwar bequem, aber düster. Der Salon dunkelbraun ausgemalt, und die Eßzimmerwände hatten eine dunkle, lackartig glänzende Tapete. Die Fenster ihres Schlafzimmers hatten, ebenso wie die der unteren Räume, Vorhänge und schwere Übergardinen aus blauem Samt, die an Messingringen von einer dicken Mahagonistange herabhingen. Es kam weder Licht noch Luft herein. Alle Zimmer waren bis in den letzten Winkel dicht mit Möbeln angefüllt: ein Flügel, Tische, Sofas, Stühle, Jardinieren, Paravents, Töpfe mit Farnen und Palmen, Schreibschränke aus geschnitztem, mit Elfenbein eingelegtem Nußbaumholz, schwere Buffets für das Porzellan, Schalen mit Wachsfrüchten.

»Ich kann mir nicht vorstellen, wie jemand sich im Dunkeln in diesem Möbellabyrinth zurechtfindet«, bemerkte Sophia. »Tu mir einen Gefallen,

Henry. Nimm die Übergardinen ab, mach die Fenster auf und laß Licht und Luft herein.«
»Wir werden vermutlich ein Stemmeisen brauchen, um die Fenster zu öffnen. Die Engländer sind der Meinung, frische Luft sei schädlich für die Lungen.«
Das Wetter während der restlichen Tage des Mai war ideal, mit warmem Sonnenschein und klarer Luft. Die Köchin, die Henry mit dem Haus übernommen hatte, brachte Sophia das Frühstück ans Bett: eine kräftige englische Mahlzeit mit Porridge, Spiegeleiern mit Speck, Toast, Marmelade und Tee.
»Henry, wie soll ich das bloß alles bewältigen? Ich trinke morgens doch nur eine Tasse Kaffee.«
»Tu, als ob du Engländerin wärst. Ein bißchen Fleisch um die Hüften kann dir nicht schaden. Das ist auch für mich bequemer.«
Zu ihrer Überraschung aß sie jeden Morgen das ganze Frühstück. Von der Krankheit, die sie in Athen geplagt hatte, spürte sie nichts mehr. Sie hatte keine häuslichen Pflichten; die Köchin kaufte die Lebensmittel ein und besprach mit Henry die Menüs. Nach dem Frühstück zog sie ihren Morgenrock und ihre Pantoffeln an und setzte sich an den Schreibtisch, den Henry zwischen das Ost- und Südfenster der Bibliothek gestellt hatte. Hier schrieb sie einige Stunden lang in der Sonne am ersten Entwurf für ihren Vortrag.
Es war eine glückliche Zeit. Henry arbeitete an drei weiteren Vorträgen, die er im Athenaeum Club, dem Royal Institute of Great Britain und vor der Royal Historical Society halten wollte. Da eine Reihe seiner Zuhörer Mitglieder all dieser Institute waren, vermied er sorgfältig jede Wiederholung. Das bedeutete intensive Arbeit. Von acht bis elf arbeiteten sie zusammen in jener vertrauten Gemeinsamkeit, die Sophia so sehr genoß. Dann aßen sie im Haus oder Garten eines der vielen Freunde, die Henry während seiner häufigen Aufenthalte gewonnen hatte, zu Mittag. Sophia gewöhnte sich allmählich an die englische Sprache. Henry sagte:
»Wenn du mit deinem Vortrag fertig bist, werde ich Philip Smith bitten, ihn mit dir zu proben, damit du ihn akzentfrei halten kannst.«
Am 8. Juni waren Henry, Max Müller, Philip Smith und auch sie selbst mit dem Text und ihrer Aussprache zufrieden. Wie vorgesehen, trafen sie fünf Minuten nach fünf Uhr mit einer Kutsche in der New Burlington Street West 16 ein. Von Vorstandsmitgliedern des Instituts begleitet, ging Sophia die Treppe hinauf und wurde von Präsident Lord Talbot de Malahide und William Gladstone offiziell begrüßt. Sie geleiteten ihren Gast zum Podium.
Alles verstummte, als sie den Raum betrat. Die Hunderte von Mitgliedern und Gästen in dem großen Saal waren nicht auf ihre Jugend – sie war erst fünfundzwanzig – und auf ihre klassische griechische Schönheit gefaßt gewesen. Lord Malahide stellte sie mit einer geistvollen Bemerkung vor. Viele der Damen im Publikum trugen elegante Roben. Sophia stand ihnen nicht nach; Henry hatte sie zum berühmtesten Couturier von London geführt, der ein langes, lose fallendes bedrucktes Seidenkleid mit dazu passendem Hut für sie

entworfen hatte. Als einzigen Schmuck trug sie ihren Ehering und die Korallenkette, die Henry ihr einige Tage nach ihrer ersten Begegnung im Garten von Kolonos geschenkt hatte. Trotz der vielen Gesichter im Saal, die ihr erwartungsvoll entgegenblickten – erst wenige Frauen hatten vor dieser Zuhörerschaft gesprochen –, fühlte sie sich entspannt. Die acht Jahre ihrer Ehe waren ein beschwerlicher Weg gewesen, doch jetzt hatte sie das Ziel erreicht. Lord Malahide überreichte ihr einen Blumenstrauß in den griechischen Nationalfarben. Während seiner einführenden Worte erkannte Sophia in den vorderen Reihen Charles Newton; Dr. Hieronymus Myriantheus, den Archimandrit der griechischen Gemeinde; Ioannes Gennadius, den griechischen Geschäftsträger in London, der dafür bekannt war, daß er fast sein ganzes Gehalt für alte und seltene Bücher über die Geschichte Griechenlands und der Türkei ausgab; eine Reihe von Leuten, bei denen sie zu Gast gewesen waren, den Herzog von Argyle, Lord Houghton, Robert Browning; ihren Verleger John Murray und Professoren der Universitäten Oxford und Cambridge.
Der freundliche Applaus verstummte. Selbstsicher begann sie ihren Vortrag. Max Müller hatte klugerweise einige ihrer blumigen Wendungen im englischen Text stehenlassen. Philip Smith hatte sie gelehrt, jede Silbe deutlich auszusprechen, aber sie hatte immer noch einen leichten Akzent, den ihre Zuhörer reizvoll fanden.
Sie begann mit einer Huldigung an ihr eigenes Volk:
»Zu einer Zeit, da die übrige Welt noch im Dunkel lebte, hatten meine Vorfahren, die alten Griechen, in der Wissenschaft und in den Künsten einen Grad der Vollkommenheit erreicht, den zu übertreffen der Menschheit nie gelingen wird. Unsere politischen Institutionen, unsere Staatsmänner, Redner, Philosophen und Dichter wurden zu allen Zeiten auf der ganzen Welt verehrt und bewundert...«
Sie gab einen kurzen Abriß der griechischen Geschichte von der Zeit Agamemnons, Achilles' und Odysseus' bis Perikles, Solon und Plato. Dann sprach sie von ihrem eigenen Schaffen.
»Alexander der Große schlief nie ohne eine Homer-Ausgabe unter seinem Kopfkissen. Dr. Schliemanns und meiner Bewunderung für Homer verdanken wir die Entdeckung Trojas und den Schriften des Pausanias die der fünf Königsgräber von Mykene mit all ihren Schätzen... Mein Anteil an diesen Entdeckungen ist nur gering. In Mykene grub ich das große Schatzhaus beim Löwentor aus... Obwohl ich dort keine Schätze fand, war meine Arbeit doch von einiger Bedeutung für die Wissenschaft, denn ich fand zahlreiche höchst interessante Tongegenstände, die zeigen, aus welch uralter Zeit das Schatzhaus stammt.«
Sie beschrieb, wie sie die Königsgräber von Mykene geöffnet hatten, deren wunderbare Schätze völlig intakt waren. Das Publikum lauschte gebannt. Henry strahlte vor Stolz. Er war Pygmalion. Er hatte eine siebzehnjährige griechische Abiturientin geheiratet, sie geformt und ihr zu Weltruhm verholfen.

Als Sophia ihre faszinierende Geschichte beendet hatte, dankte sie England für seine großzügige Unterstützung, ohne die Griechenland sich nicht von der Türkei hätte unabhängig machen können, und schloß mit einem »Aufruf an die englischen Damen, ihre Kinder die klangvolle Sprache meiner Ahnen zu lehren, damit sie in der Lage sind, Homer und unsere anderen unsterblichen Klassiker in der Originalsprache zu lesen«.
Sie sah von ihrem Manuskript auf und blickte ins Publikum:
»Zum Schluß möchte ich Ihnen noch von ganzem Herzen für die Nachsicht danken, mit der Sie einer glühenden Verehrerin Homers zugehört haben.«
Das Publikum erhob sich und applaudierte stürmisch. Am Abend gab der Oberbürgermeister ein Bankett für die Schliemanns, an dem Mitglieder der zehn wissenschaftlichen und literarischen Vereinigungen teilnahmen, vor denen Henry gesprochen hatte. Von diesem Abend bis zu ihrer Abreise Ende Juni wurden sie von allen tonangebenden Familien Londons zum Mittagessen, zu Gartenfesten und Diners eingeladen. Sophia genoß jede Minute.
»Kein Wunder, daß dir das solchen Spaß macht«, sagte Henry zu ihr, als sie von einem offiziellen Ball zurückkehrten, den Lord Acton für sie veranstaltet hatte. »Du wirst verwöhnt, bewundert, und alle mögen dich.«
»Ich gebe zu, daß es mir gefällt«, sagte sie leise, während Henry ihr weinrotes Kleid am Rücken aufhakte. »Warum können wir nicht zumindest einen Teil davon in Athen erleben? Warum findet unsere Arbeit hier Beifall, während man uns zu Hause nur Feindseligkeit und Mißtrauen entgegenbringt?«
»Ich muß dir offen gestehen, daß meine Sympathie für England und die Engländer, vor allem aber für London und die Londoner, von Stunde zu Stunde wächst. Ioannes Gennadius wäre hocherfreut, wenn wir für immer in London blieben, denn seiner Meinung nach könnten wir mit unserer Begeisterung für das alte und das moderne Griechenland seinem und deinem Land große Dienste erweisen ...«
Er schwieg einen Augenblick, küßte sie zärtlich auf den Mundwinkel, dann fragte er:
»Warum sollten wir nicht dort leben, wo wir gern gesehen sind?«
Aber zunächst brauchte er Erholung, da all die Vorträge und Festlichkeiten ihn, wie er selbst zugab, ermüdet hatten. »Müde« war ein Wort, das sie noch nie von ihm gehört hatte. Sie erschrak so sehr darüber, daß sie keinen Einwand gegen einen Aufenthalt in Paris erhob. Henry hatte sich für drei Monate eine ganze Etage in der Rue de Tilsit 20 reservieren lassen. Es war ein Wohnhaus in der Nähe des Etoile, das ihm gehörte.

4.

Brütende Julihitze lag über Paris, und die Stadt war wie ausgestorben. Henry mietete einen eleganten Doppelspänner, und sie fuhren mit Andromache zum Picknick in den Bois de Boulogne. Manchmal unternahmen sie einen

größeren Ausflug in den Wald von Fontainebleau, wo sie in einem hübschen kleinen Gasthof im Wald übernachteten und in einem kühlen Garten, durch den ein leise plätschernder Bach floß, zu Abend aßen.
Ihre Fehlgeburt lag nunmehr fünf Jahre zurück. Dr. Venizelos hatte ihr einmal tröstend gesagt:
»Geduld, meine liebe *Kyria* Schliemann. Die Natur folgt ihrem eigenen Rhythmus, um eine normale Schwangerschaft zu gewährleisten. Wenn Sie empfangen, so ist dies ein Zeichen der Natur, daß alles in bester Ordnung ist.«
Jetzt, da sie so entspannt und glücklich war, wurde sie wieder schwanger. Um Henry eine eventuelle Enttäuschung zu ersparen, sagte sie ihm vorläufig nichts davon.
Henry erhielt alle paar Tage einen Teil der Fahnenabzüge seines Buches über Mykene. Er wunderte sich über die vielen Fehler im englischen Text; außerdem war er unzufrieden mit den Abbildungen seiner Funde. Er schrieb lange Briefe an John Murray in London und bat ihn, dafür zu sorgen, daß die Stiche schärfer und deutlicher herauskamen. Sein französischer Verleger, Hachette, bestand darauf, daß Henry die vollen Kosten für das Buch trug. Henry betrachtete sich jetzt als regelrechter Schriftsteller, und der Gedanke, sein Werk selbst finanzieren zu müssen, verletzte seine Eitelkeit. Aber was ihn noch mehr enttäuschte, war die Tatsache, daß seine Verhandlungen mit dem South Kensington Museum wegen der Ausstellung seiner trojanischen Funde an einem toten Punkt angelangt waren.
Mitte August verlor er die Geduld.
»Sophidion, ich muß nach London fahren, um mit Philip Smith die Fahnen und mit Cooper und Whymper die Stiche durchzuarbeiten. Sie *müssen* richtig herauskommen. Ich muß mir auch einen Satz davon für die französische Ausgabe von Hachette besorgen, und ich will mit den Direktoren des South Kensington Museum sprechen, damit die Sache mit meiner Ausstellung wieder in Schwung kommt.«
Sophia wollte nicht allein in Paris zurückbleiben; gleichzeitig wußte sie aber auch, daß Henry mit seiner Arbeit vorankommen mußte. Außerdem würden ihre Einwände ihm nichts nützen.
»Also gut, mein Lieber, aber bitte sieh zu, daß du schnell mit allem fertig wirst.«
Zwei Tage nach Henrys Abreise ging sie an die kleine Schublade im Sekretär, wo er das Bargeld für ihre laufenden Ausgaben aufzubewahren pflegte. Sie war erstaunt, nur vierhundert Francs darin zu finden. Sie öffnete eine Schublade daneben, in der Henry seine unbezahlten Rechnungen sammelte. Als sie die Beträge zusammenzählte, stellte sie fest, daß zweitausend Francs offenstanden, die er in der Eile zu zahlen vergessen hatte. Während der nächsten Tage kamen einige Kassierer an die Haustür, und die vierhundert Francs, die Henry zurückgelassen hatte, waren bald verbraucht. Es war auch an der Zeit, die Lebensmittelvorräte aufzufüllen, den Dienstboten ihren Lohn zu zahlen

und Kohlen einzulagern. Sie sandte Henry ein Telegramm und fragte, womit sie ihre Rechnungen bezahlen sollte.
Sie erhielt keine Antwort. Vielleicht war er irgendwo zu Besuch auf dem Lande oder bei Max Müller in Oxford... Dann schrieb sie ihm eine Flut von Briefen:

> ...Ich schäme mich, daß ich als die Frau von Henry Schliemann kein Geld habe, unsere Kleidung und die Kohlen zu bezahlen. Ich werde nicht an Geldnot sterben, aber sag doch selbst, ob Du es richtig findest, daß wir überhaupt über so etwas sprechen müssen?

Diese zwei Sätze berührten Henry zutiefst. Er schrieb zurück:
»Ich sehe ein, daß ich einen Fehler gemacht habe. Ich lege Dir einen Scheck bei. Die Summe müßte reichen, bis ich Mitte September zurückkomme.«
Sophia blickte auf den Scheck und hielt den Atem an. Es war ein so kleiner Betrag, daß er kaum die Kosten für die Lebensmittel decken würde. Tränen des Ärgers stiegen ihr in die Augen.
»Oh, was ist er nur für ein Geizkragen, wenn wir getrennt sind! Also gut, ich werde mich von dem Ruhm ernähren, den er mir eingebracht hat.«
Mitte September begann sie sich unwohl zu fühlen. Sie suchte zwei Ärzte auf, einen französischen, Dr. Chatillon, und einen griechischen, Dr. Damaskenos. Beide bestätigten ihr, daß sie schwanger war. Erst jetzt konnte sie sich so richtig dem beglückenden Bewußtsein hingeben, daß sie ein zweites Kind haben würde. Am nächsten Tag kehrte Henry aus London zurück. Sie erzählte ihm die Neuigkeit. Er stieß einen Freudenschrei aus und tanzte mit ihr um die brokatbezogenen Louis-XIV-Möbel herum.
»Ich werde einen Sohn haben«, rief er. »Einen griechischen Sohn!« Worauf er einen Einkaufsbummel machte und ein herrlich weiches Zobelcape mitbrachte, das er ihr um die Schultern legte.
»Damit du im Winter nicht frierst«, sagte er überschwenglich. »Es steht dir sehr gut.«
Sophia streichelte das weiche, dichte Fell. Sie glaubte ihren Augen nicht zu trauen, und ihr schwindelte vor Freude.
Henry hatte gute Nachrichten aus London mitgebracht: Die Fahnen und die Stiche waren jetzt in Ordnung. Seine Ausstellung im South Kensington Museum sollte Ende Dezember eröffnet werden und mindestens sechs Monate dauern. Das Museum hatte sich bereit erklärt, alle Kosten für den Transport von Athen nach London zu tragen. Er würde bald nach Athen zurückkehren müssen, um die mehr als vierzig Kisten mit dem Schatz des Priamos und den Hunderten von anderen trojanischen Funden sachgemäß zu verpacken. Gladstone hatte sich nach einigem Zögern bereit gefunden, ein Vorwort zu *Mykene* zu schreiben, was in den englischsprachigen Ländern eine enorme Hilfe bedeutete.
Sie genossen in vollen Zügen die Tage in Paris. Zweimal besuchten sie die

Opéra Comique. Henry ging mit Andromache in den Zirkus, den Sophia so geliebt hatte, als sie 1869 als junge Ehefrau in Paris weilte. In der letzten Woche des Monats schlug das Wetter um, der Himmel wurde grau, und es begann zu regnen. Als es kalt wurde, bekam Sophia die gleichen Schmerzen in Beinen und Rücken, die vor fünf Jahren ihrer Fehlgeburt vorausgegangen waren.

Henry erschrak und ließ Dr. Damaskenos holen. Der Arzt, der von Sophias Fehlgeburt wußte, sah keinen Grund zur Beunruhigung.

»Dann kann ich also nach Athen zurückkehren?«

Henry hatte feuchte Augen.

»Das können wir nicht riskieren, Liebste! Die Reise mit dem Zug nach Marseille ist lang... das Meer ist unruhig um diese Jahreszeit... wenn du dann wieder seekrank würdest...«

Mit entschlossenem Gesichtsausdruck wandte sie sich an den Arzt.

»Dr. Damaskenos, Sie sagten, ich sei gesund, und meine Schwangerschaft werde normal verlaufen. Was können mir dann ein paar Tage Reise schaden?«

Dr. Damaskenos schüttelte den Kopf.

»Ich muß Ihrem Gatten recht geben, *Kyria* Schliemann. Es ist zu gefährlich. Sie würden es sich nie verzeihen, wenn Ihnen etwas zustieße und Sie Ihr Kind verlieren würden.«

Sie bestand darauf, daß Dr. Chatillon gerufen wurde. Er war der gleichen Meinung wie Dr. Damaskenos. Sophia gab sich geschlagen und sagte traurig:

»Wie kann ich gegen meinen Mann und zwei Ärzte kämpfen?«

Im letzten Augenblick fragte Henry, ob er Spyros nach Athen mitnehmen könne, damit er ihm beim Verpacken des Goldes half. Er wollte nicht, daß irgend jemand anders es sah oder berührte. Spyros wurde blaß bei der Vorstellung, Sophia allein in einer fremden Stadt zurückzulassen. Sophia erwiderte:

»Wenn du mir Spyros wegnimmst, komme ich mit, egal, ob ich die Reise überlebe oder nicht. Du hast doch Yannakis, der die Kisten für dich packen kann.«

Als Yannakis' Name fiel, brach Polyxene, die sich mit Andromache im gleichen Raum befand, in Tränen aus und fiel vor Sophia auf die Knie.

»*Kyria* Schliemann, ich bitte Sie, lassen Sie mich zu meinem Mann und meinem Kind zurückkehren. Es ist Monate her... Ich habe solche Sehnsucht nach ihnen.«

Sophia schwieg einen Augenblick, dann legte sie die Hand unter den Arm der jungen Frau und half ihr aufzustehen.

»Ja, Poly, kehr zurück zu deiner Familie. Ich sollte die erste sein, die versteht, wie trostlos die Tage sein können, wenn man von denen getrennt ist, die man liebt.«

Henry engagierte ein junges französisches Kindermädchen an Polyxenes Stelle. Da er allen Leuten, die für ihn arbeiteten, Namen aus der griechischen

Mythologie zu geben pflegte, taufte er sie Hecuba. Er ließ auch einen ansehnlichen Geldbetrag zurück. Und das war gut so, denn zwei Tage nach Henrys Abreise teilte sein Verwalter Madame Schliemann mit, daß sie zum Ende des Monats die Wohnung räumen müsse, da diese an eine andere Familie vermietet worden sei.

»...die Wohnung räumen?« Sophia verschlug es die Sprache. »Das ist nicht möglich. Sicher hat mein Mann doch den Mietvertrag verlängert?«

»Nein, Madame«, erwiderte der Verwalter höflich, aber bestimmt. »Ihr Mietvertrag war für drei Monate, Juli, August und September, abgeschlossen. Als Ihr Gatte ihn nicht verlängerte, mußte ich neue Mieter suchen. Sie ziehen am 1. Oktober ein.«

Sophia sank in einen Sessel und sah den Verwalter mit großen Augen an. »Wie können Sie mich aus einer Wohnung werfen, die meinem Mann gehört?«

»Es ist meine Aufgabe, dafür zu sorgen, daß jede von Herrn Dr. Schliemanns mehreren hundert Wohnungen das ganze Jahr über vermietet ist. Wenn er nur ein Wort gesagt hätte...«

Sophia wandte sich an ihren Bruder.

»Spyros, was sollen wir tun?«

»Wir ziehen um. Morgen.« Er wandte sich dem Verwalter zu. »Sie betreuen doch auch andere Objekte. Vielleicht können Sie uns irgend etwas anbieten?«

»Ich habe ein zweistöckiges Haus am Boulevard Haussmann frei. Wenn Sie möchten, können wir sofort hingehen. Es wird Madame Schliemann bestimmt gefallen.«

Bei seiner Rückkehr berichtete Spyros, daß das Haus sauber und geräumig sei und viel weniger vollgestopft als ihre derzeitige Wohnung. Als Sophia zustimmend nickte, mietete er einen kleinen Möbelwagen, packte ihre Habe ein und brachte sie am nächsten Morgen in das Haus. Er strahlte vor Glück, daß man ihn vor eine Entscheidung gestellt und er die Situation so gut gemeistert hatte. Sophia war weniger glücklich. Der Hausbesitzer forderte von ihr die erste Monatsmiete in bar. Dann zahlte sie den Dienstboten ihren Lohn und kaufte Holz für den Kamin. Damit war der Rest des Geldes, das Henry ihr zurückgelassen hatte, aufgebraucht.

»Ich bin außer mir vor Wut«, sagte sie zu Spyros. »Ich wollte, ich hätte jetzt den guten Dr. Schliemann vor mir. Ich würde ihm mitten ins Gesicht spukken!«

Spyros mußte darüber so lachen, daß er von seinem Sessel auf den türkischen Vorleger fiel. Nach einer Weile begann auch Sophia zu lachen.

»Wenn er hier ist, nur das Beste. Wenn er fort ist, Armut. Hast du schon jemals etwas so Unsinniges gehört? Aber ich werde ihm nicht einmal die Befriedigung geben, ihn wissen zu lassen, was uns zugestoßen ist. Wir werden uns langsam und würdevoll zu Tode hungern. Wenn Henry zurückkommt, kann er uns dann alle zusammen in einem Massengrab bestatten, wie die Leibwachen vor dem dritten Königsgrab in Mykene.«

»Denken wir lieber an Mutters kretisches Sprichwort«, sagte Spyros lächelnd. »›Wer auf Gott vertraut, geht nie hungrig zu Bett; und wenn er es tut, nährt ihn der Schlaf.‹«

Henry mochte zwar ein außergewöhnliches Talent besitzen, Städte zu finden, deren Existenz der Phantasie eines Dichters entsprang, und Königsgräber, über die es keine Aufzeichnungen gab, aber er hatte keine Ahnung, in welch mißlicher Situation sich seine Frau befand. Er schrieb ihr lange zärtliche Briefe, in denen er ihr mitteilte, daß in Athen alles zum besten stand. Der Schatz des Priamos, die schönsten *pithoi*, Idole der Athene und Terrakottagefäße waren sicher verpackt und nach London abgesandt worden.

Wichtigste Neuigkeit: Das Gold von Mykene wurde jetzt endlich seit dem 18. Oktober im Polytechnikum ausgestellt, wo Henry zu diesem Zweck schon vor sieben Monaten die entsprechenden Räume hatte mieten wollen. Er war zunächst ein wenig niedergeschlagen gewesen, als die Archäologische Gesellschaft alles bis in die kleinsten Einzelheiten organisierte, ohne ihn um Rat zu fragen, aber bei der Eröffnung, wo er von hochgestellten Mitgliedern der Archäologischen Gesellschaft, der Regierung und der Universität aufs herzlichste begrüßt wurde, mußte er zugeben, daß die Ausstellung hervorragend arrangiert war. Die Gesellschaft hatte hüfthohe Holztische mit zierlichen, geschnitzten Beinen und je dreizehn flachen Fächern anfertigen lassen. In einem Fach lagen zwei Goldmasken, in einem anderen Reihen von Dolchen, in einem dritten goldene Armbänder ... Am Ende des Tisches waren fünfzehn goldene Schalen und Vasen aufgereiht. Andere Tische zeigten die goldenen Brustplatten, Diademe, Gürtel, dekorative Löwen und Greife. Jeder Tisch wurde von einem bewaffneten Aufseher bewacht. Da die Besucher die einzelnen Gegenstände nicht berühren durften, beugten sich die Frauen, die ihre schönsten Hüte, Puffärmeljacken und bodenlange Röcke trugen, und die Männer in ihrem Sonntagsanzug, den Hut in der Hand, über die Tische, um jedes Stück und seine meisterliche Ausführung zu betrachten. Einige der Männer benutzten, wie Henry bemerkte, Vergrößerungsgläser, um die Details zu mustern.

Der König und die Königin besuchten die Ausstellung und luden Henry anschließend zu einem Diner im Palast ein. Die Athener Tageszeitungen zollten ihm Bewunderung. Von dem grandiosen prähistorischen Schatz überwältigt, beglückwünschten sie ihn in den höchsten Tönen. In den folgenden Tagen hielten ihn Unbekannte auf der Straße an, um ihm zu danken. Während der Öffnungszeiten, zwischen eins und vier, standen die Leute im Hof des Polytechnikums Schlange, um die Ausstellung zu sehen.

Henry kehrte am letzten Oktobertag zu seiner Familie zurück. Er errötete vor Scham, daß er vergessen hatte, den Mietvertrag zu verlängern, und daß das Geld, das er Sophia zurückgelassen hatte, schon zwei Tage nach seiner Abreise aufgebraucht war.

»Warum hast du mir nicht telegraphiert? Wovon hast du gelebt?«

»Vom Betteln«, erwiderte Sophia scharf. »Andromache und ich haben Blechschalen genommen und sind mit Plakaten auf der Brust die Rue de Rivoli entlanggegangen: *Wir bitten um eine kleine Spende für die verhungernde Familie Schliemann.*«

»Ich habe es verdient!« sagte er kleinlaut. »Aber es soll nie wieder vorkommen. Ich gehe sofort zur Bank und unterschreibe ein Formular, daß man dir am 1. und 15. jeden Monats den Betrag auszahlt, den du brauchst. Und jetzt zieht euch alle an, ich lade die Familie zum Essen ein. Wir wollen alles nachholen, was wir versäumt haben.«

»Aber nicht an einem einzigen Abend«, antwortete Sophia ironisch. Sie wußte, daß dies ihre letzten Worte des Vorwurfs sein würden. »Unsere Mägen sind geschrumpft.«

Er blieb nur zwei Tage, dann fuhr er nach Deutschland. Sein rechtes Ohr machte ihm zu schaffen. Seit einem Jahr hatte er immer wieder Schmerzen, die manchmal fast unerträglich waren. Jetzt war das Ohr entzündet. Gleichzeitig stellten sich Hörschwierigkeiten ein.

»Ich habe in Athen einen Arzt aufgesucht. Er hat mir geraten, nicht mehr im Meer zu baden. Aber das kann ich nicht befolgen. Ich will lieber meinen ganzen Körper gesund halten, als nur eine empfindliche Stelle schonen.«

»Es ist mehr als eine empfindliche Stelle, Henry«, sagte sie besorgt. »Du sprichst zu gern mit Menschen, als daß du es zulassen darfst, taub zu werden.«

»Dann bist du also einverstanden, daß ich Dr. von Troeltsch in Würzburg konsultiere? Er soll einer der besten Ohrenspezialisten Europas sein.«

Als er Mitte November zurückkam, war die Entzündung abgeklungen, und die Schmerzen hatten nachgelassen. Dr. von Troeltsch hatte ihm allabendliche Spülungen mit einer Flüssigkeit verschrieben, die Laudanum enthielt. Er durfte im Winter nicht mehr im Meer baden, in keinem Meer! Auch Sophia litt wiederholt unter Schmerzen in den Beinen und im Rücken. Sie kamen überein, nicht über ihre Beschwerden zu sprechen, sondern ihr Zusammensein zu genießen, bis Henry nach London reisen mußte, um das Öffnen der Kisten und die Vorbereitungen für die Ausstellung im South Kensington Museum zu überwachen.

John Murray schickte ihnen ein Exemplar von *Mykene*. Es war ein umfangreiches, schön ausgestattetes Buch mit einem langen und lobenden Vorwort des Right Honorable William E. Gladstone, M. P. Es enthielt fünfhundertfünfzig Abbildungen, manche in Naturgröße, der wichtigen Goldfunde sowie von Doppeläxten, Elfenbeingegenständen, Knöpfen, Hera-Figuren und Alabastervasen; sieben ganzseitige Bilder, vier davon in Farbe, dreizehn Reproduktionen der verzierten Terrakotten und acht Pläne von den Grabungen, darunter eine topographische Karte des gesamten Akropolis-Bereichs, der runden Agora mit ihren fünf Gräbern und die Pläne von Sophias Schatzhaus. Das Buch war in braunes Leder gebunden, mit einer in Gold geprägten Wiedergabe des Löwentors auf dem Deckel. Ein Titelbild zeigte »Das Schatzhaus beim Löwentor. Ausgegraben von Mrs. Schliemann.« Die bei Scribner, Arm-

strong & Company verlegte amerikanische Ausgabe zeigte auf dem Einband einen mit Gold ausgelegten Stich von Sophia in dem freigelegten *dromos* vor dem Tor.
Henry hatte seiner Frau nichts davon gesagt, daß *Mykene* mit Sophia Schliemann und ihrem Schatzhaus als Talisman in die Welt hinausgehen sollte. Sie küßte ihn zärtlich.
»Das war großzügig von dir, *philtate mou*.«
Er lächelte verlegen und zog die Schultern ein.
»Gott geht seltsame Wege, um seine Wunder darzutun.«

5.

Henry war wieder abgereist. Sophia versuchte, sich mit dem kalten, trüben Pariser Winter auszusöhnen. Spyros kümmerte sich um den Haushalt, überprüfte die Rechnungen und erledigte die Zahlungen. Sie fand eine nette junge Frau als Erzieherin für Andromache und verbrachte die meiste Zeit des Tages in einem Wohnzimmer im Obergeschoß, da beide Ärzte ihr geraten hatten, keine Treppen zu steigen. Von Zeit zu Zeit empfing sie Besucher; einige von Henrys langjährigen französischen Freunden, ab und zu eine griechische Freundin, Frau Christake oder Frau Delighianne. Die Burnoufs weilten in Paris und unterhielten sich mit ihr über »die warme griechische Sonne und die dahinsegelnden ägäischen Inseln«. Einmal ging sie ins Theater, aber sie mußte eine Treppe hinaufsteigen, und mitten in der Vorstellung überfiel sie ein panischer Schrecken. Sie durfte dieses Kind nicht verlieren!
Da sie selbst ans obere Stockwerk gefesselt war und Spyros kein Wort Französisch sprach, geriet allmählich alles aus dem Gleis. Die Dienstboten fingen an zu stehlen. Da sie wußten, daß Sophia hilflos war, arbeiteten sie immer weniger. Auf Sophias Vorhaltungen gaben sie ihr freche Antworten oder stritten einfach alles ab. Es dauerte einige Tage, bis man Ersatz für sie fand. In der Zwischenzeit übernahmen Sophia und Andromache die Küche und bereiteten die Mahlzeiten zu. Spyros' Gesicht nahm einen strengen Ausdruck an, der sie an Madame Victoria erinnerte.
»Du bist zuviel auf den Beinen. Der Arzt hat dich davor gewarnt.«
Henrys Briefe aus London waren voller Freude über die Vorbereitungen für die Ausstellung. Dann kam ein scharfer Brief mit Vorwürfen. Warum bat sie um mehr Geld, als er ihr von der Bank überweisen ließ? Hatte sie verschwenderisch gelebt, oder war es nur Unachtsamkeit? Obwohl ihre Rechnungen tatsächlich höher waren, als sie hätten sein sollen, fühlte sie sich gedemütigt. Sie antwortete:

> Mein Lieber, warum verlierst Du mir gegenüber so viele Worte über die Ausgaben? Ich weiß nicht, was ich tun soll. Ich drehe jeden Franc um und gebe ihn nur ungern aus...

Sie erklärte ihm, warum die Haushaltskosten so gestiegen waren. Er schrieb ihr einen kurzen versöhnlichen Brief: Als er ihr die Vorwürfe machte, habe er starke Schmerzen im rechten Ohr gehabt. Sie würden immer schlimmer. Sie solle sich bitte nicht aufregen. Wenn er Weihnachten zurückkäme, werde er die Führung des Haushalts übernehmen...

Als nächstes wurde ihre Mutter wieder krank. War es ein zweiter Herzanfall? Katingo und Marigo wollten es ihr nicht sagen. Sophia schrieb an ihre Mutter und fragte sie, ob sie nach Paris kommen und mit ihnen leben wollte. Madame Victoria antwortete, daß sie zwar von Herzen gern kommen würde, daß der Arzt jedoch gesagt habe, sie dürfe während der nächsten ein oder zwei Monate nicht an Reisen denken.

Ende November erhielt Sophia einen erregten Brief von Henry. Er war schwer bestürzt. Ephor Stamatakes, der in Mykene grub, hatte ein sechstes Grab entdeckt! Dicht bei den fünf Gräbern, die Henry freigelegt hatte! Das Grab enthielt zwei verbrannte Skelette und eine große Anzahl goldener Gegenstände.

Diesmal gab es keine Möglichkeit, Stamatakes sein Verdienst abzusprechen. Niemand hatte ihn zu dem Grab geführt; er hatte es selbst gefunden. Es war kein Trost für Henry, daß Stamatakes nie etwas hätte finden können, wenn er, Henry, nicht die königliche Grabanlage entdeckt hätte. Er schrieb verzweifelt:

»Unser *Mykene* ist gerade erst erschienen und schon unvollständig. Dieser verfluchte kleine Regierungsbeamte hat uns reingelegt!«

Dann wurde sein Ohr so schlimm, und er litt unter solchen Schmerzen, daß er wieder nach Deutschland zu Dr. von Troeltsch fahren mußte und die Eröffnung der Troja-Ausstellung im South Kensington Museum dadurch versäumte.

Er kam gerade noch rechtzeitig zum Fest der Heiligen Drei Könige nach Paris zurück, verbrachte den größten Teil der Zeit damit, über Stamatakes und sein sechstes Grab zu wettern, dann fuhr er wieder nach Athen. Sophia las voller Unruhe von der Grundsteinlegung für das neue palastähnliche Haus, das er auf seinem riesigen Grundstück an der Panepistimioustraße, ganz in der Nähe des Königspalasts, zu bauen beabsichtigte. Er hatte vor einiger Zeit Ernst Ziller, den bekanntesten Architekten Athens, beauftragt, den Plan für diese prunkvolle Villa – oder den »Palast von Troja«, wie er sie meistens nannte – auszuarbeiten, dann waren ihm Bedenken gekommen, daß die Griechen ihn für einen Parvenü oder Angeber halten könnten, und er hatte Ziller gesagt, daß der Bau noch einige Jahre warten müsse. Ziller hatte für die bereits geleistete Arbeit eine Rechnung erstellt. Henry zahlte nur einen so kleinen Teil davon, daß der Architekt sich gezwungen sah, ihn zu verklagen. Henry erkannte, daß er einen Fehler begangen hatte, und zahlte den Gesamtbetrag. Vor Freude über seine offizielle Anerkennung von seiten der Griechen, jetzt, da der Schatz von Mykene unter ihrer eigenen Ägide gezeigt wurde, veranlaßte er Ziller, die Pläne für *Iliou Melathron*, wie er das dreistöckige Haus mit fünfundzwanzig Zimmern, einem Ballsaal und mehreren Salons im ersten Stock genannt hatte, fertigzustellen. Der Bau würde zwei Jahre in Anspruch nehmen. Sophia war zwar mit der ungeheuren Größe ihres zukünftigen Heims nicht einverstanden, aber jetzt tat es ihr doch leid, daß sie an der Feier nicht teilgenommen hatte.

Die Geburt ihres Sohnes am 16. März 1878 ließ Henry und sie all ihre Enttäuschungen vergessen. Henry hatte immer vorgehabt, seinen griechischen Sohn Odysseus zu taufen. Nach der Entdeckung der Königsgräber änderte er jedoch seine Meinung und nannte den Jungen Agamemnon, König der Menschen. Es war eine normale, leichte Geburt. Beide, Sophia und der Kleine, waren wohlauf. Madame Victoria war im Februar nach Paris gekommen, um Sophia während der letzten mühsamen Wochen Gesellschaft zu leisten. Sophia war überglücklich, ihre geschäftige Mutter, die die Küche übernahm und ihre griechischen Lieblingsgerichte für sie zubereitete, bei sich zu haben.

Henry rief aus:

»Es mag orientalisch klingen, aber ich freue mich, daß der Name Schliemann weitergetragen wird.« Er beugte sich übers Bett, um Sophia auf die Stirn zu küssen, und sagte: »Du hast mir den größten Schatz geschenkt: einen Sohn. Was für ein Geschenk wünschst du dir dafür?«

Sophia brauchte nicht lange nachzudenken.

»Das hübsche kleine Haus in Kiphissia.«

»Es gehört dir. Ich werde noch heute meinem Makler in Athen telegraphieren. Wir können den Sommer dort verbringen, damit Agamemnon den Fluß und die Bäume kennenlernt.«

Er wollte nicht zulassen, daß Sophia vor Mai die weite Reise nach Griechenland machte. Als sie dann endlich wieder zu Hause war, begann sie sofort, das Haus in Kiphissia nach griechischer Art, das heißt, mit nur wenigen Möbeln, einzurichten. Henry half ihr nicht dabei und mischte sich auch nicht ein; er betrachtete es als Sophias Sommerhaus. Er selbst baute seinen Palast von Troja und ließ sich aus ganz Europa Kataloge von Möbeln, Leuchtern, Fliesen, eisernen Gittern, Teppichen und Haviland-Porzellan kommen.

Das Eisen für den Rohbau und die Gitter bestellte er in Deutschland, wo er auch seine Teppiche weben ließ. In England kaufte er Zement, Glasscheiben und Spiegel. Die Mosaikplatten für die Böden kamen aus Italien; er entwarf selbst die römischen Muster und engagierte einige Italiener, die das Mosaik legen sollten. Seine Ziegel ließ er aus Argos herbeischaffen, und obwohl Holz in Griechenland knapp war, kam für ihn keine andere Art der Tafelung in Frage. Außerdem fertigte er Skizzen für die Wandgemälde in den Haupträumen an und durchsuchte die klassische griechische Literatur nach passenden Motiven, mit denen er die Mauern schmücken konnte.

Ernst Ziller kam jetzt jeden Morgen in die Moussonstraße, um mit Henry die Details auszuarbeiten. Oft blieb er zum Mittagessen. Am Nachmittag überwachte Henry die Bauarbeiten. Wenn König Georg und Königin Olga einmal in der Woche ihre Pferde in den königlichen Ställen besuchten, überquerten sie die Panepistimioustraße, um zu sehen, wie weit der Bau gediehen war.

Sophia hatte Ziller vor sieben Jahren kennengelernt, als Henry den Architekten zum erstenmal beauftragte, Pläne für Iliou Melathron zu entwerfen. Als sie den Mann ansah, der ihr gegenüber am Eßtisch saß, sagte sie sich, daß Ziller offensichtlich einer von den Menschen war, die ihre Arbeit ernst nahmen, ohne davon besessen zu sein. Er sah gut aus und war, abgesehen von einem schmalen, forsch aufgezwirbelten Schnurrbart, glatt rasiert. Sein schwarzes Haar glänzte silbrig im grellen Schein der griechischen Sonne. Tiefliegende dunkle Augen beherrschten sein männliches, ansprechendes Gesicht. Für ihn gehörte die Architektur zu den schönen Künsten. Um dies auch nach außen hin zu demonstrieren, trug er Hemden mit auffallend breitem Kragen und Künstlerschleifen wie die Maler von Paris. Aufgrund der ihm eigenen Bauweise – einer Mischung aus alter griechischer Architektur und Renaissance-Elementen – war er der beliebteste Architekt Athens geworden.

Henry Schliemann hatte Ziller folgende Richtlinien gegeben:

»Ich habe mein ganzes Leben in engen Häusern verbracht; jetzt möchte ich etwas Geräumiges. Ich möchte auch eine breite marmorne Freitreppe und eine Dachterrasse.«

Ziller hatte geantwortet:

»Die Fassade sollte germanisch-hellenisch sein, einfach und elegant, trotz der massiven Ausführung. Für den Sockel werden wir unregelmäßige Granitblöcke verwenden, als Ausgleich dafür aber auf der Straßenseite im ersten und zweiten Stock fünf breite, hohe Bögen anbringen. Das lockert das Ganze ein wenig auf. Sie werden sehen, es wird das schönste Gebäude von ganz Athen.«

Henry hatte sich mit kaum verhohlener Erregung die Hände gerieben. Sophia war niedergeschlagen. Bei ihrem ersten Haus in der Moussonstraße, das für Henry von Anfang an nur ein vorläufiges Heim gewesen war, hatte er sie bei der Wahl des Viertels, des Hauses und der Möbel nach ihrer Meinung gefragt. Aber mit diesem Palast wollte Henry Schliemann sich selbst ein Denkmal setzen. Sie fragte sich:

›Ist das egoistisch von mir? Sollte ich mich nicht lieber freuen, daß er endlich den Medici-Palast bekommt, den er verdient hat?‹

Auf jeden Fall wollte sie ihm eine gute griechische Ehefrau sein, sein Denkmal bewundern, darin wohnen und es mit Gottes Hilfe in seiner Abwesenheit auch verwalten.

Als Henry für einen Augenblick den Raum verließ, fragte sie ruhig:

»Herr Ziller, was treibt einen Mann dazu, einen der größten Paläste Griechenlands zu bauen?«

Ziller sah Sophia mit großen Augen an.

»Großen Männern steht es zu, große Häuser zu bauen.«

»Als Heim oder als Denkmal?«

Ziller nahm sich kein Blatt vor den Mund.
»Als beides. Es ist durchaus möglich, in einem Palast angenehm zu leben. Nicht einfach, aber möglich – wenn es einem liegt.«
»Mir liegt es nicht.«
»Das kann ich mir denken, *Kyria* Schliemann. Sie werden im Iliou Melathron wie eine Königin residieren.«
»Aber das sagt mir nichts.«
Sie wußte jedoch, daß dieser Palast Henry veranlassen würde, ständig in Athen zu leben. Obwohl sie in London glücklich gewesen waren und Henry gesagt hatte: »Warum sollten wir nicht dort leben, wo wir gern gesehen sind«, war es für sie notwendig, ihr Zuhause in Griechenland zu haben. Nicht nur, weil sie ihr Geburtsland liebte, sondern weil sie ein Teil davon war, ein Teil seiner Erde und seines Meers, als ob die Adern ihres Körpers nicht an ihren Füßen endeten, sondern tief im Boden und in der Ägäis verwurzelt wären und aus ihnen ihre Nahrung bezogen. Was Henry betraf, er würde Iliou Melathron um so weniger verlassen wollen, je imposanter er es baute und je mehr er von sich selbst hineinlegte. Mit Erleichterung stellte sie fest, daß er sich bereit gefunden hatte, es ein wenig kleiner als den Königspalast zu halten. Sie wußte, wie schwer es ihm gefallen war, diese Konzession an den guten Geschmack zu machen. Er würde dieses außergewöhnliche Heim leidenschaftlich lieben, denn es würde ihm in Griechenland zu dem Ansehen verhelfen, nach dem er sich sehnte, und das er bisher trotz all seiner Erfolge nie hatte erringen können.
Sie selbst würde in dieses prächtige Heim erst hineinwachsen müssen. Henry würde prominente Leute aus aller Welt einladen und sie bitten, bei ihm zu wohnen. Aus diesem Grund hatte er auch die zusätzlichen Schlafzimmer in der zweiten Etage eingeplant. Wenn er, der ewige Unruhegeist, nicht gerade irgendwo in der Welt herumreiste, würde sie die liebenswürdige Gastgeberin spielen müssen. Er hatte ihr schon öfter, wenn er abwesend war, hochstehende Persönlichkeiten geschickt, mit genauen Anweisungen, wie sie sich ihnen gegenüber zu verhalten hatte. Sie sah sich bereits für die nächsten zwanzig oder dreißig Jahre oben auf der Freitreppe stehen und Gäste aus aller Herren Ländern willkommen heißen. Henry Schliemann würde Iliou Melathron besitzen, und Iliou Melathron würde von ihr Besitz ergreifen! Zum Glück gab es jedes Jahr einen Sommer. Sie lächelte innerlich bei dem Gedanken an ihr kleines Haus in Kiphissia mit seinen majestätischen Bäumen und dem rauschenden kleinen Fluß.

6.

Jetzt, da *Mykene* in England, Deutschland und den Vereinigten Staaten erschienen und die französische Fassung fast fertig war, drängte es Henry danach, die Erneuerung seines *firman* für weitere Ausgrabungen in Troja zu erreichen. Als er erfuhr, daß er frühestens im September damit rechnen konnte, überkam ihm wieder die altbekannte Ruhelosigkeit. Er fuhr nach Paris, um geschäftliche Angelegenheiten zu regeln, nach Deutschland, um sein Ohrenleiden behandeln zu lassen, und nach London, um mit Sir Austen Layard, dem englischen Botschafter in der Türkei, zu verhandeln. Nachdem er sich ein paar Tage in Athen aufgehalten hatte, um seinen Sohn zu sehen und mit ihm zu spielen, eilte er nach Ithaka, wo er einen Monat lang versuchte, den Palast des Odysseus zu finden. Zwischen den beiden Dardanellen-Cafés kursierte das Gerücht, Henry fühle sich überall anders wohler als zu Hause bei seiner Frau und seinen beiden Kindern. Dieser Klatsch verdroß Sophia. Wie sollte man der neugierigen Gesellschaft begreiflich machen, daß der umherreisende Henry Schliemann in den sechsundfünfzig Jahren seines Lebens fast ständig die Welt durchstreift hatte und nur wirklich seßhaft wurde, wenn er irgendwo grub.

Schließlich traf der *firman* ein. Henry verkündete, daß er nur die zwei Monate bis zum Beginn der starken Regenfälle graben werde. Da es am Hissarlik keine bequeme Unterkunft gab, erklärte er, wäre es besser für sie, zu Hause bei den Kindern zu bleiben.

Sophia hörte auf, sich zu bedauern, als ihr Bruder Spyros ernstlich erkrankte. Er nahm ab, litt an chronischem Fieber, Kopfschmerzen und Bewußtseinsstörungen. Es gelang den Ärzten nicht, die Ursache festzustellen. Kurz darauf trat eine einseitige Lähmung ein. Die linke Hälfte seines Mundes verzog sich nach unten und er konnte seinen linken Arm und sein linkes Bein kaum noch bewegen. Die Ärzte waren sich einig, daß es irgend etwas sehr Ernstes war, ein Tumor oder eine Gehirnblutung, aber sie konnten ihm weder Erleichterung verschaffen noch ihn heilen. Sophia war untröstlich. Armer Spyros, zuerst war er im Textilgeschäft seiner Familie das fünfte Rad am Wagen gewesen, dann hatte er jahrelang die Rolle ihres Beschützers gespielt. Und jetzt blieb ihm, obwohl er erst Anfang der Dreißig war, vielleicht keine Zeit mehr, etwas aus seinem Leben zu machen.

Henry kehrte in den ersten Dezembertagen aus Troja zurück. Er war in den zwei Monaten gut vorangekommen. Yannakis, dem man gestattet hatte, wieder bei ihm zu arbeiten, hatte einige Gebäude am Nordwesthang des Hissarlik instand gesetzt: ein Lagerhaus für die Altertümer, zu dem nur der türkische Beamte Kadry Bey einen Schlüssel besaß; ein Holzhaus für die zehn Wächter, die Henry angestellt hatte, damit sie die Grabungen vor den die Troas durchstreifenden Räubern schützten. Außerdem hatte er Baracken für Aufseher, Personal und Besucher gebaut; einen Schuppen für die Arbeitsgeräte, einen kleinen Speiseraum und Ställe. Yannakis war jetzt sein eigener Herr und verlangte, von seiner Unentbehrlichkeit überzeugt, sechzig Dollar pro Woche. Er brachte seinen Bruder aus Erenkoi mit und eröffnete zusammen mit ihm einen Laden, wo es Brot und Wein zu kaufen gab. Sie gewährten den Leuten zwar Kredit, aber Yannakis konnte dabei nichts verlieren: Er war der Zahlmeister und zog den Arbeitern vom Lohn ab, was sie ihm schuldeten. Nach-

dem er so lange in Armut und Ungnade gelebt hatte, legte er jetzt das Geld zurück, das er brauchte, um sich den ersehnten Bauernhof zu kaufen.
Henry war mit seinen Funden zufrieden. Er durfte nur ein Drittel davon behalten, und Kadry Bey wachte genau darüber, daß er bei der Verteilung nicht das beste Drittel bekam. Aber Henry machte gar nicht den Versuch, ihn zu überlisten; ihm war viel mehr daran gelegen, die Genehmigung auch weiterhin und möglichst lange zu behalten. Unter den Schätzen befanden sich Gefäße mit goldenen Perlen, Ohrringen, Tellern und Stäben. Es war erfreulich, daß Troja aufgrund seiner Bücher, Artikel und Diskussionen überall bekannt geworden war. Aus der ganzen Welt strömten Besucher herbei. Henry führte sie zu allen Ausgrabungen, und wenn sie die Stätten verließen, waren sie bekehrt. Die häufigsten Besucher kamen von den englischen Kriegsschiffen, die in der Bucht von Besika vor Anker lagen. Königin Victoria hatte Frank Calvert begnadigt. Es hieß, daß Franks junge Tochter dem türkischen Sultan, als dessen Jacht in Çanakkale lag, Blumen gebracht und ihn gebeten hatte, sich bei Königin Victoria für ihren Vater einzusetzen. Frank war ein anderer Mensch geworden. Er ritt zum Hissarlik hinaus, um Henry zu seinen Schätzen von Mykene zu beglückwünschen.
»Und es wird auch keinen Streit mehr darüber geben, wer Troja gefunden hat«, erklärte er Henry. »Sie waren es!«
Frank erzählte, daß er in Hanai Tepeh auszugraben hoffte.
»Ich werde Ihnen Geräte und einige meiner besten Arbeiter zur Verfügung stellen«, bot Henry ihm an.

Henry war seinen Kindern ein vorbildlicher Vater. Nach seiner Rückkehr gab er Andromache täglich zwei Stunden Unterricht in Deutsch und Französisch. Dem kleinen Agamemnon hatte man gleich nach seiner Geburt eine Homer-Ausgabe unter das Kopfkissen gelegt. Bereits nach dem ersten Bad hatte Henry dem Kind hundert Zeilen aus der *Ilias* vorgelesen. Bischof Vimpos war aus Tripolis gekommen, um kurz vor Henrys Abreise nach Troja die Taufe vorzunehmen. Taufpate war Ioannes Soutsos, der während der Jahre, die Theokletos Vimpos und Henry Schliemann in St. Petersburg gelebt hatten, dort griechischer Botschafter gewesen war. Die drei Männer freuten sich über ihr Wiedersehen in Athen. Henry bestand darauf, daß beide Kinder beim Abendessen mit bei Tisch saßen. Obwohl es kalt war, packten er und Sophia die Kinder ein und machten mit ihnen Ausflüge auf das Land. Sophia, die schon befürchtet hatte, daß Henry sich nicht mehr für sie interessierte, war glücklich darüber, daß er sich wieder als leidenschaftlicher Liebhaber zeigte.
Henry schloß Freundschaft mit Dr. Rudolf Virchow, Professor für pathologische Anatomie an der Universität von Berlin und prominentester Vertreter der deutschen Schule, die in der zweiten Hälfte des 19. Jahrhunderts beispielgebend für die Medizin der ganzen Welt war. Das war jedoch nur eine Seite von Virchows Leben. Er war außerdem Mitglied des Berliner Stadtrats und des preußischen Parlaments. Er gründete politische Parteien, gab wissen-

schaftliche Zeitschriften heraus und war ein radikaler Neuerer, der ständig Monographien und Bücher über Anatomie, Anthropologie und Archäologie veröffentlichte.

Weder Henry noch Sophia hatten Virchow je persönlich kennengelernt, obwohl Henry mit ihm korrespondiert und ihn eingeladen hatte, auf seine Kosten 1872 oder 1873 nach Troja zu kommen, da Virchow sich brennend für die Vorgeschichte interessierte. Aber der Arzt war zu beschäftigt gewesen, um der Einladung Folge zu leisten. Im Frühjahr 1879 lud Henry ihn abermals ein, und zu seiner Freude nahm Virchow die Einladung an. Sophias Vermutung, daß er die Reise aus Interesse an Troja unternahm, erwies sich bald als irrig. Henry hatte Virchow von seinen Schwierigkeiten mit den trojanischen Schätzen geschrieben, die sich nunmehr seit einem Jahr im South Kensington Museum befanden. Die Museumsverwaltung hatte ihn aufgefordert, die Sammlung zu entfernen, da man den Ausstellungsraum dringend anderweitig benötige.

»Warum bringst du sie nicht nach Athen zurück, wo sie hingehört?« fragte Sophia.

»... Nein ... Ich denke gar nicht daran, sie jetzt schon zurückzubringen. Vielleicht kann ich sie noch woanders zeigen, im Louvre oder in St. Petersburg ...«

»Aber du wirst sie letztlich doch nach Hause bringen, nicht wahr?«

Henry wich der Frage aus.

Im Januar kam ein Brief von Virchow:

»Es ist traurig, daß Sie sich, nicht ungerechtfertigterweise, Ihrem eigenen Land ein wenig entfremdet fühlen ... Aber Sie sollten nicht vergessen, daß trotz der Schwierigkeiten, die Ihnen die Experten des klassischen Altertums bereitet haben, die öffentliche Meinung immer ganz auf Ihrer Seite war.«

Ende Februar 1879 hatte sich Émile Burnouf, der jetzt in Paris lebte, einverstanden erklärt, als archäologischer Berater und Aufseher nach Troja zu kommen. Louise würde ihren Vater nicht begleiten. Auch Sophia sollte nicht mitkommen. Er schrieb ihr:

»Sophia, mein Liebling, wir haben kein Haus. Ich schlafe in einem der neun Abteile der Baracken, in denen meine Vorarbeiter und Gäste untergebracht sind. Die Waschanlagen sind primitiv. Yannakis ist zu sehr beschäftigt, um außer der Zubereitung meines Essens am Sonntagabend noch weitere Aufgaben zu übernehmen. Polyxene ist nie hier; es gibt keinen Platz für sie. Wenn wir voll arbeiten, werden hundertfünfzig Männer im Lager leben. Das wäre zu gefährlich für Dich. Es ist nicht so, als kehrten wir nach Mykene zurück, wo Du bei den Dases-Frauen sicher und bequem untergebracht wärest. Die Troas ist jetzt ein Schlachtfeld, auf dem die Räuber und die Dorfbewohner miteinander kämpfen. Sie plündern, morden, vergewaltigen ... Wenn sie erführen, daß in unserem Lager eine schöne junge Frau lebt, müßte ich statt der zehn Gendarmen hundert anstellen. Und auch dann würde ich mich Tag und Nacht um Dich sorgen. Bleib zu Hause, meine Geliebte, mit Deinen Kleinen, wo Du sicher aufgehoben bist. Wache über den Bau unseres schönen neuen Heimes. Ich bin Ende Juni zurück, dann werden wir den ganzen Sommer zusammen sein. Wir können einen Monat in Deinem Haus in Kiphissia verbringen und für August ein Haus in Kastella mieten, damit wir täglich im Meer baden können...«

Sophia war zutiefst niedergeschlagen, aber Henry hatte alle ihre Argumente widerlegt. Sie mußte in der Moussonstraße bleiben.

Dr. Virchow kam auf seiner Reise nach Troja über Athen. Sophia lud ihn zum Abendessen ein. Sie war neugierig auf diesen Mann, der Henry so stark beeindruckt hatte. Gleichzeitig wollte sie sich ein Urteil bilden über ihren Gegner im Kampf um die Schätze Trojas. Sie erkannte sofort, daß sie sich ein ganz falsches Bild von ihm gemacht hatte. Rudolf Virchow war kein aggressiver, streitbarer und raubgieriger Mensch, wie sie befürchtet hatte. Er war vielmehr zurückhaltend, liebenswürdig und voller Bewunderung für Henrys Talent und seine Leistungen.

Sie beobachtete ihn über den Eßtisch hinweg, während er mit Genuß ihre Inselgarnelen und Fisch-*plaki* aß. Obwohl fast gleichaltrig mit Henry, wirkte er um Jahre älter. »Der kleine Doktor«, wie er in Berlin liebevoll genannt wurde, war untersetzt und hatte ein pergamentartiges, runzliges Gesicht. Seine kleinen Augen hinter der Brille blickten durchdringend, aber doch freundlich. Er trug einen Schnurrbart und einen vollen, runden Bart. Von seinem angegrauten, sich lichtenden Scheitel bis zu den winzigen Füßen war er ein Rebell, und zwar nicht nur als Mediziner und Politiker, sondern auch auf dem neuen Gebiet des öffentlichen Gesundheitswesens. Bismarck, der über das Deutsche Reich herrschte, haßte ihn so sehr, daß er ihn einmal zu einem Duell gefordert hatte. Virchows Belustigung über den Vorfall war für die Berliner einer der wenigen Anlässe, über ihren Eisernen Kanzler zu lachen. Ebenso wie Henry hatte auch Virchow ein erstaunliches Talent für fremde Sprachen. Er beherrschte Latein, Griechisch, Hebräisch, Arabisch, Englisch, Französisch, Italienisch und Holländisch. Im Jahr 1869, dem Jahr von Sophias und Henrys Heirat, hatte er sowohl die erste deutsche Anthropologische Gesellschaft wie auch die Berliner Gesellschaft für Anthropologie, Ethnologie und Prähistorie gegründet, während er gleichzeitig als Arzt praktizierte und seinen Pflichten als Mitglied des Berliner Stadtrats nachkam. Wie so viele kleine Männer war er mit einer ausgezeichneten Gesundheit gesegnet, benötigte nur wenig Schlaf und fand sogar noch Zeit zu kegeln, zu schwimmen und auf die Berge zu steigen.

Sie unterhielten sich während des Abendessens auf Deutsch und setzten danach ihre Konversation in Henrys Arbeitszimmer fort.

»Ich habe noch nie einen medizinischen Wissenschaftler kennengelernt«, sagte sie zu ihm. »Ich würde gern etwas über Ihre Forschungsarbeiten erfahren. Man wirft Henry manchmal vor, übereilte Schlüsse zu ziehen und Vermutungen an die Stelle von beweisbaren Tatsachen zu setzen.«

Virchow lächelte sanft.

»Das stimmt, manchmal tut er das. Aber seine Vermutungen sind wichtig als Ausgangspunkt für Theorien über die Lebensweise alter Völker. Sogar seine Fehler sind wertvoll, denn sie veranlassen ihn und andere Archäologen, zu beweisen, daß er sich geirrt hat, und noch tiefer zu graben, um die Wahrheit zu finden.«
»Es ist nett von Ihnen, das zu sagen...«
»Frau Schliemann«, unterbrach Virchow sie, »meine Aufgabe ist viel leichter als die Dr. Schliemanns. Wir haben zwar die gesamte pathologische Anatomie erfunden, aber wir hatten den menschlichen Körper vor Augen und Leichen, die wir sezieren konnten. Unsere Chirurgie lehrt uns Schritt für Schritt, was in verschiedenen Teilen des Körpers nicht stimmt. Auch wir machen Fehler, im allgemeinen auf Kosten des Patienten, und manche unserer kühnen Annahmen und spekulativen Theorien waren viel abwegiger, als die von Dr. Schliemann es je sein können! Das ist das Wesen der Wissenschaft. Am Anfang weiß man gar nichts. Aber wenn wir forschen und unsere neuen Ideen zu vertreten wagen, besitzen wir am Ende unseres Lebens zumindest ein bescheidenes Wissen.«
»Ich möchte so gern wieder bei den Ausgrabungen dabeisein«, gestand sie.
Dr. Virchow gelang es genauso wenig, Henry zu überreden, seine Frau nachkommen zu lassen, wie das preußische Parlament zu Reformen für die einkommensschwachen Bevölkerungsgruppen des Landes zu bewegen. Henry schrieb ihr:

> Du sagst, Du möchtest nach Troja kommen. Ungeachtet meiner eigenen Wünsche kann ich es Dir nicht raten und überhaupt habe ich zur Zeit sehr viel Arbeit. Ich reite jeden Morgen zu den entfernten Gräbern, den sogenannten »Heldengräbern«, und gegen Mittag bin ich wieder am Hissarlik, um dort die Ausgrabungen zu überwachen. Also könnte ich höchstens ein paar Worte mit Dir wechseln. Außerdem ist es hier sehr bewölkt, ein Wetter wie im Winter und sehr kalt.

Völlig zusammenhanglos setzte er noch hinzu:
»Wenn Du Dr. Virchow das nächstemal siehst, sprich Französisch mit ihm. Dein Französisch ist besser als das seine.«
Die Kinder waren ihr einziger Trost. Jeden Morgen machte sie einen langen Spaziergang mit ihnen. Andromache, die jetzt ein kräftiges achtjähriges Mädchen war, liebte es, Agamemnon in dem Kinderwagen zu fahren, den Henry aus England hatte kommen lassen. Am Nachmittag traf sie sich mit Katingo oder Marigo, damit die Kinder spielen konnten, während die Schwestern miteinander plauderten. Manchmal lud sie Panaghiotes zum Mittagessen ein. Ab nächstem Jahr würde er an der Universität Athen Archäologie studieren. Spyros war immer noch linksseitig gelähmt. Er verbrachte die meiste Zeit im Bett und konnte nur aufstehen und ein wenig herumhumpeln, wenn sie ihn stützte.

›Er hat sich so viele Jahre um mich gekümmert‹, dachte sie. ›Jetzt ist es an mir, ihm zu helfen.‹
Einige Wochen später erlitt Madame Victoria einen zweiten Herzanfall, diesmal einen schweren. Dr. Skiadaresses verordnete ihr strikte Bettruhe, eine besondere Diät und warnte sie vor Aufregungen und Ärger. Madame Victoria wollte keine Krankenschwester.
»Wozu brauche ich eine Krankenschwester, wenn ich eine Lieblingstochter habe, die sich um mich kümmern kann?«
Sophia brachte ihre Mutter und ihren Bruder von Kolonos in ihr eigenes Haus, das in eine Privatklinik umgewandelt wurde, mit Spyros in einem Schlafzimmer und Madame Victoria in einem anderen. Sophia nahm die Kinder in ihr eigenes Zimmer und stellte zu beiden Seiten ihres *martimoniale* je ein Kinderbett auf. Sie engagierte ein Dienerehepaar, dem sie die frühere Wohnung von Yannakis und Polyxene im Untergeschoß zur Verfügung stellte. Da Spyros sich nicht mehr um die Haushaltsfinanzen kümmern konnte, übernahm sie diese Aufgabe, obwohl sie nie geglaubt hatte, ein besonderes Talent dafür zu haben. Außerdem verbrachte sie mehrere Stunden am Tag auf dem Bau in der Panepistimioustraße. Die Arbeiten waren schon so weit fortgeschritten, daß sie die riesigen Ausmaße des Hauses erkennen konnte, von denen sie jedesmal aufs neue überwältigt war. Henry hatte einen Polier angestellt, der die ankommenden Materialien überprüfte und die Arbeiter bezahlte, aber er hatte Sophia gebeten, jeden Tag hinzugehen, um nach dem Rechten zu sehen.
»Wie soll ich das machen?« hatte sie ihn gefragt. »Mindestens hundert Arbeiter kriechen auf dem Bau herum, deutsche Zimmerleute, italienische Steinmetze und Fliesenleger, französische Stukkateure, griechische Klempner...«
Henry war jetzt seit drei Monaten fort. Sophia war nur noch ein Nervenbündel. Sie konnte sich nicht freimachen von dem täglichen Einerlei und ihren Pflichten und mußte auf die simpelsten Vergnügen wie ein Konzert auf dem Syntagmaplatz oder eine Matinee im Boukoura-Theater verzichten. Sie gab keine Abendgesellschaften, und nur wenige Freunde luden sie ein, wenn Henry nicht da war.
›Eine alleinstehende Frau ist das unerwünschteste Wesen der Welt!‹ sagte sie sich.
Sie gestattete sich nicht, krank zu werden. Sie litt weder an Magenkrämpfen noch an nervösen Störungen. Nur das Gefühl, vernachlässigt zu werden, machte ihr schwer zu schaffen.
Mitte Mai kehrte Dr. Rudolf Virchow aus Troja zurück. Er war gebräunt von dem Monat in der Troas, wo er typische Exemplare der dortigen Flora und Fauna gesammelt, an den »Heldengräbern« in der Ebene gegraben und mit Henry und Burnouf lange Ritte bis zum Gipfel des Ida unternommen hatte. Seine Begeisterung galt vor allem Henrys zwei Goldfunden: Den einen hatte Henry an der Nordseite des Hügels auf einer eingestürzten Hausmauer ent-

deckt, den anderen in einer Tiefe von elf Metern nahe der Stelle, wo er und Sophia sechs Jahre zuvor auf den Schatz des Priamos gestoßen waren. Virchow beschrieb die runden Goldplatten, die denen von Mykene ähnelten; einen Brustschmuck aus zahlreichen Ketten mit goldenen Idolen; goldene Ohrringe, Armreifen, Goldperlen und Stirnreifen. Jetzt würde das Museum von Konstantinopel das Gold haben, das die Athener Gerichte ihm verweigert hatten.

Aber am meisten hatte es Virchow beeindruckt, zu sehen, wie Henry die ganze Umfassungsmauer von Troja freilegte und die Ruinen der drei oberen Städte waagerecht abtrug, bis er auf die verbrannten, aber noch erkennbaren Überreste von Homers Troja stieß.

»Ich freue mich für Henry«, sagte Sophia. »Aber gleichzeitig bin ich neidisch. Henry hat mich geheiratet, damit ich ihm helfe, Troja zu finden. Jetzt fühle ich mich, offen gestanden, ausgeschlossen.«

»Wenn ich an Ihre Mutter und Ihren Bruder denke, kann ich mir vorstellen, wie sehr Sie belastet sind.«

Sophias Augen füllten sich mit Tränen. Das Mitgefühl in Dr. Virchows Stimme verstärkte noch ihr Gefühl der Einsamkeit, ihre Sehnsucht nach Henry und die Befürchtung, daß er die Ausgrabungen fortsetzen, große Funde machen und lange Reisen ohne sie unternehmen würde.

Um sie abzulenken, erzählte Virchow ihr, wie er Henry als Arzt der Troas vertreten hatte.

»Ich kann Ihren Mann gar nicht genug loben; er wurde nie ungeduldig, wenn er als Dolmetscher fungierte und den Leuten meine Verordnungen mit größter Sorgfalt erklärte.«

Am nächsten Tag kehrte er mit einem Brief zurück, den er an Henry geschrieben, für den er jedoch Sophias Genehmigung einholen wollte, da sie ihm ihre persönlichen Gefühle vertraulich offenbart hatte. Sophia las:

> Ihre Frau... sehnt sich nach Ihrer Rückkehr und befürchtet, daß Sie sie im Laufe des Sommers wieder allein lassen werden. Ich möchte Ihnen raten, ihr doch ein wenig mehr Zeit zu widmen. Sie fühlt sich ganz offensichtlich vernachlässigt, und da sie mehrere kranke Angehörige im Haus hat, findet sie nicht die Abwechslung, die sie braucht. Ganz offensichtlich vermißt sie angenehme Zerstreuung. Aufgrund Ihres Einflusses sowie der gehobenen Stellung, die sie jetzt einnimmt, hat sie gelernt, höhere Ansprüche an das Leben zu stellen...

7.

Henry kehrte Anfang Juni nach Athen zurück. Er war sehr zufrieden mit sich. Dr. Virchow hatte ihn viel von dem gelehrt, was er »wissenschaftliche Gelassenheit und Vorsicht« nannte. Obwohl ihn die Kritik anderer Archäologen und Altertumsforscher an seiner Arbeitsweise sehr erbittert hatte, hatte er sich ihre Vorwürfe nichtsdestoweniger zu Herzen genommen. Er erklärte Sophia:

»Nachdem ich die ganze Fläche, die ich erforschen wollte, auf eine Ebene gebracht hatte, begann ich, ein Haus nach dem anderen freizulegen, wobei ich mich langsam zum Nordhang vorarbeitete. Auf diese Weise ist es mir gelungen, alle Häuser der dritten Stadt auszugraben, ohne ihre Mauern zu beschädigen.«

Er plante ein neues Buch, das den Titel *Ilion* tragen und nicht nur die Ausgrabungen von Troja mit neuen Karten und Plänen von Burnouf ergänzen sollte, sondern mit dem er auch das sehr persönlich gehaltene, tagebuchartige Werk *Trojanische Alterthümer*, das so viele falsche Schlußfolgerungen enthielt, durch eine objektive und wissenschaftliche Darstellung aller am Hissarlik gemachten Entdeckungen ablösen wollte.

Sie saßen im Teehaus ihres jetzt wenig benutzten Gartens spät nachmittags beim Kaffee.

»Von jetzt an werde ich dich zu allen Ausgrabungen mitnehmen. Als nächstes möchte ich Orchomenos freilegen. Es gibt nur drei Städte, die laut Homer unermeßliche Goldschätze besaßen: Troja, Mykene und Orchomenos.«

Dieses Versprechen gab Sophia wieder Mut, auch wenn es erst nächstes Jahr soweit sein würde. Henry mußte eine Zeitlang zu Hause bleiben, um *Ilion* zu schreiben und die tausendfünfhundert Stiche der wichtigen neuen Funde vorzubereiten.

»Gib mir zwei oder drei Wochen, damit ich meine Korrespondenz beantworten, einige geschäftliche Angelegenheiten erledigen und mich vergewissern kann, daß Iliou Melathron richtig gebaut wird. Dann fahren wir für einen Monat zur Kur nach Bad Kissingen in Bayern. Die Kinder nehmen wir mit. Aber vorläufig wollen wir Athen genießen, in Konzerte, ins Theater und in Restaurants gehen. Du warst lange genug eingesperrt.«

Wie schon so oft zuvor hatte Sophia sich vorgenommen, ihn bei seiner Rückkehr zornig oder zumindest sehr kühl zu empfangen. Aber sie brachte es einfach nicht fertig. Wenn Henry etwas bereute, kannten seine Liebe, seine Aufmerksamkeit und seine Sorge um ihr Wohlbefinden keine Grenzen. Er stellte sogar Geld zur Verfügung, damit ihre Mutter sich ein kleines Haus in Athen kaufen konnte. Es hätte für Madame Victoria keine bessere Medizin geben können als diese Nachricht. Bald war sie wieder auf den Beinen. Sie brauchte nur wenige Tage, um ein Haus zu finden, das ihr gefiel. Henry half ihr und Spyros beim Umzug und engagierte ein Hausmädchen und eine Köchin für ihre Betreuung.

»Ich danke dir, mein Lieber. Dadurch wird meine Last viel leichter...«

»Einen exzentrischen alten Ehemann zu haben, ist schon Last genug!«

Ein paar Tage später wurde noch eine andere Last von ihnen genommen, als Leutnant Vasilios Drosinos an die Tür des Hauses in der Moussonstraße klopfte und ihnen mitteilte, daß die Pioniertruppe ihn nach Athen versetzt

und die Armee wenig Arbeit für ihn habe. Er wollte fragen, ob er ihnen irgendwie nützlich sein könnte.
»Und ob Sie können!« erwiderte Henry begeistert. »Mein derzeitiger Polier ist nicht viel wert, und der Architekt muß für einige Monate verreisen. Möchten Sie die Aufsicht über den Bau von Iliou Melathron übernehmen? Diesmal werden wir sicher die Erlaubnis Ihrer Vorgesetzten bekommen.«
Drosinos war nun für den gesamten Bau verantwortlich, fungierte als Zahlmeister, überprüfte und zahlte alle Materialien, die ankamen, und beaufsichtigte die Arbeiter, von den italienischen Mosaiklegern bis zu den französischen und bayerischen Wandmalern und den englischen Glasern.
»Es ist gut, ihn wieder in der Familie zu haben«, meinte Sophia. »Yannakis hat jetzt Erfolg, Frank Calvert ist wieder unser Freund, und Drosinos verdient jetzt genug, um seine Frau und seine Kinder zu unterhalten. Dieses Altweibergeschwätz, daß jedem, der Königsgräber öffnet, schreckliche Dinge zustoßen, ist ein Ammenmärchen.«
Sie verbrachten den ganzen Monat Juli in Kissingen. Sophia wußte nicht, ob es das Wasser oder die Fürsorge ihres Mannes war, aber am Ende ihres Aufenthalts hatte sie wieder ihr normales Gewicht erreicht und fühlte sich glänzend. Als es Zeit war, nach Athen zurückzukehren, bat Henry um Erlaubnis, nach Paris zu fahren, um mit Burnouf die neuen Karten für *Ilion* vorzubereiten. Sophia begab sich nach Kiphissia und lud ihre Schwestern zu sich ein. Bei Henrys Rückkehr zogen sie wieder in die Moussonstraße. Henry verschanzte sich mit seinen umfangreichen trojanischen Tagebuchaufzeichnungen in seinem Arbeitszimmer. Er arbeitete so intensiv, daß er bis November die Kapitel über Topographie, Ethnologie, Geographie, Religion und die Kontroverse über den Lageort abgeschlossen hatte. Um das Buch so umfassend wie möglich zu gestalten, bat er zahlreiche Gelehrte um ihre Mitarbeit. Viele von ihnen erklärten sich einverstanden. »Ich möchte, daß die breite Öffentlichkeit sich an diesem Buch erfreut«, erklärte er. Er verließ sein Arbeitszimmer nur, wenn er sich zu seinem Iliou Melathron begab.
Ihr Leben verlief ruhig und angenehm. Andromache kam in die erste Vorschulklasse des Arsakeion und lernte gut. Für einen noch nicht ganz zweijährigen Jungen besaß Agamemnon bereits einen erstaunlichen Wortschatz. Madame Victoria konnte sich ohne fremde Hilfe in der Stadt bewegen, und Spyros hatte sich so weit erholt, daß er an einem Stock spazierenging. Henry erinnerte sich rechtzeitig an ihren zehnten Hochzeitstag und kaufte für Sophia Berge von liebevoll ausgewählten Geschenken.
Die einzige unterschwellig vorhandene Spannung war der Schatz des Priamos. Im Jahr 1876 hatte Charles Newton Henrys Angebot, die Sammlung dem British Museum zu leihen, abgelehnt und sie statt dessen an das South Kensington Museum gegeben. Jetzt, im Jahr 1880, hatte sie einen solchen Weltruf erlangt, daß Newton Henry aufforderte, einen Preis zu nennen, da er, wie er sagte, überzeugt war, daß Gladstone das Parlament dazu bewegen könne, sie für das British Museum zu erwerben. Während seines Aufenthal-

tes in der Troas im Jahr zuvor hatte Henry mit Baron Nikolai Bogoschewsky, einem alten Bekannten aus St. Petersburg, korrespondiert und die Möglichkeit erörtert, den Schatz an die Eremitage zu verkaufen.

»Warum nach Rußland?« fragte Sophia verblüfft.

»Weil ich zwanzig Jahre meines Lebens in St. Petersburg verbracht und dort mein erstes Vermögen gemacht habe.«

»Das ist das erste, was ich von solch einem Gefühl höre!«

Sie schüttelte ungläubig den Kopf. Zuerst hatte er den Schatz dem Louvre als Geschenk angeboten, während er gleichzeitig erklärte, daß seine ganze Liebe Griechenland gehöre. Als nächstes hatte er Newtons Angebot, die Sammlung für das British Museum zu erwerben, ausgeschlagen, bot sie jedoch kurz darauf den Russen für die Eremitage an. Sophia wußte, daß er auch mit führenden Persönlichkeiten in den Vereinigten Staaten korrespondiert hatte, da das neue Metropolitan Museum in New York vor der Eröffnung stand. Und sie war sicher, daß auch Dr. Virchow während seines Aufenthaltes in der Troas Henry eifrig zugeredet hatte, den Schatz dem Berliner Museum zu überlassen...

»Die Deutschen haben mich sieben Jahre lang verleumdet«, erklärte Henry, »aber jetzt haben sie sich eines Besseren besonnen. Sie schätzen meine Bücher. Außerdem fühle ich mich mit zunehmendem Alter immer mehr meinem Vaterland verbunden. Ich werde die Sammlung Berlin als Geschenk anbieten. Trotzdem werde ich hohe Forderungen an den Kaiser stellen...«

»Was willst du nun eigentlich wirklich, Henry?« fragte sie.

»Anerkennung... Bestätigung des Werts meiner Arbeiten als Archäologe.«

»Warum bietest du ihn dann nicht noch einmal der griechischen Regierung an? Unser Nationalmuseum wird in wenigen Jahren fertiggestellt sein. Wenn du die trojanische Sammlung mit den Funden von Mykene vereinst, würde das die großartigste archäologische Ausstellung der Welt werden.«

Er antwortete nicht.

Sie empfand mehr Schmerz als Zorn. Wie konnte man mit einem Menschen debattieren, der wie ein tanzender Derwisch zwischen den Museen der ganzen Welt herumsprang? Wie ein junges Mädchen, das versucht, aus ihrer Jungfräulichkeit das meiste herauszuschlagen.

Da er mit so vielen Institutionen verhandelte, fühlte sie sich sicher.

Henry verbrachte die nächsten Monate damit, *Ilios* zu übersetzen und über seine Herausgabe in mehreren Ländern zu verhandeln. Im April erwarb Harper's das Buch für die Vereinigten Staaten und bot Henry zehn Prozent Honorar an. Nachdem Henry die Übersetzung vom Englischen ins Deutsche beendet hatte, fuhr er mit dem Manuskript nach Leipzig, wo Brockhaus die deutsche Ausgabe Anfang 1881 herauszubringen versprach. Die englische Ausgabe, die jetzt gerade gebunden wurde, sollte als erste erscheinen. Sein französischer Verleger wies ihn wegen der mit *Mykene* erlittenen Verluste ab. Da Henry ihn für diese Verluste entschädigt hatte, konnte er sich nicht

erklären, warum er so abweisend war. Ohne sich jedoch davon entmutigen zu lassen, suchte er nach einem anderen französischen Verleger.
Zur gleichen Zeit zogen sie in das noch nicht ganz fertiggestellte Iliou Melathron. Henry erklärte, daß er zugegen sein wolle, um die Wandmaler zu überwachen. Er war nicht davon abzubringen. Es brach Sophia fast das Herz, als ihre letzten persönlichen Dinge auf einen Wagen geladen und aus der Moussonstraße fortgeschafft wurden. Sie hatte zehn Jahre ihrer Ehe in diesem Haus verbracht. Andromache war hier zur Welt gekommen. Sie hatten ihre ersten Funde in den Garten dieses Hauses gebracht. Obwohl sie schwere Zeiten durchgemacht hatten, waren sie doch mit ihrer Arbeit glücklich gewesen. Henry wollte das Haus vermieten; sie konnte sich nur schwer an den Gedanken gewöhnen, daß Fremde in ihrem ersten Heim leben würden.
Im Juli erhielten sie die Genehmigung, in Orchomenos zu graben. Henry hielt Wort: Sie würden dort zusammen arbeiten. Troja, Mykene, Orchomenos: alle »sprichwörtlich reich an Gold«. Henry würde ihre Arbeit an dieser legendären Triade vollenden. Er ließ die Ausgrabungsgeräte instand setzen. Sophia verbrachte den halben Monat Juli in Kiphissia, den Rest in einem gemieteten Haus in Kastella, damit die Kinder am Strand und im Wasser spielen konnten. Henry hatte Agamemnon bereits das Schwimmen beigebracht. Das gesellschaftliche Ereignis dieses Sommers war die Verlobung ihres Bruders Alexandros mit der achtzehnjährigen Anastasia Pavlidou, deren Eltern aus diesem Anlaß ein rauschendes Fest gaben. Im August ging sie mit Henry zur Kur nach Karlsbad. Nach einigen Wochen fuhr er nach Leipzig, um mit dem deutschen Verleger von *Ilion* zu arbeiten. Als Sophia nach Athen zurückkehrte, war das neue Haus fast fertig. In den zwei Ausstellungsräumen im Erdgeschoß, die Henry für seine archäologischen Schätze reserviert hatte, fehlten nur noch die Regale. Die drei Dienstbotenzimmer waren beinahe luxuriös ausgestattet worden; sogar ein Badezimmer war vorhanden. Sophia hätte gern die Einrichtung für die geräumige Küche gekauft, die sich ebenfalls im Erdgeschoß befand, aber Henry hatte es sich nicht nehmen lassen, das selbst zu tun. Und sie mußte zugeben, daß er alles richtig gemacht und die besten Herde, Öfen und Porzellanspülbecken aus dem Ausland importiert hatte.
Das Hauptgeschoß, das man über die marmorne Freitreppe erreichte, war noch nicht eingerichtet, aber auf dem rückwärtigen Hof standen Hunderte von Kisten mit Adressen aus allen europäischen Ländern. Ein großer Teil der Möbel aus Henrys Pariser Wohnung war ebenfalls eingetroffen. Er hatte auch die Badewannen und Warmwasserbehälter aus Paris kommen lassen; Maison Chevalier hatte hohe, reich verzierte Kleiderschränke, Sofas, schön geschnitzte Tische und gepolsterte Stühle geliefert. Für den riesigen Ballsaal, dessen Decke und Wände mit bunten Vögeln und Pflanzen der Troas bemalt waren, hatte Henry ein Gros Stühle mit rohgeflochtenen Sitzen besorgt.
Ein Treppenhaus im Inneren führte zur obersten Etage, wo Henry sich eine Bibliothek eingerichtet hatte. Sophia fand darin den wuchtigen, reich ge-

schnitzten Schreibtisch und die schweren Sessel vor, die er bestellt hatte. Seine Bücher aus Paris und der Moussonstraße waren noch in großen Kisten und Weidenkörben verpackt; Henry bestand darauf, jedes Buch selbst auf den richtigen Platz in den Regalen zu stellen. Er ließ Sophia eine Anzahl von Büchern bei Brockhaus bestellen, während er sich aus den Katalogen englischer und französischer Verlage die Werke auswählte, die ihn interessierten. Die Bibliothek lag direkt über dem Ballsaal und war nur um weniges kleiner, so daß sie geräumig und luftig wirkte, selbst nachdem die drei Reihen von massiven Regalen aufgestellt waren, auf deren obersten Brettern ein Teil der trojanischen Vasen stehen sollten.

Gegenüber der Bibliothek und durch eine Halle von ihr getrennt lag das eheliche Schlafzimmer, von dem aus man ganz Athen überblickte. Daneben befand sich ein Boudoir für Sophia. Sie war bestürzt, als sie den Raum betrat. Henry hatte ihn eingerichtet, als ob er ein Herrenankleidezimmer oder das Gemach eines Kriegers im alten Sparta wäre. Er hatte nichts Weiches und Feminines an sich, weder in den Farben noch im Material. Ein steifer, schmaler Stuhl stand vor einem Frisiertisch aus dunklem Holz mit Schubladen für ihre Toilettenartikel.

»Das lasse ich nicht zu«, schwor sie sich. »Dieser eine kleine Winkel in diesem Palast wird mir gehören, und ich werde ihn einrichten, wie es *mir* gefällt.« Sie würde auch dafür sorgen, daß die Kinderzimmer warm und freundlich wurden.

Henry kehrte gegen Ende Oktober zurück. Die Arbeiter öffneten die Kisten, die im Garten standen, und brachten die Möbel ins Haus. In keinem der Räume sollten Stores oder Übergardinen angebracht werden. Da niemand hineinsehen konnte, hielt Henry sie für überflüssig.

»Priamos hatte keine Vorhänge in seinem Palast. In diesem Haus muß es überall hell sein.«

»Aber ich will Vorhänge in meinem Boudoir haben«, erklärte Sophia. »Ich habe das Gefühl, Henry, daß du insgeheim versuchst, den Palast des Priamos nachzuahmen.«

»Nur zum Teil«, erwiderte er leise. »Wenn ich das wirklich wollte, hätte ich nicht zugelassen, daß Ziller germanisch-hellenische Stilelemente verwendet. Ich hätte den klassischen griechischen Stil der Universität und der Staatsbibliothek gewählt.«

Dann stellte er vierundzwanzig überlebensgroße Marmorstatuen von alten Göttern und Göttinnen an den vier Seiten des Daches auf.

8.

Bayerische Maler schmückten die Wände und Decken der Salons von Iliou Melathron mit Gemälden, die Henry entworfen hatte; ein Deckenbild stellte die Marmor-Metope des Sonnengottes Apollo dar, der seine vier prächtigen Schlachtrosse über den Himmel lenkt. Die Metope selbst stand auf dem Türsturz des Haupteingangs, der Marmortreppe zugewandt.

Am 13. November 1880 machten sich Henry und Sophia auf den Weg zur neuen Grabung. Obwohl Homers Beschreibung von Orchomenos auf eine blühende und mächtige Siedlung schließen ließ, war nur wenig darüber veröffentlicht worden. Henry besaß nur ungenaue Informationen, als er den Zeitpunkt für ihre Ausgrabungen festlegte.

Wie die Legende berichtet, wurde Orchomenos von Minyas, dem Ahnherrn der Argonauten, gegründet. Ursprünglich lag die Akropolis auf der Ostseite des großen Kopais-Sees, wo man Zyklopenmauern errichtet hatte. Da der See keinen Abfluß besaß, hatten Überschwemmungen und Malaria die ersten Siedler auf den Berg Akontion an der Westseite des Sees getrieben, wo sie, nach dem Historiker Strabo, eine neue Akropolis und ein Schatzhaus bauten.

Sie verließen die Panepistimioustraße um sieben Uhr morgens, durch Olivenhaine an Daphni und Eleusis vorbei, dann am Ägäischen Meer entlang und übernachteten in Thevai, dem Ort, wo das antike Kadmeia gelegen hatte.

Am nächsten Morgen fuhren sie weiter nach Levadeia, einer mittelgroßen Stadt in Böotien, etwa neunzig Kilometer nördlich von Athen und nur einige Kilometer von Orchomenos entfernt. Dort logierten sie sich bei der Familie des Polizeioffiziers Georgios Loukides ein, der ihnen sagte, was sie tun müßten, um eine Arbeitskolonne zu bekommen.

Am nächsten Tag ritten sie bei Morgengrauen nach Orchomenos und begannen mit Hilfe einiger Arbeiter, an verschiedenen Stellen der antiken Stadt Schächte in den Boden zu graben. Sie fanden lediglich ein paar Scherben.

Während Henry am nächsten Tag über die Bergkuppe wanderte, um nach einer Ausgrabungsstelle für den Palast des Minyas Ausschau zu halten, entdeckte Sophia ein Schatzhaus. Ebenso wie das Schatzhaus, das sie in Mykene ausgegraben hatte, war auch dieses im Lauf der Jahrhunderte von Erde und Schutt bedeckt worden. Auch hier war der obere Teil des Bienenstocks eingefallen. Flach auf dem Bauch liegend und mit beiden Händen das Licht abschirmend, sah sie die mächtigen Steine der ehemaligen Kuppel, die jetzt übereinander auf dem Boden des Bauwerks lagen.

Sie rief Henry herbei, und sie beschlossen, daß Sophia den *dromos* ausfindig machen und auf das Tor zu graben sollte. Er würde von oben her zu graben anfangen, bis er genügend Erde abgetragen hatte, um zumindest die Hälfte des Tors freizulegen.

Zu ihrer großen Enttäuschung fand sie keinen *dromos*. Wie sich herausstellte, hatte man ihn völlig zerstört und die schönen Steinblöcke zum Bau einer Kapelle im Nachbardorf Skripou benutzt.

Sie verbrachten einen Monat in Orchomenos, ritten täglich im Morgengrauen von Levadeia zu ihrer Arbeitsstätte und kehrten in der Abenddämmerung zurück. Henry gelang es, hundert Arbeiter zusammenzubekommen; es war sehr mühsam, die riesigen herabgefallenen Steine zu bewegen. Nachdem sie eine größere Fläche freigelegt hatten, fanden sie eine Anzahl Bronzenägel.
»Diese Nägel können nur dazu gedient haben, die Bronzeplatten zu halten, mit denen die Mauern innen verkleidet waren«, sagte Henry.
Sophia fand an der rechten Seite des Bienenstocks eine Tür und einen Gang mit einer zweiten Öffnung am anderen Ende. Diese war durch eine mit Reliefs und gemeißelten Blumen verzierte Platte verschlossen. Sophia hielt die Platte zunächst für die Tür zu einem danebenliegenden Grab, aber sie entdeckte bald, daß es sich um einen der höheren Mauersteine handelte, der heruntergefallen war und den Eingang zu einem zweiten Raum blockierte.
»Henry, glaubst du, wir können in Levadeia irgendein Gerät auftreiben, mit dem sich diese Platte bewegen läßt? Ich möchte gern das Innere sehen, ehe die Regenfälle uns vertreiben.«
»Zu spät, mein Liebes, die Regenwolken ziehen sich bereits zusammen. Wir werden im März wiederkommen.«
Sie trafen am 9. Dezember in Athen ein. Henry fand einen Brief des South Kensington Museum vor, in dem man darauf bestand, daß er seine Sammlung entfernte. Das Museum of Science and Art in Edinburgh fragte an, ob Henry sie ihm überlassen wolle.
»Willst du das?« fragte Sophia.
»Nein.«
»Warum nicht?«
»Ich möchte, daß sie in einer großen europäischen Hauptstadt gezeigt wird.«
»Zählt Athen bereits zu Europa?«
»Ich glaube nicht; es gehört immer noch zum östlichen Mittelmeerraum.«
»Henry, ich bitte dich, bring den Schatz nach Hause. Die Regale in unseren Ausstellungsräumen sind ja schon aufgestellt.«
Er blickte sie schweigend mit undurchdringlicher Miene an. Dann befahl er den Arbeitern, die soeben aus Paris eingetroffenen Kisten zu öffnen und die mit Blattgold verzierten Stühle, Sofas, Tische und Vitrinen auszupacken. Diese Möbel, die die Wohnung in Paris beengt hatten, wirkten hier in dem riesigen Ballsaal, den drei Salons und dem Speisezimmer ganz verloren.
Jeden Tag kam ein Brief von Dr. Virchow. Aus Henrys Andeutungen schloß Sophia, daß das Berliner Museum zwar nicht Henrys Sammlung, wohl aber seine Bedingungen zurückwies. Henry hatte an Kaiser Wilhelm persönlich geschrieben, hatte ihm sein Angebot unterbreitet und verlangt, daß man ihn zum Ehrenbürger der Stadt Berlin machte und ihm gestattete, die Sammlung nicht dem Kaiser und der deutschen Regierung, sondern dem deutschen Volk zu schenken. Das Museum sollte entweder seinen Namen tragen oder zumindest eine Bezeichnung, in der dieser enthalten war. Er behielt sich das Recht vor, die Ausstellung zu organisieren und die Vorbereitungen zu über-

wachen. Man sollte ihm den *Pour le mérite* verleihen, die höchste persönliche Auszeichnung, die der Kaiser zu vergeben hatte. Schließlich wünschte er, zum Mitglied der berühmten Berliner Akademie gewählt zu werden.

Dr. Virchow überredete ihn, seine Forderungen betreffs der Namensgebung und der Wahl zum Mitglied der Berliner Akademie zurückzuziehen; nicht einmal er, Virchow, sei dort aufgenommen worden. Das Museum für Völkerkunde in Berlin, das kurz vor seiner Fertigstellung stand und in dem seine Funde höchstwahrscheinlich untergebracht würden, könne nicht nach ihm benannt werden.

Henry verfaßte ein neues Angebot, in dem er Virchows Vorschläge berücksichtigte. Virchow schrieb sofort zurück und versprach Henry, sich mit allen Mitteln dafür einzusetzen, daß Berlin sein neues Angebot annahm. Er werde Bismarcks Einverständnis dazu benötigen, aber er sei es ja gewohnt, stundenlang in dessen Vorzimmer zu warten, wenn er für eine Sache eintrat, an die er glaubte.

Als Sophia in die Bibliothek kam, gab Henry ihr den jüngsten Briefwechsel zwischen Virchow und ihm. Sein Gesicht verriet keine Gemütsbewegung. Sophia las die beiden Schreiben, und ein Gefühl der Schwäche kam über sie. Es war müßig, noch weiter über die Angelegenheit zu reden. Sie drehte sich um, verließ die Bibliothek, ging in ihr Boudoir, schloß die Tür hinter sich und warf sich auf die Chaiselongue.

Verloren, unwiderruflich für Griechenland verloren, Henrys und ihre herrlichen Funde von Troja... Verloren an ein fremdes Land. Sie war verzweifelt. Die Arbeit, die sie so befriedigt hatte, die Ehre, die man ihr in London hatte zuteil werden lassen, und auch in Berlin, wo ihr Bild auf der Titelseite der *Illustrierten Frauen-Zeitung* erschienen war, ihre in Athen so hart erkämpfte Anerkennung als Archäologin, all das erschien ihr mit einem Schlag bedeutungslos. Was hatte der Schatz des Priamos, seit sie ihn vor sieben Jahren nach Athen gebracht hatten, ihr außer Aufregungen und Kummer eingebracht? Sie brach in herzzerreißendes Schluchzen aus.

Am nächsten Morgen reiste Henry nach London ab, um den Schatz dort in Kisten zu packen. Sie verabschiedeten sich nicht voneinander.

Er kehrte nicht zum Weihnachtsfest zurück, da er die vierzig Kisten, die nach Berlin geschickt werden sollten, noch nicht fertig verpackt hatte. Dafür kam Bischof Vimpos zu den Feiertagen nach Athen. Sein Gesicht war fahl, seine Augen lagen tief in den Höhlen. Er segnete das neue Haus, dann machte Sophia mit ihm einen Rundgang durch Iliou Melathron und den neu angelegten Park. Vimpos war sprachlos angesichts der Größe des Bauwerks, überwältigt von den Wandgemälden und den Zitaten aus den Klassikern, die fast alle Wände und Decken zierten. Als sie in den intimeren Familiensalon zurückkehrten, war sein einziger Kommentar:

»Selig sind die Sanftmütigen, denn sie werden das Erdenreich besitzen.«

Dann fragte er ruhig:

»Was bekümmert dich, Sophidion?«

Sie erzählte ihm, daß Henry die trojanischen Schätze an Deutschland verschenkt hatte. Er sah sie prüfend an und machte dreimal das Zeichen des Kreuzes über ihrem Kopf.

»Es gibt nur einen Weg, das Leben zu ertragen, nämlich den, unsere Niederlagen hinzunehmen. Die Kraft zu finden, sich dem Willen Gottes zu beugen. Das solltest du eigentlich inzwischen gelernt haben, obwohl du erst achtundzwanzig bist.« Er seufzte tief. »Ich bin zwanzig Jahre älter als du und habe mehr Zeit gehabt, diese Lektion zu lernen.«

Er legte den Arm um ihre Schultern.

»Es hat keinen Sinn, mit Henry zu streiten. Einen Besessenen kann man nicht zurückhalten. Er hat getan, was er tun mußte. Steh ihm zur Seite. Du solltest Verständnis zeigen, dich sogar freuen für diesen armen, geschlagenen Mann, der seine schwere Jugend kompensiert, indem er denen, die ihn zurückgewiesen haben, Juwelen schenkt. Freu dich über deine eigenen Leistungen. Handle, wie dein Mut und deine Liebe zu ihm es dir gebieten. Wir müssen den Wehrlosen helfen. Weisheit, verbunden mit Duldsamkeit, ist das, was eine gute Ehe und ein gutes Leben möglich macht.«

Henry kehrte in der ersten Januarwoche aus London zurück. Die Kisten mit dem Schatz des Priamos waren an die Berliner Reichsbank gesandt worden. Er sprach davon, daß sie wieder nach Orchomenos fahren wollten, und erklärte, daß er die offizielle Einweihung von Iliou Melathron auf den 11. Februar festgesetzt und eine Gästeliste von zweihundert Personen, einschließlich seiner Familie aus Deutschland, zusammengestellt habe.

»Kann denn bis dahin alles fertig sein? Die Kronleuchter aus Paris sind noch nicht da; die Teppiche sind angekommen, aber wir wollten sie nicht auslegen, ehe du heimkamst...«

Er stand an seinem Schreibtisch in der Bibliothek. Liebevoll zog er sie an sich und küßte sie sanft auf beide Mundwinkel. Es war ein Augenblick voller Zärtlichkeit, der erste seit seiner Rückkehr. Irgendwie spürte er, daß ihre schweren Zeiten vorüber waren.

»Mach dir keine Sorgen, Kleines. Ich kümmere mich um alles. Ich werde das Menü zusammenstellen, die Köche, Kellner und das Orchester für unseren ersten Ball engagieren. Du wirst mit mir oben auf der Marmortreppe und in unserem herrlichen Foyer stehen, wo wir unsere Gäste empfangen.«

»Weil ich eine Zierde darstelle«, meinte sie leicht ironisch.

»Ja. Und auch, weil du einer der besten Ausgräber von Schatzhäusern und Königsgräbern der Welt bist.«

Ende Januar empfing Henry ein offizielles Schreiben Kaiser Wilhelms, in dem dieser im Namen des deutschen Volkes die archäologischen Funde von Troja annahm. Henry errötete vor Stolz. Sophia beglückwünschte ihn. Dann erhielt auch sie eine Mitteilung aus Berlin, ein Telegramm des Kronprinzen Friedrich, der ihr dankte für »das kostbare Präsent der Altertümer aus Troja, das Ihr berühmter Gatte uns gemacht hat«.

Sophia war überrascht. Ihre Lippen zitterten.

»Warum dankt der Kronprinz mir?« fragte sie.
»Dies ist eine persönliche Ehrung für dich. Die königliche Familie weiß, daß du den Goldschatz von Troja mit entdeckt hast und dir deshalb die Hälfte der Anerkennung gebührt.«
Sophia sah Henry verblüfft an. Wann würde sie endlich aufhören, sich über den Charakter ihres Mannes zu wundern? Er schien ganz vergessen zu haben, daß er die Schätze Deutschland gegen ihren Willen geschenkt hatte. Er glaubte wahrhaftig, aufgrund ihrer gemeinsamen Entscheidung über den Schatz verfügt zu haben. Wenn sie nicht mehr darüber sprach – und sie hatte keineswegs die Absicht, es zu tun –, so würde er für den Rest seines Lebens überzeugt sein, daß es auch ihr Wunsch gewesen war, ihre Funde von Troja nach Berlin zu bringen!

Während der folgenden Wochen hatten sie alle Hände voll zu tun. Henry ließ im Ballsaal, in den Salons und im Eßzimmer die prächtigen Kronleuchter aufhängen und in jedem Raum des ersten Stockwerks die kunstvoll gemeißelten Marmorkamine mit den hohen Spiegeln darüber einbauen. Auf der Zementmauer an der Straßenseite wurde ein in England hergestellter schmiedeeiserner Zaun angebracht. Danach überwachte er das Einsetzen des riesigen, mit zwei Greifen geschmückten Eisentors, das, wenn man es schloß, Iliou Melathron zu einer uneinnehmbaren Festung machte. Die italienischen Handwerker beendeten jetzt, nach einem Jahr, den Mosaikboden, dessen Muster Henry selbst entworfen hatte; es zeigte, ebenso wie viele der Wände, die Blumen und Vögel der Troas.
Als sie am ersten Abend im neuen Haus zu Bett gingen, bemerkte Sophia, daß Henry ein Exemplar der *Ilias* unter sein Kissen legte.
»Der Barde wird die ganze Nacht für mich singen«, erklärte er.
Sie verzieh ihm seine Torheit, weil er den Wandmaler beauftragt hatte, über der Zierleiste ihrer Schlafzimmertür den von ihm abgewandelten Vers aus der *Ilias* zu malen:

> Wer gut ist und das Herz auf dem rechten Fleck hat,
> liebt seine Frau und sorgt für sie.

Fast alle Räume des Hauses waren mit Zitaten und Versen geschmückt. Im Eßzimmer stand im Rahmen eines antiken Gebäudes mit gewölbtem Dach in weißen Lettern auf blauem Hintergrund ein Zitat aus der *Odyssee:*

> Denn es gibt, so sage ich, keine lieblichere Erfüllung, als wenn Frohsinn im ganzen Volke herrscht und Schmausende durch die Häuser hin auf den Sänger hören, in Reihen sitzend, und daneben die Tische sind voll von Brot und Fleisch, und es schöpft den Wein der Weinschenk aus dem Mischkrug und bringt ihn herbei und füllt ihn in die Becher: das scheint mir das Schönste zu sein in meinem Sinne.

Henrys Lieblingsraum war die Bibliothek. Hier hatten die Zimmerleute ein Meisterwerk geschaffen, denn sie hatten sieben wundervoll gearbeitete Türen eingesetzt, drei führten auf eine überdachte Säulenhalle mit Mosaikfußboden, wo Henry beim Lesen oder Nachdenken auf und ab gehen konnte. Eine andere führte in die große obere Halle, von der aus man in ihr Schlafzimmer gelangte. Über die Haupttür, durch die man den Raum von dem geräumigen Vorplatz aus betrat, hatte er in Goldbuchstaben malen lassen:

Lernen ist alles.

Über der Tür, die in einen der kleineren Arbeitsräume führte, stand das Motto, das auch über dem Eingang der Akademie Platons gestanden hatte:

Jeder, der nicht Geometrie studiert, bleibe draußen.

Über den anderen Türen und an den Wänden befanden sich Zitate von Homer, Lukian und alte griechische Sprüche wie:

Mangel an Bildung ist schmerzlich.

Bei einem der Verse von Homer fehlte eine Zeile! Henry war wütend. Die unzähligen Zitate veranlaßten Sophia, ihn zu hänseln:
»Wozu brauchst du all diese Bücher? Du kannst dich doch einfach in deinem Stuhl zurücklehnen und die Wände lesen.«
Henry war nicht gekränkt, weil sie so taktvoll gewesen war, keine Bemerkung über die diversen orthographischen Fehler in seinen Zitaten zu machen. Keiner der Arbeiter hatte Altgriechisch lesen können! Henry saß hinter seinem dunklen Mahagonischreibtisch mit den geschnitzten Füßen in der Gestalt von Löwen. Die Armlehnen seines Thronsessels waren mit geschnitzten Eulen, dem Symbol seiner Lieblingsgöttin Athene, verziert.
»Gefallen dir die Fresken und Inschriften nicht?« fragte er.
»Ich fühle mich ins Arsakeion zurückversetzt.«
Der Ballsaal war Henrys Meisterstück. Rings um die Wände lief ein Fries mit nackten, kupidoähnlichen Kindern, die Homer oder Pausanias lasen und die Schätze von Troja und Mykene ausgruben. Unter diesen Putten befand sich die Gestalt seines Sohnes, des zweijährigen Agamemnon, der mit verschränkten Armen auf einem Felsen ruhte und auf eine Landschaft, vermutlich die Troas, blickte. Eine weitere Figur war eine gutmütige Karikatur von Henry selbst, der durch eine Hornbrille den Tänzern zusah.
»Henry, du bist zu eitel, um nicht im ›Palast von Troja‹ verewigt zu sein«, rief Sophia belustigt, »aber du bist klug genug, dich über dich selbst lustig zu machen... ein wenig!«
»Möchtest du zwischen den Putten erscheinen?«
»Nein, danke. Ich bleibe lieber auf dem Boden und tanze.«

Henry hatte zehn Inschriften auf die vier Wände malen lassen, fünf aus Hesidos *Werke und Tage*, zwei aus der *Ilias*, zwei Epigramme und eine olympische Ode von Pindar.

Im »Palast von Troja« gab es nur wenig Stellen, die Henry nicht ausgeschmückt hatte. In Gängen, Fluren, Treppenhäusern, überall prangten goldene Sinnsprüche, und in der Mitte der Hauptfassade, wo die Passanten es sehen konnten, stand auf dem breiten Marmorband zwischen den unteren und oberen Bogen- und Säulenreihen in versenkten goldenen Buchstaben:

ΙΛΙΟΥ ΜΕΛΑΘΡΟΝ

9.

Das Haus erstrahlte im Lichterglanz seiner unzähligen Kronleuchter und Wandlampen; es schien ganz Athen zu erhellen. In jedem Winkel des riesigen Gartens brannten mächtige Fackeln. Fackelträger dirigierten die livrierten Kutscher der Wagen, die aus beiden Richtungen der Panepistimioustraße kamen, durch das Tor, wo zwei Lakaien den weiblichen Gästen in ihren eleganten Abendkleidern und den Herren im traditionellen Frack beim Aussteigen halfen. Pagen geleiteten sie die marmorne Freitreppe hinauf und durch die hohe, mit Bronzegittern versehene Eingangstür. Eine Anzahl von Hausmädchen in einheitlich schwarzen Kleidern und gestärkten, rüschenbesetzten weißen Schürzen nahmen die Mäntel und Schals der Gäste entgegen. Nur wenige blieben stehen, um den Aphorismus zu lesen, den Henry über der Tür hatte anbringen lassen:

> Denn wenn man auch nur wenig zu wenig fügt, dies aber immer wieder, so wird aus dem Wenigen bald ein Viel.

Jedesmal, wenn ein Paar den Ballsaal betrat, nannte ein Butler mit lauter Stimme Namen und Titel. Henry und Sophia standen nebeneinander am Ende des Ballsaals und begrüßten ihre Gäste. Sophia trug ein rosarotes Abendkleid mit einem senkrechten Muster aus Veilchen und grünen Blättern. Die Robe war nach französischer Mode ärmellos mit einem viereckigen Dekolleté, kurzer Schleppe und schmaler Taille, die ihre schlanke Figur betonte. Sie hatte die Haare hochgesteckt und mit den gleichen Veilchen und grünen Blättern geschmückt, wie ihr Kleid sie zeigte. Henry hatte eine dreireihige Goldkette für sie anfertigen lassen, die der Halskette aus dem Schatz des Priamos verblüffend ähnlich war.

Kellner in dunkelgrüner Livrée reichten auf Tabletts Champagner in den kostbaren Waterford-Gläsern, die Henry aus England importiert hatte. Zwischen halb zehn, als die ersten Gäste eintrafen, und zehn, als der Premierminister den Raum betrat, wurde kaum gesprochen, denn alle beobachteten mit Staunen, wer zu diesem fürstlichen Fest geladen worden und gekommen war.

Alle außer König Georg I. und Königin Olga, die verreist waren, hatten der Einladung Folge geleistet: das gesamte Kabinett, eine Anzahl der bekanntesten Parlamentsmitglieder, ein großer Teil der Athener Universitätsprofessoren und der Mitglieder der Archäologischen Gesellschaft, darunter auch Panaghiotes Stamatakes; das diplomatische Corps mit Orden und Auszeichnungen, der Erzbischof von Athen, die Direktoren der griechischen Nationalbank, wohlhabende Kaufleute; Bischof Vimpos und Sophias Familie, ihre Mutter, die Schwestern mit ihren Ehemännern, Alexandros mit seiner Verlobten, Spyros, Panaghiotes, zwei von Henrys Schwestern, die mit ihren Ehemännern aus Deutschland gekommen waren, Leutnant Drosinos aus Lamia und der Polizeichef Leonidas Leonardos aus Nauplion.

Kaisares' zwanzig Mann starkes Orchester, das man am Eingang zu einem der kleinen Salons placiert hatte, spielte zunächst eine Quadrille, dann eine fünfzehn Minuten dauernde Polka, eine Mazurka, einen Walzer und danach Lanziers bis Mitternacht. Die Damen bekamen hübsch bemalte Notizbücher, in denen die Herren ihre Tänze eintragen konnten. Butler reichten auf Tabletts *mezethakia:* Canapés mit Kaviar, Sardinen und Anchovis, sowie *toursi* zur Stärkung der zweihundert Tänzer.

Um Mitternacht verstummte die Musik, und man servierte ein zwangloses Mahl, das die Gäste stehend oder sitzend im Ballsaal einnahmen, während sie sich über die orange-rostfarbenen Fresken von Pompeji unterhielten oder die Inschriften an den Wänden lasen. Das längste Zitat war das zutreffendste und stammte von Homer:

> Einen Reigen auch schlang der hinkende Feuerbe-
> Herrscher, jenem gleich, wie vordem in der weit-
> Bewohnten Knossos Daidalos künstlich ersann der
> Lockigen Ariadne. Blühende Jünglinge dort und viel-
> Gefeierte Jungfraun tanzten den Ringeltanz, an
> Der Hand einander sich haltend.

Eine Prozession von Hausmädchen und Dienern kam die Treppe von der Küche herauf. Sie gingen so knapp hintereinander und waren so viele, daß sie aussehen wie ein Zug Ameisen. Die Kellner trugen die Tabletts mit dem französischen Champagner, die Mädchen *keftedakia*, griechische Würstchen, gebratene Muscheln, *kalamaria*, gegrillte Garnelen, gefüllte Weintraubenblätter, Hühnerpilaw, *shish kebab*. Zum Schluß kamen die Süßigkeiten: Aprikosenkuchen mit Schokoladencreme, Cremetorte, goldene Nußmeringen, *baklava*, griechischer Kaffee.

Alexandros' Trauung fand in Anastasias Familienkirche statt. Nur eine Wolke trübte den Horizont. Vielleicht würde er bald eingezogen werden, um an einem Krieg gegen die Türkei teilzunehmen. Panaghiotes leistete bereits seinen Militärdienst, war in Athen stationiert und besuchte gleichzeitig die

Universität. Die Schliemanns luden oft Freunde und Bekannte ein, denn Iliou Melathron war für Gäste wie geschaffen. Am 9. März gab Henry ein Essen zu Ehren des Grafen und der Gräfin von Waldenburg. Der deutsche Botschafter in Griechenland, J. M. von Radowitz, nahm daran teil, und auch die meisten Mitglieder des diplomatischen Corps waren zugegen. Henry, der den Toast auf seine Gäste auf Deutsch ausbrachte, äußerte die weitverbreitete Meinung, daß die Deutschen die wahren Nachkommen der Griechen seien. Sophia errötete. Sie erhob sich und sprach ihren Toast auf Französisch:

»Meine Damen und Herren, erlauben Sie mir, auf die Gesundheit der Vertreter aller Länder zu trinken, die uns heute abend die Ehre geben. Ich befasse mich nicht mit Politik, aber ich möchte meinem Mann widersprechen, da er gesagt hat, daß die Deutschen die wahren Nachkommen der Griechen seien. Nein! Die modernen Griechen sind die Nachkommen der alten Griechen!«

Nachdem sich der letzte Gast verabschiedet hatte, legte Henry den Arm um Sophias Schultern.

»Frau Botschafterin, ich bin nicht sicher, ob dieser Toast sehr passend war. Aber Sie hatten recht!«

Einige Tage darauf wurden sie eingeladen, an dem offiziellen Ausflug der Griechischen Archäologischen Gesellschaft nach Olympia teilzunehmen, wo das Deutsche Archäologische Institut mit seinen Ausgrabungen so weit fortgeschritten war, daß man die majestätische Schönheit des Zeustempels, riesige Götterstatuen, Phidias' Werkstatt, die Agora, die Palästra, das Stadion – zumindest dessen Anfang und Ende mit den Startlöchern der Läufer – erkennen konnte. Henry war außer sich vor Zorn. Er hatte sich so sehr gewünscht, Olympia auszugraben!

Es gab keine Eisenbahnverbindung zwischen Athen, Patras und Olympia. Mit einer Kutsche brauchte man für diese Reise vierundzwanzig Stunden und mußte mindestens zweimal in einfachen Gasthöfen übernachten. So nahmen sie statt dessen das Schiff von Piräus nach Kalamaki, wo sie nach drei Stunden eintrafen, überquerten den Isthmus bei Korinth und bestiegen ein anderes Schiff, das die Nordspitze des Peloponnes umrundete und hinter Patras im Hafen von Katakolon einlief. Von hier aus war es eine dreistündige Fahrt landeinwärts nach Olympia. Sie waren zwar auch so vierundzwanzig Stunden unterwegs, konnten jedoch auf dem zweiten Schiff nachts bequem schlafen.

Nach dem Rundgang durch die Grabung trat ein junger Mann auf sie zu und stellte sich als Wilhelm Dörpfeld vor. Er erklärte, daß er sechs Jahre lang als Architekt bei den Ausgrabungen mitgearbeitet habe. Dörpfeld war groß, glatt rasiert bis auf einen kleinen Schnurrbart, sah nicht sonderlich gut aus, hatte jedoch ein sympathisches Gesicht und ein distanziertes, aber einnehmendes Wesen. Er hatte Henrys Bücher und Artikel gelesen und war sich der Schwierigkeiten bewußt, auf die er in Troja gestoßen war, wo das Ausgrabungsgelände dem glich, was er auf Italienisch *mille folie*, einen Kuchen mit tausend Schichten, nannte.

Er fragte Henry, warum er nie das Deutsche Archäologische Institut in Athen besucht habe. Die jungen Leute dort bewunderten, wie er sagte, Henrys Ausdauer, seinen Mut und seine Geschicklichkeit, auch wenn die älteren Gelehrten diese Meinung nicht teilten. Keiner könne ihm das Wasser reichen! Er habe die Archäologie davor bewahrt, eine unbekannte und unattraktive Wissenschaft zu bleiben, die sich mit toten Steinen befaßte, und habe sie zu einer faszinierenden Disziplin gemacht.

»Wir alle wissen, daß Sie der Vater der modernen Archäologie sind«, schloß er.

Sophia betrachtete aufmerksam das Gesicht des jungen Mannes, um festzustellen, ob er Henry nur schmeichelte, und wenn ja, aus welchem Grund. Aber sie entdeckte nicht die leiseste Spur von Unaufrichtigkeit; es war die Bewunderung eines jüngeren Mannes für einen älteren, der mit ureigenen Methoden den Weg in die Zukunft gewiesen hatte.

Dörpfeld stammte aus einer alten Bauernfamilie. Sein Vater fing als Lehrer an und wurde ein bekannter Pädagoge. Einer seiner Ahnen war Schmied gewesen, und Wilhelm Dörpfeld hatte die breiten Schultern, die gedrungene Statur und die stämmigen Beine dieses Ahnen geerbt. Nach seinem Architekturstudium hatte er bei Friedrich Adler, seinem Professor, gearbeitet, der die Pläne für die Ausgrabungen in Olympia erstellte. Ernst Curtius, der die Qualität der Goldmasken von Mykene in Zweifel gezogen hatte, sollte die Ausgrabungen leiten, und da er den begabten jungen Mann schätzte, hatte er ihn aufgefordert, als Assistent des Ausgrabungsarchitekten mit nach Olympia zu kommen.

»Dieser Tag war ein Wendepunkt in meinem Leben«, erzählte er den Schliemanns. »Ich war es leid, neue Gebäude zu entwerfen. Ich wollte alte ausgraben, Städte, Festungen und Tempel aus prähistorischer Zeit. Aber auch dabei werde ich immer Architekt bleiben; wenn Überreste alter Bauwerke gefunden werden, vielleicht nur ein Fußboden oder ein Stückchen Mauer, ist es vom wissenschaftlichen Standpunkt aus gesehen notwendig, sie genau zu zeichnen und sie, von dieser Grundlage ausgehend, zu rekonstruieren, wie sie früher einmal waren.«

Sophia sah Henry an, begegnete seinem Blick und wußte, daß er das gleiche dachte wie sie. Das war der junge Architekt und Wissenschaftler, den sie brauchten! Sie dachte bei sich:

›Du weißt es noch nicht, junger Mann, aber Dr. Schliemann hat dich gerade zu seinem ersten Assistenten gemacht.‹

Am nächsten Tag erhielten sie ein Telegramm von Alexandros. Spyros hatte einen weiteren Schlaganfall erlitten und war gleich danach gestorben. Man wartete mit der Beerdigung, bis Sophia und Henry nach Athen zurückkehrten.

Sophia weinte in Henrys Armen. Armer Spyros, so jung zu sterben.

»Ich verstehe deinen Schmerz«, sagte Henry tröstend. »Vielleicht ist er gestorben, weil er dem Leben so unsicher gegenüberstand. Erinnerst du dich noch, wie ich ihn zum erstenmal fragte: ›Was möchtest du werden?‹ und er antwortete: ›Nichts. Ich bin schon.‹ «

Sie packten ihre Sachen und trafen Vorkehrungen für eine möglichst rasche Rückreise nach Athen.

Im März kehrten sie in Begleitung von A. H. Sayce, dem berühmten englischen Assyriologen, und Panaghiotes Eustratiades, dem Generalinspektor für griechische Altertümer, nach Orchomenos zurück. Sie wohnten bei Georgios Loukides, dem Polizeioffizier. Kurz nach Tagesanbruch waren sie bereits im Schatzhaus und bargen eine Anzahl sorgfältig aufgestellter quadratischer Marmorblöcke sowie Kranzgesimse, die wahrscheinlich zu einem kleinen Heiligtum im Bienenstock gehörten. Sophia und Eustratiades entfernten mit Hilfe einiger Arbeiter die acht Meter Erde aus dem zweiten Raum, der wie die Königsgräber von Mykene in den Fels gehauen war. Die Grabstätte war im Altertum geplündert worden, aber die vier mit Spiralen und Rosetten geschmückten Deckensteine waren archäologisch so bedeutend, daß Eustratiades sie nach Athen zu schaffen beschloß.

Als sie zwei Wochen später nach Hause zurückkehrten, schrieb Henry eine Monographie über ihre Funde. Sophia bemerkte, daß er dabei ihre Arbeit am Schatzhaus nicht erwähnte, aber sie sagte nichts.

»Möchtest du, daß ich deinen Bericht ins Griechische übersetze?«

»Auf jeden Fall. Und schreib eine Einleitung, in der du deine Mitarbeit an den Ausgrabungen schilderst. Koromelas wird ihn veröffentlichen.«

10.

Es gab keine Eisenbahnverbindung zwischen Athen und Berlin. Sophia, Henry und die beiden Kinder fuhren mit dem Schiff von Piräus nach Brindisi und von dort aus mit dem Zug durch ganz Italien bis zur Grenze, wo sie in die deutsche Eisenbahn umstiegen. Dr. Rudolf Virchow und seine Frau holten sie in Berlin am Bahnhof ab. Ihre Vier-Zimmer-Suite im *Tiergarten-Hotel* lag im obersten Stockwerk und bot einen herrlichen Blick auf den sechshundert Morgen großen Park mit seinen glitzernden Seen. Rudolf Virchow erschien Sophia noch schlanker, als sie ihn in Erinnerung hatte. Während zwei Hausmädchen in steif gestärkten Kleidern Kaffee und Kuchen servierten, eröffnete Virchow das Gespräch:

»Ich habe die Kiste mit dem Goldschatz im Tresor der Reichsbank überprüft. Die sechs Siegel, die Sie im South Kensington Museum angebracht haben, sind unverletzt. Wir können uns morgen früh um neun in der Bank treffen. Von dort aus gehen wir zum Museum für angewandte Kunst, das erst vor kurzem eröffnet worden ist. Man hat mehrere Räume reserviert und wartet auf Ihre Zustimmung. Unmittelbar daneben befindet sich das Museum, in dem die Schätze endgültig untergebracht werden sollen. Aber es wird noch ungefähr fünf Jahre dauern, bis das Gebäude fertig ist.«

Frau Rose Virchow hatte für Andromache und Agamemnon eine junge Gouvernante engagiert, die mit ihnen spazierengehen, im Tiergarten rudern und den Zoologischen Garten besuchen sollte. Die beiden Kinder waren noch nie in einem Zoo gewesen und gerieten völlig aus dem Häuschen bei der Vorstellung, daß sie Tiger, Leoparden, Elefanten und Hunderte von exotischen Vögeln sehen würden.

Sophia konnte nicht sagen, ob ihr Berlin gefiel, oder ob sie von dieser Stadt überwältigt war. Verglichen mit Athen, das nur mit Mühe die Einwohnerzahl von hunderttausend überschritten hatte, war Berlin mit seiner Million Menschen riesig und von einer so intensiven Lebenslust erfüllt, daß man sie fast mit den Händen greifen konnte. Die Straßen waren breit und peinlich sauber. Nach ein paar Häuserblocks kam immer ein offener Platz mit schattigen Bäumen und überdachten Musikpodien. Dutzende von Neubauten standen kurz vor der Vollendung, alle mit vier oder fünf Stockwerken und so solide aus Ziegeln, Stein und Zement gebaut, als wollte man sie für die Ewigkeit errichten.

An diesem Abend gaben die Virchows ein Essen zu Ehren der Schliemanns, zu dem sie Ärzte, Wissenschaftler von der Universität, Mitglieder der Berliner Gesellschaft für Anthropologie, Ernst Curtius und den jungen Dörpfeld eingeladen hatten. Man beglückwünschte Henry und Sophia zu ihren Arbeiten in Troja und Mykene. Hauptmann Boetticher, der alles getan hatte, um die Annahme der Schätze aus Troja zu verhindern, mit der Begründung, daß sie es nicht wert seien, in Berlin ausgestellt zu werden, glänzte durch Abwesenheit. Sophia und Henry erfuhren jetzt zum erstenmal, welche Mühe es Virchow gekostet hatte, diese Annahme durchzusetzen.

Sie erhielten zahlreiche Einladungen. Sophia war Henry dankbar, daß er sie gezwungen hatte, Deutsch zu lernen. Sie verstand fast alles, was sie hörte, konnte die Berliner Zeitungen lesen und war erstaunt, als ein Arzt, der bei einem Essen ihr Tischherr war, ihr sagte:

»Sind Sie in Deutschland geboren und in Griechenland aufgewachsen?«

Sophia schenkte ihm ihr liebenswürdigstes Lächeln.

»Sie schmeicheln mir, mein lieber Doktor. Ich spreche Englisch, Französisch und Deutsch mit starkem Akzent, das weiß ich. Aber ich freue mich trotzdem über Ihr Kompliment.«

Henry verbrachte viel Zeit im Museum, wo er den Zimmerleuten Anweisungen gab und die viertausend Exponate seiner Sammlung auf die frisch lackierten Tische und Regale stellte. Die eisernen Kästen, die das Gold aufnehmen sollten, waren noch nicht ganz fertig. Wilhelm Dörpfeld half, wo immer er konnte. Er wurde Henry und Sophia von Tag zu Tag sympathischer. Sobald es um Archäologie ging, kannte seine Begeisterung keine Grenzen, aber er war schweigsam, wenn man über andere Leute oder Alltagsprobleme sprach. Er wurde oft mit eingeladen, weil bekannt geworden war, daß er Henry nach Troja begleiten würde, sobald die türkische Regierung den *firman* erneuerte. Henry erklärte seinen Archäologenfreunden, warum er Dörpfeld brauchte:

Er besaß als Architekt das wissenschaftliche Rüstzeug, über das Henry nicht verfügte.
Adele, die älteste Tochter der Virchows, zeigte Sophia den ausgedehnten Lustgarten und führte sie durch das Königsschloß. In der Königlichen Oper hörte Sophia Richard Wagners *Tristan und Isolde.* Es war die erste vollständige Wagner-Oper, die sie je gesehen oder gehört hatte. Die Gewalt und die Leidenschaftlichkeit der Musik begeisterten sie. Sie war überrascht, wie lange die Vorstellung dauerte, und dachte bei sich:
›Die Deutschen sind tatkräftige Leute. Wenn sie vier Stunden lang still dasitzen und jede Note von Wagner bewundern können, sind sie sicher imstande, die Welt zu erobern. Allem Anschein nach glauben sie das auch selbst. Noch nie in meinem Leben habe ich so viele Siegesdenkmäler gesehen.‹
Ihr fielen noch andere Unterschiede zwischen dem straff organisierten Deutschland und ihrem geliebten leichtlebigen Griechenland auf. In Berlin waren die Gesellschaftsschichten streng voneinander getrennt, und der Kaiser, der Eiserne Kanzler sowie die herrschende Aristokratie zwangen der Stadt unerbittlich ihren Willen auf. Niemals würden der Kaiser und die Kaiserin zwanglos und unbewacht durch die Straßen gehen, wie König Georg und Königin Olga es zu tun pflegten. Jetzt war ihr klar, warum die deutschen Gelehrten Henry so scharf angegriffen hatten.

Der 7. Juli kam. Henrys drei Schwestern waren in Berlin eingetroffen, um an der Zeremonie teilzunehmen. Auf Henrys Wunsch war auch Bischof Vimpos eingeladen worden. Ihre Suite im *Tiergarten-Hotel* war über und über mit Blumen geschmückt. Um ein Uhr fanden sich der Bürgermeister von Berlin und Mitglieder des Stadtrats ein; Virchow, dessen Miene Triumph ausdrückte, führte die Gruppe an. Der Stadtrat hatte Dr. Heinrich Schliemann zum Ehrenbürger von Berlin ernannt. Diese Auszeichnung war bisher nur zwei Männern zuteil geworden, dem Kanzler Bismarck und dem Feldmarschall von Moltke. In feierlichem Ton verlas der Bürgermeister den vollen Wortlaut der Urkunde. Als er geendet hatte, strömten Kellner, mit Tabletts voll Champagnergläsern, in den Raum. Andere brachten Platten mit Schinken-, Käse- und Heringsbrötchen.
Am Abend fand im Festsaal des Rathauses ein Bankett statt. Sophia und Henry wurden am Fuß der Treppe vom Bürgermeister, dem Stadtrat, dem Staatsminister, dem Präsidenten der Deutschen Geographischen Gesellschaft und dem Direktor des Deutschen Archivs begrüßt. Die übrigen festlich gekleideten Gäste – es waren mehrere Hundert – warteten oben. Nachdem französischer Champagner, Kaviar, Austern, Pâte und Salzbrezeln gereicht worden waren, begab man sich durch die geschnitzten Eichentüren in den hohen, über dreißig Meter langen und fast zwanzig Meter breiten Festsaal.
»Noch größer als Iliou Melathron«, flüsterte Sophia Henry spöttisch zu.
Sophia und Henry saßen am Ehrentisch. Sophia war zu bewegt, um mehr als ein paar Bissen zu sich zu nehmen. Die Deutschen hatten die Franzosen im

Krieg von 1870 besiegt, aber die Franzosen hatten den deutschen Gaumen erobert. Zu jedem französischen Gang wurde ein anderer französischer Wein serviert.
Die Titelseite der Menü-Karte zeigte ein Bild Henrys auf Priamos' Thron, in der Rechten eine Spitzhacke und in der Linken eine Miniatur der Göttin Nike, die ihm einen Olivenzweig darbot. Ein Bär zu seinen Füßen symbolisierte die Stadt Berlin. Der Text auf der Titelseite war zu Sophias Ehren in Griechisch abgefaßt.
Bürgermeister Forckenbeck erhob sich. Die Gäste wandten ihm ihre Aufmerksamkeit zu. Dr. Rudolf Virchow hielt die Ansprache. Seine Stimme hallte durch den Festsaal.
»Ich möchte in meinem Wortschatz die geistvollsten Worte zur Begrüßung des neuesten Ehrenbürgers von Berlin und seiner lieben Frau finden. Es ist mir eine Freude, daß Dr. Schliemann, der vierzig Jahre fern von seiner Heimat gelebt, die Liebe zu seinem Vaterland wiederentdeckt hat. Diese wiederentdeckte Liebe bewog Dr. Schliemann zu dem Entschluß, uns die kostbaren Früchte seiner Entdeckungen zu schenken und Berlin zum Wächter seiner Schätze zu machen. Diese so wertvollen Schätze werden für immer als ein Denkmal für Dr. Schliemanns Hingabe an die Wissenschaft in unserer Stadt verbleiben.«
Die Gäste standen auf und applaudierten Henry. Sophia ließ ihren Mann nicht aus den Augen, als er mit strahlendem Angesicht ruhig und sicher antwortete. Der Ladengehilfe, der in Theodor Hückstaedts Geschäft unter dem Ladentisch geschlafen hatte, war in seine Heimat zurückgekehrt.
»Ich weiß die besondere Ehre, die mir zuteil geworden ist, in ihrer ganzen Bedeutung zu schätzen. Ich möchte dem Herrn Bürgermeister, den Herren Stadträten und allen Bürgern Berlins meinen herzlichen Dank aussprechen. Offen gestanden war es wegen meines lieben und geschätzten Freundes Professor Rudolf Virchow, daß ich meine Funde Deutschland übergeben habe, wo sie für immer verbleiben sollen.
Ich könnte Ihnen viel über meine Entdeckerfreuden als Archäologe erzählen. Aber noch befriedigender und erhebender ist für mich das Bewußtsein, daß meine Frau und ich in der Lage waren, Deutschland diesen Dienst zu erweisen.«
Nachdem der Applaus verklungen war, stand Professor Schöne, der Direktor der Königlichen Museen, auf und ergriff das Wort:
»Der Herr Bürgermeister und die Herren Stadträte haben mir die besondere Ehre erwiesen, einen Toast auf Frau Dr. Sophia Schliemann auszubringen!«
Damit wandte er sich Sophia zu, erhob sein Glas und sagte förmlich:
»Frau Dr. Schliemann, ich habe das Vergnügen anzukündigen, daß auch Sie jetzt Ehrenbürgerin der Stadt Berlin sind.«
Die reich verzierte Urkunde, die der Bürgermeister Henry übergeben hatte, und die dieser in den Händen hielt, während er seine Antwortrede hielt, wurde nun an Sophia weitergereicht. Noch bevor sie einen Blick auf die Ur-

kunde geworfen hatte, wußte sie, daß sie lediglich den Namen Dr. Heinrich Schliemanns und nicht den ihren enthielt. Aber das spielte keine Rolle; sie sah nur das strahlende Gesicht Henrys und den Ausdruck des Glücks über diese Auszeichnung in seinen Augen.

Sie erhob sich und preßte die Urkunde an den Spitzenbesatz ihres schwarzen Samtkleids. Auf den Applaus er bedeutenden Persönlichkeiten Berlins antwortete sie in ihrem leicht fremdländisch klingenden Deutsch:

»Ich nehme diese Ehre im Namen meines Mannes an. Er ist es, der den Weitblick und den Mut besaß, sich der ganzen Welt entgegenzustellen und für alle Zeiten neue Ausblicke auf die Vorgeschichte zu schaffen. Wenn es mir vergönnt war, in bescheidenem Ausmaß zu seinem Werk beizutragen, so verdanke ich das ausschließlich seiner Güte. Daß ich an diesem großartigen Abenteuer teilnehmen und helfen durfte, das Werk meines Mannes zu einer Vollendung zu bringen, wie nur selten ein Mensch sie erreicht, bedeutet, daß auch mein Leben Erfüllung gefunden hat. Wohl mag ich eine heimliche Träne vergießen, weil dieser Schatz meinem geliebten Athen für immer verloren ist. Aber wenn er dort nicht bleiben konnte, haben Herr Dr. Schliemann und Herr Dr. Virchow recht, wenn sie sagen, daß er in das Geburtsland meines Gatten kommen sollte. Ich danke Gott für alles Gute, das mir während der zwölf Jahre meiner Ehe zuteil geworden ist, und ich möchte enden, indem ich Kaiser Wilhelm, dem Kronprinzen, Kanzler Bismarck, Herrn Dr. Virchow und allen hervorragenden Wissenschaftlern und Gelehrten meinen innigsten Dank ausspreche für die große Ehre, die uns an diesem Abend zuteil geworden ist.«

Sie blickte über den Tisch hinweg zu Bischof Vimpos hinüber, der ihr zulächelte, hob zwei Finger an die Lippen, drehte sie leicht und warf ihm einen kaum wahrnehmbaren Kuß zu.

Neuntes Buch

WAS STEHT ZWISCHEN MENSCH UND GOTT?

1.

Am 1. Januar 1882 wurde Sophia dreißig Jahre alt, und Henry wurde am 6. Januar sechzig. Sie feierten ihre Geburtstage in Iliou Melathron. Er war genau doppelt so alt wie sie.
»Wie fühlst du dich mit dreißig?«
»Reif. Wie fühlst du dich mit sechzig?«
»Irgendwann einmal habe ich gehört, daß man mit sechzig ein alter Mann ist.«
»Fühlst du dich denn alt?«
»Nein. Aber manchmal ist die Vorstellung stärker als die Wirklichkeit.«
Für Sophia bestand die Zeit nicht mehr aus Stunden, Tagen, Wochen. Sie floß so leicht dahin wie der Fluß am Ende ihres Gartens in Kiphissia. Früher hatte sie alle Uhren und Kalender wie die geologischen Schichten des Bergs Ida empfunden. Jetzt glaubte sie wie die Frauen der Troas, daß »die Zeit den Flüssen Simois und Skamander gleicht; sie fließt in ihrem eigenen Rhythmus dahin«. Das reife Alter von dreißig Jahren stellte für sie einen Rahmen dar, in dem sie Vergangenes aus einer bestimmten Perspektive betrachten konnte.
Henry brannte darauf, wieder nach Troja zu gehen, nicht, weil er weitere Schätze finden wollte, obgleich er sich natürlich über alles, was er ausgrub, freuen würde, sondern vielmehr, um die Zweifel zu zerstreuen, die ihm seit der Veröffentlichung von *Ilios* im Jahre 1880 gekommen waren. Er sagte zu Sophia:
»Ich kann einfach nicht mehr glauben, daß Homer, dessen naturgetreue Schilderungen fast wie die eines Augenzeugen anmuten, Ilium als ›große‹, ›vornehme‹, ›blühende und menschenreiche‹, ›wohlgebaute Stadt mit großen Straßen‹ beschrieben hätte, wenn es in Wirklichkeit nur eine kleine Ortschaft gewesen wäre. Das Troja, das wir innerhalb der Festungsmauern ausgegraben haben, erstreckt sich nur über eine kleine Fläche.«
Sie nickte zustimmend.
»Wäre Troja nur eine unbedeutende befestigte Siedlung gewesen, wie man aus den Ruinen unserer dritten Stadt schließen könnte, so hätten einige hun-

dert Mann es ohne Mühe in wenigen Tagen erobern können, und der Trojanische Krieg mit seiner zehnjährigen Belagerung wäre kaum zu begründen gewesen.«

»Ich verstehe.«

»Ich halte es für ausgeschlossen, daß der Untergang einer kleinen Stadt von den Barden besungen worden wäre; daß die Legende von dieser Begebenheit so lange in der Erinnerung des Volkes fortgelebt hätte oder von Homer überliefert worden wäre, um durch ihn solch gigantische Ausmaße zu erhalten ...«

Er ging erregt in der Bibliothek auf und ab.

»Irgendwo ist uns ein Fehler unterlaufen. Ich muß ihn herausfinden.«

Er plante seine nächste Ausgrabung. Iliou Melathron glich einem Hauptquartier vor einem Sturmangriff. Zwei der Gästezimmer waren von Wilhelm Dörpfeld und einem jungen Wiener Architekten namens Joseph Höfler, der ihm wärmstens empfohlen worden war, belegt. Henry wählte drei Aufseher, von denen sich zwei bei den Arbeiten in Olympia besonders bewährt hatten. Er engagierte einen Diener, den er Ödipus nannte, und eine Köchin, der er den Namen Jokaste gab. Dann kamen eine Reihe von Wagen in den Garten, die mit hundert schweren Eisenschaufeln und Schubkarren, fünfzig großen Hacken, vierzig Brechstangen, zwanzig Handkarren und der gleichen Anzahl von Pferdekarren beladen waren. Die Kinder genossen jede Minute dieser aufregenden Zeit und fragten, wann sie nach Troja zum Graben fahren dürften. Sophia war dankbar, als die letzten Arbeitsgeräte, Kisten und Lebensmittel durch das Tor in Richtung Piräus fortgeschafft wurden und wieder Ruhe in Iliou Melathron einkehrte.

Mitte Februar reiste Henry ab. Sophia sollte Anfang Juni, wenn das Wetter nicht mehr umschlug, mit Andromache nachkommen. Seine ersten Briefe waren voller Ärger. Obwohl er seine Gebäude und die Ausrüstung in gutem Zustand vorgefunden hatte – ein türkischer Aufseher war nach den Ausgrabungen im Jahr 1879 im Lager zurückgeblieben – und nur die Dächer mit wasserdichtem Filz decken mußte, wurden die Ausgrabungen durch den türkischen Offizier Beder Eddin Effendi behindert, der Dörpfeld und Höfler ausdrücklich verbot, Grundrisse und Zeichnungen anzufertigen, mit der Begründung, daß sie Spione seien und versuchten, das etwa sieben Kilometer entfernt gelegene Fort Kum Kale kartographisch festzuhalten. Das Ganze kam daher, daß Dörpfeld darauf bestanden hatte, ein Vermessungsinstrument zu benutzen. In ihrer eigenen Arbeit behindert, halfen die beiden Architekten, drei von Henry entdeckte Tore, Seiten- und Quermauern sowie die Fundamente von Häusern freizulegen.

Als Sophia und Andromache in Troja eintrafen, herrschte im Lager Hochbetrieb. Henry hatte in seiner Baracke zwei Räume für sie eingerichtet; das Eßzimmer wies zwar nur Möbel aus rohen Brettern auf, aber Yannakis und Polyxene hatten den Tisch mit wilden Blumen geschmückt. Polyxene nahm die elfjährige Andromache unter ihre Obhut.

Nach dem ersten Abendessen lehnte sich Sophia zufrieden zurück.

»Du lebst gut hier, *Errikaki*: Corned beef aus Chicago, Ochsenzunge, guter englischer Käse, Pfirsiche. Woher kommt das alles?«
»Von unseren Freunden Schröder & Company in London.«
Nachdem Henry am nächsten Morgen in der Ägäis geschwommen war, begab er sich mit Dörpfeld, Höfler und Sophia auf einen Rundgang durch die neuesten Ausgrabungen. Während sie über die vielen Terrassen Trojas gingen, sah Sophia, daß die Arbeiter in dem Teil des Hissarlik, wo Henry zuvor noch nicht gegraben hatte, Fundamente hellenistischer oder römischer Gebäude freigelegt hatten. Er hatte erwartet, an diesem Nordhang weitere Metopen wie den schönen Apollo von 1872 zu finden. Aber die fünfundzwanzig Mann, die seit fast zwei Monaten hier arbeiteten, brachten nur einen marmornen Frauenkopf aus der spätmakedonischen Zeit ans Tageslicht. Er hatte das unmittelbar östlich der Akropolis gelegene große Theater untersucht und den hellenistischen Brunnen ausgeräumt, dessen Öffnung sie im Herbst 1871 freigelegt hatten. Außerdem hatte er einen etwa siebzig Meter langen Graben quer über den Osthang der Akropolis ausheben lassen, um festzustellen, wie weit sich die Zitadellen der frühesten prähistorischen Städte in dieser Richtung erstreckten. Auf der Akropolis legten sie zwei Gebäude, wahrscheinlich Tempel, aus der verbrannten Stadt frei. Beide Tempel waren zusammen mit allen übrigen Gebäuden der sogenannten zweiten Siedlung in irgendeiner schrecklichen Katastrophe zerstört worden.
Während der Mittagspause sagte Henry zu Sophia:
»Mein größter Fehler, als ich 1879 hier war, hat darin gelegen, daß ich nicht richtig zwischen einer zweiten und einer dritten Siedlung unterschieden habe. Alle meine Zweifel während des letzten Jahres rühren von der Tatsache her, daß meine dritte Stadt zu klein war, um Homers Troja zu sein. Diese aus mächtigen Blöcken bestehenden Mauern waren die Fundamente eines zweiten Troja. Mein Irrtum war, daß ich meine Schlüsse aus der Schicht verbrannter Ruinen gezogen habe, die du auf diesen Mauern gesehen hast. Ich dachte, die Bruchstücke verbrannter Ziegel seien die Überreste eines späteren Troja, das auf den Mauern des zweiten Troja errichtet wurde. Dörpfeld und Höfler haben mich jetzt davon überzeugt, daß diese Überreste von Ziegelmauern stammen, die auf den Steinfundamenten einer früheren Stadt auflagen. Das zweite Troja ist die verbrannte Stadt, und sie ist bedeutend größer als die dritte Siedlung. Wir werden um die gesamte Fläche herumgehen, und du wirst sehen, daß sie groß genug ist, um eine ganze Akropolis, Tempel, Paläste und Regierungsgebäude aufzunehmen. Das ist das Troja, von dem Homer berichtet hat.«
»Mit knapp tausend Menschen innerhalb dieser Mauern?«
»Es war nicht Homers Absicht, uns diese Vorstellung zu vermitteln. Die Mehrheit der Trojaner lebte, ebenso wie in Mykene, unten auf der Ebene, außerhalb der Akropolis und des Palastbezirks. Wir können nicht schätzen, wie viele es waren, aber sie stellten bestimmt eine große Streitmacht dar.«
»Wir haben das größte Gebäude, das wir in dem fanden, was du jetzt das

dritte, kleinere Troja nennst, für den Palast des Priamos gehalten. Was ist nun mit dem Palast... und dem Schatz?«

Henry ließ sich nicht beirren.

»Das große Gebäude, das wir den Palast nannten, gehört bestimmt zur dritten Siedlung. Es ist eben nicht der Palast des Priamos, der sich in der zweiten Siedlung befinden muß, derjenige, den die Achäer verbrannten. Wir haben ihn noch nicht gefunden. Trotzdem kann der Schatz der des Priamos sein. Als wir bis zu den Fundamenten der zweiten Siedlung vorstießen, haben wir einen Turm der zweiten Stadt genau dort entdeckt, wo wir in den Trümmern den Schatz fanden.«

Sophia empfand dies wie einen persönlichen Verlust. Jahrelang hatten sie in dem Glauben gelebt, den Palast des Priamos entdeckt zu haben. Sie war erleichtert, daß sie wenigstens den Schatz tatsächlich im Troja des Priamos gefunden hatten. Aber dann kam ihr ein anderer Gedanke. Wie stand es um die Authentizität ihres doppelten skaiischen Tores?

Henry schüttelte traurig den Kopf.

»Das, was wir das skaiische Tor genannt haben, ist nicht das skaiische Tor. Homer hatte doch recht. Wir nehmen jetzt an, daß das skaiische Tor sich unten in der Ebene befand und nicht dreizehn Meter darüber, wie wir zunächst dachten. Ich bin überzeugt, daß es in der Verteidigungsmauer der unteren Stadt lag, wo die Mehrheit der Einwohner lebte, und nicht ein Tor zur Akropolis war.«

»Henry, denk an all deine Veröffentlichungen. Mußt du sie jetzt widerrufen?«

Henry blieb gelassen.

»Virchow hat dir doch in Athen gesagt, daß dies das Wesen der Wissenschaft sei. Wir müssen es wagen zu forschen, immer Neues suchen und unsere Vorstellungen korrigieren. Es bringt mich nicht in Verlegenheit, der Wahrheit näherzukommen. Im Gegenteil, es regt mich an.«

Sophia und Andromache waren erst seit wenigen Wochen in Troja, als die Sümpfe der Troas austrockneten, die Frösche starben und im Lager Malaria ausbrach. Henry verabreichte seiner Familie und seinen Leuten große Dosen Chinin, aber die Arbeiter bekamen Fieber und konnten nicht mehr graben. Er erhielt von Rudolf Virchow einen ernsten Brief:

> »Schicken Sie Frau Sophia und Andromache nach Hause. Ihre Gattin weiß, wie sehr ich sie schätze, und ich hoffe, daß sie mir diese Zeilen nicht übelnimmt...«

»Virchow hat recht«, erklärte Henry. »Ich werde hier nur noch bis Juli graben können. Morgen früh wird Yannakis euch nach Çanakkale fahren.«

Als Henry nach Athen kam, hatte er wieder einen Malariaanfall, der ihn jedoch nicht daran hinderte, die türkische Regierung zu ersuchen, ihre Entscheidung betreffs Dörpfelds Vermessungen in Troja aufzuheben. Für sein nächstes Buch mit dem Titel *Troja*, in dem er den neuesten Stand der Ausgrabungen schildern wollte, benötigte er nicht nur vom Hissarlik, sondern von der ganzen Troas maßstabsgetreue, genaue Karten.

Er schrieb an Bismarck und bat ihn, sich für ihn zu verwenden. Als J. M. von Radowitz, ein geschickter Diplomat, zum deutschen Botschafter in der Türkei ernannt wurde, trug er die Angelegenheit sofort dem Sultan vor, und es gelang ihm, die Befürchtungen der Türken zu zerstreuen. Dörpfeld reiste ab, um die Karten anzufertigen. Henry verbrachte mehrere Wochen in seiner Bibliothek, um sein Buch zu schreiben und Aufnahmen von seinen jüngsten Funden machen zu lassen. Sophia teilte ihre Zeit zwischen Kiphissia und Athen.

Um die Jahreswende brachte Dörpfeld den ersten genauen Plan der Akropolis. Er hatte sich auf die zweite Stadt konzentriert und genau die verschiedenen Stufen von König Priamos' Troja abgegrenzt: die Türme, die Verteidigungsmauern, die Tore, Hausmauern und Straßen. Um ein genaues Bild des Hissarlik zu vermitteln, zeichnete er auch die Überreste der ersten und ältesten Stadt sowie das neu erkannte dritte Troja, das auf den Trümmern des verbrannten Troja des Priamos stand. Henry, Dörpfeld und Höfler arbeiteten eine Karte aus, die in verschiedenen Farben die zahlreichen Schichten Trojas zeigte. Henry war glücklich, als er im Mai das Manuskript sowohl in Englisch als auch in Deutsch beendet hatte.

Er litt unter einer Reihe seltsamer Krankheiten, über die er nicht mit Sophia sprechen wollte. Sie wußte, daß jetzt seine beiden Ohren entzündet waren, weil er auch im Winter im Meer gebadet hatte. Er beabsichtigte, mit Brockhaus in Leipzig an seinem Buch *Troja* zu arbeiten, dann seinen Arzt in Würzburg zu konsultieren und danach seine Familie in Ankershagen zu besuchen. Diesmal wollte er nicht allein reisen. Sophia und die Kinder sollten ihn begleiten. Sie würden auch nach Paris, London und auf die Insel Wight fahren. Mitte Juni sollte er im Queens College von Oxford zum Ehrenmitglied dieser berühmten Universität ernannt werden. Damit würde er endlich einen authentischen Titel von einer großen Universität besitzen. Sophia hatte einen Instinkt dafür entwickelt, herauszufinden, was Henrys Phantasie entsprang und was der Wirklichkeit entsprach. In seiner Autobiographie am Anfang des Buchs *Ilion* hatte er zum Beispiel behauptet, die acht Seiten, die er der Universität Rostock unterbreitet hatte, seien eine »in Altgriechisch geschriebene Abhandlung« – eine Aufgabe, an die sich kaum ein Gelehrter gewagt hätte. In Wirklichkeit hatte er sie in modernem Französisch geschrieben. Bei seinen Ausgrabungen und in den Büchern, die er über seine Arbeit veröffentlichte, war er absolut aufrichtig und glaubwürdig. In seinem Privatleben jedoch war er ein epischer Dichter, dessen persönliche Odyssee mehr auf Erfindung als auf Erinnerung beruhte. Er besaß die Gabe, die Vergangenheit neu zu schreiben, ihre Fäden harmonisch in das Gewebe seines gegenwärtigen Lebens einzufügen. Er log nicht, sondern schuf neu, nahm einen Schwamm und wischte

über die Tafel seiner Jugendjahre, löschte die Kreidezeichen der Wirklichkeit aus, um sie mit fester Hand durch eine poetische Version seiner Vergangenheit zu ersetzen.
›Nun gut‹, dachte sie bei sich. ›Eigentlich sollte jeder das Recht haben, seine Jugend neu zu schreiben.‹

2.

Sophia genoß das Zusammensein mit Andromache und Agamemnon. Es waren kluge und hübsche Kinder. Henry, der um Erlaubnis ersucht hatte, in Tiryns zu graben, war froh, daß er den Rest des Jahres in seiner Bibliothek verbringen konnte, und schickte *Ilios* zum Druck nach Frankreich, *Troja* nach England und Deutschland. Er stand Pate bei Alexandros' erstem Kind, schenkte dem Baby eine Ausstattung und ein silbernes Kreuz und unterhielt sich stundenlang mit Panaghiotes, der an der Universität gut vorankam, über Archäologie. Aus der Troas erreichte sie eine traurige Nachricht. Yannakis war in den Skamander gefallen und ertrunken. Sophia und Henry schrieben Trostbriefe an Polyxene, und Henry versprach ihr, auch weiterhin jeden Monat Geld zu schicken.
Die Genehmigung für die Ausgrabungen in Tiryns, der Schwesterzitadelle von Mykene, traf nicht ein. Obgleich Panaghiotes Stamatakes Generalinspektor für Altertümer geworden war, machte weder Henry noch Sophia ihn für die Verzögerung verantwortlich. Erst sechsunddreißig Jahre alt, hatte er sich kurz nach seiner Einsetzung in dieses von ihm so lange ersehnte Amt eine schwere Krankheit zugezogen. Anfang Februar 1884 gelang es Demetrios Voulpiotes, dem Kultusminister, endlich, die Einwilligung von Stamatakes zu erlangen. Henry schiffte sich am 15. März mit seinen Schubkarren, Schaufeln und Spitzhacken nach Nauplion ein. Tiryns bot sich als nächster Ausgrabungsort geradezu an. Die Arbeiten würden das Bild der mykenischen Kultur abrunden.
Sophia blieb in Iliou Melathron zurück. Wilhelm Dörpfeld und seine blauäugige, flachsblonde Frau waren ihre Gäste. Dörpfeld war fast gleichaltrig mit Sophia und seine Frau ein paar Jahre jünger. Er sollte zusammen mit Panaghiotes Ende März nach Tiryns nachkommen. Sophia und Frau Dörpfeld würden sich dann im April im *Hôtel des Etrangers* in Nauplion zu ihnen gesellen.
Henry begann die Ausgrabungen mit sechzig Albanern aus Nauplion und den Dörfern rund um Tiryns sowie mit fünfzehn Männern aus Charvati, die bereits in Mykene für ihn gearbeitet hatten. Stamatakes ernannte einen jungen Mann namens Philios zu Henrys Ephor. Er war zu krank, um auf Rache zu sinnen, hatte jedoch Philios so strenge Anweisungen erteilt, daß Henry an Sophia schrieb, die Situation gleiche der in Mykene während der ersten Monate ihrer dauernden Kämpfe mit Stamatakes. Philios erlaubte Henry nicht,

die morgens gemachten Funde während der Mittagszeit zu überprüfen, aus Angst, daß etwas verschwinden könnte. Er telegraphierte an seinen Vorgesetzten in Athen:

SCHLIEMANN LÄSST AN VIER VERSCHIEDENEN STELLEN GLEICHZEITIG GRABEN. ES IST MIR UNMÖGLICH, VIER GRABUNGSSTELLEN, DIE WEIT VONEINANDER ENTFERNT LIEGEN, GLEICHZEITIG ZU ÜBERWACHEN.

Wie damals Stamatakes in Mykene, erreichte jetzt auch Philios, daß die Ausgrabungen eingestellt wurden, und Henry telegraphierte wieder an Sophia, sie solle den Kultusminister aufsuchen und ihn bitten, daß man Ephor Philios in Schach hielt. Ihr Freund Voulpiotes hatte volles Verständnis für Henrys Bitte.

Mitte April traf Sophia mit Frau Dörpfeld und einem französischen Maler namens Gilliéron in Nauplion ein. Henry hatte sie gebeten, ihn zu engagieren, damit er die herrlichen Töpferarbeiten und Wandmalereien kopierte, die sie gefunden hatten. Am nächsten Morgen erwachte Sophia um Viertel vor vier. Rasch zog sie ihren bodenlangen Rock und die schweren Schuhe an, die sie immer bei den Ausgrabungen trug. Da zwischen Nauplion und Tiryns Sümpfe lagen, gab Henry ihr vier Chinin-Tabletten. Sie gingen zum Strand, wo pünktlich um vier Uhr ein Bootsmann eintraf. Er ruderte sie auf das offene Meer hinaus. Dort sprang Henry ins Wasser und schwamm etwa zehn Minuten lang. Danach begaben sie sich ins Café *Agamemnon*, tranken schwarzen Kaffee und bestiegen dann die Kutsche, die bereits auf sie wartete. Fünfundzwanzig Minuten später trafen sie noch vor Sonnenaufgang in Tiryns ein und schickten die Kutsche zurück, die Dörpfelds zu holen.

Um acht Uhr frühstückten sie gemeinsam, während die Arbeiter sich ausruhten. Sie saßen auf dem Boden des alten Palasts von Tiryns, den Henry auf dem Gipfel des Hügels freigelegt hatte. Da die Zyklopenmauern, die ihn umgaben, noch unversehrt waren, konnte Dörpfeld ohne Schwierigkeiten einen Plan der Siedlung anfertigen. Unter einer Trümmerschicht von nur ein bis anderthalb Metern hatten Henrys Arbeiter den riesigen antiken Palast mit seinem Mosaikfußboden ausgegraben. Teile der Palastmauern standen noch. Beim Graben fanden sie Vasen und Idole ähnlich denen von Mykene, was bestätigte, daß die beiden Zitadellen aus der gleichen Epoche stammten.

Henry und Dörpfeld machten verblüffende Entdeckungen. Im Palast selbst fanden sie zahlreiche Sockel von Säulen. Im Eingang lagen noch die mächtigen steinernen Türschwellen. Sie hatten die große Rampe auf der Ostseite geräumt, den riesigen Verteidigungsturm freigelegt, die Erde und die Trümmer außerhalb einer von hohen Mauern eingefaßten Zufahrt entfernt und ein mächtiges zweiflügeliges Tor gefunden. In ihren riesigen Ausmaßen glichen das Tor und die Zufahrtsstraße denen von Mykene. Ihr faszinierendster Fund, an dessen Freilegung sie noch arbeiteten, war jedoch das Megaron, ein von vier Pfeilern getragener, zwölf Meter langer und zehn Meter breiter Raum mit einem weiten Kreis in der Mitte für den Herd. Anschließend daran befanden sich ein Vorraum, ein Vorhof und ein großer gepflasterter Hof; daneben war ein Baderaum, ähnlich demjenigen, den es angeblich in dem noch nicht ausgegrabenen Palast von Mykene gab. Diese »Männerhalle« glich in ihrer Anlage so sehr den beiden Gebäuden in Troja, die Henry als Tempel identifiziert hatte, daß er jetzt überzeugt war, tatsächlich einen Teil des Königspalasts von Troja ausgegraben zu haben. Sie mußten ungefähr in der gleichen vorgeschichtlichen Epoche erbaut worden sein.

Nach Abschluß der Ausgrabungsarbeiten kehrte Henry nach Athen zurück und schrieb die ersten Kapitel zu dem Buch *Tiryns.* Am Neujahrstag 1885 lud Sophia ihre Familie zum Mittagessen nach Iliou Melathron ein. Ihre Mutter kam, von Panaghiotes begleitet, zu Fuß von ihrem Haus. Als sie den Syntagmaplatz überquerten, verspürte sie einen stechenden Schmerz in der Brust. Panaghiotes rief eine Kutsche herbei. Madame Victoria konnte sich gerade noch die Marmortreppe hinaufschleppen, dann brach sie an der Türschwelle zusammen. Sophia und Henry kamen herbeigeeilt. Panaghiotes und ein Diener trugen sie in ein Schlafzimmer hinauf. Sie küßte Sophia mehrere Male auf die Wange und flüsterte:

»Meine liebste Tochter, du bist so gut zu mir gewesen... Ich wollte euch ein frohes neues Jahr und alles Gute zum Geburtstag wünschen. Jetzt muß ich Lebewohl sagen...«

Sie wandte ein wenig den Kopf und blickte Henry an, der neben dem Bett kniete.

»Mein lieber Sohn... Ich sterbe. Laß mich dich zum Abschied küssen.«

Sie küßte Henry sechsmal auf die Wange, aber so schwach, daß er kaum ihre Lippen spürte. Dann schloß sie die Augen und sagte nichts mehr. Als der Arzt eintraf, war sie bereits tot.

Wieder einmal kamen Sophia und ihre Familie am Friedhof zusammen, wo der Priester sein *Eonia i mnimi* anstimmte.

Sophia war wie betäubt. Als die Erde auf den Sarg ihrer Mutter fiel, murmelte sie: »Dein Gedenken währe ewiglich.« Auf der Heimfahrt in der Kutsche sagte sie mit leiser Stimme zu Henry:

»Meine beiden Eltern sind jetzt tot. Nun bin ich die ältere Generation.«

Zu Hause angekommen, gab Henry ihr ein Gläschen Brandy, damit sie das Gefühl der Leere überwand. Einige Tage später traf sie ihn in der Bibliothek an, wo er eine Skizze für ein prächtiges Mausoleum entwarf. Der obere Teil glich einem griechischen Tempel en miniature, mit vier Säulen und einem Ziergiebel; zwischen der Tür in die darunter gelegene massive Gruft und dem zierlichen Tempelchen befand sich ein Fries, der Henry und seine Arbeiter beim Ausgraben von Troja zeigte.

»Was um alles in der Welt soll das bedeuten?« fragte sie.

»Es ist eine Skizze für Ziller«, erwiderte Henry, »damit er eine würdige

Grabstätte entwirft. Ich möchte, daß wir nach unserem Tod für immer beisammen bleiben.«

»Ich danke dir für diesen Ausdruck deiner Liebe, *Errikaki*, aber ich lebe lieber *lebendig* im gleichen Haus mit dir.«

»Ich bin jetzt dreiundsechzig, und alle möglichen seltsamen Krankheiten quälen meinen unberechenbaren Körper. Ich möchte, ehrlich gesagt, nicht, daß man meine Gebeine drei Jahre nach meinem Tod wieder ausgräbt. Und auch nicht die deinen. Ich werde Zillers Entwurf zusammen mit fünfzigtausend Drachmen meinem Testament beilegen, damit das Grabmal gebaut werden kann.«

Im März starb Panaghiotes Stamatakes. Henry und Sophia nahmen an der Beerdigung teil. Ihre früheren Zwistigkeiten waren vergessen, und Henry schrieb nur Gutes über ihn in seinem Buch über Tiryns.

Anfang 1885 schickte Henry den überaus fähigen Dörpfeld nach Tiryns zurück; dieser arbeitete so rasch und gründlich, daß er sehr bald Karten und Pläne des Palasts auf der Akropolis und der mittleren Festung, die offenbar die Unterkünfte für die Dienerschaft enthielt, sowie der unteren Zitadelle mit ihren Lagerräumen, Pferdeställen und Räumen für das Gefolge liefern konnte. Sie entdeckten Fragmente von Wandmalereien mit menschlichen Figuren und geometrischen Mustern. Der Frauentrakt hatte einen eigenen Hof und viele Gemächer, fast genauso, wie Homer die Wohnstatt Penelopes in der *Odyssee* beschrieben hatte.

Henry verbrachte zwischendurch immer wieder einige Zeit in Tiryns, überließ aber meistens Dörpfeld die Aufsicht. Sophia wunderte sich darüber, bis sie zufällig auf einem Stuhl in der Bibliothek einen offenbar nicht fertiggeschriebenen Brief Henrys fand:

> ...Aber ich fühle mich müde und wünsche mir so sehr, mich ganz von den Ausgrabungen zurückzuziehen und den Rest meines Lebens in Ruhe zu verbringen. Ich spüre, daß ich diese schwere Arbeit nicht länger machen kann. Wo immer ich bisher den Spaten ansetzte, habe ich der Archäologie neue Welten eröffnet, in Troja, Mykene, Orchomenos, Tiryns – und jede davon barg zahllose Wunder. Aber das Glück gleicht einer kapriziösen Frau; vielleicht würde es sich jetzt von mir abwenden; vielleicht würde ich in Zukunft nur noch Niederlagen erleben! Ich sollte es Rossini nachtun, der zu komponieren aufhörte, nachdem er nur wenige, aber herrliche Opern geschrieben hatte, die man nie übertreffen wird. Wenn ich mich vom Ausgraben und vom Bücherschreiben zurückziehe, werde ich wieder reisen können...

Sophia war fassungslos. Zwar hatte sie beobachtet, daß seine Kräfte nachließen und Krankheiten ihren Tribut von ihm forderten, aber ihr war nicht bewußt geworden, daß seine Lust am Ausgraben, die größte Freude seines Lebens, erschöpft war. Sie brauchte mehrere Tage, um sich mit der Vorstellung vertraut zu machen, daß Henry seine restlichen Jahre damit verbringen wollte, sein Werk zu verteidigen, statt neue Ausgrabungen und neue Kontroversen zu beginnen.

Im Frühjahr wurde ihm mitgeteilt, daß Königin Victoria ihm die goldene Medaille für Kunst und Wissenschaft verleihen wollte. Er reiste im Mai nach London. Sophia und die Kinder trafen sich mit ihm im *Hôtel du Pavillon Impérial* in Boulogne-sur-Mer. Sie genossen drei Wochen Ferien am Meer, ehe sie sich in die Schweiz begaben, wo Andromache eine Privatschule besuchen sollte. Sie bereisten das ganze Land, blieben in einem Hotel in St. Moritz und fuhren dann nach Lausanne, wo sich die Schule befand und wo sie während des ganzen Schuljahrs bleiben wollten. Sophias Bruder Panaghiotes hatte sein Universitätsstudium abgeschlossen und war zum Ephor der Ausgrabungen des Französischen Archäologischen Instituts in Böotien ernannt worden. Als die Grabungen im September unterbrochen wurden, besuchte er sie und erzählte ihnen, daß Henry zum Mitglied des Deutschen Archäologischen Instituts in Athen gewählt worden war. Henry war hocherfreut.

»Ich werde ihnen ein erstklassiges Institut bauen, das dem französischen in nichts nachsteht. Das Haus, das sie jetzt in der Academiasstraße gemietet haben, ist mehr als unzulänglich. Ich werde nur eine geringe Miete von ihnen verlangen.«

Unruhe erfaßte ihn. Er reiste durch Deutschland und Frankreich und begab sich dann nach Konstantinopel, wo er – Sophia sollte nie erfahren, wie ihm dies gelang – vom Museum zwei Drittel der Funde kaufte, die er 1878 und 1879 in Troja ausgegraben hatte. Er ließ die Kisten nach Iliou Melathron bringen und stellte die Sammlung in seinem Museum auf. Anfang Januar 1886 hatte Sophia es satt, allein in Lausanne zu sein, und fuhr mit ihren Kindern nach Athen zurück.

Tiryns erschien Ende 1885 und Anfang 1886 in England, Deutschland, Frankreich und den Vereinigten Staaten. Dörpfeld hatte zwei Kapitel davon geschrieben. Das Buch verkaufte sich gut, aber im Frühjahr 1886 entbrannte in London ein Streit über eine Reihe von Angriffen in der *Times*, in denen man Schliemann bezichtigte, »primitives mittelalterliches Mauerwerk mit Bauten aus dem heroischen Zeitalter« und »byzantinische Ruinen mit vorgeschichtlichen« zu verwechseln. Die Angriffe auf seine Glaubwürdigkeit, die auch seine Arbeiten in Troja und Mykene einschlossen, waren so heftig und unerwartet, daß er nach London fuhr, um sich dort zu verteidigen. Er nahm Dörpfeld mit, damit dieser ihn in seiner Argumentation unterstützte.

Der Disput wurde im Juli auf einer Sondersitzung der Hellenischen Gesellschaft ausgetragen. Vor einem zahlreichen Publikum stellte Henry sich W. J. Stillman, einem Korrespondenten der *Times*, einem der Herausgeber dieser Zeitung und einem Architekten namens F. C. Penrose, der Tiryns besucht und die Ausgrabungen besichtigt hatte. Henry und Dörpfeld standen energisch Rede und Antwort und belegten ihre Argumente mit Photographien, Karten, Zeichnungen und Fundstücken aus Troja, Mykene und Ti-

ryns. Henry war in der *Times* von Max Müller und Arthur Evans, der später Knossos ausgraben sollte, verteidigt worden.
Henry hatte in seinem unvollendeten Brief angekündigt, daß er »wieder reisen« werde, und das tat er jetzt. Er fuhr zweimal nach Ägypten, das erstemal 1887, das zweitemal 1888 mit seinem Freund Rudolf Virchow. Sie fuhren den Nil hinauf bis Luxor. Zwischen den beiden Reisen beauftragte er Ziller und Dörpfeld, ein Gebäude für die Deutsche Archäologische Gesellschaft zu entwerfen, das auf einem großen Grundstück in der Pinakotonstraße errichtet werden sollte. Als das Haus im Sommer 1888 fertig war, vermietete er es an die Gesellschaft.
Der Sieg, den er 1886 in London über die englischen Kritiker der Funde von Tiryns errungen hatte, beeindruckten in keiner Weise Hauptmann Ernst Boetticher, der weiterhin von Berlin aus den Hissarlik als eine Feuernekropole ansah. Henry beschloß, Boetticher zu überzeugen, indem er ihn nach Troja einlud. Im Dezember 1889 nahm Boetticher die Einladung an. Als unparteiische Zeugen lud Henry außerdem Professor Niemann von der Akademie der Schönen Künste in Wien und einen gewissen Major Steffen ein, der Karten und Pläne von Mykene veröffentlicht hatte. Troja wurde tagelang genauestens untersucht, wobei Dörpfeld Henry ablöste, wenn er sah, daß dieser müde wurde. Die beiden Zeugen, Niemann und Steffen, waren von der Echtheit der Funde überzeugt. Hauptmann Boetticher gab jedoch nicht nach. Der Hissarlik sei eine Feuernekropole, teilte er seinen Lesern mit. Im Laufe des folgenden Jahres gewann seine Theorie weiter an Boden. Henry schäumte vor Wut.
Sophia, die wollte, daß ihre Kinder in Liebe und Frieden aufwuchsen, kam zu dem Schluß, daß jeder Pionier Gräber öffnete.
»Ich habe mich geirrt; das alte Ammenmärchen stimmt«, sagte sie zu Henry. »Wenn man längst verstorbene Herrscher stört ... an längst begrabenen Vorstellungen rührt, verdammen sie einen und machen einem das Leben zur Hölle!«
»Nicht mir!« schrie Henry, bleich vor Ärger. »Ich werde eine internationale Konferenz einberufen. Ich werde alle nach Troja einladen, den Direktor des Museums von Konstantinopel, den Direktor der Amerikanischen Schule für Klassische Studien in Athen ...«
Er lud sie tatsächlich ein, und sie kamen auch, eine Gruppe von acht anerkannten Autoritäten, unter ihnen sein Freund Frank Calvert. Diesmal erlebte Henry einen Triumph. Die internationale Konferenz erklärte einstimmig, daß nichts auf eine Nekropole oder auf das Verbrennen von Leichnamen hindeutete, und daß die zweite Schicht Ruinen von Gebäuden aufwies, deren größtes den Palästen von Tiryns und Mykene glich. Hauptmann Boetticher verstummte, aber andere behaupteten weiterhin, wenn auch nicht öffentlich, daß Troja in Bunarbaschi läge und nicht am Hissarlik.
»Dieser Streit wird nie ein Ende haben«, meinte Sophia. »Wir werden damit leben bis zu unserem letzten Atemzug.«

3.

Schon seit Jahren rieten die Ärzte in Deutschland Henry zu einer Operation an beiden Ohren. Da seine Beschwerden in letzter Zeit zugenommen hatten, reiste er Anfang November nach Halle zu einem gewissen Dr. Hermann Schwartz, der als Kapazität auf dem Gebiet der Ohrenchirurgie galt. Sophia fuhr fast nie mit, wenn Henry sich in Deutschland behandeln ließ, aber diesmal war es etwas anderes.

»Ich komme mit dir, *agapete mou*, für den Fall, daß Dr. Schwartz sich zu einer Operation entschließt.«

»Ich danke dir, Sophidion, aber du bleibst besser hier. Dr. Schwartz hat mir gesagt, daß ich nach einer Operation an beiden Ohren mindestens drei Wochen lang vollständig taub sein werde und noch einen Monat in Halle bleiben muß. Um diese Jahreszeit ist es dort kalt, neblig, feucht, und es schneit. Wenn ich dich nicht hören kann und Schmerzen habe, würde alles nur noch schlimmer sein. Ich werde dir schreiben...«

Nach einigen Tagen erfuhr Sophia, daß Dr. Schwartz die Operation für dringend notwendig hielt. Henry zog vom Hotel *Hamburg* zu einer Witwe, Frau Dr. Mathilde Götz, deren vier Söhne die Universität besuchten. Sie würde nicht nur seine Besucher empfangen, sondern ihn auch während seiner Rekonvaleszenz pflegen. Sein nächster Brief, in dem er über die Operation berichtete, erschreckte Sophia. Dr. Schwartz hatte aus dem rechten Ohr drei verknöcherte Wucherungen entfernt. Das linke Ohr war noch problematischer, da die Wucherung mit dem empfindlichen Knochengewebe des Schädels verwachsen war. Dr. Schwartz hatte die Ohrmuschel erst abtrennen und dann wieder annähen müssen. Durch den starken Blutverlust hatte sich die Operation kompliziert. Beim Erwachen war Henry übel vom Chloroform, sein Kopf war in Verbände eingezwängt, und um sein Krankenbett standen Dr. Schwartz und seine Assistenten, die besorgt darauf warteten, daß er wieder zu Bewußtsein kam.

Sie durfte nicht nach Halle kommen! Obwohl er unglücklich war, allein zu sein, würde ihm Gesellschaft auch nicht weiterhelfen. Beide Ohren waren geschwollen, die Gehörgänge verstopft, und er konnte keinen Ton hören. Er befand sich jetzt wieder bei Frau Götz, aber es war so bitter kalt, daß man ihm nicht erlaubte, das Haus zu verlassen. Er war außerstande, sich zu waschen und zu rasieren... Die heftigen Schmerzen in beiden Ohren ließen ihn nachts nicht schlafen.

Die Briefe wurden immer besorgniserregender. Sein linkes Ohr war jetzt vollständig vereitert, die Schmerzen waren unerträglich, es war noch kälter geworden. Obwohl der Ofen die ganze Nacht brannte, waren am Morgen die Fensterscheiben vereist. Könnte sie wohl mit dem Weihnachtsbaum warten, bis er zurückkam? Er glaubte nicht, rechtzeitig zum Weihnachtsfest zurückkehren zu können. Aber sie sollte ihm bitte die Zeitschriften *Academy* und *Athenäum* senden, sobald sie sie bekam.

Dr. Schwartz untersuchte Henrys Ohren, versicherte ihm, daß die Schmerzen aufhören würden, und daß er bald Halle verlassen könne. Er müsse nur einen Verband über den Ohren tragen und dürfe sie nicht der Kälte aussetzen. Henry wollte nach Leipzig zu seinem Verleger und dann nach Berlin und Paris fahren. Aber Anfang Dezember nahmen die Schmerzen in seinem linken Ohr zu. Dr. Schwartz gab ihm Opium. Noch immer konnte Henry keinen Ton hören...

Sein nächster Brief kam aus Paris. Er hatte ihr Vorwürfe gemacht, daß sie ihm nicht oft genug schrieb, und war froh gewesen, als er bei seiner Ankunft im *Grand Hotel* sechs Briefe vorfand, die sich dort angesammelt hatten. Sein linkes Ohr war verheilt, aber er hatte bei der Abreise von Halle vergessen, Watte hineinzustecken. Er erkältete sich und mußte in Paris einen Ohrenspezialisten aufsuchen...

Er würde bald nach Neapel fahren, wo er zwei Tage bleiben und die neuen Ausgrabungen in Pompeji besichtigen wollte.

In Neapel stieg er im *Grand Hotel* ab, dessen Besitzer ein alter Freund von ihm war. Das linke Ohr verursachte ihm wieder unsägliche Schmerzen. Ein gewisser Dr. Cozzolini gab ihm eine Spritze, die ihm Erleichterung verschaffte. Der Arzt empfahl ihm jedoch, seine Rückreise nach Athen noch einige Tage aufzuschieben. Am nächsten Tag besuchte er mit Dr. Cozzolini die Ausgrabungen in Pompeji. Am Weihnachtsabend aß er allein im Speisesaal des Hotels und trank am nächsten Morgen im Frühstückszimmer seinen Kaffee.

Was Sophia dann erfuhr, war ihr fast unbegreiflich. Am ersten Weihnachtsfeiertag hatte Henry das Hotel gegen zehn Uhr morgens verlassen, wahrscheinlich, um sich noch eine Spritze geben zu lassen. Er war jedoch nicht in Dr. Cozzolinis Praxis angekommen. Auf einer Straße in der Nähe der Piazza della Santa Carità brach er ohnmächtig zusammen. Als er wieder zu sich kam und Passanten ihn fragten, was ihm fehle, war er unfähig zu sprechen. Die Polizei brachte ihn ins nächste Krankenhaus, aber niemand fand die mit Goldstücken gefüllte Geldbörse, die tief in einer Tasche seines Mantels steckte. Die Krankenhausverwaltung weigerte sich, ihn aufzunehmen, da er sich nicht ausweisen konnte. Der Polizei blieb nichts anderes übrig, als ihn auf die Wache zu bringen, wo man zum Glück in einer Westentasche Dr. Cozzolinis Visitenkarte fand. Man ließ den Arzt holen. Entsetzt über das, was vorgefallen war, erklärte er, daß der halb bewußtlose Mann der berühmte Dr. Henry Schliemann sei; er bestellte eine bequeme Kutsche und brachte Henry ins *Grand Hotel* zurück, wo er ihm etwas Brühe einflößte und ihn in sein Zimmer tragen ließ.

Dr. von Schoen, ein bekannter deutscher Chirurg, der in Neapel lebte, wurde gerufen. Er machte einen Einschnitt in Henrys linkes Ohr, reinigte es, äußerte jedoch die Befürchtung, daß eine weitere Operation nötig sein werde. Henry konnte die ganze Nacht nicht sprechen. Der Hotelbesitzer blieb bei ihm und flößte ihm Fleischbrühe und Kaffee ein.

Am nächsten Morgen, dem zweiten Weihnachtsfeiertag, kamen Dr. Cozzolini und Dr. von Schoen mit sechs ihrer Kollegen zusammen, um zu besprechen, ob eine Schädeltrepanation möglich sei.
Noch während sie im Nebenzimmer darüber sprachen, verlor Henry vollständig das Bewußtsein.
Von dem, was danach geschah, erfuhr Sophia durch eine Reihe von Telegrammen. Als sie die Nachricht erhielt, daß Henry auf der Straße ohnmächtig zusammengebrochen war, wollte sie sofort abreisen. Aber erst am nächsten Tag ging ein Dampfer nach Brindisi.
In den frühen Abendstunden erreichte sie das letzte Telegramm. Ihr Mann war tot.
Dörpfeld und ihr Bruder Panaghiotes überzeugten Sophia, daß es das beste wäre, wenn sie am Samstag den Dampfer nach Brindisi nahmen, um Henrys Leichnam nach Athen zu bringen.

Sie saß in der Bibliothek an Henrys Schreibtisch; Mitleid und Trauer erfüllten sie, aber nicht nur, weil Henry sie verlassen hatte. Sein Tod hatte sie nicht unvorbereitet getroffen, denn er war schon längere Zeit leidend gewesen und hatte viele seiner Angelegenheiten nicht mehr so im Griff gehabt wie früher; es schmerzte sie vielmehr, daß er in einem Hotelbett fern von zu Hause gestorben war und niemand von seiner Familie seine Hand gehalten und ihn zum letzten Abschied geküßt hatte. Dann wurde sie von einem tiefen Schuldgefühl ergriffen. Sie hätte gleich mit ihm nach Halle fahren sollen, spätestens aber, nachdem sie erfahren hatte, wie gefährlich die Operation gewesen war. Aber wann in all den einundzwanzig Jahren ihrer Ehe hatte sie schon gegen seinen ausdrücklichen Wunsch gehandelt? Er hatte nicht gewollt, daß sie kam...
Sie hätte auf seine sofortige Rückkehr aus Halle bestehen sollen, um ihn im milderen Klima von Athen gesundzupflegen, wo er von seinen herrlichen Schätzen, von seiner Frau, seiner erwachsenen Tochter und seinem griechischen Sohn umgeben gewesen wäre, statt nach Berlin zu reisen, um Virchow zu besuchen, nach Paris, um andere Freunde zu sehen, und dann nach Neapel, um Pompeji zu besichtigen... alles typisch für ihn. Es war ihr nie gelungen, ihn zu beeinflussen. Niemandem war es gelungen!
Sie erschauderte bei der Vorstellung, daß ein Krankenhaus, in dem er hätte gerettet werden können, ihn zurückgewiesen hatte, weil niemand ihn erkannte. Dr. Henry Schliemann, eine der berühmtesten Persönlichkeiten der Welt!
Und jetzt trafen Beileidstelegramme aus aller Herren Ländern ein, und die Zeitungen veröffentlichten ausführliche Artikel über sein merkwürdiges, schöpferisches Leben, seinen großartigen Beitrag zur Archäologie und zur Erforschung der Vorgeschichte.
Henry Schliemann, kurz vor seinem neunundsechzigsten Geburtstag gestorben, hatte sein Leben vollendet. Er hatte sein Ziel erreicht. Homers Troja,

Pausanias' Königsgräber von Mykene, das Schatzhaus in Orchomenos, der Palast von Tiryns...

All das gehörte jetzt der Vergangenheit an.

In wenigen Tagen würden Dörpfeld und Panaghiotes ihn nach Hause bringen, die letzte seiner vielen Reisen. Wenn sein Testament geöffnet wurde, würde sie die fünfzigtausend Drachmen für den Bau seiner Grabstätte verwenden. Ein protestantischer Pfarrer würde die Aussegnung vornehmen. Nach Fertigstellung der Grabstätte würden Henrys sterbliche Reste dort zur Ruhe gebettet werden... für alle Zeiten. Sie streckte die Arme über seinen Schreibtisch aus und legte den Kopf darauf. Die Einsamkeit schlug über ihr zusammen.

Mit achtunddreißig Jahren war sie allein, Herrin des grandiosen Iliou Melathron, das sie jetzt selbständig verwalten mußte. Andromache war neunzehn und interessierte sich für einen Studenten. Wahrscheinlich würde sie bald heiraten und sie verlassen. Agamemnon war erst zwölf. Er würde ihr Trost sein.

Sie kannte den Inhalt des Testaments, das Henry am 10. Januar 1889 abgefaßt und in dem er seine russische Familie großzügig bedacht hatte. Es enthielt auch Geschenke für seine Schwestern, Virchow und Dörpfeld. Andromache und Agamemnon hatte er wertvollen Grundbesitz vermacht. Obwohl er ihren Vater veranlaßt hatte, mit ihm in Athen einen Notar aufzusuchen, bei dem Georgios Engastromenos ein Dokument hatte unterschreiben müssen, daß seine siebzehnjährige Tochter nicht über das Vermögen ihres Ehemannes verfügen sollte, hatte Henry ihr Iliou Melathron mit seiner gesamten Einrichtung, ein Haus in Berlin und eine beträchtliche Anzahl weiterer Vermögenswerte, darunter das neue Gebäude des Deutschen Archäologischen Instituts, hinterlassen. Sie war ausreichend versorgt. Sie würde Iliou Melathron so weiterführen, wie Henry es gewünscht hatte, würde seine Anweisung befolgen, jeden bei sich aufzunehmen, der in seinen »Palast von Troja« kam, ihm Gastfreundschaft gewähren und ihrer beider trojanische Sammlung in den Museumsräumen zeigen.

Wenn sie Erholung suchte, gab es immer noch das Haus in Kiphissia, in das sie sich flüchten konnte.

Sie stand auf, verließ die Bibliothek und ging hinunter. Langsam schritt sie durch den Ballsaal, stellte sich unter Henrys Porträt auf dem Fries, blickte auf die Zitate der griechischen Klassiker, die er so sehr geliebt hatte, und meinte, seine Stimme zu hören, die ihr die Verse vorlas, wie er es all die Jahre hindurch getan hatte. Erinnerungen überfluteten sie wie die Wellen der Ägäis. Theokletos Vimpos hatte eine gute Ehe für sie arrangiert und ihr geholfen, die Klippen zu umschiffen.

Sie würde nie wieder lieben, nie wieder heiraten. Sie würde als *Kyria* Sophia Schliemann in Athen leben, würde Dörpfeld die nötigen Mittel zur Verfügung stellen, damit er die Grabungen in Troja fortsetzen konnte, würde den Ruf und das Lebenswerk ihres Mannes gegen die Hauptmann Boettichers in

Deutschland, die Stillmans und Penroses in England und gegen alle anderen verteidigen, die versuchten, ihn herabzusetzen. Sie war jung, sie war gesund, und sie würde noch viele Jahre leben. Daß eine lange Witwenschaft sie erwartete, damit hatte sie rechnen müssen. Sie haderte nicht mit ihrem Schicksal. Sie ging die Treppe hinauf in ihr Boudoir, sank vor der heiligen Jungfrau auf die Knie und betete für die Seele Henry Schliemanns, auf daß sein Andenken ewig währe.

Anhang

ANMERKUNG DES AUTORS

Eines der Probleme bei der Abfassung dieses Buches war die Tatsache, daß damals zwei verschiedene Kalender benutzt wurden. Henry Schliemann benutzte, wie ganz Europa, den Gregorianischen Kalender, der auch heute noch gilt. In Griechenland galt noch der Julianische Kalender, der zwölf Tage hinter dem Gregorianischen lag. Sophia Schliemann scheint ihre Briefe im alten Stil datiert zu haben, wie dies auch die griechischen Tageszeitungen taten. Die in Schliemanns Büchern, Tagebüchern und Briefen verzeichneten Daten entsprechen dem Gregorianischen Kalender. Hieraus resultieren einige vermeintliche Widersprüche in bezug auf bestimmte Ereignisse. Offiziell wurde der Gregorianische Kalender in Griechenland erst am 1. März 1923 eingeführt.
Brief von Schliemann an Sophia vom 26. November 1889:

> Liebste, ich habe Dir das Geld für Dein Haushaltskonto bis auf den letzten Pfennig gegeben, damit Du bis zum 1. Dezember auskommst, und Dir den Brief an die Ionische Bank gezeigt, mit dem ich zum 1. Dezember des *neuen* Kalenders ein Konto auf Deinen Namen eröffnet habe. Bei Jupiter, Du *kannst* das doch nicht alles vergessen haben!

Diejenigen Leser, die den Schatz des Priamos in Berlin zu sehen hoffen, werden enttäuscht sein. Er ist verschwunden. Als das russische Heer sich gegen Ende des Zweiten Weltkrieges Berlin näherte, packten die Kustoden des Berliner Museums für Vor- und Frühgeschichte das Gold zusammen und versteckten oder vergruben es. Bis zum heutigen Tage ist nicht eine einzige Goldperle zum Vorschein gekommen. Es gibt zahlreiche Mutmaßungen, was geschehen ist – das Versteck ist unauffindbar: Es ist bei einem Bombenangriff verlorengegangen, eingeschmolzen, beschlagnahmt... gestohlen worden. Es besteht immer noch eine schwache Hoffnung, daß der Schatz eines Tages wieder auftaucht, unversehrt und vollständig.

DANKSAGUNG

Ich möchte meine Dankbarkeit der griechischen und türkischen Regierung für ihre freundliche Unterstützung und Zusammenarbeit in jeder Hinsicht ausdrücken. In beiden Ländern stellten die Kultusminister Archivmaterial zur Verfügung, planten meine Reisen, öffneten die Türen ihrer Universitäten, Bibliotheken, Museen, gaben mir zu ihren archäologischen Stätten Zutritt.

In Athen bin ich der American School of Classical Studies, dem Französischen Archäologischen Institut, dem Deutschen Archäologischen Institut, der British School of Archaeology, der Nationalbibliothek und dem Nationalmuseum für ihre eingehende Unterstützung bei meiner Forschungsarbeit sehr dankbar. Sehr dankbar bin ich auch Mary Castriotis, Peter Delatolas, Constantinos Doxiadis, George Kournoutos, Konet Kryiazis, Professor und Frau Sp. Marinatos, Takis Muzenidis, Phrosso Mylof, Panos Nicalopolos, John Sideris, Alex Skeferi, Eberhard Slenczka, Stathis Stikas, Loukia Voudouris, Helen (Frau Alan) Wace.

In der Türkei bin ich Erol Akçal, Ilhan Akşit, Tulay Alpertunga, Botschafter Pierluigi Alvera, Dr. Necati Dolunay, Nuri Eren, Üstün Ete, Lisa French, Sayin Geneal Cemal Gökar, Celik Gülersoy, Talat Halman, Hamit Kartal, Turgut Koyuncuoğlu, Professor Tahsin Özgüç, Eleanor Özkaptan, Admiral Cemal Suer zu Dank verpflichtet.

In Kalifornien bin ich Suzanna Ewing, Dr. und Frau Milton Heifetz, Dr. Emil Krahulic, Helen Lambros, Cornelius Leondes, Gloria Luchenbill, Dr. Constantin von Dziembowski, Mary von Sternberg sehr dankbar.

Ich möchte Dr. Milton O. Gustafson der National Archives and Records Service, Washington D. C., und der Eli Lilly Company in Indianapolis für ihre Hilfsbereitschaft danken.

Schließlich möchte ich meine tiefe Dankbarkeit Ken McCormick ausdrücken, fünfunddreißig Jahre lang mein Freund, Berater und Lektor bei Doubleday.

LITERATUR

BÜCHER VON HEINRICH SCHLIEMANN:

La Chine et le Japon au temps présent. Paris 1867

Ithaque, le Péloponnèse, Troie. Paris 1869
deutsch: Ithaka, der Peloponnes und Troja. Leipzig 1869

Antiquités Troyennes. Paris 1874
deutsch: Trojanische Althertümer, Bericht über die Ausgrabungen in Troja. Leipzig 1874

Atlas des Antiquités Troyennes. Paris 1874
deutsch: Atlas Trojanischer Althertümer. 218 photographische Abbildungen. Leipzig 1874

Mycenae and Tiryns. London 1878
deutsch: Mykenae. Bericht über meine Forschungen und Entdeckungen in Mykenae und Tiryns. Vorrede von W. E. Gladstone. Leipzig 1878

Ilios. City and Country of the Trojans. London 1880
deutsch: Ilios. Stadt und Land der Trojaner. Forschungen und Entdeckungen in der Troas. Mit Autobiographie des Verfassers. Vorrede von R. Virchow. Leipzig 1881

Orchomenos. Bericht über meine Ausgrabungen im Böotischen Orchomenos. Leipzig 1881

Reise in der Troas. Leipzig 1881

Catalogue des Trésorts de Mycènes au Musée d'Athènes. Paris 1882

Troja: Results of the Latest Researches. London 1884
deutsch: Troja. Ergebnisse meiner neuesten Ausgrabungen im Jahre 1882. Vorrede von A. H. Sayce. Leipzig 1884

Tiryns: The Prehistoric Palace of the King of Tiryns. London 1885
deutsch: Tiryns. Der prähistorische Palast der Könige von Tiryns. Vorrede von F. Adler. Mit Beiträgen von W. Dörpfeld. Leipzig 1886

Bericht über die Ausgrabungen in Troja im Jahre 1890. Mit Beiträgen von W. Dörpfeld. Leipzig 1891

Heinrich Schliemann, Selbstbiographie. Bis zum Tode vervollständigt von A. Brückner. Hrsg. von Sophia Schliemann. Leipzig 1892. 10. Aufl. hrsg. von Ernst Meyer. Wiesbaden 1968

Heinrich Schliemann, Briefwechsel, aus dem Nachlaß in Auswahl hrsg. von Ernst Meyer. Bd. 1 (1842–75), 1953; Bd. 2 (1876–90), 1958

BÜCHER ÜBER HEINRICH SCHLIEMANN:

Arnold Brackman, The Dream of Troy. 1974

Marjorie Braymer, The Walls of Windy Troy. 1960

Wilhelm Dörpfeld, Troja und Ilion. 2 Bde. 1902

Eli Lilly, Schliemann in Indianapolis. 1961

Emil Ludwig, Schliemann, Geschichte eines Goldsuchers. 1932

Ernst Meyer, Heinrich Schliemann. Kaufmann und Forscher. 1969 (eine wissenschaftliche Biographie)

Robert Payne, The Gold of Troy. 1959

Lynn and Gray Poole, One Passion, Two Loves. 1966

Carl Schuchhardt, Schliemanns Ausgrabungen im Lichte der heutigen Wissenschaft. 1889. 2. Aufl. 1891.

Shirley H. Weber, Schliemann's First Visit to America 1850–1851. 1942

Zitiert ist aus Homer, *Odyssee*, übersetzt von Wolfgang Schadewaldt (Artemis Verlag, Zürich 1966); aus Pausanias, *Beschreibung Griechenlands*, übersetzt von Ernst Meyer (Artemis Verlag, Zürich, Bd. 1, 2, 1954/1967); aus Euripides, *Iphigenie in Aulis*, übersetzt von J. J. Donner (Reclam, Leipzig 1930); aus Aischylos, *Agamemnon*, übersetzt von Ulrich von Wilamowitz-Moellendorf (Weidmannsche Verlagsbuchhandlung, Berlin 1940).
Den Verlagen sei für die freundliche Genehmigung gedankt.